DK人类登山史

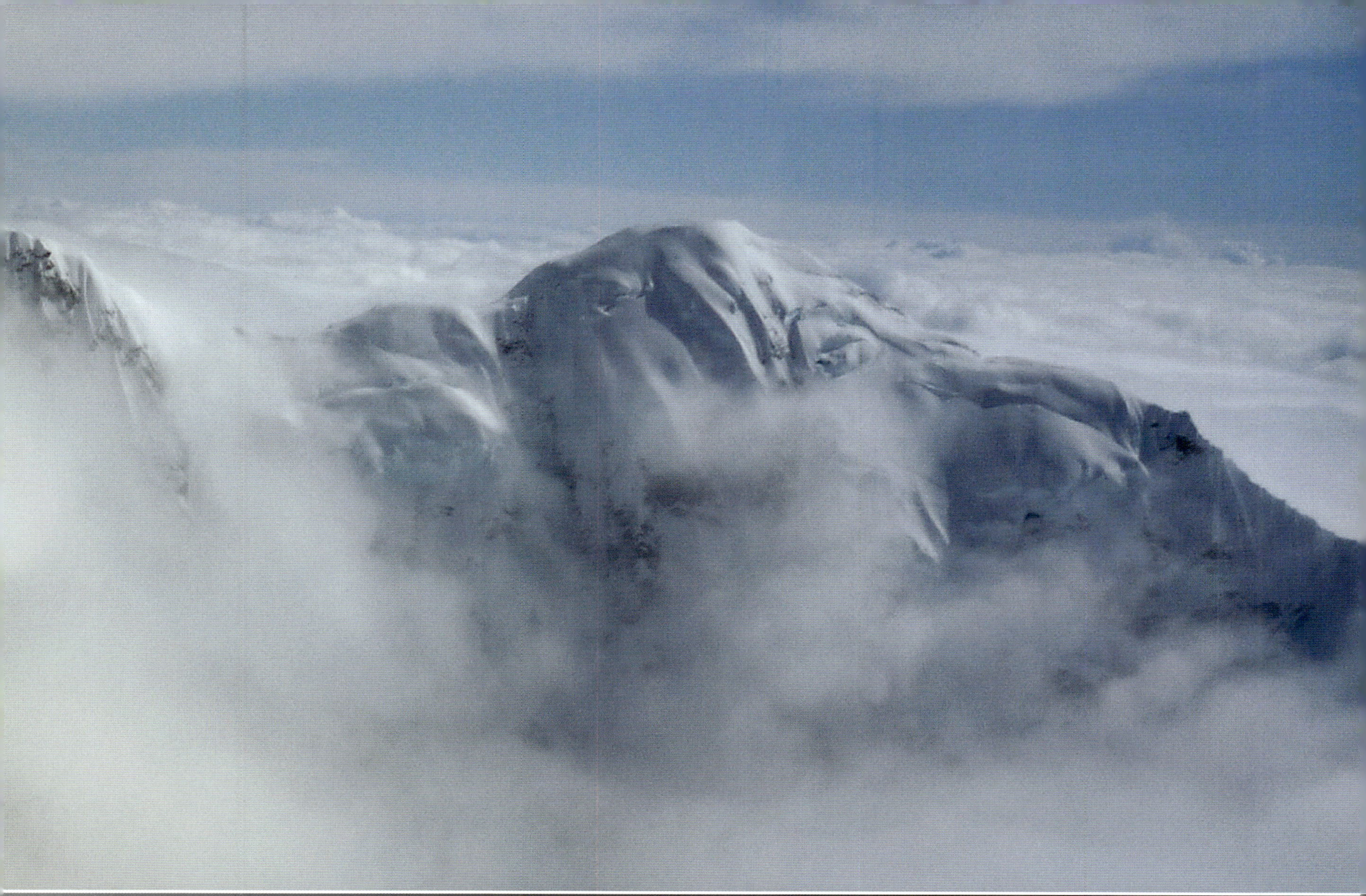

DK人类登山史

关于勇气与征服的伟大故事

英国皇家地理学会　英国阿尔卑斯登山俱乐部　编著　李汝成　译

上海文化出版社

Original Title: Mountaineers: Great Tales of Bravery and Conquest
Copyright ©2011 Dorling Kindersley Limited,
A Penguin Random House Company
本书由英国多林金德斯利有限公司授权上海文化出版社独家出版发行

图书在版编目（CIP）数据

DK人类登山史：关于勇气与征服的伟大故事 / 英国皇家地理学会, 英国阿尔卑斯登山俱乐部编著；李汝成译. -- 上海：上海文化出版社，2020.1（2024.5重版）
ISBN 978-7-5535-1822-0

Ⅰ.①D… Ⅱ.①英… ②英… ③李… Ⅲ.①登山运动—体育运动史—世界 Ⅳ.①G881-091

中国版本图书馆CIP数据核字(2019)第256931号

审图号：GS（2019）3945号
图字：09-2019-106号

出 版 人	姜逸青
审　　校	孙　斌　夏仲明
监　　制	任　战
责任编辑	王茗斐　葛秋菊
装帧设计	许洛熙
书　　名	DK人类登山史：关于勇气与征服的伟大故事
作　　者	英国皇家地理学会 英国阿尔卑斯登山俱乐部
译　　者	李汝成
出　　版	上海世纪出版集团 上海文化出版社
地　　址	上海市闵行区号景路159弄A座3楼
邮政编码	201101
发　　行	上海文艺出版社发行中心 上海市闵行区号景路159弄A座2楼 www.ewen.co
印　　刷	惠州市金宣发智能包装科技有限公司
开　　本	889×1194　1/8
印　　张	45.5
版　　次	2020年6月第一版 2024年5月第二次印刷
书　　号	ISBN 978-7-5535-1822-0/K.211
定　　价	248.00元

敬告读者　本书如有质量问题请联系印刷厂质量科
电　　话　+86 180 0300 0727

www.dk.com

目 录

中译版序言	4
登山在中国	6
导言	8

早期登山者　11
　　大事记　12
为生存而登山　14
　　冰人奥茨　17
　　汉尼拔　20
山的意义　22
　　法显和尚　24
　　高山掠影：乞力马扎罗山　26
　　空海和尚　28
　　高山人生：普韦布洛人　32
高山的象征　34
　　彼特拉克　36
　　安托万·德·维尔　38
　　乔赛亚斯·西姆勒　40
　　登山工具创新：绳索　42
　　康拉德·格斯纳　44
　　约翰·伊夫林　46

为科学和艺术登山　48
　　大事记　50
新疆域　52
　　约翰·雅各布·朔依希策　54
　　詹姆斯·赫顿　56
　　登山工具创新：冰镐　58
　　奥拉斯－贝内迪克特·德·索修尔　60
　　弗朗茨·约瑟夫·于吉　64
　　詹姆斯·戴维·福布斯　66
　　高山掠影：勃朗峰　68
　　亚历山大·冯·洪堡　70
　　路易·阿加西　72
　　高山人生：冰冻的木乃伊　74
文化高地　76
　　卡斯帕·沃尔夫　78
　　加布里埃尔·洛里和马蒂亚斯·洛里　80
　　J.M.W.透纳　82
　　体验高山：诗歌　84
　　约翰·罗斯金　87
首批登顶者　90
　　威廉·温德姆　92
　　帕卡尔和巴尔马　95
　　登山工具创新：冰爪　98
　　帕拉迪和德·安热维尔　100
　　迈耶家族　102
　　戈特利布·斯蒂德　104
　　普拉齐德·阿·斯佩斯查　106
　　彼得·卡尔·瑟维泽　108
　　阿尔伯特·史密斯　110

登山运动的黄金时代　112
　　大事记　114
登山新风尚　116
　　艾尔弗雷德·威尔斯　118
　　约翰·鲍尔　120
　　克里斯蒂安·阿尔默　122
　　高山人生：登山向导　124
　　梅尔基奥·安德雷格　126
　　约翰·廷德尔　128
　　莱斯利·斯蒂芬　134
探险的代价　136
　　查尔斯·赫德森　138
　　高山掠影：马特洪峰　140
　　爱德华·怀伯尔　142
　　让－安托万·卡雷尔　146
　　体验高山：传播登山　148
"淑女也能做到"　150
　　沃克和布雷武特　152
　　伊丽莎白·勒布隆　156
　　弗蕾达·杜福尔　158
现代登山运动的诞生　160
　　阿道弗斯·穆尔　162
　　克林顿·登特　164
　　亚历山大·伯格纳　166
　　艾伯特·弗雷德里克·马默里　168
　　席格蒙迪兄弟　172
　　欧根·吉多·拉默　174
　　保罗·普罗伊斯　176

阿尔卑斯山之外　179
　　大事记　180
大山脉　182
　　马丁·康韦　184

道格拉斯·弗雷什菲尔德	187	
高山人生:"专家"	190	
范妮·布洛克·沃克曼	192	
亚历山大·凯拉斯	194	
奥斯卡·艾肯斯坦	196	
阿布鲁齐公爵	198	
体验高山:摄影	200	
在新世界攀登	**202**	
康拉德·卡因	204	
高山掠影:迪纳利山	206	
马蒂亚斯·楚尔布里根	208	
登山运动在日本	**210**	
槙有恒	212	
登山工具创新:绘制地图	214	

征服巨峰　217

大事记	218
地球上最精彩的表演	**220**
弗朗西斯·荣赫鹏	222
萨默维尔和诺顿	224
高山掠影:珠穆朗玛峰	227
乔治·马洛里	228
登山工具创新:氧气装置	232
保罗·鲍尔	234
维洛·韦尔岑巴赫	237
维利·默克尔	238
阿巴拉科夫兄弟	240

轻量化远征	**242**
蒂尔曼和希普顿	244
查尔斯·休斯顿	248
弗里茨·维斯纳	250
体验高山:电影制作	252
攀登喜马拉雅山脉的黄金时代	**254**
赫佐格和拉舍纳尔	256
赫尔曼·布尔	258
科特·戴姆伯格	260
高山人生:夏尔巴人	262
埃德蒙·希拉里	264
丹增·诺尔盖	266
孔帕尼奥尼和莱斯德利	270
班恩和布朗	272
库齐和泰雷	276
霍恩宾和翁泽尔德	278

极限攀登时代　282

大事记	284
北壁	**286**
埃米利奥·科米奇	288
安德尔·海克迈尔	290
里卡尔多·卡辛	292
不成文的规则	**294**
瓦尔特·博纳蒂	297
唐·威尔兰斯	298
克里斯·伯宁顿	300

伊冯·乔伊纳德	302
道格·斯科特	304
高山掠影:托雷峰	307
莱因霍尔德·梅斯纳尔	308
捷西·库库奇卡	312
女性登山者	**314**
万达·鲁特凯维茨	316
凯瑟琳·德蒂韦勒	319
基蒂·卡尔霍恩	322
登山工具创新:保护装备	324
轻量快速攀登	**326**
沃伊切赫·科提卡	328
亚历克斯·麦金太尔	330
安德烈·斯坦斐济	332
埃哈德·罗瑞坦	334
体验高山:登山畅销书	336
米克·福勒	338
托马斯·休伯和亚历克斯·休伯	341
罗兰多·加里博蒂	342
史蒂夫·豪斯	344
极限男孩	346
高山人生:专业登山者	348
山峰目录	350
索引	352
致谢	358

中译版序言

人类登山史是我在很多场合演讲过的主题，我的演讲题目通常是"登山野史"。我不喜欢传统的以时间和事件为轴的叙事方式，而是选择性地讲述那些有意思的登山前辈的故事，既讲他们的光彩照人，也讲他们的野心、欲望、孔雀丑陋的屁股。但是毕竟，现代登山运动是以欧美为中心发展起来的，从阿尔卑斯发轫，伴随着交通的改善，人们开始把目光转向更远的山：高加索山脉、落基山脉、安第斯山脉、乞力马扎罗……最终聚焦于以喜马拉雅和喀喇昆仑为核心的亚洲大山，主角则是欧美登山先驱和巨匠们，都是别人家的先辈。因为文化和语言的障碍，我在讲登山史的时候总有隔膜感。

刚拿到《DK人类登山史：关于勇气与征服的伟大故事》的时候，我内心特别期待它能解决我的问题，能让我对登山史有更全面的认识，能破除我的障碍和隔膜。而事实上，这本书也没有让我失望，在细读、校订的过程中，越往后看越是心潮澎湃。这是一本独具特色的登山史书，它从一个个登山大时代中选择了最具代表性、最有影响力且个性鲜明的登山者，讲述了每个人的故事，从出身、成长经历，到后来无一例外地被登山吸引或推动，投身到当时的攀登洪流中。这里面有让人血脉偾张的极致探险，也有一次次失败、妥协和灾难。

通过读这本书，我们会对登山运动发展过程有非常全面立体的认识：

17世纪以前，早期登山者为了生存而上山放牧、狩猎、开采，利用山脉防御外敌，而且很多山峰也是神灵的宫殿，是人们精神的圣地。到了17世纪，更多艺术家、诗人、牧师、科学家进山探索，其中不乏女性。他们登上阿尔卑斯之巅勃朗峰以及周边一系列山峰，用多种多样的形式歌颂大山。进入19世纪，为了登山而登山的人出现了。19世纪中期，随着阿尔卑斯地区的政治变革以及铁路交通的发展，登山运动进入黄金时代。从1854年到1865年，阿尔卑斯所有超过4000米的高峰都被首登；在阿尔卑斯之外，从高加索到落基山脉，从安第斯山脉到乞力马扎罗，从新西兰库克峰到日本阿尔卑斯山脉，精彩的首登和探险活动接连上演。

到19世纪末，雄伟的喜马拉雅和喀喇昆仑吸引了更多人的目光。人们开始探索7000米甚至8000米级的巨峰，世界最高峰珠峰自然激发了无数人的雄心壮志。然而，直到20世纪50年代，人类才真正登上难以企及的海拔"8000米以上高峰"的峰顶。20世纪20年代，英国登山队在珠峰北坡的努力、乔治·马洛里的陨落和他的名言"因为山在那里"让人印象深刻；1950年法国人无氧攀登安纳普尔纳峰；1953年希拉里和丹增·诺尔盖首登珠峰；1954年意大利队登顶乔戈里峰；1964年中国登山队完成希夏邦马首登——宣告了十四座8000米山峰全部被征服，喜马拉雅黄金时代终结。

随着高山不断被踏足，后来的登山者们面临一个难题：接下来，登山运动应该如何发展？答案显而易见：以新的攀登方式挑战极限。登山者们开始尝试陡峭的北壁和各种全新的、更困难的路线；攀登方式也百花齐放，如轻装快速攀登、反季节登山、无氧攀登8000米等。海克迈尔、卡辛、博纳蒂、梅斯纳尔、库库奇卡、米克·福勒、尤里·斯特克、亚历克斯·杭诺尔德……这些人不停冲破人类极限。

无数卓然不群的登山者在各自的时代里竞争高下，贡献了一部异彩纷呈的攀登史。通过阅读书中那么多位前辈和巨匠的故事，我相信大家一定会对登山者一次次重返大山，承受痛苦和风险的原因有更深的认识。也许是为了生存，也许是为了那惊心动魄的自然之美，也许是为了在历经登山的艰苦和风险之后更懂得享受生活，也许只是想让自己在人群中尤其与众不同……那么，你去登山的原因呢？

看完书就去登山吧，如书中所见，人与山相逢就会产生奇迹！

孙斌
原中国国家登山队教练
巅峰户外运动学校创始人

登山在中国

1955年，现代登山运动来到中国。中国队员许竞、师秀、周正、杨德源与苏联登山运动员联合组成帕米尔登山队，成功登顶帕米尔高原海拔6673米的团结峰和海拔6780米的十月峰。这奏响了中国现代登山运动的序曲，也标志着中国现代登山运动的诞生。

1956年，中华全国总工会在北京举办登山训练班，培养了中国早期的一批登山运动员，并组建中国第一支登山队。同年4月25日，队长史占春率领32人登上了海拔3767米的秦岭主峰太白山。

1957年5—6月，由29名登山运动员组成的中华全国总工会登山队正式攀登海拔7556米的贡嘎山，其中6名队员于6月13日成功登顶。这是中国第一次独立组队并登顶7500米以上高峰。这一成功不仅创造了中国现代登山运动史上的新纪录，也标志着中国现代登山运动进入了新的发展时期——迈进了世界先进水平行列。

1958年6月，中国登山协会正式成立。

1959年7月，中国慕士塔格峰登山队创造了集体安全登顶7500米以上高峰人数最多（33人）的世界纪录，其中8名女队员打破了当时世界女子登高纪录。

1960年5月25日，中国登山队队员王富洲、屈银华、贡布实现了人类首次从北坡登顶珠峰。

1964年5月2日，10名登山队员成功登顶地球上最后一座8000米以上的处女峰——希夏邦马峰，再次展现了中国现代登山运动的发展水平和实力。

1975年5月27日，中国登山队的8名队员成功登顶珠峰，与此同时，队员潘多成为世界上第一

位从北坡登上珠峰的女性。

1979年9月经国务院批准，从1980年起我国对外开放包括珠穆朗玛峰在内的8座山峰，开展接待外国人自费来华登山和登山旅游的业务。这一举措使中国登山界开始与世界各国登山组织建立起友好关系，并引进了先进的登山技术和装备，对促进和发展中国现代登山运动有积极意义。

1988年5月5日，从南坡登顶的中国、尼泊尔登山者和从北坡登顶的日本登山者在珠峰顶峰会师，创下多项人类攀登珠峰的新纪录：首次南北双向跨越珠峰；首次南北两侧登山者在珠峰顶峰会师；首次在顶峰进行电视现场直播；首次航拍攀登珠峰的场景；单日登顶人数12人；中国登山者次仁多吉在顶峰停留99分钟；大次仁成为第一个从南坡登顶珠峰的中国人。

在1988年中、日、尼三国双跨珠峰成功之后，中国登山协会的李致新、王勇峰经过11年的不懈努力，于1999年5月22日登顶大洋洲最高峰——查亚峰，完成了"挑战世界七大洲最高峰"的目标。

2008年5月8日上午9时17分，中国登山队成功登顶珠峰，首次实现了奥运火炬珠峰传递，让五星红旗、国际奥委会五环旗和北京奥运会会旗在世界之巅飘扬。北京奥运火炬珠峰传递成功，开创了中国现代登山运动的新篇章。

2020年5月27日，珠峰高程测量登山队8名攻顶队员次落、袁复栋、李富庆、普布顿珠、次仁多吉、次仁平措、次仁罗布、洛桑顿珠从北坡登上珠穆朗玛峰并完成峰顶测量任务。

本页图片由新华社提供

导　言

人们登山并没有明确的目的。以生命和肢体为代价去登顶一座巨峰的最好理由，就是乔治·马洛里的那句名言"因为山就在那儿"。在不可言喻的追求过程中，登山者不断挑战身体极限，去实现更高、更难、更美的攀登。因此，他们的壮举使那么多人着迷，也就不足为奇。

几千年来，世界上的山脉大多人迹罕至。作为神灵和怪物的家园，山脉被视为危险、荒凉、神秘之地，除少数渴求独居的商人和宗教人士以外，几乎所有人都对其避而远之。在欧洲，直到文艺复兴时期，瑞士动植物学家康拉德·格斯纳等登山者为抵制当地迷信、陋俗而攀登皮拉图斯山，大众才开始不再惧怕山脉。格斯纳和其他登山者所记述的登山体验，以及在山脉中找到的乐趣，激励着追随者络绎而来。19世纪中期，登山运动迎来了"黄金时代"，英国绅士们竞相宣布自己首次登上了阿尔卑斯山最高峰，现代登山运动应运而生。在山峦间自由攀行，让人感觉少了些社会的羁绊，女性也因此开始参与登山活动。

不久，登山运动史上的第一场灾难发生了。1865年，爱德华·怀伯尔首次登上马特洪峰，四名同伴在下山途中遇难，使这次登峰以悲剧告终。关于登山的争论由此开始，直到今天还在继续。登山所得足以补偿所失吗？接下来要讲述的，是那些在登山中失去生命，或凭借耐力、团队合作及运气在灾难中活下来的登山者的故事。

到20世纪，登山者的注意力被世界最高峰所在的亚洲大山脉吸引。大型探险队都向8000米以上山峰——喜马拉雅山脉和喀喇昆仑山脉的14座高峰——进发，对高峰的征服成为民族的骄傲。如今，登山已不再是上流社会的休闲娱乐。新一代勇于担当、技艺熟练的专业登山者正在崛起，新的登山装备使登山运动发生了革命性的变化。随着技术的提高，人们越来越注重登山的方式。人们积极主动地寻找具有挑战性的路线，特别是攀登险峻的北壁。纯粹主义登山者更喜欢快速、轻量级的"阿尔卑斯式"登山，他们离开时，山仍保持原样。几乎每当有人登上一座名山，"可能"一词就被重新定义。1980年，莱因霍尔德·梅斯纳尔在未携带氧气瓶的情况下只身登上珠穆朗玛峰的传奇更是震惊了世界。

本书讲述了从首批登山先驱到今天的登山巨匠的故事。虽然登山的理由很难表达，但本书收集的图像和故事的确证实了登山带给人们的巨大回报。关于登山的危险性，英国登山家米克·福勒如是说："我们享受了，活下来了，来日可以继续攀登。这才是重要的。"

早期登山者

大事记

公元前3000年	公元前300年	公元300年	公元700年

公元前3000年
为科学家所熟知的冰人奥茨生活在新石器时代,在翻越奥茨塔尔阿尔卑斯山时死亡,死时身披草编斗篷,脚上打了绑腿(见第16—19页)

▼公元399年
中国僧人法显穿过喀喇昆仑山,前往印度求取佛经,并将其翻译成中文

◀公元773年
法兰克国王查理大帝率领军队穿过阿尔卑斯山,助教皇抵御侵略者;778年又率军穿过西比利牛斯山,助当地摩尔人统治者对抗科尔多瓦埃米尔

◀公元前1450年
埃及法老图特摩斯三世率军队成列穿过阿鲁纳山口,在以色列美吉多战役中突袭敌人,摧毁反埃及同盟

公元前1200年
古普埃布洛人首次出现在北美洲西南部,以所谓的"大房子"为中心建立群落(见第32—33页)

▲公元前333年
伊苏斯战役之后,亚历山大大帝取道努尔山贝伦山口,乘胜追击波斯国王大流士三世

公元前218年
迦太基统帅汉尼拔率领一支庞大的军队(包括37头战象)穿过阿尔卑斯山,向意大利波河平原进发

公元550年
圣凯瑟琳修道院坐落在埃及西奈山脚下,传说是摩西接受十诫的地方

▶公元818年
日本僧人空海得到嵯峨天皇的允许,在日本高野山建立一座寺院

▶公元前25年
罗马皇帝奥古斯都发动了一系列征服山南高卢山地部落的战争,战争结束于公元前16年(见第20页)

公元629年
中国佛教学者玄奘踏上西行之路,翻越兴都库什山赴印度求学,途中参观了巴米扬大佛

▲公元前430年
在一些记录中,人们认为古希腊哲学家恩培多克勒为神化自己而登上西西里岛埃特纳火山,并投身于火海

◀公元79年
维苏威火山爆发,岩浆和火山灰掩埋了罗马的庞贝古城和赫库兰纽姆古城

公元632年
松赞干布始建布达拉宫,宫殿比河谷底部高300米

◀公元962年
芒通的圣贝尔纳在一个古老的阿尔卑斯山口的最高处建造了一座救济院,该山口连接着瑞士瓦莱州与意大利的奥斯塔

◀第10—11页 迦太基统帅汉尼拔率领军队出现在阿尔卑斯山的一个山口,手指意大利所在的方向

虽然人们生活在山的阴影中，但是难以攀登的高海拔山峰也为他们阻挡了早期大规模殖民。人们只在有特别需要的时候才穿越山脉。在欧洲、亚洲和美洲的文化中，人对高峰怀有宗教般的敬畏，将其看作神灵或上帝的住所，靠近时必须小心翼翼。这种特殊性促成修道院的建立，吸引朝圣者的到来。最后，在15世纪，随着基督教对欧洲人精神生活的控制被削弱，人们对山脉本身产生了好奇，渴望在山峦间游历并记下所观察到的一切，这种心情取代了在早期文学作品中占主导地位的恐惧感和危险意识。

1000年

▶ 1100年
据传说，中国西藏地区的瑜伽修行者密勒日巴登上冈仁波齐峰

1188年
坎特伯雷修道士约翰·德·布雷布尔描述了朝圣者在冬季穿越阿尔卑斯塞尼山口时经历的苦难，所有人都在雪崩中被掩埋

◀ 1255年
清洁派——受迫害的基督教异端教派之一——教徒被围困在最后的要塞奎里巴斯；许多信徒为免遭屠杀而逃走

1257年
蒙古人登山摧毁了阿萨星派的阿拉穆特堡

▶ 1336年
托斯卡纳诗人彼特拉克纯为写诗攀登法国普罗旺斯的旺图山，这可能是第一次被记载下来的娱乐性登山（见第36—37页）

◀ 1450年
在安第斯山脉尤耶亚科火山上发现的被献祭的印加少女（见第74—75页）

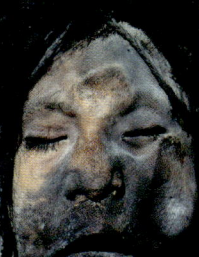

1492年
法王查理八世命令安托万·德·维尔攀登法国韦科尔高原的艾吉耶山，后者在登山过程中使用了中世纪攻城装备（见第38—39页）

1500年

▶ 1532年
弗朗西斯科·皮萨罗入侵印加帝国，印加人藏身于比尔卡班巴（右图）和马丘比丘的山谷

1544年
瑞士作家约翰内斯·施通普夫踏上穿越瓦莱州之旅，并开始撰写《瑞士编年史》，一部描写阿尔卑斯山脉地形地貌的传世大作（见第40页）

◀ 1551年
瑞典神学家约西亚斯·西姆勒撰写了《阿尔卑斯山日志》，第一部专门研究阿尔卑斯山并给阿尔卑斯山旅行者建言献策的书（见第40—41页）

1555年
瑞士博物学家康拉德·格斯纳登皮拉图斯山；1541年，他在一本书的前言中高度赞扬登山的乐趣，称其不仅有助于科学研究，也是一种锻炼（见第44—45页）

1572年
马丘比丘被印加人遗弃，变为废墟，在1911年被科学家发现之前，只有当地山区居民知道它的存在

1646年
英格兰园艺家约翰·伊夫林讲述其在意大利度过四年时光后，穿越阿尔卑斯山辛普朗山口时的不幸遭遇（见第46—47页）

为生存而登山

在历史上,深山老林常被看作虎穴狼巢,有臭名昭著的土匪和妖魔鬼怪出没。然而,人类仍在高山上生活了几千年,解决了现代登山者同样面临的生存问题,而且得到了回报。

山地堡垒
保护格鲁吉亚南部山区部落的赫尔特维西堡初建于公元前2世纪。现存城墙的历史可以追溯到1354年。

你不必成为登山家,也知道山区的天气更糟。首先,山上更冷,海拔每上升1000米,温度就下降大约6℃。因为庞大的山体拦截了气流,所以山上的风也更大。气流受阻只能上升,所以你往上攀登时,风就越来越大。气流上升,气温下降,最后形成降雨或降雪。

高山的馈赠

极端天气使人陷入生存困境,那么在没有羽绒服和雨衣的年代,登山的意义是什么呢?对于那些不怕困难、勇于挑战的人来说,高山给他们提供了独特的优势。甚至在今天,山区居民依然可以通过狩猎和在高原牧场养殖牲畜过冬。

乳制品(比如奶酪)是山区居民的日常食物。早期阿尔卑斯登山者在攀登前一夜,会跟向导一起在露营地吃一顿奶酪火锅。瑞士登山者埃哈德·罗瑞坦(见第334—335页)就是世界上最优秀的以奶酪为主食的高海拔登山者之一。

史前护具
5000多年以前,红铜时代的文化中已出现登山装备。图为冰人奥茨所戴的羊皮帽的复制品。

山区游牧生活具有流动性。珠峰首登者之一丹增·诺尔盖(见第266—267页)可能出生在一顶挨着牦牛群的帐篷里,远离其父母的家乡。用牦牛毛编织的帐篷质地粗疏油滑,能使焚烧牦牛粪便的烟散出去,也能防雨。

山区的珍贵资源到了低地地区就供不应求,如用来制作埃及法老图坦卡蒙的死亡面具的青金石,就产自现阿富汗的巴达克山,距离埃及数千公里。

躲避迫害

对于那些流离失所的人来说,山脉是避难所,譬如居住在珠穆朗玛峰附近的夏尔巴人(见第262—263页),以及15世纪受莫卧儿帝国入侵影响而迁移至尼泊尔中西部山区的卡斯人。

精神上和政治上的安全,是世界各地山区的共同主题。藏传佛教有"秘境"传说,"秘境"是隐藏的山谷,供遇险的修行者避难。19世纪,"伊斯兰之狮"伊玛目沙米尔位于高加索山的堡垒,曾让俄罗斯帝国的军队举步维艰。14世纪前,像古代北美洲的普埃布洛人一样(见第32—33页),特勒姆人一直居住在现马里的邦贾加拉陡崖上。

> 虽然危险而神秘的高山常被认为不适合人类居住;但为了获取物质利益、达到防卫目的或纯粹受地理位置所限,人类已经适应了高山上的生活和旅行。

适应艰苦环境

在奥地利奥茨塔尔阿尔卑斯山发现的保存了5000年之久的奥茨的尸体(见第16—19页),揭示了人类与高山的古老联系。最早的登山先驱与现代登山者面临着同样的问题,尽管后者得到了最新技术的保护。穿越雪地时,他们都要谨防冻伤或滑倒,抵御寒冷,挑战复杂的地形。虽然奥茨时代的山地旅行者缺乏现代纺织品的保护,但他们的智慧令人震惊。弗里乔夫·南森等现代极地冒险家还像他们一样,把同一种草塞在鞋子里保暖。奥茨还携带了一个背袋,头戴一顶皮帽,与如今喜马拉雅山区常见的装束相似。1888年,南森穿过格陵兰岛后,跟戈特霍布的因纽特人学会了划皮艇,这项技术至少已有4000年的历史。登山者使用的许多器械——如绳索、钉掌靴、滑雪板和冰镐——也有悠久的历史。

为生存着衣
这名来自中国西宁的藏族男孩穿着传统藏袍，这是一种长袖羊反外衣，他的右臂通常是露在外面的，以便自由活动和调节冷暖。

牦牛
牦牛是"高原之舟"，藏族游牧民用牦牛驮运所有物品，包括食物、衣服、燃料和帐篷。

背景介绍

- 人类能在高山生活、旅行，这与人类理解以及适应极端环境——严冬、强风、高降水量——的能力密切相关。

- 山脉为精通生存的人提供了放牧、狩猎、开采矿物和宝石的机会。人类已进化到能适应青藏高原和安第斯山地区的稀薄空气。

- 山脉是天然的政治分界线，为流离失所的人提供了易于防守的庇护地。山脉也和人的精神世界密切相关，为追求宗教自由的人提供圣地。

- 冰人奥茨于1991年在奥茨塔尔阿尔卑斯山蒂森山口附近被人发现，从根本上使我们对史前山地旅行有了更深入的了解。正如极地探险家弗里乔夫·南森吸取了格陵兰因纽特人几千年的经验一样，早期登山者受益于山区当地人的经验和技术。

几个世纪以来，人们虽然并不明白医学上的原因，但一直知道高海拔攀登会引发生理问题。在安第斯山地区，人们通过咀嚼古柯叶或喝古柯茶缓解高原反应。世界上长期在高海拔地区居住的人，他们的身体已经适应了当地生活。西藏地区的人对高原缺氧环境有特殊的遗传适应性，特别是能够在低氧环境中分娩。

隐藏的印加遗迹
维内维娜的印加遗址坐落在乌鲁班巴峡谷上方，海拔2700米，靠近通向马丘比丘古城的印加古道。这些"道路"一直延伸到了海拔5000米的高度。

> 我们以为他是在大约十年前遇到意外的登山者或滑雪者。
>
> ——赫尔穆特·西蒙,发现陈尸5000年的奥茨之后

冰人奥茨

生平事迹

- 红铜时代意大利南蒂罗尔地区人。
- 可能属于"5号塔明斯-卡拉索-伊瑟拉文化群体",这是最早的独立阿尔卑斯文化。
- 可能有较高社会地位,但其职业不详;从理论上讲,可能是萨满法师(从其遗物中的白桦茸推测出)、商人(从其携带的打火石工具推测出)、猎人或牧羊人。
- 因肩上中箭和头部受重击而亡。
- 其遗骸现存于意大利博尔扎诺南蒂罗尔考古博物馆。

世界首位著名登山家

南欧　　　　　　　　　　　**约公元前3000年**

1991年,在奥地利和意大利之间的阿尔卑斯山口,有人在冰雪中发现了一具约5000年前的尸体,这是最早的表明人类已进入山区的证据,也彻底改变了人们对欧洲新石器时代生活的认识。在奥茨塔尔阿尔卑斯山发现的这具尸体不久后被命名为"冰人奥茨",因保存完好而在考古界引起了轰动。虽然奥茨攀登阿尔卑斯山的原因尚不清楚,但他可以被看作历史上第一位著名登山家。

发生在山上的谋杀
考古学家用法医方法拼凑出了奥茨死于奥茨塔尔阿尔卑斯山(如图所示)的过程。证据显示他最后精疲力竭,遭暴力致死。他从亚高山带来到谷底,又登上蒂森山口,在那里伤重而亡。

1991年9月19日,德国徒步旅行者埃丽卡·西蒙和赫尔穆特·西蒙登上了意大利和奥地利边境海拔3516米的芬耐尔峰,在沿蒂森山脊下山,去附近的锡米拉温峰休息站时,稍稍偏离了主路线。他们偶然发现了一道被低矮的岩石包围起来的狭长沟壑,冰块填满了沟底,表面有一堆废弃物。

再凑近一看,他们惊恐地发现暴露在冰层外的是一个人的头部和躯干。西蒙夫妇冲回休息站,向管理员报告了他们的发现。当时,没有任何迹象表明冰中的尸体不是在山中走失的徒步旅行者的残骸。

冰人是在海拔3210米的下约赫费尔纳冰川边缘被发现的。在"一战"结束,意奥边界划定以后的70多年里,冰川逐渐消退。地形的变化导致人们最初不能确定到底是在边界线的哪一边发现的尸体。奥地利率先在9月20日派出一架救援直升机飞进山区。这时,尸体又露出冰面10厘米,但即使用气动凿子,救援队也无法将其移动。后来救援小队离开时带走了在附近岩架上发现的一把斧子,希望能够据此确定死者是近期丧生的徒步旅行者还是更早的登山者。

独特的发现

第二天,碰巧也在当地的意大利登山家莱因霍尔德·梅斯纳尔(见第308—311页)和同伴汉斯·卡默兰德尔前往现场,发现了更多人工制品,包括一个用桦树皮做的容器、一只鞋子和一张弓。9月23日,第二支政府救援队终于把尸体从冰里掘了出来,同破碎的衣物及其他人工制品一起运往奥地利因斯布鲁克,进行常规尸检。梅斯纳尔曾认为死者可能是几百年前的人,直到尸检之后,考古学家康拉德·施平德勒才发现惊人的真相:这是一具5000多年前的尸体。它是红铜时代现存最完整的尸体,同时发现的衣物和工具仍与新石器时代人的日常用品相同。

象征身份的铜斧
在奥茨的时代,斧头是身份等级的象征,一些历史学家据此推测,他可能是部落首领,用斧头凿过冰。

及时冰冻

奥茨的尸体被发现后不久。尸体因被冰雪掩埋而没有腐烂，连眼球都完好无损。

冰人的秘密

10月初，考古队对发现尸体的地方进行了一次中规中矩的搜查，找到了更多人工制品，包括冰人当外衣穿的草编斗篷。此时，关于冰人奥茨的一切事项已移交给意大利博尔扎诺当局，因为更详细的调查显示，尸体刚好是在意大利边境内被发现的。第二年7月的进一步调查发现了更多属于冰人的物品，同时被发现的还有肌肉碎片和头发，甚至还有一枚指甲。

到这时，医学检查开始揭示关于冰人的真实信息，尽管更多的是关于他的身体状况而非身份以及他是如何在一个与世隔绝的阿尔卑斯山口死亡的。

除了最初移动造成的左髋部受损外，奥茨的尸体接近完好。他死后，尸体被一层透气的积雪覆盖，经冷冻干燥变得柔韧，即使过了5000年，也没有因为移动而散架。奥茨是一名成年男性，身高约1.59米，体重约50千克，虽然被发现时头发已全部脱落，但据推测他的头发是深棕色或黑色的，还很可能留了胡须。他的牙齿因长期咀嚼混入了石子的谷物而磨损，但并没有腐烂。其左侧肋骨的断裂部位已完全愈合，右侧有一个未愈合的伤口，可能是断气前留下的新伤。

尸体提供的原始数据及其已存在的时间已经是惊人的发现，而接下来的十年里对同时发现的人工制品的详细检查，以及更进一步的数据分析，则让奥茨的故事变得生动起来。

适合高海拔的穿着

不管奥茨是谁，从他的穿着来看，他进山前并不是完全没有准备。此前发现的大多数新石器时代的衣服——实际上是很小的碎片——都是编织的，冰人的衣服却主要由皮革或毛皮制成，更适合阿尔卑斯山高处的寒冷环境。

从冰雪中找回

尸体被发现后的第四天，救援队用滑雪杆和冰镐将奥茨从冰川中挖掘出来。因为没有考古学家在场，所以这一过程被记录在了胶片上。

他戴了一顶有两根皮革系带的熊皮帽，上衣由羊皮缝制，长及膝盖，展开之后呈长方形，腿上裹着山羊皮，下身围了一块皮腰布。另外，他披了一件草编斗篷，它可以为他遮挡风雨，在他睡觉时还可充当防水布或毯子。

奥茨带了全套武器上山。他的铜斧表明他生活在金属制造知识已经在欧洲普及的时代，这是第一把被人们发现的保存完好且带斧柄的史前斧头。

他的装备中有一把三角刃燧石匕首和一种专门用于打磨燧石器的工具。一张可以捕兔子的网似乎表明他已经准备好打猎了，但也有迹象表明他的出行是匆忙的。他的弓以一根1.8米长的紫杉木做材料，是一件半成品，也许是他在路途中被迫制作的。箭袋里只有两枚做好的燧石箭头和十二支未汀磨的箭杆。

山地人

生前最后一次出行，奥茨携带了一个取材自落叶松和榛树的背篓，两个桦树皮容器，其中一个用于装取暖的木炭，还有一些白桦茸，可能是用来点火的。还有一些用途不明的东西，包括一个流苏状的小物件和一对羚羊角。奥茨腹中的食物残渣表明，他最后吃了炖肉、蔬菜和单粒小麦（一种早期的小麦）。从这一切来看，奥茨似乎对山地并不陌生，后来研究人员通过分析他身上的鹅耳枥花粉，发现他曾在凯瑟琳娜堡喝过水，从他死的地方向南走到这里需要12个小时。

当时还无法确定那是不是他的家乡。对奥茨牙齿中同位素进行的分析表明，他小时候生活在意大利博尔扎诺省的埃萨克河上游或普萨克河下游。

惨死

最初，科学家认为奥茨大约是在9月死去的。他的斧子和箭袋分开掉落在两块石头上，这表明他是意外死亡的。据推测，他到山上的原因有两种，要么是为经商或牧羊，要么是被迫到隘谷里避难，可能死于体温过低。

后来鹅耳枥花粉的发现表明他实际上死于早春或初夏，但他所经之地可能还有积雪。

2001年，新的X光检查又戏剧性地推翻了人们之前关于其死因的猜测。X光检查结果显示一枚箭头嵌入了奥茨的左肩，切断了肺部上方一根大血管，导致大量出血，使他可能在几分钟内就命丧黄泉。

科学家们还发现，奥茨手上的擦伤与徒手搏斗造成的擦伤一致；他的头骨也受了重创，由猛烈打击或撞击造成。这些有价值的新信息表明，冰人奥茨并非死于直接毙命的坠崖事故，或在坠崖后因丧失行动能力而死亡——像后来许多登山者那样。很明显，他是被谋杀的。他的装备表明，他可能遭到了暴力闯入者的追杀，从家中逃到了虽隐蔽但对他而言并不陌生的地方。虽然我们不能确定奥茨此前是否到过其遇难地，但可以肯定杀死他的是人而不是山。

冰人"复活"

奥茨头发蓬乱、饱经风霜、肌肉发达，身着动物皮毛，此复原图是由两名荷兰法医艺术家在2001年完成的。

奥茨的保存

如今，奥茨木乃伊及一起发现的人工制品被保存在意大利博尔扎诺省的南蒂罗尔考古博物馆里，是人们正在研究的课题。木乃伊存放在精密的冷藏室里，温度定在-6℃，相对湿度为98%，人为地再造了发现奥茨时的冰川条件。到博物馆参观的人可以从一个小窗口看到木乃伊。最近，为了纪念发现奥茨20周年，基于CAT扫描、颅骨的三维图像以及红外成像和其他数据，复原专家制作了一个新的冰人模型。这个2011年面世的模型的样貌看上去远大于45岁——这是科学家认为的奥茨死时的年龄。

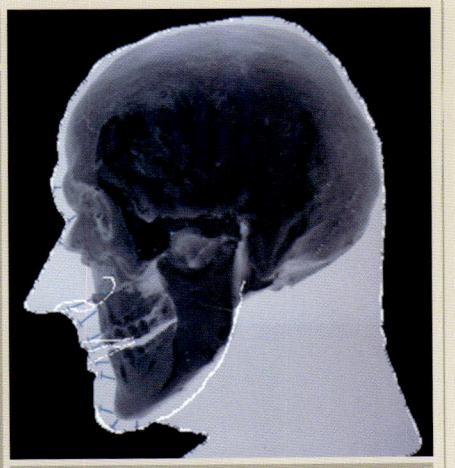

奥茨脸部的投影与其头骨图像重叠。

汉尼拔

带领军队穿越阿尔卑斯山的将军

迦太基　　　　　　　　　公元前248—前183年

汉尼拔·巴卡来自北非城市迦太基的一个颇具影响力的家族，在第二次对罗马的布匿战争（公元前218—前202年）中，他成为迦太基人的领袖。在战争的第一年年末，他率领一支庞大的军队（包括大象）翻越阿尔卑斯山脉，这是大规模军队翻越阿尔卑斯山脉的最早记录。这一大胆的行动震惊了随后被汉尼拔连续击败的罗马人。虽然汉尼拔最终战败，但是他凭借在这次远征中所表现出的耐力，成就了攀登阿尔卑斯山最著名的壮举之一。

阿尔卑斯山中的罗马

击败汉尼拔后，罗马逐渐攻占了阿尔卑斯山脉南部的高卢地区，但正是公元前25至前16年之间奥古斯都指挥的一系列战役，才把罗马人带到这山脉来。击败山地他部落后，为了纪念这一胜利，罗马人在拉杜尔比建立了高50米的巨大的胜利纪念柱（一座三层塔）。罗马人没有修建通往山脉的路，基本上仍然取道先前为人所知的山口。

拉杜尔比，奥古斯都的胜利纪念柱，装点着摩纳哥附近的阿尔卑斯滨海区的山麓小丘。

罗马人没有预料到汉尼拔的进攻方向，这一点并不令人惊讶。罗马人和希腊人一样常常忽略这些高山，认为阴冷、多云、荒凉的高山是无法攀登的。罗马诗歌鲜少描写高山景色，后来，据说恺撒大帝在公元前59至前50年翻越阿尔卑斯山脉到达高卢时，接连写了两本关于类比法的书，而没有创作受高山启发的任何东西。同样，几乎没有任何为追求科学和快乐而登山的记录。贸易上也是如此，运输货物时，因运输速度的缘故，人们首选海运而非陆运，无论如何也要避开走山路。大约在公元前300年，就存在这样一条陆运线，从马西利亚（马赛的旧称）绕过阿尔卑斯山南部到达意大利。但在一个世纪后的汉尼拔时代，罗马人和迦太基人完全不熟悉阿尔卑斯山的这条路线。

战象

汉尼拔并不是第一个使用战象的人。亚历山大大帝在高加米拉战场上看到参战的大象后，便将它们收编到他的军队中（公元前331年），此事在这枚埃及硬币上有所展示。

大胆的袭击

在第一次布匿战争（公元前264—前241年）期间，汉尼拔还是个孩子。长大后，他决心避免重蹈迦太基在那次冲突中失败的覆辙。他决定采取大胆的行动，从西班牙向北进攻，抄近路穿过高卢南部（法国），从北面逼近罗马，而不是像他的前人那样试图在海上击败罗马，或者入侵西西里岛和意大利南部。

所以，在公元前218年年初，与罗马人的战争一爆发，汉尼拔就在西班牙南部的卡塔赫纳集结了一支庞大的军队。这支军队由90 000名步兵、12 000名骑兵和一支非洲战象队组

生平事迹

- 他是哈米尔卡·巴卡的儿子，哈米尔卡在第一次布匿战争中担任迦太基将军。
- 公元前221年，在西班牙接替他的姐夫哈斯德鲁巴成为迦太基指挥官。
- 率领他的军队翻越阿尔卑斯山脉后，在特雷比亚（公元前218年）、特拉西梅诺湖（公元前217年）和坎尼（公元前216年）接连使罗马人遭受惨败。
- 未能成功进军罗马城，陷入消耗战。
- 公元前202年，迦太基战败，15年后回到家乡，公元前195年被罗马人流放，公元前183年自杀。

成，并于7月穿过西班牙的埃布罗河，向北进发，逼近比利牛斯山脉。汉尼拔战略上的主要缺陷之一在于，一个庞大的军事编队需要穿越阿尔卑斯山脉，但在山区部落中没有任何可靠的盟友，而且那年年末，天气不可预测。横穿比利牛斯山脉的前景渺茫，导致了3000人的叛乱，不过，一旦汉尼拔摈弃了他认为不可靠的士兵，他的军队就减少到了更易于控制的规模——50 000名步兵、9000名骑兵和37头战象。

麻烦开始

迦太基人轻松地横越高卢南部。就在汉尼拔穿越罗讷河靠近富尔克这段，沿着河流行进140公里来到阿尔卑斯山脚下后，他的麻烦便开始了。高卢部落的阿洛布罗基人沿着河谷高地上的一个个要塞不断骚扰迦太基人，给迦太基人造成了巨大的损失。此次穿越耗时15天，在第一天结束的时候，汉尼拔就发现自己陷入了严重的困境之中。等到侦察兵向他报告，高卢人在夜间放弃了他们的山顶阵地，汉尼拔便派他的精锐部队在黑夜的掩护下占领了这些阵

穿越欧洲

第二次布匿战争　公元前218—前202年

— 汉尼拔的路线
汉尼拔从西班牙出发，穿过高卢和阿尔卑斯山脉，从北面进攻罗马。

● **公元前218年12月21日　特雷比亚河战役**
汉尼拔首战告捷。

● **公元前216年8月2日　坎尼战役**
汉尼拔使罗马人遭受重创，尽管这次战役获胜，但最终汉尼拔被赶出了意大利。

地，迫使阿洛布罗基人撤退，汉尼拔终于得以实现突围。他们占领了附近的一个小镇后，在穿越加普盆地的路上基本上没有受阻，那个小镇的存在证明了阿尔卑斯山谷惊人的人口稠密的原始状态。第七天，在艰难地渡过了洪水泛滥的迪朗斯河后，当地部落的人带着象征友谊的橄榄枝和花环，来到迦太基人的营地，给汉尼拔献上人质，并主动为他们做向导。虽然觉得可疑，但迦太基人还是接受了高卢人提供的帮助，可在第二天陷阱就出现了。当军队进入一个狭窄的峡谷时，很可能是在凯拉山谷，驻扎在悬崖上面的那些高卢人战士把石头扔了下来，砸碎了路上的所有东西。幸运的是，为了以防万一，汉尼拔把他的大部分重装步兵布置在后面，他们基本上毫发无损地逃了出来。

第九天，军队翻过阿尔卑斯山脉到达高山口。数百年来，学者们对李维和波里比阿关于这场战争的历史资料进行了仔细的研究，但还是未能确定山口的位置，不过他们推测是特拉维塞特山口。休息了两天后，汉尼拔迫使他那疲惫不堪的部队继续前进。面前的这条路很窄，而且陡峭得惊人，大部分路面都是柔雪冻结而形成的冰层，致使步兵失足摔死，驮畜的蹄子紧紧地粘在冰面上。迦太基人一度不得不用火、醋和铁棍来敲碎挡在路上的大岩石。由于死亡的士兵过多，汉尼拔为了提振士气，就带领他的部队登上峰顶，从那里可以远远地看到他们的目的地——意大利的波河平原。

汉尼拔终于在第十五天到达波河平原。这次远征只有20 000名步兵和6000名骑兵幸存下来，但令人惊讶的是，37头大象都活了下来。30 000多名士兵牺牲了，没有留下任何东西。他们的丰碑就是汉尼拔对战罗马获得的一系列胜利，还有那翻越阿尔卑斯山脉的史诗般的故事。

走出它们的生存环境
如图所示，在大象身上安装的炮塔可能是想象出来的。这些动物本身就是非洲森林大象物种，现已灭绝。

山的意义

高山不仅仅是物质实体,它们还体现了不同历史时期不同民族的想法、需求和恐惧。在一些文化中,人们满怀敬畏地将它们视为众神居住的地方。

伦盖火山
"上帝之山"是非洲坦桑尼亚的一座活火山。对马萨伊部落来说,这是一个神圣的地方。无论是谁生了病或家里丢了牲畜,都会爬上山去祈祷、贡献祭品。

印度古代神话文献《往世书》中有一段颂扬了喜马拉雅山脉的魅力:"在百年神灵史的长河里,我无法向你们描述喜马偕尔的荣耀……像晨露被早上的太阳晒干一样,人类的罪恶也会因看到喜马偕尔而消失。"

在喜马拉雅山脉北部的中国西藏,古代文化中的高山崇拜把山视为战神的象征。据藏族人说,他们的第一位统治者是神,他顺着一根神奇的光绳从天而降,降落在雅鲁藏布江河谷上的一座圣峰雅拉香波峰上。当莲花生大师在8世纪将佛教带到西藏时,他"征服"了这些神,使它们成为神圣风光的保护者。

在印度教和佛教中,山作为庇护所的理念也是根深蒂固的。印度古代史诗《摩诃婆罗多》中,阿朱那王子徒步前往喜马拉雅,寻求湿婆王的帮助。他在离开时说:"山永远是那些践行正义之法的善人和做圣事、寻找通往天堂之路的隐士的庇护所。"

12世纪伊斯兰教徒到达南亚时,喜马拉雅成为另一种形式的庇护所,一如印度教徒逃到了偏远的山谷。巴基斯坦北部地区奇特拉尔的卡拉什人是曾生活在古代兴都库什地区的人们中幸存下来的。

众神之家

奥林波斯山的古希腊诸神报复心强、反复无常,但奥林波斯山似乎本来就是一个神话,一座理想化的山。只是这座山后来才与一座特定的山峰联系在一起——这座山峰被积雪覆盖,高2917米,横跨希腊的色萨利和马其顿。

在其他的古代欧洲文化中,山也占有显著的地位,通常被认为是恶魔或幽灵栖息的地方。基督教传到这里之后,之前异教徒对自然持有的更为积极的态度被禁止了,这种信仰变得更加普遍。

在斯堪的纳维亚,山是巨怪的家园,它们会引诱人们到它们的高山巢穴中。瑞典语中的"bergtagning"(诱拐)一词,以及"taking to the mountain"(带进山中)是指被妖怪诱导甚至占有。德国北部与斯堪的纳维亚在文化上有许多关联,哈茨山脉一直有关于女巫的传说,据说这些女巫在哈茨山脉的最高峰布罗肯峰上与恶魔狂欢,这在

魔鬼塔
美国怀俄明州的这个奇特的平顶岩层,可能是一个古老的火山颈,高出底部386米。自新石器时代以来,它对美洲印第安平原部落来说就是一个神圣的处所,被称为灰熊小屋。每年6月,人们都会在它的下面举行仪式。

神圣的湿婆峰
这座双子峰位于印度喜马拉雅山，其名字反映了它作为印度教神湿婆的神圣象征的地位。

布罗肯山幽灵
19世纪，在德国哈茨山脉旅行的游人看到"光晕幽灵"在召唤他们。他们将最高峰命名为布罗肯。

背景介绍

- 作为自然风景中最大的地貌特征，在人类历史的大部分阶段中，高山因其自有的、通常剧烈变化的天气系统唤起了人们的恐惧和敬畏。在早期的文化中，洪水、雪崩、山体滑坡、复杂的地形和大风使它们成为人们想象中的神灵居所。

- 山也被视为反复无常的众神的化身，让人们获得神圣之感。美国学者兼登山者埃德温·伯恩鲍姆这样说："飘浮在云雾之上，从薄雾中显现出来，山脉展现给我们的是一个完全不同于我们既有认知的世界，激励我们走进去，体验那截然不同的神圣之地。"

- 那些敢于冒险、能灵活应对高海拔旅行中紧急情况的人为安全、狩猎和贸易而勘探群山。

《浮士德》中有所记录，其同名英雄也加入峰顶恶魔的狂欢中。一年中，布罗肯峰大约有300天被云雾笼罩，这也是产生诸多传说的一个原因。

> 直到18世纪，人们才科学地、客观地看待山脉。在有历史记载的第一个四千年里，山脉一直都笼罩在迷信和神话之中，被视为危险和邪恶的地方。

可怕的幽灵

"布罗肯山幽灵"由这座山的名字而来。这是当低落的太阳从一个在山脊或山顶向下看迷雾的人的背后照射过来时，就会产生的一种光幻觉。大气条件使人的影子向前移动，形或一个巨大的幽灵般的轮廓。由于光的衍射，人的头部通常被七彩光晕包围，人们称之为"荣耀"。在德国文化中，这些现象被认为是灾难的预兆。然而，中国四川峨眉山上的僧侣则认为这些现象是好的预兆，光晕被看作神圣的标志。

在罗马人到来之前，凯尔特部落统治着阿尔卑斯山脉。据罗马历史学家李维说，凯尔特人崇拜天神，罗马人称其为布匿，源自凯尔特语中的"pen"一词，是顶峰的意思。在瑞士大圣贝尔纳山口，人们挖掘出了一座为布匿而建的寺庙。罗马人本身并不欣赏阿尔卑斯山脉，认为它们是可恨的，基本上对它们视而不见。但是，他们掌握了阿尔卑斯山脉与政治的关联，特别是迦太基将军汉尼拔入侵后（见第20—21页）。

随着基督教的到来，法国和瑞士的凯尔特神被根除，但它们与山脉的联系在英国延续了更长的时间。在英国，异教徒对自然的态度被用来传播信仰。在爱尔兰，朝圣山脉的传统与中国藏族人对山水的崇敬和转山的习俗相似。

众峰之首
在希腊神话中，据说12位奥林波斯主神——包括宙斯（左）在内的希腊众神中最重要的神灵——全都居住在奥林波斯山顶上。

法显和尚

翻越大山脉的佛教僧人

中国　　　　　　　　　　　　　　**约公元350—422年**

虽然佛教在公元前3世纪就传到中国，但公元2世纪才真正在中国站稳脚跟。缺乏合适的中文佛经译本，是佛教在中国传播的严重阻碍。一位名叫法显的僧人于公元399年前往佛陀的故乡印度，试图寻找解决办法。在他的冒险之旅中，他穿过了中亚，以及兴都库什、喀喇昆仑和喜马拉雅的广阔区域。15年后，他带着一批佛教典籍回到中国。

山上的佛陀
一面用中国丝绸制作的旗上印有佛陀在灵鹫山上布道的图像，这座山是印度佛教的圣地，法显登上灵鹫山，在山洞里找到了打坐冥想的佛陀。

高山在佛教宇宙学中起着重要的作用。在神话中，须弥山被视为一座高入云天、深至大海的小世界中心之山。对于佛教徒来说，攀登传说中的高不可攀的山峰，或艰难地攀登现实中的高山，可比作灵魂上升到一个更高的境界，因为这接近涅槃后完美的精神状态。

早期佛教徒把现实中的一些山脉列为圣山，是朝圣的对象。日本最神圣的山是富士山；中国西藏地区最神圣的则是冈仁波齐峰，又被称为"雪灵山"。在中国，有四座山特别受佛教徒崇敬——五台山（山西省）、峨眉山（四川省）、九华山（安徽省）和普陀山（浙江省）。几个世纪以来，这些圣山上寺庙群起，为蜂拥而至的朝圣者服务。

然而，中国与佛教的始源地印度相距很远，这意味着即使有再多的圣地，也无法弥补可供中国早期佛教徒学用的原始经文的不足。三岁时就被安置在寺院里的法显尤感亟需原始经文。为了获得原始经文，并将它们翻译成中文，他决定亲自前往印度。在公元4世纪末，这样的旅行绝不是一件容易的事。在残疾的晋安帝司马德宗（382—419年，东晋）的统治下，东晋国势日衰，内乱频发，而且对可方便折达印度的中亚重要线路的控制薄弱。

遥远的帝国疆界

法显和他的同伴们花了一年多的时间，才到达戈壁沙漠边缘的敦煌，这是晋朝管辖范围的最远端。僧侣旅行队并没有向西进入敌对地区，而是向南直接穿过沙漠。正如法显后来在他的《佛国记》中所记载的那样，沙漠是一个恶魔和热风盛行的地方，遇则皆死。至于如何找到一条小路，"唯以死人枯骨为标帜耳"。

经过17天的旅行，僧侣们走出了危险的戈壁，到达地处喜马拉雅山脉和兴都库什山脉交界边缘的佛教王国。法显一行人穿过鞑靼和克什米尔，所到之处都能看到佛教寺院。在喀什，他们参加了该地区国王主持的僧侣集会。

生平事迹

- 三岁时就被送入一座佛教寺院，十岁时决定继续僧侣生活。
- 受大戒后，经过一段时间的学习，他开始了长达15年的翻越中亚之巅的艰难旅程，遍历印度、斯里兰卡和爪哇，寻找当时在中国还没有的佛教教义。
- 在这次旅程中，他翻越了中国的昆仑山和天山山脉，然后穿越了中亚的帕米尔高原和翻越了喀喇昆仑山脉。
- 返航途中，他乘坐的船遭遇了严重的风暴，乘客们被命令把他们的财物都扔到海里；法显紧抱着他辛苦收集来的珍贵的佛经。
- 他写了很多旅行记，但只有《佛国记》被保存了下来。

兴都库什山的佛教奇迹
法显沿着丝绸之路旅行时，来到了巴米扬（位于现在的阿富汗），在那里，有两尊雕刻在悬崖上的巨大佛像。这张照片摄于2001年塔利班摧毁这些雕像之前。

> 遇此难者，万无一全。
>
> ——摘自法显所著《佛国记》中"穿越帕米尔高原"一节

翻越高山

然而，法显的真正目的不在大山脉上，僧侣旅行队必须翻过这些山脉，才能到达恒河平原及他们渴求的原始经文所在的佛教中心地带。他们先翻越了中亚地区的帕米尔东部的勃律-塔克什山脉。当法显发现"葱岭冬夏有雪"时，他断言山上也有毒龙，一旦被激怒，就会吐出毒风、毒雨、毒雪，甚至毒石头，显然他的判断是对这种翻越山脉本所固有的真切危险的想象描述。

僧侣们在一座寺院进行了短暂的休息，随后他们不得不再次踏上山路，在令人眩晕的山路上行走了15天，那里的山腰看起来像一堵3000米高的石墙："临之目眩，欲进则投足无所。"先前的旅行者在这片陡峭的岩石上留下了700个脚印，还在上面放了梯子和摇摇晃晃的绳索吊桥，僧侣们小心翼翼地走过吊桥。

最后，法显翻越这些高山，终于到达印度西北部，并花了几年的时间，满怀热情地造访了最重要的佛学所在地，找到了他冒着这么大风险要收集的佛教经文。

也许是陆上旅行艰苦的缘故，法显没有沿着来时的路线回去，而是选择乘船返回中国，尽管这趟漫长的、风暴肆虐的航行几乎跟来时一样险恶。在他动身去印度15年后，也就是公元413年，法显回到中国，隐退在一座寺庙里，在那里翻译经文，度过了余生。从这个层面上来说，他是第一位翻越具有真正象征意义的高山障碍的中国佛教徒。

玄奘
中国　　　　　　　　　　约公元602—664年

公元629年，佛教僧人玄奘未经皇帝许可，便启程前往印度，于是一张捉拿他的逮捕令颁发了。

像之前的法显一样，玄奘正在寻找新的佛经。他认为已传入中国的佛经存在着令人费解的差异，并决心调和这些差异。他途经中国西北部的吐鲁番，当地的统治者被他的智慧所吸引，试图留住他。但玄奘逃了出来，再次穿越了严酷的塔克拉玛干沙漠。在他冒着大雪攀越兴都库什山脉的高峰之前，他已穿越中亚的塔什干、撒马尔罕和巴克特里亚。他于633年抵达印度，在那里待了12年，然后带着丰富的佛教典籍返回中国。

高山掠影

乞力马扎罗山

耸立于坦桑尼亚北部平原上的乞力马扎罗山海拔超过5000米，是非洲最高的山峰，通常被认为是世界上最大的独立山峰。实际上，这座巨大的菱形山丘是由三座独立的火山组成的。它的存在源自靠近最早进化出现代人的东非大裂谷，这使乞力马扎罗山成为最早与我们产生联系的山。

没有人确切知道"乞力马扎罗"这个名字的由来，但它的意思可能是"尼吉罗人的小山"。德国探险家约翰内斯·雷布曼在1848年成为第一个见到这座山的欧洲人。据他说，居住在这一地区的查加人向他描述了基博峰和基马文济峰（现缩写为马文济峰）这两个明显的山峰群，但对整座山却没有说一个字。

可以肯定的是，乞力马扎罗山之于住在附近的人是一座圣山，而在西方文化中，它是非洲人冒险精神的化身，这要部分地归功于欧内斯特·海明威的作品。早期的探险家们不相信一座离赤道那么近的山上会有冰雪，他们极想知道山顶上那些白色的东西是不是银子。

气候科学家预测，到2050年，那里的冰将消失，而这里描述的路线将会变成陡峭的碎石斜坡。有六条徒步登山路线可到达峰顶。坦桑尼亚独立时，顶峰改名为乌呼鲁峰。对于登山者来说，登上基博峰的最引人注目的路线都在西南侧的悬冰川上，悬冰川是因很久以前的山崩而形成的。

侧面示意图

名称：乞力马扎罗山
在德国殖民统治时期，这座山以德国君王威廉一世威廉·施皮策的名字命名（叫作威廉大帝山）；脱离英国独立时，重新命名为乌呼鲁峰。

位置：坦桑尼亚

海拔：5895米

地形突起度：5100米

显著特征：乞力马扎罗山是一座不活跃的层状火山，随着海拔升高依次分为五个分层生态区：低坡区、山地森林区、荒原沼泽区、高山沙漠区和山顶区。

首次登顶：1889年，路德维希·普特舍勒、汉斯·迈尔

马文济峰首登：1912年，爱德华·厄勒、弗里茨·克卢特

女性首次登顶：1927年，希拉·麦克唐纳

最快登顶纪录：2004年，当地向导和西蒙·姆图伊用时8小时27分钟登顶并返回马维卡门。

攀登路线

乞力马扎罗山上的冰不断消失并非只是现代现象，而是早已有之。登山者们早就意识到，基博峰南侧的攀岩条件变化无常，那里有好多冰川。最难攀登的路线是在裂口峭壁上。在这里，除了具有标志性的梅斯纳尔攀登路线之外，其他有名的路线包括1974年约翰·坦普尔和托尼·查尔顿以及1975年坦普尔和戴夫·切斯蒙德开辟的登山路线。

裂口峭壁

— 西侧裂口
（E.厄勒、F.克卢特，1912年）也被称为箭冰川路线，攀岩至小裂口冰川的右边。虽然它只是很简单的攀登，但不适合徒步旅行者。

❶ 裂口峭壁 从基博峰西南侧边缘凸起的巨大岩石面。乞力马扎罗山最难攀登的地方就在这里。

— 竖直裂口峭壁
（R.梅斯纳尔、K.伦兹勒，1978年）一条危险的路线，它从钻石冰川获得水分，形成一根80米的冰柱，连接巴莱托和钻石冰川。攀爬过程容易发生岩石崩落。

❷ 乞力马扎罗山的西北侧也形成了冰川 如彭克冰川，人们已经攀登过这些冰川，但它们消退得比南侧冰川还要快。

南侧冰川

— 海姆冰川
（A.纳尔逊、H.J.库克、D.N.古道尔，1957年）在这次经典的攀登中，他们越过一道沟壑，到达名为"窗口扶壁"的悬崖右侧，这座悬崖把裂口峭壁和海姆冰川隔开。

— 克尔斯滕冰川原始路线
（W.韦尔施、L.赫恩卡雷，1962年）攀登上了冰川的左侧，没有遇到技术难题。

— 克尔斯滕冰川直达路线
（I.艾伦，W.O.奥康纳，J.克莱尔，1975年）这条从最低冰层垂直向上的艰难的登山直线要攀上一根垂直冰柱和几个冰塔林。

— 德肯冰川原始路线
（E.艾森曼、T.施纳基格，1938年）随着冰川的融化，更陡峭的冰瀑形成，这条相对容易的路线变得越来越难行。冰瀑倾斜至65°。

❸ 马维卡徒步路线 从德肯冰川以东3公里处的巴拉夫营地攀登到基博峰东南侧。

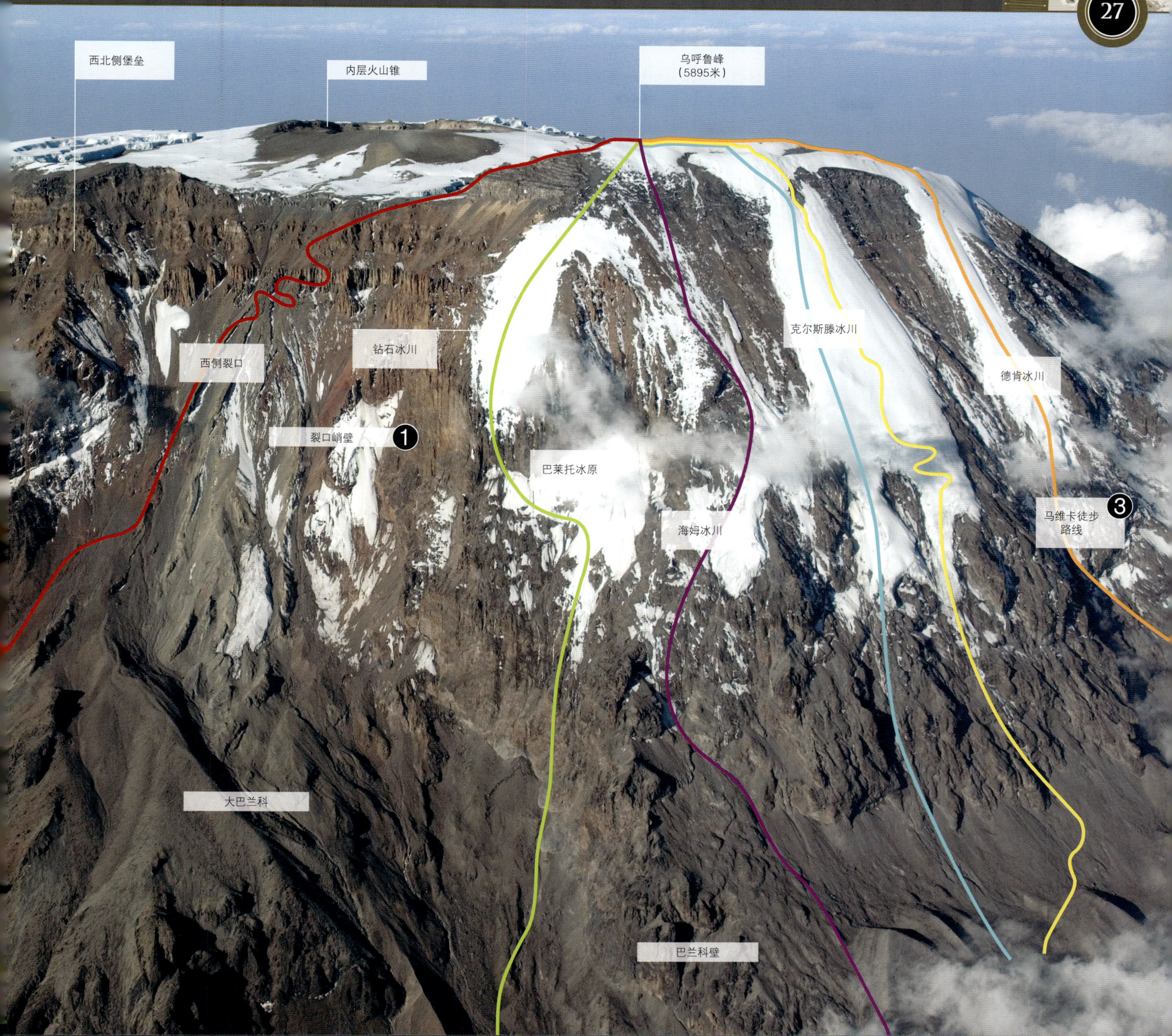

乞力马扎罗山

西北侧堡垒　内层火山锥　乌呼鲁峰（5895米）

西侧裂口　钻石冰川　克尔斯滕冰川　德肯冰川

裂口峭壁 ①　巴莱托冰原　海姆冰川　马维卡徒步路线 ③

大巴兰科

巴兰科壁

山地特写

(A) 乞力马扎罗山纬度为南纬3°，在笼罩着坦桑尼亚周边草原的云中若隐若现。

(B) 登山营地靠近基博峰外部火山口的冰壁。最近的一次火山活动发生在两百年前。

(C) 背夫扛着徒步登山者的装备和用品。不同的探险服务机构之间的工作条件差别很大。在最热门的徒步旅行路线上有三个大型棚屋营地群。

A

B

C

空海和尚

山区佛教寺庙的创建者

日本　　　　　　　　　　　　　　公元774—835年

佛教僧人空海，谥号弘法大师，创立了"真言宗"这一密宗学派，在日本产生了巨大的影响。他四处寻找新教派总部的所在地，公元819年，他在大阪以南的高野山山坡的森林平原上创建了一座寺院。从此以后，大山——长期以来被日本传统宗教神道教视为圣地——成为建造佛教寺院、寺庙的选址。

生平事迹

- 放弃学业，成为一名佛教僧侣，在日本的山里隐居。
- 撰写了《三教指归》，这是一本集道教、儒教、佛教思想于一体的书。
- 陪同皇家遣唐使队伍前往中国，以了解更多的佛经知识。
- 在中国耗时两年学习印度佛教、印度教教义、梵文和书法，并创立"真言宗"佛教派系。
- 获得日本天皇的许可，在高野山修建一座寺院；耗费多年筹集资金，直到他死后，这个项目才得以彻底完成。
- 完成《秘密曼荼罗教付法传》的写作，总结了他的教义。
- 成为日本最著名、最受人爱戴的佛教僧人之一。

空海的父母都是贵族，他的家族培养出了许多行政长官和学者。他俗名是佐伯真鱼，幼时父母叫他"贵物"，意为"难得的天才"，但他一生中的大部分时间都被称为空海。去世后，谥号弘法大师，意思是"伟大的老师"。

发现佛教

空海从小就被认为是一个非常有天赋的孩子。14岁时，他被送往首都奈良，在他舅舅的指导下学习，他舅舅是皇太子的家庭教师。17岁时，他开始学习中国的经典著作和儒学。

在他学习期间，他的家族首领涉嫌参与暗杀政敌，这导致空海的家族在皇室圈子中黯然失色，也使这位年轻人失去了潜在的资助人。这样，空海在政府谋职的可能性就很小了，于是他的兴趣便从儒学（对官僚机构的职业生涯有用）转向佛教，并放弃了学业，过起了四处漂泊的佛教徒生活。

正是在这些年里，作为一个隐士，空海第一次进入大山里隐居。为了沉思冥想，他登上日本南部的太龙山，在那里背诵经文，"当我诵经时，山谷里回响着我的声音，金星在天空中出现"。在古代的日本，人们认为山是神灵居住的主要地方之一，许多庙宇都坐落在山坡上。然而，在日本的佛教实践中，相对来说山并没有得到重视，在空海时代之前，还没有一座大寺院建在山上。

出使中国

过着隐士生活的同时，空海开始撰写他的第一部宗教著作，于公元797年完成了《三教指归》。在这本书中，他融佛教、儒教和道教于一体——这是他接纳其他精神传统的证明。然而，因为有些佛经还没有被翻译成日语，他发现无法学习核心佛经。因此，在公元804年，他抓住机会，参加了由日本天皇派遣的前往中国长安的队伍。这支小型船队共有四艘船，在航程中，一艘船在暴风雨中沉没，第二艘船掉头回了日本，还有两艘船成功抵达中国的福建省。其中一艘船载着空海，另一艘船则载着另一位著名的佛教僧侣最澄。

文化交流

日本遣唐使团开始了艰难的旅程，最后到达当时中国的首都长安。中国拥有最富世界性的文化，空海在中国的学习使他成为日本最有影响力的人物之一。

> 禅修应在大山深处的平坦地带进行。
>
> ——摘自空海致嵯峨天皇的信，写于公元816年

高野山上的新僧
寺院的新僧们在深雪中跋涉到高野山上的寺院，一如一千多年前的空海。

在中国的两年里，受大师惠果的指导，空海发展了真言宗派的教义，通过一系列的咒语（吟唱）和曼荼罗（用以代表宇宙的神秘的圆形图）来解释释迦牟尼。

公元806年，当他回到日本时，他发现新的平城天皇已经登基，后者对佛教的态度不如前任天皇好。虽然他于809年被召到京都的高尾山寺庙居住，并在810年升为奈良东大寺别当，但空海仍然感到真言宗派没有得到足够的关注。

山区寺庙总部

公元816年，空海写信给平城天皇的继任者嵯峨天皇，请求允许他在高野山山顶的小平地上建造一座寺院。高野山高达1000米，位于大阪以南的大和地区。空海告诉天皇，那是一个"山高多雨的地方，水滴在那里聚集，滋润了植被，鱼龙繁衍"。他认为，因为"那里四周都是山峰，人迹罕至，几乎没有山路小径"，所以是建造寺院的好地方，适合平静地沉思冥想。

在山上建造寺院的提议获得了天皇的批准。尽管空海需要将更多的精力放在处理朝廷事务上，但他还是于公元818年登上高野山，制订了一套让山地景观与真言宗教义相适应的方案。

尽管空海一有机会就会去高野山，但他发现每次登山都很艰难，就像他记录的那样，"山高，雪深，走路疼痛难忍"。为了在这样一个偏远的地方建造寺院，筹集所需的巨额资金也同样困难。就在空海去世前的几个月里，他还在努力筹集更多的资金，他说，"哪怕是一分钱或一粒米都可以"。令他高兴的是，公元832年天皇终于准许他退休去高野山。公元835年，空海去世，他的遗骨被埋葬在高野山东峰的一座神殿里。

空海的工作和影响力并未因他的离去而结束。他的弟子们仍继续着他的未竟之业，特别是理源大师（832—909年），他创立了修验道兄弟会，这是山伏（"那些在山上睡觉的人"）僧侣运动的一部分。

修验道僧人常去日本的荒野山峰，如奈良附近的大峰山，确保空海的"山是禅修所必不可少的助力"的理念得以延续，使其成为真言宗佛教的一个永久不变的组成部分。

富士山

富士山是一座美丽的锥状火山,与立山和白山并称日本三大圣山,最后一次喷发是在1707年。据记载,人类第一次登顶富士山是在公元663年,虽然朝圣者经常攀登富士山,但直到19世纪末,妇女才获准攀登富士山的顶峰。1860年,英国驻日本总领事卢瑟福·阿尔科克爵士登上富士山,成为第一位登上这座山的外国人。如今,每年有10多万人登上这座山的顶峰。登顶这座山需要八到十个小时。

高山人生

普韦布洛人

自9世纪起，北美的古普韦布洛人就开始在今美国西南部建造一系列的崖顶村镇——或称普韦布洛（源自西班牙语，意为"村庄"）。这些村镇的房屋高达五层，有时多达数百个房间，其中最大的建筑物需要数十万工时才能建成。普韦布洛人是人类超常适应高地生活的典范。

普韦布洛人的祖先生活在恶劣的环境中，在那些沙漠高原上和峡谷里几乎没有足够的水供给农业。约公元800年，这些"编篮者"开始在这一地区的台地—高原的悬崖上建设村落。在高高的峡谷悬崖的保护下，普韦布洛也是能掩藏多达1000人的防御阵地。

这些建筑由石头和土坯（一种土砖）建成，非常适合那里的环境。随着普韦布洛人的兴旺，他们建造了更高大的建筑物，名曰"巨屋"。约1050年，他们建造了被称为"普韦布洛波尼托"（意为"美丽的村镇"）的大建筑群，这个建筑群拥有700个房间。普韦布洛人广泛地进行贸易往来，交换沙漠地区不能生产的那些商品。公元750年后，随着定居点的增多，他们需要大量进口木材，还有海洋贝壳、贝壳化石以及远从墨西哥进口的绿松石等奢侈品。

连年干旱击垮了普韦布洛人，许多人都迁徙了。他们被迫聚居在防御能力更强的定居点，在峡谷的岩壁上建造了新的家园，比如弗德台地的"悬崖宫殿"。这些是最壮观的普韦布洛定居点，但也是普韦布洛文化的最后一笔遗产，在1225至1290年间，普韦布洛人被更严重的干旱压垮了。

查科峡谷的普韦布洛人社区位于新墨西哥州的沙漠高处，海拔1800米，在公元800至1000年间繁盛起来，尽管此地冬季长，生长季短。

生活在沙漠

在普韦布洛人的全盛时期，他们在其峡谷住宅上方肥沃的平地里种植豆子、南瓜和玉米。他们用水池储水，挖掘水渠灌溉作物。他们也饲养火鸡，并把打猎当作游戏。

❶ 房屋结构因用途而不同——小一点的房间是用来贮藏东西的，比如犹他州大峡谷里的这些砖砌的空间。❷ 普韦布洛人在峡谷岩壁上留下了大量的岩画（岩石雕刻）和艺术品，比如这些大峡谷岩壁上的手印。❸ 装饰陶器既是仪式用品也是日常用品，比如这些在弗德台地发现的陶器。

开辟出一条生存之路

普韦布洛人使用多种建筑材料建造房屋，查科峡谷的小房屋就使用了土砖、砌石和木材。坚固的房屋由用碎石填满的平行墙建成，并用凿石最后加固。

❶ 位于现新墨西哥州查科峡谷的普韦布洛波尼托，内设私人住宅、公共广场和基瓦会堂（举行仪式的场所）。❷ 艺术家的这幅印象画描绘了在弗德台地基瓦会堂举行的仪式活动。❸ 弗德台地的居民大约从公元550年起就生活在那里，而在悬崖下建造普韦布洛则大约始于1190年。

峡谷中安居

普韦布洛人精心设计的悬崖和峡谷住宅是该地区1000多年居住历史上的巅峰之作。大约在公元500年，居民们由狩猎转为农耕，随着时间的推移，定居点的规模不断扩大。

❶ 普韦布洛人的祖先在科罗拉多的弗德台地等地以狩猎和采集为生。 ❷ 虽然查科峡谷的普韦布洛波尼托至少有700个房间，但是大多数普韦布洛民居只有10个或更少的房间。 ❸ 早期"编篮者"文化利用干燥的环境把逝者做成木乃伊。

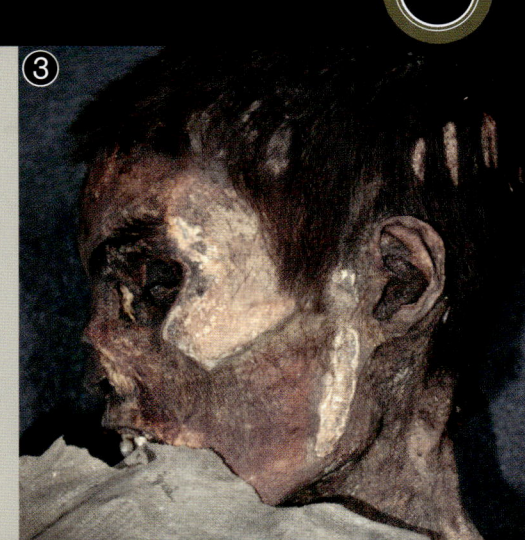

高山的象征

长久以来，山峰一直扮演重要的象征性角色。登顶途中遇到的险峻地势及千难万险都成为那些努力想要得到救赎的灵魂的隐喻。

登山朝圣者
山峰、山谷和崎岖的道路，代表着灵魂之路——这些修女的"天路历程"——一直是基督教圣像的一部分。

当基督教在公元1世纪出现的时候，它从许多方面继承了《旧约》中的信条，其中就有对山的意象的关注。登山宝训是耶稣基督最重要的布道之一，这次布道可能是在加利利海边的迦百农附近的山岬上进行的，而在他生命的尽头，他在橄榄山上度过了犹大背叛他之前的最后一夜，并被钉死在耶路撒冷城外的各各他山上。

圣山

基督教以前的宗教将山视为众神居住的地方。在基督教成为罗马帝国的国教之时，其领导人就力图收归或摧毁那些古老宗教的圣地，这其中的许多圣地都位于山上。在一些地方，譬如德国的哈茨山脉和瑞士的大圣贝尔纳山口，异教的寺庙都被毁坏了——就像它们在平原上的城镇和森林里一样。

然而，在其他地方，人们笃信神居住在山上，公元6世纪中期埃及的圣凯瑟琳修道院选择建在西奈山脚下并不是偶然。在希腊的山顶有很多修道院群，譬如阿索斯山以及高耸的迈泰奥拉山顶上的修道院房屋，它们与埃及沙漠

圣帕特里克之山
自异教徒时代始，圣帕特里克（左）开始传教的克罗帕特里克山一直备受推崇。如今每年都有近百万人攀登此山参加年度朝圣活动。

中偏僻的隐修一样，充当了庇护所的角色。

山常常是基督教圣徒战胜敌人的地方。在爱尔兰，据说圣帕特里克于公元441年爬上了梅奥郡的一座高峰，他效仿耶稣在沙漠里斋戒，在山上禁食了40天，然后将邪恶势力驱逐出国。

从神学上讲，关于高山更细致入微的观点来自希波的圣奥古斯丁。圣奥古斯丁是5世纪初的一位北非神学家，他这样写道："有这么一些人，他们仰慕高山的巅峰、大海的波涛、江河的激流、大洋的环流和商铺的运转，却忽视了自己。"换句话说，他认为过分地关注物质世界可能会导致精神世界的死亡。

对山的朝圣最终成为基督教精神的一部分。除了修道院之外，在众多山峰中，位于意大利皮埃蒙特大区的苏萨山谷上的罗什美隆峰格外引人注目。在14世纪初，一位名叫博尼法乔·罗塔里奥的阿斯蒂骑士将一尊沉重的圣母玛利亚黄铜三联像拖到了峰顶上。忠实的基督教信徒每年都会爬上山去瞻仰铜像，但因很多人上下山时坠落身亡，这尊铜像最终又被带回镇上。

从畏惧到理解

从严格意义上来讲，翻越大山本身是一件不得已而为之的事情，无旅行者多么热切地祈求上帝的保护。在欧洲，一直到了中世纪文艺复兴时期，人们对山的恐惧和宗教般的敬畏才开始转变，认为山只不过是为人所熟知的东西。在长篇叙事诗《神曲》（约1308—1321年）中，伟大的意大利诗人但丁把自己不能攀登的山的形象隐喻为灵魂从地狱升华，穿过陡峭曲折的炼狱之路，到达人间天堂所在的顶峰。但丁用来描述高山的语言表明他对它们非常熟悉。在接下来的200年中，学者、作家和思想家以他的作品为基础，为人们提供了更为复杂的高山形象。山不仅仅是神学隐喻，还是一个能被描述、体验，甚至分类的真实物体。

西奈山上
根据犹太教和基督教的传说，摩西是在西奈山上从上帝手中接过的十诫。

没有寻常的山丘
在凯尔特人的世界里，新石器时代的仪式和后来的基督教信仰有时会在高山上融合，比如英格兰的格拉斯顿伯里突岩，在基督教时代之前就已经是神圣之物。

在穆萨山上迎接黎明
埃及西奈半岛上的穆萨山（又称摩西山）被认为是《圣经》中的西奈山，这使此峰自基督教创立之初就成为一块吸引隐士和朝圣者的强大磁石。

背景介绍

- 在影响早期基督教的宗教传统中，对高山和山神的崇敬发挥了重大的作用。希腊人相信，他们的神在希腊中部的奥林波斯山上有一个家，神在那儿观察人的行为。

- 许多古代的近东人把祭坛或寺庙设置在高处。在当今约旦的佩特拉，纳巴泰人曾为他们的山神杜沙拉建造了"高山祭坛"。约从公元前2000年开始，苏美尔人和巴比伦人建造了金字形神塔，也就是巨大的阶梯金字塔神庙，其高耸的轮廓强调了这一理念：要想更好地崇拜神，就必须到尽可能高的地方。

- 《旧约》记载，上帝因人类的罪过而惩罚人类，却拯救了诺亚和他的家人，方舟——诺亚建造的大船——最后停靠在高山上，即当今土耳其的亚拉腊山。

- 《旧约》中还有许多其他的事件也发生在山上，例如，亚伯拉罕按照上帝的要求，把他的儿子以撒献祭到峰顶上，直到天使介入为止。

彼特拉克

为娱乐而登山的第一人

托斯卡纳　　　　　　　　　　　　1304—1374年

弗兰西斯科·彼特拉克一生的大部分时间都在一个小小的神职岗位上度过，却赢得了意大利最伟大诗人的声誉。1336年，他成为第一个只"为观景"而登山的人，从而被人熟知。他是一个充满激情的男人，因一个爱而不得的女人劳拉和与基督教神学的斗争而饱受折磨。劳拉成了他大部分诗作的主题，登山则成了他反思生命塑造力的途径。

德·布雷布尔的苦难

在中世纪，除了大堆大堆的碎石和陡峭的岩壁之外，阿尔卑斯山脉是不可想象的。在彼特拉克之前，人们普遍都带着敬畏甚至恐惧的眼光看待阿尔卑斯山脉，当然不把它当作什么带来快乐的东西。12世纪的英国修道士约翰·德·布雷布尔显然不是喜爱高山的人，他在1188年2月途经法国塞尼山口的游记中，描写了潮水般涌来的朝圣者们在冬天经此山口去罗马的路上所经受的艰难。

德·布雷布尔把山脚下的圣雷米村描述为"钉在死亡下巴上"的地方，在那里雪崩卷落大量的积雪，把一队队的旅行者全部活埋。当德·布雷布尔想握笔在纸上记录时，墨水已经冻结成冰。他哀叹道，在这样一个光滑、多石的地方，意味着有人一旦跌落就必定死亡。他祈求上帝把他从这冰冷的地狱中拯救出来，他的祈祷说出了他对阿尔卑斯山脉的厌恶："至高无上的主啊，让我回到我的弟兄们中间吧！我好告诉他们，不要到这个痛苦的地方来。"

自公元前3世纪汉尼拔的壮举（见第20—21页）至14世纪，欧洲的山脉并没有完全被弃置，但严格来说，大多数山地旅行还是迫于需求才进行的。翻越阿尔卑斯山进入意大利境内的通道特别繁忙，在这些路线上，留下了法国和德国朝圣者前往罗马圣地的足迹。

一群皇室旅行者构成了其中一道风景，其中包括神圣罗马皇帝亨利四世，他于1076年翻越了塞尼山（法国阿尔卑斯山脉的山口），试图去解决他与教皇格里高利七世的分歧。为了方便和保护那些经过此道的旅行者，自公元859年起，这里建起旅客招待所，大约一个世纪之后，杰出的本笃会僧侣芒通的圣贝尔纳又重建了这个旅客招待所。

为快乐而登山

阿拉贡国王佩德罗三世（1236—1285年）听说加泰罗尼亚的比利牛斯山脉的卡尼古峰是龙的居所，便想攀登卡尼古峰。除他之外，彼特拉克似乎是第一个为登峰而登峰的人，而不是因为山峰耸立在旅行路线上，非登不可。这位年轻的诗人在罗马教廷度过了两年时间，那时他随父从罗马被流放到法国南部的阿维尼翁。透过窗户，他可以看到位于东北方向50公里处的旺图山主体，多年来"想看到这么高大的山会带来什么"的愿望一直存留在他的脑海中。精通古典文学的他在读了马其顿国王菲利普二世（亚历山大大帝的父亲）在公元前340年登上赫穆斯山（位于保加利亚）的故事后，便有了登山探险的想法。

生平事迹

- 他出生于意大利的阿雷佐，在举家搬到法国的阿维尼翁之前，他在阿雷佐生活了几年。
- 为了他自己的真正兴趣——文学和宗教生活——而放弃法律学习。
- 在博洛尼亚的一座教堂里遇见劳拉；彼特拉克诗歌的创作灵感大多源自劳拉。
- 在他弟弟的陪伴下，游历了欧洲西北部。
- 史上首次有记载的登山——登上法国普罗旺斯的旺图山。
- 在罗马举行的一个公开仪式上，他被戴上桂冠以表彰他作为诗人的成就，成为第一位桂冠诗人。

彼特拉克

大圣贝尔纳山口
自青铜时代以来，军队、商人和朝圣者都曾经过这个山口穿越阿尔卑斯山脉西部。为了纪念圣贝尔纳为登山旅行者所做的贡献，人们在山口建造了一座雕像（左）。

为找寻一起探险的同伴，彼特拉克费尽心思，他拒绝了几个候选人后，最终选择了他的弟弟盖拉尔多。盖拉尔多性格沉稳可靠，身体也强壮，在旺图山探险期间，他会成为富有艺术气质的彼特拉克的完美配角。

精神高度

兄弟俩于1336年4月24日出发，在对这次登山的描述中，彼特拉克没有写探险前的准备和计划的细节，他们与两名仆人一起住在名为马洛塞纳的小村庄里，小村庄坐落在山脚下，山高1912米。

两天后，在两名仆人的陪伴下，彼特拉克和盖拉尔多开始了攀登。在路过一座废弃的修道院时，他们遇到了一个年老的牧羊人，牧羊人说自己早在50年前就登上过顶峰，前方的路很艰难，可得到的回报却是伤痕和辛劳，不值得付出努力。他们把多余的行李寄存起来，继续向上攀登。在彼特拉克登顶后写给其灵魂导师——神父迪奥尼基·达博尔戈·圣塞波尔克罗的信中，他对这一事件添加了一些形而上的阐释。对这位诗人来说，这次探险象征着他从物质层面到精神层面的奋斗历程，登上顶峰就是把罪孽抛在身后，进而得到净化，走近上帝。

然而，还有更多世俗的障碍需要克服。彼特拉克登顶心切，但他的体力却不及弟弟，只得一直在山坡上来回穿梭。相比之下，盖拉尔多直奔山脊，走的是最陡峭却是最近的路线。彼特拉克一次又一次地往上攀登，到达一个制高点，却发现弟弟正在那里休息。

最后，他们一行登上了顶峰，尽管比利牛斯山脉被薄雾遮住了，但他们可以远远地看到法国东南海岸上的马赛。

想到希腊诸神在奥林波斯山上的崇高家园，想到他的灵感源泉劳拉从未回报他的激情，彼特拉克被情感和思绪所控制，从口袋里掏出一本书，那是5世纪神学家圣奥古斯丁的《忏悔录》。这不是一本最适合在山顶阅读的书，但彼特拉克也不算典型的登山者。

接着他们开始下山，到达马洛塞纳的旅店时夜幕已经降临。据彼特拉克描述，在那漫长的下山路上，他一个字都没说，而是深深地陷入被山峰激发的内省中。他伏案把这一切都写下来，尽力把这些感受捕捉回来，写进给神父迪奥尼基的信里。

尽管在接下来的17年里，彼特拉克有10年的时间在触手可及旺图山的地方度过，但是他似乎再未攀登任何一座山。登上这样的精神高地，一次就够了，这足以使他赢得世界第一位真正的登山家的美名了。

爱的行为
彼特拉克把攀登旺图山称为"灵魂之旅"，这也是他对劳拉的爱的行为，是他大部分十四行诗（左）的理想化的主题。

山的寓意
彼特拉克的组诗《凯旋》讲述了爱情、贞洁、死亡、名誉、时间和信仰的六次胜利，给许多艺术家带来灵感。在这幅1450年的画作中，山构成了优美的背景。

安托万·德·维尔

征服高山的中世纪领主

法国　　　　　　　　　　　　　　　　　　　卒于1504年

生平事迹

- 使用抓钩和吊环作为固定物，无意中开创了用岩钉和绳梯进行攀登的登山技术。
- 在艾吉耶山下的草地上，竖立起三个木十字架和一座石砌教堂，以感谢他的攀登。
- 有两组人见证了维尔登顶艾吉耶山：在格勒诺布尔档案馆里存有吉格·德·拉·图尔和皮埃尔·利奥塔尔签名的证词书，以证明此次登顶是真实的。
- 1504年，维尔在那不勒斯去世，那是查理八世在罗马涅战役获胜后赐给他的封地。
- 艾吉耶山后来被讽刺作家弗朗索瓦·拉伯雷描述为"有点像毒蘑菇……除了维尔之外，再没有一个人攀登过它，维尔可是那个主管过查理八世火炮辎重队的人"。

　　在早期登山史中，神职人员和自然哲学家被记录其中，乡绅兼军人的安托万·德·维尔尤其出类拔萃。多亏了国王的旨意和军械，维尔成为第一个登上有技术难度的山峰的人。在1492年的探险中，他凭借远超时代的先进技术，征服了艾吉耶山。该山坐落于格勒诺布尔附近的韦科尔，被陡峭的石灰岩岩壁环绕，十分险峻。因此，他的这次探险被公认为第一次真正意义上的"阿尔卑斯山"攀登。

　　安托万·德·维尔的生平鲜为人知，只知道他是受法国国王查理八世之命去攀登艾吉耶山的人。他的"东朱利安和博普雷领主"的头衔告诉我们他是法国东部洛林地区一些小镇的领主，这里可能也是他出生的地方。作为一名当地的乡绅，维尔承诺效忠国王。事实上，除了那次高山探险之外，他在历史记录中唯一的露面就与他多年的服役有关。

不可攀登的山

　　维尔的历史地位与登山息息相关，而登山则是他的君主查理八世一时心血来潮的想法。艾吉耶山位于格勒诺布尔以南57公里处，蒂尔伯里的编年史家杰瓦斯在1211年的年鉴中称其为Mons Inascensibilis（拉丁语，意为"不可攀登的山"），那时它已经被列入多菲内地区的"七大奇迹"。艾吉耶山是一个由坚固的石灰石构成的庞然大物，从东北向西南方向延伸，其平行的西北侧和东南侧形成了一道300米高的陡峭险峻的悬崖屏障，这道屏障朝东北方向向上延伸到海拔2085米的山顶。当人们观看艾吉耶山的轮廓时，便很清楚其名字的由来了——法语的aiguille（艾吉耶），意思是"针"。

　　艾吉耶山的山顶大体平坦，四周则是陡峭的岩壁，这样独特的地形令人着迷。据传说，仅从谷底仰望这片诱人的领域便促使国王下达了攀登的命令，因为他认为没有被造访的地方不能算是自己的领地。虽然无法确定这个故事是否属实，但这位以其海内外的鲁莽冒险而被人熟知的国王极有可能会有这种一时兴起的念头。

傻子国王
查理八世被认为是一个愚蠢的少年，不适合做国王。直到1491年，也就是他21岁时，他的母亲一直都是摄政王；一年后，他可能是一时心血来潮，下令让维尔攀登艾吉耶山。

第一批真正的登山者

　　无论是出于何种原因，皇家法令于1492年6月公布，维尔便着手组建一支能胜任这项任务的工作队。据称，维尔是一名攻城大师，而且在1494年的罗马涅战役中，他对220名弩手的指挥作战表明，他的统筹能力和智慧使他在几乎任何任务中都能成功。维尔的第一名队员是一个名叫雷诺的人，他是云梯手，也是负责攻城工具的军官。蒙特利马尔圣十字教堂的石匠卡特兰·塞尔韦和木匠皮埃尔·阿诺提供了技术支持，而塞巴斯蒂安·德·卡雷和弗朗索瓦·德·博斯科牧师则负责关注探险队员精神方面的需求。被描述为"男仆"的纪尧姆·索瓦热和来自附近迪镇的经验丰富的居民让·洛布雷的加入，使这支探险队完美无缺。

　　1492年6月26日，探险队带着军用攻城装备出发了，他们携带的器械里包括大量的绳子、圆环、抓钩和梯子。在确认西北坡是危险系数最低的路线之后，他们将绳索和梯子固定在峭壁的下半部。夜幕降临时，维尔和他的队伍退到悬崖的底部，安营过夜。

最恐怖的路线

　　探险的第二天早上，维尔注视着这条"我和我的队员都从未见过的最恐怖、最可怕的路线"冥思苦想。然而，他们把绳子和梯子固定在剩下的那一半峭壁上，除了留在山下传信的索瓦热之外，其他人很快就站在了山顶平坦的地方。维尔立即向格勒诺布尔议会发出了请求，请议会核实他们的这次攀登，把这伊甸园

> 当我以精妙的方法和器械攀登那座据说不可攀登的山时,我找到了登山的途径。
>
> ——安托万·德·维尔

般的景观描述为"我们见过的最美的地方……一片需要40个人修剪的草地……还有一群永远无法离开的美丽的羚羊"。博斯科则写了三种不同类型的麻雀、一种红脚山鸦以及各种各样的花,特别是百合花。

在山顶逗留三天之后,一行人下了山,维尔回到宫廷,继续为国王服务。不知道是为了奖励他登顶艾吉耶山,还是因为两年之后他在罗马涅战役中的战绩,查理八世封维尔为圣安杰洛公爵。据官廷记事员菲利普·德·科米纳的说法,他在这个职位上"表现突出,得到了很多荣誉和声望"。若把维尔的登山成就置入历史背景中,我们可以看到,直到1834年才有人再次成功登顶艾吉耶山。

登山设备?

维尔用绳子登上大岩壁,在登山技术上领先了四个多世纪,虽然在一位经验丰富的中世纪攻城老手看来,这只是用来爬十米多高城墙的雕虫小技。按照他们的方式,维尔使用的吊环和抓钩可能成为后来铁锁和岩钉的雏形。他对梯子的使用是后来攀登霞慕尼尖峰中使用梯子的前奏。只是维尔要带着牧师以确保登山队的精神安全这一做法与现代要求大相径庭。

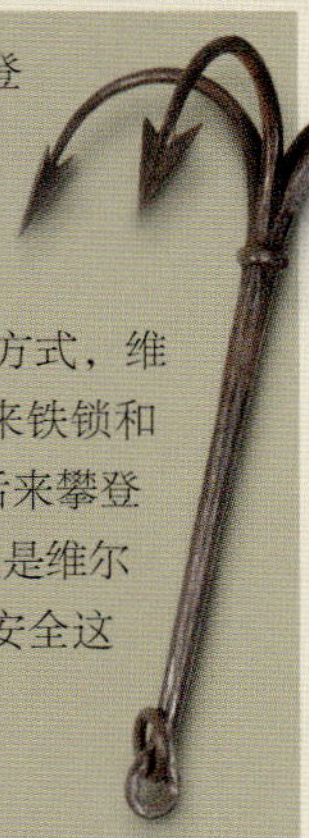

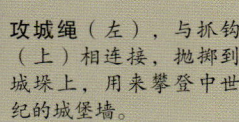

攻城绳(左),与抓钩(上)相连接,抛掷到城垛上,用来攀登中世纪的城堡墙。

艾吉耶山的平顶
登顶艾吉耶山是有记载的第一次有技术难度的攀登。当时,查理八世在攻城器械上投入了大量的资金,他下令攀登此山,可能是为了测试攻城指挥官的技能。

乔赛亚斯·西姆勒

第一位登山作家

瑞士　　　　　　　　　　　　　　　　1530—1576年

在神学家和古典主义学者乔赛亚斯·西姆勒的职业生涯中,他大部分是在安定的苏黎世大学学术圈内度过的。在那里,他主要撰写了对《圣经》的解释阐述著作和反对天主教徒、异端分子的小册子。他深爱着祖国的历史,痴迷于古典作品中关于群山的描述,这二者促成了他的《话说阿尔卑斯》,这是第一部专注于阿尔卑斯山脉研究以及关于在攀登过程中存活的必要策略的图书。

乔赛亚斯·西姆勒的神学生涯是新教改革后那段时期在瑞士受过教育的牧师的一个典型。他父亲是卡珀尔小镇的新教牧师,乔赛亚斯看上去像是子承父业。然而,他得到了海因里希·布林格的强有力的赞助,布林格是一位杰出的新教神学家,也是生活在苏黎世的归正教会(也称加尔文宗)的领袖。

西姆勒来到城里,在布林格的指导下学习神学。在巴塞尔和斯特拉斯堡完成学业后,他回到城郊的村庄,当了一名牧师。1552年,他成为苏黎世大学《新约》研究的教授,1560年晋升为神学教授,并完成了一系列的著作,在这些著作中,他谴责了各种各样的异端邪说。

宣传阿尔卑斯山

在16世纪的大学学者中,很难找到一位不沉迷于经典著作的,西姆勒也不例外。对瑞士高山的浓厚兴趣促使他创作了《安东尼旅行指南》的新版本(尽管这本书在他1576年即将去世时才出版)。

《安东尼旅行指南》是公元2世纪的一本书,描述了当时横贯整个罗马帝国的一系列"行程"(或路线),也提及了商人和旅行者

生平事迹

- 先后成为《新约》研究教授和神学教授。
- 为使他的祖国广为人知,决定把约翰内斯·施通普夫的畅销书《瑞士编年史》的部分章节翻译成拉丁语。
- 收集了古典文献中所有与阿尔卑斯山脉相关的资料,并增加了更多的当代素材,将其写进他的专著《话说阿尔卑斯》中出版。
- 在16—17世纪,他的著作出了多种版本,这有助于燃起人们对阿尔卑斯山脉的兴趣。

早期登山工具
西姆勒描述了登山者为防止陷入雪中使用的用麻绳系起来的木制箍,这是记录中第一次提到的攀登阿尔卑斯山的雪鞋。

施通普夫的编年史

德国出生的约翰内斯·施通普夫(1500—1557年)是瑞士苏黎世州布拉孔市的牧师。受到撰写瑞士史的岳父海因里希·布伦瓦尔德的启发,施通普夫于1544年出发,穿越了瑞士的瓦莱州、洛桑和伯尔尼地区。他利用这次旅行的笔记编纂了一部具有划时代意义的该地区历史事件及地形地貌录,也就是众所周知的《瑞士编年史》。直到18世纪,这部编年史都是一个标准范本,也是西姆勒撰写阿尔卑斯山脉研究专著的灵感源泉之一。

施通普夫的编年史中附有许多精美的历史地图,其中有些地图由作者绘制。

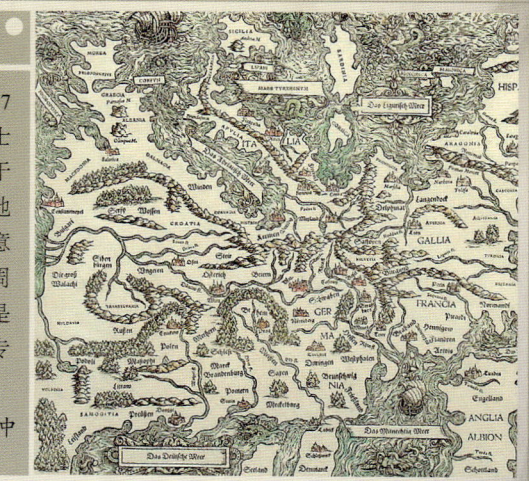

往来于罗马所经过的许多阿尔卑斯山口。

西姆勒对古典知识的兴趣以及他对山脉的历史重要性日益加深的认识，也将他与另一位瑞士早期的阿尔卑斯山脉研究先驱康拉德·格斯纳（见第44—45页）联系起来。格斯纳是苏黎世大学的教授，恰好与西姆勒是同代人。1555年，西姆勒新编了格斯纳的《世界书目》，这是一本介绍当时所知的拉丁文、希腊文、希伯来文作者的书目汇编。1566年，在格斯纳去世一年后，他完成了这位同行的第一本传记。

也许是格斯纳点燃了西姆勒的欲望，他想以先前致力于《圣经》研究一样的热情和学识去考察和研究瑞士和阿尔卑斯山脉。西姆勒构思了一个雄心勃勃的计划，并于1551年开始实施，但到他去世的时候，只完成了两个不完整的部分。第一部分就是1574年出版的《瓦莱州志》，详细记述了瑞士西南部瓦莱州的风貌。

西姆勒的提示和技巧

这一部分的最后一章名为《话说阿尔卑斯》（“阿尔卑斯山脉旅行的困难及其对策”），就是这一章确保了西姆勒作为阿尔卑斯山脉攀登先驱的地位。虽然他在回忆中尽力避开个人感受，但是他对高山环境的深入了解清楚地表明他对阿尔卑斯山脉了如指掌。西姆勒知道许多阿尔卑斯旅行者使用的工具和攀登技巧。他叙述了从相反方向穿越山口的商人预先约定好在山顶见面的时间，从而避免在狭窄的地方受阻。他对原始登山杖和冰爪也很熟悉，并指出“为了防止打滑，他们把与马掌铁相似的鞋紧紧地套在脚上，这种鞋有三根尖锐的尖刺，人就能稳当地站立。在一些地方，他们借助装有铁尖的棍子爬上陡峭的斜坡”。

西姆勒敏锐地意识到裂缝的危险，他说：“那些有时不得不穿越的旧冰上会有一米多宽的裂缝……谁要是掉进去，肯定会死掉。”他提醒，新下的雪会遮盖裂缝，要提防这种危险，并建议绕腰系上绳索作为安全装置。他还提醒，鸟儿的飞行、旅行者的声音这些最微不足道的东西都可能引起雪崩，作为应对，“如果手在雪变硬之前还能动，就在自己周围清理出一点空间，这样能获得一定的呼吸，可以再维持两到三天的生命”。

VALLESIAE
DESCRIPTIO,
LIBRI DVO.
DE ALPIBVS
COMMENTARIVS.
IOSIA SIMLERO
AVCTORE.

DESCRIBVNTVR vero in his libris, primo quidem regionis situs, populi mores, Reipublicæ forma, vrbes, arces, pagi, montes, flumina, aliaq; memoratu digna: & præterea Vallesianorũ res gestę. Deinde Alpium natura & magnitudo, vetera nomina & itinera: & multa quæ propria & peculiaria sunt Alpibus commemorantur: Auctorum etiam loci plurimi citantur & explicantur.

ACCESSIT HIS APPENDIX
descriptionis Vallesiæ.

TIGVRI EXCVDEBAT CH.
Froschouerus. 1574.

如何翻越阿尔卑斯山
《话说阿尔卑斯山》是为人所知的最早为商人和朝圣者提供翻越高海拔阿尔卑斯山口建议的图书。

在山上旅行时，西姆勒建议用“玻璃眼镜”保护眼睛，以免受雪折射的强光照射，身体的其他部位“应该用兽皮和厚衣服御寒”。他的最后一条建议也许是最实用的：“然而，最有用的是不断地移动。”

虽然西姆勒完成的宏大项目的另一部分——探讨瑞士共和国历史的《论瑞士共和国》一书——为他的一生带来更大的名气，但他在登山运动员中的声望在19世纪逐渐提升。因此，由美国学者W.A.B.库利奇（见第145页）翻译的《话说阿尔卑斯》的第一个现代版本便应运而生。库利奇是一位受人尊敬的登山家，一如西姆勒，他也是一位杰出的神学家。

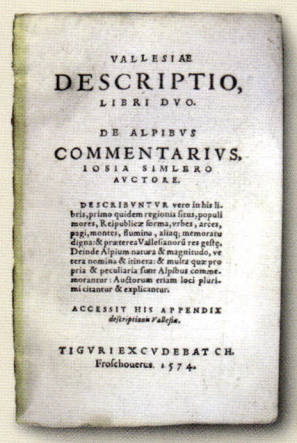

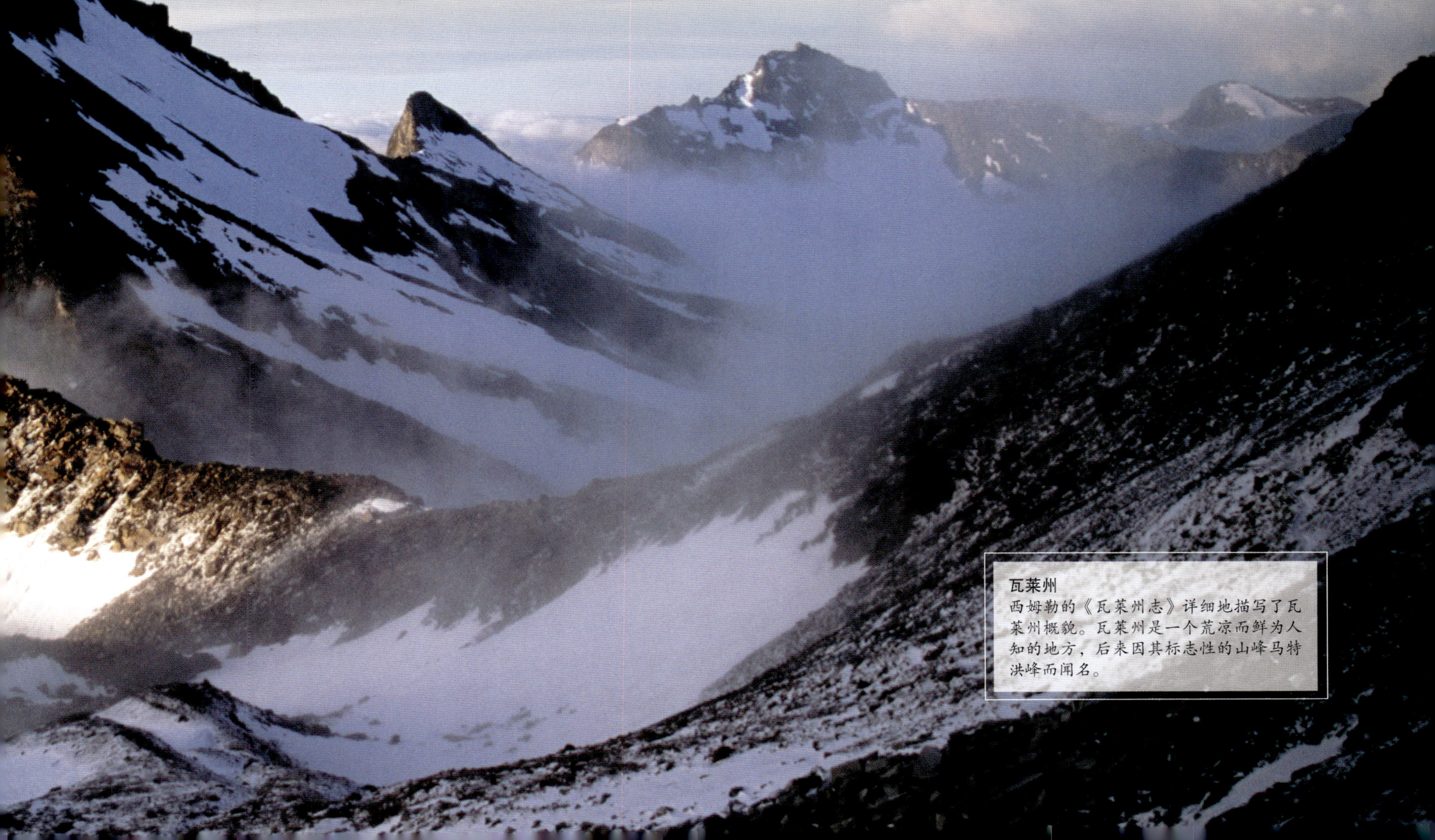

瓦莱州
西姆勒的《瓦莱州志》详细地描写了瓦莱州概貌。瓦莱州是一个荒凉而鲜为人知的地方，后来因其标志性的山峰马特洪峰而闻名。

早期登山者·高山的象征

登山工具创新

绳索

绳索是登山体验的基本组成部分，在登山这项运动中，没有一件装备比绳索更具象征性，熟练地使用绳索是基本的登山技术。即使没有铁锁和现代保护装置，一名技术熟练的登山运动员也能充分利用绳索的多功能性来保障安全。德语中甚至有一个词专门用来表达绳索在登山者之间形成的联系，即"Seilschaft"，意为共用同一登山绳的登山组。因此，19世纪60年代制定的第一个国际公认的登山装备标准确保了登攀绳索的质量，这就不足为奇了。

天然纤维

绳索是为人所知的最古老的装备之一。在人类历史的长河里，对不同文化的民族来说，使用各种天然纤维制成的绳索去完成实际的任务是常见的事情，比如爬树或攀崖。

20世纪，合成纤维的出现使登山运动有所转变。在第二次世界大战期间开发出合成纤维绳之前，登山绳先是用大麻制成，后改用马尼拉麻、昂贵的棉花甚至更昂贵的丝绸。潮湿的麻绳特别容易腐烂，虽然从外表上看起来情况良好，但是可能会在负荷下意外断裂。因此，水手们都在他们的绳索上涂上焦油。

除相对较低的断裂张力外，大麻的另一个大缺点是缺乏弹性。突然的荷重，比如由领攀者的坠落引起的冲击力，常会拉断绳索。因此，领攀者绝不能坠落的登山理念一直延续到尼龙绳和现代保护装置的出现。这也解释了为什么早期的单独登山者

1600年 缆绳
三股结构缆绳十分普遍。

19世纪50年代 登山向导
向导们携带麻制三股缆绳，但在下山时，常会把连接到旅客身上的绳索解开，否则很难阻止上山过程中的滑坠。

1864年 安全标准
阿尔卑斯俱乐部在一份报告中推荐用红线作为认证绳索的标记，即经认证的绳索中编有一条细红线。

1915年 萨克森登山者
在攀登德累斯顿附近的软砂岩时，萨克森州的德国登山者使用绳套来确保安全。

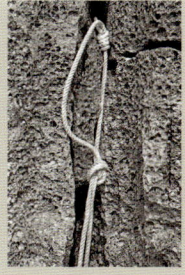

20世纪30年代 马尼拉麻
马尼拉麻用麻蕉叶制成，麻蕉是一种生长在菲律宾的植物，通常用来取代大麻，作为制作攀登绳索的材料更加经久耐用。

公元 800 1000 1600 1700 1800 1900 1910 1920 1930 1940

800年 攀登绳索
古普韦布洛人借助绳子、绳梯，攀岩到免受攻袭的悬崖小屋。

1903年 丝绸绳索
汤姆·朗斯塔夫将丝绸绳索带到高加索地区。它们比麻绳轻，但也比麻绳贵，所以并没有流行起来。

1911年 绕绳下滑技术
汉斯·迪尔费尔开发了一种沿绳下降的新技术，或称之字形下降法。

20世纪40年代 尼龙绳索
美国陆军山地部队使用尼龙绳，大大提高了绳索的可靠性。

在从马特洪峰下来的途中，前面的四名登山者用向导彼得·陶格瓦尔德的又破旧又不结实的绳子，与后面的三人组连接起来。道格拉斯·哈多滑倒，撞倒了米歇尔·克罗、弗朗西斯·道格拉斯勋爵和查尔斯·赫德森。重量都压在了陶格瓦尔德的绳子上，然而绳子断了。不过，这救了处在第二个位置上的爱德华·怀伯尔的一条命（见第142~145页）。

1865年 马特洪峰惨剧

暴风雪和坠落吞噬了攀登伙伴的生命，幸存下来的德国人托尼·库尔茨悬吊在艾格峰北壁。他花了五小时用牙齿和冻僵的双手解开系在一起的三股绳，使其足够长，可以下降到救援人员能够到达的地方。然后他滑了下去，但是就在离安全的地方只有几米远的时候，绳索末端咬住的绳结使他不能继续下滑。他筋疲力尽，对救援人员说："我坚持不下去了。"最终不幸死亡。这个故事在电影《北壁》（右）中重现。

1936年 艾格峰上丧生

所做的准备似乎周全得不必要。

尽管如此，绳索仍然有助于从上面保护或帮助第二位登山者，在少有或没有冲击负荷的情况下，绳索对于登山者的绕绳下降、穿越冰川时的安全以及其他实用的需求都是有用的。即使如此，像1865年发生在马特洪峰的惨剧（见第136—137页）所示，如果绳索已经老化或质量达不到标准，或在攀登者之间出现松弛，就很容易断裂。瑞士采尔马特博物馆里展出了一条来自1865年马特洪峰惨剧的绳索，它跟窗框绳极为相似。

材料的研发

1864年，阿尔卑斯俱乐部调查了登山设备的制造和安全标准，随后提出建议，凡符合标准的绳索都应绕缠入一根细红线，这条建议一直沿用到20世纪50年代。攀登绳索都是三股绳，即它们都是三股绳搓在一起的绳索。到了20世纪，替代麻绳的棉绳和丝绸绳开始出现，这些绳索具有一定的弹性，比马尼拉麻绳轻得多，但价格昂贵。德国研发的夹心绳（"芯鞘型"绳索）允许结构更为松散，能吸收更多的能量，并且不容易扭结和冻结。编织护套还可以保护芯体免受磨损。

当心裂缝

登山者经常要穿越冰雪覆盖的冰川、攀登冰瀑，因其下常有裂缝，故而一直十分危险。在此类地方，登山者必须系着登山绳并时刻保持警惕。多余的绳索缠绕在登山者的肩膀上，可以用来解救掉落雪桥的队友。登山者可以使用名为"提洛尔横渡法"的登山绳技术来横穿山体裂缝。

使用提洛尔横渡法横穿裂缝。

1951年　夹心绳索
爱德瑞德发明了第一根夹心绳索，由不同材料制成的内芯和护套组成。

1965年　凯夫拉尔绳索
超强凯夫拉尔纤维的分子结构使其适用于制作静力绳，但不适用于制作动力绳。人们很快发现凯夫拉尔绳索受到的损坏。

1982年　细绳
单绳直径从标准的11毫米降至10.5毫米。这相应地减轻了绳子的重量，因而有助于绳子的应用。

2005年　越来越专业的绳索
法国制造商贝亚尔推出了直径为9.1毫米的约克绳，每米仅重53克。

```
1950    1960    1970    1980    1990    2000    2010
```

1971年　防水涂料
聚氨酯涂层可以保持绳索干燥。潮湿的绳索冻结后很难使用，并且耐用性会下降70%。

1987年　更细的绳索
攀岩标准的急剧上升提高了人们对绳索应用性能的要求，单绳直径便被缩短到9.8毫米。

1991年　化学涂层
绳套的化学涂层减少了绳的磨损，延长了其使用寿命。

1953年　珠峰裂缝滑落
在1953年登顶之前的几天，埃德蒙·希拉里（见第264—265页）和丹增·诺尔盖（见第266—267页）沿着西库姆冰斗回营地，他们跟乔治·洛打赌说可以在一个小时内到达。在跳越冰裂缝时，裂缝的边缘破裂，希拉里开始坠落。诺尔盖（右）立即行动，把绳子紧绕在冰镐上，使自己绷紧以阻止希拉里坠落。两人都得救了，他们的合作关系也更加密切牢固。

1985年　冰峰168小时
在沿着一条新路线从秘鲁安第斯山脉的修拉格兰德山顶返回时，乔·辛普森跌倒了，并且摔断了腿。在孤立无援、身处险境的情况下，他的伙伴西蒙·耶茨把他从峰顶缓缓地降下去。在降到接近安全的地方时，辛普森陷进了隐藏的裂缝中。耶茨拉着他，但当他在雪地上开始站不稳时，他不得不切断了绳子。辛普森为生存而抗争的故事被写进一本书中，后来被改编拍摄成电影《冰峰168小时》（右）。

康拉德·格斯纳

热爱大山的植物学家、小说家

瑞士 　　　　　　　　　　　　　　　　**1516—1565年**

康拉德·格斯纳是一个涉猎广泛、知识渊博的天才，是博物学家和目录学家。他出身卑微，后来成为当时最受尊敬的学者之一。出于对植物学的热爱，他频繁地到瑞士乡村考察，特别喜欢去阿尔卑斯山区。他是第一个将在群山中得到的积极向上的快乐和置身于风景中的享受写入作品中的人。他对自己1555年首登皮拉图斯山的描写是早期山地文学的经典之一。

生平事迹

- 父亲阵亡后，他成为斯特拉斯堡的富人沃尔夫冈·法布里丘斯·卡皮托家庭中的一员。
- 1535年，在卡皮托的赞助下，他返回瑞士，于1537年成为洛桑大学的希腊语教授，并于1541年成为苏黎世大学的自然哲学教授。
- 1545年出版《世界书目》——希腊语、拉丁语和希伯来语作者的书目，以及希腊语词典。
- 1551年出版《动物史》的第一卷。
- 1555年登顶皮拉图斯山，勇敢地挑战本丢·彼拉多的传说。相传，每年的耶稣受难日，彼拉多的幽魂都身着红袍，坐在皮拉图斯山山顶上，任何看到他的人都将在一个月内死去。

康拉德·格斯纳的父亲是一个皮货商，其微薄的收入无法为子女提供良好的教育。这任务落到了他的叔祖父汉斯·弗里克身上，他资助格斯纳完成了拉丁语、希腊语的基础教育。在德国宗教改革家沃尔夫冈·法布里丘斯·卡皮托等众多赞助人的好心相助下，他才得以深造，包括他在布鲁日大学和巴黎索邦大学的短期停留。在他四处漂泊的学术生涯中，格斯纳一直继续研究他所到之地的植物学，这为他未来的事业和名声打下了基础。

自1537年起，格斯纳在洛桑大学担任了三年的希腊语教授后，终于于1541年在巴塞尔大学完成了他的医学学业。他在苏黎世大学担任自然哲学教授，这个职位伴随他度过余生。这种相对稳定的工作使格斯纳能够开始准备撰写他最伟大的著作——《动物史》。在1551至1558年期间，这部著作分四卷出版。在格斯纳去世后的1587年，探讨蛇的第五卷出版。

山之恋人

1541年，格斯纳给他的朋友雅各布·沃格尔写了一封信，这封信后来以前言的形式发表在1543年出版的《牛奶与奶制品制作手册》中。在信中，他表达了自己对大山的热爱之情。他说他已经"为未来做出了决定，只要上帝让我活着，我就去爬山，无论如何，一年也要爬一座山"。作为植物学家的他认为"爬山最好是在植被最繁茂的季节"。

格斯纳高度赞美登山运动，认为其是"最合适的锻炼身体的活动"。他还相信，除了运动和采集植物标本之外，登山还让人们收获更多的东西。在格斯纳看来，高坡实际上是另一个世界，本身就是一种精神上的提升，在那里自然常规并不适用。

"那里的雪常年不断，"他写道，"在我们的手指间融化的最柔软的物质却毫不在乎太阳的酷烈和灼热的光芒。"

不幸的是，格斯纳的多次阿尔卑斯探险只有一次被记录下来。他将那次探险写进1555年出版的《山地片断的描述》中。然而，在他的多次探险中，很少有比这次更引人注目的。他的目的是攀登位于卢塞恩西南部的海拔2128米的皮拉图斯山。几个世纪以来，这座高峰一直被人们认为是受到诅咒的，也是《圣经》人物本丢·彼拉多的灵魂常常出没的地方。

格斯纳的探险队经由艾兴塔尔到达卢塞恩，在那里他们不得不雇用向导。没有人被允许走近那座山，人们怕那样做会激怒彼拉多暴躁的幽魂。博物学家格斯纳观察到，溪流中有大鳟鱼在游动，这些鱼是"在小溪上游发现

事实与寓言

在他的《动物史》中，格斯纳常将事实与有关动物的经典著述相结合。虽然他试图将事实与虚构区分开来，但他仍然觉得不能漏掉诸如野山羊（小羚羊）这类的故事：一只阿尔卑斯山羊在将死时把双角钩挂在高山顶上，然后用越来越快的速度转动，直到羊角被穿透或折断，山羊跌落下去摔死。

这是《动物史》一书中所描绘的山地山羊。

引人注目的阿尔卑斯号

格斯纳把他在皮拉图斯山上第一次看到的山笛描述为阿尔卑斯号，模样就像罗马人使用的弧形的军号。

的唯一一种鱼；再往下……还发现了淡水鳌虾"。

他还谈到了岩羚羊、小羚羊、高山老鼠，还有雉鸡、雷鸟的出现。

激怒彼拉多

格斯纳享受着攀登皮拉图斯山的过程，在停下来吃面包和饮用清凉的泉水时，他说他疑惑"……人的感官能否享受更大、更美好的乐趣"。这次旅行的一切都使他感到高兴，特别是奇妙而少见的高山景观，山脊、岩石、树林、山谷、溪流、泉水和草地。举目凝视着高峰，他心中燃起一种"住在云间"的感觉。

然而，攀登的路并不容易，向导把他们带上了一道难走的山坡，山坡没有合适的路径。格斯纳和他的同伴都配备了登山杖——长长的铁制尖拐杖，用来帮助他们在复杂的地形保持平衡。没过多久，他们就到达了山顶，看到了那块据说是被彼拉多坐过并且激起了风暴的岩石。先前的登山者在那里刻上了许多名字和家族徽章。附近是一块平地，除了一小片草地之外，全是光秃秃的。格斯纳的向导说，巫师德鲁伊特就曾站在这里，把彼拉多扔进了山顶湖中的水墓中。

吹响英雄的号角

格斯纳在完成登顶皮拉图斯山之前，在最后一间牧牛人小屋里吹响了山笛。他对彼拉多会对他的侵入行为进行报复的担心是多余的，他也从未真正相信那个罗马总督的幽魂会把他打死。他犀利地评论道："就我个人而言，我倾向于相信，彼拉多从来就没有过这里。"

格斯纳回到来时的斜坡上，继续进一步研究他的植物学，但后来再没有过山地旅行的记录。他一直怀有他在攀登皮拉图斯山时的想法："所有感受到的最高的乐趣和最强烈的愉悦源自与朋友一起的山地徒步旅行。"

彼拉多的传说

根据传说，彼拉多判处耶稣基督钉死在十字架上，提比略皇帝为此很生气，用可以想到的最羞辱的手段判他死刑。彼拉多为了逃避处罚，选择了自杀，他的尸体被扔进了台伯河，在那里他愤怒的幽魂引发了持续的风暴。罗马人将尸体带到法国南部的维纳纳省，又引发了同样可怕的暴风雨。最后，他的尸体被扔进皮拉图斯山上的一片沼泽地里，其妻子也被扔进附近的一个湖里。

据说，皮拉图斯山上的彼拉多的尸体会引发狂风暴雨，特别是岩石被抛入湖里的时候。1387年，有六位牧师试图攀登那座高峰，因冒犯了彼拉多，激起了他的愤怒，就被关进监牢。1518年，包括瓦迪亚努斯在内的一群瑞士学者登上了山顶，在他们的简要陈述中，认为彼拉多的传说一定是真实的。1585年，卢塞恩的约翰·穆勒牧师登上山顶，揭开了神话之谜。他一到山顶，就向湖里投掷石头，挑衅彼拉多，迫使彼拉多来击打他。但没有鬼魂在游动，于是山顶上幽魂的威胁便消失了。

皮拉图斯山
高高地耸立在卢塞恩湖之上，皮拉图斯山是该地区最著名的高峰。不管传说如何，它的名字被认为源自拉丁词"pila"，意思是"柱子"。

约翰·伊夫林

写阿尔卑斯山灾难的风格犀利的日记作家

英格兰　　　　　　　　　　　　　　　1620—1706年

17世纪作家、著名园艺家约翰·伊夫林是第一代参加欧洲大陆教育旅行的英国贵族子弟之一。为开阔、提升自己的文化视野,他游览了法国和意大利。1646年,他穿过阿尔卑斯山脉回到英格兰并把这次穿越看作一次既迷人又恐怖的经历。在1817年他的日记被发现之前,伊夫林对这次冒险的记录一直不为人所知。在他逝世后的一个世纪里,他的主要影响力源自他那本关于树木的大作——《森林志》。

生平事迹

- 1643至1647年,他在欧洲旅行,穿过辛普朗山口,从意大利到瑞士。
- 1652年,他出版了《至乐之境不列颠》,这是一部最早、最权威的英国园林与园艺史。
- 1661年,他出版了《论空气的不适和笼罩伦敦的浓烟》,这是英国第一部专门论述污染的著作。
- 1664年,他出版了有关树木栽培的《森林志》,这是他最伟大的著作。
- 1660年,英国恢复君主制后,他拥有多个政府职位,在英荷战争期间的1664至1667年,他担任分管病患的专员。
- 1697年,他出版了论述硬币和奖章历史的《钱币》。

1643年年末,伊夫林动身前往欧洲大陆,以摆脱英国保皇党人面对的日益艰难的局势:国王查理一世的军队在内战时期败给了议会的支持者。伊夫林穿越法国到意大利的旅行没有什么特别之处,但他作为一位虽有偏见但很敏锐的观察家的名声在他对日内瓦的描述中得到证实,他提到那里的"房子并不让人讨厌"。在接下来的三年里,伊夫林游历了意大利,直到旅行的疲劳、需要打理的家庭财产和即将到来的婚姻促使他返回家乡。

进入大山

1646年5月,伊夫林和他的旅伴雷上尉匆忙从米兰出发,因为之前招待他们的主人苏格兰雇佣兵上校突然去世。直到那时,雷和伊夫林都还过着相对舒适的生活,但到了阿尔卑斯山脚下的马古佐的时候,旅途的不适接踵而来,这在伊夫林的游记中占了很大的篇幅。他不得不忍受痛苦,睡在一张铺满山毛榉树叶的床上,树叶"扎着(他的)皮肤",让他无法入睡。第二天,他们抵达多莫多索拉(接近现今的瑞士和意大利边境),在那里,他们把驴子换成了骡子,然后在辛普朗山口开始了真正的攀登。

伊夫林很快就对萧瑟凄凉的景观感到惊奇,他写道,他们"穿过奇怪、可怕、陡峭的山崖和大片的松树地带,只与熊、狼、野山羊住在一起。上面有人在我们面前开枪,我们也看不见。地平线的尽头是岩石和高山,山顶上覆盖着雪,像是要触摸天空似的"。最危险的

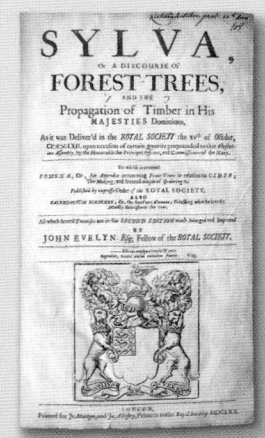

树木专家
早在伊夫林丢失的阿尔卑斯探险日记被发现之前,他作为《森林志》作者的名声就已经确立了。

行程包括两个路段,一是跨越峡谷,峡谷上面的大杉树被砍断,搭成一座原始的桥梁;二是在险峻的陡坡上沿着岩石上凿出的狭窄小路缓缓前行。伊夫林描写了"在阳光下冻结而又被岩壁反射的阳光灼烧"的双重危险,又用一定篇幅评论了许多山谷居民患有的甲状腺肿大,"他们的咽喉部长着巨大的肿囊,我看到有些人的颏下肿得像是挂着装有一百磅银币的袋子"。伊夫林认为,居民们之所以患这种疾病,是因为过多地饮用了融化的雪水。

伊夫林起初认为那里的人们"非常诚实,值得信任",但是发生在雷的水猎犬身上的事让他改变了这种想法。这条伊夫林眼中的脏兮

> **有些大山就是一整块巨石,裂缝间时有融化的雪水奔流直下,形成大瀑布。**
>
> ——摘自约翰·伊夫林写于1646年的《日记》

日内瓦湖畔的厄运
伊夫林可能受他家庭座右铭的提示，在客栈要房间时"选最好的"，他本该在日内瓦湖附近放松地逗留些日子，却被传染上了天花。

兮的大狗追赶一群山羊，致使一只山羊掉下山崖摔死。第二天，他们从旅馆出发时，遭到了一群人的袭击。这群人把他们从坐骑上拉下来，卸掉他们的装备，将他们锁在附近的房子里。后来他们被带到一位地方法官面前，因杀死那只山羊被罚一把手枪，而未上报这一事件并试图逃跑所受的处罚是前者的十倍。伊夫林和雷在下一次正式开庭之前受到了长时间拘留的威胁，便付清处罚，匆匆赶路。

前面的路很艰难。伊夫林认为这里自创世以来就一直被雪覆盖，而且新下的雪让人很容易迷路。更大的不幸随之而来，雷的马从"超过圣保罗教堂高度的三倍"的悬崖上摔了下去，他们一行在雪地上跋涉了3公里多，才找到那头意外幸存下来的马。不管怎样，严酷的考验已经结束了，伊夫林和雷来到瓦莱州的布里格，然后辞别向导，前往日内瓦湖。

不受欢迎的礼物

在日内瓦湖附近的圣莫里斯，伊夫林再也忍受不住疲劳，他粗暴地坚持让当地客栈的老板把他女儿赶出她的卧室，这样他这个英国旅客就可以进去休息了。结果，伊夫林被传染上了天花，因为那姑娘患了这种疾病，身体刚恢复过来。在当时，这种病常常是致命的，经过16天的治疗，伊夫林痊愈。伊夫林在巴黎娶了他年轻的妻子玛丽，直到次年10月才终于抵达英国。这对夫妇在伦敦过着平静的生活，直到1660年君主制恢复。此后，伊夫林作为政府官员和园艺作家的生涯开始起步。然而，看来之前的山地之旅已经让他得到满足，因为他再也没有重返阿尔卑斯。

对伊夫林而言，天花只是路途上收到的又一个不受欢迎的礼物，他对山的态度与其他17世纪的旅行者一样，对他们来说，攀登阿尔卑斯是忍受而不是享受。然而，他对自己冒险经历的记叙，不仅仅是对作为象征上帝愤怒的阿尔卑斯山脉的简单虔诚的描绘——把阿尔卑斯山脉视作上帝愤怒的象征是中世纪实的一大特色。尽管直到一个多世纪日记出版后，这些文字才影响了后来的作家，但它们已经表明在观赏大山时，观察胜过敬畏。

托马斯·伯内特
英格兰　　　　　　1635—1715年

伯内特是当时卓越的自然哲学家，17世纪六七十年代在剑桥大学任教。

然而，在欧洲大陆旅行时，他离开剑桥很长一段时间，并在旅行中担任威尔特勋爵的导师。1685年，他成为伦敦的查特豪斯公学的教师，任教期间出版了《地球神圣理论》。在这部著作中，他推测地球是蛋形且是空心的，在诺亚时代的洪水泛滥之前，地球内满满的都是水，洪水流走后便形成了海洋。根据伯内特的说法，山脉也是在这场灾难中形成的。他还推论世界将来会被再次清洗，但这次是因为火而不是水。而且，在审判日后，地球会变成像太阳一样的恒星。

斯托考珀旅客招待所
在从意大利到阿尔卑斯山脉的旅程中，伊夫林和雷进入了辛普朗山口，那里的道路通往斯托考珀旅客招待所（左图），该旅客招待所在13世纪首次对阿尔卑斯山脉徒步旅行者开放。

为科学和艺术登山

| 1600年 | 1700年 | | | | 1780年 | |

▼ **1600年**
詹姆斯·厄谢尔大主教运用《圣经》系谱计算出"地球诞生"于公元前4004年10月24日

◀ **1725年**
瑞士学者约翰·雅各布·朔依希策发现了一块头骨化石,他认为这是《圣经》中记载的洪水的受害者;他的瑞士研究为高山知识增添了许多新内容(见第54—55页)

▶ **1741年**
威廉·温德姆与理查德·波科克(右)从日内瓦出发,去探索霞慕尼山谷(见第92—93页)

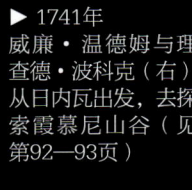

▶ **1781年**
瑞士本笃会的修士普拉齐德·阿·斯佩斯查搬到瑞士阿尔卑斯山脉高处的路克马尼救济所,这激发了他持续一生的攀登兴趣(见第106—107页)

▶ **1761年**
日内瓦哲学家让-雅克·卢梭的《新爱洛伊丝》出版,这是一部赞颂自然景观之美的小说

◀ **1785年**
苏格兰地质学家詹姆斯·赫顿关于岩石形成及地球年龄的理论在其朋友和学者间传播(见第56—57页)

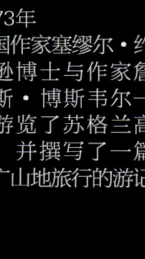

1773年
英国作家塞缪尔·约翰逊博士与作家詹姆斯·博斯韦尔一起游览了苏格兰高地,并撰写了一篇推广山地旅行的游记

▼ **1777年**
德国诗人约翰·冯·歌德游历了哈茨山脉,并写下了他对大自然野性之美的情感

1786年
首登勃朗峰是由米歇尔-加布里埃尔·帕卡尔和雅克·巴尔马完成的;他们于1786年8月8日登上峰顶;巴尔马领取了索修尔奖金(见第94—97页)

▼ **1787年**
在随从他的向导和搬运工的帮助下,瑞士物理学家奥拉斯-贝内迪克特·德·索修尔在几次尝试失败后,登上勃朗峰顶(见第60—63页)

1669年
丹麦地质学家尼古拉斯·斯泰诺在岩石样本中发现化石后,制定了地层学理论,加深了对山脉是怎样形成的理解

1696年
英国神学家威廉·惠斯顿试图证明《圣经》中由彗星引起的洪水是形成岩层和山脉的原因

▶ **1778年**
瑞士画家卡斯帕·沃尔夫创作的200幅阿尔卑斯山脉系列画挑战了人们对高山的贬损看法(见第78—79页)

1799年
英国诗人威廉·华兹华斯出版了自传体长诗《序曲》,将高山和景观作为诗人发展的隐喻

◀ 第48—49页 塔科纳冰川上的登山者,图片来自《登上勃朗峰》,是乔治·巴克斯特的系列风景画之一,1853年

在登山被当作一项有益的活动之前,早期的阿尔卑斯山脉探险家们需要找一个理由前去冒险攀登那些诱惑他们的山峰。在18世纪的启蒙运动时期,欧洲人心中文化的枷锁被解放,山脉成为科学发现的狩猎场,为了追求知识,那些先驱者攀登比以往更高的山峰。由于人体被证明可以承受高海拔的严酷环境,登山客也越来越多,有艺术家、诗人、牧师、游客、科学家,其中不乏妇女。到19世纪初,一些热爱高山的人独自踏上了一条通往未来的道路——为了登山而登山是他们的追求。

1800年

◀ 1802年
普鲁士博学家亚历山大·冯·洪堡攀登了安第斯山脉的钦博拉索山(见第70—71页)

▶ 1807年
德国画家卡斯帕·达维德·弗里德里希完成了《山中的十字架》,这是首批描绘宗教和自然的浪漫主义画作之一

1808年
在雅克·巴尔马的劝导下,法国少女玛丽亚·帕拉迪斯成为攀登勃朗峰的第一位女性登顶者(见第100—101页)

◀ 1812年
戈特利布·迈耶登上少女峰,圆满地完成了他父亲、叔叔和祖父的登山探险(见第102—103页)

▶ 1816年
英国诗人珀西·雪莱和拜伦勋爵(右图)在同一时间游览了瑞士,从雄伟壮丽的阿尔卑斯山脉汲取浪漫主义诗歌创作的灵感

1820年

◀ 1819年
1802年,英国画家J.M.W.透纳前往意大利旅行,第一次看到了阿尔卑斯山脉的风景。他的画作把群山呈现给大众(见第82—83页)

1836年
奥地利牧师彼得·卡尔·瑟维泽被称为"第一位真正的登山家",他记录了自己首次登上东阿尔卑斯山脉的费纳峰(见第108—109页)

▶ 1838年
法国贵族亨丽埃特·德安热维尔攀登了勃朗峰,她是第一位依照自己的意愿登山的女性(见第100—101页)

1840年
路易·阿加西游历了苏格兰,同年末翻越了瑞士阿尔卑斯山脉的斯特拉莱格峰(见第72—73页)

1827年
瑞士科学家弗朗茨·约瑟夫·于吉着手研究瑞士的下阿尔冰川,试图彻底弄清这一巨大冰层的运动情况(见第64—65页)

▼ 1842年
詹姆斯·戴维·福布斯做了冰海冰川的研究(见第66—67页)

1850年

▶ 1851年
英国导演阿尔伯特·史密斯登上了勃朗峰,他根据自己的登山经历写了一本书,此书后来被改编成剧本,搬上舞台,向新一代观众宣传推广登山运动(见第110—111页)

1858年
冯·洪堡的科学杰作《宇宙》已基本完成,第四卷在他去世前一年的1859年出版

▼ 1861年
英国登山爱好者约翰·罗斯金在瑞士生活并绘画,同时继续以艺术评论家的身份推动自然主义风格的绘画(见第86—89页)

1863年
瑞士登山家戈特利布·斯蒂德组建了瑞士阿尔卑斯俱乐部,该俱乐部是世界第二个登山组织(见第104—105页)

新疆域

直到1700年左右，大多数欧洲人仍然认为地球的历史还不到6000年，地形地貌都是在《圣经》中记载的大洪水期间形成的。随着时间的推移，新的科学理论推翻了这种观点。

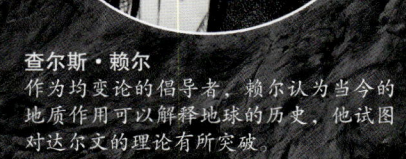

查尔斯·赖尔
作为均变论的倡导者，赖尔认为当今的地质作用可以解释地球的历史，他试图对达尔文的理论有所突破。

神创论者，比如爱尔兰圣公会大主教詹姆斯·厄谢尔（1581—1656年），相信上帝创造了地球，就像我们看到的那样，并且认为任何变化都是大洪水造成的。然而，这种僵化的观点无法解释异常现象，比如宝石和其他矿物是如何形成的——德国哲学家阿尔贝图斯·马格努斯（约1206—1280年）认为矿物是天体辐射地球表面形成的。

阿尔卑斯化石

要想解释岩层中古代化石的存在，人的思维就需要转变。有些人相信是上帝在创世时将化石放在那里的，另一些人则认为它们是岩石本身的天然产物。

这些观点逐渐发生了变化，法国博物学家安托万·德·朱西（1686—1758年）等学者发现，阿尔卑斯山脉中的一些化石只有在印度这样遥远的地方才能找到，它

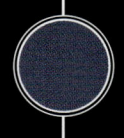

山地测量
科学家们，比如路易·阿加西，在冰川实地考察时携带科学仪器，但墨水和温度计经常冻结。

们一定是受古代海洋作用才能出现在那里的。

到了19世纪，在苏格兰地质学家查尔斯·赖尔和法国动物学家乔治·居维叶（1769—1832年）等人的影响下，人们才开始认识到化石是古代生物的遗骸。居维叶提出了一种理论，即地球有过几次灾难性的事件，其中大部分生物被毁灭，被新的生物所取代。

山的理论

地球不是一成不变的神圣创造物的观念让人们开始思考山是如何形成的。丹麦地质学家尼古拉斯·斯泰诺（1638—1686年）已经观察到山脉中存在着地质层，并得出结论：山脉是由地震和火山推高或撕裂而形成的。

这些想法被威尼斯人阿贝·安东·拉扎罗·摩洛（1687—1740年）所发展。他指出一些山脉没有地层（他称之为"原生山脉"），而"次生山脉"则相反，有一系列地层。意大利地质学家乔瓦尼·阿尔杜伊诺（1714—1795年）认为，山脉不是因灾难事件所致，而是由一系列较小的地壳隆起所形成的。

德国矿物学家亚伯拉罕·韦尔纳（1749—1817年）提出，地壳的矿物原本是悬浮在原

> 在18世纪和19世纪初期，科学家和登山家着手创立地质学和冰川学的新学科，形成了关于地球年龄及山脉和冰川是如何形成的革命性理论。

始海洋中的，随着海水的消退，连续的地质地层便得以形成。这个"水成论"理论被德国地质学家利奥波德·冯·布赫、亚历山大·冯·洪堡（见第70—71页）和詹姆斯·赫顿（见第56—57页）等人削弱。他们的理论与之相反，被称为"火成论"，认为岩层不是由水形成的，而是由地球内部的火山活动形成的。

冰的研究

在冰川学的专业领域，处于学术理论前沿的早期登山者研究了冰川如何帮助形成山脉的问题。奥拉斯-贝内迪克特·德·索修尔（见第60—63页）推论，地球的热量导致冰川底座融化，冰川受自身压力下滑，而弗朗茨·约瑟夫·于吉（见第64—65页）认为冰川的运动源自内力，而不是简单的自身重量。路易·阿加西（见第72—73页）的看法是：在相对最近的冰河时代，阿尔卑斯山脉被一片巨大的冰原所覆盖，后来冰川得以形成。他是提出这一观点的第一人。

这种新的高山科学与诺亚的洪水形成山脉的理论大相径庭，但它与《圣经》故事同样新奇和美妙。

海洋山
当法国科学家伯努瓦·德·马耶在高山岩石中发现海洋化石时，他正确地认为有些山脉曾经是海底的一部分。

为科学而攀登
1786年，勃朗峰首次被登顶，它是首批被自然科学家攀登的山峰之一。到19世纪40年代，关于其冰川的理论引起了人们的极大兴趣。

背景介绍

- 公元前6世纪的希腊哲学家、数学家毕达哥拉斯描述了希腊伯罗奔尼撒半岛特罗曾附近的一座山的诞生；他认为困在地下的风将它向上推，就像把山羊的膀胱吹胀一样。

- 中世纪的大多数基督教作家都认为《圣经》中记载的洪水形成了地球的表面。11世纪的穆斯林作家阿维森纳认为，山地景观是由地震、风和水的侵蚀形成的，这在当时是一种令人惊讶的现代观点。

- 13世纪，意大利作家瑞斯特若·德·阿雷佐在山顶的沙子里发现了鱼化石，他相信它们来自河流。他认为这座山曾经位于海底。

- 德国"矿物学之父"乔治·阿格里科拉（1494—1555年）得出结论，他认为山脉是由各种因素形成的，包括水蚀、风沙堆积、地震和火山爆发，但他认为水是山脉形成的主要原因。

高山实验室
1869年，艺术家、登山家加布里埃尔·洛佩在勃朗峰峰顶附近画了这幅大乔拉斯峰的风景画。可以在左上方看到塔莱芙冰川。到19世纪40年代和50年代，该地区引发了地质学领域一些激进的新观念。

约翰·雅各布·朔依希策

高山科学家先驱、寻龙者

瑞士　　　　　　　　　　　　　　　　1672—1733年

撇开他对神话生物的奇幻描述和华丽描绘不谈，约翰·雅各布·朔依希策的科学观察及瑞士游记在帮助18世纪的人们理解山脉方面做出了巨大贡献。虽然他的大多数作品都没有超越他所在的时代，逆自然界新发现的浪潮而行，但他关于山脉，特别是关于冰川的著述，有助于人们了解和定义高山科学。

生平事迹

- 化石是先前生物体的遗骸这一观点的早期支持者之一；他认为援引《圣经》中记载的洪水是解释化石存在的最好方法。
- 11次在家乡瑞士旅行，将观察结果写入第一批有关高山环境的科学出版物。
- 于1712年出版了瑞士地形图，其东部部分是根据他自己的观察结果绘制的，迄今为止仍是该地区最精确的地形图。
- 给苏黎世图书馆共留下了260卷书。
- 去世前不久实现了自己的抱负，成为物理学教授和高级乡镇医生。

朔依希策出生在苏黎世一个富裕且有影响力的家庭。他在德国纽伦堡附近的阿尔特多夫学院学习医学，后在荷兰乌得勒支大学获得博士学位。后来他又在阿尔特多夫学院进一步研究数学，1696年，他成为苏黎世的初级城镇医生。

化石专家

朔依希策勤奋、能干，对自然科学有着广泛的兴趣。他最初专门研究化石。早在1690年，他就开始收集标本，很快就有了不少藏品，这使他在欧洲学术界声名鹊起。他被授予多种名誉学术职位，但他后来对"高山龙"的研究在一定程度上削弱了这种认可，他认为确有"高山龙"栖息在偏远的瑞士山谷中。

与他那个时代的许多思想家一样，朔依希策对自然界的迷恋深受基督教信仰的影响。他的朋友、英国博物学家约翰·伍德沃德提出，《圣经》中记载的大洪水将岩体和动植物残骸重组为"一体"，这是对化石存在的一种解释。朔依希策赞同这一说法，并跟踪观察，发展自己的理论。他醉心学术，在一系列学科中做出重大贡献，几乎

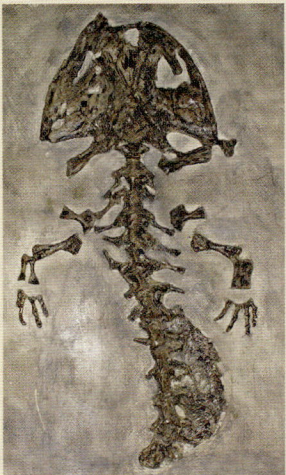

错认的身份
朔依希策试图用他发现的"人"的遗骸，即所谓的"洪水证人"（左图），让《圣经》中的洪水故事与现代地质学保持一致。

定义了被统称为高山科学的所有学科：植物学、地质学、地球物理学、冰川学、矿物学、古生物学、气象学和制图学等。诸如此类，仅举数例。

考察瑞士

在苏黎世当局的资助下，朔依希策于1702年开始着手对瑞士阿尔卑斯山脉进行全面考察。考虑到他进入学术领域的学科性质，他将收集化石作为主要目标也就在情理之中。他最初认为他发现的化石是"饰有花纹的石头，是大自然的杰作"，这反映了一种普遍的观点，即化石只不过是异常形状的岩石。在把伍德沃德的《地球自然史》翻译成拉丁文后，他改变了看法，接受了化石是大洪水遗骸的观点。

但朔依希策的漫游并不仅是为了寻找化石。他还撰写了一系列描述瑞士自然史和民族学的游记。

1705至1707年，这些游记以每周一次的频率被发表出来。他的作品质量上乘，英国皇家学会因此于1708年在伦敦出版了他的《瑞士阿

冰川研究

1699年，朔依希策编写了一本包含186个问题的小册子，包括高山霜冻、雪花形状和山脉高度等主题。在穿越阿尔卑斯山脉的旅行中，他将这本小册子分发给许多人，其中包括阿尔卑斯山区的居民、农民、挖掘者和伐木工。他在1708年出版了记录自己旅行经历的《阿尔卑斯登山路线》，并于一年后根据调查问卷收集的信息发表了一篇详细描述瑞士冰川的文章。

朔依希策的画像为他的阿尔卑斯山插图游记锦上添花。

尔卑斯地区之旅》的特别版，书的卷首插画由学会主席艾萨克·牛顿爵士出资制作。朔依希策的作品中附有他自己绘制的该地区植物、水路、步道和矿物的详细插图。

研究山脉

朔依希策惊人的研究产出很快就成为山区环境研究的重要组成部分。他是第一个详细描述阿尔卑斯山脉的河流、湖泊、矿泉、雪崩和冰川的人，也是最早在野外考察中使用数学仪器的科学家之一。

冰川学研究是他的主要贡献之一，这一研究导引了未来很多的山区探险。1705年，在观察了瑞士中南部的罗讷冰川后，他从理论上推测冰川运动是由冰的裂缝中积聚的水引起的，当水冻结时，便自然膨胀，这迫使冰川滑坡。虽然这种"膨胀流动理论"不太准确——大约50年后，万有引力被认定是冰川运动的驱动力——但这是用物理学来解释冰川运动的第一次真正的尝试。

然而，朔依希策离世前发生的一件事后来许多人质疑他的科学判断。1725年，他检查了一块从采石场找到的骨骼化石。他将其命名为"洪水证人"，认为它是"某些臭名昭著的男人中的一个，那些男人的罪孽就是给世界带来了可怕的洪水灾难"。

直到1811年，人们在对那些骨头进行重新检测后，才证实它是史前大鲵的骨骼。在此之前，朔依希策把它当作人的骨骼的看法基本上没有受到质疑。虽然朔依希策的名誉因此受到了影响，但他涉猎广泛的著述为高山科学领域做出了许多重要的贡献。

> 这个地区高低起伏、洞穴遍布，龙不在此栖息才是怪事一桩。
>
> ——摘自约翰·雅各布·朔依希策的《龙存在的证明》

阿尔卑斯之龙
作为对该地区调查的一部分，朔依希策收集了一些瑞士阿尔卑斯山脉偏僻山谷的当地人看到"阿尔卑斯之龙"的报道。他的新发现发表在《龙存在的证明》一书中，并附有自己的版画（左图）。他还描述了这种让人难以捉摸的生物的几个亚种。

詹姆斯·赫顿

现代地质学之父

苏格兰　　　　　　　　　　　　*1726—1797年*

身为医师、化学家、农学家和地质学先驱的詹姆斯·赫顿是第一个科学地思考地球年龄的人。在此过程中，他鼓励未来的科学家们到山间岩层和冰川条痕中去寻找证据。他是苏格兰启蒙运动的代表和爱丁堡皇家学会的领军人物，其主要贡献是他的"深度时间"理论，即地球年龄比《圣经》学者给出的估算要古老得多。

异端思想家
如图所示，手持地质学所用的锤子的赫顿推翻了关于世界如何以及何时形成的古老观念。他的观点被宗教思想家视为异端邪说。

1749年，赫顿被授予医学博士学位，但他对自己未来从事医学产生了怀疑。相反，与之前一起进行过科学实验的爱丁堡朋友詹姆斯·戴维通信后，两人制订了一项计划，打算利用他们所学的化学知识盈利。1750年，戴维和赫顿合作生产了"氯铵"或称氯化铵——一种在染色过程中加工黄铜和锡时使用的盐，还可以用作嗅盐的成分。他们的化工厂在商业上取得了成功，但赫顿很快又改变了方向，这也许反映了他喜好探究的本性。

生平事迹
- 确立了作为一门独立科学的地质学的原理。
- 创立了地质学的基本原理——均变论。
- 第一个提出地球表面是长时间的演化而形成的。
- 与认为地球只有大约6000年历史的教会以及当时杰出的科学家发生冲突。
- 在苏格兰高地的岩层和砂岩层中找到了支持他的地球年龄理论的证据。他的理论后来被证实是正确的。

肥沃的土地

虽然赫顿并不出身农家，但他在苏格兰边界拥有两座农庄：一座在高地，另一座在低海拔地区。24岁时，赫顿决心成为一名农学家。1752年，他访问了诺福克，以加深对农业的了解，他甚至于1754年冒险前往荷兰、佛兰德和皮卡第学习畜牧业。

赫顿习惯了农村生活的简朴和艰辛，对自然界的新兴趣显然激发了他的科学头脑。他几次徒步旅行，向其他农民学习，观察途中遇到的自然现象。在他1753年写的一封信中透露，他"非常喜欢研究地球表面……以一种强烈的好奇心，观察路上的每一个坑、沟渠和河床"。

赫顿于1754年回到家庭农庄，引进了农业改良措施，包括排水沟和围栏以及一些与作物轮作、植物、畜牧业相关的生产方法。

撼动基础

在农场工作期间，赫顿思考岩石是如何形成的。当时流行的"水成论"认为，《圣经》中记载的洪水过后的沉积物被压缩成岩石，化石是在那场灾难性事件中死亡的动植物遗骸。根据《圣经》中的分析，地球的造物可以追溯到公元前4004年。赫顿意识到这个过程一定还要漫长和古老得多，于是走出他的农庄开始在其他地区进行调查。1764年，以他在农学和化学上兼有的兴趣，赫顿与农学家乔治·克拉克-麦克斯韦尔一起，到苏格兰北部进行地质考察。

从1767年起，赫顿参与了福斯河和克莱德运河的建设，这增加了他对地质的了解，但直到他进行了广泛的野外实地考察后，他的理论才开始真正发展。他渴望更深入了解地质，所以来到苏格兰高地和山区。1785年，在苏格兰高地的格伦蒂尔特，他注意到了花岗岩。这是一种由火山活动形成的火成岩，穿透了古老的变质岩片岩。1787年，他研究了阿伦岛上角度不整合的沉积岩层，那里的沉积岩层以一定的角度排列在古老、倾斜、侵蚀的岩石上。这种现象——后被称为"赫顿不整合"现象——就是沉积相分离的证据。苏格兰杰德堡和西卡角的不整合现象更为显著。地质证据向赫顿证明了这一点：地球上的岩石远非源自某个单一事件，而是"深度时间"的证据，是一个持续的地质压实、侵蚀、火山活动和构造活动的过程。

他写道："通过最近的探索得出的结论是，我们的起源并不那么神圣，我们的结束

> 通过最近的探索得出的结论是，我们的起源并不那么神圣，我们的结束也并不能被预知。
>
> ——摘自詹姆斯·赫顿的《地球理论》

也并不能被预知。"至关重要的是，他认为这个永无止境的过程背后的根本动力，是地球的地下热量。同样重要的是，在他的"均变论"理论中，赫顿意识到这些过程以恒定的速率发生，使得估计岩石的实际年龄成为可能。

当时被称为"火成论"的赫顿理论颠覆了既有的关于地球年龄与起源的"水成论"理论，其至物种的起源：他将均变论应用于动物的进化以及地质过程中。维多利亚时代的地质学家查尔斯·赖尔接受了赫顿的理论，并在此基础上向前推进，而他的自然选择思想也深受查尔斯·达尔文的喜爱。

寻找证据

1787年，赫顿访问了苏格兰的阿伦岛（下图），对该岛进行了第一次地质调查。他找到了支持其地球理论的第一批重要的地质证据，满意地回到爱丁堡。

《地球理论》

基于他对苏格兰高地和山脉岩层形成的研究，赫顿在1788年出版的《地球理论》中提出，大部分土地曾经都是海床，随着时间的推移，岩层被扭曲并向上推出。他认为这个过程可能发生过很多次，这意味着地球比《圣经》学者以前所认为的要古老得多。赫顿的重复循环的观念在他去世后的几十年中逐渐获得认可。

《岩层形成研究》，出自1795年的版本，这个版本增加了新章节来回应对他的批评。

为科学和艺术登山·新疆域

登山工具创新

冰镐

第一把冰镐是两种工具的组合体。在登山运动开始前的几个世纪里，牧羊人就用顶部装有铁钉的长木杆穿越雪地和冰川，冰镐就是将这种工具和伐木工用的小斧头结合在一起。据说霞慕尼猎人雅克·巴尔马在1786年首登勃朗峰担任向导时，就携带着这些分开的工具，并将斧头别在腰带里。20世纪60年代早期，这两种工具被合为一体，斧头刃改制成铲形头，这就是第一把现代冰镐。

锻造冰具

第一批冰镐制造商是高山铁匠，比如在1861年之前，霞慕尼的西蒙德家族一直都在专门制造登山工具。自1818年起，意大利勃朗峰另一侧的格里韦尔家族就开始制造登山设备。随着现代镐铲和镐尖的形状的确立，金属镐尖的长度原本与镐铲相同，到19世纪末增加到两倍。杆的标准长度约为130厘米。

然而，其他的创新却不了了之。1864年，《阿尔卑斯杂志》上介绍了一种新型冰镐，其弯曲度与手臂摆动的弧线相似。这使冰镐在冰上使用起来更加安全，但它也很难移动，这对为登山客用阶梯式切凿的方法开辟道路的向导来说很不方便。由于向导要么是冰镐的制造者，要么是委托制造者，因而他们对改进原有设计兴趣索然。因其长度的缘故，这些冰镐只能用作手杖和切凿阶梯。因此，奥斯卡·艾肯斯坦（见第196—197页）设计了一种尺寸

18世纪80年代 铁头登山杖
猎人和牧羊人用铁头登山杖翻越深雪和岩石，甚至用它辅助站立滑行。在英格兰湖区，牧羊人使用一种"羊毛杆"。

19世纪40年代 第一把冰镐
伐木工的手斧与铁头登山杖相结合，组成了第一把真正的冰镐。

1881年 有待讨论的革新
斧头旋转90°度变成形，但是弯镐柄还没有被采用。

1933年 冰冷的线索
安德鲁·欧文（见第231页）在1924年尝试攀登珠穆朗玛峰的过程中失踪，他的冰镐在珠峰第一台阶下被找到。

公元 1100　1200　1700　1800　1900　1910　1920　1930

1188年 约翰·德·布雷布尔
这位僧侣在对翻越塞尼山山口的恐怖描述中第一次提到了铁头登山杖，这是一根带有金属钉的长杆（见第36页）。

1858年 冰镐阻止坠落
当他的向导滑落芬斯特拉峰后，约翰·廷德尔用冰镐阻止其坠落。

1861年 专业制造商
霞慕尼的铁匠弗朗西斯·西蒙德专于制造登山工具。

1924年 瑞士制造
著名的瑞士瓦利施塔施冰镐公司为1924年英国尝试攀登珠穆朗玛峰提供冰镐。

第一次攀登勃朗峰用了两种工具：铁头登山杖和伐木斧。雅克·巴尔马（见第94—97页）绘制于那一时期的画像显示，他同时带了两种工具，且把斧子别在了腰带上。将伐木斧和铁头登山杖组合在一起，就成了冰镐的原型，从19世纪30年代到60年代基本上没有变化。这是一种砍劈台阶更为有用的工具。

1786年 登上勃朗峰

发明家奥斯卡·艾肯施坦因其设计的冰爪而闻名，他建议把冰镐从130厘米缩短到86厘米，这个尺寸仍然比现在的冰镐长出很多。维洛·韦尔岑巴赫也使用了更短的冰镐，并开发了一种冰锤作为第二冰具。由于缺少12钉冰爪，他依旧使用镐头来凿出冰阶。

1907年 短 镐

为86厘米的较短的冰镐，但这遭到英国保守派登山者的反对。虽然维洛·韦尔岑巴赫（见第236—237页）使用短镐的效果很好，登山镐也按照艾肯斯坦的建议缩短了尺寸，但它们的设计在20世纪60年代之前基本上没有改变。

改进的冰镐

20世纪60年代中期，登山者的领军人物兼铁匠伊冯·乔伊纳德（见第302—303页）重新设计了冰镐，并开发了一种55厘米的工具，配有弯曲的镐尖和锋利的"牙齿"。与1864年首次提出的想法相类似，他说："与斧头摆动弧度相匹配的弧形物可以让镐尖更好地凿冰。我注意到，当我把身体重心放在它上面的时候，标准的镐尖常常会弹出来。"乔伊纳德的"零号"冰镐很受欢迎，55厘米至今仍然被认为是通用登山镐的最佳长度。与此同时，在苏格兰，尝试使用前踢式冰爪的登山者们开始重新加工斧头，在回火锻造前，把镐尖陡直地倾斜。哈米什·麦金尼斯制造出一种名为"特罗达克泰尔"的模型，配有一根短杆和陡直倾斜的镐尖，这种冰镐是攀登陡峭冰面的理想选择。有两只这样的工具，一手拿一只，加上脚部的前踢技术，阶梯式切凿的方法就过时了，攀登水平从而得以飙升。

攀冰技巧

到20世纪50年代，随着冰爪的广泛应用，两种常见的技术被登山者采用：一种是法国式攀登，弯曲脚踝，用力蹬鞋底冰爪攀登斜坡；另一种是德国式或者奥地利式的前齿攀登。20世纪60年代后期，随着配有弯曲冰尖的短杆冰镐的出现，前齿攀登流行起来。现代攀冰保护设备比早期的设备更可靠、更易于放置，这增加了登山者的信心。

设备的革新使人们攀登垂直陡峭的冰壁成为可能。

1940年 托洛茨基遭暗杀
托洛茨基在墨西哥被苏联内卫军（NKVD）组织的特工雷蒙·梅卡德用冰镐谋杀。

1974年 苏格兰天才
哈米什·麦金尼斯设计并制作了一种带有金属柄的、镐头下垂的冰镐"特罗达克泰尔"。

20世纪90年代 组件系统设计
组件系统的研发取代了单一的钢制镐头，可以被更换，以适用于不同种类的攀登。

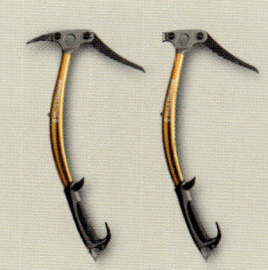

21世纪 无腕带攀登
符合解剖学的手柄可以让攀登者摆脱腕带，使冰镐用起来更方便。

1940　1950　1960　1970　1980　1990　2000

20世纪50年代 冰匕首
瑞士向导艾瑞克·弗瑞德里使用冰匕首加快了维洛·韦尔岑巴赫攀冰登顶的速度。他还发明了管状冰螺丝。

1978年 镐柄的终结
冰镐安全标准的制定终止了木镐柄的广泛使用。

1986年 弯曲镐柄
弯曲的冰镐柄可以防止指关节在冰上擦伤，并改善了摆动的弧度。

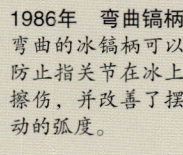
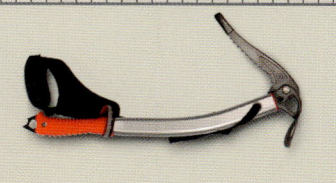

自20世纪60年代中期始，美国和苏格兰的登山者就尝试冰镐创新。伊冯·乔伊纳德（右图）与汤姆·弗洛斯特研发了带有锯齿状"牙齿"的弯曲镐尖，这种冰镐提高了安全性。战后苏格兰攀登运动的领军人物哈米什·麦金尼斯制作了第一把牢不可破的全金属冰镐。腕带的引入使从镐头上垂下产生的拉力分散到整条手臂。

弯曲或特定形状的冰镐柄为手提供了更大的保护和空间，同时也为镐头提供了更有效的挥动半径。碳纤维和凯芙拉纤维等材料可减轻重量，符合人体解剖结构的握柄替代了腕带。标准组件系统可让登山者使用不同类型的镐头进行不同方式的攀登。更薄的镐尖减少了冰大面积破裂的风险。

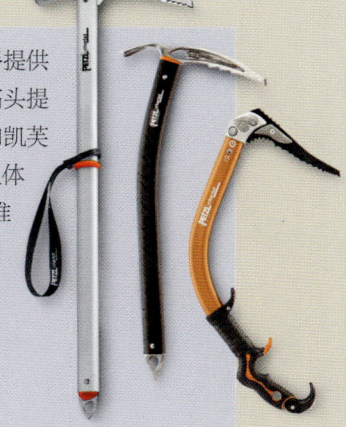

20世纪60年代　冰镐的革新

21世纪　快速发展

奥拉斯-贝内迪克特·德·索修尔

物理学家、早期高山探索者

瑞士　　　　　　　　　　　　　　　　1740—1799年

奥拉斯-贝内迪克特·德·索修尔既是杰出的科学家,也是痴迷自然的旅行家。他是"科学登山运动"的发起者。他在阿尔卑斯山脉的多年游历以及对微小细节永不满足的渴望,为他的四卷本巨著《阿尔卑斯旅行》打下了基础。他有关冰川作用的理论远远超前于同时代的大多数人。虽然他没有实现第一个登上勃朗峰的终生目标,但他是第二个成功登顶的人。

生平事迹

- 游历霞慕尼并决心攀登勃朗峰。他为任何能找到登顶路线的人设立了一个奖项,26年后,奖金由雅克·巴尔马(见第94—97页)获得,他是两个首登勃朗峰的人中的一个。
- 一生致力于西阿尔卑斯山脉研究。他在那里的地质及其他科学观察为他撰写《阿尔卑斯旅行》奠定了基础,这部著作为冰川理论和人们了解山脉的形成铺平了道路。
- 他的人生经历和研究改变了欧洲人对阿尔卑斯山脉的看法。曾经让人畏惧和躲避的阿尔卑斯山脉因其科学和美学的吸引力而受人尊敬。
- 两次尝试攀登勃朗峰,进行科学实验;第二次尝试时,他实现了登顶的梦想。
- 他与儿子一起,在巨齿山口顶上观察了14天。
- 意识到玻璃能够吸收太阳的热量,研发出了西方世界的第一个太阳能集热器。

1760年,因受到勃朗峰的吸引,20岁的索修尔第一次游历霞慕尼。他出身优越,有着良好的教育背景,很早就被日内瓦学院聘任,此时他任该学院自然哲学教授不到两年。他个性中不循常规而又躁动不安的一点就体现在他对阿尔卑斯山脉的痴迷。

这种早期的旅行完全是探索性质的,主要在阿尔卑斯山脉的丘陵和冰川上进行,但索修尔仍心怀登顶的信念,这目标还没有人达成,因此他提供了一笔奖金,奖励第一个登上勃朗峰的人。

然后,他返回日内瓦继续他的教学生涯。他心里对高山的渴望遭到妻子反对,几近被扼杀。他责备妻子说:"你宁愿看着我胖得像个教士一样,整天坐在老式壁炉旁昏昏欲睡,也不让我付出掉几盎司体重、几周不陪你的代价去实现我最崇高的目标,获得新发现。"尽管如此,1774至1784年,他仍七次游历阿尔卑斯山脉,探索了皮埃蒙特以南及瑞士伯尔尼高地以东的地区。他不但对地形特征有纯粹的好奇心(当时阿尔卑斯山区的地图很少,而且大部分都是错误的),而且渴望了解山脉是怎样形成的,特别是那些用无法穿透的冰层覆盖群山的大冰川。

关于冰川的思考

索修尔起初还不能完全摆脱《圣经》中洪水的假说,直到他观察到阿尔卑斯山脉岩层的分层,并最终得出结论:这些岩石不是由诺亚时代的洪水形成的,而是由新岩层挤压旧岩层形成的。关于冰川的移动,他推断是地球的热量致使冰川底座融化,使其在自身重量的压力下逐渐滑下山坡;但他不知道冰川像水一样,具有粘滞性和流动性。

在索修尔的阿尔卑斯山之旅中,1778年他与其他两名科学家一起游历勃朗峰的那一次是最具代表性的。同伴们的任务是记录他们带入山中的气压计和磁力计上的数据,而索修尔的工作是地质观测。为了取得最好的结果,三人登上了海拔3099米的比埃峰,这为他们用六分仪观测勃朗峰的海拔高度并对高海拔下呼吸的不良影响进行实验提供了一个绝佳的位置。

导航设备
索修尔对科学仪器有着浓厚的兴趣,这是他1787年攀登勃朗峰时携带的指南针和日晷。

奥拉斯-贝内迪克特·德·索修尔

当我看到脚下壮阔的山顶，还有这些让人毛骨悚然的尖峰时，我不敢相信自己的眼睛，这一切仿佛是一场梦。

——奥拉斯-贝内迪克特·德·索修尔谈攀登勃朗峰

绅士远征队
据克雷蒂安·德·米切尔描述，1787年索修尔成功登上勃朗峰时，雇用了18名登山向导，他们除携带科研设备外，还背着一张配有床垫和床帏的床。登上峰顶后，他测试了水的沸点、雪的温度和向导们的脉搏。

成功登顶的登山队下山
1787年登顶的远征队迅速地从勃朗峰上下来。他们仅停留了一夜，营地搭建在大米莱峰上方500米处，索修尔称那里为"快乐归来之石"。

皮埃尔·巴尔马特前去侦察山坡高处的地质情况，回来后他说刚下了雪，通往山顶的路十分危险，无法继续前进。

再次尝试

攀登受挫的索修尔被迫撤回古特峰，在那里进行了深入的科学观察，随后回到日内瓦。次年8月，帕卡尔和雅克·巴尔马（见第94—97页）征服了勃朗峰，得知这一消息后，索修尔十分失望。登上勃朗峰仅五天后，巴尔马就抵达了日内瓦，领取了25年前索修尔曾许诺过的奖金。显然，两人并没有太计较这件事，因为索修尔在1787年7月第二次攀登勃朗峰时，与他同行的不是别人，正是巴尔马。

索修尔的妻子与他们一起进入阿尔卑斯山区，她曾短程攀登过几次，并坦承登山简直就

索修尔的其他阿尔卑斯山脉之旅同样将探险和科学测量结合起来。例如，在1783年，当索修尔经过瑞士的图恩湖和因特拉肯湖时，他停下来测量了湖泊的深度和水温。

兴趣广泛的索修尔对所见所闻的壮观雷雨、福尔马扎地区古怪的德国方言和圣哥达救济所的僧侣都会记录并评论。他喜好收集有趣的岩石标本，但在那些僧侣的眼中，他的这份地质学狂热是一种十分怪异的心理障碍。

渴望攀登

索修尔一直渴望征服勃朗峰。然而，早已有人尝试过攀登此峰。1783年，年轻医生米歇尔-加布里埃尔·帕卡尔（见第94—97页）和日内瓦教堂的领唱马克·T.布里一起尝试攀登勃朗峰，但以失败告终；后者崇拜索修尔，但为人诌媚又自私。次年，布里和帕卡尔又分别进行了尝试。1785年，索修尔做好了充分准备，自己攀登勃朗峰。

索修尔觉得有必要邀请布里跟他一起攀登，因为他的竞争对手于1784年攀登时在比亚纳塞村向上开辟了一条路线，这条路线看起来像是一条通向峰顶的理想之路。参加这次攀登的还有布里21岁的儿子艾萨克和四名向导。

登山队把营地搭在古特峰附近，索修尔发现他带来的用作测量沸点如何随海拔而变化的温度计失灵了。他仰望勃朗峰来宽慰自己，山上的白雪闪闪发亮，勃朗峰好似活了过来。第二天清晨，因为布里父子拒绝在早晨6点15分之前行动，这支行动迟缓的攀登小队很晚才出发。他们奋力向上前进了五个小时，后来被一层松软的积雪阻止了进程。攀登小队的主向导

> 我的目标不仅仅是到达最高点，我一定要做一些科学观察……这给我的冒险增添了价值。
>
> ——摘自奥拉斯-贝内迪克特·德·索修尔的《阿尔卑斯旅行》

马克·T.布里
法国　　　　　　　　1739—1819年

在高山探险的历史上，布里处于一个矛盾的地位，人们对他的评价褒贬不一。

他爱虚荣，好自我标榜，嫉妒他人的攀登成就，这些常常影响他的判断力，也破坏了他与别人之间的关系。他自命为"阿尔卑斯的历史学家"，但是他讨厌寒冷、大雨和不断袭来的眩晕感，这阻碍了他攀登高山的脚步。他的登山同伴大多不喜欢他。然而，不可否认的是他了解阿尔卑斯山脉。1783年，在帕卡尔的陪同下，他试图登上勃朗峰。但是，由于天气寒冷，他没有继续。次年，帕卡尔提出再次尝试，但因为布里遇寒就会头痛，这个提议就被搁置了。他今天的声誉全赖于他对高山历史的广泛阅读和喜爱。

奥拉斯-贝内迪克特·德·索修尔

科学工具
索修尔首次尝试攀登勃朗峰时，因为温度计失灵，他的高地气象研究没能正常进行。

是一种享受。马克·T.布里下定决心要紧跟索修尔的步伐，请求加入他们一起攀登勃朗峰，但是，这次他们粗暴地拒绝了他。

启程前下了一场大雨，他们不得不推迟一周出发。8月1日，乌云消散，一行人便开始了远征。索修尔夫人留在后面，用望远镜跟踪他们的进程。

高峰探索

在最初两个小时里，索修尔骑着骡子前进，而到了塔康那兹和波松冰川之间后，他便徒步行进。攀登七个小时后，攀登小队把帐篷搭在断崖山山顶上。第二天，布满裂纹的冰瀑阻挡了他们的进程，其中一名向导险些在那里丧命。最终攀登小队在大高原扎营，其中有人开始出现高原反应。他们在这里度过了难熬的一夜，寒冷刺骨，饥渴难耐。

第二天早晨大约7点钟，他们又出发了，十分顺利地走完了500米的路程。随后他们遇到了一道宽宽的冰川裂缝，行程再次被延误。在这之后，索修尔的身体日渐虚弱，不得不多次要求暂停攀登。

通往山顶的最后300米，他们攀登了两个小时，最后费尽千辛万苦登上山顶。索修尔感到沮丧，他没有尝到胜利的滋味，反而觉得"不是快乐，而是愤怒"。后来他坐下来好好欣赏了这壮丽山景的全貌，他用望远镜看到妻子展开了旗子，这表明她知道丈夫已安全到达山顶。接下来，索修尔花了四个小时来进行科学观察，后来乌云密布，他们被迫下山。

家庭远征

返回日内瓦后，索修尔热情高涨，想更深入地探索高山。1788年，他去了刚对外开放的巨齿山口，从这里翻过勃朗峰直通库马约尔。他计划在这座山上停留一段时间，进行一些科学实验。这是一个非常大胆的举动，因为几乎没有人能在海拔这么高的地方度过一夜，更别说索修尔还计划在那上面度过两周。他于7月2日出发，与他同行的是雅克·巴尔马，这次他还带上了儿子西奥多。

通往巨齿山口的路还算畅通，但是适合扎营的地方是一段尾端搭着石棚的狭窄岩脊，仅2米宽，勉强能放下两张床，索修尔和西奥多把床紧挨着并列安放。父子两人轮班做实验，索修尔晚上工作，他的儿子则早晨4点起床接替父亲，白天工作。在这个高海拔的小屋里，他们一住就是14天，有时雷雨交加，有时狂风肆虐，杯子里的水常常是冰凉的，有时甚至会结冰。最后，巴尔马和同行的向导在这次持续的探险中渐渐失去了耐心，因为他们要被迫背着补给和书信在山口爬上爬下。最后向导们干脆罢工，不搬运任何食物和物资。由于缺粮少食，索修尔终于7月20日启程下山，回到库马约尔。

索修尔并没有完全停下探索阿尔卑斯山脉的脚步。1789年，他去了采尔马特，登上罗萨峰中一座比较低矮的卫峰，停了下来，满怀敬畏地注视着马特洪峰。然而，多次阿尔卑斯探险损伤了他的身体，在回到日内瓦后不久，他就退休了。在生命的最后时刻，他完成了《阿尔卑斯旅行》的最后一卷，确立了他高山科学先驱的地位。

登山科学家
登山有助于索修尔的研究。在登上勃朗峰时，他写道："只要看一眼，就能消除多年研究也未能解答的疑问。"

弗朗茨·约瑟夫·于吉

特立独行的冰川学家和登山者

瑞士　　　　　　　　　　　　　　　　　　1791—1855年

弗朗茨·约瑟夫·于吉是地质学家，同时也是植物学家、教师和牧师，他是第一批研究冰山运动的高山学者之一。他的研究基地位于瑞士伯尔尼阿尔卑斯的下阿尔冰川，他在这里记录下了三年间冰川的运动过程，并且攀登了周围的山峰。他提出过一些冰川理论，尽管有些并不准确。于吉的实地考察虽然粗略，但是具有开创性，再加上他的登山成就，这些都使他脱颖而出。

生平事迹

- 在瑞士的下阿尔冰川进行研究，其研究成果支撑了一些学者所秉持的理论，即冰川不是静止的，而是能够前进或者后退很远的距离。
- 作为孤儿学校的校长，他开创了一种新的教学方法，包括向学生展示真实的标本。
- 除科学设备外，他的探险工具还包括：旅行医疗箱、眼用香膏、古龙水、用鱼油和动物油脂制成的鞋蜡以及优质的葡萄酒。
- 他是第一个真正在冬季攀登高山，并穿过施特拉莱格山口观察冰川形态的人。
- 在研究少女峰西侧的罗塔尔地区岩石时，他曾尝试攀登少女峰，但是失败了。
- 1828年，加入第一支攀登伯尔尼阿尔卑斯山脉的最高峰芬斯特拉峰的登山队。

于吉出生在格伦兴的一个村庄里，就在汝拉山山脚下，是磨坊主的儿子。完成基础教育后，他在德国东南部巴伐利亚继续研究神学，然后在奥地利维也纳学习自然科学。1819年，于吉回到瑞士的索洛图恩，成为一名天主教神父。

他被任命为索洛图恩孤儿学校的校长，潜下心来，一边从事教学，一边研究自然科学。

他热衷于教学，但并不是每个人都赞同他的教学方法。他在课堂上展示植物、动物和化石，有人批评这种教学方法不符合传统。同时，身为牧师，他却喜好夜观星象，因此也有人谴责他"不虔诚"。然而，于吉没有放弃自己的研究，在1823年，他与别人共同创立了索洛图恩自然历史学会，他们举办研讨会，陈述和讨论相关理论以及研究成果。他还致力于收集植物和地质标本。附近的汝拉山资源丰富，因此，于吉常常登上汝拉山，在悬崖峭壁间搜寻化石。

冰上生活

于吉对冰川学领域的贡献最大。冰川学的研究能受到越来越多的关注，主要归功于18世纪约翰·雅各布·朔依希策（见第54—55页）和奥拉斯-贝内迪克特·德·索修尔（见第60—63页）两人的工作成果，但是关于冰山运动的实际数据却很少。"冰山漂砾"是证明冰川运动的有力证据，因为很明显，若非外力挪动，这些漂砾是不可能到达它们被发现的地方的，所以于吉开始收集有关冰川运动如何发生的资料。

于吉选择瑞士的下阿尔冰川作为自己的调查地点，1827年夏天，他出发到冰川，开始了一季的冰川研究。随行的人有登山向导、艺术家、植物学家和自然历史爱好者，总共12人，于吉修建了一间简陋的石头棚屋作为他们"远征"的总部。在冰川上的基地里，于吉使用了一些方法来证明冰川不是静止的而是运动的。

高山探险
于吉绘制了下阿尔冰川地图，并收入他的《阿尔卑斯山自然历史》。在同一卷中，他还展示了用于标记冰川运动的漂砾。

他把木桩凿进冰川，在相邻的岩石上刻上记号，他希望通过这些原始而有效的方式来测量冰川的运动。

高山消遣

冰川的运动速度十分缓慢，因此，于吉和他的团队便通过各种活动来打发时间。除进行地质研究外，他们还把目光投向了周围的山峰。1827至1830年的每一个夏天，于吉都会回到下阿尔冰川。1828年8月初，他决定攀登海拔4158米的少女峰，经由少女峰西南侧的内罗塔尔山脊登上顶峰。虽然他没有登上山顶，但是这次体验激起了他对高山探索的渴望。

随后他又前往芬斯特拉峰，此峰高达4274米，是伯尔尼阿尔卑斯山脉中的最高峰，也是阿尔卑斯主山脉外的最高峰。8月19日，于吉与四名同伴从西侧出发攀登此山。在攀登的过程中，他们遇到恶劣的天气，不得不在距离山顶200米的地方撤退，后来于吉写到，他们遇到了致命的危险。然而他并没有被吓退，而是一年后再次尝试。1829年8月10日，向导雅各布·莱乌托尔德和约翰·瓦伦登上了山顶

（于吉受伤，无法穿过山顶下面一段陡峭的冰坡）。

1830年，于吉完成了他的实地考察；1833年，他被任命为索洛图恩大学的自然科学教授。他发表了数卷有关冰川研究的成果，并得出结论，即冰川运动是由其内部运动和冰块重量的机械运动引起的，但这一结论还有待探讨。他还推断冰川漂砾是因为单个冰川的沉积，而不是来自主冰川。其他冰川学家，特别是路易·阿加西（见第72—73页）并不认同他

的观点，后来，路易更加精确的研究成果逐渐替代了于吉的结论。尽管如此，于吉的实地调查为探索冰川运动奠定了基础，而他卓越的登山成就使他成为当时的登山先驱。

科学思维

于吉热爱祖国的山脉和冰川，凭着这份热爱，他渴望探索大自然的运转机制。他同样乐于将这份求知欲传递给他人，因此他把化石和矿物标本捐赠给索洛图恩市，并为学校设计植物园，里面种满异国植物，如玉米、甘蔗和生姜。

于吉和同事在索洛图恩大学的植物园里。

滑坡
于吉和他的登山队首次尝试从西南侧攀登少女峰，但是由于计划不周，延误了行程，当他们横穿罗塔尔冰川（下图）时，每一处裂缝都潜伏着危险。

詹姆斯·戴维·福布斯

英国登山运动先驱

苏格兰　　　　　　　　　　　1809—1868年

詹姆斯·戴维·福布斯既是极具天赋的科学家，又是有能力的高山探险家，他是英国第一批真正的高山攀登者。最初，阿尔卑斯山脉吸引着福布斯前去寻求科学发现，结果他发现那里美景如画，处处都激发灵感，既满足了他对高山探险的渴望，也满足了他拓宽认知范畴的渴求。如今他广为人知，主要是因为他与竞争对手路易·阿加西和约翰·廷德尔关于冰川运动的长期争论。

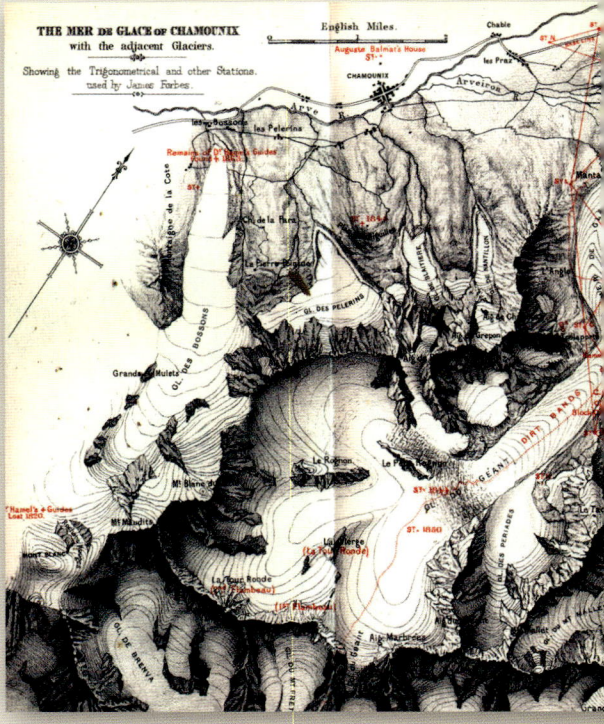

绘制高山地图
1873年，福布斯的传记作者出版了福布斯绘制的冰海地图。福布斯在红色标记处建立起三角站。在他之前，没有人在这么高的海拔进行测量，而且福布斯测量的结果更准确。

福布斯生于爱丁堡的一个贵族家庭，但他早年的生活多与悲剧和疾病相伴。在他18个月大的时候，母亲就去世了，他只好在家中接受教育，这可能是他性格单纯、冷漠的原因。福布斯的父亲希望他从事法律职业，然而在17岁那年，他渐渐发现了自己的兴趣所在。1826年，在与家人到欧洲旅行期间，他对意大利的维苏威火山表现出了特别的兴趣。福布斯不满足于仅仅在远处欣赏燃烧着的火山，而是详细考察了这一地区的地质特征。

随后，福布斯回到爱丁堡大学继续学业，很显然，这次实地调查的经历使他深受启发。他在物理学研究方面颇有天赋，但他的成就不仅仅来自课堂。福布斯匿名写了两篇关于意大利实地调查的论文，投稿了《爱丁堡科学期刊》。第一次投稿被接受后，他又写了题为《那不勒斯湾的实地调查报告》的系列文章，共八个部分。

年轻的科学家

19岁那年，在福布斯的科学训练刚刚起步时，他的科学著述就受到科学界的广泛关注，其中包括地质学鼻祖查尔斯·赖尔爵士。很快，他放弃了从事法律工作的想法。

他前往剑桥和伦敦继续科学生涯，其中包括为英国科学发展学会的成立游说，这成为他往后职业生涯的重要敲门砖。1832年，他回到欧洲。为了能进行更多的科学调查，他沿着莱茵河到达瑞士。一年后，他被聘为爱丁堡大学的自然科学教授，这一职务使他穿越西欧进行科学研究。

冷峻的实地调查

福布斯一直都崇拜大自然，探险成为他在国内外旅游的一大目的。1836年，在苏格兰的西部高地和群岛进行野外考察时，他登上了天空之岛的最高峰斯格阿拉斯代尔，此峰高达993米。

1840年，在格拉斯哥举办的英国科学发展学会的一次会议上，路易·阿加西（见第72—73页）邀请他一起攀登瑞士的下阿尔冰川，这个契机让福布斯进入了最高的科学领域。次年，他前往瑞士科学家进行实地调查的冰川实验室，从此迷上了冰川学。1842年，他在霞慕尼山谷上方的冰海进行野外考察，分别在不同高度、一天中的不同时间和不同季节测

登山科学家

作为他科学研究的一部分，福布斯在阿尔卑斯山脉和挪威进行过无数次小规模攀登，其中包括1841年的那次攀登，他是第一个登上高3000米的旺德富鲁峰（图中最右边）的英国人。

生平事迹

- 20岁时被推荐为爱丁堡皇家学会的会员，但是他必须等到21岁的年龄下限才能获得这一殊荣。
- 在一次巡回演讲中，借助于自制冰川演示了他的冰川运动理论。他把胶水和巴黎石膏混合起来，倒在倾斜的槽中，让其缓缓地流动。
- 出版了《萨伏依阿尔卑斯山脉之旅》，他是第一个描写阿尔卑斯山脉和冰川的英国人。此书是一项具有里程碑意义的研究，对地质学家和早期的登山者来说都十分珍贵。
- 将他的长期向导奥古斯特·巴尔马介绍给年轻的艾尔弗雷德·威尔斯（见第118—119页），在科学探索时代和即将到来的登山运动黄金时代之间架起一座桥梁。

> 旅行者快乐地行走在阿尔卑斯山间，一边拍打沿途的露水，一边手拄登山杖向山顶迈进。
>
> ——詹姆斯·戴维·福布斯

量冰川的运动速率。他意识到冰川的纹路和条纹结构是由冰川内部的压力造成的，因此他创立了塑性理论，即冰川不是以一团坚硬易脆的固体形态来移动，而是像一种黏性液体。

痴迷于阿尔卑斯山

福布斯进行调查研究时，不可避免需要攀登高峰，并且显然乐在其中。他认为攀登能"让你摆脱束缚，重获自由"，还能"消除焦虑并促使登山者持续不懈地努力"。1841年，他和阿加西攀登高达4158米的少女峰，他们是第四支登上此峰的登山队，福布斯也成为第一位登上少女峰的非瑞士人。1850年，他在霞慕尼地区进行探险时，第一次翻越了勃朗峰附近高3264米的萨莱奈之窗。

福布斯有一张与他的科学资历相匹配的登山列表，但在与同事的关系上并没有取得相同的成功。在是谁提出塑性理论这个问题上，他与阿加西发生了激烈的争论，并卷入与物理学家约翰·廷德尔（见第128—131页）的纠纷之中，约翰·廷德尔声称福布斯的理论不仅是错误的，而且是从早期业余的冰川学家那里剽窃来的。尽管如此，福布斯仍发表了一百多篇关于冰川和地质学的论文，并对不同高度的水的沸点进行了重要研究，还出版了几本他在阿尔卑斯山脉游历的书。

阿尔弗雷德·魏格纳
德国   1880—1930年

福布斯去世半个世纪后，阿尔弗雷德·魏格纳成为另一位努力说服科学界相信其理论正确性的科学家。

魏格纳出生于柏林，学习过物理学、天文学和气象学，1905年获得博士学位。现今，他作为大陆漂移理论的创始人而闻名于世。通过对比地图上世界各大洲的海岸线，他发现不同的大陆——如非洲和南美洲的大西洋沿岸——组合起来就像一个拼图。他对地质和化石的调查研究为他的理论提供了支持，该理论解释了在数百万年间，山脉，如喜马拉雅，是怎样因大陆板块碰撞而隆起形成的。

高山掠影

勃朗峰

勃朗峰——意大利语叫作比安科峰——横跨意大利和法国的交界地带，是西欧的最高峰，海拔4808米，比第二高峰高出163米。勃朗峰规模宏大，风格迥异的山峰相互簇拥，组成了阿尔卑斯山脉最美丽的冰川山峰群。勃朗峰的优质花岗岩吸引了一代又一代的登山者，使之成为最受欢迎的登山训练场。

勃朗峰的两面有着极其不同的地貌。从北坡，也就是法国的那一侧看，它高耸于霞慕尼和阿尔沃河谷之上，并没有给人留下深刻的印象——它不过是一座遥远的白雪皑皑的驼峰，俯瞰着一大片平缓倾斜的冰川。在18世纪奥拉斯-贝内迪克特·德·索修尔（见第60—63页）掀起的探索高峰的热潮中，北坡就是最早被攀登的。

勃朗峰的南坡位于意大利，从南坡望去，勃朗峰高耸于奥斯塔山谷之上，其风貌给人以深刻的印象。它山体陡峭，表面布满岩石和积雪，布鲁亚尔山脊、因诺米纳塔山脊和伯特瑞山脊气势磅礴地环绕在四周。远处面向东南的是布鲁亚尔壁，自20世纪80年代以来，它的超级峡谷便是一条经典路线。在因诺米纳塔山脊的另一面是弗雷尼冰川，向北延伸至伯特瑞山脊。继续向北，可以看到布伦瓦坡，它面向东方，大安格勒山柱坐落在背阴的北坡。从1865年险峻的布伦瓦坡路线到1983年壮丽的天意路线，南坡见证了一系列激动人心的新路线。在阿尔卑斯山脉中，勃朗峰至今仍然是那些雄心勃勃的登山者试图攀登的高峰之一。

侧面示意图

- **名称**：勃朗峰
- **位置**：上萨伏依 法国/意大利
- **海拔**：4808米
- **范围**：勃朗峰，阿尔卑斯山脉
- **显著特征**：北坡冰雪覆盖，南坡有陡峭的花岗岩

首次登顶：米歇尔-加布里埃尔·帕卡尔、雅克·巴尔马，1786年

女性首次登顶：玛丽亚·帕拉迪斯，1808年

首次通过古特山脊线登顶：M.安德雷格、J.J.本内、P.佩伦、L.斯蒂芬、F.塔克特，1861年

首次冬季登顶：伊莎贝拉·斯特拉顿、J.沙莱、S.考特，1876年

首次通过布伦瓦坡登顶：J.安德雷格和M.安德雷格、A.W.莫尔、G.S.沃克和H.沃克、G.马修斯，1865年

最快登顶纪录：1990年，瑞士人皮埃尔-安德烈·戈贝从霞慕尼出发到返回霞慕尼，共用时5小时10分14秒

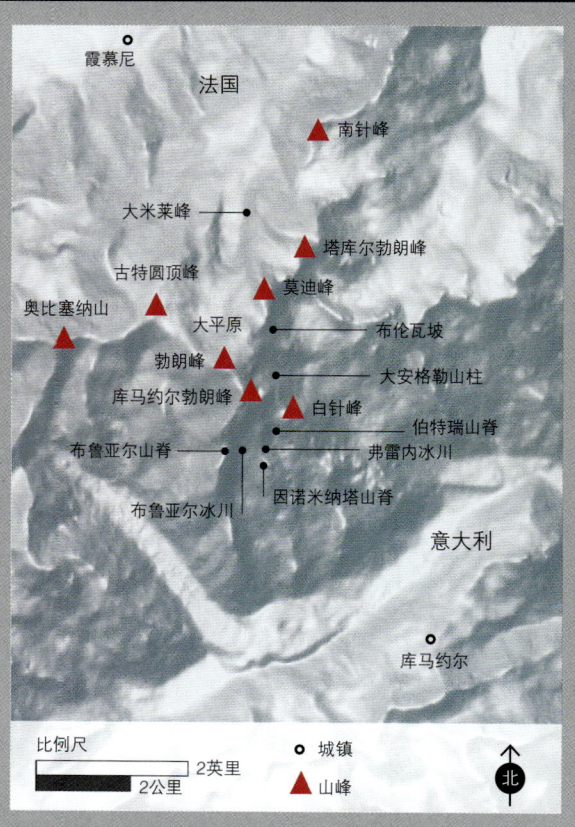

攀登路线

从图中可以看出，大约有25条又长又险的攀登路线都汇聚在大安格勒山柱和布伦瓦坡，这两处距离库马约尔勃朗峰和勃朗峰顶很近。与弗雷尼和布鲁亚尔相比，此坡更容易攀登，也更安全。布伦瓦坡曾是许多登山新秀首选的训练场，而现在人们更愿意选择大安格勒山柱上的这条更难攀的路线。

大安格勒山柱

— **天意路线**（P.加巴鲁、F.马西尼，1984年）这条900米长的攀登路线如今可以自由攀登，它既偏远又需要登山者的攀登技术。

— **博纳蒂戈比路线**（W.博纳蒂、T.戈比，1957年）全长900米，沿路的岩石质地松软，接着便是冰雪混合的地面。

① **伯特瑞山脊** 登山者们攀登完大安格勒山柱路线后，还要再花6个小时经过此山脊到达顶峰，随后再下山。

— **切基内利尔–诺米内路线**（W.切基内利、C.诺米内，1971年）这是此坡上最好的混合攀登路线，可能也是最安全的路线。

伯特瑞山脊

— **达梅安格莱山脊**（J.埃克尔斯、M.帕约特奥、A.佩奥，1877年）地质学家詹姆斯·埃克尔斯于1877年第一次登上伯特瑞山脊的上部。如今沿着弗雷尼山脊攀登的更长的路线是标准路线。

② **弗雷尼壁的上部** 1961年，登山者第一次登上了弗雷尼壁的上部和它高耸的山柱，其中包括中央岩。

③ **布鲁亚尔山脊上部** 被英国登山名家杰弗里·温思罗普·扬登上。

布伦瓦坡路线

— **皮尔扶壁路线**（T.G.布朗、A.格雷文、A.奥夫登布拉滕，1933年）此路线全长1300米，攀登难度大，危险系数高。

— **主路线**（T.G.布朗、F.斯迈思，1928年）布伦瓦坡上最好的路线，比相邻的路线安全，但是到海拔4400米处时，攀登难度增加。

— **红哨兵线**（T.G.布朗、F.斯迈思，1928年）这条线路算是一个杰作，但有许多潜在的危险。

勃朗峰

库马约尔勃朗峰

勃朗峰顶峰
（4808米）

布鲁亚尔山脊 ❸

弗雷尼壁 ❷

大安格勒山柱

布伦瓦坡

❶ 伯特瑞山脊

山地特写

Ⓐ 东侧 这张照片是在韦特针峰峰顶上空拍摄的，韦特针峰是邻近群峰中的一座，位于勃朗峰东侧的前面。

Ⓑ 雪峰 在攀登山峰之前，需要在海拔近5000米处进行一周的环境适应，少于一周便会导致高原反应。

Ⓒ 冰海 这座著名的冰川始于勃朗峰东部，它以每小时大约1厘米的速度运动。

Ⓐ

Ⓑ

Ⓒ

亚历山大·冯·洪堡

探险家、火山学家、科学家

普鲁士　　　　　　　　　　　　　　　　　*1769—1859年*

亚历山大·冯·洪堡既是富有开拓精神的探险家又是自然科学家,十分注重细节,他的研究方法为循证科学法奠定了基础。他开创了现代地理学,其跨学科的研究方法,为地质学、火山学和冰川学做出了巨大贡献。他喜欢旅行,游历过许多高山。在去南美的五年中,他尝试攀登厄瓜多尔的钦博拉索山,打破了当时攀登高峰的世界纪录。

生平事迹

- 在没有意识到高海拔攀登的危险的情况下,洪堡攀登了几座火山。在钦博拉索山上,他注意到雪线下方大量被沙子覆盖的冰堆。
- 在返回之前,他攀登到了钦博拉索山5878米处。
- 用明暗法来标记地形,绘制了新西班牙地图,为绘图学做出了重要的贡献。
- 在29年间出版了30卷有关南美探险的书。
- 首次提出南美洲大陆和非洲大陆曾经是一个整体。
- 留下了后来被称为"洪堡科学"的遗产——通过收集数据来探讨和解释各种自然现象的整体观。

驶向新世界

与同时代许多博学多才的大学者一样,亚历山大·冯·洪堡一出生就过着优越的生活。他自幼喜好收集标本,因此人们送他一个"小药剂师"的绰号,但直到他20岁在著名的哥廷根大学学习时,才开始接受正规的科学教育。

1792年,他在柏林找了一份采矿评估员的工作,以此来巩固他的科学知识。因为洪堡恪尽职守,做事一丝不苟,工作效率高,很快就得到晋升。四年后,他的母亲去世,他继承了一大笔财产并将这笔钱用于追求梦想,把自己博物学家的天赋运用在探索领域。洪堡对科学考察并不陌生:1789年,他考察了莱茵河流域;1795年,在瑞士和意大利进行了地质和植物的调查;在做采矿评估员时,他做的工作之一就是野外实地考察。随后,法国人尼古拉·博丹邀请他去南极环游,但是这次探险最终没能成行,他随即前往法国马赛,希望能加入一支瑞士探险队,跟随他们一同前往埃及。

计划再次受挫,但他很快就在马德里受到西班牙国王卡洛斯二世的接见,后者让他相信,新世界有很多科学探索的机会。1799年6月,洪堡乘上一艘西班牙船,从加的斯启航,前往南美洲。虽然登山本身从来就不是洪堡的目标,但他勇于为了科学探究的目的而接受登山的挑战。

火山上的花
在钦博拉索山,洪堡发现山坡上长满了蓝色的勿忘我。此次的南美之旅,他发现了60 000种新植物。

攀登高山

在前往新世界的途中,船在特内里费停靠了一段时间,在此期间,洪堡攀登了泰德峰,这是一座高达3718米的火山,最近的一次喷发是在1798年。虽然洪堡谈到这次攀登时比较低调,说"除了以前的旅行者看到和描述的之外,我们几乎什么也没有看到",但是在对于这次攀登的描述中遍布他对植物、地质和气象方面的观察。

他们一行于1799年6月21日出发。攀登至一座火山的半山腰时,他们在烧焦的岩石堆上露宿了一夜。凌晨3点洪堡醒来,爬上了火山的斜坡,穿过一个"冰穴"。关于这个冰穴,他写道:"保存在洞穴里的冰是堆聚在一起的大冰块,它与真正的阿尔卑斯冰川一样,不是由山顶流下来的雪水形成的。"接近顶峰的路异常艰难:"我们通过抓住破碎的火山岩石登

> **我们的手和脸都冻僵了,靴子却被走过的路面烧焦。**
> ——亚历山大·冯·洪堡在特内里费岛的泰德峰上

上了峻峭的山顶，锋利的岩石边缘常常留在我们的手中。我们花了近半个小时登上了这座小山，它的垂直高度不到90突阿斯（175米）"。

到达新高度

在探索新世界的五年间，洪堡去了委内瑞拉、古巴、哥伦比亚、厄瓜多尔、秘鲁和美国等国家进行探险考察。他的主要兴趣是研究新大陆上的植物、动物、人种和地质并将它们分门别类，好奇心继而驱使他去了安第斯山脉。

然而，洪堡的主要兴趣是他所经之地的自然史，他的心思宁肯放在对电鳗做实验上，而不是放在攀登上。在探险报告中，人们读到了他登顶所使用的一些方法。在奥里诺科河附近探索时，他写道："吃力地攀爬着光滑而陡峭的花岗岩峭壁，险些跌下深渊。要不是那些抗'风化'的突出岩面三厘米左右的大长石晶体，要在光滑的表面上站稳脚跟几乎是不可能的。"

伟大的老人

旅行结束后，洪堡回到欧洲，用余生来撰写他在探险中的发现。1859年去世前夕，他仍在撰写五卷本巨著《宇宙》。他为山地科学做出的巨大贡献主要体现在地质学和火山学领域。洪堡认为冰川研究是"攀登瑞士阿尔卑斯山脉的自然哲学家们的职责"。在更广泛的地质领域，他对火成岩的研究为反对"水成说"提供了进一步的证据。

洪堡在他的书房，86岁。爱德华·希尔德布兰特的画作，1855年绘。

1801年，洪堡经陆路从哥伦比亚来到厄瓜多尔，穿越了雷亚尔山脉。1802年，他考察了该地区许多火山，包括皮钦查火山（4784米）、科托帕希火山（5896米）和钦博拉索火山（6268米）。在洪堡的最后一次攀登中，他创下了当时攀登的最高纪录，那是一座当时被认为的世界最高峰。虽然由于高原反应，他没有登顶，但他们攀登到了5878米处，这是当时有记载的最高攀登高度。

火山学家在野外考察

在南美洲时，洪堡（下图，背景是科托帕希火山）正确地推测了火山线性群的构成形式与地壳下面的裂缝相对应。

路易·阿加西

"冰河时代"理论的倡导者

瑞士　　　　　　　　　　　　　　　　1807—1873年

路易·阿加西是19世纪中期最著名的自然科学家之一。作为一位冰川学家、动物学家和古生物学家，他为新科学理论——"冰河时代"理论——做出了贡献，认为地球曾在近期经历过冰川期。然而，与同时代人不同，他以富有说服力和戏剧性的散文语言来论证冰川作用表现为广阔的冰原。在其同胞弗朗茨·约瑟夫·于吉早期研究的基础上，他在瑞士的下阿尔冰川进行实地考察，以支持自己的理论。

生平事迹

- 接受的第一个职业是在瑞士纳沙泰尔大学担任自然史教授。他的第一个项目是关于鱼化石的五卷本研究，这帮助他确立了博物学家的声誉。
- 把研究冰川当作副业，却给地质学带来一场革命，并为冰川学奠定了基础。
- 为了研究冰川的结构和运动，他驻扎在下阿尔冰川；下阿尔冰川的实验结果为冰河时代理论提供了支撑，该理论认为现代地质结构是受过去冰川运动的影响形成的。
- 测量冰川运动的方法很快被应用到测量阿尔卑斯山脉的其他冰川上。
- 移居美国，在哈佛大学教授动物学和地质学，因为教学方法新颖且使用先进的教学设备而闻名。

从鱼到冰

路易·阿加西出生在瑞士法语区的莫捷村，父亲是路德派牧师。他在洛桑大学完成学业后，又在苏黎世大学、海德堡大学和慕尼黑大学学习医学和自然科学，并于1829年和1830年分别获得哲学和医学博士学位。他的第一个学术成果是一篇关于巴西淡水鱼的报告，亚历山大·冯·洪堡（见第70—71页）曾鼓励他研究古生物学，因此他对纳沙泰尔湖的鱼化石产生了兴趣。

1832年，阿加西成为纳沙泰尔大学的自然史教授，他开始涉猎冰川学这一新兴领域。他首先是一位自然科学家，与此同时，他在学界的地位意味着他的观点必定受到诸多关注。作为瑞士自然历史学会的主席，他能和许多海外科学家接触，特别是伦敦地质学会和皇家学会的成员。这样一来，他既能接触并学习新理论，也确保了他提出的理论有倾听者。

阿加西与德国博物学家卡尔·申佩尔和瑞士地质学家让·德沙尔庞捷一起，首次提出地球最近经历了"冰河时代"的观点。尽管这个术语可能是出自申佩尔在1837年发表的题为"关于冰河时代"的论文，但这一观点并不新颖，即冰川漂砾、冰碛和岩石上的划痕表明了冰川的运动范围。阿加西在理论上的重大贡献是他提出：阿尔卑斯山脉及大部分高纬度地区都曾被大面积冰原覆盖，这一理论遭到了与他同时代的人，尤其是德沙尔庞捷的强烈反对。

在1837年的一次演讲中，阿加西把他所说的冰原比作格陵兰岛的冰川，他在1840年写的《冰川研究》一书中重申了这一理论。当这本书即将出版时，阿加西在英国给着迷的维多利亚民众做了演讲。据报道，他的书让地质学家为冰川疯狂。最重要的是，他和他的朋友、英国地质学家威廉·巴克兰一起参观了苏格兰的

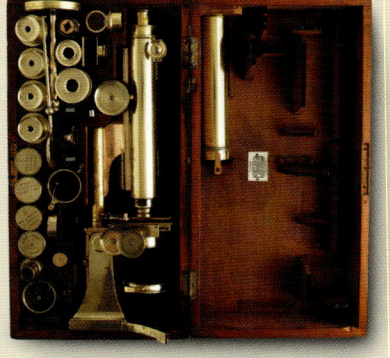

现代科学家
在前往下阿尔冰川进行实地研究时，阿加西带着当时最先进的科学设备，还有一台与图中类似的黄铜显微镜。

> 自从看到冰川，我就对雪产生了古怪的念头，想象着整个地球将会被冰覆盖。

——路易·阿加西

图解冰河时代

阿加西图解冰川的研究（右图）引起了欧洲和美国地质学家的注意。该研究表明，在相对较近的过去，瑞士曾被巨大的冰盖所覆盖，冰盖融水带有大量的沙子和砾石。

遗址，观察到更多冰川作用的迹象，给他的理论提供了更多证据。

研究冰川与山地探险

尽管他说自己"仅是一名业余登山者，在暑假里和朋友一起去阿尔卑斯山脉远足，只是为了放松，共享悠闲时光"，但是阿加西的野外考察既详细又精确，超过了之前的任何实地考察。

1838年8月，他考察了法国的勃朗峰冰川，1839年考察了瑞士、意大利边界的马特洪峰和瑞士的罗萨峰。1840年，他开始对瑞士伯尔尼高地的下阿尔冰川进行实地考察，这里曾是弗朗茨·约瑟夫·于吉（见第64—65页）进行调查研究的地方。

阿加西和同伴们驻扎在冰川上，在一块大岩石下搭起一座棚屋，四周用石墙加固。就在这个不久后被称为"纳沙泰尔旅店"的基地里，阿加西和他的登山队放置了许多仪器，从气压计、温度计、测量湿度的仪器到显微镜、钻孔设备，应有尽有。他们选出18块突出的岩石，测量它们每年的位置，从而计算出冰川不同部位的运动速率。

阿加西充分利用阿尔卑斯山脉的夏季，在下阿尔冰川周围攀登了许多著名的山峰。由富有经验的向导雅各布·莱乌托尔德和约翰·瓦伦——曾于1828年和1829年带领于吉登上芬斯特拉峰——引领，阿加西和他的登山队于1840年8月末穿越了海拔3315米的施特拉莱格山口。

在山顶高原上，阿加西进行了测量和观察。次年，向导雅各布·莱乌托尔德用冰镐凿出冰阶，勘探出道路，他和包括苏格兰地质学家詹姆斯·戴维·福布斯（见第66—67页）在内的团队借助绳子、梯子、"消除劳累的面包和酒"，登上了云雾缭绕、地势险峻的少女峰（4158米）。

除研究冰川外，阿加西还继续坚持他的动物学研究。1846年，他离开了欧洲的冰川，前往美国，在哈佛大学担任教授，使美国的自然史研究发生了革命性的变化。

然而，在职业生涯后期，他的科学判断出现了偏差。例如，在1865年，他前往巴西，坚信在那里看到了冰川地貌。实际上，在最近的冰河时期，大冰川从未在巴西出现。

科学种族主义

现在看来，阿加西一生最大的污点就是他终生反对达尔文的进化论，始终相信"多祖论"，认为不同的种族具有不同的属性和起源，他在美国期间发展了这一理论。阿加西的"科学种族主义"的核心观点是白种人比其他种族优越，这使他的演讲在美国南部的蓄奴州拥有众多听众。达尔文反驳了这一理论，他认为人种差异只存在于表面，所有种族都有共同的起源；许多基督徒也认为这一理论是对《圣经》创世故事的否定。近年来，由于他的种族主义观点，在许多地标建筑物上和机构里，他的名字已经被移除了。

尽管存在这些问题，阿加西在登山史上仍然是真正意义上的大人物，在以饱满的热情进行实地考察和攀登高峰方面，可谓空前绝后。

探索冰川

阿加西使用最先进的科学设备仔细研究下阿尔冰川。他用一枚装在绞车上的类似钻孔器的铁钻，钻到冰面以下50米深的位置，研究不同深度的冰川的成分、温度和湿度的变化。这项新技术，加上他对冰川的持续研究及系统的研究方法，使阿加西比前人对冰川有了更加全面的了解。测量冰在一天中不同时间、一年中不同季节的运动和温度，可以更全面地了解冰的活动方式。

哈佛大学教授阿加西用最新科学方法讲授地质学。

高山人生

冰冻的木乃伊

美国人类学家、登山家约翰·莱因哈德在安第斯山脉峰顶上寻找印加遗迹时,获得了一连串令人吃惊的新发现,改变了人们对古人生存能力的认知。他在海拔6700多米的地方发现了一些印加祭坛遗址,最令人毛骨悚然的是婴儿木乃伊,看起来像是供奉给印加神的祭祀品。

南美洲的印加帝国地域广阔,横跨数千公里山区,覆盖了现今的哥伦比亚、厄瓜多尔、秘鲁、玻利维亚、智利和阿根廷的部分领土,是真正的高海拔文明。就连它的首都库斯科也坐落在海拔3310米的地方,而马丘比丘的山顶遗址证明了印加人在令人眩晕的高海拔地区建造复杂城市的能力。

约翰·莱因哈德的发现为印加人与山脉之间的关系提供了新线索。莱因哈德是一位资深登山家,富有登山经验,能够在高海拔地区熟练地运用考古技巧,像他这样的人为数寥寥。他考察了印加人在安第斯山脉的活人祭祀习俗。印加人把高山敬奉为水之源和神之地。1995年,莱因哈德在秘鲁的安帕托峰山顶附近发现了印加儿童木乃伊,他的研究开始有了成果。

接下来的五年里,他又发现了另外14个山顶祭坛遗址。1999年,他终于在智利和阿根廷边境的尤耶亚科火山上发现了三具保存完好的木乃伊。这些衣着华丽、地位高贵的孩子被用作祭祀品,这足以证明印加人取悦神灵的愿望是多么强烈。

保存完好的木乃伊

这些木乃伊之所以保存完好,是气候寒冷、空气干燥使然。回溯到15、16世纪,他们被冰冻在高海拔地区,尽管暴露在稀薄的空气中,皮肤、器官、头发和衣物依然保存完好。

❶ 这具木乃伊名为胡安妮塔,是一名印加女孩,年龄在11至15岁之间,是在安帕托峰发现的祭祀品。她的穗辫和头巾都说明她是贵族的后裔。❷ 这是15岁少女的遗骸,在尤耶亚科火山上被雷电击中,因此全身烧焦。

发现木乃伊

1995年,莱因哈德意外地发现了第一具木乃伊,急忙把重达40公斤的尸体绑在自己的背包上,临时保存在冰柜里。随后的考察更加有条理,1999年在尤耶亚科火山上的挖掘工作进行了三个多星期。

❶ 考古学家们小心翼翼地挖掘儿童木乃伊。❷ 考古学家们把三具尤耶亚科木乃伊捆绑好,用海绵包裹。❸ 他们慢慢地下山,将这些珍贵的木乃伊背到海拔4900米的大本营。❹ 1995年,莱因哈德在安帕托峰之行中,不仅要适应高海拔环境,还要应对附近的萨班卡亚火山爆发。

这些印加人遗骸是在玻利维亚南部的科凯萨村附近发现的。安第斯山脉海拔3673米的地方空气稀薄,气候寒冷,木乃伊得以完好地保存下来。

冰冻的木乃伊

约翰·莱因哈德
美国　　　　　　　　　　生于1943年

莱因哈德周游世界，是现实生活中的印第安纳·琼斯，他的登山成就确保了他高山考古学家的地位。

在喜马拉雅山区生活的十年间，他在中国、尼泊尔、不丹和印度进行了考察研究。他在安第斯山脉考察时，吃苦是家常便饭。他潜入的的喀喀湖进行水下考古，也登上世界最高考古遗址尤耶亚科火山挖掘木乃伊。

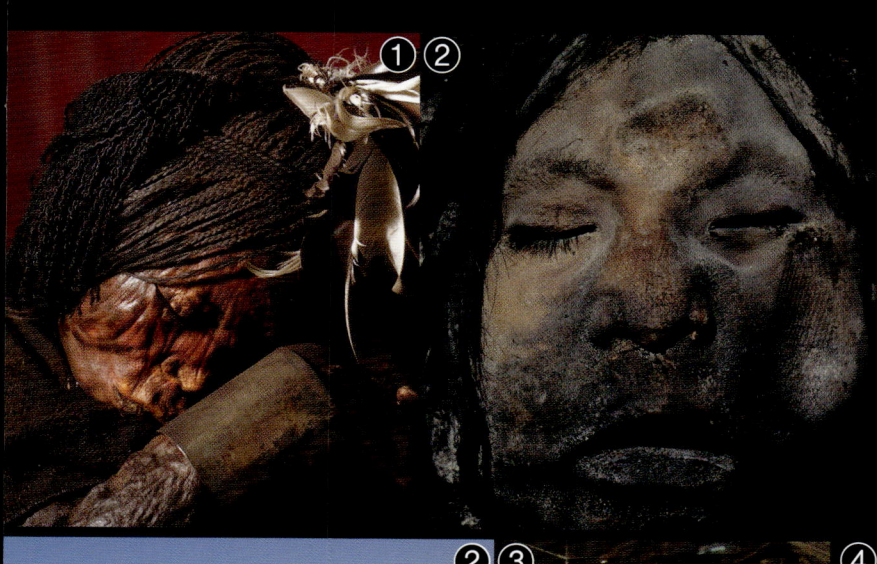

祭坛遗址

印加人认为，在高山地区，人们能够接近神灵的国度，所以祭祀场所都选在海拔高的地方。被选中的少数孩子在攀登过程中要一直咀嚼古柯叶，以消除高原反应。

❶ 这些死在6741米高的尤耶亚科火山上的孩子被安放在一间小石屋里。❷ 1954年，在智利普洛马山海拔5100米的地方，人们第一次发现了印加木乃伊。❸ 这具普洛马木乃伊是一个八九岁的男孩，肥胖的体格表明他来自一个富裕的家庭。❹ 被当作祭品的儿童身边，通常伴有供来世使用的殉葬品，比如食物及如图所示的小雕像。

文化高地

18世纪后期，阿尔卑斯山脉吸引了众多艺术界的追随者。浪漫主义运动促使人们怀着单纯的审美情趣欣赏高山，并唤起高山在观者心中的崇高感。

浪漫的灵感
浪漫主义时期的艺术家和诗人——包括人们在约瑟夫·塞弗恩的《写〈解放了的普罗米修斯〉的雪莱》中看到的珀西·比希·雪莱——穿越阿尔卑斯山脉前往意大利寻找灵感。

从18世纪早期开始，前往阿尔卑斯山区的人越来越多，大量外国游客涌入瑞士，进行"大旅行"，这与人们艺术鉴赏力的转变同时发生，这一转变为人们提供了欣赏高山的新视角。尽管高山在文学和艺术作品中依旧是不祥和恐怖之地（少数例外），但是18世纪后期浪漫主义运动的兴起使一些人开始主动接受高山的恐怖和野性。

高山美学

在他的《论崇高与美的概念之根源的哲学探究》（1757年）中，爱尔兰哲学家埃德蒙·伯克试图解释为什么人心灵中的激情会被悬崖之类的"可怕物体"所激发。不久后，塞缪尔·约翰逊博士于1773年前往苏格兰西部，写出了迄今为止最美的描述山区风景的文章。然而，最先提出较为完整的高山美学概念的是欧洲思想家，其中包括德国作家约翰·冯·歌德。在狂飙突进运动时期，歌德摈弃启蒙运动的理性主义，赞同对高山风景的情感反应。1777年，歌德游历了德国北部的哈茨山脉，他写道："我走出门，布罗肯峰庄严肃穆地耸立在那里，华丽的月光洒落在松树上。今天我站在布罗肯峰上，在女巫的祭坛上向上帝奉上我最衷心的感谢。"

法国哲学家让-雅克·卢梭既喜欢高山的美又喜欢高山的险。在他的小说《新爱洛伊丝》（1761年）中，主人公圣普乐说瑞士的瓦莱州是"原始自然和农耕自然的惊人结合"。卢梭自己喜欢沿着从里昂到尚贝里旅行，因为路的一侧是山壁，他可以"向下看，体验我喜欢的眩晕感……在保障安全的前提下，我喜欢享受这种眩晕感。"

自然是诗

英国浪漫主义诗人把对高山的艺术鉴赏提高到了一个新的高度。对威廉·华兹华斯来说，英国湖区的每一座小山丘似乎都有自己的个性。1799年，他在《序曲》里写道："一座巨峰，黝黑而伟岸，仿佛散发着力量……静静地矗立在我和星辰之间，似有自己的意志。"

另外两位英国浪漫主义诗人亲临瑞士山区寻找灵感。1816年，珀西·比希·雪莱前往科洛尼的迪奥塔蒂别墅，别墅就在日内瓦湖边上，诗人拜伦碰巧在同一时间也去了那里。雪莱被群山和"高耸入云的巨峰"征服了，"当高山巨峰突然映入我的眼帘时，我十分兴奋，那是一种欣喜若狂的惊羡，并非与疯狂无关"。

雪莱的游历催生了叙事作品《六周旅游纪实》，这部作品以《勃朗峰》（1816年）一诗结束。诗中，雪莱这样描述雄伟的勃朗峰："霜冻和太阳傲视凡人之力：穹顶、金字塔、尖顶，一座死亡之城，因塔楼之多而著称。"拜伦在艺术上同样收获颇丰，这为他许多名诗的创作提供了素材，包括《恰尔德·哈洛尔德游记》和《曼弗雷德》（1812—1818年）。

甚至在浪漫主义运动之前，艺术家们就已经开始前往阿尔卑斯山脉汲取创作灵感。瑞士人卡斯帕·沃尔夫（见第78—79页）就是先驱之一。他超越了早期对宗教画的兴趣，创作了阿尔卑斯山脉的宏大画卷，预示了后来的浪漫主义画派的兴起，如德国艺术家卡斯帕·达维德·弗里德里希。1802至1842年，英国风景

> 越来越多的18世纪和19世纪初的艺术家和作家到山里去，只为寻找创作的灵感，而他们的前辈只是记录对大山的印象，作为去阿尔卑斯山脉旅行的副产品。

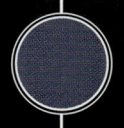

人与自然
年轻的歌德反对18世纪的科学理性主义，主张放任自己的主观情感。他在自然世界中找到了灵感。

美国浪漫主义
在美国，浪漫主义运动由受旷野启迪的艺术家发起。艾伯特·比尔兹塔德就是其中之一，这是他于1868年绘出的约塞米蒂谷的景色。

大旅行浪潮
对18世纪富有的年轻人来说，穿越阿尔卑斯山脉前往意大利及更远地区的"大旅行"是一种时尚，这股"大旅行"浪潮拉开了冰川旅游和阿尔卑斯山脉探险的序幕。

背景介绍

- 瑞士艺术家康拉德·维茨1444年创作的祭坛画《耶稣履海》展示了耶稣在水上行走的画面，这是人们所知的第一次描绘勃朗峰地形的画作。

- 在整个文艺复兴时期，许多艺术家都把山脉作为创作背景，比如勃鲁盖尔、提香和曼特尼亚等画家。

- 游览了阿尔卑斯山脉后，列奥纳多·达·芬奇创作了两个版本的《岩间圣母》（1483—1486年；约1508年），惟妙惟肖地描绘了高山景貌。

- 但丁在他的长诗《神曲》中把"人间天堂"描绘成高山顶峰，作者必须从地狱的深处攀登上去。

- 德国艺术家、版画家阿尔布雷特·丢勒（1471—1528年）创作了引人注目的阿尔卑斯山脉和意大利山脉的组画，其中最著名的是水彩画《阿尔卑斯风景》。

- J.M.W.透纳等英国艺术家试图重新评价大自然，他们将大自然描绘成与人造物相对的神造物。

画家透纳（见第82—83页）曾多次前往瑞士旅游，创作了400多幅速写。这些在大山里创作的写生素描最终成为他最著名的画作。

透纳的崇拜者、英国艺术评论家和登山爱好者约翰·罗斯金（见第86—89页）在他1856年出版的《现代画家》一书中，将高山美学系统化。高山不仅有自己的艺术、文学流派，而且有概述它的批评理论。

迷人的旷野
在他1818年创作的《雾海漫游者》中，德国浪漫主义画家卡斯帕·达维德·弗里德里希以一个站在悬崖上凝视远方的人隐喻自我反省和未知的未来。

卡斯帕·沃尔夫

首位高山画家

瑞士　　　　　　　　　　　　　　　　　　　1735—1783年

卡斯帕·沃尔夫的家乡在瑞士北部，周围群山连绵。他受到高山的启发，成为早期高山画的先驱，精准地捕捉了阿尔卑斯山脉的巍峨壮丽及险峻。在他之前，雄伟的高峰在高山艺术中只是风景优美或富有寓意的背景。沃尔夫却深入高山，观察地形地貌，在原地勾勒出草图，然后根据草图创作出高山风景画。他为19世纪欧洲浪漫主义运动开了先河。

生平事迹

- 在瑞士和德国南部接受艺术培训后，为伯尔尼州出版商亚伯拉罕·瓦格纳创作了200幅瑞士阿尔卑斯山脉油画。
- 1769至1771年，在巴黎师从菲利普-雅克·德卢泰尔堡，这对他的发展产生了重大影响。
- 同科学探险队一同进入阿尔卑斯山脉，近距离描绘地貌和风景，为高山艺术带来了新价值和新路径。
- 尽管在艺术上享有盛名，财运却没有光顾他，他死后被葬在贫民的坟墓里。
- 现代科学家利用他的画作来确定伯尔尼高地冰川的延伸期和退缩期。

卡斯帕·沃尔夫出生在瑞士北部的穆里，父亲是一位木匠。在他还是一个孩子的时候，他就很欣赏父亲精细的工作，这引导他成为制图师。

结束了在德国南部的康斯坦茨给宫廷画师约翰·雅各布·安东·冯·伦茨当学徒的日子之后，18岁的沃尔夫游遍了巴伐利亚州，作为一位打零工的艺术家，对所有作画委托来者不拒。

探险的艺术家

除了为教堂和私人祈祷室作装饰画之外，沃尔夫还开始自己绘制德国南部的风景。他的绘画技能与他对每天看到的山脉和岩层的激赏相匹配，到1760年他回到穆里时，创作大自然题材的油画和素描已经变得比从富有的客户那里拿设计壁纸和镶板的佣金更重要。

与后来的阿尔卑斯艺术家不同，沃尔夫并不满足于仅仅记录自己对风景的目视解译。他开始与地理学家、地质学家、植物学家和冰川学家一起工作，在频繁的野外探险中，他几乎成为一个"驻地艺术家"。18世纪70年代，他与瑞士研究人员亚伯拉罕·瓦格纳（出版商）和雅各布·塞缪尔·维滕巴赫（牧师、地质学家）定期前往山区旅行，用素描记录岩石、瀑布、冰川以及阿尔卑斯山脉的其他景观。与沃尔夫同行的两个人对他的绘画产生了深远的科学影响。

1777年，维滕巴赫出版了一本袖珍手册《伯尔尼州阿尔卑斯山脉和冰川旅行指南》，这本简明的早期瑞士阿尔卑斯登山指南，为富有冒险精神的年轻人提供了登山补给方面的指导（比如优质面包短缺时，用巧克力饮品代替），并强调了请一位当地向导翻译生僻的阿尔卑斯方言的必要性。更重要的是，维滕巴赫提供了许多他亲自尝试过的攀登路线，其中不少是他和沃尔夫一起首次探索出来的。这本手册中插入了沃尔夫的画作，都是他根据在山上就地勾勒的草图进一步创作出来的。为了应对高地极端气候，沃尔夫研制出一种特殊颜

巍峨的高山
沃尔夫的"瑞士山脉奇观"系列画描绘了"冰川、悬冰川、瀑布和险峻的山峰"。这幅画作展示了上格林德瓦冰川和下格林德瓦冰川。

卡斯帕·沃尔夫

"熊洞"内部
可能是沃尔夫对山间水源的好奇驱使他带着绘画工具进入德国和瑞士洞穴的深处。

法国的彩色凹版腐蚀版本，高山艺术市场蓬勃发展起来。

洞穴人

对于许多人来说，沃尔夫的作品为他们打开了欣赏瑞士高峰之壮美的第一扇窗，但是沃尔夫所追求的是科学上的精准。

与后期的浪漫主义艺术家不同，沃尔夫不满足于靠想象来"完善"他对阿尔卑斯山脉的视觉观察。沃尔夫常与同伴一起登上高山，回到他素描或风景画的地方，检查自己的作品在地形上的准确性。并且，为了增强画作的尺度感和维度感，他常常把正在工作的科学家纳入画作中，有时也将自己的身影添加进去。

作为一名艺术家，沃尔夫特别喜欢岩层和水流。他对洞穴也十分感兴趣，创作了大量有关洞穴的作品，还因此得了个"洞穴人沃尔夫"的绰号。他最著名的一幅洞穴画描绘的是

高山艺术家

在伯尔尼的画室里，沃尔夫根据他在山上画的彩色素描作画。画完后，他常常回到画素描的地方，检查画作中呈现的地形是否精确。因此，沃尔夫的画作为登山者提供了一份可靠的瑞士阿尔卑斯山脉地形图。"在他之前，没有哪一位艺术家比他更深入地观察了阿尔卑斯山脉上的冰雪。"评论家卡尔·戈特洛布·屈特纳如是说。

布赖特峰冰川，伯尔尼州出版商亚伯拉罕·瓦格纳委托创作的200幅画作之一。

料，含有足够的油，气温低于零度时也不会冻结。

出版维滕巴赫的指南手册的出版商瓦格纳向沃尔夫建议，他的阿尔卑斯风景画可能会吸引更多的读者。瓦格纳委托沃尔夫绘制200幅系列画，统称为"瑞士山脉奇观"，即沃尔夫作于1776至1777年间的系列版画。随后便有了

索洛图恩附近的一个"熊洞"。沃尔夫的精细和准确为科学和艺术留下了一笔宝贵财富，为今天研究阿尔卑斯山脉环境变化的地质学家和历史学家提供了宝贵信息。

加布里埃尔·洛里和马蒂亚斯·洛里

阿尔卑斯版画大师

瑞士　　　　　　1763—1840年；1784—1846年

从18世纪末到19世纪初，瑞士城市伯尔尼造就了两代杰出的版画家。虽然加布里埃尔·路德维格·洛里不是一个会亲自上山的人，但是他以新兴的风景画风格，在伯尔尼的艺术家们刚刚开始关注风景画的时候，就通过观察，创作了第一批写实的阿尔卑斯山脉系列版画。他的儿子马蒂亚斯受他培养和训练，继承并发展了他的事业，创作了所有阿尔卑斯风景画中最富有永恒艺术魅力的版画。

作为瑞士的主要城市，18世纪的伯尔尼引领了全国艺术的发展。许多顶级建筑师都住在这座城市，比如伊拉斯谟·里特尔、尼古拉斯·史宾利等人。伯尔尼因其高大的新建筑而自豪，包括圣灵教堂（建于1726—1729年）和玉米屋（1711—1716年）。伯尔尼也是蓬勃发展的艺术中心，代表人物有约翰·鲁道夫·亨伯、埃马纽埃尔·汉德曼和约翰·路德维格·阿伯利（见下一页）。

生平事迹

- 1797年，当他的儿子马蒂亚斯开始为他工作时，加布里埃尔·路德维格出版了《瑞士风景版画集》。
- 1798年，受沙皇保罗一世委托，洛里父子搬到瑞士东北部的黑里绍，创作大型俄罗斯系列版画。
- 1805年，洛里父子受人委托，搬到纳沙泰尔，为纪念拿破仑翻越阿尔卑斯山脉创作版画。
- 1812年，加布里埃尔·路德维格创立了伯尔尼艺术协会。
- 洛里父子出版了一本对开本画册，内有近500幅单独版画。
- 1829年，马蒂亚斯出版了他的巨著《瑞士记忆》，书中共有37幅版画。

正是在阿伯利的画室里，加布里埃尔·路德维格·洛里迈出了他辉煌事业的第一步。他在很小的时候就被迫开始工作，以资助他寡居且为宗教狂热的母亲（在他七岁时，父亲就去世了），维持生计。他的水彩画格调清新简洁，很快就引起了大家的注意，有人委托他在卡斯帕·沃尔夫（见第78—79页）画作的基础上给勃朗峰周围地区的系列景观画着色。他给艺术家巴克莱·阿尔布的一套霞慕尼版画上完色后，搬到了瑞士东北部的圣加仑，开始为版画商巴特洛梅·费尔工作，后来他娶了这个版画商的女儿威尔博拉达。

洛里的早期作品以风景画为主，比如《下格林德瓦冰川》（1788年）、《图恩周围的景色》（1794年），1797年出版的《瑞士风景画集》使他迎来艺术事业的巅峰。洛里创作了13幅画中的9幅，他的主要合作伙伴、水彩画家丹尼尔·拉丰创作了3幅。

家族内的合作

画集出版后不久，商人让·瓦尔泽邀请洛里去黑里绍创作俄罗斯系列风景画，此系列画受沙皇保罗一世委托，报酬丰厚。1798至1799年，法国革命军涌入瑞士，使洛里的创作中断，随着1800年沙皇遭到暗杀，洛里的创作也就突然终止了。加布里埃尔·路德维格与14岁的儿子马蒂亚斯、侄子弗里德里希-威廉·莫里茨只好另去他处。与父亲一样，马蒂亚斯也早早开始了自己的艺术生涯。受纳沙泰尔出版商奥斯特瓦尔德委托，他与这两个年轻门徒进行了广泛的合作，最引人注目的成果是他们创作的《经由辛普朗山口从日内瓦到米兰的美景之旅》，记录了穿过辛普朗山口的一条新路线。

马蒂亚斯以前主要创作传统题材作品，在他1820年于伯尔尼举办的第一次画展上，这些早期作品占了大半。但是《美景之旅》使他踏上了一条新的道路。1808年，他与他毕生的好友、艺术家马克西米利恩·德默龙一起前往巴黎，1809至1811年间，他们又去了意大利。在这些旅行中，他看到了很多朴实的风景，也受

约翰·阿伯利

瑞士　　　　　　　　　　　1723—1786年

阿伯利生于瑞士东北部的温特图尔，19岁那年，他前往伯尔尼，给约翰·格里姆当学徒。

阿伯利早年表现出肖像画家的天赋，但是在1759年去过伯尔尼高地后，他开始创作水彩画，描绘伯尔尼的乡村风景。1772年后，他与西格蒙德·格林伯格（1745—1801年）经常结伴旅行，创作了大量精美的版画，尤其擅长描绘山区居民。他发明了手绘线条雕刻技术，先雕刻出轮廓、印刷副本，然后再进行人工上色。正是为了完成这项任务，海因里希·里特、J.J.比德尔曼、加布里埃尔·路德维格·洛里等艺术家才来到他的画室工作。

细节描绘

这幅名为"谢德湖景"的作品充分体现了洛里父子精确而真实的绘画风格。阿尔卑斯山脉一直高耸在简朴的生活场景之后。

到了更广泛的艺术影响，比如他与风景画家约翰-克里斯蒂安·莱因哈德的会面，为他后来的职业生涯指明了方向。

他也游历了英国，跳出了伯尔尼这个相对狭小的圈子，扬名四海。

子承父业

在19世纪一二十年代，马蒂亚斯创作了一系列瑞士风景画，这使他成为世界上最好的风景版画家之一。他运用飞尘腐蚀法，把铜板反复置于硝酸溶液中，侵蚀掉没有涂抗腐蚀剂的部分。用这种方法可以直接在铜板上形成阴影区域，而不是靠艺术家手工着色。1815年，马蒂亚斯和父亲合作，创作了《霞慕尼冰川之旅》，将霞慕尼山谷呈现在用飞尘腐蚀法制作的七幅铜版画上。七年后，马蒂亚斯创作了由30幅铜版画组成的《伯尔尼高原之旅》，记录了伯尔尼高地的自然风光。

马蒂亚斯雕刻的精美线条和作品的直观性使人们越来越感兴趣。1824年，他与莫里茨合作了《瑞士服装》，这一作品描绘了瑞士人及瑞士的传统服装，而不是瑞士的风景。1829年，他带着在瑞士创作的第一部大开本图文书《瑞士记忆》回到山里的风景区。1832年，马蒂亚斯从纳沙泰尔回到家乡伯尔尼，声名大噪。他买下了奥拉宁堡，一座带有浓厚的路易十六时期风格的别墅，在那里接待客户。1834至1836年，他在柏林的美术学院担任教授，并得到国际上的认可。

虽然他们不是勇敢的探险家，也不是登山先驱，但是洛里父子精准雕刻的阿尔卑斯版画激发了人们前往阿尔卑斯山脉探险的兴趣。《美景之旅》中栩栩如生的系列画让人们在家中就能一睹高山的风景。

壮丽山川

洛里父子的阿尔卑斯风景画，比如这幅1811年创作的罗萨峰和辛普朗山口彩色版画，让高山进入了欧洲人的时髦客厅。

J.M.W.透纳

艺术界的"岩石王子"

英格兰　　　　　　　　　　　　　　　　　　1775—1851年

约瑟夫·马洛德·威廉·透纳生于伦敦的科文加登,离泰晤士河只有一箭之遥。他的父亲是一名理发师,他很小的时候就表现出了艺术天赋,预示他将成为绘画天才。尽管他没有攀登过旅途中见到的山峰,但法国大革命后,他是率先回到欧洲的英国艺术家。他创作的欧洲山川风景画饱含浪漫主义理念,影响并鼓励着一代又一代的旅游者。

早年在埃文河畔攀登时,透纳就得了个"岩石王子"的绰号,但他第一次真正地领略到高山的雄伟和野性,还是1797至1799年在英国北部生活的几年间。他在湖区旅行时,随身带着皮革装订的速写本和装在动物皮囊袋中的颜料,开始描绘山坡上光和水营造的效果,他因这一技巧很快被人所熟知。

受他在英国旅居生活的启发,透纳频繁前往欧洲大陆。1802年,他第一次去欧洲大陆旅行,在这一年,由于《亚眠和约》的签订,英国和法国之间22年的敌对状态得到缓解。他很可能受到哲学家埃德蒙·伯克的影响,在1756年出版的《论崇高与美的概念之根源的哲学探究》一书中,埃德蒙·伯克认为山岳景观超出了人类的理解力,从远处看时,它令人敬畏,也让人感到紧张刺激。

观念的转变

透纳的阿尔卑斯画作鼓励人们走近高山,变旁观者为参与者。前几代富有的英国"大旅行者"都厌恶阿尔卑斯山脉。在前往意大利享受文明乐趣的途中,他们必须翻越高山,这些高山常被描写得丑陋和险恶。在途经阿尔卑斯山脉时,旅行者通常会把马车车帘放下。

1739年,英国诗人托马斯·格雷和政治家霍勒斯·沃波尔游历了瑞士阿尔卑斯山脉。格雷这样描述:"壮丽的粗糙,陡峭的绝壁……在这里你遇见的美人都那么野蛮和有攻击性……一切都带有你能想象出的诗意。"沃波尔转而写信给他的朋友、爱尔兰政治家理查德·韦斯特,说:"这里的岩石是多么不温柔,这里的居民是多么不清秀!我亲爱的韦斯特,我希望我永远不要再见到他们!"然而,透纳的画作逼真地再现了阿尔卑斯山脉的风貌,改变了人们对它的认知。1802年,他穿过瑞士西部各州前往瓦莱达奥斯塔,然后又到沙夫豪森和巴塞尔。回到巴黎后,他向名叫法灵顿的英国同胞描述了"行走带来的疲劳"。尽管透纳抱怨住宿条件简陋,饮食不佳,但他还是热情地畅谈他见到的"山间美丽的暴风雨"和"浪漫而壮观的悬崖峭壁"。壮丽山景让他在惊叹之余创作了400幅素描。他还画

> **生平事迹**
>
> - 1789年,年仅14岁的透纳被皇家艺术学院录取,他的天赋得到认可。
> - 1790年,他以一幅水彩画首次在艺术界亮相,并于1799年被选为皇家艺术学会的准会员。
> - 他的画作形成了越来越模糊的印象派风格,把雪白的群山描绘成飘逝的云彩。
> - 他的高山画反映了时代——即使在最自然的风景中,人们也能看到工业革命之火。
> - 尽管透纳多次前往阿尔卑斯山脉,但他坚信他的朋友约翰·罗斯金的话——"严肃、完美的画作是不可能在这些高山之间完成的"。

岩石与敬畏

透纳1804年创作的《从魔鬼桥到圣哥达山的通道》捕捉了在深山峡谷间咆哮的激浪和奇妙的光影。

冰川写生
在寻找绘画对象时,透纳不怕自己的脚被冻僵。这幅霞慕尼山谷冰海的蚀刻版画是他1812年根据现场创作的素描完成的。

同好

英国诗人、艺术家约翰·罗斯金(见第86—89页)是透纳最有力的支持者和崇拜者,他也是一位登山爱好者。1840年,21岁的罗斯金第一次见到65岁的透纳。罗斯金是这样评价透纳的:"今天介绍的这个人无疑是这个时代最伟大的,他最富有想象力,熟知风景画的每一个分支,同时也是这个时代最好的画家和诗人。"

1841年,透纳重返阿尔卑斯,这是他自1802年以来第一次故地重游,此行目的是为他的新画集做准备。他的新画集内含十幅水彩画,市场反应并不热烈,只有一些透纳的崇拜者购买,其中就有罗斯金。罗斯金敏锐地预测:"这些画作将在几年后被认为是人类最壮观的风景画。"

对于透纳1842年创作的瑞士素描,罗斯金是这样评价的:"用暖色调来描绘岩石是完全正确的。"他还特意把岩石样本带回伦敦,说服观赏者认可朋友的精准画作。据罗斯金的记载,为了更好地传达他对某一景观的印象,透纳会改变视觉事实,甚至叫人砍伐树木来表现高山的巍峨。在任何时候,罗斯金都承认透纳"深远的精神视野",他凭此把一天中对阿尔卑斯山脉的所有印象结合起来,将作品理想化,这使观赏者认为透纳的画是"最高级创意的完美典范"。如今,透纳在阿尔卑斯山脉旅行时创作的四套水彩画被认为是他的代表作。

颜料盒
透纳是一位使用颜料的大师,他的颜料盒里装有各种色彩的颜料,用来描绘风景中的光影变幻。

出了带地标的示意图,在图中标注出距离和位置,这些都有助于他在伦敦画室的后期创作。他痴迷于阿尔卑斯山脉的景色,这让他在19世纪三四十年代多次重返山区。他定期重访他最喜欢的地方,譬如霞慕尼和圣哥达山口,修改之前的画作。

体验高山

诗歌

1799年10月，年轻诗人威廉·华兹华斯和塞缪尔·泰勒·柯勒律治徒步来到英国湖区旅行。对专为"风景游"而来的富有的游客来说，这早已是一个受欢迎的去处。然而，两位诗人一点也不富有，他们避开游客常去的景点，游走在云雾缭绕的山丘上。他们对湖区的浪漫的、与精神相关的印象，与在欧洲主要诗人想象中逐渐形成的对自然景观的敬畏是一致的。

一年前，华兹华斯和柯勒律治出版了他们的《抒情歌谣集》。华兹华斯向他的年轻朋友介绍他少时游历过的山川。柯勒律治自己年轻时就已领略过英格兰匡托克丘陵和德国哈茨山脉的风景了，约翰·沃尔夫冈·冯·歌德也受哈茨山脉的启发创作了诗歌《冬游哈茨山》。

湖区也是柯勒律治创作灵感的源泉，1802年8月，柯勒律治只身第二次前往湖区，他在《笔记》和给他热恋着的萨拉·哈钦森的信中都记录了这次旅行。柯勒律治对任何能拓展想象力的事物都感兴趣，无论是鸦片还是其他危险的东西。就在生命的这一刻，他发现了自己内心的激动，这种激动一些登山者将会感觉到，一如痴迷于以生命为赌注的"一种赌博"，他为此"负债累累"。在给哈钦森的信中，他描述当时的情形。在一个闷热的夏日，他爬上了英国第二高峰的峰顶，随后竟然要沿布罗德岩阶爬下来——布罗德岩阶就算在今天也是一条危险的攀登路线，是许多事故发生的地方。爬到一处狭窄的长满青草的岩阶上时，暴风雨就要来临，柯勒律治发现自己被困住了。他进退两难，仰面朝天躺在那里，嘲笑着自己，随即进入了"似乎属于一位先知的出神和喜悦状态"。

作为自我实现手段的冒险是浪漫主义诗人的名片。珀西·比希·雪莱1816年创作的《勃朗峰》捕捉了这种经历所赐予的转变："巍峨的大山啊，你要发出声音，废除欺骗和祸害的法典……"雪莱以自己有冒险瘾而自豪，他写道："游走在峭壁边缘的危险一直是我的玩伴。"即使他的描写夸大其词，但高山带给人们的心灵震撼却植根于浪漫的想象之中。

A 珀西·比希·雪莱
雪莱在游历霞慕尼山谷时获得灵感，1816年创作了诗歌《勃朗峰》，他在诗中把大山的力量比作人类的想象力。

B 自然与政治
这是雪莱《西风颂》的原始手稿。浪漫主义诗人与自然风景及自然力的关系，为欧洲政治的觉醒奠定了基础。

C 塞缪尔·泰勒·柯勒律治
在这份《日出前的礼赞，于霞慕尼山谷》的手稿中，柯勒律治把勃朗峰称为"从尘世到天堂的恐怖使者"。

D 阿尔布雷希特·冯·哈勒
冯·哈勒（1708—1777年）十分博学，他是一位解剖学家、数学家、医生，在很多领域都非常出色。他的诗歌《阿尔卑斯山》标志着高山文化意识觉醒的开始。

> 扇携富士风，送礼回江户。
> ——松尾芭蕉（1644—1694年）

E 斯科费尔峰
1799年,威廉·华兹华斯邀请柯勒律治前往英格兰湖区。人们通常认为,柯勒律治是第一位英国攀岩者,第一个从斯科费尔峰布罗德岩阶下山的人。

F 威廉·华兹华斯
在他的主要作品《序曲》中,华兹华斯常用高山旅行暗喻诗人的发展。

G 阿尔弗雷德·丁尼生
丁尼生接替华兹华斯成为英国桂冠诗人。他的诗作延续了华兹华斯浪漫主义诗歌的感性特色,将自然风景作为情感自由的隐喻。

H 松尾芭蕉
浪漫主义诗人使阿尔卑斯山脉旅游成为一种时尚,然而,早在一个世纪之前,江户时代的诗人松尾芭蕉就在日本荒野游中得到启示。

I 歌德的想象
歌德是德国浪漫主义运动的领导者,他根据在哈茨山脉和1777年登上布罗肯峰的经历,创作了诗剧《浮士德》。

> 它们看起来仿佛是为人类建造的,就像学校和教堂一样。
> ——约翰·罗斯金谈高山

记录阿尔卑斯山脉
七岁的时候,罗斯金为他的第一本诗集绘制了插图,用他自己的话说,这是他"第一次尝试画山"。后来,他多次游览阿尔卑斯山脉,创作了大量素描、水彩和油画,包括这幅采尔马特附近的利斯卡姆峰景观图(插图和上图)。他的艺术创作并不只是为了假期消遣,也是他研究阿尔卑斯的方式。

约翰·罗斯金

艺术评论家和热爱高山的人

英格兰　　　　　　　　　　　　　　　1819—1900年

生平事迹

- 14岁时，全家去瑞士旅行，第一次见到阿尔卑斯山脉。罗斯金被山地景色吸引，创作了很多素描、诗歌和散文。
- 以勃朗峰和霞慕尼的一个小村庄为生活的中心，在那里见证了登山史上的许多事件，也见证了村庄的变迁。
- 对高山的兴趣源于从艺术、科学、精神的角度去感受和理解高山的愿望，而不是登山运动。
- 是19世纪杰出的艺术评论家、潮流先锋。杰作《现代画家》在17年里分五卷出版。在较早的一卷中，高度赞扬了J.M.W.透纳，说他比早期所有风景画家都优秀，他的作品"如实"描绘了大自然。

约翰·罗斯金不仅是一位艺术评论家、艺术家、随笔作家，还是一位社会思想家。他兴趣广泛，一生钟情于瑞士。19世纪中期，人们越来越强调探索和征服阿尔卑斯高峰的重要性，而罗斯金在他的著述中提出了自己的不同观点。尽管他多次游历阿尔卑斯山区，但是他的著述，特别是《现代画家》，强调了高山的美感和崇高本质，认为高山自身的美足以激发灵感，没有必要再去践踏它们。

19世纪初，前往瑞士的游客日益增多，这得益于新的交通工具。比如，1823年之后，日内瓦湖上有了蒸汽船；1847年，第一条从巴登到苏黎世的铁路开通。正是因为有了这些新的交通工具，1832年，西班牙红酒进口商约翰·詹姆斯·罗斯金也前往瑞士旅行。与他同行的还有他的家人，包括他14岁的儿子约翰，在这次旅行中，瑞士及其山川景色给小约翰留下了深刻印象。

高山顿悟

在此之前的一年，别人给了约翰一本亨利·特尔福德写的《意大利》，书中插图由J.M.W.透纳（见第82—83页）绘制。透纳的自然主义画作让约翰着迷，这使他成为透纳一生的拥护者。同样，他也着迷于瑞士阿尔卑斯山脉，他在《大陆游记》里写道："在整个瑞士再也找不到另一处能与霞慕尼山谷媲美的景色。"（像许多英国观光者一样，罗斯金误以为法国霞慕尼山谷在瑞士。）

罗斯金的父亲是一位虔诚的福音派基督徒，控制欲很强。在接下来的15年间，罗斯金一家几乎每年都要去不同国家的阿尔卑斯山旅游。旅游期间，罗斯金的父亲时不时地给他的旅游热情泼冷水。1844年，他们游览霞慕尼山谷时，约翰·詹姆斯雇用了当地的向导队长约瑟夫·马里·考特给他的儿子带路，并提醒向导不要走危险路线，也不要过度劳累。因此，考特便带着罗斯金攀登相对来说不太险峻的比埃山，可是由于天气的变化，比埃山被乌云笼罩，他们只好在余下的旅程中攀登挑战性较小的山峰。

尽管这次旅行没有使罗斯金成为真正意义上的登山者，但是高山精神已注入他心中。1845年，他在阿尔卑斯山脉的马库尼亚加村逗留了一个月，1854年，他又在采尔马特过了一段时间，但是他没有打算再去登山。后来他写道："总的来说，阿尔卑斯山从下面看最好。"

艺术家和艺术评论家

尽管如此，尽管有福音派基督教背景，

便携式颜料
19世纪中叶，罗斯金到野外绘画时已经用上了新式便携金属颜料盒。

现实与艺术相结合
作为一名画家和评论家，罗斯金认为，艺术应该揭示自然的内在"真理"。在拿起画笔创作《乌里罗斯托克山和卢塞恩湖》（右图）、《冰海》（顶图）、《日内瓦湖》（上图）等水彩画之前，他总是花大量的时间研究云、冰、岩层和植被。

罗斯金对高山仍然产生了一种日益复杂的情感。1844年，在辛普朗山口，他遇见了博物学家詹姆斯·戴维·福布斯（见第66—67页），福布斯把罗斯金带到附近的山脊上，重新激发了他对地质学的兴趣，这使父亲这样评价他："自童年起，我儿子就是个艺术家，可自婴儿期起，他就是个地质学家。"罗斯金对山脉的艺术观察使他认为山脉的基本形状不是外行所认为的锯齿状的、线性的，而是像波浪一样起伏。到1856年他的《现代画家》第四卷出版时，他已经形成了山脉在运动的观点。

罗斯金早期游历阿尔卑斯山脉的意图开始转向科学探索。1842年在霞慕尼时，他回忆道："我画的画并不多，因为我现在看到的东西已经超出了绘画，我开始喜欢上了严谨的植物学。"然而，他早年对透纳的兴趣使他又回归艺术领域，创作了大量高山水彩画和素描，比如1845年绘制的圣哥达山口附近的圣法伊多山口。

然而，罗斯金是作为一名艺术评论家出名的。在他以这种身份创作的画中，他对风景的反应，尤其是对高山景色的反应，会引起一种独特的、有时有争议的共鸣。24岁时，罗斯金觉得有必要隐瞒自己的真实身份，所以他化名"一名牛津毕业生"，出版了《现代画家》第一卷。虽然没有像后一卷那样涉及许多高山景色，但是这一卷强调了观赏者对高山的感受和体验。他写道："所有高尚的情感和思想都不可能产生，而心灵却能在纯粹的感官体验中狂喜。"

高山的阴郁与壮丽

《现代画家》第四卷于1856年出版，最后两章的标题是"高山的阴郁"和"高山的壮丽"。正是这两章概括了罗斯金对高山较为成熟的认识。这本书播下了他后来在登山兄弟会中引发的争议的种子。

罗斯金对受阿尔卑斯山脉启发的思想展开论述，第一部分从《高山的阴郁》开始，基调是相当消极的。他断言，风景可能是壮丽的，但是居民们并不乐意欣赏，你只要"随便走进一个村庄，就会发现它的阴郁和污秽，人们的心灵是麻木的、痛苦的"。他认为唤起瑞士和意大利农民科学管理森林、溪流等自然宝藏的意识"是自己的使命。描绘了如此令人不快的画面后，罗斯金在《高山的壮丽》中换了令人振奋的主题，赞颂了高山之美。他忠实于自己的宗教信仰，强调了高山所激发的神圣的尊重感，从希腊人将阿波罗神殿建造在德尔斐的悬崖上，到"中世纪人们因高山见证了人世间的轻浮而对其特别敬畏"。

作为一名艺术家，他赞扬了高山"在激发诗意和创造力方面的才能"。最后，作为一名地质学家，他停下来向德·索修尔（见第60—63页）致意，称"在探究的过程中，他是唯一一位我没有拒绝其帮助的作家"。

登山评论家

虽然关于"高山的阴郁"，罗斯金的语气可能稍显不快乐，但他对"高山的壮丽"的赞美既热情洋溢，也没有引起特别的争议。罗斯金关于登山的矛盾心理是在别处表现出来的。其实，他在《现代画家》中就已经说过："要想重拾对高山的敬畏，我们必须停止一切现代高山实验和探险活动，改变把高山主要当作体育锻炼场地的观念。"

> 走进大自然……什么都不要拒绝，什么都不要挑选，什么都不要鄙视。
> ——罗斯金在《现代画家》中对艺术家的忠告

保护阿尔卑斯山脉

罗斯金担心旅游业会影响脆弱的山地生态系统，这并不是无稽之谈。随着阿尔卑斯山区铁路的修建，游客的数量成倍增加，在很多地区，旅游业替代了农业成为主要产业。如今，冬季运动造成严重的土壤侵蚀。陡峭的山坡很易遭受水土流失，随之而来的植被损失会影响生态系统的方方面面，不仅污染河流，也会减少生物种类。要保护罗斯金所赞美的阿尔卑斯山脉的壮丽景色，我们需要采取措施，认真规划。

由于全球变暖，茨姆特冰川（上图）正在消退，高山生态系统也面临着越来越大的威胁。

这显然是在抨击那些登山者，在他看来，他们只看重登上峰顶，并不对高山心怀崇敬。

罗斯金一直极力倡导保护山脉，把它们视作纯净但又很容易被人类的脚步玷污的地方。关于茨姆特冰川，他写道："它看起来像一个世界，不仅是人，还有神，都在此消亡，最后一位天使长造了大山，做他们的纪念碑。他们躺在阳光下，每一位都裹着白色的尸布，长眠于此地。"

在他1864年作的题为"芝麻与百合"的演讲中，罗斯金的言辞更加尖厉。在演讲中，他指责登山者只想着'尽快从一个地方移到另一个地方，每到一处，就想着像在巴黎时一样住宿、找乐子"。罗斯金提倡高山审美，对登山者提出了更加严肃的批评，他补充说："诗人曾那样虔诚地热爱着阿尔卑斯，你们却把它视为逗熊场上涂抹了肥皂的杆子，你们攀附在上面，然后在兴奋的尖叫声中滑下来。"

阿尔卑斯俱乐部的认可

然而，矛盾的是，罗斯金与登山社团，特别是与阿尔卑斯俱乐部的关系十分友好。尽管他没有什么登山经历，但从1869至1882年，他一直都是这个俱乐部的会员。在《芝麻与百合》中，他写道："无论阿尔卑斯俱乐部已经做过了什么，或者可能还要完成什么，在真诚地渴求高山知识方面，在快乐地体验青春力量、野性精神方面，他们已经并将做得既明智又好。"他又警告说："但如果他们只是受竞争的刺激和虚荣心的驱使，那么像所有徒劳的努力一样，他们将会做得既愚蠢又恶劣。"

与此相对，阿尔卑斯俱乐部对他们这位时而批评时而鼓励的朋友也很宽容。莱斯利·斯蒂芬（见第134—135页）说："《现代画家》第四卷激发了我和一些早期会员的热情，我希望我们依然为此心存感激。这位先知确实嘲笑了把勃朗峰当作涂油杆子的门徒。我们应该原谅这位讽刺我们的作家，因为他揭示了一种新的乐趣，我们可能会将这一乐趣与他并不完全赞同的成分结合。"

罗斯金把山脉——特别是阿尔卑斯山脉——视为值得赞赏和重视的风景，而非一味被征服或惧怕，从而在登山史上占据了独一无二的、备受尊敬的地位。

绅士学者
这张罗斯金的照片约摄于1855年。他兴趣广泛，这使他成为具有启蒙运动风格的通才。

首批登顶者

科学和文学改变了高山在大众心目中的形象，从危险的、与世隔绝的隐蔽之地，到迷人的风景区，在那里人们可以实现自己的理想。然而，有些人并不满足于观赏高山，他们想要征服高峰。

让-米歇尔·卡沙
卡沙（1755—1840年）是霞慕尼的传奇人物，他是一位高山探险家、猎人和说书人，曾参与第二次、第三次和第四次勃朗峰攀登。

每一个登山者不得不面对的问题是："为什么要攀登？"登山可能是危险的，当然也是艰苦的，那么人们登山的动机是什么呢？

到18世纪末19世纪初，人们早已开始在山间和丘陵散步，有时还会爬上山顶。但是在这一阶段突然兴起的对阿尔卑斯山脉的科学和文化方面的兴趣，加上交通工具的革新提供的便利，吸引了一小群登山者，他们不仅是为了探索科学知识和寻求精神启蒙，更是为了享受攀登本身。

与现代登山者一样，早期登山者的动机也大相迥异。有些人是为了荣誉，有些人完全出于好奇，或者只是为了享受攀登高山的乐趣，或者是为了一睹顶峰上无与伦比的风景。

好奇的登山者

登山运动有时被说成英国人的发明，但到19世纪初，欧洲各国的人都参与了日益兴起的攀登阿尔卑斯诸峰的潮流，他们中有科学家、制图师，也有牧师、猎人，还有以登山为乐的绅士们。早期登山者多是当地人，甚至还有一些女性。尽管登山欲望不如戈特利布·斯蒂德（见第104—105页）强烈，但据说瑞士圣加仑人约翰·雅各布·魏伦曼（1819—1896年）也攀登了320座山峰，而且是第二次登顶杜富尔峰的人。

未知的领域

对于萌发登山冲动的先驱者来说，阿尔卑斯山脉一定有不可抗拒的诱惑力。一些富有的旅行者开始进入瑞士的采尔马特，惊叹于由壮丽的山峰围成的圆形凹地，那里的一切都是原始的、未经开发的，被高耸的金字塔状的马特洪峰俯瞰着。

意大利的多洛米蒂山是未被发现之地，法国的多菲内阿尔卑斯山更是不为人知。英国诗人威廉·华兹华斯（见第84—85页）在阿尔卑斯山区游历时写道，"尽情享受这清晨的风景"，但是登山者很快便将这些山峰悉数征服。然而，这些早期阿尔卑斯登山者面临的挑战与后来喜马拉雅登山者面临的挑战大同小异。在18世纪初出版的《阿尔卑斯山》一书中，瑞士生物学家阿尔布雷希特·冯·哈勒赞美的是这一地区的乡村生活，而不是它的自然美。相反，1838年出版的第一本阿尔卑斯山指南《默里手册》则赞颂了这一地区的壮丽景色，并记录下小镇居民的贫苦生活。

> 18世纪启蒙运动时期，随着文化和科学的觉醒，越来越多的人走进高山。这是一个新的领域，有待测量和探索，只有勇敢的人才能攀上顶峰。

高山测量
1787年日内瓦科学家奥拉斯-贝内迪克特·德·索修尔（见第60—63页）携带着科学测量器——湿度计，登上勃朗峰，测量山上湿度。

宣传阿尔卑斯

除在中世纪修建的旅客招待所外，自罗马时代以来，阿尔卑斯山脉各山口的条件几乎没有得到改善。1805年，穿越辛普朗山口的马车道开通，1830年，又开通了圣哥达山口，但穿越这些通道和山口的经历令人毛骨悚然。直到19世纪后期有了铁路，所有负担得起交通费用的人才得以进入。

起初，阿尔卑斯山区的村落里几乎没有供游客住宿的地方。勃朗峰脚下的霞慕尼除外，这里有1743年建成的伦敦旅店，用来接待那些参加欧洲"大旅行"的游客，很受富有英国青年的欢迎。最早纯粹为了享乐探索霞慕尼的是一位名叫威廉·温德姆（见第92—93页）的英国人，他在1742年雇了当地向导，带他游玩蒙坦威尔。然而，最后击败对手，登顶勃朗峰，使阿尔卑斯闻名于世的，是当地人雅克·巴尔马和米歇尔-加布里埃尔·帕卡尔（见第94—97页）。

登山猎人
猎人利用羚羊在低处观察周围危险因素的习惯，从高处搜寻羚羊，爬得越高，捕捉到羚羊的机会就越大。

冰海
在勃朗峰的东北壁可以看到冰川，它就像是"强风掠过大海表面，掀起的层层浪涛瞬间被冻住"，威廉·温德姆把它称为冰海。

潮流
19世纪中期的登山者们对勃朗峰的印象反映了公众对登山的认识：一种外来消遣方式。然而，到19世纪60年代，到阿尔卑斯山脉攀登已成为最时髦的活动。

背景介绍

- 1786年，巴尔马和帕卡尔成功登顶勃朗峰。这标志着阿尔卑斯山脉从让人避而远之的"痛苦之地"转变为一个吸引科学家和诸如华兹华斯（见第84—85页）、威廉·透纳（见第82—83页）等文化巨匠的地方。

- 拿破仑执政期间，政治局势不稳，交通落后，在第一次登顶后的25年内，只有九支登山队登顶勃朗峰。1815年拿破仑战争结束后，有大批富有的游客涌入阿尔卑斯山区，但在铁路开通前，前往阿尔卑斯的旅行一直既费时又费钱。

- 早在登山黄金时代到来之前，当地登山者就已经攀登了许多重要的山峰。这些登山者中有几位是神职人员，包括奥地利的霍拉施神父，他在1800年攀登了大格洛克纳山。

威廉·温德姆

了不起的勃朗峰冰川观光者

英格兰　　　　　　　　　　　　　　　*1717—1761年*

威廉·温德姆是个冲动的贵族，喜欢打破限制，是攀登勃朗峰冰川的先锋。在18世纪一次丰富多彩的户外活动中，温德姆带着枪械和一队仆人，去了只有坚毅的山地居民为了寻找岩羚羊和石英岩而涉足过的地方。温德姆攀登霞慕尼冰川——他称之为"冰海"——标志着冰川旅行的开始。

理查德·波科克
英格兰　　　　　　　　*1704—1765年*

1704年，波科克出生于南安普敦，在追随父亲和岳父供职于教会之前，波科克就读于牛津大学。

然而，他对异国风光的痴迷意味着他的大半人生都将远离神职。他从1733年开始游历欧洲，1737年开始涉足中东地区，游历过埃及、耶路撒冷、巴勒斯坦以及希腊。在1741年抵达日内瓦时，波科克说他有一车行李，包括从埃及塞加拉带回的木乃伊、伊西斯女神石像，还有一整套埃及长袍、头巾、拖鞋和弯刀。尽管波科克的探险热情令温德姆满意，但他似乎对冰海没有什么印象，在大量旅行作品中也一点没有提及。

温德姆的家族史可以追溯到15世纪，他在这个小贵族家族中排行最靠后。20岁的时候，年轻的威廉被恼怒的父亲打发去参加一次"大旅行"。在欧洲游历了三年后，1740年，温德姆在日内瓦结交了一群年轻的英格兰和苏格兰贵族。

公共休息室的娱乐活动

这群英国人每晚的娱乐活动，很快在信奉清教和加尔文主义的城市引起轰动。他们后来将这种聚会称为"日内瓦公共休息室活动"。

温德姆是"一个极度厌恶束缚的人"，在一系列戏剧、哑剧公演中，他都是不可或缺的主角。

温德姆的视野并不局限于舞台。他渴望探索那座远远可见的白色山峰，却无法激发伙伴们的登山热情。1741年，随着理查德·波科克的到来，温德姆终于等到了机会。理查德·波科克是经验丰富的旅行家，刚结束为期四年的近东地区考察，前往英格兰。温德姆写道："理查德对所到之地进行了精确的考察。"在日内瓦周围的山谷进行了短暂的旅行后，温德姆和波科克大胆地定下了更高的目标：霞慕尼周围的冰封山区。

绅士的"冰川"
温德姆发表了他的私人信件《两封信：萨伏依阿尔卑斯冰川探险纪实》，这使他成为皇家学会的会员。

深入大山

登山队由包括温德姆的家庭老师在内的八位"绅士"和五名仆人组成，1741年6月19日，一行13人从日内瓦骑马出发。登山队配备了火器，以防遇到土匪强盗。山里的土匪早就恶名远扬，他们实际上是武装窃贼，经常奔袭80公里进入山区抢劫。经过三天的跋涉，登山队最终抵达霞慕尼，位于那时还未命名的勃朗峰下面的深谷。温德姆雇用了三位当地猎手做向导。

温德姆原打算在探险中做科学实验，但是当登山队里最权威的数学家约翰·威廉森选择留守时，所有仪器包括温度计、气压计、象限仪也随他留下了。因此，这次旅行的主要目标变成了探索冰川。本地居民极不情愿地只把登山队带到霞慕尼山谷的冰瀑前，他们沮丧地说："我们大老远赶过来，就看这小玩意儿实

生平事迹

- 鼓励"公共休息室"的伙伴采用自然的表演风格，这种风格后来在伦敦的剧院里流行起来。
- 出版了和马特尔的往来信件后，于1744年被选入皇家学会，信件谈及攀登冰海的细节。
- 温德姆和他的"打手"帮助好友、著名演员戴维·加里克制伏了那些喝倒彩、试图把他赶下舞台的人。这一轶事发生后，温德姆被冠以"拳击手温德姆"的称号。
- 1749年继承了家产，从1754年开始担任萨福克郡奥尔德堡的议员。

> 他是一个极度厌恶束缚的人。
>
> ——奥德沃斯·内维尔评威廉·温德姆

轻骑兵万岁
图中的温德姆身着骑兵制服,这一身着装与他漫不经心的神情非常相配。在霞慕尼的时候,他并不在意岩崩的危险,而是"特别享受挥鞭或放枪后不绝于耳的回声"。

在无法满足。"温德姆要看更壮丽的景观,当地人才带他登上更高的地方。

登山队定了一条规则,全体队员必须排成一列,慢速行进,遇到山泉要停下来,把泉水掺到随身携带的酒中。这次登山对身体素质的要求极高,偶尔会遇上危险,要花近五个小时才能越过雪崩现场和"一些大冰块。起初,我们把这些冰块当成了岩石,因为它们像房子一样大"。最终他们登上了冰川上方的开阔平地,也就是我们现在所说的蒙坦威尔,那里的景象使平常热情洋溢的温德姆激动得一句话都说不出来。后来,他写道:"我当时完全蒙了,压根想不出一个合适的词来形容之前从未见过的壮观景象。"

鸣枪致敬

尽管温德姆把冰川描述为"被一阵强风搅动并在瞬间冻结的湖",可这冻结的冰面比之前的冰碛好走多了。由于没有科学测量仪器,勇敢的探险家们只好举杯庆祝,并且鸣枪向他们的航海英雄、海军上将弗农致敬。他们听取了向导的意见,在得知冰川已经开始移动并检查过上面的裂缝后踏上归程,在日落之前回到霞慕尼。

尽管温德姆只登到海拔1900米处,但这次攀登的影响是不可估量的。1742年回到伦敦后,他写信将这次野外探险告知日内瓦的一位艺术家朋友。后来,他的探险记录和皮埃尔·马特尔的补充记录一起出版。马特尔是一位日内瓦工程师,他于次年重走温德姆的路线,开展了科学实验。温德姆的壮举促使霞慕尼和日内瓦的居民认识家门口的山川,包括奥拉斯-贝内迪克特·德·索修尔,他收藏了温德姆的探险记录。在温德姆描述的"可怕的大混乱"的刺激下,游客从欧洲各地涌入阿尔卑斯山脉。

> 先后四次，雪桥在我们足下垮塌，下面是万丈深渊。
>
> ——米歇尔-加布里埃尔·帕卡尔谈成功登顶勃朗峰

帕卡尔和巴尔马

勃朗峰首登者

萨伏依公国　　　　　　1757—1827年；1762—1834年

米歇尔-加布里埃尔·帕卡尔

雅克·巴尔马

1786年，两个性格迥异的人联合起来，挑战无人攀登的巨峰——勃朗峰。米歇尔-加布里埃尔·帕卡尔是一位谦逊、富有同情心的医生，雅克·巴尔马则是一位追逐名利、投机取巧的水晶收集者。二人以惊人的登山壮举创造了历史，在没有绳索和冰镐的情况下，他们沿着一条未经测试的路线，登上了欧洲的最高峰。

米歇尔-加布里埃尔·帕卡尔出生在霞慕尼，26岁时成为镇上的一名医生。像这一地区其他许多受过教育的人一样，他对植物学、自然科学和耸立在家乡的勃朗峰非常感兴趣。1760年，德·索修尔（见第60—63页）提供了一笔奖金，奖给第一个发现登顶路线的人。受此奖项的刺激，许多人开始尝试攀登勃朗峰。帕卡尔也像其他人那样，在笔记本中记录、评论各登山团体的攀登情况，信息不多，却很精确。

两个青年人年龄相差五岁。羚羊猎人雅克·巴尔马也是霞慕尼本地人，在和帕卡尔成功登顶勃朗峰之前，他只有几个月的登山经历。尽管他身体强壮，是个登山好手，却因为处事狡诈而名声不佳，其他的登山向导一般都不喜欢他。

探险队长

在巴尔马还年轻的时候，帕卡尔就第一次游历了山谷周围的山脉。1775年，帕卡尔陪同来访的苏格兰博物学家托马斯·布莱基在附近的山脉和冰川进行了一次为期五天的探索，寻找植物标本。这是在勃朗峰腹地进行的最早也是最彻底的探险之一，但是当帕卡尔认真考虑登顶勃朗峰时，又一个八年已经过去了，在这期间只有两组登山队尝试攀登，但都以失败告终。

1783年，在日内瓦颇具影响力的马克·T.布里（见第62页）找到帕卡尔，他一直渴望亲自攀登勃朗峰，但希望找一个有登顶潜力的人同行。于是，他说服帕卡尔带他上山，却表现出心有余而力不足，在一夜露宿之后被迫撤退。帕卡尔在他的笔记本上写道："布里先生不敢在冰上走。"虽然他们没能接近勃朗峰峰顶，但布里一向喜欢夸张，这定会使他的攀登在后来的勃朗峰登山圈里激起一层涟漪。

1784年，帕卡尔在勃朗峰探索了几条潜在路线，在东北坡没有发现可以通过巨人冰川的路，但幸运的是可以经过比奥纳塞冰川向西

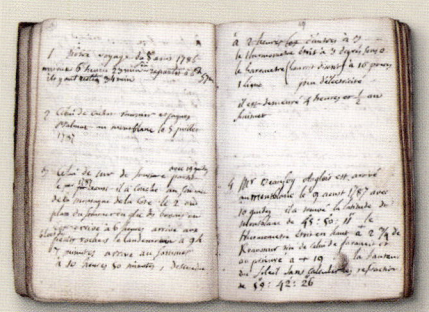

登山观察记录
帕卡尔在他的笔记本（左图）中记录了深入的观察和尖刻的见解，透露了布里所谓的攀登实际是倚靠在一名向导的肩膀上，再由另一名向导拉着进行的。

生平事迹

- 帕卡尔进行了几次重大探险、布里经历了一次探险后，帕卡尔和巴尔马组队，创下了首次成功登顶勃朗峰的纪录。
- 尽管帕卡尔有巴尔马亲笔签名的声明：在攀登的过程中，路线和领导权全部由帕卡尔负责，但是这一事件的说法直到一个世纪后才得到普遍认可。
- 帕卡尔继续在霞慕尼周围的山区消遣性地登山。
- 作为登山向导，巴尔马后来又七次登顶勃朗峰。

冰河
巴尔马和帕卡尔使用简易的铁尖登山杖穿过勃朗峰上的冰川。"我们当时把登山杖平放在雪地上，然后躺下去顺着登山杖滑过冰裂缝，才幸免于难。"事后帕卡尔告诉索修尔。

走。他最远到达了海拔3167米、岩石露在外面的泰特罗斯冰川,在确信可能经此处通往山顶后,他写信告知索修尔。

不知何故,布里得知了这条路线并率先启程,9月16日就动身了,试图超越他的前盟友。但悲剧再次重演,他在抵达帕卡尔勘探的高度后病倒,两名向导继续前行,最终到达海拔4304米满是积雪的古特圆顶峰,这是当时攀登勃朗峰的人到过的最高点。

水晶采集者登场

帕卡尔选定的比奥纳塞路线给霞慕尼村带来了一场灾难。络绎不绝的游客前来观赏勃朗峰,早已给霞慕尼村带来了一笔小利润。通往比奥纳塞冰川最直接的方法是从圣热尔韦村向西走大约25公里,这意味着如果这条路径可以登顶的话,霞慕尼村的客栈和向导生意就会没落。1786年夏,一群霞慕尼的导游聚集起来,意欲证明,想要登上古特圆顶峰——爬上勃朗

宣传阿尔卑斯山脉
除了索修尔的奖励之外,还有1773年以后布里所作的关于勃朗峰的书籍和插图,都激发了世人对山谷和高山的兴趣,也使霞慕尼成为一个时尚度假胜地。

峰上方大斜坡的首选起点,直接从霞慕尼出发,比从比奥纳塞冰川出发更节约时间。

一组队员睡在比奥纳塞冰川上方,另一组睡在科特山的顶部,均在破晓时出发,向古特圆顶峰攀登。当双方都在计划着攀事宜时,巴尔马出乎意料地进入了众人的视线。第二组队员同意巴尔马加入他们的队伍,前提是他要自带食物和水,这引起了其他向导的不满。

结果,巴尔马所在的小组以三个小时的优势赢得比赛,但调查表明,继续往前攀登是无法抵达峰顶的,霞慕尼小镇的未来得到了

保障。然而巴尔马没有下山,一直在寻找石英岩,他的同伴留下他一人在山上自生自灭。露宿一夜后,他被冻得瑟瑟发抖,衣服上结满了白霜,但非常庆幸自己还活着。当时人们认为,在这样高海拔的地方住上一夜绝无生还可能。巴尔马后来声称,他留在山上是为了调查一条全新的路线,显然,这是他所说的众多谎言之一。

不可能的登山组合

返回霞慕尼后,为了治疗晒伤,巴尔马直接去找了镇上的医生帕卡尔。帕卡尔医生向猎人详细询问了攀爬的细节,并对他在野外山顶过夜的能力留下了深刻的印象。在此机缘之下,一个突如其来的想法——组队——诞生了,尽管到底是谁先提出的这个想法在那之后争论了多年。1786年8月7日,他们动身攀登勃朗峰。那天晚上,两人在靠近科特山山顶的地

难忘的露宿
在1786年尝试攀登勃朗峰时,巴尔马被迫在高山上住了一夜。他后来声称,当时他发现了一条通往山顶的新路线。

勃朗峰

1786年8月8日

- **攀登开始**
  在科特山山顶附近露营后,帕卡尔和巴尔马于凌晨4点开始攀登。他们先后四次差点掉到冰裂缝里。中午,他们通过了低处古老通道。

- **挺进大高原**
  下午早些时候,松软的新雪减慢了他们前进的速度。巴尔马建议返回,但帕卡尔帮助他减轻了负重。挺进大高原时,换帕卡尔在前面开路。

- **登上顶峰山脊**
  傍晚时分,他们穿过了大高原,经上下红色悬崖之间的通道登上顶峰山脊。人们从霞慕尼看到,他们在傍晚6点23分登顶。

顶峰(4808米)
红色悬崖
低处古老通道
大高原
大米莱峰

登山时间轴

1760—1785年	1786年	1787—1800年	1801—1834年
索修尔出资奖励第一个登顶勃朗峰的人。	帕卡尔和布里首次尝试攀登勃朗峰,但在露营一夜后沿原路返回。	尽管两位青年人脾性不和,但最终帕卡尔还是于1796年娶了巴尔马的妹妹为妻。	巴尔马在西克斯特山谷勘探金矿时坠崖而死。

帕卡尔和霞慕尼当地羚羊猎人雅克·巴尔马组队,一起攀登勃朗峰,下山之后,二人便分道扬镳。

巴尔马继续做登山向导,后来又多次登上勃朗峰,其中一次是和玛丽亚·帕拉迪一起。

方露宿。他们凌晨4点起身,克服了极大困难,最终战胜了塔康纳玄冰川的岩冰和裂缝。

帕卡尔后来写道:"先后四次,横跨冰裂缝的雪桥在我们足下垮塌,下面是万丈深渊。"到中午时,他们只登上海拔3051米的大米莱峰,仍和峰顶相距1.5公里。帕卡尔更加确信当晚不可避免地要在高山上露宿。

两人分担在松软的新雪上艰难开路的任务,终于抵达上下红色悬崖之间陡峭的坡道。在海拔大约4550米处,这段路是最陡的,也是最危险的。没有绳索和冰镐的辅助,两人背负沉重的科学设备,小心翼翼地移步,用登山杖的铁尖凿出台阶。一越过这段最艰难的路程,他们就爬上了连接山顶的斜坡,一气呵成地登上了山顶。

帕卡尔准备测量数据,但发现气压计和温度计里的液柱已经冻结。与此同时,巴尔马将手帕绑在他的登山杖上,向霞慕尼的村民们发出登顶信号,然后两人便动身下山,前去告知索修尔他们的新路线。

水晶猎人
早期的霞慕尼向导都是农民,比如巴尔马,他们的生活依赖农耕、狩猎和对石英岩面勘探。

争抢胜利果实

忍受着雪盲、疲惫和冻伤,两人开始下山,在午夜之前到达了前一晚的宿营地。黎明时分,他们再次踏上回霞慕尼的归途。值得注意的是,医生和猎人成功战胜了一切,在其他所有人都溃败的地方取得了胜利。尽管那些人可能拥有更多的资源,但帕卡尔多年来对这座山的研究加上巴尔马的勇气,科学努力和吃苦精神的互相配合赢得了回报。

可惜的是,勃朗峰的顶峰成了帕卡尔和巴尔马最后一次并肩作战、共同进退的地方。随后,布里发表了一篇攀登纪实,并在其中说帕卡尔只是一个跳梁小丑,如果不是巴尔马,他就会无助地下不了山。猎人巴尔马抓住时机,获得了索修尔提供的奖励,并在他开拓性的功绩之后立即确立了今后的职业:登山向导。自此开始,关于到底谁是巅峰的首位征服者,二人之间的战争持续了多年。

后期攀登者

如今的勃朗峰被认为是一座相对容易攀爬的山峰,每年要迎接两万名攀登者。然而,在这些人中,即使是经验丰富的攀岩者,也时常成为风暴和落石的受害者。1808年,玛丽亚·帕拉迪(见第100—101页)成为第一位登上顶峰的女性,当时她的向导是巴尔马。此后还有一些知名人物登上过顶峰,包括美国第26任总统西奥多·罗斯福和教皇庇护十一世。

《最后一次攀登勃朗峰》版画
J.D.H.布朗绘于1853年。

帕拉迪和德·安热维尔

早期攀登史上的巾帼英雄

萨伏依公国　　　　　　　　　1778—1839年
法国　　　　　　　　　　　　 1794—1871年

玛丽亚·帕拉迪

亨丽埃特·德·安热维尔

帕拉迪和德·安热维尔是第一批登上勃朗峰的女性代表,她们所处的年代相隔30年,并且各自怀着截然不同的登山目的。帕拉迪是霞慕尼的一名摊贩和女仆,对她来说,登山只是噱头,是一场由狡猾的雅克·巴尔马精心策划的宣传活动,能让她的生意有点起色。而对于热爱山川的贵妇德·安热维尔来说,攀登勃朗峰既是一种个人消遣,又是对性别平等的宣示。

除了出生年份之外,玛丽亚·帕拉迪的早年生活鲜为人知。她出生在霞慕尼山谷的一个农民家庭。她在登山运动中占有一席之地要归功于雅克·巴尔马(见第94—97页)。相比之下,德·安热维尔出生在法国大革命时期,来自一个被剥夺了土地所有权的贵族家庭。在举家搬到里昂东部的比热地区后,从她家里就可以看到阿尔卑斯山脉,德·安热维尔无疑是因此才爱上徒步旅行的。

被动的登山家

1808年,继绅士科学家和当地猎手之后,帕拉迪成为第一位攀登勃朗峰的女性。然而,她似乎并不是完全出于自己的意愿去登山的。根据22年前首登勃朗峰的巴尔马的说法,帕拉迪登顶勃朗峰主要是因为他的说服:"我是山里的一匹老狼……除了勇气,我对你别无他求。"帕拉迪则说出了一个更实在的理由:"(导游说)我是一个漂亮的女孩,如果能成功登顶,便可以凭此赚钱。旅客会请我带路,然后慷慨地给我小费。"

7月13日,帕拉迪在巴尔马和其他两名向导的带领下出发了,当天他们抵达大米莱峰,在那里过了一夜。第二天,她就乞求巴尔马在大高原上,"把我扔进一个裂缝,去你们想去的地方"。然而,两名向导硬拉着她的手,将她拽上了山顶——帕拉迪对于巴尔马作为向导的声誉来说太重要了,绝不能让她止步于山顶之下。

返回霞慕尼后,帕拉迪被问及这段经历,但她没有说出细节,只是说,勃朗峰就在那里,谁都可以去造访,只要他(她)想去。后来,在谈到登顶时,她说:"我攀登了,喘不过气来,我差点死了,他们拖着我,拉着我,我看见黑白相间的景象,然后我就下山了。"帕拉迪的这一壮举取得了预期的商业效果:她成为霞慕尼最有名的居民之一,得到了"勃朗峰的玛丽亚"的称号,并在她的家乡勒佩兰开了一间盈利的茶室。

为女性攀登

帕拉迪在勃朗峰遇到的困境强化了这样一

生平事迹

- 尽管帕拉迪在登山史上是第一位女性登山家,但没有任何证据表明她进行过第二次攀登;似乎余生她都在经营自己的茶室。
- 部分地受自尊心驱使,在攀登勃朗峰时,德·安热维尔没穿裙子和衬裙,而是穿着法兰绒和粗花呢灯笼裤、厚羊毛长袜,手戴毛皮手套,头顶一顶草帽,手里拿着一根登山杖。
- 巴黎社会被德·安热维尔的独立登顶所震撼,她也因此成为某些社交圈的名人。
- 根据探险期间写的日记,德·安热维尔发表了她的登山记录,目的是鼓励其他女性追随她的脚步。

《浪迹海外》
在经典游记《浪迹海外》(1880年)中,马克·吐温向读者暗示,巴尔马是帕拉迪的情人,这对他们来说多少有点冤枉。这些故事和琐事是吐温在阿尔卑斯山脉旅行时收集的。

种观点:欧洲最高的山峰不是女人能攀登的。19世纪30年代,德·安热维尔开始考虑登山时,反对的呼声极为强烈,她不得不谢绝所有访客。后来,她不得不无视医生和牧师等人的善意劝告,开始筹划1838年的探险。她先在塔莱弗尔冰川(2600米)和若利山(2525米)"热身",之后,她婉拒了其他男性登山队的招募,于9月4日从霞慕尼出发。德·安热维尔的登山队由六名向导和六名背夫组成。她细心检查,确保随行人员有足够的食物,整支登山队足足带了18瓶酒,还有大量奢侈食品。

有人提议先用一头骡子把她送到低处的斜坡上,德·安热维尔谢绝了这一提议,完全凭自己的力量爬上了山。事实证明,她是擅长攀登最具技术含量的红色悬崖的,但在峰顶的斜坡上,她险些死于高原病。幸好她及时恢复,并让向导们把她抬到肩上庆祝登顶,在那一刻,她是欧洲"地位"最高的人。她后来写

勃朗峰

1786年8月8日

- **攀登开始**
  在科特山山顶附近露营后,帕卡尔和巴尔马于凌晨4点开始攀登。他们先后四次差点掉到冰裂缝里。中午,他们通过了低处古老通道。

- **挺进大高原**
  下午早些时候,松软的新雪减慢了他们前进的速度。巴尔马建议返回,但帕卡尔帮助他减轻了负重。挺进大高原时,换帕卡尔在前面开路。

- **登上顶峰山脊**
  傍晚时分,他们穿过了大高原,经上下红色悬崖之间的通道登上顶峰山脊。人们从霞慕尼看到,他们在傍晚6点23分登顶。

图中标注:顶峰(4808米)、红色悬崖、低处古老通道、大高原、大米莱峰

登山时间轴

1760—1785年	1786年	1787—1800年	1801—1834年
索修尔出资奖励第一个登顶勃朗峰的人。	帕卡尔和布里首次尝试攀登勃朗峰,但在露营一夜后沿原路返回。	尽管两位青年人脾性不和,但最终帕卡尔还是于1796年娶了巴尔马的妹妹为妻。	巴尔马在西克斯特山谷勘探金矿时坠崖而死。

帕卡尔和霞慕尼当地羚羊猎人雅克·巴尔马组队,一起攀登勃朗峰,下山之后,二人便分道扬镳。

巴尔马继续做登山向导,后来又多次登上勃朗峰,其中一次是和玛丽亚·帕拉迪一起。

方露宿。他们凌晨4点起身,克服了极大困难,最终战胜了塔康纳兹冰川的岩冰和裂缝。

帕卡尔后来写道:"先后四次,横跨冰裂缝的雪桥在我们足下垮塌,下面是万丈深渊。"到中午时,他们只登上海拔3051米的大米莱峰,仍和峰顶相距1.5公里。帕卡尔更加确信当晚不可避免地要在高山上露宿。

两人分担在松软的新雪上艰难开路的任务,终于抵达上下红色悬崖之间陡峭的坡道。在海拔大约4550米处,这段路是最陡的,也是最危险的。没有绳索和冰镐的辅助,两人背负沉重的科学设备,小心翼翼地移步,用登山杖的铁尖凿出台阶。一越过这段最艰难的路程,他们就爬上了连接山顶的斜坡,一气呵成地登上了山顶。

帕卡尔准备测量数据,但发现气压计和温度计里的液柱已经冻结。与此同时,巴尔马将手帕绑在他的登山杖上,向霞慕尼的村民们发出登顶信号,然后两人便动身下山,前去告知索修尔他们的新路线。

争抢胜利果实

忍受着雪盲、疲惫和冻伤,两人开始下山,在午夜之前到达了前一晚的宿营地。黎明时分,他们再次踏上回霞慕尼的归途。值得注意的是,医生和猎人成功战胜了一切,在其他所有人都溃败的地方取得了胜利。尽管那些人可能拥有更多的资源,但帕卡尔多年来对这座山的研究加上巴尔马的勇气,科学努力和吃苦精神的互相配合赢得了回报。

可惜的是,勃朗峰的顶峰成了帕卡尔和巴尔马最后一次并肩作战、共同进退的地方。随后,布里发表了一篇攀登纪

水晶猎人

早期的霞慕尼向导都是农民,比如巴尔马,他们的生活依赖农耕、狩猎和对石英岩的勘探。

后期攀登者

如今的勃朗峰被认为是一座相对容易攀爬的山峰,每年要迎接两万名攀登者。然而,在这些人中,即使是经验丰富的攀岩者,也时常成为风暴和落石的受害者。1808年,玛丽亚·帕拉迪(见第100—101页)成为第一位登上顶峰的女性,当时她的向导是巴尔马。此后还有一些知名人物登上过顶峰,包括美国第26任总统西奥多·罗斯福和教皇庇护十一世。

《最后一次攀登勃朗峰》版画 J.D.H.布朗绘于1853年。

实,并在其中说帕卡尔只是一个跳梁小丑,如果不是巴尔马,他就会无助地下不了山。猎人巴尔马抓住时机,获得了索修尔提供的奖励,并在他开拓性的功绩之后立即确立了今后的职业:登山向导。自此开始,关于到底谁是巅峰的首位征服者,二人之间的战争持续了多年。

为科学和艺术登山·首批登顶者

登山工具创新

冰爪

在冰雪上行走是一个由来已久的难题。在新石器时代，欧洲人穿的鞋子是专为雪地旅行设计的；今天北极萨米人仍在使用的传统解决方案已有上千年的历史。罗马檐壁上雕刻了穿钉掌鞋的男人，最早的使用冰爪或"四钉冰爪"的记录可以追溯到16世纪后期，主要由阿尔卑斯山脉的木匠和猎人使用。通常情况下，四钉冰爪有四根固定在鞋跟下的鞋钉，以免人在冰上滑倒。这种鞋的各种形式一直沿用到19世纪后期。

绅士的选择

尽管在登山运动出现之前四钉冰爪就已经被使用了几个世纪，但它们在陡峭的冰川和雪峰之上并不实用。英国登山者更喜欢穿他们熟悉的钉掌靴，其历史可以追溯到罗马时代。导游们会费力地用冰镐在陡峭山坡上凿出台阶，为远道而来的登山客开路。这本是一个耗时的过程，但经过多次实战，他们已变得异常熟练。冰爪出现后，英国的登山客仍然沿用他们的老式钉掌靴。

1876年出现了一种专为登山制作的冰爪并很快流行起来，特别是在蒂罗尔州。1884年在奥地利出现了脚后跟和脚掌前部之间有十个钉的冰爪。这些创新受到了欧洲新一拨登山客的青睐，但英国人在几十年中都避开使用冰爪。包括克林顿·登特（见第164—165页）和哈罗德·雷伯恩在内的几代名人都谴责使用冰爪的行为，认为使用冰爪不仅缺乏体育道德，更潜藏着巨大的危险。

前3300年　新石器时代的雪靴
冰人奥茨在阿尔卑斯山上死去时，脚上就穿着适合在雪地徒步行走的靴子（见第16—19页）。

315年　间谍的鞋子
罗马的君士坦丁凯旋门上刻画了供罗马间谍使用的钉掌鞋。

1510年　简易靴钉
一个由木头和绳索组装起来的模型，用于在坚硬光滑的雪地上行走。还有一个由竹子制成的相似的版本。

1876年　第一代完整的冰爪
帕斯托里·德·布雷夏开发了带有六根尖钉的冰爪，随即在1884年，十根尖钉的冰爪在奥地利面世。这两种冰爪在蒂罗尔州普及开来。

1910年　南极靴
在南极冰川探险时，为增大牵引力，英国探险家罗伯特·福尔肯·斯科特使用了底部带钉子的靴子。

1574年　三钉
关于16世纪的冰川旅行，乔赛亚斯·西姆勒（见第40—41页）写道："为了抵消冰的光滑，他们在鞋底固定了三根尖钉。"

1588年　四钉冰爪
一位姓德·维尔蒙的先生描述了"四钉冰爪"的用法，四钉冰爪是固定在鞋底的四根钉子，主要供樵夫和猎人使用，起到防滑的作用。

1908年　艾肯斯坦
艾肯斯坦设计了十钉冰爪，并于1912年组织了冰爪比赛来展示其功效。

1929年　前齿
洛朗·格里维尔给冰爪增加了前齿，让登山者把脚趾部分插入斜坡，而不是把脚底贴在冰上。20世纪30年代早期，人们在攀登东阿尔卑斯山脉时，也使用了带前齿的雪靴。

滑雪运动大约是在北极萨米人（右图）的祖先中最先兴起的，但直到17世纪，阿尔卑斯山脉才有了滑雪的痕迹。冰人奥茨用过雪鞋，其生活时代大约与迄今为止在瑞典发现的最早的滑雪板相吻合。已知最早的用于冰雪上行走的钉掌靴是罗马人发明的。

蒂罗尔州的铁匠打了一种铰接式冰爪——不再只是扣着鞋跟，而是紧扣住整只靴子。艾肯斯坦的设计更有效，让人不用开凿台阶就能攀登，这就是我们熟知的"法国技术"，阿尔芒·沙莱向导（见第125页）将其变成了一种艺术。但遇到陡峭山坡时仍需逐步凿切台阶，20世纪20年代，维洛·韦尔岑巴赫（见第236—237页）以此方式攀登了倾斜75°的冰山。

公元前3300年　早期雪鞋

1884年　十钉冰爪

靴钉改革家

反传统的人,比如奥斯卡·艾肯斯坦(见右图并见第196—197页),推陈出新,在原有样式的基础上设计了现代冰爪的原型。1929年,洛朗·格里维尔产生了一个具有开创性的想法:在冰爪的前端再加一对"靴钉",因此10个钉的冰爪变成了12个钉的,彻底改变了登山者在冰上行走的方式,而他的父亲亨利就是把艾肯斯坦的设计变成现实的铁匠。四年后,他的弟弟阿马托生产出第一批铬钼钢冰爪,极大地提高了其耐用性。

20世纪60年代,奥地利制造商施图拜将中间的靴钉向前移动,更接近根两根前齿,从而提高了冰爪的稳定性。1967年,伊冯·乔伊纳德(见第302—303页)和汤姆·弗罗斯特发明了刚性冰爪,使登山者只需要用较小的力就可以把爪尖插进冰面,并能更好地配合冰镐的使用,因为当时流行的冰镐都是短柄的。随后的创新包括为攀登竖直冰壁专门设计的前齿,以及为攀爬冰柱特制的马刺。如今,冰爪在结构上已经定型,通常带有橡胶阻雪板,以防止鞋底积雪——这是过去许多人滑倒跌落的原因。另外,绑带也是至关重要的:过去烦琐的绑带经常使登山者惨遭冻伤,这个问题随着卡式绑带的发展得到了解决。

尖钉

英国铁路工程师艾肯斯坦对冰爪样式有独到见解,设计了十钉冰爪,将新设计图交给亨利·格里维尔制作。冰爪结构采取旧式铁路的连接方式,艾肯斯坦和他的朋友阿瑟·安德鲁斯发表文章,解释了他们如何利用冰爪摆脱了在陡峭冰雪地形上砍劈台阶的负担。艾肯斯坦在冰爪的技术革新和推广方面起到了举足轻重的作用。

为了充分展示他的发明,艾肯斯坦(右图)还特意举办了冰爪竞赛。

1938年 安德尔·海克迈尔
海克迈尔(见第290—291页)意识到攀登路线上有许多陡峭的冰岩,使在攀登艾格峰北壁的过程中使用了12钉冰爪。

1975年 刚性冰爪
伊冯·乔伊纳德开发了一种更加稳定的刚性冰爪,并且降低了攀冰过程中对人力的要求。

1979年 解决冰球问题
使用冰爪时,鞋底会形成冰球,从而导致滑倒和绊倒。为了防止冰雪在鞋底聚集,制造商推出了一种橡胶材质的阻雪板。

1940　1950　1960　1970　1980　1990　2000　2010

1937年 魏跋然橡胶鞋
维塔莱·布拉马尼开发了一种新型橡胶底,使靴子踩在岩石上时更加温暖和安全。

1960年 新发明
制造商施图拜将水平前齿向前移动,并使其微微倾斜,这一调整增加了销量。萨莱瓦开发了可调节的冰爪,不需要专门去工厂调试。

1986年 单钉冰爪
格里维尔和沙莱为攀登垂直冰壁,研发了只有一个前齿的"单钉"冰爪。将前齿水平的刀刃换成竖直的,有助于穿透冻冰。

20世纪60年代中期,伊冯·乔伊纳德和汤姆·弗罗斯特研发的短冰镐、前齿和刚性冰爪彻底改变了攀冰。1972年,迈克·洛发明了"足齿",这是一种刚性冰爪,带有突出的前齿和方便穿脱的雪鞋固定装置。洛的设计在20世纪70年代后期得到广泛应用,连同塑料硬底登山靴一起,标志着攀登设备日益专业化时代的到来。

1979年　雪鞋固定装置

20世纪80年代,塑料靴和刚性冰爪无处不在,但到20世纪末,设计不断优化,变得更轻,刚性和半刚性冰爪更加匹配脚的形状。冰爪成为人体足部的延伸,促成了一种更自然、轻便的攀岩风格。与此同时,攀爬竖直冰面的单钉冰爪和攀登冰柱的马刺也应运而生。

21世纪　现代化的设计

帕拉迪和德·安热维尔

早期攀登史上的巾帼英雄

萨伏依公国　　　　　　1778—1839年
法国　　　　　　　　　　1794—1871年

玛丽亚·帕拉迪
亨丽埃特·德·安热维尔

生平事迹

- 尽管帕拉迪在登山史上是第一位女性登山家，但没有任何证据表明她进行过第二次攀登；似乎余生她都在经营自己的茶室。
- 部分地受自尊心驱使，在攀登勃朗峰时，德·安热维尔没穿裙子和衬裙，而是穿着法兰绒和粗花呢灯笼裤、厚羊毛长袜，手戴毛皮手套，头顶一顶草帽，手里拿着一根登山杖。
- 巴黎社会被德·安热维尔的独立登顶所震撼，她也因此成为某些社交圈的名人。
- 根据探险期间写的日记，德·安热维尔发表了她的登山记录，目的是鼓励其他女性追随她的脚步。

帕拉迪和德·安热维尔是第一批登上勃朗峰的女性代表，她们所处的年代相隔30年，并且各自怀着截然不同的登山目的。帕拉迪是霞慕尼的一名摊贩和女仆，对她来说，登山只是噱头，是一场由狡猾的雅克·巴尔马精心策划的宣传活动，能让她的生意有点起色。而对于热爱山川的贵妇德·安热维尔来说，攀登勃朗峰既是一种个人消遣，又是对性别平等的宣示。

除了出生年份之外，玛丽亚·帕拉迪的早年生活鲜为人知。她出生在霞慕尼山谷的一个农民家庭。她在登山运动中占有一席之地要归功于雅克·巴尔马（见第94—97页）。相比之下，德·安热维尔出生在法国大革命时期，来自一个被剥夺了土地所有权的贵族家庭。在举家搬到里昂东部的比热地区后，从她家里就可以看到阿尔卑斯山脉，德·安热维尔无疑是因此才爱上徒步旅行的。

被动的登山家

1808年，继绅士科学家和当地猎手之后，帕拉迪成为第一位攀登勃朗峰的女性。然而，她似乎并不是完全出于自己的意愿去登山的。根据22年前首登勃朗峰的巴尔马的说法，帕拉迪登顶勃朗峰主要是因为他的说服："我是山里的一匹老狼……除了勇气，我对你别无他求。"帕拉迪则说出了一个更实在的理由："（导游说）我是一个漂亮的女孩，如果能成功登顶，便可以凭此赚钱。旅客会请我带路，然后慷慨地给我小费。"

7月13日，帕拉迪在巴尔马和其他两名向导的带领下出发了，当天他们抵达大米莱峰，在那里过了一夜。第二天，她就乞求巴尔马在大高原上，"把我扔进一个裂缝，去你们想去的地方"。然而，两名向导硬拉着她的手，将她拽上了山顶——帕拉迪对于巴尔马作为向导的声誉来说太重要了，绝不能让她止步于山顶之下。

返回霞慕尼后，帕拉迪被问及这段经历，但她没有说出细节，只是说，勃朗峰就在那里，谁都可以去造访，只要他（她）想去。后来，在谈到登顶时，她说："我攀登了，喘不过气来，我差点死了，他们拖着我，拉着我，我看见黑白相间的景象，然后我就下山了。"帕拉迪的这一壮举取得了预期的商业效果：她成为霞慕尼最有名的居民之一，得到了"勃朗峰的玛丽亚"的称号，并在她的家乡勒佩兰开了一间盈利的茶室。

为女性攀登

帕拉迪在勃朗峰遇到的困境强化了这样一

《浪迹海外》
在经典游记《浪迹海外》（1880年）中，马克·吐温向读者暗示，巴尔马是帕拉迪的情人，这对他们来说多少有点尴尬。这些故事和琐事是吐温在阿尔卑斯山脉旅行时收集的。

种观点：欧洲最高的山峰不是女人能攀登的。19世纪30年代，德·安热维尔开始考虑登山时，反对的呼声极为强烈，她不得不谢绝所有访客。后来，她不得不无视医生和牧师等人的善意劝告，开始筹划1838年的探险。她先在塔莱弗尔冰川（2600米）和若利山（2525米）"热身"，之后，她婉拒了其他男性登山队的招募，于9月4日从霞慕尼出发。德·安热维尔的登山队由六名向导和六名背夫组成。她细心检查，确保随行人员有足够的食物，整支登山队足足带了18瓶酒，还有大量奢侈食品。

有人提议先用一头骡子把她送到低处的斜坡上，德·安热维尔谢绝了这一提议，完全凭自己的力量爬上了山。事实证明，她是擅长攀登最具技术含量的红色悬崖的，但在峰顶的斜坡上，她险些死于高原病。幸好她及时恢复，并让向导们把她抬到肩上庆祝登顶，在那一刻，她是欧洲"地位"最高的人。她后来写

帕拉迪和德·安热维尔

道:"我一登上峰顶,就立刻复活了。我的所有力量……和智力都回归了,使我能够尽情享受那宏伟壮丽的景色!"

对德·安热维尔来说,这一开创性的攀登并不是一次性的,她后来又陆续进行了29次攀登,其中包括再次攀登勃朗峰。1865年,69岁的她攀登了海拔3125米的奥尔登峰,那是她最后一次登山。在那之后,她将攀登工具束之高阁,并留下话:"我这个年纪,在登山杖扔掉我之前,我先把它扔掉,这是明智的。"

帕拉迪和德·安热维尔以不同的方式,为女性登山者开辟了一条道路,证明女性在没有男性帮助的情况下完全能够胜任攀登。

> 我的呼吸变得短促……有一种强烈的登顶欲望在催促我迈步。
>
> ——在谈到登顶勃朗峰时,亨丽埃特·德·安热维尔说

在世界之巅
德·安热维尔宣布她要尝试攀登勃朗峰,许多善意的祝福者都来为她送行;到达山顶后,她放了一只信鸽,把成功登顶的喜讯广而告之。

迈耶家族

攀登伯尔尼阿尔卑斯山的世家

瑞士　　　　　　　　　　　活跃于1787—1812年

约翰·鲁道夫·迈耶

巨大的下阿尔冰川吸引了成群的科学家,在他们携带仪器前去探测冰川运动之前很久,迈耶家族的三代人就已在伯尔尼阿尔卑斯山周围的高峰上考察,并有了巨大收获。起初是为了制图做调查,后来是纯粹为了登山,约翰·鲁道夫·迈耶和他的儿孙们多次攀登伯尔尼阿尔卑斯山周围的山峰,包括他们首次登顶的少女峰。

生平事迹

- 约翰·鲁道夫制作的一个精细的地形模型,在巴黎的一次展览上被拿破仑陆军部没收,其比例尺为1:60 000,尺寸为1.5×4.5米。
- 1790年,22岁的小约翰·鲁道夫第一次穿越钦格尔山口(2820米)。
- 戈特利布于1812年首次登上少女峰时,遇到了大裂缝,借助打算在登顶后用来挂旗帜的杆子越了过去。
- 在1812年的登山探索中,鲁道夫和戈特利布穿越了以前未被探索过的三个高山口:施特拉莱格山口、格林峰山口和上阿尔山口,其海拔全部高于3000米。
- 1812年,鲁道夫让在下格林德瓦冰川上方草地放羊的人大吃一惊,因为在此之前从来没有人从施特拉莱格山口走下来。
- 在学习医学后,鲁道夫·迈耶后来成为阿劳镇的自然科学教授,1820年出版了《大自然之魂》。

约翰·鲁道夫于1739年出生于瑞士北部的阿劳镇,是迈耶世家的第一代。尽管他受的教育有限,但作为出售布料的商人,他还是很有运气地赚了一大笔钱。他从1783年开始经营一家绸带厂,成为这个城镇富有而显赫的公民。据记录,他首次登山是在1787年,当时雄心勃勃的他正在构思一册《瑞士地图》。他的壮举必定给他十几岁的儿子小约翰·鲁道夫和海洛尼莫斯留下了深刻的印象。

迈耶用他从国际绸带贸易中获取的财富做了许多善事,包括投资改善阿劳镇的地下供水设施,并在该镇创办了一所公立学校。迈耶不仅热心公益事业,对阿尔卑斯山脉也很迷恋。1787年的夏天,他与几何学家约翰·韦斯、木匠约阿希姆·穆勒一起登上了瑞士中部海拔约3238米的铁力士山,这二人日后在迈耶实现绘制山脉地图的梦想中发挥了重要作用。

绘制阿尔卑斯山脉图

受当代英国和法国测量学进展的启发,迈耶自费进行了一次勘测,最终形成了在1796至1802年间出版的16页《瑞士地图》。韦斯是这项大工程背后的数学专家,负责对复杂山脉和山谷进行三角测量,而穆勒是技艺高超的工匠,他构建了精准比例的山地景观模型。由此产生的瑞士地图是第一次根据精确的科学检测绘制的,也是特别详细的。

为攀登而攀登

与约翰·鲁道夫一样,他的两个儿子都对山感兴趣,尽管他们爬山的初衷和父亲的完全不同。小约翰·鲁道夫和海洛尼莫斯勇敢登山不是为别的,就是因为登山本身能给他们带来快乐和兴奋。他们懒得说探险是为了什么科学目的,像当时其他人被迫去做的那样。他们不是为了实现科学理想,也不带任何测量工具,因为他们相信"这只会阻碍勇敢的登山者进行攀登"。

与迈耶家族关系最密切的高山要数海拔4158米的少女峰,它是伯尔尼阿尔卑斯山的第三高峰。少女峰是绵延十公里的山壁的最高点,距谷底大约3000米,坐落在门希峰(4105米)、艾格峰(3970米)旁边,它的北壁如今仍被认为是阿尔卑斯山区最令人生畏的地方。

1811年8月,迈耶兄弟试图登上少女峰。两兄弟从格里姆瑟尔山口出发,在长达30公里、历时两天的长途跋涉中,他们忍受着恶劣的天

迈耶家族的府邸
老约翰·鲁道夫·迈耶出生于商人家庭,这幢阿劳镇的房子就是他出生的地方。当他在阿尔卑斯山脉为地图册忙碌之际,这个小镇成为政治激进主义的温床,许多人都支持从高山另一边的法国传过来的革命思想。

气，来到了少女峰前。在阿莱奇冰川上搭建了营地后，8月3日，兄弟俩与两名向导一起开始攀登不太险峻的少女峰南侧，到达他们以为是峰顶而实际上低一些的高4089米的第二峰顶。

证明登顶

尽管兄弟俩在山顶插了一面黑旗以示证明，但没有人从下面的山谷看到那面旗帜，所以迈耶家族的第三代不得不步入挽回家族荣誉的历程。1812年的整个夏天，小约翰·鲁道夫的儿子鲁道夫和戈特利布都在少女峰和芬斯特拉峰（4274米）附近探险。

8月，21岁的哥哥鲁道夫试图从陡峭的东壁登顶芬斯特拉峰，但未能成功，19岁的戈特利布却在9月3日成功登上了海拔4158米的少女峰。就在同一天，鲁道夫第一次真正地通过了海拔3315米的施特拉莱格山口，第二天他叔叔海洛尼莫斯完成了同样的壮举。

自1812年频繁登山之后，登山运动史上再也没有出现迈耶家族的身影。然而，对伯尔尼阿尔卑斯山各山口大胆而漫长的探险使他们成为早期登山的先驱。此外，老约翰·鲁道夫的地形图也对后期瑞士阿尔卑斯山脉探险做出了重要贡献，使后来者能够冒险进入先前不为人知的地区。在19世纪50年代亨利·杜福尔进行考察之前（见第214页），他的地图册是无人能够超越的，而他儿子、孙子的登山壮举则开启了征服瑞士阿尔卑斯山脉的时代。

> 科学仪器只会阻碍勇敢的登山者。
> ——小约翰·鲁道夫·迈耶

巍峨的少女峰
少女峰（右）与艾格峰、门希峰（左）一起，形成一座巨壁，俯瞰着伯尔尼高原。1812年，迈耶兄弟首次登顶少女峰。

戈特利布·斯蒂德

登山家和地形学者

瑞士　　　　　　　　　　　　　　1804—1890年

生平事迹

- 四岁时，试图爬上家附近海拔1203米的拉夫鲁蒂山，75年后重登峰顶。
- 详细记录自己的探险经历，在其登山日志中记录了643次独特的攀登。
- 他的地形图集中共有710幅瑞士山地风景插图。
- 尽管他的攀登主要集中在瑞士阿尔卑斯山区，但他也攀登了法国的多菲内和比利牛斯山脉、奥地利的蒂罗尔山脉以及挪威的一些高山。

在60多年的时间里，瑞士山区的探险家和绘图员戈特利布·斯蒂德探索了瑞士很多鲜为人知的高海拔地区。虽然多次首攀顶峰，但斯蒂德并不是那些阿尔卑斯知名高峰的开拓者，他更喜欢通过绘制一系列全景图来探索和记录山地环境，这是他独领风骚之处。1863年，他同其他登山者一起创立了瑞士阿尔卑斯俱乐部，这是当时世界上第二个登山协会。

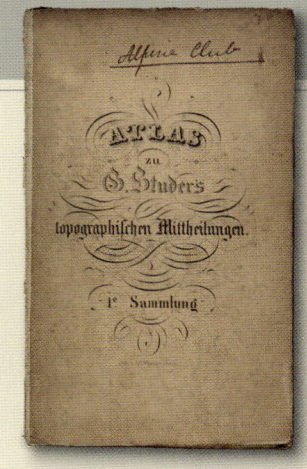

阿尔卑斯地图集
1843年，斯蒂德出版了《阿尔卑斯地形通讯》（右图），内有一系列"可折叠的"彩色全景图（下图）。

戈特利布·斯蒂德出生在瑞士中部的朗瑙附近，父亲去世后，他和家人搬到了母亲的家乡伯尔尼。他在那里接受了教育和训练，成为一名书记员。1847年以前，戈特利布一直在伯尔尼州当局的司法机关担任秘书，1850年开始担任州长。公共服务事业使他能够将精力投入他挚爱的瑞士阿尔卑斯山脉。

全景

斯蒂德的父亲是一名文员，闲暇时常画阿尔卑斯山脉的水彩画。像父亲一样，斯蒂德也拥有艺术天分，可以准确地描绘自然景观。正是这种对地形准确把握的技能促使他进入瑞士偏远山区，基本上避开了当时那些广为人知的高峰，比如马特洪峰。

斯蒂德第一次认真地攀登是在1825年，他挑战的是伯尔尼阿尔卑斯山脉中海拔3210米的迪亚布勒雷山。对这位有抱负的21岁登山者来说，这次攀登显然难度不小。有了25年的登山经历后，1850年，斯蒂德故地重游，再次攀登迪亚布勒雷山。关于通往顶峰的路线，他描述道："必须翻越的陡峭的冰坡还是有点危险的……去那里探险的队员需要接受全面的训练，要有好向导，并且要使用绳子和冰镐。"

尽管在早期攀登中遭受了挫折，斯蒂德还是继续定期游历瑞士的高峰。1841年，他第一次登上了苏斯滕山，这是一座海拔3503米的高山，位于伯尔尼阿尔卑斯山脉东部。一年之后，他第五次登上了少女峰。1843年，他声称又首次登顶海拔3248米的维尔德峰——芬斯特拉峰的一座卫峰，部分原因是从这儿可以看到彭尼内阿尔卑斯山脉附近的景观："从大山脉北侧的这座高峰看到的景观是最美丽、最完整的。"

斯蒂德是一位真诚的登山者，他认为没有必要把登山的愿望和科学研究结合起来。但是他的探险并非仅仅是为了享受。他根据眼前的景观绘制山峰全景图，回到伯尔尼之后，再将原始画稿制作成精细的版画。1849年，他的第一幅作品以地图形式问世，覆盖瓦莱州南部半数山谷，包含了许多他在伯尔尼阿尔卑斯山脉和

全景艺术家

斯蒂德是擅长精准绘制高山地形全景图的大师，18世纪末到19世纪初，随着阿尔卑斯山区对游客和登山客开放，这种商业艺术形式得以迅速发展。

邻近的彭尼内阿尔卑斯山脉看到的远景。这应当是700多幅山脉地形图的第一幅。

诞生于火车站餐厅

斯蒂德跨越瑞士阿尔卑斯山脉的探险稳步地向前推进,引起了登山团体的广泛关注。1859年,他成为阿尔卑斯俱乐部第一位外国名誉成员,那是两年前在伦敦成立的世界上第一个登山协会。受到英国同行的启发,斯蒂德决定采取类似措施,鼓励他的同胞攀登高山。

1863年4月19日,在瑞士北部奥尔滕镇的火车站餐厅里,瑞士登山界人士召开了一次低调的会议,这次会议对瑞士的登山运动产生了深远的影响。斯蒂德与地质学家西奥多·西姆勒、神学家梅尔基奥·乌尔里克一起,创立了瑞士阿尔卑斯俱乐部——世界上第二个正式的登山组织。瑞士阿尔卑斯俱乐部按区域分组,斯蒂德担任伯尔尼组的领导,专注于建造山间小屋,为登顶者提供方便。瑞士阿尔卑斯俱乐部发展成比伦敦的阿尔卑斯俱乐部更开放的组织,后者是作为绅士俱乐部运作的。

1866年,斯蒂德从伯尔尼州政府的工作岗位上退休,更加全身心地为瑞士阿尔卑斯俱乐部工作。他的图解瑞士登山史的四卷本杰作《在冰雪之上》于1869至1873年间出版,他因此书被推举为瑞士阿尔卑斯俱乐部的名誉主席。退休后,斯蒂德继续攀登了许多山峰:68岁时攀登了勃朗峰,79岁时攀登了高2998米的达哈兹诺尔峰,最后,在81岁时登上了1950米的尼德峰。斯蒂德登山600多次,绘制了一系列全景插图,与他人共同创建了最早的登山俱乐部之一,是真正的瑞士登山运动创始人。

斯蒂德峰

斯蒂德峰位于瑞士的乌尔里兴附近,海拔3638米,为纪念戈特利布·斯蒂德,该山峰以他的名字命名,附近是芬斯特拉冰川。

> 作为最早登上那些鲜为人知的阿尔卑斯山峰的探险者之一,他对山区的描述受到了所有阿尔卑斯旅游者的赞赏。
>
> ——阿尔卑斯俱乐部首任主席约翰·鲍尔评戈特利布·斯蒂德

普拉齐德·阿·斯佩斯查

登山的修道士

瑞士　　　　　　　　　　　　　　1752—1833年

因为追求科学，普拉齐德·阿·斯佩斯查被入侵的奥地利军队当作间谍投入监狱，也受到本笃会同道的排斥，对山脉的爱让他付出了高昂的代价。他是第一个调查和记录瑞士东部他所在修道院周围环境的人——当时这些地方还是地质上的未知区域——并创造了30多个首登纪录。遗憾的是，在大革命期间，因为修道院被法国军队烧毁，他的大部分考察记录都丢失了。

手绘地图

与他自学攀登方法一样，斯佩斯查的地图也是自行手绘的，只是大致勾画了邻近山峰、山谷和河流的地点，没有绘出它们的准确位置。由于没有接受过专业的勘测训练，也缺乏必要的设备，他绘制的地图往往过于简单，只是提供了所探索地区的第一手资料，比如迪森蒂斯修道院先前拥有的乌塞伦河谷（下图）。尽管这些地图不够精确，但当他被法国人逮捕时，它们仍被用作指控他的证据。

斯佩斯查绘制的简略地图，描绘了位于迪森蒂斯以西约40公里的乌塞伦河谷。

普拉齐德·阿·斯佩斯查出生在特兰村，这个小村庄位于瑞士东部一个又长又宽、两侧是峭壁的山谷里。他从小对自然界感兴趣，经常攀登家附近的岩石。斯佩斯查在库尔接受教育，这是一个位于河谷下游50公里处的小镇。斯佩斯查被修道院的生活吸引，将其视为进一步探索自然的途径，1774年进入该镇的本笃会修道院开始见习。

七年之后，斯佩斯查到瑞士阿尔卑斯山脉卢克马尼尔山口旅客招待所任职，他的登山兴趣一下子迸发了。这位29岁的修道士第一次摆脱山谷的桎梏，入住约海拔1920米的新家。旅客招待所被3000米高的山峰环绕，景色壮观，引人入胜。

备受鼓舞

斯佩斯查开始贪婪地阅读同时期瑞士博物学家的著作，特别是奥拉斯-贝内迪克特·德·索修尔（见第60—63页）的著作。他受到启发和激励，开始攀登高峰，寻找石英岩样本。

结束最后一年的修道训练，斯佩斯查于1782年离开旅客招待所回到山谷，成为迪森蒂斯修道院的正式成员。像德·索修尔在西阿尔卑斯山脉所做的那样，他决定探索并记录当地未被开发的原始山脉。

在18世纪80年代，登山运动还没有在瑞士东部兴起，斯佩斯查只好自学基本攀登技能。他学会了绘制山地全景图和基本地形图，并制订了推测冰川变化的粗略方案。从预测风暴到使用登山钉靴，他尽可能多地做好准备。尽管如此，他似乎不愿翻越冰川，对冰的畏惧可能

生平事迹

- 斯佩斯查攀登时大多不带向导，但在一些山地探险中也雇用了当地的猎人，他不得不劝诱他们去通常不去的地方。
- 除了首登，他还多次在山区旅行，尽管基本上不涉足冰川。
- 他第五次和最后一次攀登特迪峰时休息的地点后被称为斯佩斯查之门（3352米）。
- 建议成立瑞士阿尔卑斯俱乐部，这一建议后来被戈特利布·斯蒂德采纳（见第104—105页）。

探寻水晶

许多早期登山者的目的都是寻找岩羚羊和水晶，最初正是石英岩（左图）引诱斯佩斯查到阿尔卑斯山脉去的。

阻碍了他攀登最高的山峰。

开始攀登

在接下来的20年中，他把修道士的职责和登山结合起来。当地海拔3614米的最高山体特迪峰成了他主要的攀登对象，最早的首登纪录也是在这周围留下的。

1788年，他攀登了特迪山外沿高3422米的斯多克格龙峰。第二年，他把注意力转移到南部山区，攀登了海拔3402米的莱茵瓦尔德峰——位于卢克马尼尔山口旅客招待所附近。1792年，他攀登了离修道院最近的海拔3328米的上阿尔卑施托克山。1793年，他攀登了特迪山海拔3359米的乌朗峰。

愁云惨雾

斯佩斯查严格履行修道士的职责，赢得

> 在选择高山探险的同伴时，再挑剔也不为过。
>
> ——普拉齐德·阿·斯佩斯查

了他人的尊重，成为颇有影响力的人物，但也遭到其他修道士的批评，他们认为对教士来说，登山是一种不合适的消遣。具有讽刺意味的是，促使斯佩斯查登山的自由视野和对外部世界的兴趣后来却受到同一批人的高度赞许。1799年，拿破仑的军队占领了这一地区，斯佩斯查被派去就法国人对贡品的要求进行协商，他出色地完成了任务，但被迫交出了大部分科学收藏品。

更不幸的是，在斯佩斯查离开修道院期间，他20年的劳动成果在一场大火中化为灰烬。他回去时被奥地利军队指控为法国间谍，手绘地图被用作指控证据。他被流放到因斯布鲁克，关押在那里的修道院里。

不灭的热情

斯佩斯查在因斯布鲁克的日子似乎过得还算愉快，但获释后，他不再被迪森蒂斯修道院欢迎。因此，他晚年的大部分时间都在邻近教区做牧师，这一选择也可能是出于对高山的喜爱。此后，他继续创下更多首登纪录，在1801年、1802年、1806年相继攀登了奥尔峰、泰瑞峰、居弗山，其海拔分别为3124米、3151米和3383米。

1824年，他攀登了王冠上的宝石——特迪峰，意识到自己不能继续攀登后，这位72岁的老人催促向导奋力登顶。用斯佩斯查自己的话说，"老营房倒塌了"。几年之后，斯佩斯查离世，50年登山生涯画上句号。与同时代人相比，斯佩斯查出版的著作很少，但他通过自学成为瑞士东部阿尔卑斯山登山脉脉运动的真正先驱。

莱茵瓦尔德峰上的僧侣
在攀登时，斯佩斯查更喜欢由年长的猎人带领。他在向导的选择上提出建议："年轻人不太适合当向导，因为他们太爱冒险，在紧急情况下不能给出可行的建议。"

彼得·卡尔·瑟维泽

奥地利阿尔卑斯山脉的登山先驱

奥地利　　　　　　　　　　　　　　　　1789—1865年

生平事迹

- 高山探险长达50年，在奥地利西部的施图拜阿尔卑斯山脉、齐勒塔尔山和北部的萨尔茨堡地区都留下了足迹。
- 认识到高海拔运动有益于身体健康，发现在山上待两天后身体的灵活性得到极大提高，这在其他地方即便四个月都做不到。
- 特别喜欢在山上露营，尤其喜欢"夜晚在高山上的火堆旁醒来时别有一番滋味的愉悦感"。
- 把萨尔茨堡的主教弗雷德里克·冯·施瓦岑贝格视作攀登伙伴，后者也是一位登山爱好者。
- 瑟维泽峰以他的名字命名，高3652米，是奥特勒峰海拔较低的峰顶。

彼得·卡尔·瑟维泽是一位牧师、教授、业余气象学家，也是一位攀登过奥地利阿尔卑斯山脉众多高峰的登山家，尽管留下的资料有限。1820至1847年，他与迈耶家族一起攀登了70多次，是最早的纯为快乐而攀登的登山者之一。他创下了几个重要的首登纪录，也重复攀登过东阿尔卑斯最高的两座山峰——大格洛克纳山和奥特勒峰。

瑟维泽出生在奥地利蒂罗尔州的克拉姆萨赫村，与许多未来的登山者一样，他身材瘦小，小时候常被疾病折磨。21岁时，瑟维泽在萨尔茨堡大学学习神学，1812年被任命为助理牧师，1820年晋升为萨尔茨堡大学的东方语言教授。

游走在山岳之间

尽管童年时疾病缠身，但瑟维泽总是抓住每一次机会到户外冒险。成年后，瑟维泽锻炼出罕见的力量和耐力，这使他的体质得以增强，在他探索俯瞰萨尔茨堡市的石灰岩山脉时起到了非常重要的作用。瑟维泽不是那种只在周末徒步旅行的城里人。从1820年起，他越来越频繁地探索奥地利阿尔卑斯山脉，在山上放牧的牧民和劳作的农民已经熟悉了他的身影。虽然他带着气压计和植物标本箱，但测量海拔和收集标本都不是他的主要动机。他后来描述过大山的自然之美带给他的愉悦，以及征服危险的地形带来的兴奋。

在瑟维泽的登山生涯中，第一次登山记录是在1820年攀登了海拔2713米的瓦茨曼山，这座山位于萨尔茨堡以南约25公里处，有三座各不相同的山峰。1822年，他把注意力转移到高3246米的安科格尔山上，这座山在1762年由一位当地农民首次攀登。1824年，瑟维泽攀登了奥地利的最高峰、海拔3798米的大格洛克纳山。

死后留名
一卷著名的附有插图的作品在其死后出版。

此次陪同瑟维泽的是他的大学同事西蒙·施坦普费尔，他们携带了一些特别的仪器和伪科学设备。他们一到山顶，就为了所谓的科学目的燃放了烟火。瑟维泽写道："邻近山区的居民以为他们看到了喷火的巨龙，并且预言这一超自然现象会带来最邪恶的结果。"

开辟新天地

从1824年起，瑟维泽开始探索很少有人涉足的山区。他的第一个目标是海拔3564米的大维斯巴赫峰，这座山峰此前只有上个世纪的两位农民攀登过。它的东南壁，从谷底到峰顶高达2418米，但是瑟维泽选择了一条更容易到达山顶的路线。1833年，他成为登上施特拉尔峰的第一人，该峰是奥地利西部施图拜阿尔卑斯山脉的一部分，海拔3295米。1834年，瑟维泽攀登了达赫施泰因峰和瓦茨曼山的南峰；1836年，哈比希特峰和费纳峰也被他踩在脚下。

> **第一个为登山而登山的人，第一个真正的"登山家"。**
>
> ——W.A.B.库利奇评彼得·卡尔·瑟维泽，1908年

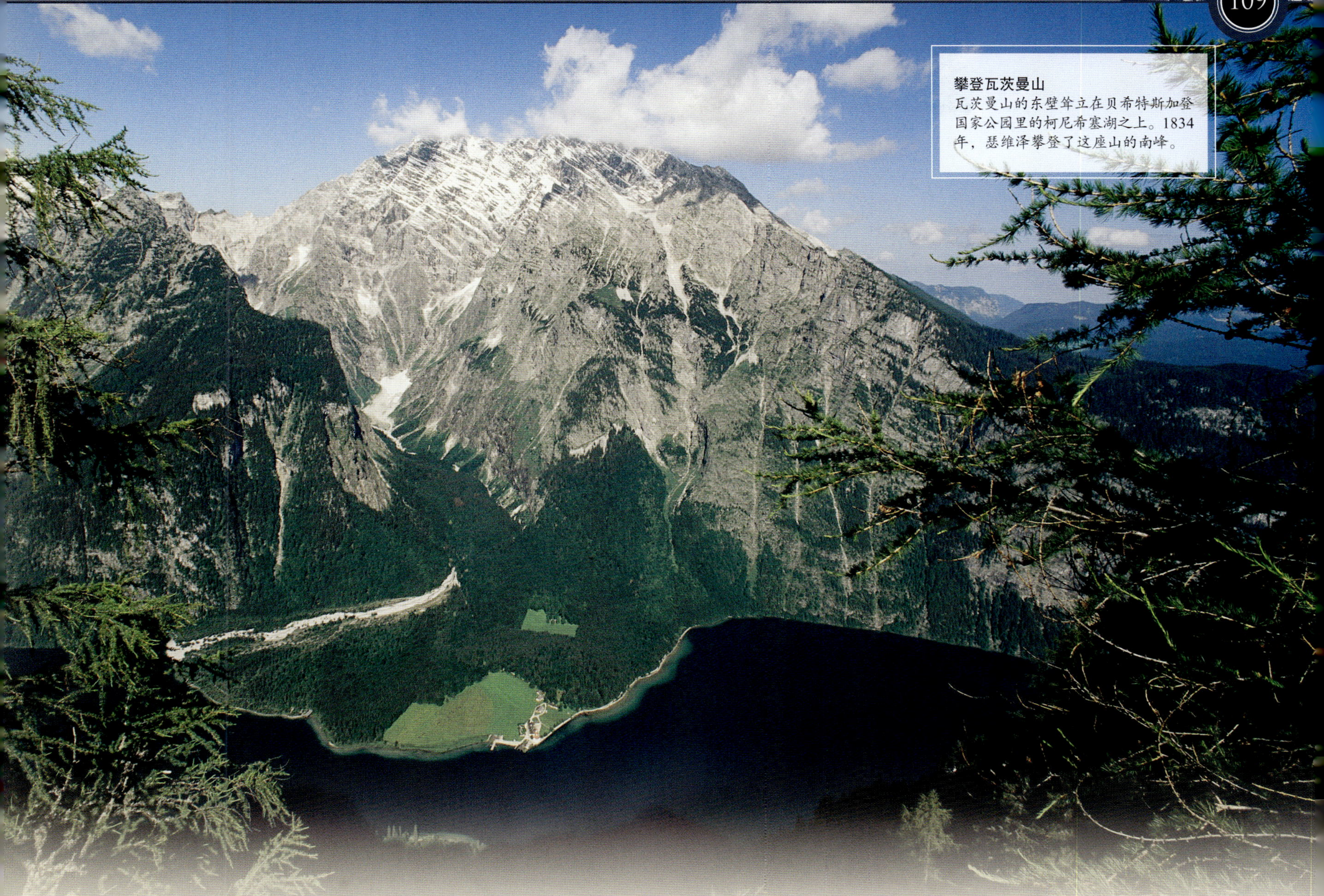

攀登瓦茨曼山
瓦茨曼山的东壁耸立在贝希特斯加登国家公园里的柯尼希塞湖之上。1834年，瑟维泽攀登了这座山的南峰。

对瑟维泽来说，攀登并不完全由首登带来的名望所驱动。在不断攀登新山峰的同时，他也时常重登其他重要的山峰，如1834年，他重登了海拔3905米的奥特勒峰。他详细记录了这些经历，描述了攀登路线的特点，并利用学术地位宣传首登。1840年，他出版了《在1836年攀登及测量费纳峰与哈比希特峰》，不久，《齐勒塔尔山的阿霍恩峰》也出现在书店里。

高山之子

瑟维泽最后几次首登是在他接近60岁时完成的，多年的高地锻炼使他的身体仍保持最佳状态。1846年，他攀登了海拔3285米的大默尔希纳峰，1847年，他攀登了海拔3411米的施拉姆马赫峰，二者都是奥地利西部的齐勒塔尔山的组成部分。

他极不协调的登山装扮是众所周知的——据人们描述，他“……身材矮小甚至瘦弱，戴着一副厚眼镜，披着头发，身着牧师服（及膝马裤和蓝色外套），头戴一顶插着雪绒花的旧登山帽”。

瑟维泽曾多次攻克危险的高海拔山岩、冰川，却与许多登山者一样，因为不值一提的小事故送命。1865年，他在捕捉离群的小鸡时摔下屋顶，伤重不治。

DIE RUNDSICHT VON DER AHORNSPITZE (1840)

高山研究
关于齐勒塔尔山的阿霍恩峰，瑟维泽写了一本书，由版画家约瑟夫·里德尔创作插图，展示了阿霍恩峰的登山路线和地形。

毫无疑问，瑟维泽是奥地利第一个真正热爱高山的人，他的登山经历表明，登山本身便是值得追求的。在长达半个世纪的登山生涯中，他完成了一系列令人瞩目的首登。

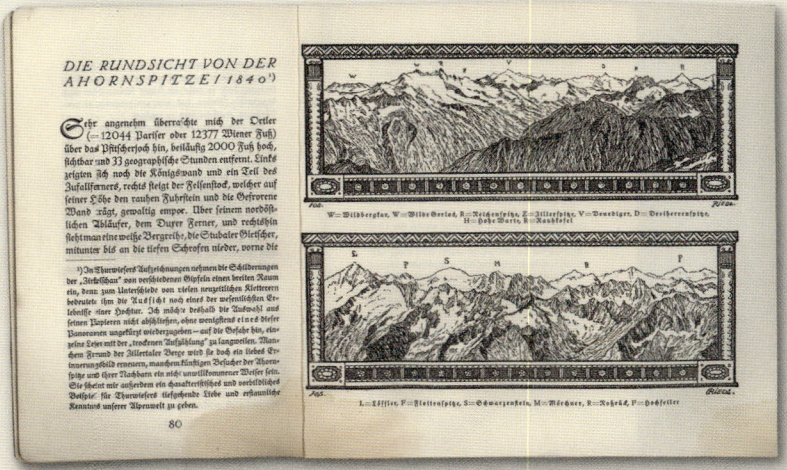

阿尔伯特·史密斯

第一个登山名人

英格兰　　　　　　　　　　　　　　1816—1860年

浮夸的表演艺术家阿尔伯特·史密斯将攀登勃朗峰的经历写成剧本，在伦敦皮卡迪利埃及厅里上演，极大地激发了公众的登山兴趣。登山原来只是一种不起眼的消遣，史密斯的演出则掀起了一股登山热潮，尽管他只攀登过勃朗峰。他在六年多的时间里反复以这次远足探险为主题进行演讲，用今天的话说，这使他成了百万富翁。虽然他成了一颗明星，但也招致了一些同时代人的鄙视。

天生的企业家

史密斯可能是第一个从流行剧中发掘利润的人。另一本书《勃朗峰的故事》一写完，他就立即着手制作并推销演出纪念品，包括刻有他肖像的盘子和女士用的扇子。他可能是第一个登山致富的人。

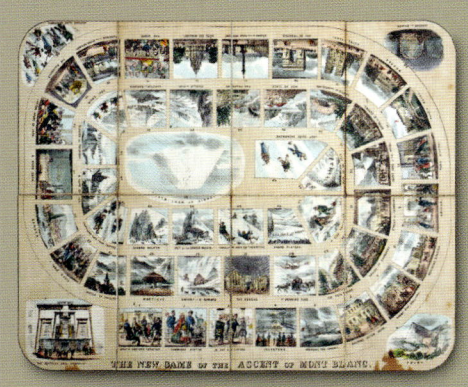

攀登勃朗峰的新游戏，这是1856年由史密斯设计的棋盘游戏。

阿尔伯特·史密斯是一名外科医生的儿子，年轻时在伦敦和巴黎学习，写新闻稿讲述在法国当医生的经历开启了他的作家、幽默家生涯。阿尔伯特待人亲和友善，可在经济上却一直资不抵债。他是讽刺周刊《笨拙》的早期撰稿人，并于1842年发表了第一部也是最成功的一部小说《莱德伯里先生历险记》。到19世纪40年代末，在发表了多部小说、戏剧、改编舞台剧，并创办杂志《月中人》之后，史密斯离开伦敦，去土耳其的伊斯坦布尔旅游。

年轻的史密斯读了早期登山先驱的故事后，兴奋不已，自己完成了勃朗峰全景图的绘制和上色，向他姐姐做了展示和讲解。从伊斯坦布尔回来后，他写了一本关于这次旅行的书，同样将其改编成娱乐剧，在伦敦威利斯剧院上演。不久，他又产生了新的想法——亲自攀登勃朗峰以给更非凡的作品提供素材，于是，史密斯用第一次演出的收入实现了他梦寐以求的勃朗峰探险之梦。

耗资巨大的一次登山

1851年8月的攀登并不新鲜。这大概是勃朗峰第40次被攀登，唯一不寻常的是由36名向导和背夫带上山的大量物资，包括60瓶杜松子酒、6瓶波尔多酒、15瓶圣乔治酒、3瓶干邑白兰地、35只家禽、20条面包。史密斯和三个同伴总共为这次登山花费了240英镑，这在1851年可是一笔惊人的巨资。攀登过程中没有出现戏剧性场面。在一个叫"断崖壁"的地方，史密斯打算往回走，因为他脚下不稳，而且渴望睡一觉，考虑到他携带的大量酒水，这并不令人吃惊。但是史密斯又想："向导是干什么的？

高峰奇闻

在伦敦的埃及厅里，史密斯的勃朗峰探险故事吸引了维多利亚时代的观众。为了迎合观众的趣味，他在表演中随意夸大事实。

生平事迹

- 还是一名贫穷的医学院学生时，史密斯就去过霞慕尼，并决定待有资金时，一定要攀登勃朗峰。
- 1842年，他的第一部也是最好的小说《莱德伯里先生历险记》出版。
- 在去伊斯坦布尔之前，史密斯花了十年时间写小说和戏剧，即他的第一批"探险娱乐"题材的作品。
- 1851年，史密斯带着36名背夫、向导和大量酒水攀登勃朗峰。
- 史密斯以其娱乐剧《登顶勃朗峰》取悦观众，变得特别富有；他成为名人，在较短时期内使登山成为流行文化。

阿尔伯特·史密斯

如果不协助我登顶，还要向导干什么？"当他下山的时候，为了庆祝他的登山成就，村庄里燃起了火炮。这使当时碰巧在霞慕尼的约翰·罗斯金（见第86—89页）非常恼火。如果不是公众自愿出钱的话，史密斯接下来要做的在人们看来会显得更加愚蠢麻木。

有天赋的舞台经理

史密斯租用伦敦皮卡迪利埃及厅，定制了一套奢华的布景，包括一个瑞士木屋模型，屋前有一个水池，周围是真正的阿尔卑斯山植物。他身着全套晚礼服，在舞台上说、学、逗、唱。舞台上甚至还出现了真正来自瑞士的奶场少女。

这场演出引起了轰动。《登顶勃朗峰》大受欢迎，前两个演出季就有20多万人前去观看，使史密斯赚得17 000英镑，相当于今天的120万英镑。他每天晚上都演出，日场每周三次。到最后，他共演出2000场，净赚3万英镑。他甚至还在奥斯本宫为维多利亚女王表演，他的圣伯纳德犬让女王受到了惊吓。

峰顶葡萄酒
史密斯登顶两年之后，约翰·麦格雷戈登上了勃朗峰。这幅乔治·巴克斯特绘制的版画展示了麦格雷戈登顶的场景，像史密斯一样，约翰·麦格雷戈也备好了一罐佳酿，庆祝登顶。

史密斯懂得营销的价值。他出版了一本关于1853年登山经历的畅销书，并提供了各种纪念品：版画、立体相片、幻灯片，甚至勃朗峰棋盘玩具。当演出不再让公众觉得新鲜时，他去了中国香港，把这些经历融进节目中，他的演出便又火了起来。

即便对同行，史密斯也会给出有用的建议。他年轻时就与美国马戏团经理菲尼亚斯·巴纳姆成了朋友，巴纳姆在伦敦时，史密斯便邀请他一起去埃及厅。巴纳姆看了演出大为震惊：多年前他讲给史密斯的几个故事都被写进了《登顶勃朗峰》中。

后来，在加里克文学俱乐部的晚宴上，史密斯将巴纳姆作为他的演艺导师介绍给朋友，并承认欠了这位美国人的情。史密斯告诉他："当然，作为表演者，你很清楚，要想赢得大众的青睐、获得成功，我们必须将能得到的一切据为己用。"

阿尔卑斯俱乐部的鄙视

不过，史密斯的成功并没有对同代人产生影响。道格拉斯·杰罗尔德是比史密斯更成功的《笨拙》杂志撰稿人，也是一位反贫活动家。他认为史密斯的娱乐节目是恶劣的，也是愚蠢的。杰罗尔德讽刺道："史密斯的故事只有三分之二是真实的。"尽管史密斯是阿尔卑斯俱乐部的创始人之一，但年轻的登山者都认为他本人及他的夸张作风既粗俗又可笑。

最让他们恼火的是，史密斯没经历过"正当的"登山者的压力和困苦，就成了商界和艺术界的成功人士。尽管如此，史密斯还是激励了新一代登山者，就像铁路开通时那样。他在霞慕尼总是很受欢迎，商业上的成功就说明了这一点。然而，他却无福享受财富，44岁生日的前一天，史密斯死于支气管炎。

史密斯波尔卡
史密斯名噪一时，全欧洲的客厅里都在演奏这支献给他的《霞慕尼波尔卡》舞曲。

登山运动的黄金时代

大事记

1850年 | 1860年 | 1870年

▶ **1854年**
英国律师艾尔弗雷德·威尔斯从格林德瓦小镇爬上了维特峰，习惯上认为这是黄金时代的开端（见第118—119页）

▶ **1861年**
英国物理学家约翰·廷德尔（见第128—131页）第一次登上了魏斯峰。他的对手爱德华·怀伯尔接下来只好把兴趣转到马特洪峰

▶ **1870年**
梅塔·布雷武特带着她的侄子W.A.B.库利奇前往阿尔卑斯山脉，他们从那里开始攀登（见第152—153页）；他们的狗钦格尔陪伴他们到过许多山峰

▼ **1861年**
英国学者莱斯利·斯蒂芬攀登了勃朗峰的古特山脊；后来他写了《欧洲的运动场》，这是登山运动的经典回忆录之一（见第134—135页）

▶ **1871年**
露西·沃克战胜了梅塔·布雷武特，成为第一位登顶马特洪峰的女性（见第140—141页）

▲ **1857年**
阿尔卑斯俱乐部在伦敦的阿什丽酒店成立；这是俱乐部会员在英格兰湖区聚会的照片（1882年）

1862年
最伟大的早期向导克里斯蒂安·阿尔姆（见第122—123页）带领着包括莱斯利·斯蒂芬和阿道弗斯·穆尔在内的一群人，第一次翻越少女峰

1863年
瑞士阿尔卑斯俱乐部成立，阿尔卑斯登山组织的迅速扩建带动了山间小屋的建造

◀ **1859年**
《山峰、山口及冰川》发行出刊，这是《阿尔卑斯登山杂志》的前身，也是世界上第一本登山期刊

◀ **1865年**
爱德华·怀伯尔、查尔斯·赫德森首次登顶马特洪峰，但悲剧迅速降临，他们的登山队中有四人坠崖而死（见第142—145页）

▶ **1859年**
露西·沃克与梅尔基奥·安德雷格相遇（见第152—153页），开始他们长久的友谊；沃克后来成为早期最成功的女性登山家

1865年
在马特洪峰悲剧后的第二天，阿道弗斯·穆尔（见第162—163页）登上了勃朗峰的布伦瓦坡（见第68—69页），这是开启下一阶段登山运动的第一次重要的登顶

▲ **1874年**
来自格林德瓦的登山向导们（见第124—125页）正在摆好姿势拍照。梅尔基奥·安德雷格（见第126—127页）坐在中间，蓄着他标志性的大胡子

1876年
英国登山家伊莎贝拉·斯特拉顿和她未来的丈夫、当时的向导让·沙莱在冬季首次登顶勃朗峰

◀ 第112—113页　南针峰的布里凡特峰、莫迪峰、勃朗峰，前景为手执登山杖的登山者，由19世纪的W.E.戴维森拍摄

19世纪中期，登山运动达到了顶峰。一些主要山峰都已被攀登，游客和登山者的人数稳步增加，一批登山运动员开始分享信息，为这项全新的体育运动注入了活力。1848年的欧洲革命改变了阿尔卑斯地区的政治局面，特别是在瑞士，一部新宪法得以签署。以这一政治变革为契机，一个令人瞩目的铁路网络建立起来，为整个阿尔卑斯地区提供了更便捷、更经济的交通，也为广泛地开展登山运动搭建了实践的舞台。在1854至1865年，即"黄金时代"期间，36座海拔超过4000米的高峰被首次攀登，其中31座高峰是由英国登山队和他们的向导攀登的。

1880年

▶ 1880年
英国登山家艾伯特·弗雷德里克·马默里（见第168—171页）尝试攀登巨齿峰，但宣称攀登此峰"用常规手段是不可能的"（巨齿峰，右图）

▼ 1881年
由马丁·康韦撰写的《采尔马特袖珍指南》是第一本登山指南（见第184—185页）；1884年，罗伯特·奥尔伯特（下图）的《瑞士旅游手册》出版

▼ 1884年
路德维希·普特舍勒、日格蒙迪兄弟、奥托（下图）和埃米尔（见第172—173页）第一次无向导登顶并跨越马特洪峰

1885年
在首登比奥纳塞山南脊几天后，凯瑟琳·理查森又成为登顶拉梅热山的第一位女性

1890年

1892年
艾伯特·弗雷德里克·马默里、杰弗里·黑斯廷斯、诺曼·科利和查尔斯·巴斯德第一次登顶并跨越霞慕尼陡峭的格雷蓬峰

1893年
在向导克里斯蒂安·克卢克和埃米尔·雷伊的带领下，德国地质学家保罗·古斯费尔特经过四天的努力，首次登顶伯特瑞山脊

1889年
意大利牧师阿切尔·拉蒂，也就是后来的教皇庇护十一世，登上了马特洪峰和罗萨峰

1900年

▶ 1907年
英国冒险家伊丽莎白·勒布隆（见第156-57页）成为女子登山俱乐部的第一任主席

◀ 1908年
新西兰登山家弗雷达·杜福尔和她的向导彼得·格雷厄姆一起登上了库克山，她成为第一个登上库克山的女性；后来她也是翻越库克山的第一人（见第158—159页）

1895年
德国滑雪运动员威廉·保罗克通过赫恩利山脊首次独自登顶马特洪峰

▲ 1898年
瑞士的铁路修到了少女峰线第一路段的高处（上图：从菲斯普到采尔马特路线上的卡尔佩特兰桥）

▼ 1912年
目睹了用绳子连在一起的登山者在伯特瑞红山坠崖身亡的惨案后，德国登山家保罗·普罗伊斯决定独自登山（见第176—177页）

登山新风尚

到19世纪50年代，源自浪漫主义和科学的对山脉的迷恋开始让位于一种新奇古怪的为探险而登山的时尚。在其他欧洲人脱颖而出之前，英国的登山者引领潮流达十年之久。

欧洲的度假胜地
随着19世纪下半叶铁路的开通，像格林德瓦这样的瑞士村庄因时尚的温泉度假村和酒店吸引了大量的阿尔卑斯游客。

1857年秋天，几名英国登山爱好者在威廉·马修斯家中相聚。他们围绕着上一年夏天取得的登山成就进行了讨论，特别是英国人8月的那次首登瑞士阿尔卑斯山脉的芬斯特拉峰，是由马修斯和当晚在场的包括爱德华·雪利·肯尼迪在内的其他几个人一起完成的。但他们还有一个议程：讨论组建一个"共生协会式"的登山俱乐部。在这个俱乐部里，登山者可以一边共进晚餐，一边分享登山经历。人们日益增长的登山兴趣成为关注的焦点。

于是他们整理了有意向的会员名单，肯尼迪与名单上的人会晤或致信联络。12月22日，那些积极响应的人在伦敦阿什丽酒店相聚，阿尔卑斯俱乐部就此诞生。1858年3月，约翰·鲍尔（见第120—121页）当选为第一任主席。俱乐部起初仅有12人，截至1865年，会员人数增长了十倍。

在会员中，律师最多，其次是牧师，再次是地主和大学老师。登山已不再是一种贵族专属运动，而更是职业精英的运动。这些会员有一个显著的特征：精力充沛，富有维多利亚时代的博爱精神。如果说《阿尔卑斯登山杂志》的早期问题是循规蹈矩，那么阿尔卑斯俱乐部的内部档案则显示，这群人已欣喜地摆脱了墨守成规的社会压力。

阿尔卑斯俱乐部是19世纪中叶成立的众多运动团体之一，但从一开始，其目标就不是大众参与，而是精英主义。其会员对于登山者应具备何种素质观念明确。尽管阿尔伯特·史密斯（见第110—111页）是阿尔卑斯俱乐部的创始人之一，他那套推广方式却并非阿尔卑斯俱乐部的典型做派，也有登山者疑惑会员门槛是不是设得太高。不过，这个俱乐部很注重文字宣传，从成立伊始便致力于出版有用且有趣的文字材料。

> 19世纪中叶，世界第一个登山俱乐部的成立向人们展示了这样一种观点：登山是一种不受规章制度约束的运动，它属于所有登山爱好者，既是体育运动，也是文化活动。

引领潮流

在欧洲，一些国家很快也建立了登山俱乐部，表明欧洲登山运动日益普及。1862年，奥地利阿尔卑斯俱乐部成立，一年后，一个同样的机构在瑞士成立，并推举地质学家鲁道夫·西姆勒为第一任主席。同年，意大利登山者创立了都灵阿尔卑斯俱乐部，三年后发展为在政治家昆蒂诺·塞拉指导下的意大利阿尔卑斯俱乐部。德国阿尔卑斯俱乐部创立于1869年，并于1874年与邻国奥地利的俱乐部合并。

如果说英国的阿尔卑斯俱乐部是一个精英组织，会员必须是达到一定水准的登山者，欧洲的俱乐部没有这种限制，因此发展得很快。瑞士阿尔卑斯俱乐部在它成立的第一年年底，其会员人数已与英国的阿尔卑斯俱乐部在黄金时代结束时的人数相当。到1887年，阿尔卑斯俱乐部的会员仍然只有475名，而德国和奥地利俱乐部的会员已超过18 000人。

欧洲大陆的俱乐部启动了建造山间小屋的工程，为的是给登山者和旅行者提供住所。虽然英国登山者只能在暑假期间攀登，但生活在慕尼黑、都灵和日内瓦的登山者可以在周末攀登。登山运动越来越受欢迎，吸引了来自社会各个阶层的参与者，其中包括阿尔卑斯国家的工人阶级登山者，因为他们不用像英国登山者那样负担高额的费用。

登山装备目录
1900年，为了满足阿尔卑斯山区游客的需求，英国著名的巴宝莉公司在产品目录中提供了一系列考究的登山装备。

早期的登山向导
作为山区的长期居民，像J.马奎尼亚兹（上图）这样的当地向导很快在那些有名望的客户中赢得了声誉，可以收取高昂的服务费用。

"占据一座峰"
在这张1886年拍摄于瑞士的照片里，登山者们正在用梯子爬过冰裂缝。从攀登阿尔卑斯山脉的第一天起，专业摄影工作室就在拍摄这样的场景。

背景介绍

- 1854年，英国登山者艾尔弗雷德·威尔斯登上维特峰（见第118—119页），这习惯上被视为阿尔卑斯登山运动"黄金时代"的开始。尽管这次登顶本身并不重要，它却是19世纪50年代中期人们对登山运动越来越感兴趣的一个标志。在英国，威尔斯的书籍和英国登山者阿尔伯特·史密斯的讲座进一步提升了登山运动在人们心中的地位。

- 欧洲铁路的到来与史密斯登顶勃朗峰不期而遇，这把那些专业阶层人士带到了阿尔卑斯山脉，他们有充足的时间在那里度假，也有足够的金钱雇用向导。1848年后，瑞士的政治变革及联邦政府对土地的占有使阿尔卑斯铁路快速发展。

- 随着欧洲各国登山俱乐部成员的增加，山底和山顶的公共设施得到了改善。到1890年，瑞士阿尔卑斯俱乐部已经建造了38座山间小屋，法国登山俱乐部建造了33座。登山者不再需要随身携带帐篷。对向导和登山客来说，固定的绳索和其他设备使一些高山的攀登变得更加安全，同时也促进了当地贸易的发展。

登山精英　1890年
照片中，一群富有的英国登山者正准备在向导的带领下开始登山。尽管他们博闻多识，堪称社会精英，阿尔卑斯俱乐部却绝非普通徒步者组成的团体。俱乐部正式成立后不久就发布了一份宣传资料，明确宣称他们要招募的成员"必须攀登过各种险峰"。

艾尔弗雷德·威尔斯

登山运动推广者

英国　　　　　　　　　　　　　　　　1828—1912年

审判爱尔兰作家奥斯卡·王尔德的首席大法官艾尔弗雷德·威尔斯是一个严厉的人,他的判决体现了19世纪法规的不宽容。但同时他也是一位高山的挚爱者,对阿尔卑斯的激情持续了一生。尽管他不是第一位登上维特峰的人,但他的攀登一直被认为是开启登山运动黄金时代的发令枪。1857年阿尔卑斯俱乐部创立时,艾尔弗雷德给登山这一新兴运动提供了持久动力。

在王尔德受审前三年,也就是1892年,威尔斯这样评价自己:"我属于过去,与其说我是取得登山胜利的战士,不如说我是登山运动的开路先锋。"截至说话时,他已经在阿尔卑斯山区游历了将近半个世纪。

在铁路问世之前,浪漫主义运动进入了尾声,年轻的威尔斯已经游历了山区。他亲眼目睹了19世纪后期冰川的急剧消退、旅游业的繁荣和随之而来的多种生物的消失,还有登山运动的迅速发展。

生平事迹

- 在铁路开通、旅游变得便捷之前,18岁的威尔斯就已游历了阿尔卑斯山区。
- 威尔斯与法国向导奥古斯特·巴尔马建立了亲密的友谊。
- 1854年攀登维特峰,这标志着此后相当一段时间内阿尔卑斯登山运动的开始,并催生了一种理念:登山是一种时髦的运动。
- 出版了富有影响力且引领潮流的《游走在阿尔卑斯高峰间》。
- 是阿尔卑斯俱乐部创始人之一,也是马特洪峰灾难后登山运动名誉的维护者。
- 在锡克斯特建造了一间夏日休憩小屋——"鹰巢",每年都在那里招待一些精选的英国登山者。

威尔斯出生在英格兰伯明翰,父亲是一名律师。他在伦敦大学学院接受教育,1851年取得律师资格,1884年被任命为高等法院法官。

威尔斯第一次去阿尔卑斯山脉旅行是1846年,当时他还在伦敦求学。这次旅行为期一周,白天在尘土飞扬的山区攀爬,晚上才在无名小旅馆稍稍休息。那时基本上只有科学家到山地旅行,做科学考察。苏格兰物理学家詹姆斯·戴维·福布斯(见第66~67页)1843年出版的《萨伏依阿尔卑斯山脉之旅》让年轻的威尔斯印象深刻。第一次阿尔卑斯之旅让他深深爱上了那里的原始荒野。在早期的探险经历中,他攀登了希尼格普拉特峰——位于瑞士劳特布伦嫩山谷的上方,几乎与世隔绝。但到他生命的尽头,那里的一家旅店却挤满了火车拉来的游客。他也造访了采尔马特,一个不起眼的小村庄,在旅游业发展起来之前,这里既贫穷又荒凉。

冒险的本能

1852年,威尔斯变得更加大胆,翻越了许多高山山口,比如莫罗山口,进入萨斯山谷和美丽的森林。同年,他在萨斯山谷遇到了约翰·约瑟夫·伊默森神父。他后来写道,伊默森神父即使年过60,仍可连续跋涉24小时。伊

"采尔马特俱乐部活动室"
1864年,爱德华·怀伯尔创作了这幅版画,描绘了阿尔卑斯俱乐部成员及其向导在采尔马特罗萨峰旅馆外的场景。前面穿白衣服的男子是艾尔弗雷德·威尔斯,站在右后方的露西·沃克是俱乐部里唯一一名女性登山者。

默森带领威尔斯穿过阿拉因山口——从萨斯山谷到塔什的第一个山口。威尔斯旅行了九个星期,省吃俭用,花了不到40英镑。回到英国后,威尔斯被福布斯介绍给霞慕尼的向导奥古斯特·巴尔马。那年夏天,他们穿行于霞慕尼和萨斯之间,向导和登山客之间建立起亲密的友谊,这种合作攀登很快就会普及。在威尔斯的帮助下,巴尔马改革了霞慕尼登山向导所采用的限制性做法。巴尔马几经努力,使威尔斯在锡克斯特建造小屋("鹰巢")的计划获得许可,并在那里度过了晚年。

1854年,威尔斯与露西·马蒂诺结婚并在阿尔卑斯山区度蜜月。他们去了塔莱弗尔花园,那时只是一片花地,位于塔莱弗尔冰川的冰塔间。9月,他们从霞慕尼出发前往瑞士的伯尔尼高地。

在维特峰顶上

当时威尔斯还未登顶过任何一座山峰,在蜜月快结束时,他突发奇想,要攀登少女峰。当地首席向导乌尔里克·劳纳认为这个季节太迟了。于是,威尔斯又提出攀登维特峰,从格林德瓦看去,维特峰格外巍峨。劳纳欣然同意,暗示维特峰或其一侧还没有被攀登过——这不是富有的登山客第一次被人欺骗。这时突然来了两个当地牧羊人,其中一人是克里斯蒂安·阿尔默(见第122—123页),他准备抢在威尔斯之前登顶。经过一番讨论,两组人马联合起来,最终威尔斯登上了峰顶。他回忆说:"我们脚踩几码厚的冰,和近三千米以下的格林德瓦绿色山坡之间什么也没有。"

1856年,威尔斯出版了《游走在阿尔卑斯高峰间》,像他的登顶一样,这本书也引发了一股热潮。第二年,他受邀成为阿尔卑斯俱乐部的12位创始人之一。作为第三任主席,他要求爱德华·怀伯尔(见第142—145页)打破1865年马特洪峰灾难后的沉默:"该你讲话了。要说实话,像个男人样,无所畏惧。从某种意义上讲,我们俱乐部正在经受考验。人们每天都在写东西指责我们的所作所为。"他也表达了同情,为在事故中丧生的米歇尔·克罗的家人组织了募捐。

阿尔卑斯俱乐部

阿尔卑斯俱乐部的前身是1857年由29位朋友创立的一家伦敦绅士俱乐部,后来逐渐发展成为世界上第一个登山协会。作为精英俱乐部,它最初关注的是登山探险,而不是技术攀登,因此曾被轻蔑地贬为"走陡坡"的俱乐部。今天,俱乐部会员资格对所有合格的登山者敞开大门,俱乐部已经摆脱了业余爱好者组织的名声。俱乐部的年鉴《阿尔卑斯登山杂志》创刊于1863年,主要收录当年的探险活动,杂志后面汇录了英国登山史上的大事件。该俱乐部会员现已扩充到1200名,所有成员都是技术精湛的登山者,个个都符合严格的入会条件。

艾尔弗雷德·威尔斯站在休憩小屋外的台阶上,他在1864至1865年间任阿尔卑斯俱乐部主席。

约翰·鲍尔

植物学家、登山家、登山指南先驱

爱尔兰　　　　　　　　　　　　　　　1818—1889年

生平事迹
- 穿过32个不同的山口和侧山脊上的100个关口，48次翻越阿尔卑斯主山脉。
- 成为登顶佩尔莫山的第一人。
- 担任阿尔卑斯俱乐部的第一任主席。
- 为人们认识阿尔卑斯山脉，特别是东部山脉和多洛米蒂山脉的地形做出了巨大的贡献。
- 其渊博知识在他的著名的登山指南系列丛书中显而易见。

约翰·鲍尔是一位不知疲倦的高山旅行者，在铁路开通到阿尔卑斯山脉之前和之后，他探索了那里的每一个角落。他还写了关于这一地区的权威指南。作为英国阿尔卑斯俱乐部的第一任主席，鲍尔指导了该组织颇具影响力的早期出版物。此外，他还是一位杰出的博物学家，他的植物学和冰川学论文影响了查尔斯·达尔文。1852年，鲍尔当选为议会议员，此后，他利用自己的政治影响力对自然科学研究给予了极大的支持。

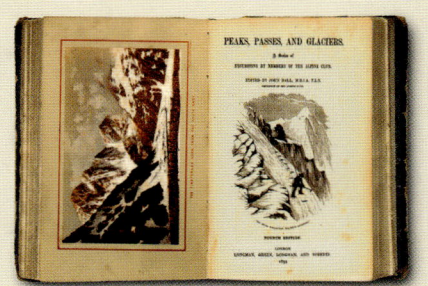

山峰杂志
在1859年出版的年鉴《山峰、山口及冰川》中，鲍尔将阿尔卑斯山区的乐趣带给了维多利亚时代的读者。

鲍尔生于都柏林，是一位律师和自由主义政治家的儿子。长大后，他子承父业，但对自然界充满激情。他九岁时随家人一起游历了日内瓦汝拉的福西耶山口，那是他第一次看到阿尔卑斯山脉。他后来说，再也没有任何其他事件会对他的生活方式产生如此大的影响。

在英国早期登山者中，鲍尔差不多是唯一的天主教徒。在1845年取得爱尔兰律师资格之前，他在剑桥大学学习。同年，他去了瑞士的采尔马特，研究圣尼古拉斯山谷的植物群，观测冰川。从小时候起，他就热爱大自然，并通过广泛探索，将他对山脉和科学的热爱完美结合起来。

无与伦比的渊博学者

从19世纪40年代中期到他去世之前，鲍尔几乎每年都要去阿尔卑斯，深入了解了这一地区的自然历史和地理特征。虽然为登山而登山不是他的主要动机，但他享受登山所带来的刺激。1845年夏天，在采尔马特，尽管向导在翻越施瓦茨冰川的冰塔时惊慌失措，严重拖慢了进度，鲍尔还是翻越了海拔3731米的施瓦茨特尔山口。

鲍尔比任何人都更能体会早期登山运动那种复杂的吸引力。在山间跋涉时，即使忙于研究那些引起他兴趣的科学问题，他也感到精神焕发。为了挡雨蔽日，他在帆布背包里装有一把"常被当成笑柄"的雨伞。他还总是随身背着探险装备，包括温度计、一台袖珍测斜仪、一枚凯特式指南针、一个放植物标本的锡

佩尔莫山

1857年9月19日　东壁

— 沿着秘密岩壁翻越
鲍尔雇了一位猎手带他在壁底沿着只有1米宽的秘密岩壁跨越山峰；鲍尔形容它"令人毛骨悚然"。

— 鲍尔独自前行
最后难走的一段是通往山峰上部的一片碗形区域，地势陡峭，行走困难。鲍尔继续向上攀登，向导不理解为登山而登山的意义所在，就留在原地等他。

— 直登顶峰山脊
翻过一连串悬崖，到达一个山坳，继续向上便到了顶峰的山脊。鲍尔用了大约五个小时登上峰顶。

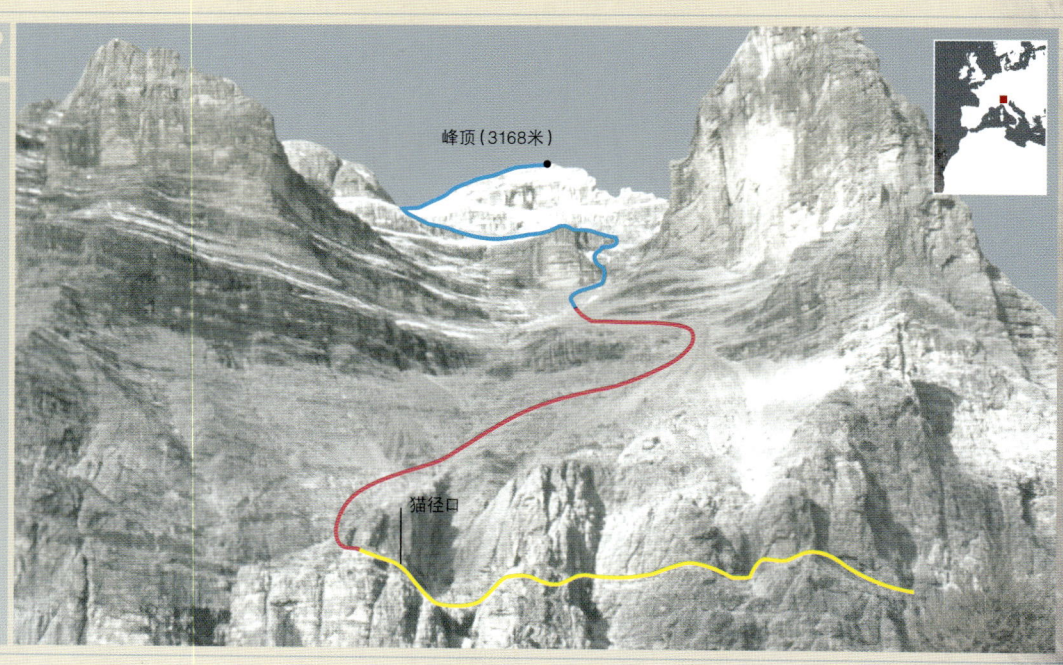

峰顶（3168米）

猫径口

箱，还有一把地质勘探锤，简直就是一个行走的实验室。

鲍尔首登山峰的数量比阿尔卑斯俱乐部中的同代人要少得多。然而，他常常是第一个游览新地区的人。1857年，他首登意大利科尔蒂纳附近的佩尔莫山，这是多洛米蒂山脉第一个被攀登的主要山峰；1865年，他首登了布伦塔多洛米蒂山脉的最高峰托萨峰。

整个19世纪50年代，鲍尔的夏天都是在阿尔卑斯山脉度过的，同时，他还在国内为实现自己的政治理想而拼搏。1855年，他被任命为殖民地副国务大臣，但在1857年的大选中丢掉了这一职位，于是决定退出政坛，不再竞选。

推广阿尔卑斯山脉

在19世纪中期，有不少比鲍尔伟大的登山家，但1857年阿尔卑斯俱乐部成立时，鲍尔的从政经历、财富及对阿尔卑斯山脉的深刻了解都让他成为最理想的首任主席人选。

鲍尔是英国皇家学会研究员，拥有整理和传播登山知识的便利条件。1858年，他写信给出版商威廉·朗曼："出版一本由旅行者撰稿的年鉴，您有什么高见？如果细心挑选，我敢说这样的年鉴将很有趣，一定会大卖。"鲍尔所说的旅行者是指像他这样的阿尔卑斯俱乐部会员，而且，出于对科学的兴趣，他把科学作为一个主题纳入其中。这本年鉴名为《山峰、山口及冰川》，由鲍尔编辑，1859年首次出版。这就是后来的《阿尔卑斯登山杂志》。

鲍尔是最有影响力的旅行指南作家，他出版了三卷本巨著《鲍尔阿尔卑斯指南》，涵盖了阿尔卑斯山脉的西部、中部和东部地区。许多记者被招聘来核对和提供信息。这套指南的出版恰好遇上甚至促进了新一波阿尔卑斯山脉旅行的热潮，直到19世纪末更新修订，这套书一直是登山运动的宝典。

高山植物学家

鲍尔是位有名的植物学家，一如皇家学会发布的讣告所言，"他挚爱科学"。这句话同样出现在他编写的阿尔卑斯山脉指南读物中，这份指读就如何寻找山中稀有植物的最佳生长地点提供了极富价值的参考信息。鲍尔在科学杂志上发表了若干篇有关高山植物的论文。1879年，他在皇家地理学会发表了题为"阿尔卑斯山脉植物群落的起源"的演说。鲍尔耗时20年时间，精心绘制了物种图表，并在表上详细标明了各个物种在全国的分布情况。他的理论引起了查理斯·达尔文的兴趣。此外，鲍尔还与同时代植物学界的许多领军人物有通信往来。

高山捕虫草是鲍尔收录的众多高山耐寒物种之一。

山峰群
从西北处远眺，可以看见多洛米蒂山脉的克罗达达戈群峰，毗邻科尔蒂纳。从这个角度看，迪拉戈峰（2709米）是最高峰，但其实另一头的安布里佐拉峰还要高6米。

克里斯蒂安·阿尔默

来自格林德瓦的传奇向导

瑞士　　　　　　　　　　　　　　　　　　1826—1898年

克里斯蒂安·阿尔默是早期阿尔卑斯登山运动中最出色的向导，只有梅尔基奥·安德雷格能与之匹敌。作为格林德瓦的年轻人，阿尔默试图在维特峰击败艾尔弗雷德·威尔斯，这使他声名远扬，而后与维多利亚时代的众多登山明星一起攀登。阿尔默脚力稳，步伐快，性格稳重，受到登山客的一致好评。他的首登足迹遍布门希峰、伯尔尼高地的艾格峰，以及勃朗峰山脉的韦特针峰。

阿尔默式跨越
爱德华·怀伯尔在他的回忆录里绘制了这幅插图，展示了阿尔默在法国埃克兰峰脊上的大跨越。W.A.B.库利奇认为这样的跨越是不可能的，在这个问题上他和怀伯尔一直争执不下。

生平事迹

- 阿尔默从格林德瓦首次登上维特峰后，制定了击败艾尔弗雷德·威尔斯的目标。
- 阿尔默与阿道弗斯·穆尔、莱斯利·斯蒂芬等一起首次翻越少女峰。
- 1857至1884年，阿尔默创造了多个首登纪录，其中包括首登门希峰、艾格峰、大费雪峰、埃克兰峰、韦特针峰、大科尔尼耶山、内斯特山及艾勒弗鲁德瓦山等。
- 阿尔默与穆尔、怀伯尔以及霞慕尼最优秀的向导米歇尔·克罗一起，在多菲内山工作。
- 1868年，与W.A.B.库利奇度过第一个登山季期间，库利奇称他是个"卓越并无法超越的人"。

克里斯蒂安·阿尔默出生于格林德瓦，早年是扎森伯格阿尔卑斯山上的牧羊人和奶酪匠。他二十岁成婚，曾投身于短暂的分离主义联盟战争，即发生于1847年的天主教各州反对新教的瑞士内战。19世纪50年代中期之前，他除了引导旅行者穿越山口以外，很少参与登山。一位参观过艾格冰川的作家把这位来自扎森伯格的牧羊人描述为"一只矫健的岩羚羊，从山顶飞驰而下"。然而，阿尔默热诚、朴实而又正直的品格更打动众人，受大家爱戴。

任性的独行侠

登山运动早期，许多向导在记录攀登时都有些言过其实，因为登山客的成就越大，向导的奖金就越多。阿尔默对此难以苟同。海伦娜·科尔佐-马萨拉斯基是罗马尼亚公主，也是一位女权主义者，笔名是多拉·德·伊斯特里亚。1853年，她曾尝试攀登门希峰，阿尔默拒绝为她签署"登山"证书，指出她并未登上靠近峰顶的任何地方。但正是这一特立独行之举为阿尔默赢得了认可。

1854年，阿尔默听说英国登山者艾尔弗雷德·威尔斯（见第118—119页）计划攀登维特峰。阿尔默和他的姐夫乌尔里克·考夫曼决心击败威尔斯。威尔斯和向导们看到两个当地牧羊人走在前面的雪坡上，感到异常愤怒。但事情得到了妥善解决，最终双方决定一起攀登，威尔斯的向导奥古斯特·巴尔马给他们吃巧克力蛋糕，称他们"好孩子"。阿尔默的大胆举动在格林德瓦人中引起热议，并为他赢得了众多崇拜者。

1856年春，官方认可了阿尔默的向导资格，并发给他一本登山记录簿。这本簿子编号78，在瑞士向导史上最受推崇。随后阿尔默创造了多个重要的首登佳绩，比如1857年8月和客户西吉斯蒙德·伯吉斯博士一起攀登了门希峰。伯吉斯在阿尔默的记录簿中写道："这是我经历过的最惊险的一次攀登，这个人证实了我对他卓越品质的看法。"次年，阿尔默带领爱尔兰人查尔斯·巴林顿首次登上了艾格峰。1861年，他在霞慕尼与《阿尔卑斯登山杂志》的首位编辑赫里福德·乔治一起登上了勃

翻越少女峰
阿尔默与英国登山者阿道弗斯·穆尔、莱斯利·斯蒂芬一起领导了冬季少女峰大翻越。

这个人证实了我对他卓越品质的看法

——西吉斯蒙德·伯吉斯博士评克里斯蒂安·阿尔默

晚年的阿尔默
头戴饰有雪绒花的帽子,双目炯炯有神,阿尔默看上去坚定不移,一如巍峨的高山。这张照片摄于他与妻子的金婚纪念日,那天他登上了维特峰。

朗峰,创下了最快登顶勃朗峰的纪录,而在此之前他从未登过这座山。此次攀登令乔治印象深刻,他在伦敦与大家分享了他的登山感受。

名望和晚年生活

阿尔默虽然一直是向导,但他也对首登怀有热望。1862年,阿道弗斯·穆尔(见第162—163页)和乔治·麦克唐纳问阿尔默,什么是人们在伯尔尼高地"最渴望完成的事情"。阿尔默提议攀登少女峰,并带领他们登上了峰顶。在1864年和1865年,阿尔默做向导,让穆尔和怀伯尔(见第142—145页)度过了一生中收获最大的登山季。

阿尔默晚年接待的登山常客是梅塔·布雷武特(见第152—153页)及她的侄子——出色的登山编年史学家W.A.B.库利奇(见第145页)。阿尔默和库利奇成为挚友,把名叫钦格尔的出色登山犬送给了后者。钦格尔陪伴姑侄俩攀登过许多高峰。

1885年冬,在攀登维特峰时,阿尔默和登山客被困在暴风雪中。他双脚冻僵,失去了所有的脚趾。尽管如此,他仍坚持工作到70多岁,成为包括他儿子在内的下一代向导的导师。

高山人生

登山向导

在阿尔卑斯山脉，登山向导这一职业已有几个世纪的历史了。向导们带领游客穿过遥远的冰封山口，协助他们翻山越岭，还要预测变幻莫测的山地气候。起初，在人们对登山运动的兴趣刚刚产生的时候，阿尔卑斯向导仅仅是这一角色的延伸，但是到了19世纪中期，一批登山专家向导涌现出来——这便是专业向导这一特殊群体的先驱。

10世纪时，圣贝尔纳在山口处设立避难所，因为在阿尔卑斯山区旅行相当危险，尤其是在冬天。至今那里依然刻有他的名字。然而，登山客第一次雇用向导的记录要追溯到1588年，那时维拉蒙特领主雇用两个人帮他登上了位于意大利境内皮埃蒙特地带的海拔3538米的罗什美隆峰。

对山民来说，做向导只是他们的收入来源之一，他们还可以选择捕猎岩羚羊或者勘探水晶矿。勃朗峰坐落在霞慕尼南面，因而霞慕尼镇正式向导众多，他们组建成一支由雅克·巴尔马（见第94—97页）领导的霞慕尼向导队。1856年，伯尔尼高地成为另一处阿尔卑斯山脉的早期登山中心。早些时候，登山客要提防上当受骗。旅店主经常增派多余人手或是漫天要价。勃朗峰的登山向导宰客是出了名的，每位登山客都被强迫雇用四名向导，并需支付给每名向导一百法郎的报酬，这相当于一名雇农一个月的收入。但鉴于登山客与向导之间的贫富差距，这个要价也就不足为奇了。

这种新职业从父辈传到子辈；1898年，霞慕尼的向导中就有38个名叫西蒙。大多数向导偏爱那些登山新手，这样他们只需爬一些自己熟悉的山峰，就能获得不菲的报酬。即使这样，向导家中的小孩成为孤儿的概率依旧居高不下。在这样的生意中，几位向导脱颖而出，成为现代向导行业的先驱。

山间小屋 随着登山运动的兴起，这种山间小屋在阿尔卑斯山区遍地开花，向导与登山客可以在此小憩片刻后再继续攀登。

现代登山伟人

两次世界大战期间，随着登山运动越来越普及，一种新型向导悄然出现，阿尔芒·沙莱便是其中的典范。与早期向导不同，这些登山新秀为兴趣而攀登，做向导也只是他们在山地生活的谋生手段。

❶如右图所示，加斯顿·勒比法（1921—1985年）和里卡尔多·卡辛（见第292—293页）是法国登山运动黄金时代的见证者。❷勒内·德迈松（1930—2007年）师从让·库齐（见第276—277页），在一次冬季攀登中登上了勃朗峰的弗雷尼柱。❸让-克里斯托夫·拉法耶（1965—2006年）是一位杰出的攀岩者，并于20世纪90年代成为向导。

正在工作的向导

很少有像高海拔山峰这样危险的工作场地。即使一位已经掌握了攀岩、攀冰技巧并能娴熟地在山间滑雪的高手，要想成为登山向导，也至少需要历练三年时间。

❶一名工作中的向导正在瑞士铁力士山顶峰的雪地里凿出台阶，身后是两位等待中的登山客。❷1885年，这是采尔马特向导摆出手持登山索和冰镐的姿势拍摄的集体照。❸90岁高龄的采尔马特向导乌尔里克·因德比宁正带领着一支登山队翻山越岭。他95岁才退休，于2004年逝世，享年103岁。

第一代向导

19世纪初,大量游客在阿尔卑斯山脉参观游览,当地擅长狩猎和勘探的人嗅到了做季节性向导的商机。一些精英向导崭露头角,他们的登山技能很快便超越了登山客。

❶ 约翰-约瑟夫·本内(1824—1864年)带领约翰·廷德尔登上魏斯峰(见第128—131页)。❷ 来自奥斯塔山谷的埃米尔·雷伊(1846—1895年)是他所处时代的最伟大的向导之一。❸ 让-约瑟夫·马奎纳兹(1829—1890年)是第一个登上巨齿峰塞勒角的人。❹ 雅各布·安德雷格(1827—1878年)在勃朗峰上的表现比他的表兄梅尔基奥(见第126—127页)更大胆。

阿尔芒·沙莱
法国　　　　　　　　　　1900—1975年

可以说,沙莱是两次大战期间最伟大的向导,他在韦特针峰勘探出了五条新路线,推动了登山和向导行业标准的提高。

"二战"期间,沙莱是"青年与山峰"俱乐部的主要指导者,后在霞慕尼新建的阿尔卑斯国立登山滑雪学校任校长,监督向导专业水平的提高,他是利昂内尔·泰雷(见第276—277页)和加斯顿·勒比法那一代登山者的导师。

梅尔基奥·安德雷格

名利双收的绅士向导

瑞士 1828—1912年

梅尔基奥·安德雷格出生于迈宁根附近的哈斯利，是早期优秀向导中的一员，他与克里斯蒂安·阿尔默形成有趣的对照。安德雷格胸襟宽广，性格和蔼，头脑机敏，平常的职业是木雕师，曾在伦敦展出自己的工艺作品。他首登的山峰有林普菲施峰、勃朗峰博斯山脊、德拉德格拉齐亚山、齐纳尔洛特峰、勃朗峰布伦瓦坡、德朗峰及马利特峰。他是早期少数凭借登山致富的向导之一。

在《攀越阿尔卑斯山》一书中，爱德华·怀伯尔（见第142—145页）写道："梅尔基奥·安德雷格是谁？提出这个问题的人一定没去过瑞士阿尔卑斯山区，在那里梅尔基奥的名字如雷贯耳，就像拿破仑一样。梅尔基奥可以说是登山向导中的皇帝，他的帝国绵延在永恒的白雪间——冰镐便是他的权杖。"我们能够看出，登山工具革新者怀伯尔十分欣赏梅尔基奥。梅尔基奥学习了大多数早期向导的技能：猎取岩羚羊并从中积累攀登岩石和冰川的经验，但木雕仍是他的主业。

生平事迹

- 年轻时在格里姆瑟尔旅店工作，作为向导受雇于托马斯·欣奇利夫，后被引荐给莱斯利·斯蒂芬。
- 1859年，成为第一位登上林普菲施峰及勃朗峰博斯山脊的人，从此声名鹊起。
- 1864年，收获颇丰，享受了一个精彩的登山季，成为第一位登上锡纳尔罗特洪峰及勃朗峰布伦瓦坡的人。
- 1864年，成为摔跤冠军。
- 1888年，成为伦敦阿尔卑斯俱乐部周年晚宴的贵宾。

天资崭露

20岁那年，安德雷格在瓦莱州海拔较高地带的格里姆瑟尔旅店工作。他对地形了如指掌，很快做了登山向导，但怀伯尔说他仅仅是为了挣点小费。

继克里斯蒂安·阿尔默（见第122—123页）之后，安德雷格作为早期格林德瓦向导被登记在册。然而，不幸的是，一个演员偷走了他的第一本登山记录簿，并且以他的名字做交易，安德雷格的早期登山记录就这样丢失了。

格里姆瑟尔旅店给安德雷格带来好运，1855年，就在这里，他遇见了作家、前任阿尔卑斯俱乐部的主席托马斯·欣奇利夫，并带领他翻越施特尔莱格峰，到达格林德瓦。一年以后，他们又在施瓦伦巴赫酒馆相遇，安德雷格在那里做木雕，两人建立了亲密的友谊。

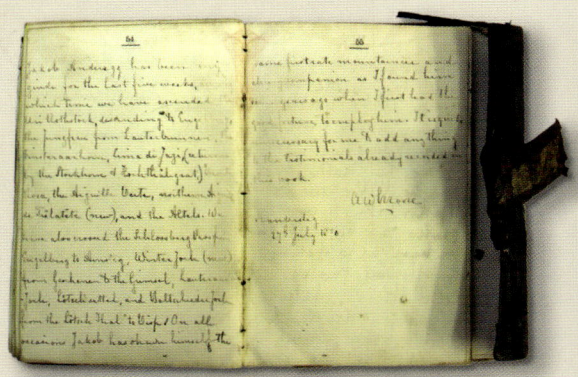

登山客的赞誉

雅各布·安德雷格的这一页登山记录簿由阿道弗斯·穆尔（见第162—163页）记录，极尽溢美之词。梅尔基奥的登山记录簿被弄丢，没能流传下来。

欣奇利夫在《阿尔卑斯山的夏天》一书中称赞安德雷格，并把他介绍给了莱斯利·斯蒂芬（见第134—135页），后者成为他最重要的客户。他们在1859年首次攀登林普菲施峰期间相遇。同年夏天，安德雷格和查尔斯·赫德森（见第138—139页）一起攀登了勃朗峰博斯山脊。赫德森后来写道："面对各种困难，他是我遇见的最好的向导。"

大块头绅士

安德雷格也是充满激情的摔跤手。1864年，安德雷格作为向导得到了大家的认可，斯蒂芬和朋友们从劳特布伦嫩山谷启程的计划却因为安德雷格想参加当地摔跤比赛而延误。安德雷格的对手块头比他大，年龄比他小，但他仍与对方打了平手，最后双方都受了伤。斯蒂芬不得不雇用另一位向导。

19世纪60年代中期，安德雷格成为名人，造访伦敦。像许多最优秀的向导一样，他好

安德雷格兄弟

安德雷格的弟弟雅各布同样是一位杰出的向导。图片中的他站在后排左边。露西·沃克也在后排，紧挨着站在后排右边的是她的挚爱梅尔基奥·安德雷格。

令人望而却步的山峰
瑞士彭尼内阿尔卑斯山脉的林普菲施峰海拔4199米。1859年9月,安德雷格和莱斯利·斯蒂芬首次登顶此峰。

奇心极强。一次,安德雷格"带领"斯蒂芬和欣奇利夫从伦敦桥站回林肯因河广场,这条路安德雷格只走过一次,而且当时浓雾笼罩,但安德雷格还是将他们安全地"带回"了家。有一天,斯蒂芬望着伦敦的烟囱说这里的景色和勃朗峰大不相同。"啊,先生,"安德雷格答道,"这里的景色美得多。"

尽管块头很大,但安德雷格待人谦恭有礼、温文尔雅。英国登山者查尔斯·马修斯曾评价,他从不说"最温柔的女性不适合听的话"。他的品质让露西·沃克(见第152—153页)倾倒,沃克和安德雷格一起攀登了20个春秋,要不是有人捷足先登,她早就嫁给他了。

登山工具的局限使那个年代的登山运动相当危险,安德雷格最大的特点就是谨慎。1876年,他和戴维森、马修斯及莫谢德一起攀登布朗什峰时,把这种小心谨慎表现得淋漓尽致。他们注视着当时还未被攀登过的茨姆特山脊,想知道自己能不能征服这条路线,这时安德雷格说:"这条路是可以走的,但我不会走。"

安德雷格和玛格丽特·梅泽纳结婚后,要养活一家12口人。长子也叫梅尔基奥,是木雕师;次子安德烈亚斯,是德高望重的向导。老梅尔基奥对向导标准很感兴趣,69岁时仍在工作,带领61岁的露西·沃克在东阿尔卑斯山脉攀登。

登山客与向导
安德雷格是没留胡须的那位,这是他与登山客和老朋友莱斯利·斯蒂芬在1870年的合影。那时安德雷格大约42岁,已经小有名气。

约翰·廷德尔

冰川学家及阿尔卑斯登山先驱

爱尔兰　　　　　　　　　　　　　　1820—1893年

约翰·廷德尔是维多利亚时代的杰出科学家之一，因提出地球大气的温室效应学说而被铭记至今。廷德尔适应能力强，帅气迷人，性情坦率，凭借聪慧的天资摆脱了童年的贫困，成为积极的科学推广者。造访阿尔卑斯山脉后，廷德尔更加热爱冰川学，他爱上了高山和登山事业。1861年，在相对年轻的36岁，廷德尔首登魏斯峰，这次首登是黄金时代的里程碑之一。

生平事迹

- 出生于一个贫困的爱尔兰家庭，但成长为维多利亚时代的科学巨人之一。
- 就读于德国马堡大学，在那里开始迷恋上阿尔卑斯山脉。
- 对冰川学的研究激起了登山兴趣。
- 他的回忆录《阿尔卑斯山脉的冰川》是"冰川战争"中的一座重要里程碑。
- 多次登上阿尔卑斯山脉最高峰勃朗峰。
- 是第一个登上魏斯峰的人，并差一点登顶马特洪峰。
- 1887年退休，后来因服用过量的水合氯醛来治疗失眠而意外死亡。

在他漫长而杰出的职业生涯结束之际，人们为廷德尔举办了一场晚宴，宴会上，廷德尔谈及自己的一生。"我一生经历过许多困难的攀登，"他说，"迄今为止最难的一次是从巴罗河岸到泰晤士河岸。"

巴罗河位于他的家乡卡洛郡，父母几乎没能力为他的教育投资。廷德尔的代数、三角和几何都很出色，却没钱上大学。他在爱尔兰陆地测量部做一名制图员，1842年被调到英国的普雷斯顿，后来因抗议工作条件差而被解雇。19世纪40年代中期铁路兴起的时候，他在曼彻斯特和哈利法克斯做过一段时间勘测员的工作，收入颇丰，但不久后再次失业。后来，他得到了一份在汉普郡的昆伍德学院教学的工作，这所学院由贵格会教育家乔治·埃德蒙森创办，是英国第一所拥有化学实验室的院校。廷德尔没有在这里停留很长时间。存够钱后，他和昆伍德学院的另一位老师、化学家爱德华·弗兰克兰一起去了德国的马堡大学，并在短期内迅速完成了学位课程，破格获得了博士学位。随后，他与德国物理学家鲁道夫·科尔劳施共同致力于抗磁性的研究，抗磁性是英国科学家迈克尔·法拉第的最新发现。廷德尔的科研生涯就此开始。

科学家和冰川学家

然而，廷德尔是凭借演讲才能成就一番事业、确立自己在科学界的地位的。1851年，法拉第在伊普斯威奇的一次英国科学促进会会议上听到了他的演说，随后廷德尔于1853年年初在皇家研究所做了一次精彩的演讲。不久以后，他成为那里的自然哲学教授，于1867年接替法拉第的职务。廷德尔的研究范围广、意义大，注重理论联系实际，但也有一些评论家批评他有时太过狂热。通过展示空气中各种气体吸收辐射热的能力，廷德尔阐释了温室效应。此外，他也是实验室设备的杰出创新者，用做

高山煮水
廷德尔携带这种煮水器具登顶芬斯特拉峰，进行科学观察。

廷德尔峰
爱德华·怀伯尔首次试图登上马特洪峰的前一年，廷德尔登上了距离马特洪峰峰顶只有几百米的地方。然而，在即将到达后来以他名字命名的廷德尔峰——图中在顶峰左侧——时，他和他的团队无法再继续前进。锯齿状的山脊和深不见底、难以逾越的裂缝横亘在他们和最终的峰顶之间。廷德尔后来写道："我们距离峰顶只有一步之遥，在这时选择放弃让我们十分痛苦。"

> 此前我从未亲眼目睹过如此动人的景色。
>
> ——约翰·廷德尔在魏斯峰顶

勘测员时学到的技能来阐明自己的理论。

科学也引导廷德尔开始攀登。1849年，廷德尔徒步穿越瑞士，横穿危险的冰川，为了节省资金风餐露宿。廷德尔德语极好，他和同行的旅客交流时还会引用德国诗人弗里德里希·席勒的诗歌。七年后，作为皇家研究所的教授，廷德尔和英国生物学家托马斯·赫胥黎重返阿尔卑斯山脉，至此廷德尔对登山的热爱真正开始。廷德尔说："冰川和高山比科学更让我感兴趣。它们是我的生命和欢乐之源。"此后，廷德尔开始了长达15年的攀登生涯。

挚爱阿尔卑斯山脉

1857年，廷德尔与他在哈利法克斯结识的英国数学家托马斯·赫斯特一同登上了勃朗峰。这是廷德尔的第一次重要攀登，他展现了刚毅、临危不惧的品格。次年攀登芬斯特拉峰时，他带上了用于高海拔试验的烧水装备和用于观察的望远镜。瑞士向导约翰-约瑟夫·本内建议两人系同一条绳子下山，说："不用怕，不管发生什么，我都会抓住你。"结果反倒是他自己失足，拽着登山客坠了下去，幸亏廷德尔及时用

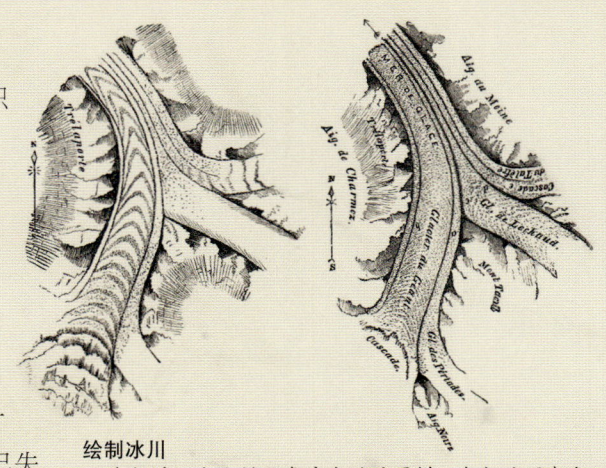

绘制冰川
廷德尔详细地绘制了多座冰川的图样，包括法国勃朗峰北壁的冰海。

准备登山
向导约翰-约瑟夫·本内（图右）手持登山杖准备登山。廷德尔与本内是工作中的密友，后者陪伴他度过了整个登山生涯。

冰镐阻止了坠落。

1857年夏天，廷德尔曾在一周内两度攀登罗萨峰，第二次是独行，只因"那里的清晨美得无以言表"，"从罗萨峰顶俯瞰世界"的渴望一直萦绕在他的心间。但廷德尔到底是个科学家，他一直审视着自己的心境和行为。谈及差点弄丢冰镐这件事，廷德尔用了"我顿觉毛骨悚然"这样的措辞，因为没有冰镐他就不可能安全下山。

廷德尔这些年里所做的实验和研究都汇集到了1860年出版的《阿尔卑斯山脉的冰川》一书中。廷德尔原本以为，等研究结束，他对阿尔卑斯山脉的兴趣会消退，但事实并非如此。19世纪，有关科学与宗教的争论风靡一时，像赫胥黎一样，廷德尔是不可知论的拥护者，然而当他凝视他所爱的山峰时，一种浓浓的宗教情怀也会油然而生。

魏斯峰的呼唤

1860年，廷德尔尝试攀登马特洪峰失败，但在1861年，他完成了19世纪中期的一次伟大

廷德尔的三明治

廷德尔登山时喜欢穿轻便的衣服，尽量少携带物品。1858年，攀登罗萨峰时，他通过计算得出一个火腿三明治的热量就足够支撑他完成攀登的结论，于是就只带了一块三明治上山。他写道："我知道四盎司面包和火腿能提供多少能量，因此不担心自己会因营养不足而失败。"

约翰·廷德尔

救援背夫
1862年，廷德尔和约翰-约瑟夫·本内在少女峰上救出跌入冰裂缝的背夫。图为爱德华·怀伯尔雕刻的版画。

攀登。魏斯峰山域广、山势险峻，相较于马特洪峰更为偏远，被许多登山者认为是阿尔卑斯山脉最美的山峰。前一年查尔斯·马修斯和向导梅尔基奥·安德雷格（见第126—127页）尝试攀登魏斯峰南壁失败，这令许多攀登者望而却步。

廷德尔选择攀登东部山脊，路线长达1500米，是一项艰巨的任务。他和本内及乌尔里克·文格尔一起，于8月从兰达出发，在山脊下一块伸出的岩石上露营。仔细观察了山峰之后，这支登山小队乘着月色出发了。在攀登过程中，山脊越来越窄，两侧越来越陡峭，直到状如刀刃的积雪出现在本内面前，它看起来似乎太脆弱，无法攀登。向导试了一下积雪的承重力，然后决定继续攀登。经过六个小时的努力，峰顶似乎还是遥不可及，但在吃了点东西、喝了点水之后，本内打消了顾虑。几小时后，登山队抵达峰顶，廷德尔被眼前的景象折服了。他后来写道："我的喜悦和欢欣并非源自理性和知识，而是生存本身：人处于物我交融的境界。置身于壮丽的大自然中，我完全忘记了自己是一个人。"

1862年，廷德尔努力尝试攀登马特洪峰。爱德华·怀伯尔（见第142—145页）在布勒伊等待结果，廷德尔可能会成功的想法令怀伯尔极度痛苦。包括本内和布勒伊当地居民让-安托万·卡雷尔（见第146—147页）在内的廷德尔登山队尝试攀登意大利山脊并在岩石坚硬的低处取得了巨大进展，但高处因霜冻而破裂的岩石令他们感到不安。登山队最终在距离顶峰232米的山肩插上了一面旗帜。

后来，因为工作和身体状况不佳，廷德尔不再登山，但他在瑞士阿尔卑斯山上搭建了一间与周围的瑞士小屋风格迥异的英式小别墅。

以山为念
廷德尔山（下图）是加利福尼亚州内华达山脉的一座山峰，海拔4273米，为纪念廷德尔，该峰以他的名字命名。同时，廷德尔也是智利的一座冰川以及塔斯马尼亚岛一座山的名称。

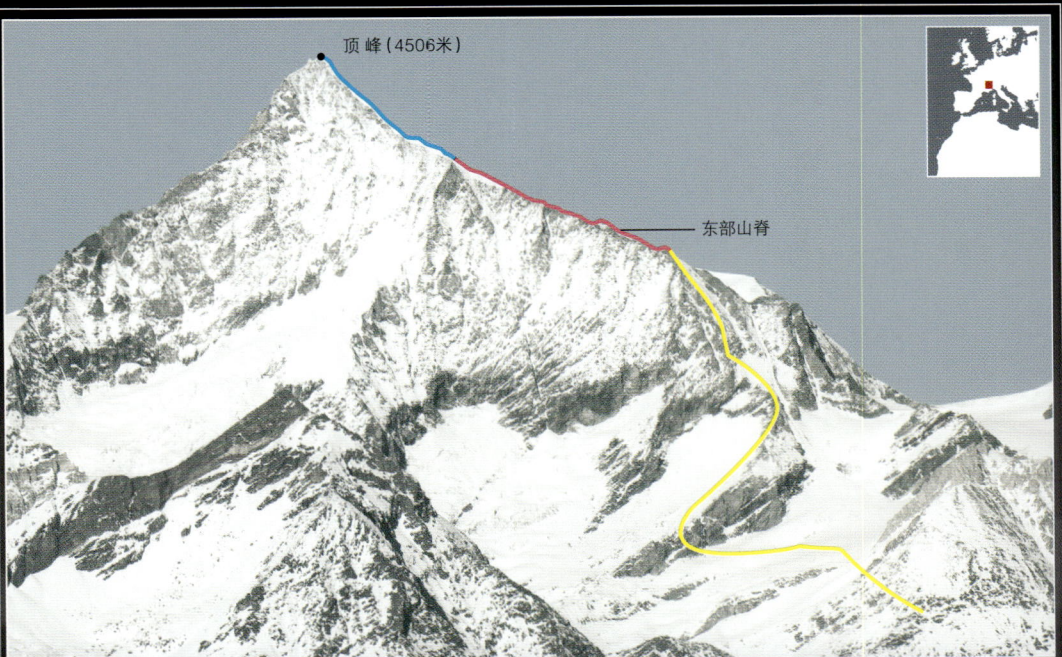

魏斯峰

东部山脊　1861年8月9日

— **攀上山脊**
以干酪充饥后，廷德尔和本内于凌晨3点30分离开营地，踩着本内凿出的台阶抵达冰川裂隙。攀越过位于右侧的冰裂缝和岩石后，他们登上了山脊。

— **无尽头的岩石塔**
前方布满石质松散的岩石塔。本内建议文格尔就此下山，放弃攀登。廷德尔发着高烧，拼命集中精力，凭借香槟挺了下来。

— **到达峰顶**
山脊最后一段始于一座小小的雪峰，继而变宽变陡。在离开营地十小时后，他们到达了峰顶。

顶峰（4506米）

东部山脊

登山时间轴

1820—1838年	1839—1846年	1847—1855年	1856—1860年	1861—1868年	1869—1893年
廷德尔出生于爱尔兰的卡洛郡，在当地接受教育，从小才华出众。	离开学校后，先后在爱尔兰和英格兰做勘测员；在英格兰参与运动，争取更好的工作条件。	游历德国，在那里获得学位并开始科研生涯。	为冰川研究来到阿尔卑斯山脉，雄伟的山脉激发了他的登山热情。	完成魏斯峰首登，这是许多一流登山家的攀登目标；后来，他尝试攀登马特洪峰，但只攀登到意大利山脊的山肩处。	成为著名的科学教育家，前往美国讲学。

专业登山队

图为1896年格林德瓦的登山向导队以及他们的登山装备。起初,当地人通过带领游客登山获取季节性收入。到19世纪50年代,他们组成了一支独特的专业登山队(见第124—125页),对路线、天气、冰川条件以及岩石攀登状况都了如指掌。登山队中最优秀的成员能获得不菲的收入。

莱斯利·斯蒂芬

学者转型登山者

英格兰　　　　　　　　　　　　　　　　1832—1904年

莱斯利·斯蒂芬是一位成功的作家和记者，同时也是英国黄金时代最优秀的登山家之一，是阿尔卑斯俱乐部的重要人物，在该俱乐部成立一年后的1857年加入。最初，斯蒂芬从事教会事务，当他不再信奉上帝后，在阿尔卑斯山上获得精神重生。斯蒂芬重视登山本身，而不是将它视作科学研究的手段。他著有一部经典的登山文学作品《欧洲的运动场》。

阿尔卑斯山脉的铁路

到1830年，英国的铁路建设才真正起步，而19世纪40年代以前，欧洲大陆大部分地区都没有铺设铁路。在一场几乎不流血的内战后，瑞士于1848年建立了强大的联邦国家。新统一的瑞士开始着手发展国家的基础设施，他们引进英国的承包商和工程师——其中包括罗伯特·斯蒂芬森，来帮助他们建造铁路。起初，这些铁路都是沿着山谷修建的，但到了世纪末，隧道和原木轨道把火车带进了山里。旅游业的蓬勃发展让斯蒂芬等人懊恼不已，因为在蒸汽时代之前，他们可以在瑞士山脉中独享旅游的快乐。

20世纪30年代的广告海报　法国—瑞士铁路

斯蒂芬出生于维多利亚时期的英格兰一个"知识贵族"家庭，他的父亲詹姆斯·斯蒂芬爵士是一位律师和殖民地政府官员，退休后成为剑桥大学的现代史学教授。莱斯利体质较弱，他和哥哥詹姆斯脱离了伊顿公学激烈的竞争氛围后，在伦敦长大成人。

斯蒂芬清瘦高挑，又有点腼腆，他在剑桥大学崭露头角，入学一年后便获得了奖学金。斯蒂芬是学校赛艇队的教练，还是一位小有名气的徒步旅行者。他曾耗时12个小时从剑桥步行到伦敦，行程80公里，去参加阿尔卑斯俱乐部的晚宴，并组织了"星期天徒步旅行"活动，将那个时代许多最杰出的思想家汇集在一起。1855年，斯蒂芬初次接触阿尔卑斯山脉，同年领圣职。然而，随着对科学研究的不断深入，他对上帝的信仰渐渐减弱，并想放弃在剑桥的教学工作。山脉深深地吸引了斯蒂芬，对他而言，高山是"一剂灵丹妙药、一份启示录和一种信仰"。1855至1894年，斯蒂芬先后造访阿尔卑斯山脉30余次。

致敬向导

斯蒂芬的首登纪录令人赞叹，其中包括海拔4000米以上的五座山峰，还有五座海拔略低但同样重要的山峰。斯蒂芬还完成了一些重要山口的首次穿越，包括偏远的大乔拉斯峰下的伊龙代勒山口。尽管他小时体弱多病，长大后却成了身手矫健的登山者。爱德华·怀伯尔（见第142—145页）回忆说，一次他们相伴一起从菲施步行到埃格森旅店，当时斯蒂芬遥遥领先，早他一个小时到达目的地。

他也是一位过分谦虚的人，在阿尔卑斯山脉进行攀登时，他穿着一条灰色法兰绒裤子，屁股上还缝有一块紫色的大补丁。他认为，没有向导带领，自己哪里也去不了。他曾写道："我登山所获得的成就得益于米歇尔、安德雷格和劳纳，他们娴熟地运用登山技巧，展现出勇气和力量。沉重的背包和他们的雇主都大大增加了攀登难度。"斯蒂芬最杰出的首登包括1859年攀登林普非施峰和1861年攀登施雷克峰——"恐惧之山"。他这样描述当时的情形，登山队员紧紧抱住陡峭的岩石峰，"就像被拴在栅栏上的困兽"。那是一次重要攀登，他们突破了伯尔尼高地的最后一处要塞，但斯蒂芬的心境依旧是"平静的小憩时那种懒懒的感觉"。

1864年是斯蒂芬收获颇丰的一年，他首次登顶并翻越了勃朗峰，并登上了艾格峰、阿莱齐峰、少女峰和列斯卡姆峰。最为重要的是，他们第一次登上了瓦莱州阿尔卑斯山脉瑰丽的齐纳尔洛特峰。斯蒂芬的这次攀登是与他最喜欢的向导梅尔基奥·安德雷格（见第126—127页）一起完成的，"他勇气十足，不畏艰难"，梅尔基奥的表兄雅各布以及斯蒂芬的朋友弗洛伦斯·克劳福德·格罗夫如是说。

攀登北山脊时，天气十分恶劣，狂风肆虐，掀翻了他们狭小的栖息处。登山小队只能在悬垂石壁下的避风处休憩，斯蒂芬冻得双手发麻。登山队需得攻克三座岩石顶峰，斯蒂芬觉得自己像一条毛毛虫在山间蜿蜒前行。翻越山脊时，"我的手摸索着山壁上凸起的地方，想象它们是山脉的节瘤，我的脚踩在碎岩石风

生平事迹

- 小时候体弱多病，在剑桥时通过长途徒步运动，使身体逐渐健壮起来。
- 任世界第一个登山俱乐部——阿尔卑斯俱乐部主席，为期三年。
- 1855年成为第一个从东壁登顶维尔德施特鲁伯尔峰的人，开始了他成果辉煌的登山生涯。
- 分别从古特山脊和施雷克峰两条路线登顶勃朗峰。
- 1864年登上了齐纳尔洛特峰，这是他婚前进行的最后一次重要的登山活动。此后，他成功的文学事业正式开启。

化的突起部分,笨拙地向上爬"。

文学遗产

1867年,在斯蒂芬35岁的时候,他克服了见到女人就羞怯的心理,与小说家W.M.萨克雷的女儿哈丽特成婚。此后,斯蒂芬的阿尔卑斯之行都比较轻松愉快。1871年,他成为《康希尔杂志》的编辑,这使他更加坚定地潜心工作。1875年,斯蒂芬出版了他的重要著作《十八世纪英国思想史》。妻子去世后,他又与出版商赫伯特·杜克沃斯的遗孀朱莉娅结婚,共同生养了四个孩子,其中包括小说家弗吉尼亚·伍尔夫以及艺术家凡妮莎·贝尔。

他的登山记录收录在1871年出版的《欧洲的运动场》中,被传颂至今。斯蒂芬有时略显莽撞,但私底下待人谦虚,有一副热心肠,并且才华出众。他的伟大贡献在于描绘在山脉中度过的时光可以带来多么大的快乐。"在他弥留之际,"弗吉尼亚·伍尔夫写道,"他谈到了一些伟大的登山者和探险家,语气中有一种特别的复杂情感,既有钦佩又有嫉妒。"

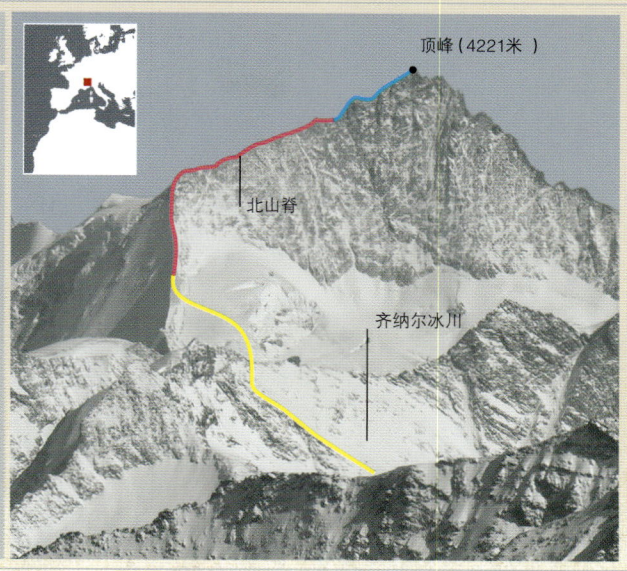

齐纳尔洛特峰

北山脊　1864年8月22日

- **1点50分出发**
  斯蒂芬、格罗夫和安德雷格离开齐纳尔。四个小时后,天气变得越来越糟糕。安德雷格对攀登岩石塔持悲观态度。
- **沿着山脊前行**
  尽管大雨倾盆,风力也在增强,但他们仍然迅速前行。
- **登上最后的岩石塔**
  安德雷格经由冰沟通过第一座岩石塔。接连又翻越两座后,登山队到达最后一座岩石塔,他们选择横跨过去,终于抵达了峰顶。

顶峰(4221米)
北山脊
齐纳尔冰川

> 我认为登顶高峰是人类使命的一个重要篇章。
> ——莱斯利·斯蒂芬

三巨擘
梅尔塞奥·安德雷格、莱斯利·斯蒂芬、道格拉斯·弗雷什菲尔德手持登山杖拍照留念。尽管斯蒂芬身材高瘦,却是一位体格健壮的登山者。

探险的代价

1865年7月14日,马特洪峰首次被攀登。但是在登山过程中,这支由英格兰登山者爱德华·怀伯尔带领的登山队中有四位成员坠山而亡。幸存者不得不面对公众的审查。

艺术家的记录
马特洪峰悲剧启迪了一大批艺术家和诗人,他们被浪漫登山者这一创作主题所吸引。1894年,瑞士艺术家费迪南德·霍德勒创作了这一场景。

此后多年,马特洪峰悲剧的阴霾一直笼罩着登山运动。从未有过一次胜利——或者说一场悲剧——像这样影响深远。除此之外,1865年还有六位登山者意外身亡,这一年是早期登山运动历史的分水岭。这一年登山事故的死亡人数相当于在此之前整个登山史死亡人数的总和。马特洪峰事故发生三天后,历史学家、登山者W.A.B.库利奇(见第145页)第一次登上此峰,他回忆道:"这场骇人的灾难给登山运动罩上了一层阴影,使登山运动多少有点处于瘫痪状态。"没有任何地方比英国更强烈地感受到这场灾难的余震。

随着登山运动的飞速发展,具有里程碑意义的攀登接连不断,欧洲各国的登山俱乐部已经成形,但在这场悲剧后,过去十年建立起来的登山运动的信心化为泡影,至少暂时如此。这场悲剧也激怒了英国的一些公众舆论机构。一位话题领袖在《泰晤士报》上抱怨道:"为何英格兰最高贵的血统会把自己的生命浪费在那些不可攀登的山峰上?这是生活吗?这是责任吗?这是常识吗?这是被允许的吗?这难道不是错误的吗?"

阿尔卑斯险境
这幅1870年的浮雕作品展示的是一个名叫M.雷诺的人失足坠落时的场景,当时,他试图跨越多菲内峰的一处冰川裂缝。雷诺侥幸活了下来,但登山运动被证明是一项高危的新型运动。

令人生畏的顶峰
马特洪峰是维多利亚时代探险家在阿尔卑斯山脉的终极目标。它的魅力在于那令人敬畏的磅礴气势以及出了名的高攀登难度。

王室攀登者
1865年，维多利亚女王的儿子亚瑟在阿尔卑斯山脉攀登；三年后，女王来到山间观光。直到19世纪80年代，女王对山脉和登山运动的热情才冷却下来。

背景介绍

- 马特洪峰悲剧在登山史上造成的深远影响是史无前例的。在公众监督下，相关方展开了事故的后续调查。一个调查委员会秘密成立，几十年来，关于登山者死于谋杀的流言还一直存在。

- 事故发生后，探险队队长爱德华·怀伯尔受到了批评（见第142—145页）。到达采尔马特后，他回到旅店，并没有在第一时间解释发生了什么事。怀伯尔在自我调整的同时，也帮助同伴恢复身体，包括经验丰富的登山者查尔斯·赫德森（见第138—139页）。

- 尽管有此事故，马特洪峰和阿尔卑斯山脉仍然对游客有着巨大的吸引力。1874年，怀伯尔再次登上马特洪峰时，这座山峰已有75次攀登记录，在海拔3800米处还建有一座山间小屋。"不久后，连最笨拙的人都能登上这座山峰。"怀伯尔在日记中抱怨道。怀伯尔一生都笼罩在那场事故的阴影中，自那以后，他就很少进行高难度攀登了。

从许多方面来看，马特洪峰灾难都预示了近年来人们对珠穆朗玛峰和K2峰发生的登山灾难的反应。

人们探究到底是哪里出了错，试图找到事故发生的原因以及谁应该被问责。就这一事故，历史学家撰写了多部书籍。

然而，对阿尔卑斯俱乐部的会员而言，最具破坏性的还是公众对生命损失的愤怒，这暗示了登山是一项道德存疑的运动。《爱丁堡评论》发出质疑："难道一个人有权力为了一个对己对人都无价值的目标，让自己和他人的生命处于危险之中吗？如果登山者在攀登中失去生命，那么他们所犯的道德罪责与自杀或谋杀又有什么区别呢？"

登山禁令？

尽管维多利亚女王认为她自己的1868年阿尔卑斯之旅令人愉快，但因登山而造成的无意义的生命丧失无疑也令女王感到惋惜。在她当政期间，1882年又发生了几起登山事故，女王亲自过问登山运动是否可以被禁止。她的秘书亨利·庞森比爵士询问首相威廉·格拉德斯通，女王是否可以说点什么来"表明她不赞成

> 1865年马特洪峰悲剧的遇难者中有一位英国贵族，这引起了公众的强烈不满，他们认为登山活动是一种愚蠢的行为。禁止登山的呼声越来越高，但这场灾难也提升了人们对这项新兴体育运动的兴趣。

让那么多人丢掉性命的阿尔卑斯山远足"。

作为回应，格拉德斯通建议女王什么也不要做，甚至还委婉地表示了他对登山事业的支持。"整体而言，"他回答，"登山运动不见得比其他消遣方式更具破坏性，况且与高山远征相比，其他消遣尚不能如此体面地寻求正当理由。"格拉德斯通并未列举"其他消遣方式"，但很明显，赛马的风险也非常高。

其实，马特洪峰悲剧并不是一场公关灾难，甚至可能还会促进登山热。滑雪经理阿诺德·伦恩认为，马特洪峰灾难"对普及这项活动贡献良多"，"这些带点敌意的批评"使登山运动成为一项充满正向能量的运动。

转变态度

1924年，乔治·马洛里和安德鲁·欧文在珠穆朗玛峰失踪（见第228—231页），在登山事故中丧生这一问题再一次引起了公众的恐惧。随后，《晨报》的负责人评论道："引发珠峰事件的精神同样也是创立帝国的精神。"在马特洪峰悲剧的影响下，登山者的死亡人数回落——1868至1880年，平均每年有三人丧生。在接下来的20年里，随着在阿尔卑斯山脉攀登的人数激增，年均死亡人数又上升到15人左右。《泰晤士报》把死亡人数的上升归因为"鲁莽冒险，自负自大，盲目模仿，缺乏经验以及行事不专"。如今，每年夏季有成千上万名登山者攀登勃朗峰，仅在勃朗峰这一个地区，死亡人数就高达几十人。此外，年均有15人死于马特洪峰，大多数都是在下山途中。许多因事故丧生的登山者被埋葬在采尔马特墓地，包括第一次登顶丧生的三位遇难者。

米歇尔·克罗
法国向导米歇尔·克罗带领队员从马特洪峰下山。登山队中一个最没有经验的登山者失足跌倒，一头栽到克罗身上，致使他失去平衡，登山队中的四人因此坠崖身亡。

查尔斯·赫德森

健壮而娴熟的登山牧师

英格兰　　　　　　　　　　　　　　1828—1865年

作为马特洪峰悲剧的核心人物，查尔斯·赫德森的角色一直颇受争议。他被一些人视为那个时代实力最强的登山者，但邀请新手道格拉斯·哈多参加高难度攀登是一个错误决定，这带来了可怕的后果。然而在那个年代，无论是登峰，还是开辟攀登路线，赫德森都是一位真正的先驱。他是无向导登山的倡导者，同时也热衷于在已被攀登过的山峰上寻找新的路线。

罗萨峰

景色壮丽的罗萨峰山地地处瑞士和意大利交界处，包括十座山峰，其中的最高峰杜富尔峰是阿尔卑斯山脉的第二高峰。在意大利，从四面八方都能看到这片高原。据说列奥纳多·达·芬奇曾全面探索过此地。早在1801年，意大利医生彼得罗·乔尔达尼就第一次尝试攀登罗萨峰，他登上了一座较低的山峰，该峰现在名为蓬托乔尔达尼峰。1854年，史密斯兄弟克里斯托弗、埃德蒙和詹姆斯攀登奥斯特峰，他们相信这是最高峰。一年后克里斯托弗和詹姆斯加入赫德森的登山队，登上了罗萨峰高原上真正的最高峰。

马库尼亚加是位于距罗萨峰高原东壁2600米处的一个意大利村庄。

1864年冬，来自英格兰东部林肯郡的英国圣公会牧师、登山者查尔斯·赫德森制订了计划，决定攀登阿尔卑斯山脉中最具吸引力且未被攀登过的山峰——毗邻霞慕尼的韦特针峰和马特洪峰。他劝说两位老朋友——托马斯·肯尼迪和约翰·伯克贝克——加入登山队，并且准备了特殊的登山装备——一架梯子和一盘钢丝绳来协助攀登。

当时，大多数登山者认为若想成功登顶马特洪峰，必须从意大利一侧上山。但赫德森认为瑞士境内的赫恩利山脊也是可行的路线。肯尼迪曾考察过这条路线，认为这是有望实现的，而帕克兄弟——艾尔弗雷德、查尔斯和桑德巴奇——曾于1860年和1861年尝试从瑞士境内攀登马特洪峰。1865年6月，赫德森抵达山区，但在此之前，他的计划就出了岔子。先是传来了爱德华·怀伯尔（见第142—145页）登顶韦特针峰的消息，随后伯克贝克病倒，只得先回家。但赫德森坚持执行计划，在攀登开始前两周的7月5日，他和肯尼迪以及向导米歇尔·克罗在韦特针峰南部山脊开辟了一条更便捷的路线。

生平事迹

- 1855年，成为罗萨峰所在山地最高峰的首登者。
- 同年，完成勃朗峰的首次无向导登攀，打破了霞慕尼地区由向导主领的行业联盟。
- 在与爱德华·怀伯尔共同完成马特洪峰首登之前，登上了韦特针峰的"穆瓦讷"山脊；最终登上马特洪峰，但在下山途中丧命。

天生的登山者

攀登韦特针峰对赫德森来说是一次全新的挑战。与他此前攀登的山峰不同，韦特针峰是一座岩石山，而在之前，赫德森一直在冰雪上攀登。攀登者必须沉着、健壮，赫德森二者兼具。赫德森的好体力是众所周知的，他可以在一天之内步行80公里，并在寒冬里露宿。

与他同时代的登山者认为赫德森"是几乎可与向导媲美"。"长期的锻炼，"怀伯尔写

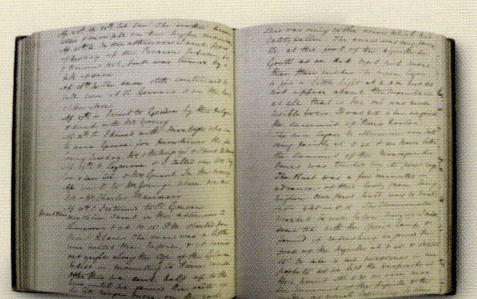

登山记录

与同时代的其他登山者一样，赫德森记录了他的登山经历。在这两页里，赫德森描述了首登勃朗峰的过程。

道，"让他脚力稳健，在这一方面，赫德森简直是天生的登山者。"十年前，赫德森带队首登罗萨峰周边的最高峰杜富尔峰。到了1865年，虽然登山标准有所提高，但对于赫德森而言，马特洪峰的赫恩利山脊依然不在话下。他的鲁莽和草率决定另有原因。

无向导攀岩

1862年，赫德森对一次登山事故进行了说明，他的朋友约翰·伯克贝克在那次事故中受伤。在这篇报道中，赫德森表达了他的实用主义和乐观主义，相信一切都会朝好的方向发展。一年前，赫德森在勃朗峰探索新路线期间，登山队员停在米亚热山口吃早饭。伯克贝克走出一段距离去方便却迟迟不回，赫德森沿

杜富尔峰

罗萨峰　1855年8月1日

— 离开里弗尔伯格
赫德森和他的登山队凌晨1点出发，按照既定路线，由罗萨峰西侧往上攀登。

— 新天地
赫德森和克里斯托弗·史密斯登上直达最高峰的陡峭斜坡。

— 最后的冲刺
又过了一个小时，他们到达峰顶，赫德森写道："要登上峰顶，需要灵活的头脑和稳健的步伐。"

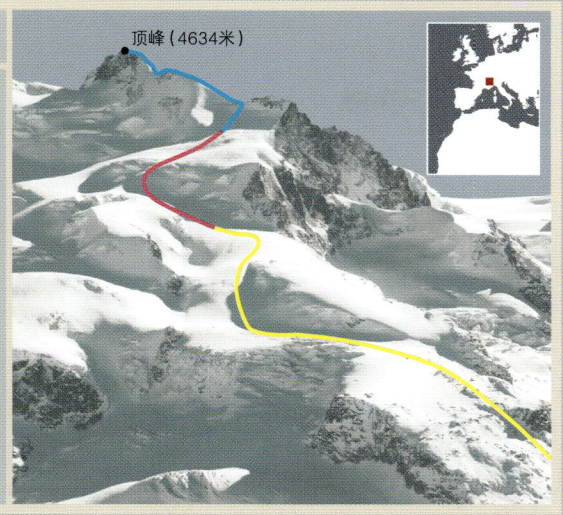

顶峰（4634米）

虽然赫德森只进行过两次无向导攀登，但他把更多可能留给了下一代登山者。

最薄弱的环节

1865年7月下旬，赫德森在采尔马特尝试攀登马特峰洪峰。肯尼迪和伯克贝克都提前退出，他最终与19岁的英国少年道格拉斯·哈多组队，哈多仅有的登山经历是不久前攀登了勃朗峰，且在下山途中吃了一番苦头。

赫德森原计划与一位实力派搭档，并在返程前勘察赫恩利山脊。然而，与怀伯尔的登山队一起探险时，赫德森被雄心勃勃的登顶计划冲昏了头脑，他让怀伯尔确信，"在登顶勃朗峰时，哈多用的时间比大多数人都少"。不到两天，赫德森、哈多、F.道格拉斯和克罗都遇难了。怀伯尔后来写道："让哈多加入登山队，是一个非常草率的决定。"

着足迹寻到一处近乎垂直的雪坡边缘，见伯克贝克倒在下方约460米处。伯克贝克还活着，只是在冰上滑落了那么远，加之裤子褪到了膝盖下，受了严重的摔伤和冻伤。登山队迅速组织了救援，碰巧，他们带了一副折叠雪橇可用来放置伯克贝克。在讲述这段小插曲时，赫德森以温和而镇定的语气说："这好运是谁赐予的？当然是引导我们、保佑我们的上帝。"

持有这种观点，赫德森成为早期无向导攀登的倡导者也就不足为奇了，尽管这种攀登方式遭到当时老一代登山家的强烈反对。1855年，他首次以无向导方式登上勃朗峰，并开辟了一条新路线。当地向导登山能力大多不及梅尔基奥·安德雷格（见第126—127页）的十分之一，却向每位登山者索要30英镑，这在当时是一笔不小的费用，因此许多登山者把勃朗峰视为昂贵的旅游景点，而不适合严肃的攀登。

登山队，1855年8月
赫德森（左侧站立者）赞美了罗萨峰峰顶的壮阔景色，他向登山队员们提议"在攀登最后一百米前至少喝上半瓶好酒"。

高山掠影

马特洪峰

马特洪峰呈不对称的金字塔形，山势险峻，几乎与地面垂直，从海拔1400米处拔地而起，山体高4478米，东北部与瑞士采尔马特相连，高高耸立在采尔马特的度假小镇后，南部毗邻意大利的塞尔维尼亚。马特洪峰是最后被攀登的阿尔卑斯巨峰之一，1865年发生的马特洪峰首登悲剧，也是早期登山运动中最惨烈的事故之一。

马特洪峰是世界上最具标志性的山峰之一。山峰侧面棱角分明、高峻陡峭，从著名的三角巧克力条到主题公园标志，都是受到马特洪峰的启迪制作的。但它最为登山者熟知的，还是山上那些极具挑战的登山路线——横跨了四面山脊和山壁。

然而，成为标志性高峰是有代价的。马特洪峰是阿尔卑斯山脉最热门的山峰，一到夏季，通往山顶的便捷路线每天都有数百名登山客来攀登。这条热门路线上山体岩石石质不稳定，部分原因源自过度攀登，岩石脆弱易碎，加之有落石的风险，大多数登山者会选择攀登那些安全系数相对高些的山脊。

马特洪峰北壁是阿尔卑斯山脉三大著名北壁之一。南壁容易发生滚石，东壁和西壁岩石条件恶劣。首登马特洪峰的登山队由英国登山者爱德华·怀伯尔（见第142—145页）带领，经由赫恩利山脊登顶，但登山队中四人于下山途中遇难，灾难性的悲剧取代了成功的喜悦。

侧面示意图

名称：马特洪峰，峰名由德语Matte（草地）和Horn（山峰）而来。在意大利，马特洪峰被称为切尔维诺峰（Il Cervino）。

位置：瑞士和意大利交界处

山脉：阿尔卑斯支脉彭尼内山脉

海拔：4478米

显著特征：天气瞬息万变。坡面陡峭且地处偏远，这使马特洪峰上方常常形成旗云。在一面长100米的岩石山脊上，有两座相互独立的顶峰：东边的瑞士峰顶比西边的意大利峰顶高出1米。

首次登顶：1865年7月13日，登山队经由赫恩利山脊登顶。陶格沃尔德和他的儿子以及怀伯尔成功地完成首登；而克罗、哈多、赫德森、F.道格拉斯则在下山途中遇难。

女性首次登顶：露西·沃克，1871年

首次独自攀登：威廉·保罗克，1898年

北壁首登：弗兰兹和托尼·施密德，1931年

最快登顶纪录：尤里·斯特克用时1小时56分钟，2009年

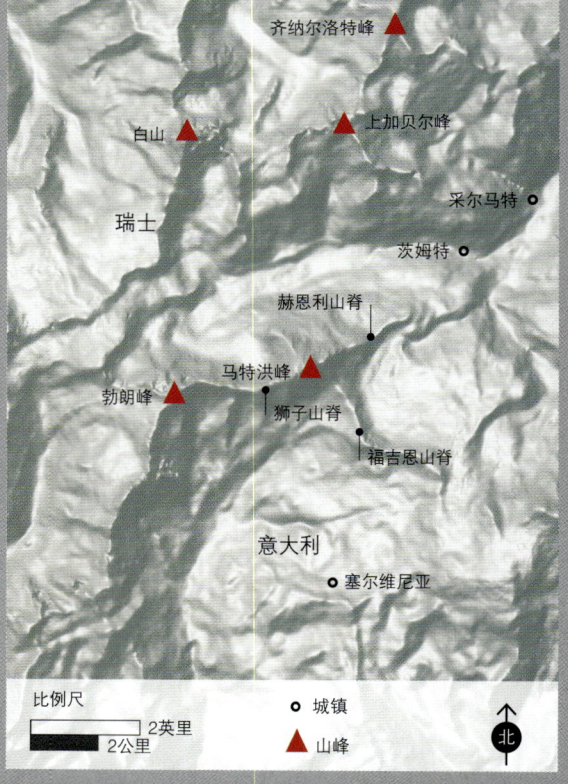

攀登路线

虽然马特洪峰上有30多条攀登路线，但迄今为止，山脊路线是最热门的。最好是在温度低且冰雪覆盖良好的前提下攀登北壁，其上有两条最著名的路线：博纳蒂直上路线和茨姆特鼻直上路线。南壁路线是最复杂的，主要以岩石路线为主。

北壁

— **博纳蒂直上路线** （W.博纳蒂，1965年）著名的混合路线，意大利登山先驱瓦尔特·博纳蒂从这条路线完成冬季首次单人攀登。

❶ **雪崩风险** 在陡峭的、岩石裸露的陡壁上攀登，面临着降雪和小型雪崩的风险。

— **茨姆特鼻直上路线** （皮奥拉，斯坦纳，1981年）在岩石石质较好的陡坡进行大坡度攀登。

东壁

— **赫恩利山脊** （M.克罗、F.道格拉斯、D.哈多、C.赫德森、P.陶格沃尔德和儿子、E.怀伯尔，1865年）一条长而险峻的路线，大部分是岩石路段。

❷ **索尔韦小屋** 只有在紧急情况下使用，仅能容纳10人，小屋坐落于距离峰顶475米的地方，建于1915年。

— **福吉恩山脊直上路线** （L.卡雷尔、G.基亚拉、A.佩里诺，1941年）岩石路线，是技术含量最高的山脊攀登路线。

❸ **直上顶峰** 福吉恩山脊直上路线接着东南山脊的最后一段，一直延伸至峰顶，东南山脊的攀登难度更大。

南壁

— **茨姆特山脊** （A.伯格纳、A.詹蒂内塔、A.F.马默里、J.彼得勒斯，1879年）阿尔卑斯山脉最伟大的混合攀登路线之一。

❹ **茨姆特鼻** 茨姆特山脊路线可避开高悬的茨姆特鼻，直接登上西壁。

意大利/狮子山脊

（J.J和J.P.马奎纳兹，1867年）石质较好的岩石攀登路线，可徒手攀登或使用固定绳索。

（路线未在图中显示）

皮科穆齐奥南东南支柱

（卡尔卡尼奥、切鲁蒂、彼得罗、马凯托，1970年）马特洪峰上最佳登山路线之一。

（路线未在图中显示）

（图中虚线代表未显示路线）

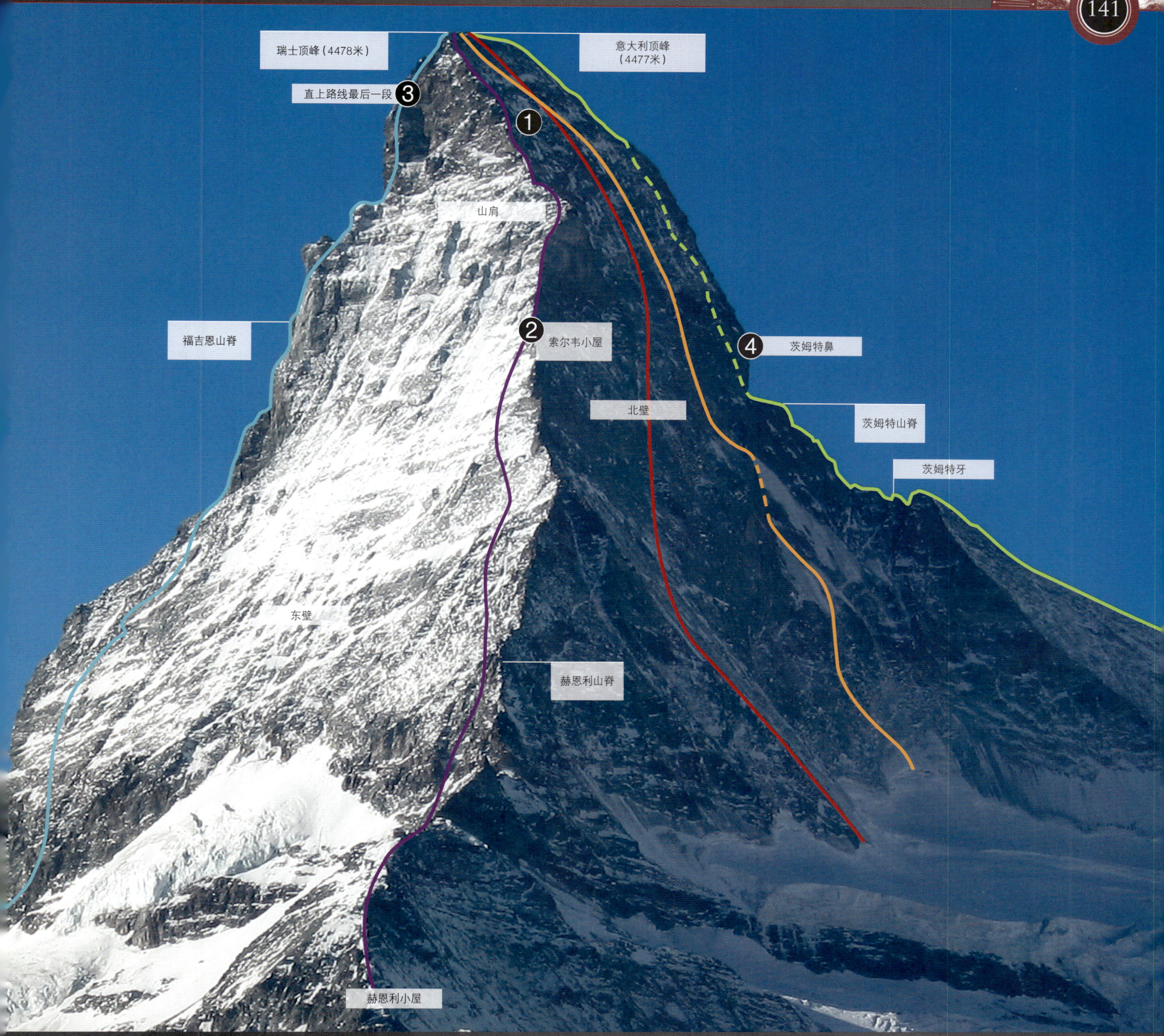

马特洪峰

瑞士顶峰（4478米）　　　意大利顶峰（4477米）

直上路线最后一段 ❸ ❶

山肩

福吉恩山脊

❷ 索尔韦小屋　　　❹ 茨姆特鼻

北壁

茨姆特山脊

茨姆特牙

东壁

赫恩利山脊

赫恩利小屋

山地特写

A 旗云 这些静止的云朵形成一个背风涡流，会增加高峰水汽凝结的机会。

B 第二高峰 意大利峰顶，以一个巨大的金属十字架为标志，位于马特洪峰顶山脊的最西部。

C 南壁 马特洪峰南壁是一面高1200米的陡峭岩壁，其上是廷德尔峰，见图中左侧。

A

B

C

爱德华·怀伯尔

第一个登上马特洪峰的人

英格兰　　　　　　　　　　　　　　1840—1911年

生平事迹

- 20岁首次游历阿尔卑斯山，为出版商威廉·朗曼的旅行指南书画系列素描。
- 把首登作为目标，攀登了多菲内山区的佩尔武峰，并误以为是首登。
- 1865年，取得首登马特洪峰的胜利，悲剧随之而来，四名伙伴在下山途中遇难。
- 1871年，出版《在阿尔卑斯山攀登》，随后把注意力转向北极探险。
- 1867年，开始格陵兰岛探险之旅，证明可以利用合适的雪橇进行岛内探索。
- 1880年，多次攀登厄瓜多尔的钦博拉索山和科托帕希火山，与让-安托万·卡雷尔一起收集高原反应的研究数据。
- 20世纪初，在加拿大洛基山脉进行了一系列攀登，代表加拿大太平洋铁路公司，促进该地区的铁路发展。

爱德华·怀伯尔是登山运动中的知名人物，众所周知他极想成为第一个征服马特洪峰的人，这可能是黄金时代登山者的终极目标。怀伯尔坦言，正是这个目标促使他不断奋斗，渴望闯出一番事业。首登马特洪峰后，怀伯尔虽声名鹊起，但随之发生的事故也夺走了四名队友的生命，此次攀登确定了怀伯尔的人生方向，并改变了登山运动的发展轨迹。他的回忆录《在阿尔卑斯山攀登》被公认为登山史上的经典著作之一。

怀伯尔出生于伦敦，在11个兄弟姐妹中排行老二，与父亲一样，怀伯尔是名木雕师。将他引向登山运动的是工作，而不是年轻人的浪漫情怀。传记作家弗兰克·斯迈思（见第247页）对他的厌世情绪感到震惊："这个十五岁男孩的日记，仿佛出自六十岁老人之手。"

1860年，作为技艺精湛的雕刻师，怀伯尔受阿尔卑斯俱乐部成员、出版商威廉·朗曼委托，去阿尔卑斯山采风，为其出版物创作系列素描。在此之前，怀伯尔曾在1858年观看过阿尔伯特·史密斯的著名表演（见第110—111页），并受了一些启发，但他的登山兴致依旧不高。和史密斯一样，怀伯尔主要靠演讲、写作以及绘制插画谋生。

1860年，怀伯尔几乎没有登山，主要是将登山视为垫脚石，圆儿时探索北极的梦。但他的确游历了许多地方，遇到了几位杰出登山家，包括莱斯利·斯蒂芬（见第134—135页）。怀伯尔还见识了许多高峰，包括魏斯峰——他将它描述为"瑞士最高贵的山峰"。

功成名就

对名誉的追求和对自由的渴望使怀伯尔从一开始就把注意力放在首登上，而不是重复别人的攀登。1861年，他和雷金纳德·麦克唐纳回到阿尔卑斯山，攀登了多菲内山区的佩尔武峰，并误以为自己是首登者。然后，他在阿尔卑斯山寻找能让自己成名的山峰。海拔最高的、还未被征服的山峰就只有魏斯峰和马特洪峰。听说经验丰富的登山者约翰·廷德尔（见第128—131页）于8月19日成功登上了魏斯峰，怀伯尔决定攀登马特洪峰。在他之前，已经有很多登山者尝试过。廷德尔和沃恩·霍

摄影天才
怀伯尔也是一位颇具天赋的摄影师。1893年，他在勃朗峰顶拍摄了这张照片。

金斯于1860年登上了意大利山脊顶端岩塔所在的位置。那时，众多当地登山者决定为了意大利的荣耀攀登马特洪峰，主要人物是让-安托万·卡雷尔（见第146—147页），怀伯尔在那年夏天第一次与他相遇，由此建立了亦敌亦友的关系。

1861年，怀伯尔的攀登计划毫无进展，但他发誓要回来"不断攀登，直到征服这两座山峰中的一座为止"。次年，他携带着新式设备回到马特洪峰，包括自己设计的帐篷以及爪钩和便于沿绳下滑的铁环。怀伯尔准备利用一切可用之物来实现登山梦想，甚至带了一把梯子去攻克难以通行的路段。1862年7月，他在三周内五次尝试攀登马特洪峰，有时候与雷金纳德·麦克唐纳或者卡雷尔一起，有时候甚至独自攀登。7月19日，怀伯尔在马特洪峰不慎失足，摔下去60米，"身体被颠起了七八次"，最后惨受重伤，挣扎着下了山，回到家中，独自躺在床上无人照顾。7月23

> 从绳子断裂那一刻起,我们就无计可施了。我们的伙伴永远地离开了!
>
> ——爱德华·怀伯尔

短暂的胜利

在回忆录《在阿尔卑斯山攀登》中,怀伯尔记录了首登马特洪峰的过程及随后发生的悲剧。古斯塔夫·多雷的插图也描绘了此次攀登。怀伯尔在余生中一直都想弄明白,到底是什么让他鬼迷心窍,差一点送了命。此后,共有500余人死在攀登马特洪峰的过程中。

日，怀伯尔拖着受伤的身体，带着卡雷尔和"小"卢克·梅内特——所谓的布勒伊的驼背——重新开始攀登。7月25日，他又尝试了一次，同行的只有梅耐特。每次攀登，怀伯尔都比前一次离峰顶更近，几乎快成功了。约翰·廷德尔出现后，怀伯尔决定与他一起攀登，但年轻的廷德尔过于心急。在怀伯尔不得不停下来等卡雷尔时，廷德尔已经到达意大利山脊的山肩处，离峰顶仅232米，他们从这里折返。

1863年，怀伯尔环游了马特洪峰，并在唯一一次攀登的过程中，在意大利山脊上露营时，遭遇了一场暴风骤雨。次年，怀伯尔完成了阿尔卑斯山脉多座山峰的首登，包括埃克兰峰和阿让蒂耶尔峰，但是，在攀登马特洪峰时，怀伯尔因为收到紧急通知只好提前回家。1865年是怀伯尔成就最大也是最后一个阿尔卑斯登山季。他攀登了五座山峰，其中四座是首登，包括大乔拉斯峰的西峰以及韦特针峰。在短短五年里，凭借坚韧不拔、志存高远的品质，怀伯尔成为一位声望极高的登山家。但登顶马特洪峰的愿望时刻萦绕在他的心头。6月，他再度尝试攀登马特洪峰东壁。登山队的向导克里斯蒂安·阿尔默（见第122—123页）直截了当地问："你为何不试试登顶可能性更大的山呢？"怀伯尔没有放弃，他又到意大利找卡雷尔帮忙，后者此前已多次陪伴怀伯尔攀登马特洪峰。然而，新成立的意大利阿尔卑斯俱乐部及意大利财政部部长却希望卡雷尔带领意大利队首登马特洪峰。怀伯尔对此毫不知情，直到7月11日才得知消息，此时卡雷尔已经动身前往马特洪峰。

争攀顶峰

怀伯尔感觉自己遭到了背叛，于是更想登顶马特洪峰。幸运的是，一个年轻的英国登山者——弗朗西斯·道格拉斯勋爵也在这时来到了布勒伊，道格拉斯年仅18岁却已小有名气。与道格拉斯一道来的还有采尔马特的向导约瑟夫·陶瓦尔德。陶瓦尔德的父亲彼得认为另有路线——瑞士境内的赫恩利山脊——可以登顶。他们与怀伯尔合作，一起前往采尔马特，老陶瓦尔德也同意在这里尝试登峰。

栩栩如生的画作
图为瑞士艺术家费迪南德·霍德勒所绘的系列画作，描绘了阿尔卑斯登山者勇攀高峰的情景，其灵感来自怀伯尔等早期先驱的探险。

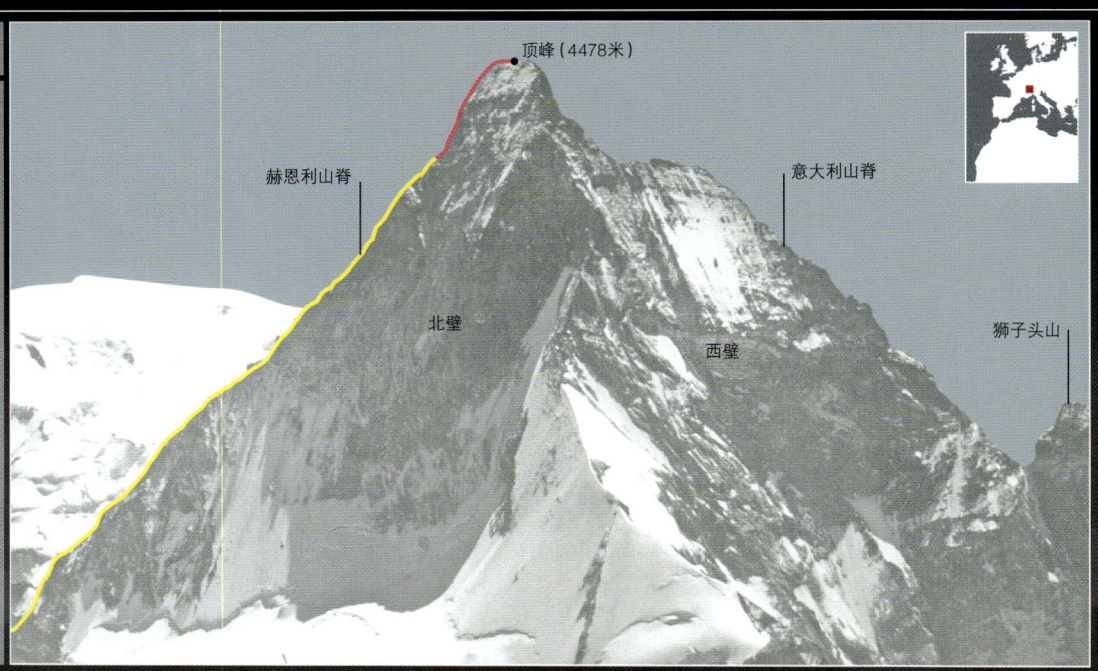

马特洪峰

赫恩利山脊　1865年7月14日

— 攀登到山肩
登山队在东壁海拔3818米的地方露营。实际上，登到山肩远比预想的简单，岩石适度向上倾斜，不用绳子就能攀上去。

— 从山肩到顶峰
过了山肩后，登山队由米歇尔·克罗在前面带路，向右攀到北壁后进入难度最大的路段。部分岩石被冰川覆盖。再往上就相对容易一些了，他们在下午1点40分登上顶峰。

顶峰（4478米）
赫恩利山脊
意大利山脊
北壁
西壁
狮子头山

登山时间轴

1840—1853年	1854—1857年	1858—1860年	1861—1863年	1864—1865年	1866—1871年	1872—1893年
1840年生于伦敦，在11个孩子中排第二。	在父亲的工作室里当学徒，成熟、雄心以及艺术才能很快便显露出来。	听了阿尔伯特·史密斯后期的一场演讲后大受启发；随后受朗曼的委托到阿尔卑斯山旅行。	登上了多菲内山区的佩尔武峰，随后把注意力转移到了马特洪峰。	阿尔卑斯登山生涯达到了巅峰，在勃朗峰地区攀登了韦特针峰等高峰，此后发生了首登马特洪峰的悲剧。	登山事故的阴影挥之不去，几乎没有再参与重要的登山活动；潜心研究格陵兰岛，并撰写经典之作《在阿尔卑斯山攀登》。	1874年再次攀登马特洪峰。

恰好此时查尔斯·赫德森（见第138—139页）也在采尔马特，他也许是那一代人里最出色的登山者了。当时与赫德森在一起的有向导米歇尔·克罗，和没有经验的年轻人道格拉斯·哈多，怀伯尔之前曾雇用过克罗。怀伯尔和赫德森都以马特洪峰为目标。两队很快达成共识，决定联手攀登马特洪峰。但令人担忧的是两个年轻的登山者。怀伯尔担心哈多没有登山经验，问赫德森他到底行不行。"他是一个好小子，绝对没有问题。"赫德森回答。但事实证明赫德森的判断是一个致命的错误。

7月13日，他们一早启程，天气非常好，一路顺利。中午，大家在山脊上露营。检查过前方路线后，向导给大家描述了几个难攀登的地方。他们称，那天登山队应当可以登顶。第

致命的返程
古斯塔夫·多雷创作的版画捕捉了绳子断开的那一刻。谣言盛传怀伯尔切断绳子以求自保。

二天早上天刚亮，他们便从东壁山脊左侧快速向上攀登。但是攀到山肩处，登山队被迫改走北壁有冰川覆盖的登顶路线。最后时刻，克罗和怀伯尔解开绳子冲顶，他们于下午1点40分，温度最高的时候登顶马特洪峰。接着，登山队从瑞士峰顶穿行100米抵达矮一些的意大利峰顶，海拔仅有2米之差，相距100米。至此，他们已经打败了卡雷尔的登山队。他们向山下望，可以看到意大利登山队正在距顶峰400米的地方。怀伯尔扔了个石子来吸引他们的注意。卡雷尔看到怀伯尔那条醒目的白裤子，就知道是谁打败了他。布勒伊的意大利人看到了顶峰有一面旗子，误认为卡雷尔成功登顶，开始欢呼庆祝。怀伯尔和

赫德森决定了下山的顺序。克罗打头，然后依次是哈多、赫德森、道格拉斯勋爵、老陶瓦尔德、怀伯尔和小陶瓦尔德。这一顺序似乎有些浪费克罗的专业技能。哈多打头阵本应是最好的选择。另外，道格拉斯和陶瓦尔德之间的绳子拴得不够牢固。就在距顶峰不远处，哈多滑倒，撞倒了前面的克罗，还拖倒了跟在后面的人。他们摔倒的时候，绳索在塔格沃尔德前意外断裂。四个人——克罗、哈多、赫德森以及道格拉斯——坠下北壁身亡。

W.A.B.库利奇
美国　　　　　　　　　　　　1850–1926年

1865年夏天，马特洪峰悲剧发生后不久，一个15岁的美国男孩从采尔马特给他母亲写了一封信，随信附有一张示意图，说明登山者当时是从哪儿坠落的，他写道："可怕的距离。"

这个男孩是威廉·奥古斯塔斯·布雷武特·库利奇，父亲是波士顿商人，母亲是荷兰人。库利奇在纽约州长大，为健康着想，他和姑姑梅塔·布雷武特（见第152—153页）一同住在阿尔卑斯山区。治疗十分奏效。这位身体孱弱、养尊处优、聪明伶俐的年轻人成了最著名的、同时也最具争议的阿尔卑斯登山史研究专家，同时也是一位登山能手。英国登山家珀西·法勒曾说，当人们谈到阿尔卑斯登山事件时，若没有提及库利奇的名字，"就如探讨《圣经》时不提上帝一样可笑"。

库利奇在阿尔卑斯登山事务中占据主导地位，他先是担任《阿尔卑斯登山杂志》的编辑，后与马丁·康韦合编了第一套综合性攀登指南。库利奇在阿尔卑斯山攀登过大约1700条登山路线，他把从攀登中所获得的广博知识，还有剑桥史学家般严谨的作风，都运用到丛书的编纂中。他是一个不留情面的批评家，曾因一本书遗漏了一处重音符号而对其大加批判。库利奇校对自己编写的书时——没人知道他的标准有多苛刻——也会责备自己所犯的错误。成年的库利奇从不放过任何一次辩论的机会，最有名的是他与怀伯尔就版画《阿尔默式跨越》（见第122—123页）争论不休。

厄瓜多尔火山
怀伯尔真正的攀登生涯随着马特洪峰悲剧的发生画上了句号，但他在南美洲取得了一系列的首登成就，尤其是首登钦博拉索火山及安第斯山脉的六座山峰。他在科托帕希山顶峰（如图所示）用了一个晚上的时间研究高原反应和无液气压计。

出版了系列指南，这让他又忆起了在阿尔卑斯山上的伤心往事。　　由加拿大太平洋铁路公司赞助，多次来到落基山脉，但由于酗酒很少完成攀登。

1894—1899年	1900—1905年	1905—1911年

第二次去格陵兰岛旅行，1880年，在厄瓜多尔进行研究考察　　于1899年结婚，一年后妻子突然离世，他当时远在美国　　再婚；育有一女，但这次婚姻也以悲剧结束；怀伯尔最后一次来到落基山脉，最终长眠于阿尔卑斯山

让-安托万·卡雷尔

自负的意大利先驱

意大利   1829—1890年

在1865年首登马特洪峰的戏剧性事件中，让-安托万·卡雷尔是主角。他把征服马特洪峰（在意大利被称为切尔维诺峰）视为意大利民族骄傲及个人声望的象征。他之前是石匠，曾参加过意大利独立战争。与他的英国对手，同时也是昔日队友的爱德华·怀伯尔一样，卡雷尔也梦想登上马特洪峰。尽管与首登马特洪峰失之交臂使卡雷尔十分沮丧，但他和怀伯尔依然是朋友。

山峰民族主义

与此前19世纪的登山者相比，卡雷尔为意大利而攀登马特洪峰这一举动更直接地体现了民族主义，但这也不足为奇。1865年，意大利的独立战争还未结束，登顶马特洪峰是意大利作为一个新国家的尊严的象征。民族主义和登山之间的联系在"二战"前后达到顶峰。意大利法西斯和纳粹党深知宣传登山运动的价值，但登山也提供了一种积极的方式，让意大利、德国和法国从战争的创伤中恢复。

让-安托万·卡雷尔在马特洪峰山脚下长大，在那个年代，马特洪峰还没有成为典型的山峰形象。1861年，21岁的爱德华·怀伯尔（见第142—145页）在去布勒伊的路上第一次见到卡雷尔，他这样描述这位年轻的意大利小伙子："他身材匀称，眼神坚毅，有些桀骜不驯，颇引人注目。"卡雷尔体型敦实，眼神犀利，蓄着一小绺时髦的胡子，一位历史学家曾说他长着一张"拼命三郎的脸"。

那时，卡雷尔30岁出头，是名退伍军人。受表哥让-雅克·卡雷尔鼓舞，于1857年首次尝试攀登马特洪峰。卡雷尔带着一个名叫阿梅·戈雷的神学院学生，兄弟俩登上了图尔南斯山口，他们开怀大笑，在瑞士一侧的山峰上踩着漂砾抵达蒂芬迈滕冰川。他们继续沿着这段山脊，第一次登上了狮子头山——一块位于意大利和瑞士交界处的巨石。下面便是狮子山口——意大利山脊和狮子山脊的起点处。这里就是卡雷尔攀登马特洪峰漫长征途的舞台。1858年，卡雷尔兄弟安全归来，他们登上了马特洪峰海拔3800米处。

卡雷尔的雄心使他不甘于仅做一名向导。当怀伯尔来到布勒伊时，意大利的向导产业才刚刚起步。卡雷尔提出的向导薪金十分离谱，怀伯尔听后扭头便走。

激情燃烧的雄心壮志

在怀伯尔第一次尝试攀登马特洪峰的那天黄昏，他看见山下有两个身影正走近他的帐篷，他认出了卡雷尔。"哦哦，"他喊道，"你后悔了。"但事实上，卡雷尔暗自努力，来此是因为他下定决心要打败怀伯尔，率先登上马特洪峰。第二天，卡雷尔又和表哥一起攀登，超过了怀伯尔和他的瑞士向导。下山之前，他们在此次攀登抵达的最高位置——海拔4032米的鸡峰，在石头上刻下了自己名字的首字母。一年以后，怀伯尔在石头上紧挨着他们名字的地方添上了自己的名字。

卡雷尔和怀伯尔并不是唯一想登上马特洪峰的人，英国兄弟桑德巴奇、查尔斯和阿尔弗雷德·帕克试图从东壁进行无向导攀登。1860年，英国的沃恩·霍金斯和约翰·廷德尔（见第128—131页）雇用让-雅克·卡雷尔进行登顶尝试。后来，廷德尔于1862年登上离顶峰仅有一步之遥的地方。

怀伯尔和卡雷尔之间的竞争与合作是马特洪峰首登故事中最扣人心弦的情节。"卡雷尔不是一个容易控制的人，"怀伯尔写道，"他非常自信地觉得他是瓦尔图南什的头号人物，他就该指挥其他人。他同样意识到，他是我不可缺少的人。"

1862年7月是疯狂的一个月，卡雷尔和怀伯尔一起攀登，随后又分开。廷德尔惊人地爬到了4241米处

生平事迹

- 与表哥让-雅克一起，完成对意大利山脊的首次勘查工作。
- 惜败对手怀伯尔，怀伯尔仅领先卡雷尔三天登顶马特洪峰。
- 与怀伯尔合作，在南美的安第斯山脉进行探险，在那里研究了海拔高度对身体的影响。

牧师登山者
图中的阿贝·阿梅·戈雷穿着登山钉掌靴，与卡雷尔一起，两次攀登马特洪峰。

的山肩位置,现在那里被命名为廷德尔峰。登上这处山肩后,廷德尔不再进行攀登,他只能眼睁睁地看着他的对手们接近成功,而当对手们失败而归时,廷德尔便一声叹息,松了一口气。

1865年,首登马特洪峰的戏剧性事件围绕着卡雷尔和怀伯尔之间的复杂关系展开。1863年,一位名叫朱塞佩·托列利的记者、政客采访了卡雷尔。当时卡雷尔正和一些朋友筹建意大利的阿尔卑斯俱乐部,希望能首次登上马特洪峰,为意大利争光。为了这些意大利朋友,卡雷尔放弃了1865年夏天与怀伯尔的约定。

当怀伯尔站在顶峰时,他想起了卡雷尔。"卡雷尔是首批尝试攀登马特洪峰的人,他最应该成为第一个登上此峰的人。"紧随怀伯尔的脚步,卡雷尔在三天后与让-巴普蒂斯特·比克一起从难度更大的意大利山脊登顶。卡雷尔曾多次攀登马特洪峰,其中一次与怀伯尔合作。他和哥哥及怀伯尔一起攀登过安第斯山脉。

攀登钦博拉索火山
1879至1880年间,卡雷尔和哥哥路易斯及怀伯尔一起攀登厄瓜多尔的11座高峰。他们共完成了七次首次登顶,其中包括攀登这个国家的最高峰钦博拉索火山。

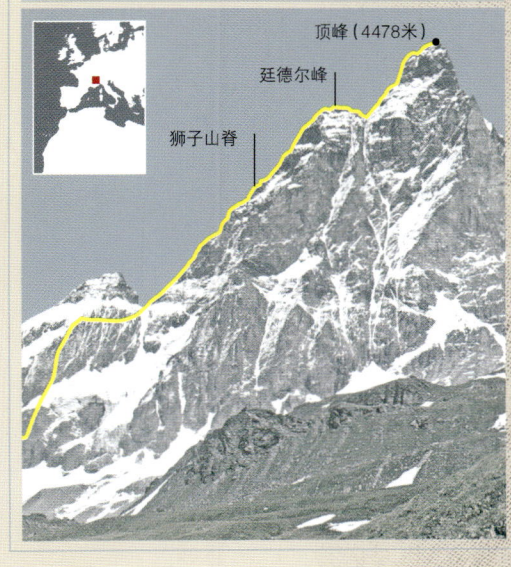

马特洪峰

意大利山脊

— 1867年7月17日

1862年,卡雷尔与约翰·廷德尔一起到达了狮子山脊的山口。在攀登过程中,他横跨到另一处,避开了山顶上陡峭的岩石。1867年,约瑟夫和让·皮埃尔·马奎纳兹从直线路线登顶。如今,登山者采用的和下图中展示的就是这条路线。

体验高山

传播登山

19世纪初，高山是文学和科学写作中的一个常见主题，但在19世纪50年代，英国出现了一种新的书籍，书中主要描写的是攀登阿尔卑斯山脉过程中的紧张和兴奋。由于开展登山活动的地点令人兴奋，攀登过程也扣人心弦，山地文学繁荣起来，同样，也唤起了那些纸上谈兵的冒险家和新追随者对登山信息的渴望。

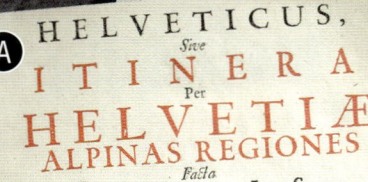

登山书籍是传播登山者攀登经历的最好途径。同时，山地文学的突然出现，表明人们对登山出版物有一种需求和热望，希望出版业能够分享登山信息、宣传登山成就。詹姆斯·戴维·福布斯的作品（见第66—67页），尤其是他1843年出版的《萨伏依阿尔卑斯山之旅》，鼓舞了一小批早期阿尔卑斯山旅行者及一些当时活跃的登山者。因为疾病缠身，福布斯不能再继续攀登，但他成为阿尔卑斯俱乐部的首位荣誉会员，他鼓励并支持爱尔兰艺术家、登山者安东尼·亚当斯-赖利出版了第一幅勃朗峰地图。

福布斯的作品科学性非常强，但通俗易懂。19世纪50年代，出现了一种新的阿尔卑斯登山书籍，在这类书中，作者描述了登山本身所具有的戏剧性及挑战性。1856年，艾尔弗雷德·威尔斯（见第118—119页）的《游走在阿尔卑斯山》由理查德·本特利出版，同年，威廉·朗曼出版了查尔斯·赫德森（见第138—139页）和爱德华·雪莉·肯尼迪所写的《有志者，事竟成》。虽然朗曼在四十多岁时才第一次通过出版物与登山运动相遇，但他对此无比着迷，后来成为阿尔卑斯俱乐部的主席。

朗曼也出版过阿尔卑斯俱乐部的早期期刊《山峰、山口及冰川》，委托爱德华·怀伯尔（见第142—145页）为期刊绘制系列插图。1871年，三部经典之作的出版将这股文学热潮推到顶点——怀伯尔的《在阿尔卑斯山攀登》、约翰·廷德尔（见第128—131页）的《在阿尔卑斯山脉的攀登时光》及莱斯利·斯蒂芬（见第134—135页）的《欧洲的运动场》。后者收录了作者攀登齐纳尔洛特峰时的真实记录："我主要依靠绳子攀登；经过了好一番折腾，我才安全地登上一段相对稳固的岩脊。"

> 对大自然的爱与人类心中所有最高贵的东西紧密相连。
>
> ——莱斯利·斯蒂芬

A 登山年鉴
1723年，约翰·雅各布·朔依希策出版了《阿尔卑斯登山路线》，这是人们对阿尔卑斯山脉燃起科学兴趣的早期例证。

B 维多利亚游记
1843年，詹姆斯·戴维·福布斯撰写的《萨伏依阿尔卑斯山之旅》出版，这是一部振奋人心的著作，但基本上是谈科学的。

C 非洲冒险
1890年，汉斯·迈尔出版了他首登乞力马扎罗山的记录，为登山文学这一体裁增添了些许异国情调。

D 冰冷读物
此书副标题为"勇气与灾难的故事"，这部1894年版的作品满足了公众对高海拔危险的好奇。

E 出版高山作品
在出版有关阿尔卑斯山的书籍的同时，威廉·朗曼在四十多岁时亲自前往阿尔卑斯山考察。在攀登阿莱奇冰川时，登山向导用一块手帕将朗曼与自己绑在一起。

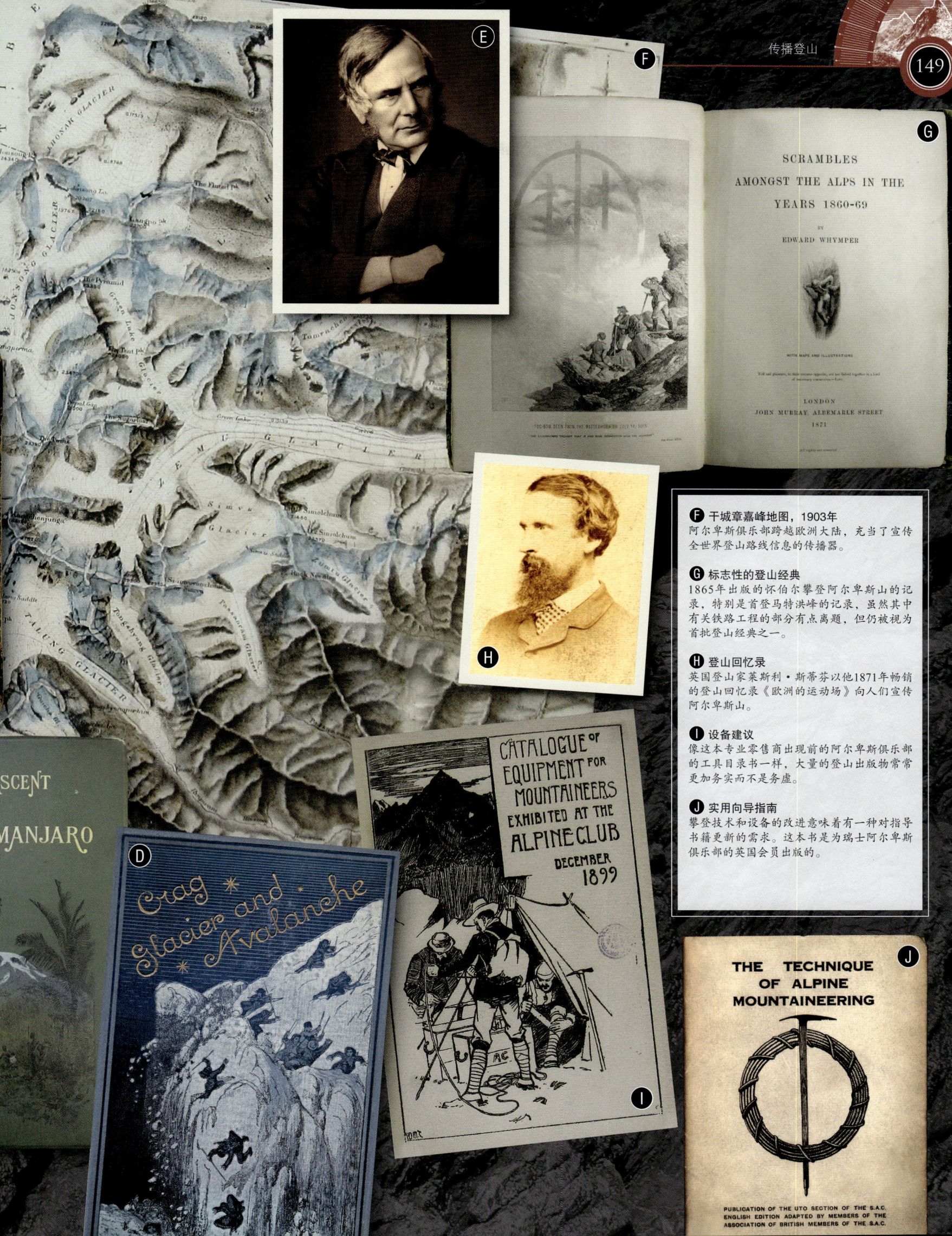

传播登山

F 干城章嘉峰地图,1903年
阿尔卑斯俱乐部跨越欧洲大陆,充当了宣传全世界登山路线信息的传播器。

G 标志性的登山经典
1865年出版的怀伯尔攀登阿尔卑斯山的记录,特别是首登马特洪峰的记录,虽然其中有关铁路工程的部分有点离题,但仍被视为首批登山经典之一。

H 登山回忆录
英国登山家莱斯利·斯蒂芬以他1871年畅销的登山回忆录《欧洲的运动场》向人们宣传阿尔卑斯山。

I 设备建议
像这本专业零售商出现前的阿尔卑斯俱乐部的工具目录书一样,大量的登山出版物常常更加务实而不是务虚。

J 实用向导指南
攀登技术和设备的改进意味着有一种对指导书籍更新的需求。这本书是为瑞士阿尔卑斯俱乐部的英国会员出版的。

"淑女也能做到"

在19世纪，如果说登山运动对男性来说是一项有道德争议的活动，那么对女性来说更是如此。但一些女性登山者在大山中找到了自由，并证明了自己的毅力完全可与男性媲美。

露西·沃克和登山队
沃克小姐（右）看起来娴静端庄，实际上却是一位不屈不挠的高峰攀登者，她是第一位登上马特洪峰的女性，比竞争对手梅塔·布雷武特提前几天登顶。

人们常常认为登山运动是属于男性的，是一项富有男子汉气概的活动，但登山史上早就有活跃的女性登山者。1808年玛丽亚·帕拉迪（见第100—101页）登上了勃朗峰峰顶，她虽自此不再攀登，但这项成就意义非凡。第二位登顶勃朗峰的女性名叫亨丽埃特·德安热维尔（见第100—101页），她是一个狂热的高山攀登者，拒绝了男性的组队请求，独自带队登顶勃朗峰，直到69岁还在坚持攀登。1854年，汉密尔顿夫人和她丈夫一起攀登，成为第一位登顶勃朗峰的英国女性。早在1876年，第一支冬季登顶勃朗峰的队伍中，就有女性攀登者伊莎贝拉·斯特拉顿。

在19世纪，在反自由受限的社会背景下，女性登山者的个人能力迅速提高，并取得了登山佳绩。在高海拔地区林木线之上的地方，她们发现自己可以摆脱一些来自社会的限制以及那个时代对服装的要求。她们也享受对体力要求很高的苦差事，许多

登山绳索、照相机、行动！
除了登山装备，伊丽莎白·勒布隆还带着相机登顶，成为19世纪90年代著名的山地摄影师。

女性特别是上层阶级的女性都不愿意做的事情。英国登山者凯瑟琳·理查森就是这样一个在大山中发现自由的人。她完成了100多次重要的攀登，包括6次首登，和14次女性首登。她的忍耐力令人印象深刻。尽管瘦小柔弱，却极其顽强。1888年，她直接从山谷下面的贝拉尔德登上了拉梅热山。她晚上9点离开酒店，第二天5点半下午茶时返回，登顶途中几乎马不停蹄。同年，她和埃米尔·雷伊及让-巴普蒂斯特·比克一起，首次攀登了最迷人的勃朗峰登顶路线：途经比奥纳塞峰及古特圆顶峰的西山脊。

高海拔的自由

在评判女性登山者及她们的行为时，潜台词里总是有性自由。伊莎贝拉·斯特拉顿与向导让·沙莱结婚了，露西·沃克（见第152—153页）则毕生钟情于她的向导梅尔基奥·安德雷格（见第126—127页），遗憾的是后者早已成婚。A.F.马默里（见第168—171页）和他的妻子一起

> 在19世纪，社会阶层较高的女性过着一种受限制的生活，但许多女性都享受着自由，迎接登山运动在体能上的挑战。然而，直到20世纪20年代，女性着裤登山才逐渐被社会接受，用不着再为着裙登山烦恼。

登山，但也与天资聪颖的莉莉·布里斯托一起登山。他们成功地登上了格雷蓬峰，马默里有点讽刺意味地引用了莱斯利·斯蒂芬（见第134—135页）的观点：登山难度越来越低，直到"连淑女也能做到"。布里斯托谈到她与马默里等人一起攀登德吕峰时，在家书中写道："这次登山虽不如攀登格雷蓬峰那么艰难，让人几乎喘不过气来，但也相当辛苦。"她还谈到，马默里愿意与女性一起登山，这在游客中引发了热议。

穿着裙子登顶

社会文化强加给女性的裙子，对女性登山者而言，无疑是一大不利因素。1859年，亨利·沃克-科尔曼夫人写信抱怨道："裙装对女性登山者来说是很不方便的，即便做了最精心的处理。因此，每一个能减轻这种困扰的建议都该被采纳。"她建议在裙子底部缝上松紧绳，这样在开始登山的时候，女性可以把裙子卷起来。

同行男性对女性登山者的举动及穿着不置可否。颠覆着装规范是要冒一定风险的。凯瑟琳·理查森的登山伙伴玛丽·帕永采取了更合

女性的选举权
"一战"后，选举权运动使约束女性生活的态度开始有所改变。即便如此，女性依然不能加入阿尔卑斯俱乐部。

钟形帽和骑马裤
到1929年，英国登山者凯特·加德纳（左），认为她可以穿马裤登山，而且不引起非议。然而，女性登山者的成就依然没有完全得到认可。

背景介绍

- 19世纪，社会对登山运动知之甚少，因此大部分人体会不到女性登山者所追求的自由。对于少数女性而言，登山运动已经成为社会、身体解放的一种形式。
- 露西·沃克和梅塔·布雷武特（见第152—153页）是早期女性登山者中的佼佼者。伊丽莎白·杰克逊完成了140次重要的攀登，包括登顶并跨越少女峰。贝亚特丽斯·托马森攀登多洛米蒂山是女性攀登的良好的开端。
- 女性登山俱乐部成立于1907年，一些人却认为它的等级低于男性登山俱乐部。1921年，平纳克尔女性登山俱乐部成立。

理的方案，即穿男装攀登，但没有几个人像她一样有勇气。早期大多数女性登山者仍穿裙子或者在裙子里面穿马裤，她们走到最近一家旅馆，在无人看到的地方才把裙子脱下来。

被忽略的成就

接着，与丈夫之外的男人露营的得体性受到怀疑，此外，女性攀登者的成就不被承认，许多人认为所有艰辛都是与她们结伴的男性克服的。但皮金姐妹安娜和艾伦翻越了瑞士采尔马特上方的塞瑟峰——返程让人望而生畏，这震惊了整个阿尔卑斯俱乐部。她们的向导让·马丁在登山时迷了路，两姐妹只好折回去寻他："相信我们在实践中磨砺出的智慧，胜过了一个瑞士农民的专业知识。"后来，皮金姐妹从布勒伊抵达采尔马特，成为首次穿越马特洪峰的女性，返程时的宿营条件十分恶劣。

爱德华时代的女性在辟路攀登
那慕尔夫人因着男装而闻名，1908年，她手举冰镐，摆出了一个坚定而自信的姿势。许多与她同时代的女性登山者都会把裤子藏在长裙下，到开始登山时才脱下裙子。

沃克和布雷武特

开辟女性的阿尔卑斯之路

英格兰　　　　　　　　　1835—1916年
美国　　　　　　　　　　1825—1876年

露西·沃克　　布雷武特

19世纪60年代至70年代初期，两位女性为女性登山事业做出了重要贡献，她们一个是英国人，一个是美国人。1897年，沃克和布雷武特成为对手，争当首位登上马特洪峰的女性。虽然露西·沃克年纪小，但她的攀登经验更为丰富，成为后代女性登山者的榜样。

生平事迹

- 为自己的健康着想，露西·沃克开始攀登阿尔卑斯山，凭借骨子里对登山的热爱，沃克成了世界上第一位伟大的女性登山者。
- 沃克是首位登顶罗萨峰和芬斯特拉峰的女性，后来又登上了林普菲施山。
- 沃克共完成98次探险，其中多次都是女性首登。
- 梅尔基奥·安德雷格是她最喜爱的向导，在他的帮助下，沃克击败布雷武特，抢先完成了马特洪峰的女性首登。
- 回到伦敦后，作为女性登山俱乐部的第二任主席，沃克成为女性攀登事业的领军人物。
- 布雷武特进行了许多次重要攀登，却没能完成她的阿尔卑斯山目标。
- 布雷武特和向导尼古拉斯·努贝尔一起完成了魏斯峰、布朗什峰和比奇峰的女性首登。
- 布雷武特以侄子W.A.B.库利奇的名义，在《阿尔卑斯登山杂志》上发表了一篇有关自己的成就的文章。

露西·沃克的父亲弗朗西斯和哥哥贺拉斯都是阿尔卑斯俱乐部的早期成员，她的哥哥也是一名真正的登山者，首次登顶沃克峰——大乔拉斯峰的最高峰。大乔拉斯峰坐落于勃朗峰所在的群山中。

1858年，医生建议露西通过徒步治疗风湿，于是她开始与父兄一起攀登阿尔卑斯山。她首次攀登的是海拔3301米的泰奥迪勒山口。壮观、独立的山峰激发了露西攀登阿尔卑斯山的热情。三人攀登了采尔马特、霞慕尼和格林德瓦上方以及多菲内山的主要山峰。

与安德雷格相遇

1859年，在瑞士盖米山口下的施瓦伦巴赫酒馆里，露西遇见了梅尔基奥·安德雷格（见第126—127页），后者随后成为她全家最喜爱的向导。后来，有人问露西为何终身未嫁，她回答："我爱高山和梅尔基奥，但他已有家室。"

沃克共进行了98次独立探险，只有三次没有成功，其中多次是女性首登。她是巴尔姆峰的首登者，第四个登上艾格峰的人，在攀登艾格峰时，她用香槟和松糕补充能量，缓解高原反应。沃克能成为首位登顶马特洪峰的女性要归功于安德雷格，他透露了梅塔·布雷武特的登山计划。沃克一完成魏斯峰的女性首登，就冲向采尔马特，在三天之后率先登上马特洪峰。

1897年，沃克虽遵照医嘱放弃了登山，但她经常重返阿尔卑斯山区。她几乎不做比槌球强度更大的锻炼，而是把时间花在娱乐或刺绣上，抑或像维多利亚时代的楷模一样做点社会公益。沃克一家都对出名不感兴趣，所以外界对露西的登山细节知之甚少。露西是爱德华·怀伯尔的版画《采尔马特俱乐部活动室》（见第118—119页）中唯一的女性。后来，她接替伊丽莎白·勒布隆（见第156—157页）成为女性登山俱乐部的第二任主席，被誉为女性登山运动的先驱。

拉梅热山

中央峰　1870年6月28日

中央峰（3973米）
巨峰（3984米）

- **出发**
  库利奇、布雷武特、克里斯蒂安·阿尔默和乌尔里克·阿尔默一同出发。当时，他们并不知道最高峰是巨峰还是中央峰。
- **轻松前进**
  中段路程比他们预计中的要容易许多。
- **停在中央峰**
  他们看到巨峰更高，但阿尔默认为通向巨峰的山脊是不可攀登的。1885年，席格蒙迪兄弟成功登顶巨峰。

四条腿的攀登者
布雷武特和库利奇（左二）共参与了十多个登山季；了不起的登山犬钦格尔共参加了66次登山。

无畏的三剑客

玛格丽特·梅塔·布雷武特的大部分青春时光是在一所巴黎女修道院里度过的，后来陪侄子W.A.B.库利奇（见第145页）从美国回到欧洲，因为医生建议后者最好在地中海地区过冬。

1865年，马特洪峰悲剧（见第136—137页）发生后不久，布雷武特和库利奇到采尔马特旅行。两人都被阿尔卑斯山的美景所折服。

布雷武特还梦想着登上马特洪峰。库利奇恢复了登山者的活力，他在阿尔卑斯山度过了33个夏天，后成为19世纪最重要的登山史研究专家。

露西·沃克腼腆谨慎，布雷武特却大方健谈，布雷武特决心成就一番事业。"我也说不清为什么选择多菲内山，"库利奇回忆道，"但我认为是因为探索未知领域的志向。"

在法国西南部尚未被探索过的多菲内阿尔卑斯山中，布雷武特和库利奇首次登顶数座山峰。他们经常在克里斯蒂安·阿尔默（见第122—123页）的陪同下攀登，有时带一只叫钦格尔的狗——阿尔默在他们第一次一起探险时送给库利奇的。多菲内山区人迹罕至，这意味着住宿条件十分恶劣，布雷武特抱怨说："身上的跳蚤多得捉不完。"1870年，在第一个登山季，45岁的布雷武特和侄子完成了拉梅热山中央峰的首登和埃克兰峰的第二次登顶。虽已登上70多座主峰，但布雷武特最大的志向是完成马特洪峰的女性首登以及拉梅热山巨峰的首登。尽管结果令她很失落，但布雷武特仍对露西·沃克表示了祝贺。布雷武特继续完成了马特洪峰的第四次登顶并跨越，也是首次女性登顶并跨越。

1870年9月5日，布雷武在特完成马特洪峰穿越后继续攀登。她从比约克出发沿基特森的路线攀登了魏斯锋，经南山脊登上布朗什峰，接着从北山脊和西山脊登顶并跨越了比奇峰。以上都是首次女性攀登。布雷武特曾给《阿尔卑斯登山杂志》写过一篇攀登比奇峰的文章，但碍于女性身份，该文只能以库利奇的名义发表。1876年，布雷武特猝然离世。

便服

19世纪的社会规范使女性只能穿束身衣登山，这种衣服只适合星期天在公园里散步时穿。穿着及踝的长裙登山十分不方便。凯瑟琳·理查森是一位英国登山者，有一次，同伴的裙子带动石头往下滚，她差点因此丧命。露西·沃克经常穿着裙子登山，她的裙子大都是白色的，而且很宽松。为了解决这个问题，梅塔·布雷武特在裙子底下穿上马裤，她会在经过途中最后一个村子之后脱下裙子。

蔑视习俗

两位女性参加登山活动，正面对抗性别偏见。一本登山指南曾写道："针对女性能否参与登山运动这个令人恼火的问题，我们会毫不犹豫地说'不'。"

穿着长裙旅行　约1865年
导游带领着一队女性游览者穿越法国霞慕尼小镇之上的冰海。在登山这项运动初始时,女性攀登者就非常活跃,虽然她们自由受限,还经常遭到不公正的待遇。即使在20世纪,像弗蕾达·杜福尔(见第158—159页)这样的女性攀登者还会因为单独与向导登山而遭人非议。

伊丽莎白·勒布隆

早期山地摄影师和电影制作人

英格兰　　　　　　　　　　　1860—1934年

像维多利亚时代许多有所成就的女性一样，伊丽莎白·勒布隆认为登山运动能够促进社会解放。在其自传中，勒布隆曾写道："我万分感恩山脉将我从传统的枷锁中解放出来。"勒布隆曾完成多个首登，游历过许多地方，但利斯卡姆峰的悲剧发生以后，她在阿尔卑斯山的攀登活动大大减少了。勒布隆也是一位颇有成就的山景摄影师，她第一次拍下了冬季运动的动态影像。

登山用具
勒布隆和向导克里斯蒂安·施尼茨勒（左）。1898年，在攀登莫特拉奇峰时，他们穿了一种最早在加拿大使用的笨重雪靴。

勒布隆生于伦敦一个爱尔兰家庭，在爱尔兰威克洛郡长大，在成长过程中，她并没有想过要攀登高山。然而，在阿尔卑斯俱乐部的保守者E.L.斯特拉特上校看来，无论是在男性还是女性、专业还是业余的登山者中，勒布隆对山脉的判断都是最精准的。

像许多成功的登山者一样，勒布隆年轻时身体状况不佳。她和第一任丈夫弗雷德里克·G.伯纳比上校从伦敦"逃"到圣莫里茨享受纯净的高山空气，后者是著名的探险家、士兵和热气球驾驶员。挂着登山杖，勒布隆从蓬特雷西纳镇出发，抵达迪亚沃勒扎峰山口时，

生平事迹

- 勒布隆在阿尔卑斯山、挪威群山和冰川上完成了十几次攀登，是冬季登山的先驱之一。
- 19世纪90年代，因摄影才能出众，勒布隆成为世界上第一个山地电影制作人。
- 按时间顺序，勒布隆在八部书中记录了自己的登山成就。
- 勒布隆的努力是女性阿尔卑斯俱乐部得以成立的一大原因。

她被眼前的美景折服，决定继续攀登。1880年儿子哈利的出生，1885年丈夫在苏丹战死，都没有浇灭她的攀登热情。勒布隆雇用的都是最好的向导，在采尔马特，她雇用了约瑟夫·英博登和他的儿子罗曼，在霞慕尼，她雇用了埃米尔·雷伊和爱德华·屈佩兰。勒布隆十分好学，并和亚历山大·伯格纳（见第166—167页）一起登上了马特洪峰。

冬季攀登

19世纪80年代初，勒布隆取得了登山生涯中最出色的成就。1882年，她登上了法意边界的大乔拉斯峰和巨齿峰。同年1月，她首次穿越了霞慕尼几个高海拔山口——塔库尔山口、沙尔多内山口以及阿让蒂耶尔山口。她还首次在冬季攀登南针峰。"新的探险总是给我带来极大的乐趣。"勒布隆写道。一个月后，她与出色的意大利摄影师维

讲座海报
1915年，勒布隆在伦敦开展"灯笼讲座"，上图讲座的宣传海报。灯笼讲座是用到幻灯片放映的一种讲座。

托里奥·塞拉（见第199页）尝试在冬季攀登罗萨峰，但天气恶劣，他们只登到海拔4200米处。勒布隆的摄影作品得到了英国小说家E.F.本森的赞誉，并作为插图出现在他的《瑞士的冬季运动》一书中。

伙伴

勒布隆的行事作风以及随心所欲的穿着遭到了批评和反对。一次，她照例将长裙压在岩石下面，穿马裤攀登，但大雪卷走了她的裙子时，这让勒布隆又惊又怕。回到村里，她躲在树丛后，让向导约瑟夫·英博登回酒店取她所需的衣物，勒布隆回忆道："我心惊胆战地等他，过了很长时间，他才拿着我的长裙回来。"20多年来，英博登一直与勒布隆保持着亲近的登山伙伴关系。与他的儿子罗曼一起，他们攀登过采尔马特周围的大部分高峰，最为人所熟知的，

是他们在一天内两次攀登齐纳尔洛特峰。然而，在1895年那"可怕的一天"，罗曼·英博登与另一个登山客在攀登利斯卡姆峰时不幸坠亡。自那以后，约瑟夫和勒布隆都对阿尔卑斯山有了不一样的感情。"我再也不能像过去那样，轻松愉快地与约瑟夫一起登山了。"

约瑟夫·英博登和勒布隆同游挪威，两人在英国登山者中小有名气。勒布隆著有一部关于灵恩阿尔卑斯山的书，她曾在这座山上完成过几次首登。19世纪90年代末，勒布隆在瑞士恩加丁山谷试验拍摄了一组冬季攀登动态影像，成为第一个山地电影制作人。

1900年，勒布隆嫁给第三任丈夫奥布雷·勒布隆。1907年，勒布隆成为女性登山俱乐部的主席。尽管几度开辟登山路线，并且在冬季攀登中极富开拓性，但勒布隆依旧是谨慎的登山者："冒险从来都不是登山队立足的保证，不做无谓的冒险，这才是一支登山队骄傲的资本。"

上流社会的震惊

1882年，勒布隆在攀登勃朗峰时向同伴们坦白，在此之前，她甚至没有自己穿过鞋——都是女佣帮她穿的。女佣与人私奔后，勒布隆发现自己竟能很好地完成这类生活琐事。然而，勒布隆的登山活动却惹恼了她所在的上流社会。她伯祖母看到她晒黑的脸后，立刻给她母亲写信道："快阻止勒布隆爬山吧！这已经震惊了整个伦敦城，她现在看起来简直是个印第安人。"

勒布隆自制的防晒布面具。

北极山峰

1897年，勒布隆开始攀登挪威最北方的灵恩阿尔卑斯山（如图所示）。在一次攀登之后，她"发现了一座小山峰，但周围没有适合命名的冰山或山谷，于是她便大胆地给它取名为伊丽莎白峰"。

弗蕾达·杜福尔

首位登顶库克山的女性

澳大利亚　　　　　　　　　　　　　　　　1882—1935年

世界上没有一位女性登山者像弗蕾达·杜福尔那样坚定地挑战运动与社会的底线，也很少有人像她那样能言善辩。经过不懈奋斗，在1900年，杜福尔成为第一位登上新西兰库克山的女性，以及"一战"之前新西兰登山界的先锋。后来，杜福尔定居伦敦，投身于女性选举权运动，渐渐淡出登山活动，并沉浸在丧夫之痛中。

生平事迹

- 成为首位登上库克山的女性，并出版了相关的登山记录。
- 成功地完成了库克山三大主峰的首次登顶并翻越，这是"一战"前女性登山者的最杰出成就之一。
- 成为首位登顶新西兰南阿尔卑斯山脉三座最高峰（库克山、塔斯曼山和丹皮尔山）的女性。

1909年1月，杜福尔和向导彼得·格雷厄姆被阻在库克山的山脚下。他们系着同一条绳子，试图翻过冰裂缝。格雷厄姆想攀岩而下，到冰裂缝的另一侧。随后，他意识到杜福尔的体重仅为51公斤，如果他在攀岩过程中坠落，她根本拉不住。为了安全，格雷厄姆决定放弃尝试。杜福尔回忆道："那是我一生中最痛苦的时刻。"她为自己的软弱感到失望和气恼。

弗蕾达·杜福尔出生在悉尼，早年曾随全家，游览城市外的库灵盖狩猎地国家公园，初次接触野外景色，并在那里尝试攀岩。1906年，在与父亲游览新西兰时，她深深地被克莱斯特彻奇一个展览中的一组南阿尔卑斯山风景照所吸引，其中就包括了库克山，杜福尔下定决心要去那儿看看。

保护人

在库克山露营基地——赫尔蒂奇，杜福尔遇见了彼得·格雷厄姆，那是他做总向导的第一年。格雷厄姆教她一些登山方面的基本常识。杜福尔一下子对登山运动和高山着了迷："眼前的崇山峻岭直插云霄，它们唤起了从未有过的共鸣，并且填补了我自己从未意识到的空白。"

格雷厄姆非常欣赏独立的女性，作

追求平等

1914年，杜福尔和其伴侣缪里尔·卡多根游览欧洲，并打算攀登阿尔卑斯山。"一战"的爆发，打乱了他们的计划，却给了他俩在伦敦工作的机会，此后，他们一直生活在英格兰，直到1929年卡多根去世。战争期间，杜福尔一直致力于开展女性选举权运动。作为在男、女登山运动中创下新纪录的女性，她十分不满女性在阿尔卑斯俱乐部的从属地位，并开始追求女性登山者的完全平等权。

女性选举权运动游行示威，1912年摄于伦敦市中心的一条街。

> 在孤寂的峰顶，精神、想象……偷偷地潜入登山者的心，不容拒绝。
>
> ——弗蕾达·杜福尔

库克山

1913年1月3日　大翻越

- **登上低峰**
  杜福尔、格雷厄姆和汤姆森于凌晨两点离开营地，并于清晨七点登上低峰。

- **中峰**
  从第一座山峰到中峰的路就像"参差不齐、锯齿般的牙齿"。

- **高峰**
  登山小队在下午一点半翻越高峰山脊后登顶，驻足一个多小时后，才开始下山。

为女性攀登者的向导，他感到非常荣幸。1908至1909年夏天，杜福尔回到了新西兰，听说她立志成为首位登顶库克山的女性，格雷厄姆大受鼓舞。但是，与女性登山者云集的欧洲不同，在新西兰，一名年轻女子和男性向导单独登山会遭到强烈反对。格雷厄姆也不能追求杜福尔，这会使他失去登山向导的工作，但他们的关系仍惹人非议。曾有一位女子请求杜福尔"不要了爬山这桩小事毁了自己的人生"。

尽管从姑母那儿继承了大量财产，杜福尔仍因自由受限而感到愤怒。只有置身山中，她才能实现自我价值。"所有原始的感情——饿与渴，冷与热，喜悦与恐惧——都变成我们的一部分，我们是征服者，一寸一寸丈量自己的领土……在孤寂的峰顶，精神、想象，无论怎么命名，它偷偷地潜入登山者的心，不容拒绝。"杜福尔最先攀登的是锡利山，当时她觉得必须再找个脚夫同行。后来，这名脚夫在登山时滑倒，杜福尔娴熟地用绳索救了他一命。

创造历史

杜福尔回到悉尼后，进行了严格的训练，并在这个过程中与名叫缪里尔·卡多根的教练坠入爱河。在卡多根的帮助下，28岁的杜福尔以最佳状态返回新西兰。在第二任向导——格雷厄姆的哥哥的指导下，杜福尔成功登顶库克山，贺信电报蜂拥而至，使她惊讶不已，同时为自己在登山过程中传达的政治信号而自豪。接着，杜福尔继续新西兰南阿尔卑斯山的攀登之旅，艰难地完成了塔斯曼山的第二次登顶。杜福尔最大的成就是在1913年首次登顶并翻越库克山三大主峰。

1914年，杜福尔与卡多根去了伦敦，但她对女性阿尔卑斯俱乐部无动于衷，无法理解为何阿尔卑斯俱乐部只允许男性加入。她还开始组织女性选举权运动。杜福尔与卡多根在英格兰居住了几年，卡多根因精神疾病而离世后，杜福尔回到澳大利亚，变得孤独、寂寞，最终在1935年自杀。

登山小队
在彼得·格雷厄姆（右）和亚力克·格雷厄姆的指导下，1910年，杜福尔历史性地登上了库克山。与爱德华时代传统不同的是，杜福尔在灯笼裤和绑腿外面穿了一条及膝裙。

现代登山运动的诞生

登山运动在黄金时代取得了巨大成就后，其形式变得与今天的登山运动更为接近。攀登方式、攀登对象和攀登工具获得了与登上顶峰同样重要的地位。

新潮流的反对者
阿尔卑斯俱乐部中一些资历较深的成员认为，在没有向导的情况下登山非常危险，代表人物如查尔斯·E.马修斯（上），他非常看重登山者与向导之间的个人关系。

到1870年为止，大部分阿尔卑斯山峰都已被登山者"征服"，其中包括那些人们一度认为不可征服的高峰。1876年，英国登山者克林顿·登特（见第164—165页）曾半开玩笑地说，阿尔卑斯俱乐部的前辈们已征服过太多山峰，这使下一代登山人在阿尔卑斯这片土地上失去了奋斗目标。但在追求更高的登山技巧方面，登特是认真的。途中覆有冰雪的路线往往是登顶的捷径，随着这些路线被成功攀登，主流登山者转而选择岩石，尤其偏好各种各样阿尔卑斯山特色针峰（陡峭的尖峰）。

登特亲自带路，立志要攀上德吕峰。德吕峰位于法国境内阿尔卑斯山脉，山体以石灰岩为主，高高地矗立于霞慕尼小镇后。随着登山运动的发展，阿尔卑斯山中未被涉足的山峰越来越少，登特认为，同登顶一样，登山路线也应引起人们的重视。人们不再执着于首次登顶的荣耀，转而追求全新的、要求更严苛、更具吸引力的登顶路线。因此，一种全新的登山标准应运而生。

这同时也是一个充满道德争论的时代。如果依靠那些铁制的工具，一个人就能克服任何困难，那登山"冒险"的意义何在？

攀冰已是明日黄花？
阿尔卑斯俱乐部主席曾一度告诫登山者，不要过于追求攀登的专业化："现在，攀岩与岩峰更受人青睐……雪山已不再具有昔日的吸引力……当人们说一种登山形式是攀岩时，也就把另一种形式贬为在雪地里自讨苦吃。"

最后的辉煌
"巨齿峰"有两座高峰。1882年，登山者成功登顶两座高峰，标志着登山"白银时代"的结束。

攀登更高的山峰
来自德国的登山者保罗·古斯费尔特（左二），在完成阿尔卑斯多座山峰的首登后，于1883年继续冲刺西半球的最高峰——位于安第斯山脉的阿空加瓜山。

背景介绍

- 1874年，德国、奥地利的阿尔卑斯俱乐部合并，利用共同的经济力量在整片东阿尔卑斯山脉建造了众多山间小屋，加快了该地区登山运动的发展。

- 在登山精英群体中，无向导攀登越来越流行。与此同时，也出现了一类新型向导，他们更富激情且雄心勃勃。有"向导王子"之称的意大利人埃米尔·雷伊与德国登山人保罗·古斯费尔特沿一条全新的路线攀登勃朗峰，这趟冒险征程收获的乐趣是不能用金钱来衡量的。

- 随着登山群体的扩大科技发展速度的增快，登山事故数量也不断攀升。阿尔卑斯俱乐部严令禁止单人攀登，但即便是有向导的登山队也不能完全规避风险。威尔士有名的攀岩者O.G.琼斯在攀登瑞士布朗什峰时，因其登山向导跌倒而意外身亡。

- 人们开始担忧一些冒险爱好者会低估这项新兴运动的风险。美国学者、登山家W.A.B.库利奇（见第145页）写道："如果登山运动沦为赌博的形式……那么它将再也不是我们现在所看到的样子，也将不是我们所熟知的高雅娱乐方式。"

登山方式的优劣

经验丰富的登山人开始意识到，与勘探这种方式证明结果的过程不同，登山方式往往决定结果。1880年，英国19世纪的登山明星A.F.马默里（见第168—171页），尝试完成巨齿峰的首次登顶，这是阿尔卑斯山为数不多的未被征服的山峰了。失败之后，他曾宣称，即使有完备的工具，巨齿峰也是无法被征服的。但就在两年后，登山向导让-约瑟夫·马奎纳兹为登山客做了充足的准备。他花了四天时间，凿出立足点，钉牢岩钉，铺设了150米的固定绳索，这一切，只为登上那梦寐以求的顶峰。

除登山工具外，向导也是登山运动之争中的竞争领域之一。最初的登山运动通常是有钱的英国业余爱好者与熟悉地形的当地人合作。但随着业余爱好者专业技能、专业知识的提升，登山向导这个定义变得模糊起来。越来越多东阿尔卑斯有能力的德国与奥地利登山者，以及西阿尔卑斯的某些英国登山者认为，脱离向导独自登山能使自己掌控一切，包括登山所得的奖金报酬。简言之，这让他们更有成就感。德国和奥地利的登山者大多都是住在深山

> 1866至1882年间，阿尔卑斯山最后一座山峰也已被人类征服，登山者开始将探索的目光投向高加索山、比利牛斯山、落基山以及安第斯山。1883年，人们开始对亚洲更为雄伟的山脉进行大规模探险。

中一文不名的学生，对于他们来说，不用花钱请向导就能登山，也有其经济意义。

激进的思想

这个时代的登山运动与东阿尔卑斯紧紧联系在一起，并且这一登山"流派"培养出了许多了不起的登山者，其中最出色的是来自奥地利南部克拉根福的路德维希·普特舍勒（见第173页）。普特舍勒原本是一名教师，他先后攀登过1700条登山路线，大多都是他所在地区的石灰岩山峰。

普特舍勒是单人攀登的早期支持者，这后来几乎成为德国和奥地利一些登山者的信条。这种极端的登山方式对阿尔卑斯俱乐部产生了极大的震动。即使是支持登山革新的登特，都批判单人攀登是一种自私的行为。他曾写道："独自探险听上去很了不起，但这绝非登山运动。"登特的言外之意是，太多登山者都年轻气盛，免不了鲁莽行事，而这会给登山运动的声誉带来负面影响。阿尔卑斯俱乐部一向反对激进主义，

这或许能解释为什么马默里申请加入俱乐部却屡遭拒绝，因为马默里坚信，登山运动的核心"并不在于登顶，而在于这个过程中的拼搏和斗争"。对马默里职业的歧视——他经营鞣皮生意——也是某些人投反对票的原因。但在1888年，马默里终于通过投票，加入了俱乐部。

并非所有英国登山者都是保守分子。随着英国攀岩运动的发展，涌现出了一批有能力的技术性创新者，其中包括诺曼·科利、塞西尔·斯林斯比和霍普金森兄弟，也有像杰弗里·温思罗普·扬一类的传统的优秀登山者。

阿尔卑斯俱乐部的中坚力量开始意识到，他们所了解的登山运动并非一成不变，相反，它无时无刻不在变化着。登山这项运动的接力棒已经从阿尔卑斯俱乐部这一代交接到了下一代人的手中，新一代登山力量在欧洲的中心迅速发展起来。

登山钉掌靴
虽然其样式随着时间推移而不断变化，但高帮硬底的带钉系带靴一直是标准的登山装备，直到20世纪30年代，第一双有助于减少冻伤的胶靴才问世。

阿道弗斯·穆尔

一流的探险登山家

英格兰　　　　　　　　　　　　　　　　1841—1887年

1865年，就在爱德华·怀伯尔登上马特洪峰的第二天，阿道弗斯·穆尔和他的登山队从险峻的布伦瓦坡登上了勃朗峰。这次历史性的登顶为登山运动发展成为一项体育运动奠定了基础；在马特洪峰悲剧给登山运动的黄金时代画上句号之后，扭转了阿尔卑斯俱乐部的衰败局面。穆尔是一位出色的行政人员，担任过英国首相温斯顿·丘吉尔的父亲的私人助理。

生平事迹

- 首次登顶瑞士大费雪峰并完成包括少女峰在内的多个重要山口的首次翻越。
- 与怀伯尔成功完成埃克兰峰的首登后，尽管有很多人劝阻，依然成功地翻越了采尔马特附近的莫明山口。
- 勃朗峰的大部分卫峰已有攀登记录，因此穆尔转而探索新的登山路线——东壁的布伦瓦坡，阿尔卑斯山上令人闻之胆怯的陡壁。
- 经过一番勘察，带领一支登山队成功地从布伦瓦坡登上勃朗峰，当时，在登顶勃朗峰的所有路线中，这条路线是最艰险的。
- 与英格兰登山者道格拉斯·弗雷什菲尔德查尔斯·科明斯·塔克一起，开启了高加索山脉探索之旅。
- 在蒙特卡洛休养时，因感染风寒意外去世。

穆尔是登山运动黄金时代最杰出的登山家之一。英国教育家、登山家杰弗里·温思罗普·扬曾评价道："在同代人之中，论登山技巧和胆识，恐怕只有查尔斯·赫德森能与之比肩。"谈及登山方面的想象力，他认为穆尔"领先于所有人"。和怀伯尔和莱斯利·斯蒂芬一样，穆尔也将成文进书里，著有《1864年的阿尔卑斯山》，但并未公开发行，与同辈人不同的是，他一直与名望无缘。穆尔的父亲是东印度公司在伦敦的一位董事，穆尔完成学业后，大半个职业生涯都与这家公司联系在一起。穆尔必须在工作与登山之间力求平衡。

登山训练

穆尔19岁时，经牧师赫里福德·布鲁克·乔治介绍，开始接触阿尔卑斯山，乔治也是《阿尔卑斯登山杂志》的首任编辑。两人走过许多地方，翻越、攀登过多小型山峰。这种探索在年轻穆尔的心中埋下了登山的种子，他想彻底征服这些山脉："没人能彻底认识一座山脉，除非他踏遍其中所有山峰与山谷。"

1862年，依旧与乔治一起，穆尔真正地攀

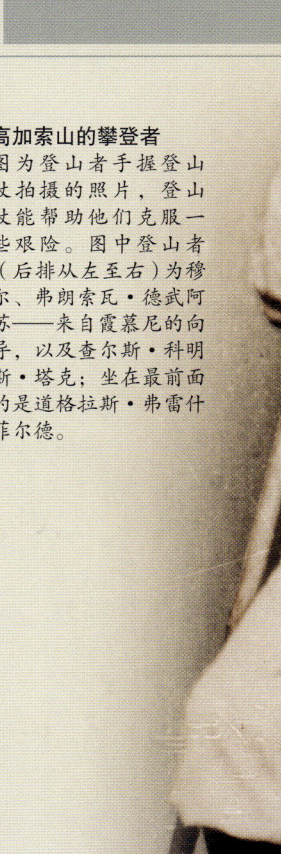

高加索山的攀登者
因为登山者手握登山杖拍摄的照片，登山杖能帮助他们克服一些艰险。图中登山者（后排从左至右）为穆尔、弗朗索瓦·德武阿苏——来自霞慕尼的向导，以及查尔斯·科明斯·塔克；坐在最前面的是道格拉斯·弗雷什菲尔德。

勃朗峰

布伦瓦坡　　1865年6月15日

- 🟡 2:45出发
  穆尔、斯宾塞、弗兰克·沃克、贺拉斯·沃克、雅各布·安德雷格以及梅尔基奥·安德雷格离开布伦瓦坡下的营地。
- 🔴 攀登陡壁
  胆子大些的雅各布·安德雷格率先攀登艰险的冰脊。
- 🔵 通往顶峰的路线
  梅尔基奥·安德雷格打头阵，穿过冰塔林后，在声告诉身后的伙伴此路可行。穆尔后来说："我活着就是为了那个瞬间。"

登了一次阿尔卑斯山,他加入莱斯利·斯蒂芬的登山队,首次翻越了少女峰。在接下来的几年中,穆尔通过练习高难度攀登,在阿尔卑斯山上取得了一番成就。穆尔和朋友贺拉斯·沃克聘请了当时最优秀的向导,包括克里斯蒂安·阿尔默(见第122—123页)和梅尔基奥·安德雷格(见第126—127页)。

与怀伯尔一样,穆尔也在1864年夏天取得了不凡的成就。怀伯尔和向导米歇尔·克罗加入了穆尔和沃克的登山队,并开始攀登鲜为人知的多菲内阿尔卑斯山。他们首次翻越了梅热山布雷什山口,并首次登顶埃克兰峰。同年夏天,穆尔同阿尔默一同登顶并跨越了勃朗峰,下山时经科特壁到达山峰东北部,途中饱览了布伦瓦坡的壮丽景观。

很多登山者都认为,从布伦瓦坡是不可能登顶勃朗峰的,穆尔却坚信自己能够做到。

无法抗拒的吸引力

1865年,雅各布·安德雷格(见第126页)加入后,穆尔与沃克取得了更大成就。这年夏天,穆尔决定从布伦瓦坡登山。他与沃克先到达位于意大利境内勃朗峰脚下的库马约尔,与英国登山者乔治·斯宾塞·马修斯会合。安德雷格与沃克的父亲弗兰克在这之后加入。登山队于7月14日离开库马约尔,在布伦瓦冰川扎营,第二天一早离开营地开始攀登高

新领域
穆尔是攀登高加索山脉的先驱。1868年,穆尔登上了欧洲最高的厄尔布鲁士山(5642米),上图为穆尔登山时所绘。

处的冰瀑,抵达了今天的穆尔山口——山坡上的一块凹地,期望从这里能登上布伦瓦坡最高点。他们又花了两个小时,登上一面拱壁,接着是这条路线上最艰险的冰脊。即便钉掌靴、冰镐齐上阵,登山队还是花了一个小时才走完这段冰脊,穆尔只能手脚并用在冰脊上缓慢前进。冰脊前方因积雪形成的一系列冰崖,使梅尔基奥的攀登变得十分吃力。穆尔还在等前方的消息,他回忆道:"听到山上传来沃克和梅尔基奥之间的喊话,我问沃克'怎么了?',我听着,过了一会儿沃克回答'他说没问题'。我活着就是为了那个瞬间。"登山队的成就为此后20年的登山运动设立了标准。

此后,穆尔继续攀登阿尔卑斯山,是最早在阿尔卑斯山上度过整个寒冬的人之一。穆尔也参加过两次高加索山脉的探险,完成了卡兹别克山与厄尔布鲁士山的首次登顶。

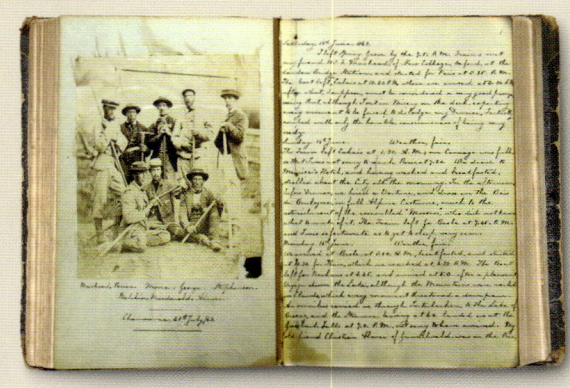

登山日志
穆尔留下了六本登山日志,内有照片和手绘插图,以及详细的登山记录。图中展示的这一页附有1863年7月穆尔在瑞士参加一场登山派对时的照片。

克林顿·登特

攀岩先驱

英格兰　　　　　　　　　　　　　　　　　　1850—1912年

在登山运动的黄金时代，人们致力于登顶阿尔卑斯山最高峰，通常在冰雪覆盖的险坡上开辟路线。随着越来越多的人攀登这类山峰，登山者开始有了新目标，被岩石更多、攀登难度更大的山峰吸引。克林顿·登特就是这类攀登者的先锋之一。登特因首次登顶大德吕峰而进入人们的视野，这座雄伟的花岗岩山峰矗立在霞慕尼上方，俯瞰阿尔沃河上游河谷。

山地摄影师

登特在高加索山脉的乌什巴山拍摄了这张照片。维托里奥·塞拉（见第199页）和登特是同时代的人，早在登特之前，他就开创了山地摄影这一领域。

生平事迹

- 14岁开始登山，但因为尚未准备好，在前两个登山季中都未攀登过雪峰。
- 大多数的重要攀登都是与出色的瑞士向导亚历山大·伯格纳一起完成的。
- 在经历了18次失败后，终于在1878年完成大德吕峰的首次登顶。
- 意识到阿尔卑斯山脉中已经没有探索余地，开始探索高加索山脉，成功地完成了多次首登。

在早先出版的《阿尔卑斯登山杂志》上，登特曾以讽刺的语气写道："俱乐部的老前辈让年轻一代在阿尔卑斯山无峰可登。我们紧随前辈的步伐，不是在他们攀登过的山上开辟新的路线，就是攀登他们不屑一顾的岩石山脊。他们只给我们留下一些嶙峋的石山。前人拾走了诱人的果子，把石头留给了我们。"

登特的这篇文章讲述了他尝试攀登大德吕峰——阿尔卑斯山中最能激起一个人斗志的山峰——的经历。这些经历大大弥补了错过黄金时代的遗憾。"登他们的山"这种措辞，透露了登特的个人态度。登特以其得体的、英格兰人特有的方式，向人们暗示登山运动日新月异。困难本身正在成为登山的魅力。

登特出身富贵，曾在伊顿公学和剑桥大学念书，毕业后成为一名出色的外科医生。登特对爬山的热情源自少年时期，18岁前，他已经在瑞士度过6个登山季，登上过几座最著名的山峰，如马特洪峰和施雷克峰。他也完成了一些山峰的首次登顶，比如1870年登顶伦茨山，1871年登顶耸立在萨斯费后方的波特延山脊，预示攀岩时代即将

大德吕峰

东南壁 1878年9月12日

- 黎明时分
  他们在沙尔普阿冰川上扎营，离开营地后，登特、哈特利、莫勒和伯格纳沿着冲沟左侧向高处山脊进发。
- 攀上山坡
  登山队利用梯子攻克险要路段，再顺着岩石狭缝向下爬，接着重新向上攀登。
- 突破难关，勇登高峰
  伯格纳带队穿越一条冰沟。"世界上哪儿还能找到如此富有乐趣的运动呢？"登特后来写道。

到来。

18岁时，登特请了亚历山大·伯格纳（见第166—167页）做向导。那时两人都想出人头地，虽然表面上他们是登山客与向导，但实际上他们的关系更接近现代的登山伙伴，擅长互相挑衅，后来登特回忆道，"我们那时都处在不听劝的年纪"。

1872年，两人从采尔马特出发，经当时的标准上山路线，完成了齐纳尔洛特峰的首次登顶。此次攀登是当地向导梦寐以求的，伯格纳的成功引起了采尔马特人的不满，这些人质疑登山路线的可行性，并怀疑整件事情都是伯格纳编造的。事实证明，并不只是阿尔卑斯俱乐部的老会员受制于过去。

冰、雪、岩石

登特的事业多次取得重大突破，使登山运动焕发了新生机。首先是尝试难度系数更高的岩石攀登。"雪山已不再具有昔日的吸引力，"登特写道，"人们用不同的术语命名不同形式的攀登，将一种称为攀岩的同时，把另一种贬为在雪地里自讨苦吃。"

登特对大德吕峰的执念，说明了这种态度的转变。登特一次次与伯格纳以及其他向导攀登大德吕峰，终于在第19次攀登时成功登顶。人们完全能够理解登特的谨小慎微，因为当时没有完善的登山设备。一旦跌落，后果不堪设想，正如登特所说的："从离开冰川那一刻起，艰难的攀登就开始了，我们不得不手脚并用不断向上爬。石头太滑或太冷，都会大大增加攀登难度；天气恶劣时，德吕峰的峭壁危险得就像专为登山事故准备的一样。"

1878年9月，登山队从东南壁登顶，突然显得滑稽的是，为了让霞慕尼的人见证他们的胜利，他们开始挥舞登特所说的"婴儿的红肚兜"。后来，登特在描述这次登顶时，预知了德吕峰会声名大噪，他写道："追随我们的人会很多，他们会很高兴得到一些攀登这座山的建议。总的来说，那是我所熟知的最有吸引力的攀岩。不用在冰碛上辛苦跋涉，也不用横穿广阔的雪域。"

探索高加索

登特认为阿尔卑斯已经没有新的登山路线"值得冒险尝试"，开始将更多精力投入高加索山脉，1886年，他与英格兰登山者威廉·唐金一起首登了盖斯图拉峰；1895年，与赫尔曼·伍利一同首登齐泰利峰。登特也参与了寻找唐金和哈里·福克斯的搜救行动，两人于1888年在科什坦失踪。登山事故不断发生，出于担忧，登特创造了国际高山求救信号。除此之外，登特还是一位摄影师，冬季攀登的爱好者，同时也是一位文笔流畅的作家，在1892年最先提出人类能够登上珠穆朗玛峰。

天才登特
登特的登山家身份（1886—1889年为阿尔卑斯俱乐部主席）常常使人们忽略他在术后精神错乱及心脏手术领域的同样高的建树。

松散的冰碛石
登特（右二）在向导梅尔基奥·安德雷格（图右）的陪同下，择路穿越漂砾区。虽然伯格纳是他最喜爱的向导，但登特也与那个时代许多其他的优秀向导一起攀登。

> **追随我们的人会有很多，他们会很高兴得到一些攀登这座山的建议。**
>
> ——克林顿·登特在大德吕峰上

亚历山大·伯格纳

最优秀的攀岩向导

瑞士　　　　　　　　　　　　　　　1845—1910年

19世纪70年代，人们的攀岩热情高涨，催发了另一类登山向导：他们的工作不再只是在冰雪中凿出踏脚处。亚历山大·伯格纳来自萨斯河谷，那里低矮的岩石山峰帮他打下了攀岩基础。除与英格兰登山者A.F.马默里和克林顿·登特一起攀登外，伯格纳的欧洲客户里还有一些以超越英国人为目标的登山客，其中包括莫里茨·冯·库夫纳和保罗·居斯费尔特。

伯格纳威武健壮、勇敢顽强，他被克林顿·登特（见第164—165页）描述为"彻头彻尾的鲁莽青年"。伯格纳出生于艾斯顿小镇，22岁开始做向导，与登特合作了十个春秋。"他对自己的能力深信不疑，"登特写道，"是一个天生渴望在外行人面前树立威望的年轻人，所以在合作初期，他有过一些笔者如今不愿详述的表现。"

在某种意义上，伯格纳是和登特一起成长的，他们完成了伦茨山、波延延山脊等首登，以及从特拉夫特冰川登顶齐纳尔洛特峰的新路线。1876年，他们从东壁登顶塔施峰。但他俩最伟大的成就，也是最后的一次合作，是在1878年首次登顶大德吕峰，登特在经历了漫长而痛苦的失败后，事业达到巅峰。

完美的合作伙伴

后来，经人介绍，伯格纳结识了23岁的马默里（见第168—171页）。这时的伯格纳已经是一个留着络腮胡、又矮又胖的登山老手，在十多年的攀登中，磨光了一身稚气。伯格纳十分怀疑马默里的登山能力，对此，后者没有生气，进行了多次试登，险些错过马特洪峰茨姆特山脊首登。迷信、天主教信徒的虔诚、对美好事物的热爱，在伯格纳身上奇妙地结合，迅速得到了马默里的欣赏。

一次，他们在茨姆特山脊下躲避风雨，马默里说伯格纳屡次幻想自己住在豪华的罗萨峰酒店，还真像有那么回事似的，他"坐在角落里，陶醉在尼古丁中，

闹鬼的峭壁
登山队员手提灯笼，在黎明前动身攀登。伯格纳警惕地睁大眼睛，深信山上有鬼魂出没。

开始给我讲妖魔鬼怪的故事，他说那些妖怪至今还在安扎斯卡河谷的悬崖附近出没"。

伯格纳与马默里的合作长久并卓有成效。1879年，他们成功登上了茨姆特山脊，首次穿越狮子山口，并尝试攀登了福吉恩山脊。在霞慕尼，向导本尼迪克特·韦内兹的加入提供了技术支援，他们首登了多座岩峰，其中包括1881年登顶的格雷蓬峰。

阿尔卑斯山之外

马默里脱离向导之后，伯格纳的客户中不乏欧洲登山领域的佼佼者，他与奥地利的莫里茨·冯·库夫纳一起，攀登了勃朗群山中风景最秀丽、最受欢迎的莫迪峰弗兰蒂尔山脊（又名库夫纳山脊）；和马

羚羊猎人
在19世纪的城市人看来，伯格纳是一个富有传奇和浪漫色彩的人物，随着工业文明的发展，山地生活的野味对伯格纳产生了神秘的吸引力。

生平事迹

- 登山生涯早期基本上是与克林顿·登特一起度过的，1878年，他们首次登顶大德吕峰。
- 尽管最初不信任A.F.马默里的能力，但两人的合作持久并卓有成就；1879年，他们从茨姆特山脊登顶马特洪峰。
- 在霞慕尼西阿尔卑斯山区，伯格纳攀登了多条重要的新路线，包括韦特针峰的沙尔普阿壁，格雷蓬峰等几座岩峰。

默里、阿布鲁齐公爵一起再次攀登茨姆特山脊。伯格纳还开始四处旅行,1882年,他和德国登山者保罗·居斯费尔特一同游历了南美洲,1884年,同匈牙利探险家莫里斯·德·戴奇一起前往高加索山脉,两年后和登特一同重返该地区。

伯格纳是一个彻头彻尾的鲁莽青年。
——克林顿·登特

无端的恐惧

伯格纳害怕鬼魂,在攀登福吉恩山脊时,他见到了蓝色"鬼火",跟马默里说山中有鬼怪。之后不久,他们发现戈尔纳冰川上有灯光闪烁,伯格纳坚持鬼魂一说。这可是件不得了的事,据伯格纳所说,在山里看见鬼的人都活不过一天。

伯格纳的迷信思想可能源自他热爱了一生的狩猎活动,以及在偏远山区搜寻猎物的漫漫长夜。63岁时,伯格纳在一次狩猎中射杀了四只羚羊,他把其中两只拴在肩上,徒步四小时回到谷中。

然而,伯格纳年轻时曾因为这个爱好惹上一起人命官司。1869年,人们在湖中发现了牧师、登山向导约翰·约瑟夫·伊默森的尸体,怀疑的矛头指向了伯格纳,因为死者曾指控他非法打猎。伯格纳说,若他有罪,便会在山中丧命。数十年后,一场雪崩夺走了伯格纳和他儿子的生命。

山地人
伯格纳是一个坚定的个人主义者,他关心的是鬼魂,不在乎别人怎么想他。

莫迪峰

东南山脊
1887年7月4日

也被称作库夫纳山脊或弗兰蒂尔山脊,据莫里茨·冯·库夫纳记录,东南山脊不算危险,但是攀登难度大。在天气不理想的情况下,他们沿着覆盖积雪的山脊登顶。东南山脊至今仍被认为是勃朗群山中最壮丽的山脊之一。

顶峰(4465米)

艾伯特·弗雷德里克·马默里

现代登山运动的创始人

英格兰　　　　　　　　　　　　　　　　1855—1895年

弗雷德·马默里不仅因马特洪峰茨姆特山脊等开创性攀登而闻名，也以他的登山运动发展理念著称。马默里的攀登生涯大体分两个阶段：有向导攀登；从1889年开始的无向导攀登。马默里并不是无向导攀登的第一人，但他的倡导提高了无向导攀登的地位。同时，他还不顾世俗成见，与女性一同攀登，肯定了女性登山者的能力。马默里在攀登南迦帕尔巴特峰（8126米）时失踪。

生平事迹

- 15岁开始登山，18岁首登马特洪峰。
- 从茨姆特山脊——马特洪峰最美的登山路线登顶。
- 作为无向导攀登的先驱，尝试了许多新的登山路线，比如普朗峰。
- 著有经久不衰的登山文学作品《在阿尔卑斯山及高加索山攀登》。
- 首批尝试攀登世界第九高峰——南迦帕尔巴特峰的登山者之一。
- 常与女性一起攀登，这引起了巨大争议，与妻子及其朋友莉莉·布里斯托一起，首登采尔马特周边的塔施峰托伊费尔斯山脊。

马默里生在一个富裕的家庭，自小体弱多病，患有视力障碍和脊柱畸形。成年后，他进入家族企业并继承了部分产业，为其登山事业提供了足够的经济支持。

1871年，马默里开始登山，后来他写道："15岁那年，维亚玛拉峡谷的峭壁和特奥杜尔山口的白雪点燃了我的登山热情，随着年龄的增长，这团火越烧越旺，在极大程度上塑造了我的人生和思想。攀登引领我见识那些奇峰峻岭，我想世外桃源也不过如此。"马默里长得又高又瘦，走路时习惯不戴眼镜，显得十分笨拙。但在山上，马默里是严谨的技术型登山者，对艰苦的露营环境也没有一句怨言。

17岁时，马默里攀登了罗萨峰，次年攀登了马特洪峰，后者激发了他的浓厚兴趣，先后登了七次。"我是这座山峰最虔诚的崇拜者之一，"马默里写

遗失的冰镐
这是1881年马默里登山队遗落在格雷蓬峰的冰镐，1885年被继他们之后登顶的法国队发现。

道，"每当它出现在远处地平线上，我就会高声欢呼。"这份诚意让马默里首次沿最美路线——茨姆特山脊登顶马特洪峰。

友好竞争

1879年，在经蒂芬迈腾山口去采尔马特的途中，同爱德华·怀伯尔（见第142—145页）一样，马默里见到了茨姆特山脊的壮丽景象，但前者曾断言这是条行不通的路线。马默里并不这么认为，他到村里找到向导亚历山大·伯格纳（见第166—167页）。伯格纳认为和一个初次谋面的年轻人一起冒这样大的风险简直"愚蠢至极"，更何况马默里当时还不是阿尔卑斯俱乐部的会员。于是，两人开始进行一系列严苛的登山练习。

到他们做好准备时，马默里发现一个名叫威廉·彭豪尔的医学生和其向导已经从采尔马特出发了，目标也是茨姆特山脊。马默里以为彭豪尔会成功，只好采用替代路线。但天气突变，二人上山时遇到无功而返的彭豪尔。马默里咬牙坚持，重启最初的计划，从茨姆特山脊上山。不顾伯格纳对天气的担忧，马默里裹着

艾伯特·弗雷德里克·马默里

> 真正的登山者是漫游者,喜欢前人未曾去过的地方。
>
> —— A.F.马默里

最后的照片
这张照片摄于1895年,马默里在南迦帕尔巴特峰附近搭建的营地。照片收藏在诺曼·科利在马默里去世后为其家人整理的一套相簿中。照片中英格兰登山者查尔斯·布鲁斯与马默里坐在一起,廓尔喀·拉戈贝尔则在一旁补靴子。

毯子睡了一下午。伯格纳"捶"醒他时，天空已经放晴。他们攀登到一个露营地，过了一个寒夜，天刚亮就开始赶路。到达彭豪尔的露营地后，他们吃了早餐，再循着彭豪尔在雪岭上凿下的落脚点，很快就登上了山脊的岩石段。接下来，他们又奋斗了九个小时才登顶。

彭豪尔的向导费迪南德·伊默森唯恐被伯格纳超过，劝彭豪尔调头再登。他们选了一条西壁的路线，就这样，在同一天，两支登山队分别完成了马特洪峰两条新路线的攀登。彭豪尔和马默里在数日之后结伴登山，可见两人之间是没有敌意的。马默里成绩斐然，却遭到部分阿尔卑斯俱乐部

成员的反对。1880年，他的入会申请被驳回，原因不明。可能是因为他"盗用"了彭豪尔的登山路线，但更可能是他激进的新思想和登山能力存在问题。

攀岩大师

俱乐部的决定对马默里极为不利，据他在信中所述，一些向导也因为与马默里合作过而丢了工作尤其是伯格纳的邻居，优秀的攀岩向导本尼迪克特·韦内兹。马默里和伯格纳攀登霞慕尼针锋格雷蓬峰——一座看似不能攻克的堡垒时，韦内兹是他们的"秘密武器"。

尝试冰海路线失败后，登山队改换南蒂伦斯冰川线，他们从沙尔莫山和格雷蓬峰之间的深谷登上山体正面的一块岩石。从那里很快抵达北峰山脊，在下山途中，马默里想知道南峰是否更高，于是他们往回走，发现南峰无路可登，似乎是不可能被翻越的。

后来马默里回忆道，是韦内兹的沉着冷静和技术救了他们，当他登顶时，"伯格纳和我

马默里裂缝
重攀格雷蓬峰时，莉莉·布里斯托拍下了这一幕：马默里把膝盖挤进这条与他同名的垂直裂缝里。

马特洪峰

茨姆特山脊　1879年9月3日

- **4:15出发**
  尽管前一天天气恶劣，马默里仍和伯格纳、彼得吕斯、詹蒂内塔一起留在露营地，于上午4:15出发，用登山绳将彼此系在一起，开始攀登冰川。

- **沿着山脊攀登**
  锯齿状山脊减缓了登山队的速度，但为了与彭豪尔竞争，他们坚持到了易于攀登的路段。

- **抵达西壁**
  在"茨姆特之鼻"，为了避免落石误伤彭豪尔一行，他们向右横越到西壁后再继续向上攀登。

登山时间轴

1855—1878年	1879—1881年	1882—1886年
从小体弱多病，因为脊柱畸形提不起重物，并患有严重的视力障碍。	在攀登事业初期，聘请了优秀的登山向导亚历山大·伯格纳，并首次登顶马特洪峰茨姆特山脊。首登大沙尔莫针峰，并向福吉恩山脊发起挑战，但其加入阿尔卑斯俱乐部的申请被驳回。	完成多座山峰的首登，其中包括韦特针峰和格雷蓬峰，两次都由本尼迪克特·韦内兹带队攀登。退出登山运动，兴趣转向政治经济学，提出了经济萧条期的开支理论。

艾伯特·弗雷德里克·马默里

南迦帕尔巴特峰
位于巴基斯坦北部，又名"杀人峰"。继1895年马默里事件发生后，又有几十位登山者在这里遇难。

都喊哑了嗓子"。数年间，除了茨姆特山脊和格雷蓬峰，马默里还首次登顶大沙尔莫针峰；攀登了马特洪峰福吉恩山脊的下半段，完成了从东壁到霍恩利山脊的翻越。与伯格纳一起，马默里还完成了韦埃针峰沙尔普阿坡的首登。让人意想不到的是，马默里的失败与首登一样令人印象深刻。他攀登大乔拉斯峰的伊龙代勒山脊，直到1927年才登顶；两度尝试攀登普朗峰北壁都没有成功，这条路线在1924年被法国登山队征服。马默里看到了登山运动的未来。

激进的方式

1893年，马默里第二次尝试攀登普朗峰，与他组队的是志同道合的朋友塞西尔·斯林斯比、诺曼·科利以及杰弗里·黑斯廷斯。没有向导照顾客户、开凿岩阶的登山并不符合传统，是阿尔卑斯俱乐部不赞成的，却很快得到了欧洲优秀登山者的支持。马默里和朋友们完成了勃朗峰布伦瓦坡的首次无向导攀登，以及鲨齿峰的首登。马默里意识到只要借助工具，他就有可能登上那些梦想的山峰。他两次尝试攀登法国与意大利边界上的巨齿峰，失败后，在其所到达的最高点立了一块标石，留下一张卡片，写道："凭公平手段，绝对无法登顶。"

马默里爱马特洪峰也爱探索，曾两度游历高加索山脉，1888年攀登狄克山。1895年，他实现了在喜马拉雅山脉进行攀登的夙愿，尝试攀登了南迦帕尔巴特峰。那是史上第三次喜马拉雅登山探险，当时登山队的能力尚不足以将其征服。在从一个无人攀登过的山口去拉希奥特山谷的途中，马默里和两名廓尔喀人失踪了，他们很可能遭遇了雪崩。

廓尔喀登山者进入尼泊尔之前，廓尔喀人已经因其胆识而出名，当搬运工是他们自然的选择。但他们并不是经验丰富的登山者，两个廓尔喀人在南迦帕尔巴特峰与马默里一起遇难。

夏季攀登
1891年8月10日，马默里与H.托普曼站在意大利西北部的格尔沃拉山山顶上，他们的登山伙伴马丁·康韦（见第184—185页）用相机记录下了这一刻。早在1859年就已有登山者首次登上海拔3969米的格雷安山。由于阿尔卑斯山中缺少新的攀登资源，马默里开始挑战亚洲山峰。

莉莉·布里斯托
英格兰　　　活跃期1883—1894年

莉莉·布里斯托可能是那个年代最有成就的女性登山者，她曾多次参加A.F.马默里在阿尔卑斯山的登山活动，其中包括1893年马默里第二次尝试攀登格雷蓬峰。

马默里很欣赏布里斯托的能力，并且乐意让她在某些情况下带队。虽然他开玩笑说攀登格雷蓬峰是"连淑女也能做到"的，但是他们登山那天，山上条件十分糟糕，他将此次攀登列为他最艰难的登山时刻之一。马默里对布里斯托的表现印象深刻，"布里斯托小姐向俱乐部代表展示了攀登峭壁的方法"。在格雷蓬峰上，布里斯托带着笨重的照相机，捕捉了许多令人难忘的画面。她还与马默里一起，攀登了很多其他的阿尔卑斯山峰，包括沙尔莫山、齐纳尔洛特峰和马特洪峰。也许是马默里太太的嫉妒，结束了他们的登山伙伴关系，因为在1894年两人没有结伴攀登。一年后，马默里在喜马拉雅山脉丧生，布里斯托完全停止了登山活动。

1887—1891年
婚后带妻子重返阔别五年的阿尔卑斯山，两人首登瓦莱州塔施峰-千伊费尔斯山脊。

1892—1894年
第二个阿尔卑斯山攀登时期，与科利、斯林斯比、黑斯廷斯及莉莉·布里斯托一起，首次攀登了鲨齿峰，并首次完成了布伦瓦坡的无向导攀登。

1895年
与科利、黑斯廷斯、查尔斯·布鲁斯和一支廓尔喀登山队一起攀登南迦帕尔巴特峰，其中两人同他一起攀登拉希奥特山谷，并不幸遇难。

与海因里希·聚尔夫吕一起登顶高加索山脉狄克山（5198米），并最终加入了阿尔卑斯俱乐部。

席格蒙迪兄弟

胆识过人的东阿尔卑斯山攀登者

奥地利　　　　　　　　1860—1918年；1861—1885年

奥托·席格蒙迪

埃米尔·席格蒙迪

在19世纪后期，登山者承担的风险引起了人们的广泛讨论。1865年的马特洪峰事故深深地影响着英国登山者，但在奥地利和德国，年轻的登山者已做好创造纪录的准备，来自奥地利的奥托·席格蒙迪和埃米尔·席格蒙迪兄弟更是如此。埃米尔在穿越拉梅热山时不幸丧生，人们对风险的态度变得更明确了。

生平事迹

- 在奥托和埃米尔还很年轻的时候，父亲就带他们和两个弟弟一起走进大自然；母亲一直鼓励他们到户外探险。
- 少年时期，二人开始进行无向导登山，尽管这遭到了许多登山者的反对；只有马默里及其朋友们赞同这种攀登方式。
- 1884年两兄弟攀登了4506米的魏斯峰，在无向导陪同的情况下登顶并跨越了马特洪峰（4478米），并攀登了比奇峰（3934米）南壁的新路线。
- 1885年，二人登顶并跨越了拉梅热山，完成这一具有里程碑意义的壮举，几天之后，埃米尔在探索新路线时遇难。
- 美国登山者W.A.B.库利奇（见第145页）指责道："如果放任登山运动变为一种赌博，登山者拿生命作赌注，那它就不再是我们今天所认识的攀登……再也不会有人为之辩护。"

一家人定居在维也纳，从任何角度来说，席格蒙迪都是一个卓越的家族。他们是匈牙利裔，定居维也纳，父亲阿道夫鼓励四个儿子学习自然科学。四兄弟中年龄最小的里夏德在1925年获得诺贝尔化学奖，卡尔是个数学家，于1892年发明了席格蒙迪定理，至今仍是数论中的重要理论。母亲伊尔玛·绍克马里则鼓励他们提高艺术修养，享受户外生活，兄弟四人都或多或少地参与过登山运动。

奥托和埃米尔却对登山情有独钟。奥托继承父业成为一名牙医，埃米尔获得了医生资格，可他们却成了登山史上最耀眼的组合之一。埃米尔以更好胜而闻名，他的《阿尔卑斯山险境》在他遇难当年出版，既残酷又讽刺。

截然相反的性格

温文尔雅的斯洛文尼亚登山者尤利乌斯·库杰认为奥托是"我有生以来遇到的最纯粹的人"。相比之下，埃米尔就像是"一团烈焰"。埃米尔冒险行为使库杰终止了与兄弟二人的合作。"奥托与我更合拍，他谨慎小心，能及时制止鲁莽行为。"普特舍勒则和埃米尔一样爱头脑发热。"换个角度，埃米尔是更优秀的登山者，尽管克林顿·登特（见第164—165页）认为他"太爱冒险，不宜效仿"。席格蒙迪兄弟是推动登山运动发展的东阿尔卑斯登山者中的领先者，维洛·韦尔岑巴赫（见第236—237页）和莱因霍尔·梅斯纳尔（见第308—311页）的前辈。马默里（见第168—171页）与如诺曼·科利和塞西尔·斯林斯比等充满热情的登山者组成了核心登山队，席格蒙迪兄弟所在的奥地利登山队则推动了登山运动向现代发展。路德维希·普特舍勒（见下一页）可以说是该登山队的领导者，攀登多洛米蒂山的卡尔·舒尔茨也是成员之一，他是布伦塔克罗曾峰的首登者。

埃米尔遇难时还不足24岁，但他的登山成就是惊人的。十几岁时，他和奥托就在无向导的情况下出入山区，攀登了奥地利的赖瑟克山，往返共用26小时。他们早期的攀

哨兵
席格蒙迪兄弟于1885年登顶并跨越拉梅热山，如图所示，从山的北壁能清楚看到这次翻越的艰难。四座直冲天际的岩峰像站岗的士兵一样，竖立在拉梅热山的最高点巨峰的左侧。

> 如果放任登山运动变为一种赌博……再也不会有人为之辩护。
>
> ——W.A.B.库利奇谈席格蒙迪冒险攀登

登,有些是在向导陪同下完成的,到19世纪70年代末就完全独立了,二人攀登了奥地利西部齐勒塔尔山上的不同路线。1881年,他们沿霍赫山口线,艰难登顶奥特勒峰,这次攀登是埃米尔第一篇登山论文的主题。埃米尔是一位活跃的作家,其经典之作《在高山上》于他死后出版。

在1882年和1884年——1883年埃米尔在服兵役——他们与普特舍勒组队探索多洛米蒂山和瓦莱山区,完成了罗萨峰马里内利雪沟的无向导攀登。1885年夏,他们将法国多菲内山中的拉梅热山(3984米)定为目标。从中央峰到巨峰的横穿是登山界众所周知的目标,已有数位优秀登山者研究和尝试过。两座山峰都已有登顶记录,只有山峰之间的狭长山脊尚未被攀登过,山脊上赫然耸立的四座岩塔看起来是不可逾越的。

高技术攀登

奥地利登山者热衷于运用新兴技术,在非常有利的情况下,他们利用冰川迅速登上了中央峰。登山队在凌晨2点从格拉夫村出发,于上午9点半抵达顶峰,出现在他们眼前的是令人眼花缭乱的山脊。他们从北面翻越了第一座岩塔,这得益于冰爪和良好雪况。

翻越第二座岩塔的难度更大,这段山脊上的雪凝结成了冰,山坡更陡。接下来,他们必须直线攀登第三座岩塔,路线几乎与地面垂直。第四座岩塔像个"细长的楔子,西面是三四十米高的绝壁",三人用铁钩垂降,到达今天的席格蒙迪裂口。他们以为已经过了难关,可巨峰的攀登路线却令人望而生畏。埃米尔后来写道:"普特舍勒把背包和靴子留给我们,十分艰难地攻克了难关。"下午4:15,全体登顶。这种无向导、使用先进工具的攀登把一些英国登山者吓得目瞪口呆,却得到《阿尔卑斯登山杂志》的高度赞扬:"这是阿尔卑斯登山史上最艰难、最危险的一次远征。"现在人们通常从西向东攀登。

成功登顶数日之后,席格蒙迪兄弟就与卡尔·舒尔茨重返拉梅热山。奥托建议走普通路线,酷爱冒险的埃米尔却选择在南壁开辟新路线。埃米尔在最险路段摔倒,绳索断裂。舒尔茨和奥托在四个小时后发现了埃米尔的尸体。奥托后来写道:"只看一眼我就知道没希望了。"

路德维希·普特舍勒

奥地利　　　　　　　　　　1849—1900年

普特舍勒最为人所知的事迹是和学者、探险家汉斯·迈尔一起首登乞力马扎罗山。

他是一位优秀的登山者,在阿尔卑斯山脉开辟了1700多条登山路线,还分享了席格蒙迪兄弟的冒险。他比席格蒙迪兄弟年长十岁,是一位英俊健壮的体育老师,他并不富裕,谦虚低调地看待自己的登山成就。普特舍勒确立了东阿尔卑斯山挑战极限的传统。具有讽刺意味的是,作为无向导登山的支持者,普特舍勒的死亡发生在其向导的冰镐断裂之后,在这次攀登德吕峰的过程中,他摔进了一个冰裂缝中,断了一条胳膊,6个月后,他在瑞士的一家医院里死于流感。

欧根·吉多·拉默

自立的理想主义登山者

奥地利　　　　　　　　　　　　　1863—1945年

拉默是19世纪八九十年代登山运动的领军人物，晚期因与纳粹的关联而遭到不公正谴责。他完成了几次著名的首登，将登山看作一种哲学探索。拉默的许多观点都与后来的环保主义不谋而合，他认为，基础设施的建设会破坏自然。他认为自立是登山者最重要的美德，这一观点后被纳粹吸取。然而，拉默是反对禁止犹太人加入德国和奥地利阿尔卑斯俱乐部的。

现代化的阿尔卑斯山区
1898年，戈尔纳格拉特铁路通到采尔马特，能将游客运送到海拔3089米以上。拉默强烈谴责这种机械化带来的便利。

19世纪末，随着阿尔卑斯山区的发展，铁路向遥不可及的地方延伸，有人开始担忧工程技术早晚会使最险峻的山峰也变得索然无味。A.F.马默里（见第168—171页）最终放弃了攀登巨齿峰，因为这座位于勃朗群山中心的石灰岩尖峰，不是凭"公平手段"——不用岩钉和其他工具——就能征服的。

机械化攀登引起了很多人的反对，他们希望山脉能够保持未被破坏的自然美。这一理念的主要倡导者吉多·拉默，是19世纪最优秀的德国登山者之一，也是一位高中德语和历史老师，十分崇拜弗里德里希·尼采。

生平事迹

- 生于罗滕堡镇，是一名高中教师，在维也纳附近的施托克劳任教。
- 对机械化的阿尔卑斯山区感到失望，呼吁人们让登山运动返璞归真。
- 1885年，与奥古斯特·洛里亚一起登上伯尼尔高地的后费雪峰和小格林峰。
- 1923年，发表了有争议的回忆录《青春之泉》。

高山哲学

以尼采为导师，拉默在登山中探寻真正的自己，他写道："对登山运动的热忱，还有不时扰乱我们内心平静的危险，都是道德或宗教情感的来源，这些情感或许是最伟大的精神。"

类似观点与德国和奥地利阿尔卑斯俱乐部的民粹主义倾向背道而驰，拉默和俱乐部老成员海因里希·施泰尼策发生了激烈争执，后者认为，通过在山中搭建小屋，"阿尔卑斯俱乐部为大众揭开了壮美的风景"。

在哈布斯堡王朝统治末期的施托克劳，高中老师拉默开始反抗资本主义生活方式。他对循规蹈矩有一种病态的恐惧，认为山是神圣的，在那里他能够遇见自然本身。"这样的经历，"他写道，"可以抵消多年的日常生活；比鸦片更能抚慰疲惫的灵魂。"

在拉默看来，落石与恶劣的天气都是登山的魅力，要坦然接受而不应设法规避。固定

奥斯卡·舒斯特
舒斯特是攀登阿尔卑斯山、高加索山脉的先锋，拉默曾多次与他一同登山。

登山绳、岩钉、山间小屋等设施都是违背自然的。在向导陪同下登山则意味着放弃自立。拉默还提到，"登山运动有上百种，而非一种"。

持这样的理念，拉默有时会与志同道合的奥古斯特·洛里亚一起登山，但独自攀登的时候更多，他在伯尼尔高地等地区多次挑战新的高难度攀登，不止一次与死神擦肩而过。1887年，拉默与洛里亚尝试从西壁登顶马特洪峰，也就是1879年马默里攀登茨姆特山脊的同一天，威廉·彭豪尔选择的路线。

他们攀登到与"茨姆特之齿"等高处，因为岩石结冰打滑而撤退。他们下山时遭遇了一场小型雪崩，被冲到了150米以下的地方，拉默脚踝脱臼，洛里亚却摔断了一条腿并昏了过去。洛里亚苏醒后迷失了方向，开始剧烈挣扎。在一个无组织性救援的年代，拉默的自立登山理念受到了严峻的考验。

拉默把自己的外套裹在洛里亚身上，

并在自己手上套上袜子,爬下茨姆特冰川,到一家小旅馆求救。第二天早上,人们找到了洛里亚,他在神志不清时脱光了衣服,导致体温过低但他还活着。

独自登山的硬汉

此后,洛里亚不再登山,但拉默还在继续,1898年,他独自首次登上后布罗赫峰的北脊。拉默早期的攀登成就还包括1884年独自完成了齐勒塔乐尔山的富施泰因峰—奥尔珀勒峰登顶并跨越,这是蒂罗尔州的著名攀登之一。拉默后来与奥斯卡·艾肯斯坦(见第196—197页)以及多洛米蒂山的登山先驱奥斯卡·舒斯特一起完成了一系列攀登。

1923年,拉默发表了颇有影响力的《青春之泉》,谴责了登山造成的污染。他把2000年视为被污染的山脉恢复如初的期限。一位评论家在《阿尔卑斯登山杂志》上说:"让我们一起期待,这本娱乐小册子能让这一天早日到来。"

善与恶的彼岸

德国哲学家弗里德里希·尼采给强者设定的标准引导许多人独自登山,其中包括拉默和美国登山家马克·特维特(生于1961年),后者在读了尼采1886年发表的著作后,将他攀登的一条路线命名为"善恶彼岸"。但也有其他登山者从社会学家的角度来看待登山,认为登山是淡化自我的团队活动,这就解释了为什么结伴登山能完成一些看似不可能的目标。

弗里德里希·尼采(1844—1900年),他的"超人哲学"影响了许多19世纪的德国登山者。

当纳粹党开始宣扬相似观点时,拉默的思想变得危险起来。一些年轻登山者疯狂地与自然作对——这正是纳粹党乐于宣扬的现象——讽刺的是,他们却乐于使用拉默反对的工具,如岩钉和小木屋。使拉默感到震惊的还有德国和奥地利阿尔卑斯俱乐部禁止犹太人入会的规定,在当时,俱乐部是反犹主义的温床。

为了表示抗议,拉默加入了接纳犹太人的多瑙河阿尔卑斯俱乐部,1938年,在纳粹德国并吞奥地利后,该俱乐部也被取缔。同样讽刺的是,拉默作为一个反对攀登设施的人,一座露营木屋和维也纳的一条街,都是以他的名字命名的。

19世纪登山精英

这张照片摄于1886年前后,采尔马特的罗萨峰酒店外,右边第二个坐在地上的是拉默,左边第一个坐在椅子上的是奥斯卡·艾肯斯坦。

保罗·普罗伊斯

纯粹的攀登的倡导者

奥地利　　　　　　　　　　　　　　　　1886—1913年

虽然保罗离世时还不满27岁，但他是继1885年席格蒙迪在拉梅热山遇难后，同代人中最富活力的登山者。在短暂的攀登生涯中，保罗完成了1200次攀登，其中四分之一是独自攀登，包括首次登顶并翻越伯特瑞红山。他的鲁莽掩盖了他关于登山运动的远见卓识，但他在人生中的最后几年里成了欧洲最受欢迎的登山演说家。

岩钉争议

这时期的奥地利和德国登山者常与器械登山法和岩钉（一种金属钉，攀登者使用锤子将其钉入岩缝中，作用是将攀登者固定在峭壁之上，或协助前进）相联系。普罗伊斯坚决反对使用岩钉，视其为作弊行为。这个观点常导致普罗伊斯与其他登山者发生冲突，随着岩钉在登山界普及，他的理想主义观点逐渐被遗忘。

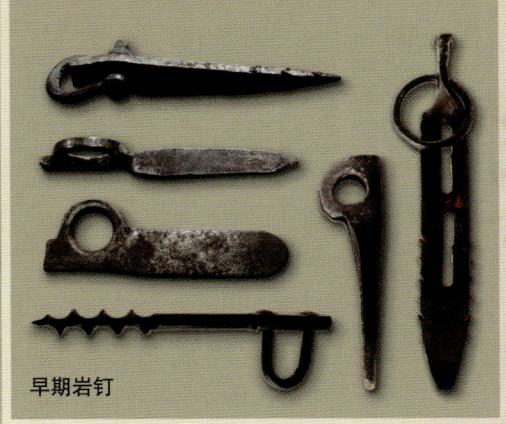

早期岩钉

保罗·普罗伊斯出生在施蒂利亚州阿尔陶塞市，父亲是匈牙利裔音乐教师，专给犹太人讲课，母亲曾是奥地利男爵的家庭教师。小时候，他得过一种类似小儿麻痹症的疾病，瘫痪了一段时间。病好以后，保罗努力锻炼身体，成年后也一直保持这习惯。他进行了专门的攀岩训练，在单臂引体向上成为顶级攀岩者的常规训练之前，他就已经掌握了这项技能。

登山训练

保罗的父亲是一名业余植物学家，经常带他上山徒步，逐渐培养了他对阿尔卑斯山的深厚感情。虽然十岁丧父，但保罗一直保持远足的习惯，经常夜宿山中，攀登不怎么险峻的山峰，有时独自一人，有时和姐姐或者朋友一起。他漫步于东阿尔卑斯山，重复已有路线，攀登达赫施泰因山、多洛米蒂山和锡尔夫雷塔山，积累登山经验。这种耐力使他能够在不使用岩钉的情况下，化险为夷。

普罗伊斯是一个聪明、有涵养的人，也善于交际，热爱娱乐。他的朋友冯·萨尔写道："自负和自满与他毫不相关。他知识渊博，机智幽默，非常受欢迎。"其他朋友则说他一天之内能把一个完全不好笑的笑话讲上十几遍，而他们仍然爱他。

普罗伊斯继承其父的兴趣，高中毕业后选择攻读植物生理学，并在慕尼黑大学获得博士学位，毕业后留校工作，并开始学习哲学。1911年，他仅两个半小时就登上了托滕基希峰西壁——怀尔德恺撒山的"死亡教堂"——成为从这条路线登顶的第二人，在登山界占有了一席之地。

同年，普罗伊斯开始攀登多洛米蒂山的坎帕尼尔-巴索峰，这座石灰岩尖峰的攀登难度为V级（见第351页），普罗伊斯首次攀登却连绳子都没用。后来，第一支沿他的路线攀登的登山队全军覆没。"看他征服岩石是令人愉悦的，"冯·萨尔说道，"普罗伊斯循序渐进，一米一米地向前，不断尝试新方法，每当感到体力不济或是察觉到有危险，就立马撤退。他体形匀称，体格强健，总是能让身体保持完美平衡。"

全能登山者

1911年下半年，普罗伊斯和保罗·雷利一同登上了布伦塔克罗曾山东壁，又一次凭借最简单的装备完成超越时代的壮举。通过普罗伊斯的登山日记才让我们知道，他在短短的一生中完成了1200次攀登，其中150次是首登，300

生平事迹

- 因在没有岩钉的情况下，独自攀登多洛米蒂山的坎帕尼尔-巴索峰北壁而闻名，他在今天看来，这依旧是一条艰险的路线。
- 尝试过所有登山形式，从冬季攀登到单人攀登，从滑雪登山到传统的阿尔卑斯式登山。
- 严格坚守道德的"纯粹的"登山品格，反对使用人工器械。
- 发表了反对岩钉的文章，在顶尖攀登者中引起热议，被称为"岩钉争议"。

> **看他征服岩石是令人愉悦的。**
> ——贡特尔·冯·萨尔评保罗·普罗伊斯

> **与好友一同攀登**
> 普罗伊斯喜欢结伴登山,图中,他正与好友一起攀登米明山,但他更爱独自攀登人迹罕至的路线。

余次是单人攀登。他十分欣赏席格蒙迪兄弟(见第172—173页),并与吉多·拉默一样反对使用现代工具登山,但他不赞同拉默的厌世态度(见第174—175页)。

在东阿尔卑斯山攀登陡峭岩壁的经历,磨炼了普罗伊斯的滑雪和攀冰能力,为他探索西阿尔卑斯山做好了准备。1912至1913年间的恶劣天气一再阻挠普罗伊斯的登山计划,可他依然完成了白针峰东南山脊的攀登。

无器械登山

1912年,在亲眼目睹了新婚妻子汉弗莱·欧文·琼斯和登山向导当场死亡后,普罗伊斯更加执着于独自攀登。事故发生时他们正从伯特瑞红山撤离,普罗伊斯单独行动,琼斯和向导系同一条绳子,向导失足跌倒,两人一同坠

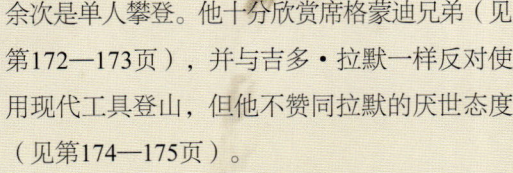

下山崖。

在人生最后几年中,普罗伊斯凭写作和登山成就成为演说界的红人,他去世时,还有50场已预约的演讲。他最著名的文章《论人造登山器具》,在一定程度上是对岩钉兴起的回应。他提出了攀登的六项原则,重点强调了独立与谨慎,以及为安全而非辅助攀登使用器械。

普罗伊斯最后一次登山,是在1913年10月独自攀登达赫施泰因山。普罗伊斯迟迟没有回家,熟知其登山爱好的朋友到山中营地寻找,发现冬天的第一场雪已将他掩埋。

> **坚守传统**
> 普罗伊斯坚持不使用岩钉等新型攀岩工具,但有人指责他言行不一,因为他使用的冰镐和绳索也是辅助攀登的工具。

阿尔卑斯山之外

大事记

| 1800年 | 1860年 | 1885年 |

◀ 1826年
菲利普·弗朗茨·冯·西博尔德是一位德国科学家，同时也是一位有大量日本题材作品的作家，他将富士山介绍给了欧洲人

1830年
G.W.特雷尔是库马盎的英国副特派员，他穿越了楠达德维尼和楠达果德山之间的一个山口，海拔5000米，这个山口至今还以特雷尔命名

◀ 1852年
印度测量局确定了珠穆朗玛峰的海拔高度，尽管珠峰在当地有一个众所周知的名字，这座山峰仍以英国前测量局局长乔治·埃佛勒斯爵士的名字命名

▼ 1854年
施拉京特魏特兄弟受命于东印度公司，开始了为期三年的远征；他们穿越了德干高原，后抵达喜马拉雅山区

1857年
帕莱塞远征队由英国出资支持，主要探索加拿大落基山脉的登山路线

1879年
匈牙利人莫里斯·德·戴奇是第一个纯粹为攀登而攀登的喜马拉雅登山者

▶ 1880年
英国登山运动员爱德华·怀伯尔（见第142—154页）登上了厄瓜多尔的钦博拉索山

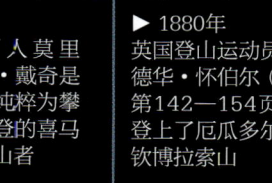

◀ 1866年
英国律师道格拉斯·弗雷什菲尔德（前排左二）首次探索、攀登了高加索山脉，发起了该地区的首批登山探险活动（见第186—189页）

◀ 1881年
第一条连接加拿大东部和不列颠哥伦比亚省的加拿大太平洋铁路开通

1882年
爱尔兰牧师威廉·S.格林与埃米尔·博斯和乌尔里克·考夫曼一起，首次尝试攀登了新西兰的库克山，他们在接近山顶处返回

1883年
英国登山家威廉·伍德曼·格雷厄姆成为第一个成功在喜马拉雅山脉登顶的人，他探索了干城章嘉峰所在区域

▼ 1885年
登山专家哈里·拉姆穿过了尼泊尔和中国西藏之间的南帕拉山口；彭特还用念珠和转经筒（见第190—191页）做了秘密调查

1888年
A.F.马默里（见第168—171页）攀登了高加索地区的狄克山；同年，英国大律师约翰·科克林多次攀登该地区的山峰，包括乌什巴北峰

◀ 1888年
威廉·S.格林牧师（中）完成了史上第一次纯粹的塞尔扣克山脉登山行动，该山位于不列颠哥伦比亚省的东南部

▲ 1889年
道格拉斯·弗雷什菲尔德重返高加索山脉，寻找失踪的摄影师威廉·唐金（见第186—189页）

▼ 1889年
德国登山者汉斯·迈尔和路德维希·普特舍勒首次登顶非洲最高峰——乞力马扎罗山（见第173页）

◀ 第178—179页　三名登山者在新西兰库克山的哈斯特营地附近，挂着冰镐的是向导彼得·格雷厄姆（1878—1961年）

交通运输的改善促进了阿尔卑斯山区登山运动的发展，也促使人们探索其他山脉。随着阿尔卑斯山脉地区旅游业的迅猛发展，那些热衷于探索未知世界的登山者将目光转向更远的山脉。1866年，道格拉斯·弗雷什菲尔德组织了第一次攀登高加索的探险，梦想着探索一个"未被涉足的世界"。殖民主义也给登山者提供了这样的机会。1885年，乞力马扎罗山附近地区成为德国的保护领地，1887年地理学家汉斯·迈尔发起了攀登乞力马扎罗山的运动。在新西兰，这样的挑战是极为常见的，1871年毛利战争的结束促成一个国家政府的产生。1882年，威廉·S.格林牧师和两名来自瑞士山区的登山者几乎成功登顶库克山。

1890年

◀ 1891年
英格兰传教士沃尔特·韦斯顿开始长期探索日本阿尔卑斯山脉。（见第210—211页）在此期间他攀登了40座山峰

1892年
英国登山家马丁·康韦（见第184—185页）和奥斯卡·艾肯斯坦（见第196—197页）组织了一支探险队，前往喀喇昆仑山脉

▶ 1895年
瑞士向导马蒂亚斯·楚尔布里根（图左，见第208—209页）首次攀登了新西兰的塔斯曼山、塞夫顿山、西尔伯峰和海丁格尔山

◀ 1896年
道格拉斯·弗雷什菲尔德出版了《高加索山探险》，这是一部有关高加索山探险的汇编

1897年
在爱德华·菲茨杰拉德放弃尝试攀登南美洲最高峰——阿空加瓜山后，马蒂亚斯·楚尔布里根（见第208—209页）首次登顶

▶ 1897年
阿布鲁齐公爵带领他的第一支探险队，攀登了阿拉斯加州与加拿大育空地区交界处（见第198—199页）的圣伊莱亚斯山

1900年

▶ 1902年
英国神秘学者阿莱斯特·克劳利（见第196页）加入奥斯卡·艾肯斯坦的第一支登山探险队，攀登了K2峰（乔戈里峰）；登山计划因艾肯斯坦被短暂监禁而延误

1902年
美国阿尔卑斯俱乐部是在查尔斯·欧内斯特·费伊的领导下建立起来的；《美国登山杂志》成为占主导地位的记录世界登山活动的杂志

1905年
受沃尔特·韦斯顿的启发，日本阿尔卑斯俱乐部成立（见第210—211页）

1907年
英国登山家汤姆·朗斯塔夫尝试攀登特里苏利峰，成为登上海拔7000米以上山峰的第一人

1899年
道格拉斯·弗雷什菲尔德环游了干城章嘉峰（见第186—189页）

1910年

▶ 1911年
范妮·布洛克·沃克曼带领一支重要的测量探险队前往喀喇昆仑山的锡亚琴冰川

1911年
苏格兰生理学家亚历山大·凯拉斯首次登上10座海拔超过6000米的山峰，最著名的是锡金的森蒂纳尔峰、卓木玉莫峰和堡洪里峰

▲ 1906年
范妮·布洛克·沃克曼（见第192—193页）宣布首次登上嫩贡山海拔6930米的平纳克尔峰，这项女性登山纪录直到1934年才被打破

▼ 1913年
英国登山者赫德森·斯塔克（左）首次登上迪纳利峰，1897年，为纪念俄亥俄州的总统候选人威廉·麦金利，迪纳利峰也被称作麦金利山（见第206—207页）

▼ 1908年
安妮·史密斯·佩克攀登了秘鲁布兰卡山的瓦斯卡兰峰，后声称女性登山纪录的保持者是她，而不是范妮·布洛克·沃克曼

1921年
英国探险家查尔斯·霍华德-伯里率领探险队首次测量珠峰；乔治·马洛里带领团队前往东绒布冰川和珠峰北坳

大山脉

对19世纪的探险家和登山家来说，中亚的巨峰是地球上最高的，比他们在阿尔卑斯山探索过的任何山峰都更难挑战，攀登中亚的巨峰就像游览另一个星球。

喜马拉雅登山先驱
1907年，英国登山者汤姆·朗斯塔夫登上了喜马拉雅山脉的特里苏利峰，成为第一个登上海拔7000米以上高峰的人。

把喜马拉雅称为山脉，就像把《战争与和平》称为故事一样，这种说法很正确，但不足以显示它的规模和复杂性。即使在现代，当每处山谷都被绘进卫星地图，人们对较偏远地区的印象仍像第一批登山者一样，他们在19世纪末勇敢地登上了喜马拉雅和其他亚洲山脉。

测量

虽然古籍中关于喜马拉雅山脉的记载并不少，耶稣会传教士也曾在17世纪翻越该山脉，但人们知道它的真正高度是很久之后的事情。19世纪，东印度公司的测量员开始沿着北部边境测量山峰，结果让他们感到震惊。英格兰中尉威廉·S.韦布根据开始于1808年的测量数据，计算出道拉吉里峰的高度为8187米。

早期在该地区进行的探索大多是出于政治和地理研究目的，而在1774年，苏格兰的乔治·博格尔和亚历山大·汉密尔顿穿过印度到达中国的西藏，目的却是建立一条通往中国的贸易路线。英国在1814至1816年间的英尼战争中取得胜利，这为英国打开了进入喜马拉雅大部分山区的通道，并且，随着东印度公司的权力向山区深入，越来越有冒险精神的官员开始探索喜马拉雅山脉。1830年，印度北部的库马盎副特派员乔治·特雷尔穿过了楠达德维山和楠达果德山之间海拔5200米的山口，这个山口至今仍以他的名字命名。

> 和早期的阿尔卑斯山脉探险一样，登山者被喜马拉雅山脉中的隐秘山谷和未知景色吸引，但因为缺乏地图，往往不知道他们正在攀登的到底是哪座山峰。

登山运动

1855年，来自巴伐利亚的施拉京特魏特兄弟阿道夫和罗伯特第一次真正地攀登了喜马拉雅山脉。受东印度公司委托，他们当时正在进行为期三年的科学考察，其间在喜马拉雅山征服了一座他们以为是卡美特山的山峰，后经确认是阿比加明峰。他们在一段时间里保持着海拔6778米的最高登山纪录。阿道夫后来被指控为间谍，被当地统治者斩首。

1879年，匈牙利的莫里斯·德·戴奇成为首位以运动和冒险为目的攀登喜马拉雅山脉的登山者，但他在去干城章嘉峰的路上染上了疟疾，退出了这次登山行动。

1883年，年轻但经验丰富的登山者、英国大律师威廉·伍德曼·格雷厄姆接受了挑战，和瑞士向导约瑟夫·英博登一起抵达大吉岭。3月底，他们到达干城章嘉峰南部的宗格里，越过康拉山口，登上了一座海拔6000米的不知名山峰。由于生病，英博登不得不返回。格雷厄姆请求经验丰富的瑞士登山者埃米尔·博斯派人接替英博登。埃米尔还是瑞士格林德瓦的贝尔旅馆的老板，他决定亲自

绒布寺
这座壮观的佛教寺院坐落在海拔5000米的珠穆朗玛峰北麓，1921年，寺院的僧侣们迎接了路过此地的探险队。

伟大测绘
1921年探险的成果以一系列地图的形式出现，以前所未有的详细程度展示了珠穆朗玛峰地区。上图展示了绒布冰川及周边地区。

背景介绍

- 19世纪初，欧洲人认为南美洲的安第斯山脉是地球上最高的山脉。然而，随着英国的政治霸权扩张到印度北部，调查显示，喜马拉雅要比安第斯山脉高得多。

- 政治不稳定和大山脉的复杂地形阻碍了探索。德国的施拉京特魏兄弟最先意识到昆仑山和喀喇昆仑山是两座独立的山脉。

- 1852年，印度测量局确定了珠穆朗玛峰的高度，实地勘察人员进行了许多重要的探索。威廉·亨利·约翰逊是一名平民助理，他登上了喜马拉雅山脉6700米以上的地方，也攀登过昆仑山脉。

- 就像霞慕尼和采尔马特这样的阿尔卑斯村庄成为欧洲登山中心一样，印度大吉岭的山中避暑小镇也成为喜马拉雅登山活动的中心，这得益于与干城章嘉峰毗邻的地理位置、便利的交通枢纽以及陪同登山队的大量搬运工，包括夏尔巴人。

参加探险，并带了向导乌尔里克·考夫曼。6月底，这支探险队来到喜马拉雅山，几乎就要登上海拔7066米的都那吉利峰，但后来因为天气恶劣，在离山顶只有几百米的地方被迫掉头。格雷厄姆和同伴们随后登上了他们最初在地图上标注为"A21"（6863米）的山峰，并试图攀登另一座标注为"A22"（6401米）的山峰，却因为技术困难而被迫撤退。这两座山峰的名称还有待讨论。

有争议的登山纪录

回到大吉岭，登山队重新集结，前往锡金，在尝试从东壁登上山顶之前，整个9月他们一直在探索前往卡布鲁峰的路线。从海拔5600米的营地出发，他们登上了一座较低的山峰，然后又继续攀登了100米，最后一段是被冰层覆盖的峭壁，虽然也许还没超过12米，但已经足以让他们望而却步。印度测量局和其他登山者，尤其是马丁·康韦，对于格雷厄姆声称自己攀登到的高度表示了强烈的怀疑——印度测量局并不认同格雷厄姆对他们的地图准确性的评论。康韦后来改变了自己的立场，并支持格雷厄姆的说法。

虽然这一时期该地区的探索速度缓慢，同时意味着探险过程的漫长，但这也使欧洲登山者能够逐渐适应山脉环境，也因此在高海拔地区几乎没有遇到什么困难。格雷厄姆说，他的团队几乎没有受到影响，"空气，或者说缺少空气并不是攀登世界最高峰的阻力。"

英国人汤姆·朗斯塔夫是伟大的喜马拉雅山脉早期登山者之一，他在19世纪进行了三次探险，总结了亚洲山脉对第一批登山者的吸引力。"我们就像第一次看到太平洋的科尔特斯，"他写道，"因为没有人从这个高度见过连绵的群山。这一未知的壮丽景象，比此前任何一次发现或攀登都更让我感到兴奋。"

珠穆朗玛峰的第一次勘测
1921年，在英国远征队攀登喜马拉雅山脉期间，莫谢德少校和古杰尔·辛格尔用平板仪对珠穆朗玛峰进行测量。他们的主要目的是测量出一条通往山顶的路线。

山脉测量仪
这台巨大的、重500公斤的经纬仪是印度测量局运往喜马拉雅山区的工具之一。1852年，它被用来测量珠穆朗玛峰的高度。

马丁·康韦

喀喇昆仑山脉的早期探索者

英格兰　　　　　　　　　　　　　　　*1856—1937年*

19世纪末，随着现代登山运动的开展，那些热衷于山脉探险的人转而攀登阿尔卑斯山之外的亚洲山脉。马丁·康韦行走在这一转变的最前列，他于1892年组织了探险队，首次攀登亚洲喀喇昆仑山脉。他创造了海拔6800米的世界纪录，登上了巴托罗岗日峰的一座卫峰。1881年，他出版了世界上第一本登山者指南——《采尔马特口袋书》。

山脉漫游者
康韦所著《走遍阿尔卑斯山》中的插图：1894年，他的登山队正在攀登勃朗峰的比奥纳塞朗山脊。

1891年夏天，30多岁的艺术史学家马丁·康韦和A.F.马默里（见第168—171页）一同攀登格雷安山，马默里是当时公认的最伟大的登山家。那年初，两人在伦敦皇家地理学会见面，讨论了攀登喜马拉雅山脉干城章嘉峰的可能性，但他们在攀登阿尔卑斯山的过程中产生了分歧。康韦在谈到马默里时写道："我对他的了解越多，就越喜欢他，就越清楚他对待山脉的态度与我截然不同。"

两人对登山的看法完全不同。在康韦的讣告中，克洛德·威尔逊写道："康韦年轻的时候非常积极，非常擅长攀登雪山和冰川，但他会尽可能地避免攀岩。"沉浸在约翰·罗斯金（见第86—89页）的作品和早期阿尔卑斯山探险传奇中，康韦把阿尔卑斯俱乐部看作皇家地理学会中的登山派。马默里所做的事情在康韦看来纯粹是一种体育运动。

目的地喀喇昆仑山脉

康韦在剑桥大学学习数学，并对木版画产生了兴趣——这是他的艺术史生涯的开始。他在大学时就开始攀登阿尔卑斯山，于1877年成为阿尔卑斯俱乐部的成员，并热情地阐述了他的登山观点，称忠实的登山者"最爱在群山中四处游荡，不愿连续两晚睡在同一家客栈，讨厌待在中心地区，厌倦待在同一个地方，总是想看看山的另一边是什么"。他在从意大利的维索山到奥地利最高山峰大格洛克纳山的旅程中，践行了这一信条，当时随行的还有两位向导和两名廓尔喀士兵，这是他在《走遍阿尔卑斯山》（1895年）中所描述的。

到19世纪90年代中期，康韦成为知名的艺术批评家和有政治野心的杰出交际家。他起初尝试加入自由党，后来成功加入保守党，最后

生平事迹

- 康韦在出版了《采尔马特口袋书》后，与美国学者W.A.B.库利奇合作，出版了一系列登山指南。
- 他的喀喇昆仑山探险队完成了重要的测量工作。
- 后来的探险包括攀登挪威斯皮茨卑尔根山和玻利维亚安第斯山脉，并在后一次探险中首次登上伊宜马尼峰。

查尔斯·G.布鲁斯
康韦1892年探险队的一员，后回到喜马拉雅山脉，领导1922年珠穆朗玛峰探险队（如图）。

成为上议院议员。当时讽刺杂志《笨拙》发表了他的漫画形象，名为"攀登者"。

1892年的喀喇昆仑山探险促使他走上这条通往英国权力核心的道路。起初以干城章嘉峰为目标，后来种种政治原因证明这个想法是不可能实现的，于是他与马默里、道格拉斯·弗雷什菲尔德（见第186—187页）探讨，将目标改为喀喇昆仑山。此次探险效仿了爱德华·怀伯尔（见第142—145页）的安第斯山脉之旅，并为阿布鲁齐公爵（见第198—199页）和其他人的探险树立了模范。康韦计划在探险期间进行测量工作，探险队里有一位艺术家、一位博物学家，还有阿尔卑斯山向导马蒂亚斯·楚尔布里根（见第208—209页），这位向导曾与怀伯尔在南美洲一起登山。

他让暴躁的奥斯卡·艾肯斯坦（见第196—197页）取代马默里，担任探险队领队。康韦是典型的维多利亚时代后期的英国绅士，与各个权威机构往来密切，艾肯斯坦是德国社会主义移民的儿子，很难想象，这样两个人竟会成为队友。

"黄金宝座"

1892年春天，探险队离开克什米尔，考察了拉卡波希峰下的巴格罗特山谷，康韦认为这座山是可攀登的。然而，他在亲眼看到它时改变了想法。实际上，他越接触喀喇昆仑山，想测量、勘察这座山而不是攀登它的倾向就越明显，这激怒了艾肯斯坦。那年6月，探险队进入罕萨河谷，在拉卡波希峰北侧进行了一个月的探索，接着开始勘察西斯帕尔冰川、西斯帕尔山口和雪湖。随后，他们下行进入比亚福冰川，一直抵达尽头的布拉尔杜河谷，这是极地之外路线最长的冰川之旅。

在阿斯科勒村，艾肯斯坦被开除出探险队。队伍继续沿着巴托罗冰川，到达被康韦命名为"康科迪亚"的冰川交汇处，该名称来自瑞士一个相似的交汇处。康韦利用在探险队中的领导地位独断专行。他无视眼前令人惊叹的乔戈里峰的景色，将他所谓的"黄金宝座"——与前者相比毫不起眼——誉为"我们见过的最壮观的一座山"。其实，康韦有机会攀登"黄金宝座"——现在被称为巴托罗岗日峰。攀登失败后，康韦的团队确实登上了一座被他称为"先锋峰"的附属山峰，创造了新的登山纪录。

这次探险之后，康韦又考察了北极的斯匹茨卑尔根岛，并前往安第斯山脉，首次攀登了伊宜马尼峰（6439米）。

休息
康韦和阿尔卑斯俱乐部会员乔治·斯克里文（右二）和向导弗兰兹·安登马滕（右一）在费斯提尔休憩，当时他们正在攀登多姆峰（瑞士瓦莱州）。

> 登山者的目光很快回到雪山上。长久以来，他梦寐以求的画面……终于在他眼前尽显壮丽色彩和磅礴气势。
>
> ——道格拉斯·弗雷什菲尔德，《环游干城章嘉峰》

高加索山脉露营
欧洲的登山者一攀登完阿尔卑斯山的主要山峰，就把目光投向了远方。在英国，人们的注意力被高加索山脉吸引，因为它海拔高、地处偏远，攀登难度大。1889年，赫尔曼·伍利陪同弗雷什菲尔德登上高加索山脉，并于1893年返回英国，他拍下了登山队在基特洛夫冰川旁边扎营的情景。

道格拉斯·弗雷什菲尔德

征服高加索山的探险家

英格兰　　　　　　　　　　　　　　　　1845—1934年

道格拉斯·弗雷什菲尔德是最伟大的高山探险家之一，他几乎游历、攀登了世界上所有的山脉，从阿尔卑斯山脉、比利牛斯山脉到日本、北美的山脉，最著名的是他在高加索山的三次探险以及1899年具有里程碑意义的环干城章嘉峰徒步旅行。在1861年这一黄金时代的巅峰期，他首次在阿尔卑斯山登顶，在这之后的大约60年里仍在探索山脉，1920年攀登了美国落基山脉。

生平事迹

- 获得法学、历史学学位及律师资格，但没有执业，因为他所拥有的财富使他能将一生奉献给高山探险；经历了六个阿尔卑斯登山季，并带领三支高加索山探险队中的第一支。
- 环游喜马拉雅山脉干城章嘉峰；这次探险有助于绘制该区域所有冰川的地图。
- 加入前往非洲中部鲁文佐里山的探险队；恶劣的天气使探险失败，但是弗雷什菲尔德山口是以他的名字命名的。
- 70多岁时攀登日本阿尔卑斯山，80多岁时攀登美国落基山脉。
- 为英国地形测量局的现代化做出了重要贡献，构建了当今英国公认的地图标准形式。

弗雷什菲尔德的母亲简是一位"高山漫游者"和作家，每年夏天全家都在山上度长假。1854年，9岁的弗雷什菲尔德被带到霞慕尼和伯尔尼高地，在穿过盖米山口时得了感冒，最后"用加了香料的热葡萄酒治好了"。1861年，他在伯尔尼纳山尼罗峰完成了首次登顶，两年后，他开始攀登勃朗峰，登山事业正式起步。

根据《阿尔卑斯登山杂志》的说法，"他对链而走险不感兴趣"，尽管弗雷什菲尔德对高难度攀登不感兴趣，在接下来的20年里，他还是多次成为登顶第一人。这些山峰大部分位于东阿尔卑斯山，包括琴加洛雪峰、布伦塔峰，他还首次横穿帕吕峰。弗雷什菲尔德身材高大魁梧，走路速度惊人，似乎毫不在意酷热，而在山上，酷热往往比寒冷更能让人感到虚弱无力，作家W.A.B.库利奇（见第145页）称他是"十足的火蜥蜴"。

寻找未被攀登的山峰

1868年，23岁的弗雷什菲尔德首次进入高加索山区——传统的欧亚分界线，成为攀登高加索山的第一人。高加索山脉在当时的名气，不如阿尔卑斯山在中世纪的名气大。弗雷什菲尔德和阿道弗斯·穆尔（见第162—163页）组队，后者曾于1865年攀登过勃朗峰布伦瓦坡，此时为东印度公司工作，并获得了根据从俄罗斯窃取过来的最新情报绘制的地图。

其他队员包括英国登山者查尔斯·科明斯·塔克和霞慕尼向导弗朗索瓦·约瑟夫·德武阿苏，直到19世纪90年代初，弗雷什菲尔德的每一次登山几乎都有后者的参与。

在游历了近东和叙利亚——并尝试在没有适应环境的情况下攀登亚拉腊山——之后，登

威廉·唐金
该摄影师的未知命运促使弗雷什菲尔德于1889年重返高加索山。

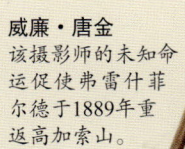

阿尔卑斯山之外·大山脉

山队向高加索山中部进发。他们穿过克列斯托沃耶山口，爬上了海拔刚过5000米的卡兹别克死火山，据说希腊神明普罗米修斯正是在这里承受肝脏被啄食的痛苦。这不是一次艰难的攀登，却是一个很好的起点。随后，一群人开始沿着山脊向西徒步，目标是欧洲最高峰——厄尔布鲁士山。就像回到黄金时代之前的阿尔卑斯山，只是当地人口更多。

斯瓦内蒂亚省有世界上最美丽的山峰之一——乌什巴峰。"重峦叠嶂从山谷拔地而起，一条深沟隔开两座巨峰。攀登其中一座都够疯狂的了，更不用说两座……"弗雷什菲尔德回忆道。

在1887年和1889年，弗雷什菲尔德两次重返高加索山，后一次是为寻找英国登山者威廉·唐金和哈里·福克斯，他们和两名瑞士向导在攀登科什坦山（现什哈拉山）期间失踪。弗雷什菲尔德发现了他们最后的宿营地。后来他出版了两卷本的《高加索山探险》，讲述了他在该地区的旅行经历。

历史性的喜马拉雅之旅

1899年，54岁的弗雷什菲尔德把注意力转向喜马拉雅山脉，决定从北开始环世界第三高峰干城章嘉峰旅行。他召集了一个登山队，包括意大利摄影师维托里奥·塞拉（见第199页）和英国地质学家埃德蒙·加伍德。9月

喜马拉雅山区营地
弗雷什菲尔德（右一）与夏尔巴首长们的合影。他在《环游干城章嘉峰》（1903年）中描述了漫长而艰难的喜马拉雅之旅。

厄尔布鲁士山

东峰　1868年7月31日

- **在寒冷的凌晨出发**
  弗雷什菲尔德和他的登山队在严寒中启程，越过边界线进入巴克桑河谷，在海拔3600米处扎营，凌晨2:10离开营地。

- **冻伤威胁**
  弗雷斯菲尔德掉进冰裂缝，被解救出来。搬运工的出现激励了团队。"只要有一个搬运工继续前进，我就会和他一起。"弗雷什菲尔德说。

- **登顶**
  他们于上午10:40到达山顶。"我们看到了土耳其边境的群山、黑海以及位于我们和卡兹别克山之间的巨峰，与站在厄尔布鲁士山上看到的东部群山相比，在勃朗峰上看到的奔宁山脉根本不值一提。"

西峰（5642米）　东峰（5626米）　山口　帕斯图霍夫岩

登山时间轴

1845—1867年	1868年	1869—1886年
离开伊顿公学后，弗雷什菲尔德攀登了罗萨峰，并首次穿越了帕吕峰和普雷萨内拉山。弗雷什菲尔德还是牛津大学的本科生时，就开始计划去高加索探险，另辟新的路线，攀登贝尔纳和瓦莱州阿尔卑斯山。	带领第一支高加索山探险队攀登卡兹别克山，成功地登上厄尔布鲁士山东峰，这可能是该峰历史上的首次登顶。	访问阿尔及利亚，攀登阿特拉斯山。花了两年时间探索法国多菲内和滨海阿尔卑斯山。在第二次高加索山脉探险中，第一次登上泰特纳尔德山。

道格拉斯·弗雷什菲尔德

山区移民
早期移民大吉岭的夏尔巴人（左，弗雷什菲尔德的搬运工），部落于几个世纪之前从中国西藏移居尼泊尔。

初，雨季快结束时，探险队从大吉岭出发。两周后，他们在绿湖以东的泽木冰川（4500米）扎营。塞拉拍摄的西尼奥楚山，是有史以来最出色的高山特写（见第200页）。弗雷什菲尔德被这座山峰迷住了，称它拥有"世界上最令人惊艳的山的形态，是最美丽的雪山"。探险队计划登上一座海拔6000米的山峰，眺望干城章嘉峰北部的尼泊尔裂谷的情况，规划西行路线，但延长的雨季阻碍了他们的计划。

他们更换路线，在10月初翻越已经熟悉的罗纳克山口，在大雪中跋涉，穿过了长达6000多米的琼桑山口进入尼泊尔，花了三天时间走下干城章嘉冰川到达康巴城峰。探险队仔细观察了干城章嘉峰的西北壁，弗雷什菲尔德认为这条路线是可行的，他写道："可以想象整座山是由干城章嘉峰上的恶魔建造的，目的是抵御人类的攻击，所以每个相对薄弱的地方都巧妙地被冰雪所覆盖。"

当一行人结束旅程到达宗格里时，弗雷什菲尔德将一座巨大的灯塔点亮，孟加拉邦总督在大吉岭下令鸣礼炮向他致敬。虽然弗雷什菲尔德没有探明干城章嘉峰的东壁路线，也没有靠近西南壁——首次登顶的路线——但他的攀登记录是很有影响力的。他写道："与其说是另一个登山冒险的故事，不如说是对干城章嘉群山风景及冰川特征的记录。"

这次探险极大地推动了人们探索喜马拉雅山脉的进程，部分归功于塞拉拍摄的令人惊叹的照片，以及加伍德的地图，后者是登山工具的巨大进步。

在之后的人生中，弗雷什菲尔德获得了许多荣誉，他被选为阿尔卑斯俱乐部主席（1893—1895年），皇家地理学会会长（1914—1917年）。

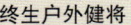

终生户外健将
作为一名登山者和探险家，弗雷什菲尔德拥有长久而出色的登山生涯。直到晚年，他还在带队进行山脉探险，并促进地理成为一门学科。

大吉岭的崛起
19世纪初，大吉岭村被英国人控制，成为疗养胜地，供病人躲避平原的酷暑；同时此地也适合种植茶叶。从19世纪50年代起，大吉岭从与世隔绝之地变成受英国统治的新城，吸引了来自喜马拉雅山各地的移民。"二战"结束之前尼泊尔一直处于闭关锁国的状态，再加上从平原进入大吉岭的路径很方便，平原上还有一条铁路，锡金的大吉岭便成为公认的登山中心，人们还可以从这里越过边境进入中国的西藏地区攀登珠峰，因此它也是上世纪二三十年代珠穆朗玛峰探险的中心。

高加索事件
对于维多利亚时代受过教育的人来说，高加索山是伊阿宋寻找金羊毛的地方；在《旧约》中，它是歌革和玛各的家乡，也是《一千零一夜》中的故事发生地。对弗雷什菲尔德来说，探索高加索山极具吸引力。然而，尽管他们对这里的文化很熟悉，对地形却不够了解。黄金时代之后人们成功攀登了阿尔卑斯山，登山者们想通过攀登高加索山重新体验早期登山的兴奋心情。19世纪七八十年代的许多重要人物都参与其中。最著名的是A.F.马默里，他在1888年登上了狄克山（见第168—171页），英国登山家约翰·科克林也取得了一系列重要的登山成就，包括登上海拔稍低的乌什巴峰的北峰。

1890年，一支登山队准备在高加索山卡拉乌尔山上的岩石下扎营。

1887—1890年	1891—1905年	1906—1920年
最后一次前往高加索山脉寻找唐金和福克斯；游历了阿布哈兹自治共和国。	尝试攀登希腊的奥林波斯山，"因遭遇强盗而失败"。	第一次鲁文佐里山探险；因遭遇"泥巴浴和坏天气"而失败。
探索干城章嘉峰，并第一次环游干城章嘉峰。	前往西伯利亚和日本，在日本阿尔卑斯山探险。	在加拿大落基山脉和塞尔扣克山脉完成最后的登山之旅。

高山人生

"专家"

在"大博弈"——英俄争夺中亚霸权——的背景下,"专家"是英国的情报员。受雇的印度边境地区的土著人竭尽所能渗透到中国的西藏地区、尼泊尔、阿富汗等,带回测量结果和地图,使英国人能够深入了解山脉另一边的禁地。

在19世纪的大部分时间里,喀喇昆仑山脉和喜马拉雅山脉是两大帝国英国和俄国之间的缓冲地带。随着俄国向中亚扩张,慢慢接近印度,大英帝国担心其瑰宝——英属印度——会陷入困境,甚至遭到入侵。与此同时,清政府和尼泊尔于1815年正式对欧洲人封锁了边境,因而对这些神秘地区的情报的需求越来越强烈——无论哪个帝国势力占上风,都会得到丰厚的回报。

英国的解决方法是规避通行禁令、招募印度代理冒充朝圣者前往喜马拉雅圣地。经过两年的训练,1865年,锡金的教师纳因·辛格和他的表弟马尼作为第一批间谍成员受到派遣。学习了印度语之后,纳因和马尼的代号分别是"首席专家"和"第二专家",在印度语中代表学者。后来的英国间谍都被称为"专家"。

经过培训,"专家"们能用步数精确测量距离,他们还使用100颗珠子的念珠来计数,而不是常见的108颗珠子的念珠。转经筒用于隐藏地图和笔记,微型六分仪用于测量。这些"专家"贡献了丰富的地图和情报,帮助英国人维护他们在印度的"利益"。

锡金是印度一个多山邦,北与中国接壤,西临尼泊尔,东临不丹。健壮的体格使锡金的居民能胜任高山探险。

个别"专家"

潜在候选人来自印度边境各州，他们必须了解山区、有读写能力、体魄强壮，能经受住长途跋涉和高海拔的考验。

❶ 在1879年的一支探险队中扮成神职人员的"专家"。❷ 基尚·辛格是纳因的另一个表亲，在1869至1882年间进行了五次旅行。❸ 萨拉特·钱德拉·达斯在1879至1882年间非常活跃，探索了前往珠穆朗玛峰的路线。

纳因·辛格

印度　　　　　　　　　　　　　　　1830—1895年

他出生于海拔3475米的锡金，难怪能成为登山专家。

辛格从1865年起在尼泊尔和中国西藏地区的旅程长达1930公里，于1867年返回中国西藏地区西部。他于1875年完成了他的最后一次旅行——从克什米尔到中国西藏地区，为期两年。他在亚洲地图上添加了"比同时代任何一个人都多的有实际价值的知识"，因此于1877年获得皇家地理学会颁发的金奖章。

间谍工作和测量

"专家"的妙计：根据煮沸水的时间估算海拔，观星识路，将观察结果编成顺口的诗歌，以及通过默祷和旋转转经筒来避开旁观者怀疑的目光。

❶ 1855年的大三角测量项目中，搬运水平仪、三脚架、测量链以及水准标尺的印度劳工。❷ 印度测量局需要重量级测量设备，比如由12人搬运的大型经纬仪。❸ 1905年，印度测量员协助天文测量工作。

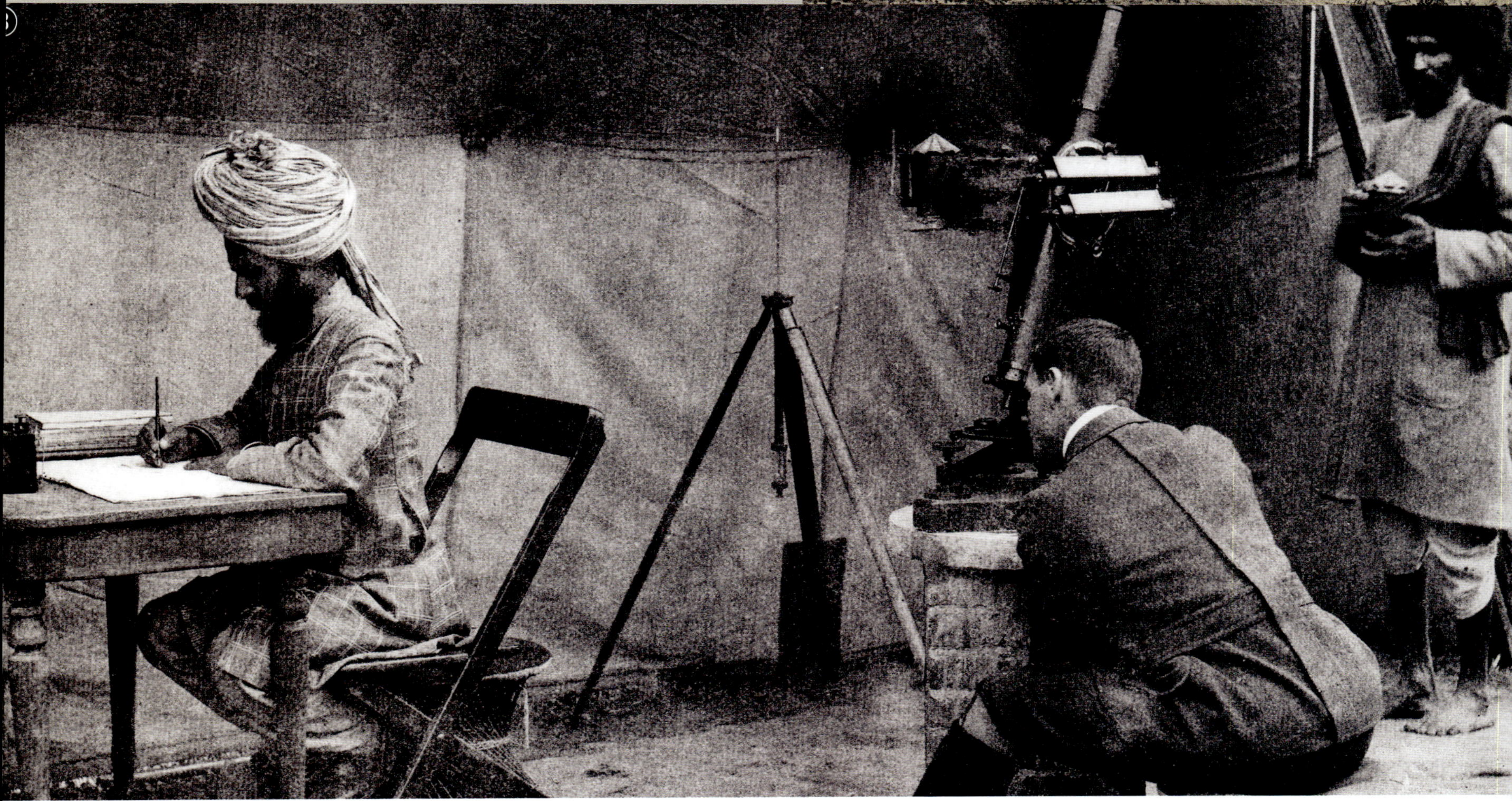

范妮·布洛克·沃克曼

不妥协的纪录追赶者

美国　　　　　　　　　　　　　　1859—1925年

早期的喜马拉雅探险过程中出现了许多令人难忘的人物，但很少有人能像范妮·布洛克·沃克曼那样令人敬畏。在即将进入20世纪的七年里，这位美国女继承人和她的丈夫在喜马拉雅山脉西部完成了几次著名的旅行，特别是对克什米尔的嫩贡山，以及喀喇昆仑山的焦戈隆马和锡亚琴冰川系统的探索。她还保持了近30年的世界女性登山纪录，顽强地挫败了所有来者。

纪录保持者

在克什米尔的平纳克尔峰顶，范妮成为登顶该峰的第一人，也创造了世界女性登山最高纪录。这幅庆祝登顶的插图发表在1906年10月28日的法国画报《小日报》上。

生平事迹

- 范妮花了三年时间和丈夫骑自行车穿越南亚和印度，然后徒步穿越拉达克。
- 与丈夫结伴在西斯帕尔和焦戈隆马地区旅行探险，包括环行嫩贡山，创造了一项新的世界女性登山纪录。
- 1911年和1912年，夫妻二人对锡亚琴冰川进行了重要的测量。

范妮·布洛克出生于马萨诸塞州伍斯特，父亲是一位共和党员，曾任该州州长，也是一名成功的律师。她受教于家庭教师，之后在纽约完成学业，后来为了提高德语和法语水平，她在德累斯顿和巴黎住了一段时间。1881年，她嫁给了比她大12岁的威廉·亨特·沃克曼，他是曾在耶鲁大学和哈佛大学求学的一名医生。范妮身材小巧、性格活泼，她丈夫与之形成鲜明对比，阿巴拉契亚登山俱乐部的朋友们说他"安静、深沉、体贴"。他让范妮了解了新罕布什尔州的怀特山。1889年，出于压力，沃克曼被迫放弃工作；然而，他的退休生活绝非悠闲。

自行车热

沃克曼夫妇被新兴的自行车骑行潮吸引，把他们唯一的女儿留在了美国。接下来的五年里，这对夫妇在世界各地骑行，包括中东和北非。范妮很快出版了她八本书中的第一本，即《世纪末伊比利亚骑行》，这本书和她的其他书一样，是由她丈夫编辑的。夫妻俩还登上了阿尔卑斯山的勃朗峰和马特洪峰。

被遗忘的探险家

在沃克曼夫妇名声大噪之前，圣乔治·利特代尔和特蕾莎·利特代尔夫妇已经在中亚完成了一系列非凡旅行。英王爱德华七世称圣乔治为"我国最伟大的旅行者"。但比圣乔治年长12岁的特蕾莎也丝毫不上须眉。她于1888年从北到南横穿帕米尔高原，当时正值大博弈高峰，英俄在该地区的竞争进入白热化阶段，旅行者经常被杀害。这对夫妇还穿越羌塘高原进入中国西藏，走近拉萨。与沃克曼夫妇不同的是，利特代尔夫妇没有写书，也没有引起公众的注意。

圣乔治·利特代尔的光芒被沃克曼掩盖。

之后他们去了印度，范妮坐在双人自行车的前座，从最南端向北骑行，行程长达22 530公里。最后他们来到喜马拉雅山区，徒步穿过拉达克抵达喀喇昆仑山口，决定组织他们的第一次登山探险。

他们不惜一切代价，从伦敦订购最好的设备，从采尔马特请来向导鲁道夫·陶瓦尔德。他们的目标是世界第三高峰——干城章嘉峰，但沃克曼夫妇没能走太远。范妮对当地的搬运工几乎毫无耐心，甚至拿手枪威胁他们。

在喜马拉雅山脉进行测量

"在维多利亚时代的旅行者中，"作家多萝西·米德尔顿写道，"几乎只有沃克曼夫妇对当地人毫无同情心，甚至对当地人没有基本的了解，就带着大批登山者冲进贫穷和偏远的村庄，要求他们提供服务和物资。"

虽然第一次探险失败了，但在1899年，沃克曼夫妇又信心十足地出发了，前后进行了七次喀喇昆仑山探险。同行的还有马蒂亚斯·楚尔布里根，他曾于1892年和马丁·康韦（见第184—185页）一起探索喀喇昆仑山。他们沿着康韦的路线反向而行，到达西斯帕尔山口。因楚尔布里根在途中宣布身体不适，他们回到阿斯科勒村，在那里探索了斯科罗山口周围的山峰，将首次登顶的一座山命名为"布洛克·沃克曼山"，并第一次登上了希格尔河谷上方海拔6400米的科泽岗吉山。"当我和楚尔布里根停下来喘息，准备积蓄力量再次前进时，我的妻子冲上了山顶。"沃克曼回忆道。

范妮创造了一项女性登山纪录，却在下山时又遇搬运方面的麻烦。搬运队放弃扎营，带走了大部分补给品。"我们很冷很饿，总算万幸，他们至少留下了一点生火的木头。"

1902至1903年，沃克曼夫妇探索了焦戈隆马冰川。几乎没有新的发现，他们的测量结果也是不可靠的。但在旅行宣传方面的天赋使范妮在欧洲和美国的巡回演讲中尤其受欢迎，她成为第二位在皇家地理学会演讲的女性。1906年，他们雇用意大利搬运工，在克什米尔绕嫩贡山环行，比以前的探险者更深入这片广大地区。向导在前开凿台阶，他们第一次登上该地区海拔6930米的第三高峰——平纳克尔峰，这项女性登山纪录直到1934年才被打破。美国人安妮·史密斯·佩克是范妮的对手，她在最高纪录之争中输给了范妮。

沃克曼夫妇最伟大的成就是在1911年和1912年探索了锡亚琴冰川。他们带了专业测量员，绘制的地图质量也是一流的。他们尝试了攀登萨尔托岗日峰（7742米），翻越了几个山口，其中包括星峡山口，初步探索了贡杜斯冰川。

这是他们最后一次一起探险。回到美国之后，沃克曼夫妇于1917年出版了关于锡亚琴的书籍《东喀喇昆仑冰原的两个夏天》，这是他们有关喀喇昆仑山的第五部重要著作。

身陷冰裂缝
沃克曼夫妇的喀喇昆仑山探险并非一帆风顺。右图是马蒂亚斯·楚尔布里根试图为勇敢的范妮找出裂缝的画面。之后他们就被搬运工丢下了。

山一般的意志
考察锡亚琴冰川的时候（如图所示），范妮几乎要放弃了："'不，我不会再来了'，我被雪困住，在帐篷里坐了两天，我这么决定……但我一转身看到冰川……我的山一般的意志就说'你必须回来'。"

亚历山大·凯拉斯

鲜为人知而伟大的登山探险家

苏格兰　　　　　　　　　　　　　　1868—1921年

> **生平事迹**
> - 成为研究高海拔对人体的影响的专家。
> - 首次登顶喜马拉雅山脉多座山峰,帮助欧洲登山者与当地夏尔巴人建立联系。
> - 创造了当时的最高登山纪录。
> - 参加第一次珠穆朗玛峰探险,却在抵达珠峰之前病逝。

尽管凯拉斯不是一位领先的专业登山者,但他作为一名科学家,对山地探险做出了几项重要贡献。他后期致力于研究高海拔对人体的影响。凯拉斯默默坚持,在喜马拉雅山区进行了几次意义重大的旅行,首次攀登了几座山峰,其中包括当时最高的处女峰堡洪里峰。他还在认识和提升夏尔巴人在高海拔攀登中的价值方面发挥了重要作用。

出生于阿伯丁的凯拉斯被唤作亚历克,他为人谦逊甚至害羞,几乎没有留下任何关于旅行的详细描述。他在阿伯丁大学学习化学期间,曾在苏格兰高地东部的凯恩戈姆山度过许多时光,一次在外面扎营好几天。离开阿伯丁之后,他先后在爱丁堡和伦敦学习;获得博士学位后,开始在伦敦一家医院教医学生化学。

适应性研究

凯拉斯是首位系统研究适应生理的人,他的论文《关于攀登喜马拉雅高海拔山峰的可能性的思考》和《关于攀登珠穆朗玛峰的可能性的思考》,为人类是否可以在没有瓶装氧气的情况下攀登珠穆朗玛峰这一长期争论提供了研究背景。凯拉斯称:"假设在海拔25 000英尺(7620米)的高度以上,肢体障碍不会限制人的行动,那么在尽可能高的海拔接受过一流训练的人,是可以在没有外来帮助的情况下登上珠穆朗玛峰的。"莱因霍尔德·梅斯纳尔和彼得·哈伯勒最终在1978年登顶珠穆朗玛峰时解决了这个问题(见第308—311页)。然而,凯拉斯关于肢体受限制的警告已被证明是合理的,技术性攀登几乎从不在极高海拔处进行。

夏尔巴人的推崇者

凯拉斯不只是提出理论,他还是活跃的登山家,独自完成了八次喜马拉雅山脉探险。比如,1911年,他首次攀登了十座海拔6100米以上的山峰,最著名的是印度锡金的森蒂纳尔峰、卓木玉莫峰和堡洪里峰,后者的海拔现被认定为7128米。然而,凯拉斯在世的时候,堡洪里峰的海拔被确定为7065米,英格兰人汤姆·朗斯塔夫在1907年首次登顶海拔7120米的特里苏利峰,一度被认为是纪录保持者。

阿尔卑斯俱乐部中的一些人对凯拉斯的成就不屑一顾,珀西·法勒说,凯拉斯"从来没有攀登过一座山,只是和一群苦力在被雪覆盖的陡坡上行走"。这一不公平的评价抨击了凯拉斯的另一项重要创举——他是第一个提倡在喜马拉雅山脉进行攀登时使用大吉岭夏尔巴人而不是廓尔喀士兵的人。

1907年,39岁的凯拉斯在首次访问印度时初次接触了夏尔巴人。访问了克什米尔之后,他前往锡金和干城章嘉峰的泽木冰川。在两名瑞士向导的协助下,他曾三次尝试爬上海拔6812米的辛姆武山,并尝试进入坐落在锡金和

珠穆朗玛峰营地,1921年
考察队在海拔6500米的营地摆好姿势拍照。后排(从左至右)依次是G.H.布洛克、H.T.莫斯黑德、O.惠勒、C.马洛里;前排(从左至右)依次是A.M.赫仑、A.F.沃拉斯顿、C.K.霍华德-伯里、H.雷伯恩。

亚历山大·凯拉斯

珠穆朗玛峰上的第一串足印
1921年，珠穆朗玛峰探险队翻过卡马山谷的一道山脊。当时的珠峰是一个未知领域，探险队花了四个月的时间探索它的南壁和北壁并绘制地图。

尼泊尔边境上、位于干城章嘉峰和双子峰之间的尼泊尔裂谷。

入选珠穆朗玛峰探险队

尽管这些目标没有实现，但凯拉斯发誓再战，下一次他将"尝试与尼泊尔的苦力一起攀登，比起我的欧洲同伴，跟他们相处让我感觉更轻松"。凯拉斯在夏尔巴人的陪同下又进行了两次探险，其中包括最成功的1911年探险。他认为夏尔巴人是"一流的登山者"，经过适当的训练，就能"在攀登干城章嘉峰和珠穆朗玛峰这样的高山"时大显身手。

凯拉斯的想法是否正确，最终是由珠穆朗玛峰本身决定的。在中国的西藏地区禁止外国人入内的情况下，他计划了一次秘密探险，而这次探险实际上是由英国官员约翰·诺埃尔

负责的，后者于1913年乔装前往西藏地区。凯拉斯重新采用了专家时代的策略，派了一名夏尔巴人到珠穆朗玛峰的东壁执行拍摄任务。凯拉斯和诺埃尔甚至同意一起进行另一次秘密探险，这一计划被第一次世界大战挫败。

战争结束后，第一支珠穆朗玛峰勘测队终于获得准入许可，凯拉斯显然是这支队伍的首选成员。没有哪个欧洲人比他更了解如何登上这座山，也没有人比他更了解高海拔生理学。凯拉斯在攀登前的几个月里进行了疯狂的探索，在探险队出发的前几天回到了大吉岭。

凯拉斯在长途跋涉中日渐虚弱且身患痢疾，最终在穿越藏地时死亡。英国登山者诺曼·科利后来哀悼凯拉斯："多次从远处眺望珠穆朗玛……却永不能登上这地球上的绝顶。"

为山而生

1907至1921年，凯拉斯八次前往喜马拉雅山脉探险，到他去世的时候，他是世界上在海拔6000米以上的地方待的时间最长的人。对高海拔生理学的研究是其最重要的遗产，他还绘制了攀登过的山脉的地形，并留下了大量照片。凯拉斯更关心身处高海拔的感受而非奋力登顶的过程。正如他的讣告所说："他感兴趣的是山顶上的风景而不是攀登过程中的细节。"

1921年，考察队成员C.K.霍华德-伯里拍摄的珠穆朗玛峰探险队在中国西藏进行测量的照片。

奥斯卡·艾肯斯坦

攀爬用具与技术的创新者

英格兰　　　　　　　　　　　　　　　　1859—1921年

奥斯卡·艾肯斯坦脾气火暴、才华横溢、好打破旧习，即便在今天，仍然是一个有争议的人物。他无疑是一位具有独创性的思想家，也是一位创新者，对攀岩设备发展的贡献影响深远。艾肯斯坦是首位围绕实用的攀登技术和训练进行写作的攀岩者，他开始推广"抱石"的时间，比该运动成为主流的时间早一个世纪。1902年，他还领导了首次喀喇昆仑山K2峰探险。

艾肯斯坦出生在伦敦，父亲是一位德国犹太社会主义者，在1848年革命失败后逃离波恩。他在伦敦大学学院学校完成大学前的学业，后来又去波恩学习化学，接着在国际铁路协会担任铁路工程师，该协会总部设在布鲁塞尔。工作使他能够在欧洲各地免费乘头等舱旅行，结合衣衫褴褛的形象，人们猜想他是位古怪的百万富翁。

喜马拉雅山脉探险家、后来的阿尔卑斯俱乐部主席汤姆·朗斯塔夫说艾肯斯坦是一个"内秀的人"。相反，当时英国顶尖登山家杰弗里·温思罗普·扬的妻子说："我很清楚地记得，在1911年的一个派对上，艾肯斯坦在大厅里东敲西打，抽难闻的烟丝。他当时留着大胡子，大家认为他有点像个先知。"然而，就像许多先知一样，他并不总是被人注意或喜欢。

不被阿尔卑斯俱乐部欢迎

艾肯斯坦是一个直率、好辩、急性子的人，这些性格特点并没有让他受到日益保守的阿尔卑斯俱乐部的青睐，因此他从未加入阿尔卑斯俱乐部。然而，艾肯斯坦也是一个了不起的交际人才，这在一定程度上得益于他那流利的德语。他与同时代欧洲的许多重要人物一起攀登，其理念对周围的人产生了巨大影响。

温思罗普·扬声称，艾肯斯坦在北威尔士教会了伟大的英国攀登先驱J.M.阿切尔·汤姆森"平衡攀登"技术（主要靠脚进行，因为岩壁上几乎没有手能握住的地方），以及"抱石"（接近地面的一种无绳索攀岩方式，坠落后果不会太严重）的价值。他还在冰壁攀登上对奥地利登山者保罗·普罗伊斯（见第176—177页）进行指导，并为温思罗普·扬影响深远的教学性作品《山地工艺》做出了贡献。艾肯斯坦的登山生涯始于1886年，当时他已经成为许多重要山峰的第一登顶人，包括1887年与向导马蒂亚斯·楚尔布里根（见第208—209页）在瓦莱州攀登施泰克纳德峰，1906年与奥地利登山家卡尔·布洛迪格和瑞士向导亚历山大·布洛舍雷尔一起攀登勃朗峰布鲁亚尔峰。

在1892年和马丁·康韦（见第184—185页）一起进行的喀喇昆仑山探险中，他对阿尔卑斯俱乐部越发反感，与后来成为俱乐部主席的康韦闹翻，被迫早早地离开了探险队。

康韦的对手

十年后，艾肯斯坦回到喀喇昆仑山尝试攀登K2峰，却被当成间谍关进监狱。他将这件事归咎于康韦。与艾肯斯坦一起攀登的还有英国登山者阿莱斯特·克劳利和盖伊·诺尔斯、瑞士医生朱尔·雅科-吉亚尔德、两名奥地利人，包括海因里希·普凡尔，他是一名法官，有大量高山攀岩经验。这次探险由

生平事迹

- 重新设计原始"登山铁器"，发明了现代冰爪。
- 率先提升"抱石"在攀岩训练和技术改进中的价值。
- 1902年，加入首次真正的K2峰探险，但因恶劣的天气、疾病及探险队内部的分歧而失败。

阿莱斯特·克劳利
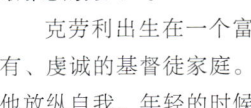
英格兰　　　　　　　　　　1875—1947年

爱德华·亚历山大·克劳利自称神秘学者、魔法师、性冒险家，在当时臭名昭著，被媒体称为"世界上最邪恶的男人"。

克劳利出生在一个富有、虔诚的基督徒家庭。他放纵自我，年轻的时候便因反叛而引人注目。1898年，他偶然遇到年长他16岁的艾肯斯坦。他们达成了"一种临时协议"，相约去喜马拉雅山脉。到约定的时间，克劳利已经在阿尔卑斯山脉攀登了四年，有足够的能力胜任这次攀登，但他依旧将艾肯斯坦看作自己的导师。他是1902年K2峰探险队的一员，同伴们都厌烦他，但他表现出很好的判断力，发现海因里希·普凡尔患了肺水肿，这种病在几十年后才被诊断为高海拔的结果。

冰壁攀登的创新者
艾肯斯坦设计并制造了这种短而轻、一只手就能使用的冰镐。

奥斯卡·艾肯斯坦

艾肯斯坦和克劳利一起构想，费用似乎由团队的其他成员承担，我们只能猜测其规模。此外，艾肯斯坦并未选择一条合适的路线。在恶劣天气和队员性格不合的困扰下，他们在巴托罗冰川上度过了两个月，创下了在海拔5000米以上的地方停留最长时间的纪录。普凡尔登上了海拔6400米的地方，却因肺水肿不得不撤离。他们最终放弃了这次探险。

艾肯斯坦的工程学背景使他为攀岩做出了重大的技术贡献，特别是研发了现代登山冰爪（见第98—99页）。汤姆·朗斯塔夫回忆起1899年测试这种新冰爪的情景："在古怪的克劳利的帮助下，在冰爪使用方面，奥斯卡给我上了非常有价值的一课"。艾肯斯坦还研究了钉掌靴的钉子结构和绳结的材质。

第一次世界大战期间，艾肯斯坦在伦敦担任纠察，结婚后搬到一个小镇上。阿尔卑斯俱乐部的前主席珀西·法勒是1921年见到艾肯斯坦最后一面的人之一："我看到他奄奄一息……他的肺完全坏掉了，只能大喘气，但他的眼睛像以往一样清明……最终埋葬在他深爱的高山尽头。"

偏僻的高山
1856年，一支欧洲探险队首次发现并将其命名为"K2"峰，意为喀喇昆仑山脉的第二座山峰，从任何人类居住的地方都不能看到K2峰，它也没有本地名称。

暗涌
平静的表情掩饰了1902年K2峰探险队中的尖锐冲突。普凡尔和克劳利分别是照片上中排的左右两人，艾肯斯坦坐在最前排左边。

阿布鲁齐公爵

著名登山家和冒险家

意大利　　　　　　　　　　　　　　1873—1933年

路易吉·阿梅迪奥·朱塞佩·马里亚·费迪南多·弗朗切斯科·迪萨沃亚-奥斯塔是阿布鲁齐大区的公爵，也是意大利国王维克托·伊曼纽尔二世的孙子，还是一位富有的登山家和探险家。他利用自己的资源，带着精良的装备探索大山脉。其中在阿拉斯加山和喀喇昆仑山的探险意义重大，提供了一些重要的测量数据。"一战"期间，他是意大利的一名海军上将，后来在意属索马里兰定居。

阿布鲁齐公爵路易吉·阿梅迪奥出生于马德里，当时他的父亲奥斯塔公爵是西班牙国王（光荣革命期间，伊莎贝拉二世女王被罢免后，曾短暂继任国王）。他的母亲是玛丽亚·维多利亚·达尔波佐，叔叔是被暗杀的意大利国王翁贝托一世，表兄是维克托·伊曼纽尔三世。他出生后没过几天，其父因害怕被刺杀而退位，一家人回到他母亲的家族住宅，位于都灵的奇斯泰尔纳宫，但母亲在他只有三岁的时候就去世了。六岁时，他被送到意大利海军学校。

公爵家族有好几个成员都是登山者，包括翁贝托的王后，他的婶婶玛格丽塔·迪萨沃亚，也是他的表亲。玛格丽塔不仅用她的名字命名一种比萨饼，还用其命名了罗萨峰（瑞士最高峰）上的一座小屋，她的侄子还用她的名字命名了非洲中部鲁文佐里山上的一座山峰。

20岁前，他已经周游世界，被擢升为鱼雷艇的副指挥官。他在阿尔卑斯山度过了第一个登山季，攀登了勃朗

生平事迹

- 出身于意大利贵族家庭，和家人一样热爱登山，从童年开始就在大帕拉迪索山上打猎。
- 作为意大利海军下级军官周游世界，于1893年游览了意属索马里兰。
- 1897年，面对激烈的竞争，首次登上加拿大的圣伊莱亚斯山。
- 作为喀喇昆仑山脉的主要探险家，开始了意大利与K2峰的密切接触。

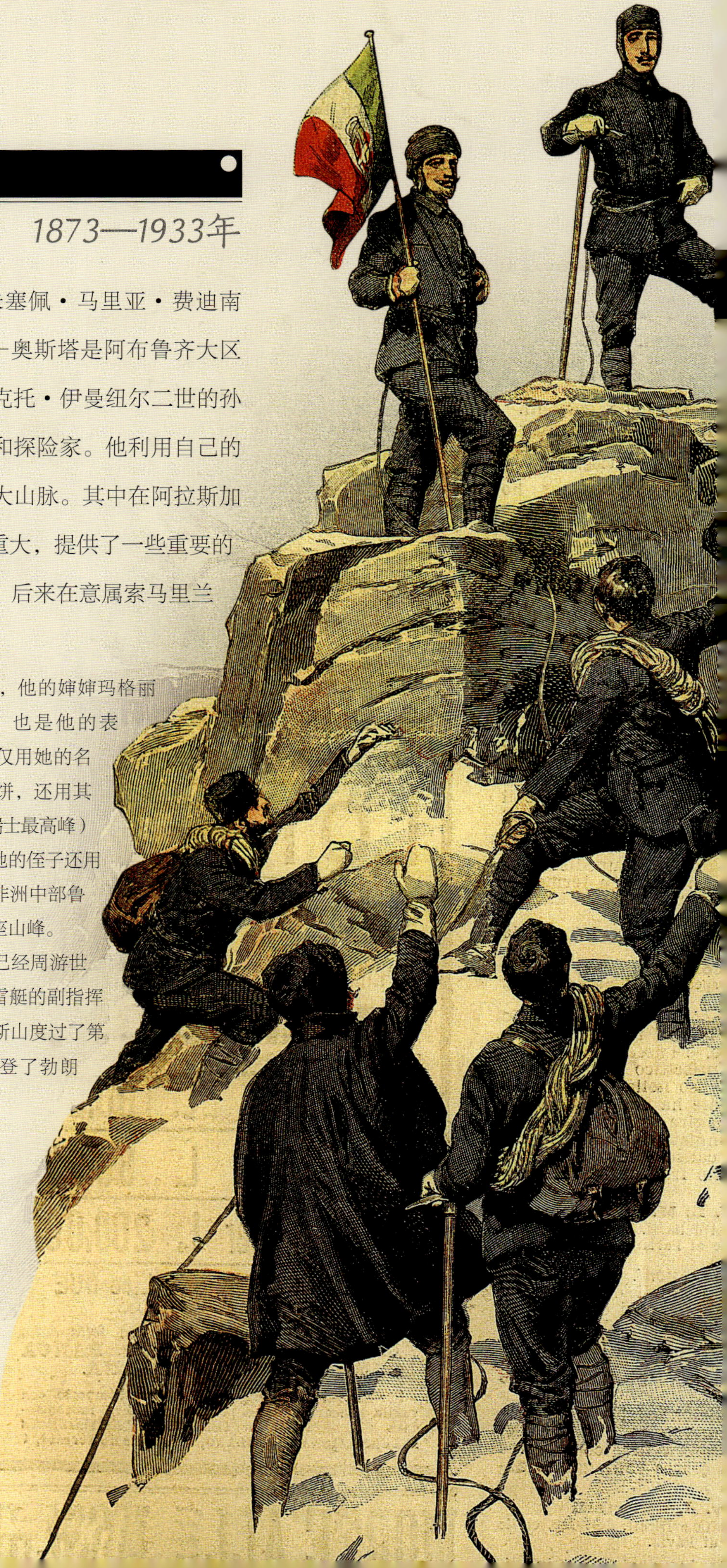

非洲山峰
1906年，公爵的探险队首次登上乌干达鲁文佐里山脉的玛格丽塔峰。同年，阿希尔·贝尔特拉梅创作的公爵登顶雕刻画在意大利《周日信使报》上发表。

圣伊莱亚斯山

东壁　加拿大育空地区　1897年7月

- **7月29日，前往21号营地的路线**
  一个多月来，路易吉·阿梅迪奥和他的登山队拖着雪橇，穿越大冰川，抵达与东北峰下的山口相连的山坡脚下。

- **7月30日，前往22号营地的路线**
  他们用了不到六个小时到达山口。路易吉·阿梅迪奥将其命名为罗素山口，以纪念七年前几乎登顶的伊斯雷尔·罗素。

- **7月31日，前往山顶的路线**
  由于兴奋得睡不着觉，登山队半夜开始为登顶做准备。虽然攀行困难，但在上午11点55分，前面的几位向导走到两旁，让路易吉·阿梅迪奥成了第一个踏上峰顶的人。

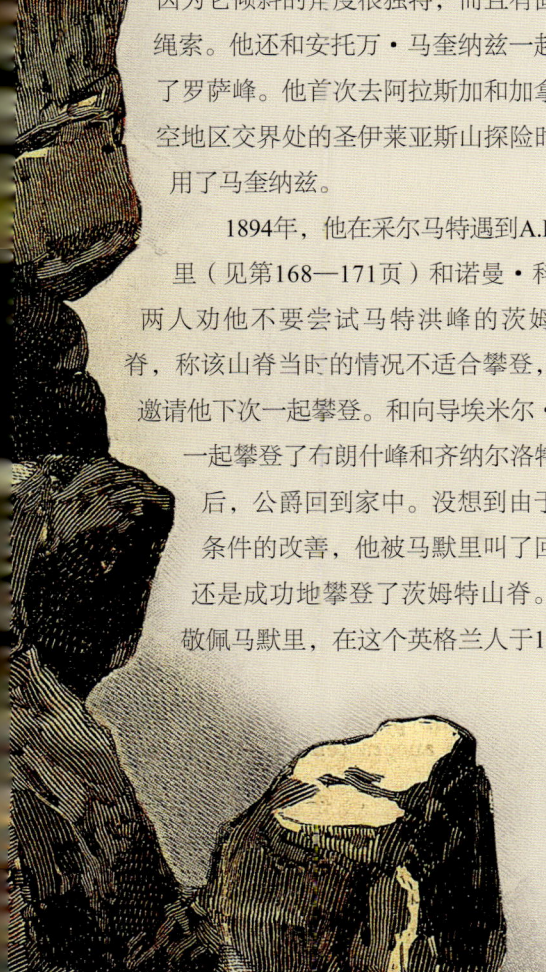

峰和巨齿峰——跟团游客最喜欢的地方，因为它倾斜的角度很独特，而且有固定的绳索。他还和安托万·马奎纳兹一起攀登了罗萨峰。他首次去阿拉斯加和加拿大育空地区交界处的圣伊莱亚斯山探险时也雇用了马奎纳兹。

1894年，他在采尔马特遇到A.F.马默里（见第168—171页）和诺曼·科利，两人劝他不要尝试马特洪峰的茨姆特山脊，称该山脊当时的情况不适合攀登，同时邀请他下次一起攀登。和向导埃米尔·雷伊一起攀登了亨朗什峰和齐纳尔洛特峰之后，公爵回到家中。没想到由于攀登条件的改善，他被马默里叫了回去，还是成功地攀登了茨姆特山脊。公爵敬佩马默里，在这个英格兰人于1895年在喜马拉雅山脉的南迦帕尔巴特峰丧生后，公爵决定去那里探险，以纪念他死去的朋友。然而，印度暴发的瘟疫使他计划泡汤。他接受了阿巴拉契亚登山俱乐部成员查尔斯·费伊的建议，决定尝试攀登圣伊莱亚斯山。

攀登圣伊莱亚斯山

1897年，公爵前往圣伊莱亚斯山探险，这为他未来的登山活动提供了范例。他做事缜密，不惜代价租了一艘船运送物资，雇用美国搬运工，并且购买了最好的设备。他请了他最喜欢的四位向导，随行人员有登山搭档弗朗西斯科·戈内拉、医生兼生物学家菲利波·德·菲利皮、意大利摄影师维托里奥·塞拉，塞拉是山脉摄影界冉冉升起的新星。

此次登顶是艰苦的耐力考验，为了完成目标，一连好几天，他们拉着雪橇翻越冰川。在山顶附近，向导们停下来，让公爵成为第一个踏上峰顶的人。登顶之后，他们倒在雪地上，在稀薄的空气中喘息，与此同时，公爵恳求登山队进行计划好的科学观测。即使在今天，因为天气恶劣，攀登圣伊莱亚斯山的人依然很少。

1900年，受挪威探险家弗里乔夫·南森的壮举的启发，公爵组织探险队尝试进入北极。虽然他没有成功（且在这个过程中因冻伤失去了两根手指），但是他的登山队确实创下了高纬度旅行纪录。公爵后来在读记者、探险家亨利·莫顿·斯坦利的讣告时，得知斯坦利希望有人能够"降服鲁文佐里山"。1906年，他适时组织了一次探险，全面考察了这座非洲山脉，并登上了每一座主峰，这次也是和维托里奥·塞拉一起。

1909年的K2峰探险是公爵的不朽成就。他与队友同心协力攀登后来的阿布鲁齐山脊。也在附近的乔戈里萨峰成功登上海拔7500米处——这是一项新的登山纪录。他还邀请了早期探险时结识的可靠朋友塞拉和菲利皮，后者将他们的探险写成了经典游记。

维托里奥·塞拉

意大利　　　　1859—1943年

维托里奥·塞拉是历史上公认的最优秀的山地摄影师之一，他拍摄的照片华丽典雅、技术精湛。

塞拉是政治家、意大利登山俱乐部创始人昆蒂诺·塞拉的侄子。塞拉在阿尔卑斯山完成了几次冬天首登，包括马特洪峰，然后开始在世界各地探险。他通过高加索之行建立了声望，之后与路易吉·阿梅迪奥结伴旅行。他总是尊重自己的雇主，他发现他的同伴们"对真正美好的事物没有丝毫诗意的兴趣"。

为了保护带去野外的玻璃底片，塞拉改造了工具包。尽管设备笨重，仍然拍出了看上去非常现代的照片。到了老年，他还在登山，在76岁时最后一次尝试攀登马特洪峰，但是失败了。

体验高山

摄影

19世纪初，山对西方人想象力的影响以及阿尔伯特·史密斯等早期冒险家的故事，让公众开始渴望了解山脉的真实面貌。幸运的是，登山运动诞生时，摄影技术也得到了发展。第一批登山照片于1861年在勃朗峰上拍摄，当时正值黄金时代的顶峰。爱德华·怀伯尔最初是一名雕刻家，后来成了专业的摄影师。人类对山的看法就此改变了。

早期的摄影设备相当沉重。影像被记录在涂了一层化学物质的湿玻璃片上，随即在暗房中冲洗。但到了1878年，干板技术完善，摄影师可以后期再处理影像。在接下来的十年里，胶片取代了玻璃片。然而，摄影还是个体力活。

尽管技术上面临挑战，这一时期最好的山区摄影师仍取得了非凡的成果，如英格兰人威廉·唐金。威廉·唐金激励了公认的有史以来最伟大的摄影师之一——意大利的维托里奥·塞拉（见第199页）。后者陪同阿布鲁齐公爵（见第198—199页）进行山地探险，拍摄了K2峰和非洲的鲁文佐里山等偏远山地的照片。

从19世纪80年代中期开始，半色调印刷工艺为照片发表提供了方便，那时候唐金和塞拉主要对拍摄山地风景感兴趣，其他开拓者则开始拍摄登山的人。瑞士登山俱乐部的朱尔斯·贝克就是其中之一，他于1882年拍摄的芬斯特拉峰登山者的照片是珍贵的维多利亚时期登山照。在英国，乔治·亚伯拉罕和阿什利·亚伯拉罕的攀岩照片是20世纪后期更激动人心的作品的原型。

并不是只有专业摄影师才摄影。19世纪80年代，胶卷的发明促进了手持相机的发展，没有专业摄影技能的游客也能够捕捉他们亲眼所见的壮丽景象。

1869年，《登山杂志》上发表了一篇文章，告诉登山者该携带什么样的摄影设备以及如何使用这些设备。在阿尔卑斯山脉，霞慕尼的约瑟夫·泰拉等当地摄影师开发了向游客兜售明信片的新业务。专为旅行者设计的小型相机可以让业余爱好者随意拍照，如与A.F.马默里（见第168—171页）一起登山的莉莉·布里斯托就曾使用这样的相机（见第171页），尽管这些照片的质量较差。

A 宣传明信片
登山照片，如这张摄于1913年的某登山队攀登美国喀斯喀特山脉贝克山的照片，很快成为流行纪念品。在阿尔卑斯山，约瑟夫·泰拉成功开创了向游客出售山地风景照片的生意。

B 相机工艺
这张照片由爱德华·怀伯尔（见第142—145页）于1895年在勃朗峰上拍摄。最初，他在父亲的雕刻工作室工作，后来在为出版商画素描的过程中了解了登山。随着摄影的发展，怀伯尔精明地换了行当。

C 大画幅摄影
1900年，维托里奥·塞拉在印度锡金拍摄了这张令人震惊的西尼奥楚山的照片。尽管与拍摄目标相距甚远，这幅美丽精细的作品却是用大幅底片拍摄的。美国摄影师安塞尔·亚当斯说，他的作品激发了人们"宗教式的敬畏"。

> 石头和空间构成的金色奇观
>
> ——安塞尔·亚当斯在约塞米蒂谷

D 高级艺术
1939年，安塞尔·亚当斯（1902—1984）在美国怀俄明州拍摄了这张蒂顿山和斯内克河的照片，他被认为是美国最伟大的风景摄影师之一。1919年，他加入了塞拉俱乐部，在约塞米蒂工作了四年。

E 结构欣赏
布拉德福德·沃什伯恩（1910—2007），从空中拍摄山脉的元老，是一位美国登山先驱和地图绘制者，专门研究阿拉斯加州的山脉。对许多人来说，他的照片比安塞尔·亚当斯拍摄的照片更能让人们了解山脉的构造，毕竟安塞尔·亚当斯本身并不是登山者。

F 壮丽的景观
约翰·诺埃尔（见第222页）是一位英国登山家、摄影师和电影制作人，他在两次珠穆朗玛峰探险中捕捉了喜马拉雅山脉的美景。

G 湿版照相机
这台重型照相机使用的是感光玻璃底片，镜头与底片之间用风箱隔开。塞拉和唐金的职业生涯是从湿版照相机开始的。

在新世界攀登

16世纪，宗教信仰促使土著人攀登安第斯山脉。到19世纪，从火地岛一直延伸到阿拉斯加的美洲山峰，为登山者提供了无尽的探险机会。

加拿大太平洋铁路
1899年，随着新的铁路建成并投入运营，加拿大太平洋铁路公司聘请了瑞士向导指引登山者攀登落基山脉，掀起了加拿大登山潮。

在南美洲被欧洲人殖民之前，印加人为了献祭，登上了智利阿塔卡马沙漠中一座名为尤耶亚科山的火山。该山海拔6739米，这一直是人类的最高登山纪录，直到大约350年后，德国的施拉京特魏特兄弟登上喜马拉雅山脉的阿比加明峰。有迹象表明，印加人也曾攀登美洲最高峰——阿空加瓜山，但没有确切的证据。

挑战南美洲

18世纪，欧洲科学家如亚历山大·冯·洪堡（见第70—71页）对厄瓜多尔的火山产生了兴趣，因为这些火山坐落在赤道上。冯·洪堡曾尝试攀登钦博拉索山，当时人们认为它是地球上最高的山。但他没有成功，直到1880年爱德华·怀伯尔到该山探险（见第142—145页）。

19世纪末，英国登山家马丁·康韦（见第184—185页）探索了火地岛，瑞士向导马蒂亚斯·楚尔布里根（见第208—209页）创造了首次登上阿根廷阿空加瓜山的纪录，但比起南美洲的山脉，人们更想探索喜马拉雅山脉。不屈不挠的安妮·史密斯·佩克是个例外，她是一位美国作家和演讲家，中年时期才开始登山。1895年，45岁的佩克登上了马特洪峰。她下定决心要创下女性登山纪录，于是在墨西哥攀登了锡特拉尔特佩特火山。后来，她发现自己要与美国同胞范妮·布洛克·沃克曼竞争（见第192—193页），便组织了秘鲁科迪勒拉布兰卡巨山——瓦斯卡兰山探险，于1908年登上北峰，她估算这座山峰的海拔大约为7300米。然而，瓦斯卡兰山真正的高度是6650米，最高纪录属于沃克曼。

第一次世界大战前，意大利派到巴塔哥尼亚的传教士阿尔贝托·德·阿戈斯蒂尼——与早期登山者传教士普拉齐德·阿·斯佩斯查（见第106—107）类似——探索了火地岛上的马舍尔山脉和乌斯怀亚附近的一座山峰——奥利维亚山的岩石金字塔。他也曾尝试

安妮·史密斯·佩克
佩克利用她的登山生涯宣传女权主义，在秘鲁科罗普纳山山顶插上了一面有"女性选举权"字样的旗帜。

> 到19世纪70年代，阿尔卑斯山脉的大部分山峰都已被攀登，人们的注意力便转向了更远的山脉。在美洲，最顽强的登山者开始向安第斯山脉发起挑战，而加拿大的落基山脉则成为登山者的伊甸园，为登山者提供了大量的登山机会。

攀登美丽的萨缅托山，但是没有成功；后来说服了一支强大的意大利登山队再次尝试，并于1956年实现了首次登顶。

第二次世界大战前，安第斯山脉的登山活动被德国和奥地利登山者主导，如菲利普·博尔歇斯的登山队，他们首次登上了瓦斯卡兰山海拔更高的南峰。战后，欧洲一些最优秀的登山者来到这里，包括利昂内尔·泰雷（见第276—277页），他首次登上了许多重要的山峰，包括查克拉拉胡山，它可能是安第斯山脉最令人难忘的山峰。20世纪50年代，南美洲最南端的巴塔哥尼亚成为高难度登山中心，至今仍享有该声誉。

北美高地

在北美，两名与新西兰登山探险活动密切相关的男子也在带头攀登加拿大落基山脉。苏格兰登山者詹姆斯·赫克托是英国在1857年派出的帕莱塞远征队的一员。爱尔兰牧师威廉·S.格林曾试图登上库克山，1888年，他与表兄亨利·斯旺齐组建了首支攀登不列颠哥伦比亚省南部的塞尔扣克山的登山队，并攀登了

有争议的巴塔哥尼亚山峰
1959年，意大利的切萨雷·马埃斯特里声称自己是第一个登上看似无法攀爬的托雷峰（上图）的人，但是因为没有证据，他的攀登纪录仍存在争议。

诺曼·科利
率先攀登加拿大落基山的英国登山者之一，他首登了21座山峰，但并没有找到传说中被早期捕猎者发现的两座神秘的巨山。

背景介绍

- 1879年，爱德华·怀伯尔前往厄瓜多尔研究海拔对人体的影响。他在马特洪峰雇用了对手让-安托万·卡雷尔作为向导。他们攀登了好几座火山，包括钦博拉索山。
- 阿空加瓜山于1897年由马蒂亚斯·楚尔布里根首次攀登，此前德国登山家保罗·居斯费尔特曾尝试攀登。1913年，英国人赫得森·斯塔克率领登山队登上了美国更高的迪纳利山南峰。
- 美国登山俱乐部成立于1902年，查尔斯·费伊担任主席。加拿大登山俱乐部成立于1906年，在记者伊丽莎白·帕克支持下，由阿瑟·奥利弗·惠勒担任第一任主席。
- 美国人H.亚当斯·卡特和布拉德福德·沃什伯恩攀登了阿拉斯加的克里伦山。
- 1952年，吉多·马尼奥内和利昂内尔·泰雷攀登了巴塔哥尼亚的菲茨罗伊山，象征世界登山家开始对该地区产生浓厚兴趣。
- 1964年，一支德国登山队登上阿拉斯加鲁思冰川上的麋鹿齿峰；1977年，美国人米歇尔·肯尼迪和乔治·洛攀登了福拉克山英费内特山脊。

邦尼山。1890年，北美迎来更多登山者：英国人亨利·托珀姆、瑞士人埃米尔·休伯和卡尔·叙尔泽，其中休伯和叙尔泽首次登顶唐纳德爵士山。

在查尔斯·费伊的启发下，借助加拿大太平洋新铁路，美国阿巴拉契亚登山俱乐部的登山者探索了落基山脉。这些先驱挑战了大量尚未被人涉足的山峰。

1867年，阿拉斯加购买案使美国拥有了北美最高山脉，使当地的登山者看到了可以与喜马拉雅媲美的山脉。迪纳利山于1913年首次被攀登，但这之后又过了几十年，才有了其他主要山峰的攀登纪录。20世纪50年代，这项从欧洲引进的运动才在加拿大走向成熟。随着1963年美国人成功登上珠峰，到20世纪70年代，美国登山家走在了前面。从那时起，登山标准和范围在美洲大陆迅速扩展，登山运动也随之发生了变化。

发现加拿大落基山
图中，登山者正在翻越加拿大落基山脉的哈贝尔山——后来改名为波卢斯山。这座山峰是以19世纪末探索这一地区的德国数学教授让·哈贝尔的名字命名的。

康拉德·卡因

杰出的加拿大登山向导

奥地利　　　　　　　　　　　**1883—1934年**

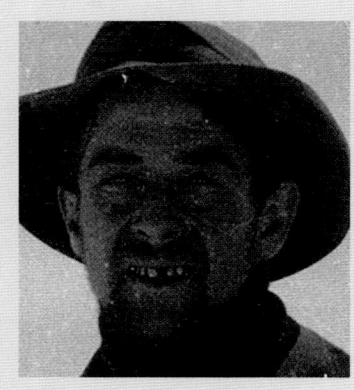

从19世纪80年代末开始，欧洲的远足者、移民和山地向导把登山运动带到了北美，首次在加拿大落基山留下了他们的足迹。在所有移居加拿大的向导中，康拉德·卡因是最为人们所熟知的。卡因品貌兼优，在30年的职业生涯中，带领登山者首次登上阿尔卑斯山脉以及新西兰和加拿大的100多座山峰，开辟了许多新的登山路线。从1909年开始，他成功地完成了一系列落基山脉最高峰的首次登顶。

生平事迹

- 在阿尔卑斯山度过了不同凡响的五个登山季之后，受邀成为加拿大阿尔卑斯俱乐部首位官方向导。
- 完成加拿大落基山脉和不列颠哥伦比亚省内陆山脉中60多座山峰的首登，并发现了新的登山路线。
- 首登布哥布山五座山峰，包括对攀登技术要求极高的北美山峰。
- 作为著名的领导者、攀登者和故事讲述者，卡因的个人品质让他备受尊敬。
- 在新西兰引领了超过25次登顶，并两次登上库克山。
- 在班夫举办冬季体育节，并大力推广该地区的冬季运动和旅游。
- 前往西伯利亚阿尔泰山脉，帮助史密森学会收集哺乳动物标本。

卡因出生在蒂罗尔，后来随家人搬到维也纳西南部的纳斯瓦尔德居住。父亲去世后，为了分担母亲的压力，卡因14岁就离开了学校。他当过牧羊人和采石工，在当地向导的指导下，很早就对山脉产生了强烈的兴趣。

卡因的早期职业生涯始于对植物学的兴趣。他于1901年随探险队前往挪威斯匹茨卑尔根岛，第二年去了埃及。1904年通过向导考试后，他开始在阿尔卑斯山各地工作，维也纳登山者埃里克·皮斯托是他的老主顾。1906年，他在科西嘉岛为奥地利人艾伯特·格恩格罗斯工作，旅行热情高涨，促使他首次登上了卡普塔弗纳多山。

前往加拿大

1908年，为了改善就业前景，卡因和皮斯托留在维也纳学习英语。皮斯托写信给新成立的加拿大阿尔卑斯俱乐部，推荐卡因去那里工作。有了这份工作后，卡因扬帆起航，并爱上了加拿大，最终与他的新婚妻子在哥伦比亚河流经的威尔默安顿下来。在卡因的攀登生涯中，最了不起的成就是登上了罗布森山、路易斯山和布哥布峰，这些山峰都位于加拿大。但他也在新西兰待了三个登山季，在那里首登了南阿尔卑斯山的25座山峰，并于1916年完成了史上第二次库克山大翻越。

罗布森山传奇

1913年，卡因首次登顶罗布森山，这个首登纪录被同样痴迷于该山脉的乔治·金尼在此前宣布的登顶成果复杂化了。在1907年和1908年，金尼两次尝试攀登这座山峰。一年后，为了抢在一支英国登山队之前登顶，金尼又一次匆匆尝试攀登，队友是连冰镐都没有的唐纳德·"柯利"·菲利普斯。在返回的途中，他们遇到了英国登山队，

外景拍摄
1922年，卡因带领摄影师拜伦·哈蒙拍摄不列颠哥伦比亚省悬冰川湖（左）的镜头。

他们全副武装，带着最新的登山装备，包括冰爪。然而，就连这支精锐登山队也在离山顶还有相当长的一段距离时就返回了。加拿大登山者对金尼的登顶表示怀疑，尽管没有反面证据，人们也很快否认了这一说法。

1911年，卡因在加拿大阿尔卑斯俱乐部主席阿瑟·惠勒手下工作。他和史密森学会的工作人员一起，在罗布森山附近进行科学考察，但这座山其实并不在他们的计划之中。实际上，卡因的目标是独自攀登怀特峰。天黑后，在返回途中，他只能摸索着穿过冰川，谨防坠入前方的裂缝。"我仅有的一点好运就是有闪电照明。"他后来写道。他还与一名同伴一起悄悄地爬上了瑞斯布兰登特山，从山顶他可以清楚地看到罗布森山。

有争议的登山纪录

乔治·金尼也是1911年探险队的一员，当惠勒看到他和菲利普斯攀登罗布森山的路线时，他对其登顶主张的看法便由怀疑转为不相信了。1913年，惠勒决定组织一支罗布森山探险队以证实自己的推测。他挑选了三个人：W.W."比利"·福斯特、艾伯特·麦卡锡，还有作为向导的卡因。卡因为他们凿了数

罗布森山

"卡因山" 1913年7月31日

- 攀登罗布森冰川：黎明前,卡因、福斯特和麦卡锡从营地出发,爬上罗布森冰川。
- 卡因坡：卡因从这里开始劈路,通往山脊。
- 登上"屋檐":卡因带路登上山脊,到达"屋檐",陡峭的冰崖使他们放慢了速度。

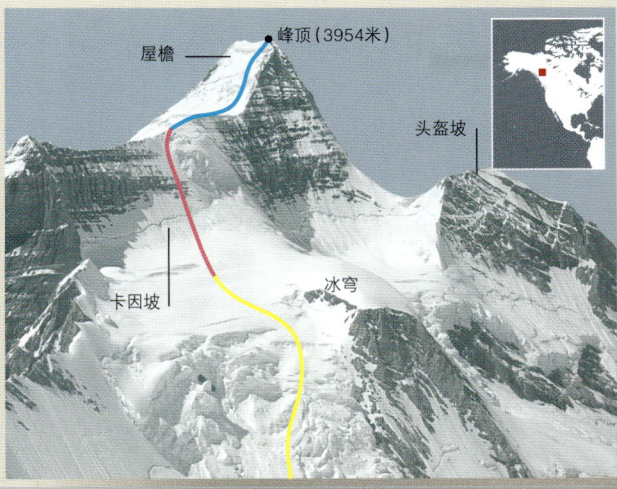

> 他们赞扬了我的表现,有些是溢美之词。但这对我影响不大。
>
> ——在一次艰难的登顶结束后,康拉德·卡因说

艰难的攀登
图中,卡因和同伴们在攀爬加拿大落基山典型的风化严重的岩石。

百级踏脚的台阶,穿过了峰顶附近迷宫般的冰墙。他后来写道:"在我所有的攀登经历中,从来没见过这样的积雪。"

最后,卡因找到了通往山顶的路,他对其他人说:"先生们,我只能带你们走到这儿了。"当时将近下午6点,气温骤降,为了早一点下山,卡因领着人们从南面下山。他们冻得浑身发抖、全身无力,晚上在山下冰川旁露营时甚至产生了幻觉。

永恒的遗产

攀登布哥布山各大山峰是卡因职业生涯中最艰难的探险,从那之后,他很少挑战纪录。出于好奇,同时也是生活所需,他尝试过各种工作,包括捕杀毛皮动物、组织猎熊活动等。他在布哥布山的最后几次登顶是和文学批评家理查兹及他的妻子多萝西·皮利一起完成的。卡因的妻子死于1933年,他自己在1934年年初因昏睡性脑炎(一种免疫系统疾病)逝世,享年50岁。

登山作家J.门罗·索林顿说,卡因"赋予了登山运动以魅力和想象力,在他之前很少有向导能做到这一点……他对登山路线的选择首先从美学出发……技术问题一直是次要的"。

索林顿结集出版了卡因的日记和其他作品,以及卡因朋友们的回忆,这本《云去的地方》是关于加拿大登山运动的经典作品。

多座山峰的名称都与卡因有关:新西兰南阿尔卑斯山脉的康拉德山、加拿大落基山脉的卡因山和纳斯瓦尔德峰、加拿大珀塞尔山脉的康拉德山、康拉德冰原、生日峰(卡因在他生日那天登上这座山峰)。

高山掠影

迪纳利山

北美最高的山峰，在当地的阿萨巴斯卡语中，意思是"高山"，官方名称为麦金利山。迪纳利山的规模与喜马拉雅相当，峰顶高于冻原5500米，标准路线长22公里。迪纳利山的高纬度使它成为世界上最冷的山峰之一，由于两极的空气密度较低，迪纳利山相当于喜马拉雅山脉中海拔7000米的山峰。

1794年，乔治·温哥华测量了库克湾，他是第一个看到迪纳利山的欧洲人。19世纪后期，阿拉斯加的淘金者认为它有可能是北美最高峰。阿拉斯加的美国国会众议员詹姆斯·威克沙姆是第一个尝试攀登迪纳利山的人。1906年，弗雷德里克·库克声称自己登上了峰顶，但这一说法最终被证实是假的。1910年，四名当地探矿者组成了一支探险队，花了大约两个月登上了较低的北峰，并声称登上了真正的峰顶——南峰。1912年，另一群人到达与峰顶垂直距离不到60米的地方。1913年，赫德森·斯塔克、哈里·卡斯滕斯、沃尔特·哈珀和罗伯特·塔特姆终于经马尔德罗冰川和哈珀冰川登顶。

如今，登山者都是从塔尔基特纳乘短程小客机前往安扎在卡希尔特纳冰川东南岔口的迪纳利山大本营。该营地位于海拔2160米处，比珠穆朗玛峰大本营低3000米，但登山者的垂直攀登距离增加了400米。

侧面示意图

名称：迪纳利山；官方名称为麦金利山，以美国第25任总统威廉·麦金利的名字命名。

位置：美国，阿拉斯加。

山脉：阿拉斯加山脉。

海拔：6194米。

显著特征：有两座高峰——南主峰和较低的北峰（5934米）。两侧是五大冰川系统，冰裂缝是最危险的。高纬度意味着低温，有记录的最低温度是零下60℃，没有寒风但氧气不足。

首次登顶：赫德森·斯塔克（领队）、哈里·卡斯滕斯、沃尔特·哈珀（首位登顶者）、罗伯特·塔特姆，1913年6月7日。

女性首次登顶：芭芭拉·沃什伯恩，1947年。

个人首次登顶：植村直己，1970年；1984年首次在冬季登顶，下山途中失踪。

标准路线：西坡路线，1951年布拉德·沃什伯恩率领探险队首次攀登。

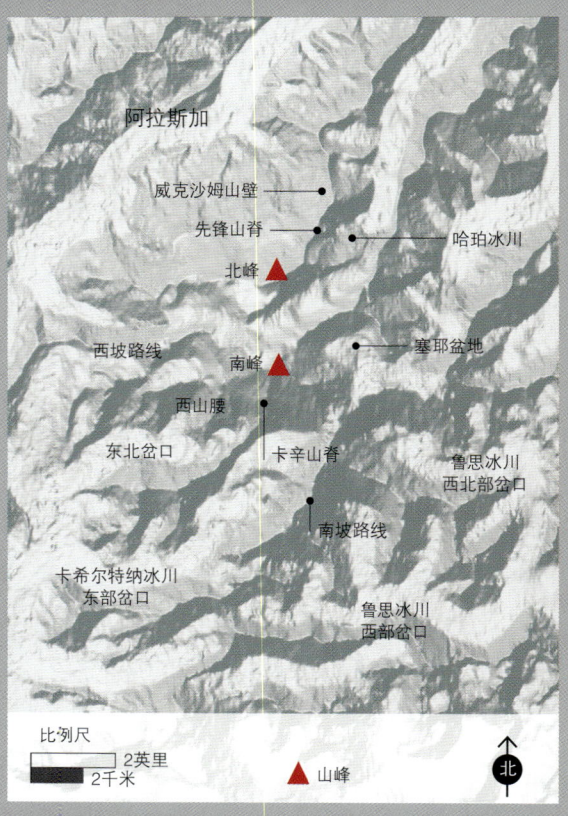

攀登路线

迪纳利山的冰川盆地之间隔着飞檐般的山脊，虽然一般并不陡峭，但都很长。攀登迪纳利山是一股潮流。然而，在国家公园管理局于2010年登记的1263名登山者中，只有670人登顶，成功率为53%。降雪、寒风和高海拔都能让登山者无功而返，即使在技术难度较低的路线上也是如此，冰裂缝是最危险的。

南壁

— **西南壁** （J.罗伯茨、S.麦卡特尼，1980年）难度级别达到A3的混合攀登和器械攀登。因麦卡特尼患上水肿，第一次攀登以持久的救援结束。

❶ **西山腰**的上部斜坡最终与西山脊以及西坡路线（未显示）的上部相接。

— **迪纳利钻石** （B.贝克、R.格雷吉，1983年）一条技术难度较大的路线，首次攀登耗时17天，直到2002年，才有人重复这条路线。

❷ **8米高屋檐地形** 虽然可以从两侧迂回攀登，但第一次攀登迪纳利钻石的过程证明，这个巨大的悬垂结构是最大难关。

— **卡辛山脊** （L.埃罗迪、L.阿利皮、G.康纳利、R.卡辛、R.佩雷戈、A.祖基，1961年）最著名的高难度路线，需攀爬倾斜70°的冰面和难度5.7级的岩壁。1991年马格斯·斯顿普在15小时内独自攻克了这一难关。

— **斯洛伐克直上路线** （B.亚当、T.克里索、F.科尔，1986年）有时被称为捷克路线（登山者实际上是斯洛伐克人），这条陡峭的冰川路线已成为现代经典路线；南壁直上路线。

❸ **南壁**有一些最难但最受推崇的登山路线，包括第一条路线——最受欢迎的卡辛山脊。

— **斯科特/哈斯顿路线** （D.斯科特、D.哈斯顿，1976年）虽然两位英国人对迪纳利山的寒冷感到惊讶，但这是首条主要的阿尔卑斯式登山路线。

❹ 南壁中心的**大贝尔莎冰瀑**

— **美国直上路线** （R.拉巴、D.赛德曼、G.汤普森、D.艾贝尔，1967年）岩壁难度达5.7，冰面倾斜65°，雪崩风险高，第一次登顶历时28天。

❺ **日本雪沟** 日本登山队在美国人路线的基础上开发出新的路线，在登山过程中面临巨大的雪崩危险。

迪纳利山　207

峰顶（6194米）

卡辛山脊

东南山脊

❶ 西山腰

❸ 南壁

❹ 大贝尔莎

❺ 日本雷沟

山地特写

Ⓐ 从西坡路线下山的一支登山队，位于摩托车山营地下方，3号营地上方。

Ⓑ 在大本营附近的卡希尔特纳冰川降落后，登山者准备从海拔2164米的地方开始用人力搬运装备。

Ⓒ 1961年，里卡尔多·卡辛和朋友们第一次登上卡辛山脊，这是迪纳利山的经典高难度路线之一。

Ⓐ

Ⓑ

Ⓒ

马蒂亚斯·楚尔布里根

在世界各地攀登的向导和探险家

瑞士　　　　　　　　　　　　　　　　　*1856—1917年*

生平事迹

- 离开家后,楚尔布里根做过各种工作。后来他去了意大利阿尔卑斯山的马库尼亚加村,在那里致力于建造山区营地,并在那个时代的向导中成为领军人物之一。
- 为当时最伟大的登山家带路,而且是少数几位即使在至高处也能抵抗高原疾病的向导之一。
- 在阿尔卑斯山待了几个登山季后,1892年,受马丁·康韦邀请加入历时八个月的喀喇昆仑山探险。楚尔布里根和探险队一起登上了巴托罗岗日峰的卫峰。
- 与英国登山家爱德华·菲茨杰拉德一起前往新西兰探险,沿着一条新的路线——后来被称为楚尔布里根山脊——成为独自登上库克山的第二人。
- 与菲茨杰拉德一起首登新西兰的其他山峰:塞夫顿山、塔斯曼山、西尔伯格和海丁格尔山。
- 首登西半球的最高点——阿根廷的阿空加瓜山(6962米),又一次在雇主放弃后独自登顶。

在空中旅行出现之前的时代,马蒂亚斯·楚尔布里根是一位游历甚广的向导,享受着逍遥的现代登山者的生活。他居住在宏伟的罗萨峰东壁下的马库尼亚加山村,被称为"东壁之王"。楚尔布里根最著名的成就是首登安第斯山脉的阿空加瓜山和开辟了攀登新西兰库克山的新路线;他还在早期的喜马拉雅探险队工作过。

马蒂亚斯·楚尔布里根出生在萨斯费,是鞋匠的儿子。两岁时,他随家人移居意大利佩斯特阿里纳,他的父亲开始在一座金矿工作。他八岁时,父亲死在金矿上,那时他已经学会靠牧羊来养活自己。

作为一个不安于现状的年轻人,楚尔布里根很早就踏上了找工作的路。在瑞士瓦莱州,他当过马夫、铜矿工,后来还赶着运货马车往返于谢尔和布里格之间。他也曾在建筑工地工作,当过兵,在突尼斯为一位瑞士绅士当狩猎随从,后在阿尔及利亚当泥瓦匠。

确定职业

19世纪80年代中期,在即将30岁的时候,楚尔布里根回到意大利,在小山村马库尼亚加开始向导生涯。他几乎立刻就熟悉了这项工作,继承了瑞士向导费迪南德·伊默森"东壁之王"的头衔,并带着他的第一批登山客从令人敬畏的马里内利峡谷登山。

他多次攀登马特洪峰,在1889年为英国商人爱德华·法伊森做向导,这位登山客因在雪中躺着不起来而遭到了他的斥责。在另一次攀登马特洪峰的过程中,他遇到了英国人爱德华·菲茨杰拉德,后来两人一起去了新西兰和南美。他还和英国人爱德华·怀伯尔一起攀登了勃朗峰(见第142—145页)。

坚持到底
在阿空加瓜山登山队的其他成员因高原疾病和极端寒冷倒下后,菲茨杰拉德同意让楚尔布里根独自沿着山峰西北侧的碎石坡前进,就是从那里,他登上了山顶。

精英向导

楚尔布里根最著名的委托人是英国登山家马丁·康韦（见第184—185页），他于1892年加入后者的喀喇昆仑探险队。康韦钦佩的是楚尔布里根丰富的登山经验。他写道："他所知道的一切都是自学的，他也是一位能干的铁匠、木匠，在山坡上善用斧头和绳子的最有成就的工匠。"

此前，楚尔布里根已经和探险队的登山明星奥斯卡·艾肯斯坦（见第196—197页）一起登过山，并于1887年与他一起首登施泰克纳德峰。这两个人都性格火暴，但根据康韦的记录，他的向导"放纵、奔放、精力充沛。工作的时候很努力，消遣的时候不受拘束。与他相处就像与他发生冲突一样容易"。

然而，楚尔布里根又非常有魅力。他和康韦探险时的优秀表现促使范妮·布洛克·沃克曼（见第192—193页）在1899年和1902年两度雇他加入自己的喀喇昆仑探险队。范妮在楚尔布里根的向导手册中留下了这样一句好评："毋庸置疑，他是女性登山者的最佳向导。"

楚尔布里根山脊

他最著名的攀登是与爱德华·菲茨杰拉德一起完成的。1894年，他们前往新西兰，首次登上了塞夫顿山、塔斯曼山、西尔伯峰和海丁格尔山。楚尔布里根还大胆地完成了库克山的第二次登顶，开辟了那条以他的名字命名的路线，而菲茨杰拉德在错过第一次登顶

在勃朗峰上，1895年
阿尔卑斯山是楚尔布里根的训练场；在山坡上，他成了"把冰镐和绳子使得出神入化的高手"，是备受追捧的向导。

机会后就对攀登库克山失去了兴趣。

三年后，楚尔布里根与菲茨杰拉德前往南美洲，后者在离阿空加瓜山山顶600米处放弃攀登，最终他的向导独自登上了山顶。在楚尔布里根去世很长时间后，探险队成员菲利普·戈斯讲述了楚尔布里根的一件逸事，揭示了楚尔布里根的幽默和商人头脑。喝了一点酒后，楚尔布里根恢复了体力，这位征服大山的英雄被许多崇拜者围绕着。戈斯注意到，有时楚尔布里根会把其中一个人拉到一边，伸手从口袋里掏出一些东西给那个人，作为回报，他会得到一枚硬币。楚尔布里根后来告诉戈斯，他卖了大约12块"真正的阿空加瓜山山顶的"石头。实际上，大多数是他登山时在路边捡的。

1900年，楚尔布里根和希皮奥内·博尔盖塞王子一起前往中亚的天山。虽然登上汗腾格里峰的目标失败了，但是他们登上了许多矮一些的山峰。楚尔布里根在自传中透露，他的志向是成为第一个登上珠峰的人。可在1907年，他放弃了向导工作，搬到了日内瓦。晚年，他终日流浪与酗酒，亲手结束了自己的生命，人生以悲剧告终。

库克山

东壁　1895年3月14日

- 在没有雇主的情况下出发
  楚尔布里根和赫米蒂奇向导杰克·亚当森一起登山。
- 继续独自攀行
  在大约海拔2600米处，亚当森返程，留下楚尔布里根独自攀登倾斜50°的冰坡。
- 最后冲刺登顶
  在覆盖着冰雪的山坡上，他征服了山顶岩壁，登完了最后350米山脊。

峰顶（3754米）
冰坡

登山运动在日本

日本虽然没有被冰层覆盖的山峰，但对山脉感兴趣的古老文化和朝圣传统意味着当20世纪初欧洲人把登山运动引入日本时，人们会热情地接受。

神圣的高山
富士山是日本的象征，以其完美对称的圆锥体而闻名。在登山季节，每天有多达2000人攀登富士山。

德国科学家菲利浦·弗朗茨·冯·西博尔德是一位写日本的多产作家。1826年，他第一次看到富士山。让他惊讶的是，这么多日本普通民众都前往此山朝圣，不只是出于虔诚，更是为了纯粹地享受暂别日常生活的自由。

冯·西博尔德所看到的是一种精神层面的运动。日本在19世纪中期向世界开放后，人们对这些山脉进行了准确的测绘、测量。有登山兴趣的欧洲技术专家开始探索所谓的"日本阿尔卑斯山脉"。西方人不准确的命名令日本人感到不快。

早期登山先驱

自1872年起，英格兰冶金学家威廉·高兰在日本生活了16年，他可能就是"日本阿尔卑斯山脉"这一名称的创造者。高兰探索了日本的主要岛屿——本州岛中北部的飞驒山脉，即后来的北阿尔卑斯山，看到了日本山峰之陡峭、山脊之锋利、破碎、冬天山上厚厚的积雪。他还是第一个登上日本第四高峰枪岳（3180米）的欧洲人。英格兰外交官欧内斯特·萨托是另一位先驱，他攀登了立山（3015米），并为旅游指南提供了资料。英国对日本的体育文化做出了贡献，除登山运动外，爱德

山顶圣地
朝圣者从富士山的山顶下来。这座山海拔3776米，是日本最高峰。作为日本三座圣山之一，富士山自7世纪以来一直是朝圣者的目的地。

背负使命的人
1888年,沃尔特·韦斯顿和背夫一起来到日本。韦斯顿从17岁开始登山,曾经登上马特洪峰,后来对日本阿尔卑斯山脉产生了兴趣。

国际性攀登
到20世纪20年代,日本的登山者野心勃勃地想进行国际登山探险,其中槙有恒(见第212—213页)就参加了加拿大罗布森山探险。

背景介绍

- 日本阿尔卑斯山脉位于本州太平洋沿岸的东京和日本海之间。现被划分为三段:北、中和南阿尔卑斯山,有26座海拔3000米以上的山峰。

- 几个世纪以来,日本人的精神与山岳联系密切。1828年,苦行僧万流进行了一次极端的枪岳朝圣之旅,这座山后来被称为"日本的马特洪峰"。

- 19世纪中叶,英国工程师抵达日本,帮助日本实施现代化计划。其中一位名叫威廉·高兰的工程师酷爱登山,曾沿着万流的路线多次攀登枪岳。

- 日本学生和作家对浪漫主义文学和自然科学产生兴趣,开始探索山脉,成为日本阿尔卑斯俱乐部的核心人员。

- 1888年,沃尔特·韦斯顿抵达日本,促进日本成为登山国家。为了纪念他,日本登山者在攀登枪岳之路上镶嵌了一块牌匾,他们至今依然在纪念匾所在之处庆祝"韦斯顿日"。

华·布拉姆韦尔·克拉克还将英式橄榄球引进了日本。

然而,在英国牧师沃尔特·韦斯顿来到日本后,日本的登山运动才加快发展。1888年,他受圣公会派遣移居日本,在熊本和神户的教堂里传教六年。从17岁开始登山的韦斯顿曾经攀登过马特洪峰和布赖特峰,后来将热情转移到已被西方游客称为日本阿尔卑斯山的高山上。

登山牧师

韦斯顿对登山表现出了真正的献身精神。1891至1894年,他攀登了40多座山峰,其中包括他在日本期间每年都要攀登的富士山。像早期的阿尔卑斯俱乐部的忠实支持者一样,韦斯顿也携带气压计、收集标本,而且他还是约翰·罗斯金的崇拜者(见第86—89页)。韦斯顿将他的经历写成了两本书:《日本阿尔卑斯山:攀登与探索》和《远东运动场》。尽管他在日本登山运动发展中的作用有些被夸大了,但日本阿尔卑斯俱乐部还是让他成为第一位荣誉会员,承认了他的创始人角色。

约翰·罗斯金也影响了日本作家的思想,包括北村透谷。北村是日本浪漫主义文学运动

自然崇拜
一位19世纪的朝圣者用在摄影棚里拍的照片宣告他登上了富士山。日本的神道教认为这座山具有灵性。

的创始人之一,他的诗《蓬莱曲》受到了拜伦勋爵的《曼弗雷德》的影响。同样重要的是志贺重昂的作品,其中《日本风景论》虽也吸收了罗斯金的影响,却针对在日本发现的独特山脉进行了再创造。

日本人的登山运动

冈野金次郎是横滨的标准石油公司的一名员工。1902年,冈野在美国经理的办公室看到了一本名为《日本阿尔卑斯山》的书。翻阅了几页,他惊奇地发现了有"日本马特洪峰"之称的枪岳的图片,这正是他不久前和朋友小岛乌水一起登过的那座山。他们在山顶上发现了一座供奉着佛像的小神社,可能是僧侣万流建造的,传说他在1828年首次登上了这座山。

1902年年初,韦斯顿回到日本横滨传道,冈野和小岛找到了他。见到日本登山者,韦斯顿很高兴,向他们介绍了欧洲登山装备,并鼓励他们成立日本的阿尔卑斯俱乐部。他于1905年返回欧洲,俱乐部于同年年底在东京一家餐馆举行成立仪式。

小岛是日本著名的浮世绘(日本木刻版画的一种)收藏家,也是一位写了20本书的作家。他还将韦斯顿的登山书籍翻译成了日语。小岛因为没有亲身攀登过欧洲的阿尔卑斯山,只能靠韦斯顿对日本山脉的正面评价来想象西方的山脉。当他第一次看到冰峰时,想象与现实之间的差异使他觉得相当尴尬。不管怎样,对于20世纪的日本登山者来说,日本山脉仍然是严酷的试验场。

> 登山运动激发了日本人的一种深厚的文化愿望,即登高。在欧洲人把登山设备和技术引进日本后不久,日本登山者就开始攀登全国的山峰。

槙有恒

日本的登山开创者

日本　　　　　　　　　　　　　　　　1894—1989年

日本人喜爱大山，是一种精神上的热爱之情。勃朗峰首登可能比佛教僧侣登上高达3776米的富士山晚1000年。登山作为一项运动则是由少数热情的新手从欧洲引进日本的。然而，日本境内缺乏冰峰，日本登山爱好者必须另寻他处，以提高登山技能。槙有恒便是日本的登山先驱之一，他成功地登上了马纳斯卢峰，成为日本首位登上8000米以上高峰的人。

生平事迹

- 在庆应大学时协助成立登山俱乐部，后来该俱乐部成为日本最具影响力的登山俱乐部之一。
- 毕业后前往美国和欧洲，并首次攀登艾格峰的米特勒吉山脊；后来他捐赠了1万瑞士法郎，用于建造米特勒吉山屋。
- 1922年，首次在冬季攀登枪岳（3180米），在日本一举成名；次年冬天带队尝试攀登立山，但一名登山队员遇难，此次攀登以悲剧告终。
- 1925年，在三名瑞士向导的帮助下，首次登上加拿大艾伯塔山（3619米）。
- 在日本和韩国进行冬季攀登，为日本的第一次喜马拉雅远征做准备，但第二次世界大战打乱了此次攀登计划。
- 在攀登艾伯塔山31年后，带领第三支日本探险队于1956年前往马纳斯卢峰；他雇用了20名夏尔巴人，借助氧气装置成功登顶。

槙有恒出生于日本北部的仙台市，十岁登顶富士山，此后继续攀登日本其他主要山峰，从北海道的山峰到九州岛南部的阿苏山（世界上最大的火山之一）。槙有恒是庆应大学法律系的一名学生，在校期间创立了登山俱乐部。槙有恒于1919年大学毕业，随后在美国、英国留学，之后前往瑞士并在那里生活了两年。

槙有恒并不是第一个攀登阿尔卑斯山的日本人，但他的攀登给世人留下了最为深刻的印象。1921年9月，他与瑞士向导弗里茨·阿马特、萨穆埃尔·布拉万德和弗里茨·施托里一起，首次登上了艾格峰的米特勒吉山脊。

槙有恒在其1923年出版的著作中描述道："登山队的装备中有一根两端都有挂钩的6米长杆。施托里把长杆的一端插入狭小的裂缝，用身体的全部重量拉拽，将杆子固定在安全合适的位置。阿马特将绳套挂在木杆另一端的钩子上。我们想借此限制下跌时产生的力量。"

借助这种方式，阿马特用斧头在岩石上凿出了立足点。槙有恒写道，作为队伍中最后一人，他必须拿着杆子攀登，在只有一只空手的情况下，只能让队友拽着绳子把他拉上去。回到日本后，他恰当地运用这些攀登阿尔卑斯山的经验，并借助西方设备，很快就登上了日本阿尔卑斯山脉的高峰。这些攀登意义重大，包括首次在冬季登顶枪岳。

皇室的鼓励

槙有恒的另一次国外探险纯属机缘巧合。20世纪20年代中期，他受雇于年轻的秩父

攀登艾格峰之后
1921年，槙有恒和三名瑞士向导一起登上了艾格峰的米特勒吉山脊。在格林德瓦，人们燃放烟火庆祝他们的胜利。

宫雍仁亲王，一位狂热的滑雪爱好者。在滑雪度假的时候，亲王偶然发现了一本美国阿尔卑斯俱乐部的旅行指南，里面有一张艾伯塔山的照片，这座陡峭的金字塔形石灰岩是加拿大落基山脉上最后一座未被征服的高山。亲王向槙有恒展示了这张照片，并表示他愿意为远征提供必要的资金支持。

考虑到日本的登山仍处于起步阶段，槙有恒聘请了伯尔尼高地的向导海因里希·菲雷尔和汉斯·科勒。1925年7月，日本的六名探险队成员——波多野正信、桥本成一、早川种藏、槙有恒、三田由纪夫和冈部名太在贾斯珀国家公园与向导会合。

肆虐的森林大火阻碍了他们最初的行程，但到了7月中旬，菲雷尔发现了一条从东南壁攀登的路线。7月21日上午3点30分，在菲雷尔的带领下，这支九人探险队从哈贝尔溪边的高山营地出发了。

靠近山顶有一处外悬的石壁，是最难攀登的地方。早川紧靠石壁，科勒踩着他的肩膀，把腿绕在早川的脖子上，爬上了人梯的顶端。然后他停下来，把松散的石头移开，爬上了这一障碍物的顶端。此时已是下午2点。最后一

段山脊困难重重，因为有很多檐状结构，而且登山队必须跨越许多深沟。晚上7点，队员们到达峰顶。直到1948年，都没有人重走他们的路线。英国珠峰登山者弗兰克·斯迈思（见第247页）就曾失败过一次，他写道："没有什么高峰比艾伯塔山更难攀登，即使是最简单的路线，攀登难度也很大。这里遍布险峻的石灰岩，没有地方拴绳索，也极少有休息的地方。"

次年，槙有恒引导雍仁亲王登上了马特洪峰，并开始梦想带领日本首支喜马拉雅探险队。这一理想未能实现。日本立教大学的登山队于1936年攀登了南达果德山，而在槙有恒将他的攀登计划付诸行动之前，日本入侵了中国，在此后十年中，所有攀登探险的想法都被搁置了。

征服马纳斯卢峰

战争结束后，日本加入了攀登8000米以上高峰的竞争。1952年，日本向马纳斯卢峰派出了一支由田口二郎和高木正孝率领的侦察队。第二年，他们组成核心探险队进行全面探险，领队是槙有恒攀登艾伯塔山时的伙伴三田由纪夫。然而，此次及后续数次攀登均以失败告终。1956年，时年62岁的槙有恒领导了第三次远征。此次攀登资金充裕，人员众多，包括20名夏尔巴人，他们采用围攻式，成功地完成了探险——今西敏夫和吉尔森·诺布登顶，此二人与法国人一起在前一年攀登了马卡鲁峰。

> **第三次登顶的幸运，1956年**
> 如图所示，日本队在第三次攀登时成功登顶。马纳斯卢峰东北壁的二号营地仰视东峰。登山队使用竹竿搭帐篷，还做了化学制氧的试验。

登顶马纳斯卢峰
1956年5月9日，今西敏夫在海拔8163米的马纳斯卢峰峰顶举起日本国旗，夏尔巴人吉尔森·诺布用相机记录了这一刻。在日本国内，这场胜利掀起了一股登山热潮。

登山工具创新

绘制地图

对于安全通过山区险峻地形来说,导航至关重要。然而,最早的山区地图只能通过实地测量来提高精确度。在此之前,有制图师用画笔将大山描绘成地图上的小山丘就足够了。随着时间的推移,地图制作可借助的工具愈加丰富——平板仪、经纬仪和测量链,这些工具帮助制图师绘制出更高海拔山峰的地图。同时,制图师们运用高程点、等高线和阴影等制图技术,可以描绘出山区的山谷和褶皱。

高山缩略图

最早的山脉地图出自罗马时期的手稿,其中大部分是在没有观察或测量实际地形的情况下绘制的。12世纪的《罗杰之书》是1154年由阿拉伯地理学家穆罕默德·伊德里西为西西里国王罗杰二世绘制的世界地图,包括阿尔卑斯山和阿特拉斯山在内的山脉都被绘成五彩缤纷的蛇状链条。地图绘制的另一个发展是描绘表现地形的高低起伏,而不是简单地画出山丘的形状。1513年斯特拉斯堡版本的托勒密地图就用阴影描绘了绝壁和山谷。

在18世纪的启蒙运动带来新的制图技术之前,进步仅限于优化了手绘地图的细节,如汉斯·康拉德·盖革绘制的1637年瑞士各州地图。自16世纪以来,人们一直使用平板仪,它是一种旋转照准仪,安装在可移动的水平图板上,根据不同地貌的相对位置进行观察和标记。高程点和等高线技术在18世纪才被引入。1787年,经纬仪日趋完善,制图范式

1458年 彩色山丘
意大利的彼得罗·德尔马萨约根据托勒密的作品绘制地图,用色彩来描绘山脉。

1548年 山链
约翰·内斯顿夫在他的《瑞士编年史》中描绘了山链。

1743年 高程点
英格兰医生兼业余地质学家克里斯托弗·帕克,在他的"地形图"中用高程点标出了海拔高度。

1787年 工具完善
英格兰人杰西·拉姆斯登发明了一种大型经纬仪。

1802年 大测量
从马德拉斯开始,英国人开始实施大三角测量计划,展开对印度的测量。

1921年 珠穆朗玛峰地图
一支英国探险队绘制了珠峰北壁路线图。马洛里发现了东绒布冰川,开辟了继续向上攀登的道路。

公元 1400 1500 1600 1700 1800 1900 1910 1920

1551年 测量工具
一份法国手稿描述了平板仪的使用方法。

1749年 等高线
法国的军事防御图使用等高线表现海拔高度。

1865年 命名最高山峰
珠穆朗玛峰曾被冠上印度测量局前局长的名字,即使他本人并不愿意这样做。1856年,珠峰的测定海拔为8840米,此时它被命名为"XV峰"。

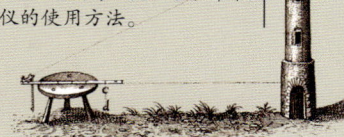

汉斯·康拉德·盖革(1599—1674)是一名苏黎世制图师。在瑞士各州地图(右)中,他并不是根据实际数据而是根据自己的实地经验绘制出了详细的阿尔卑斯山地图。他用阴影来描绘地貌中的褶皱和山谷,但只能表现相对高度,而不能代表实际海拔高度。他的制图方法没有被广泛采用。

1637年 汉斯·康拉德·盖革

以瑞士地形局局长亨利·杜福尔(右)的名字命名的瑞士杜福尔系列地图,是根据每个州的实地测绘制出的。就精准性而言,该系列地图是山区制图的一座里程碑。这些地图绘制得非常精细,比例尺为1∶25 000,但山区的比例尺为1∶50 000。为了用同一个比例尺衡量全国地形,最终地图都按1∶100 000的比例出版。

1845—1862年 杜福尔系列地图

发生转变。通过三角测量法，人们能够进行高精度的测量。

测量峰顶

在山区进行的科学测量工作始于19世纪。1802年，大三角测计划得以实施，人们开始绘制印度次大陆的地图。1847年，制图员们系统地绘出了远至喜马拉雅山脉的互相连接的三角形网格。与此同时，杜福尔系列地图以1∶100 000的比例，绘制了瑞士复杂的地形及阿尔卑斯山地图。该地图十分精细，一直被沿用到20世纪60年代。

尽管仪器越来越精确，但直到20世纪，经纬仪仍然是标准的测量工具。20世纪40年代航空摄影技术和20世纪50年代卫星远程成像技术的出现，使得地图绘制发生了巨大的变化。在随后的几十年里，地图数据逐渐被计算机化，现在常见的制图方法是数字成像。当21世纪的登山运动员准备探险时，只要点一下鼠标或手机就能浏览地图网站，如谷歌地图，他们可以轻易地获取卫星图像和地图，看到远方的山峰。

平板仪

自16世纪早期开始使用的平板仪，是制图者在最荒凉的环境里也可携带的测量装置。它虽然不如经纬仪那样精确，但在崎岖地带便于携带，而且使用起来也相对简单。先调整三脚架使平板仪保持水平，再通过照准仪将观测到的景观标注到纸上。在使用经纬仪测量之前，这种测量工具在初步勘测以及在地面上进行细节填充时十分有用。航空摄影面世之后它就派不上用场了。

与喜马拉雅地区的情况相同，在南极洲，制图者也用平板仪测量海拔高度。

1927年　地貌晕渲
瑞士制图师爱德华·伊姆霍夫开始绘制瑞士地图教学系列地图，为地图绘制设立了新的标准。他采用地貌晕渲和地形建模，准确地描绘了高山地形。

1940年　航空测绘
航空摄影在第一次世界大战中首次使用，在第二次世界大战中广泛地应用于军事测绘。

1990年代　电子地图
基于遥感数据，如卫星雷达，高质量的数字地图问世。

2011年　高分辨率
印度的地球观测卫星Cartosat-3提高了遥感的标准，其摄影捕捉范围扩大至16公里，分辨率提高到30厘米。

1930　　1940　　1950　　1960　　1970　　1980　　1990　　2000

1935年　测量珠穆朗玛峰
埃里克·希普顿与比尔·蒂尔曼（见第244—247页）进行了一次探险，考察了珠穆朗玛峰的西部山脊。

1959年　轨道图像
NASA的"探索者6号"卫星第一次从太空中拍摄了地球。

1980年代　航拍珠穆朗玛峰
美国制图师布拉德福德·沃什伯恩利用航空摄影技术绘制了珠穆朗玛峰的地形图。

1950年　通往珠峰的路线

比尔·蒂尔曼对珠峰南侧路线进一步探索，对山峰周围地形有了更精确的了解，珠峰探险渐入佳境。据其报告，似乎通过南坳登顶是可行的。1951年，埃里克·希普顿率领一支探险队攀越昆布冰川，到达西库姆冰斗并找到通往南坳的路线。1952年，瑞士人到达南坳。1953年，埃德蒙·希拉里和丹增·诺尔盖（见第266—267页）沿着这条路线到达峰顶。

2005年　谷歌地球

谷歌地球发展到一个人们未曾想象到的境界，数字图像的普及让全球各地的计算机用户都惊讶不已。虽然图像分辨率各不相同，不能提供精确的攀登路线，但它是第一个将卫星图像与计算机化地形模型相结合的可广泛使用的产品，让登山者可以只通过使用计算机和互联网就能规划旅程。

征服巨峰

大事记

1900年

◀ 1904年
帝国探险家弗朗西斯·荣赫鹏带领英国军队侵入中国西藏地区，企图实行霸权统治（见第222—223页）

▼ 1907年
英国登山者汤姆·朗斯塔夫率领阿尔卑斯俱乐部50周年探险队来到加瓦尔，其中包括未来的珠穆朗玛峰探险队队长查尔斯·布鲁斯；他们此行第一次试用了氧气

1913年
为苏格兰高原生理学先驱亚历山大·凯拉斯（见第194—195页）工作的夏尔巴人开辟了通往珠穆朗玛峰的秘密路线

1919年
英国地质学家诺埃尔·奥德尔向皇家地理学会递交了一篇题为"通向珠峰的东部路线"的论文，引起了公众对这座山的兴趣（见第220—221页）

1920年

▲ 1921年
英国珠穆朗玛峰探险队重新对珠穆朗玛峰地区进行了详细的测绘；亚历山大·凯拉斯在途中病逝（见第194—195页）

▼ 1922年
包括乔治·马洛里和霍华德·萨默维尔（下图是他绘的一幅草图）在内的三名英国登山者，在珠穆朗玛峰北坳下遭遇雪崩（见第224—225页）

▼ 1924年
爱德华·诺顿和霍华德·萨默维尔到达海拔8570米的高度，接近珠穆朗玛峰峰顶（见第224—225页）

▶ 1924年
三天后，乔治·马洛里（右）和安德鲁·欧文第二次尝试登顶，诺埃尔·奥德尔是最后一个见到他们的人（见第228—231页）

1930年

▶ 1931年
德国登山者保罗·鲍尔领导了干城章嘉峰的第二次攀登。虽然失败，却仍然被认为是攀登喜马拉雅山脉的一次杰出尝试（见第234—235页）

1931年
由弗兰克·斯迈思带领的一支探险队（见第247页）登顶卡美特山，此峰海拔7756米，是当时人类登顶过的最高峰

▶ 1933年
英国登山家埃里克·希普顿参加了休·拉特利奇的珠穆朗玛峰探险之旅。探险队到达了海拔高于8500米的地方

▲ 1933年
英国登山家科林·柯克斯和查尔斯·沃伦以轻装风格首次登上了加瓦尔的巴吉拉蒂Ⅲ峰（上图右）

1934年
德国登山家维利·默克尔和维洛·韦尔岑巴赫在攀登南迦帕尔巴特峰的尝试中丧生（见第236—237页）

▶ 1934年
英国登山家埃里克·希普顿和比尔·蒂尔曼（后排）经里什峡谷摸索出了一条通往楠达德维山的路线（见第244—247页）

◀ 第216-217页　1953年，珠峰探险队队员借助轻金属挂梯成功跨越西库姆冰斗入口处的大裂缝

喜马拉雅山脉的早期登山者很快就发现,他们几乎无法挑战攀登海拔超过8000米的高峰。1895年,A.F.马默里尝试攀登南迦帕尔巴特峰,结果以一场灾难告终。K2峰的攀登也遥不可及。人类到底能不能在这样的高度呼吸?

1912年,在登顶堡洪里峰后的一年,亚历山大·凯拉斯到达了锡金,堡洪里峰是第四座被征服的海拔超过7000米的山峰。凯拉斯想尝试攀登干城章嘉峰,同时也对珠穆朗玛峰跃跃欲试。越过海拔7000米的大关后,没有理由不乐观。然而,自此之后过了四十年,人类才真正登上难以企及的8000米以上高峰的峰顶。

1935年

▲ 1935年
希普顿和蒂尔曼一起率领一支勘探队到珠穆朗玛峰勘测,这是喜马拉雅攀登史上的伟大探险之一(见第244—247页)

▼ 1936年
保罗·鲍尔率领一支德国探险队成功到达西尼奥楚山,准备再次攀登南迦帕尔巴特峰(见第234—235页)

1936年
一支由查尔斯·休斯顿组织的英美联合登山队和一支轻装登山队攀登了楠达德维山(见第248—249页)

1938年
保罗·鲍尔带领另一支德国队,尝试攀登了南迦帕尔巴特峰(见第234—235页)

1938年
英国登山者乔克·哈里森和罗宾·霍奇金几乎登顶喀喇昆仑山脉的玛夏布洛姆峰;遭遇恶劣天气而无法前进,无人员伤亡

▼ 1938年
在战前两次K2峰的攀登尝试中,美国登山家查尔斯·休斯顿(见第248—249页)领导了第一次攀登,到达海拔8000米处

1939年
瑞士有影响力的登山家安德烈·罗克成功地征服了都那吉利峰

1939年
在一次悲剧性的探险中,德国登山者弗里茨·维斯纳攀登到了K2峰的峰顶附近,但探险队队员达德利·乌尔夫和三名夏尔巴人不幸丧命(见第250—251页)

1950年

▶ 1950年
法国登山者莫里斯·埃尔佐格和路易·拉舍纳尔首次尝试便登顶安纳普尔那峰,该峰成为首座被登顶的8000米以上高峰(见第256—257页)

◀ 1951年
由希普顿率领的英国测量队发现了一条通往珠穆朗玛峰西库姆冰斗的路线(见第244—247页)。据拍摄者说,这张照片展示的是在旅途中见到的雪人脚印

1953年
查尔斯·休斯顿率领他的第二个远征队攀登K2峰,但恶劣的天气让他们丧失了登顶的机会(见第248—249页)

▲ 1953年
经过31年的努力,新西兰登山者埃德蒙·希拉里和夏尔巴人丹增·诺尔盖(上图)首次登顶珠穆朗玛峰(见第264—267页)

1953年
奥地利登山者赫尔曼·布尔独自大胆地冲上了南迦帕尔巴特峰,这是人类首次登顶这座山峰(见第258—259页)

1954年
意大利登山队组织有序,但队员是分散的。里诺·莱斯德利和阿希尔·帕尼奥尼作为队员,首次登上了K2峰

1955年

▼ 1955年
英国登山家乔治·班德和乔·布朗登顶世界第三高峰——干城章嘉峰(见第272—273页)

▶ 1955年
经过1954年的精密勘测,法国登山家让·库齐(右)和利昂内尔·泰雷(见第276—277页)首次登上马卡鲁峰

▼ 1958年
里卡尔多·卡辛(见第292—293页)率领一支精良的意大利登山队,登上了迦舒布鲁姆IV峰(下图是卡辛的斧头)

1963年
美国登山者威利·翁泽尔德和汤姆·霍恩宾在首次翻越8000米以上高峰时,登上了珠穆朗玛峰西山脊(见第278—281页)

地球上最精彩的表演

19世纪末,登山者开始尝试攀登世界上的最高峰。到20世纪20年代,真正的探险拉开序幕,登山者的发现、毅力及死亡吸引了公众的注意力。

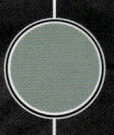

珠峰勘探
1913年,约翰·诺埃尔乔装打扮后进入中国西藏。他拍摄了珠穆朗玛峰附近的村庄,后来在皇家地理学会演讲中使用了这些照片。

1919年3月10日,"一战"刚刚结束六个月,年轻的英国机枪队军官约翰·巴普蒂斯特·卢修斯·诺埃尔上尉(见第222页)就向皇家地理学会宣读了一篇题为"中国西藏南部的塔什拉克之旅及通向珠峰的东部路线"的论文。

在此之前,虽然已经有人探索过其他8000米以上高峰,包括K2峰、干城章嘉峰以及马默里尝试攀登的南迦帕尔巴特峰(见第168—171页),但是诺埃尔的演讲激发了公众对攀登最高峰——珠穆朗玛峰的兴趣。"一战"之前,已有不少人在讨论攀登珠峰,这个想法得到了印度总督寇松勋爵的支持。1907年,在阿尔卑斯俱乐部成立50周年之际,登山者们拟订了一份探险计划。然而,政治干预使印度大臣约翰·莫利以可能扰乱俄罗斯在亚洲的利益为由,禁止了这一探险活动。

探险梦却并没有因此而破灭。塞西尔·戈弗雷·罗林将军以测量员的身份在西藏地区待了几个月,其间曾待在1904年入藏的弗朗西斯·荣赫鹏的军队里(见第222—223页)。为了确定路线以实现全面攀登,他起草了初步勘测计划。皇家地理学会采用了罗林的计划,作为战后珠峰探险的基础。然而,罗林本人却在战争中丧生。

在停战协议签署一个月后,皇家地理学会写信给印度大臣,请求进入山区探险,三个月后仍没有收到任何答复,是诺埃尔的演讲让这搁置已久的问题重新被注意到。听众中的许多人后来都领头参与了珠峰

佛像礼物
1904年,荣赫鹏在中国的西藏地区收到了这尊佛像。然而,他对西藏却不怀好意。

珠穆朗玛峰，1924年
1924年，在乔治·马洛里尝试攀登之前，诺埃尔拍下了这张背夫的家属按手印的照片。马洛里消失在了珠峰的云雾缭绕处。

喜马拉雅山间的外交
1937年，保罗·鲍尔远征西尼奥楚山，出于对东道国的尊重，他在山顶挂上了英国国旗。当时，该地区是英国统治下的印度疆域的一部分。

背景介绍

- 关于攀登珠穆朗玛峰的可能性，1885年，英国登山者克林顿·登特（见第164—165页）写道："我坚信，人类有可能登上珠峰。此外，我确信，就算是在我们所处的时代，这些观点的真实性也会得到证实。"
- 第一次世界大战后，人们到珠穆朗玛峰探险的动力变大。弗朗西斯·荣赫鹏率领英国探险队进入中国西藏地区，从而确保英国人能从北侧攀登珠穆朗玛峰。
- 20世纪20年代，两次全面的珠穆朗玛峰探险和一次勘测行动均未成功，导致七名背夫、马洛里和欧文丧生。
- 德国和奥地利异军突起，开启了首次喜马拉雅远征，先后攀登了干城章嘉峰和南迦帕尔巴特峰，在攀登后者时出现了人员伤亡。

探险，包括亚历山大·凯拉斯（见第194—195页）、道格拉斯·弗雷什菲尔德（见第186—189页）和弗朗西斯·荣赫鹏。

1921年年初，攀登珠穆朗玛峰的申请终于获批。印度测量局选出了第一支登山队，并且提供了测绘员：来自加拿大的E.奥利弗·惠勒和亨利·莫斯黑德，珠穆朗玛峰的攀登者爱德华·诺顿称后者是他遇到过的最冷酷的人——"冷酷到令人心碎的人"。惠勒是摄影测量技术专家，也是一名登山者，曾与加拿大登山先驱汤姆·朗斯塔夫和康拉德·卡因（见第204—205页）一起登山。哈罗德·雷伯恩负责管理登山者，曾经是一位杰出的登山家，出生

> 早期攀登珠穆朗玛峰的尝试因无法进入山区而受阻。中国的西藏地区和尼泊尔一直对外封闭，直到1921年，英国才通过外交手段获得勘探权。

于怀伯尔登上马特洪峰的年月，可他这时年事已高。凯拉斯经验丰富，但健康状况不佳，在探险中去世。乔治·马洛里是一颗闪亮的新星（见第228—231页），年纪虽轻，但经验丰富，有攀登高海拔山峰的潜力。珠穆朗玛峰是他向往的地方，也是他葬身的地方。

攀登珠峰的权利被英国独占，其他国家不得不把目光投向其他8000米以上高峰。尼泊尔禁止外国人入境，所以其他国家首先把注意力集中在干城章嘉峰上。保罗·鲍尔于1929年和1931年先后领导了两次远征（见第234—235页）。金特·迪伦弗思于1930年带领了一支登山队。奥地利和德国远征队把兴趣转向了南迦帕尔巴特峰——他们的"命运之山"，当时最好的登山者在两次尝试中丧生。美国登山者选择了K2峰，在1939年尝试攀登时，差一点成功登顶。

大本营的信心
1922年，规模庞大的珠穆朗玛峰探险队的合影。此次尝试创造了一个新的攀登纪录（1924年被打破），却未能登顶，七名背夫在途中丧生。

弗朗西斯·荣赫鹏

首次珠穆朗玛峰探险的幕后人物

英格兰　　　　　　　　　　　　　　　　　　　　**1863—1942年**

弗朗西斯·荣赫鹏神秘莫测，他全力支持攀登珠穆朗玛峰这样一个看似不切实际的想法。尽管他是身为探险家和战士而非登山家闻名，但作为皇家地理学会的主席，他以自己的影响力支持并推动了与印度政府合作攀登珠峰的计划。此外，身为珠穆朗玛峰委员会的主席，他得以使皇家地理学会和阿尔卑斯俱乐部的高层人物保持紧密联系，尽管也有不融洽的时候。

约翰·诺埃尔

英格兰　　**1890—1989年**

登山家兼电影制作人约翰·诺埃尔在瑞士长大，对高山有着浓厚的兴趣。

在桑德赫斯特接受军事训练后，诺埃尔被编入东约克郡军团。在印度服役期间，他从锡金越境进入中国西藏，目的是"寻找通往珠穆朗玛峰的路，尽可能离这座山更近一些"。1919年，他在皇家地理学会演讲中谈到了这场旅行，为后来英国屡次尝试全面考察珠穆朗玛峰提供了催化剂。他以摄影师和电影制作人的身份，参加了1922年和1924年的登山。诺埃尔是天主教徒，得到了教皇的祝福，被查尔斯·G.布鲁斯誉为"照相机圣诺埃尔"。1924年，珠峰探险被搬上银幕时，他将一群喇嘛从西藏带到伦敦。

兴都库什山中的奇特拉尔马球场在今天看来是个荒芜之地，而在1893年年初英国人来到此地时，它看起来就更像荒野了。查尔斯·G.布鲁斯时为廓尔喀雇佣兵的一名中尉，刚随马丁·康韦的远征队（见第184—185页）初次探险归来。他在这个尘土飞扬的地方边走边跟弗朗西斯·荣赫鹏谈了攀登珠峰的想法。

在奇特拉尔，荣赫鹏担任副指挥官，要完成给该土邦立新王的使命。事实比预想的顺利得多。对这名年仅29岁的士兵来说，穿行中国西藏是一直萦绕在他心头的梦想，他担心自己所痴迷的登山生涯会被耽搁。和布鲁斯一起登上兴都库什山拉杰山脊后，荣赫鹏终于放心了。

大冒险

荣赫鹏虽然在英格兰长大，却出生在避暑胜地穆里，今天的巴基斯坦境内。1882年，他加入了英国军队。23岁时，他雄心勃勃地在中国进行了一次长途旅行，从北京出发，穿过戈壁沙漠，开辟了一条经慕士塔格山口进入印度的路线。

在没有任何专业装备的情况下，从山口另一侧的冰川下山是极具挑战性的。荣赫鹏和同伴们将头巾、缰绳和腰带系在一起，临时制作了一根绳子，将体重最轻的背夫从陡峭的冰面上放下来。背夫在下降时用冰镐凿出台阶，以便其他队员踩踏。整队人马花了六个小时才全部下山，荣赫鹏回忆说："那似乎是一条对任何人来说都完全不可能成功的下山路线。"两天后，他经过巴托罗冰川，来到巴尔蒂人居住的阿斯科勒村。

生平事迹

- 荣赫鹏的慕士塔格山口大穿越广受赞誉。英国士兵、地理学家肯尼思·梅森称其为"喀喇昆仑探险之父"。
- 驻扎在奇特拉尔时，荣赫鹏遇到了查尔斯·G.布鲁斯，后者与他谈了从中国西藏探索珠峰的想法。
- 领导了使英国人得以攀登珠峰的军事入侵。
- 作为皇家地理学会主席，协助获取第一次珠穆朗玛峰探险的许可。

合作担保

中国西藏的地方政府为1921年珠峰探险队签发的通行证，让藏民向登山队提供攀登援助。

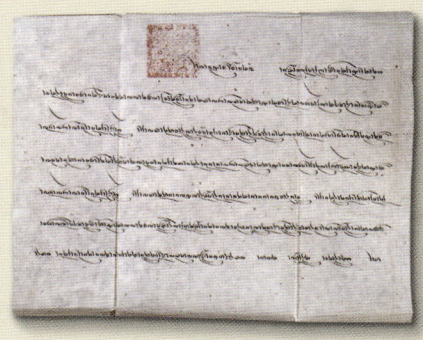

穿越慕士塔格山口一举让荣赫鹏的探险队名声大噪，他的成功无疑激起了马丁·康韦攀登喀喇昆仑山的雄心壮志。他的即兴攀登风格几乎在阿尔卑斯俱乐部精英中间成为一张名片。布鲁斯非常了解这个地区的情况，并且和荣赫鹏一样拥有远大理想，十分欣赏后者的无畏气势。虽然当时只有24岁，但是荣赫鹏已经在皇家地理学会就这次意义重大的探险进行了演讲。

接近目标

1904年，荣赫鹏的军队已经进入西藏地区，而他攀登珠峰的计划仍没有实现。与他

入侵中国藏区的帝国特遣部队

击败藏区地方武装后，荣赫鹏（中，与他的军官们）于1904年8月2日进入拉萨。一个月后，他签署了允许英国人进入西藏地区的协议，最终其他国家也获得了许可。

一起指挥行动的是彼时的锡金王国的政务官，后者从要塞城镇坎帕宗拍摄了珠穆朗玛峰的照片。荣赫鹏可以看到在160公里外那座"高高耸入天空、一尘不染的尖峰"。

撇开后来对西藏地区的影响不谈，在印度总督寇松的支持下，荣赫鹏的探险为英国人开辟了在两次世界大战期间独家探访珠穆朗玛峰北部的路线。撤离拉萨时，荣赫鹏手下的两名军官离队探索登山路线，并认为从北山脊登顶是可行的。寇松增加了攀登珠峰的可能性，印度大臣却阻挠了1907年的探险计划。

"一战"后，50多岁的荣赫鹏成为皇家地理学会主席，"决心让珠峰探险成为任期内的重头戏"。其间，他热衷早期新时代唯灵论，这一思想也主导了他的晚年。在《珠峰史诗》一书中，他明确地表达了自己的登山理由："征服珠穆朗玛峰只是永恒的心灵奋斗的一部分，

先进的制图法

1921年的探险队中有一个受过最新照片制图技术培训的加拿大勘测小组。这张地图就是根据他们的数据编制的。

目的就是要建立心灵之于物质的至高无上的地位。做心灵人意味着使自己高于物质，哪怕是最强大的物质。"

珠峰通行证

在加入皇家地理学会后不久，荣赫鹏率领一个代表团来到印度事务部，代表团成员包括他的老朋友布鲁斯、阿尔卑斯俱乐部的珀西·法勒和查尔斯·霍华德-伯里。查尔斯领导了复杂的外交活动，以获得拉萨方面的许可。1920年年末，当探险队收到通行证时，荣赫鹏的梦想变成了现实。几周后，他和乔治·马洛里（见第228—231页）会面，说服后者参加首次珠穆朗玛峰探险。后

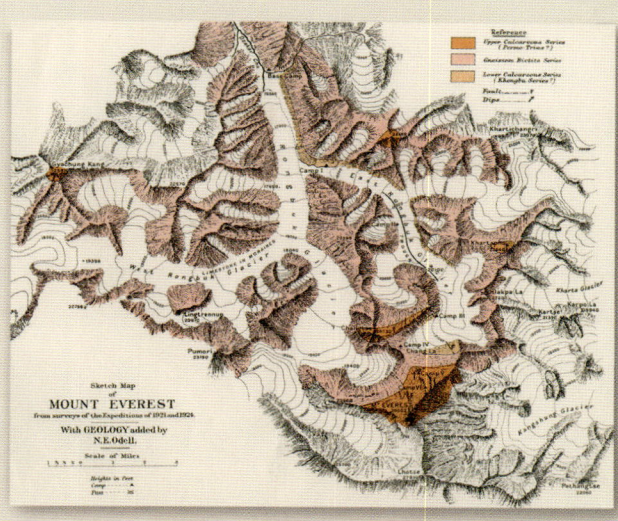

来，马洛里在山上写道："我有时想，这次探险从始至终都是一场骗局，由狂热分子荣赫鹏编造，阿尔卑斯俱乐部中某些所谓的权威人士进行鼓吹，再强加给卑微的年轻雇工。"

萨默维尔和诺顿

早期攀登珠峰的英雄

英格兰　　　　　　　1890—1975年；1884—1954年

霍华德·萨默维尔　　爱德华·诺顿

对乔治·马洛里命运的持续关注使早期进行珠穆朗玛峰探险的其他登山者得不到应有的重视。在无确凿证据表明1924年马洛里和欧文登上了峰顶的情况下，创造珠峰攀登史上新纪录的是爱德华·诺顿。他和搭档霍华德·萨默维尔不仅面临攀登本身的难度，还要应对在高海拔山区的生存困难。

1924年6月2日，爱德华·诺顿、霍华德·萨默维尔和四个夏尔巴人登上了珠穆朗玛峰北脊海拔7711米的5号营地。尽管诺顿不太喜欢抱怨，但他仍写道："一上去，我们就爬进了帐篷，实在是筋疲力尽，我们大概在睡袋里躺了45分钟……"

攀登珠峰的先驱

爱德华·诺顿当时是一名40岁的授勋空军军官，这是他第二次攀登珠穆朗玛峰，他也是1922年珠峰登山队的一员。由于查尔斯·G.布鲁斯患疟疾无法行动，他成了领队。诺顿的祖父艾尔弗雷德·威尔斯（见第118—119页）曾登顶维特峰，那次登顶标志着登山运动黄金时代的开始。诺顿自己的登山经验却微不足道。最终，他的成功与其说取决于他的登山技术，不如说来自他的毅力和坚忍。

霍华德·萨默维尔身材魁梧、天赋异禀且怀有同情心和坚定的基督教信仰，并且是两门自然科学学科均取得优等成绩的剑桥大学毕业生。他出生在英格兰湖区，家族拥有制鞋企业，18岁时加入攀岩俱乐部。1922年入选珠峰探险队时，他已是一位能力出众的登山家。

1923年夏天，萨默维尔攀登了32座山峰，开始以非凡的耐力闻名。在第一次世界大战期间，他曾在皇家陆军医疗队服役。1916年索姆河战役中，在工作帐篷外与濒死伤员的交谈使他成为一名和平主义者。1922年探险之后，他游历了印度，为当地的贫穷状况而深感震惊。在1924年尝试攀登后不久，他决定成为一名医学传教士，放弃在伦敦的大好前程，到印度南部一个村庄工作。

探险艺术家
萨默维尔是一位才华横溢的艺术家，在探险途中，他以创作风景画消磨空闲时间。这幅画描绘的是锡金上空的季风。

生平事迹

- 在法国阿尔卑斯山中的别墅度假时，诺顿学习了攀登。学业完成后即入伍。他是第二次和第三次英国珠峰探险中最强健的成员之一；在第三次探险中担任执行领队，并创造了新的世界攀登纪录。

- 在英格兰湖区和阿尔卑斯山区施展了登山本领后，萨默维尔被邀请参加第二次珠峰探险。在第三次珠穆朗玛峰探险中，他陪同诺顿攀登到海拔8534米处。

- 在攀登了珠穆朗玛峰后，萨默维尔帮助建立了第二次世界大战前印度最大的教会医院。因恰当处理马洛里和欧文的失踪事件，诺顿受到称赞。

进入空气稀薄处

由于无法继续尝试登顶，萨默维尔拍下了诺顿独自前进的照片。在没有氧气的情况下，诺顿独自前进到海拔8573米处。这一最高纪录一直保持到1952年。

接近峰顶

英国登山队在4月底到达大本营，5月中旬的登山活动被大雪阻碍，诺顿担心季风会提前到来。艰苦的条件使夏尔巴人情绪低落，导致整个登山队的供应链在月底中断。

诺顿决定孤注一掷。他放弃了氧气设备，在仍打算攀登的夏尔巴人的协助下，把帐篷搭在了5号、6号营地。6月3日，他和萨默维尔及三个夏尔巴人一起离开5号营地。到下午1点30分，其中一个夏尔巴人明显体力不支，萨默维尔的喉咙也发炎了，疼痛难忍，他决定中止当天的攀登。此时，他们已到达海拔8168米的6号营地。

第二天早上6点40分，诺顿和萨默维尔再次出发。经过一个小时的努力，他们进入了黄带层，但进展仍然十分缓慢。两人都备受煎熬，萨默维尔喉咙肿痛，诺顿因眼前出现重影不得不摘下雪镜。终于，萨默维尔实在坚持不住了；喉咙炎症已经影响了他的正常呼吸。其实，他的食管黏膜已被冻伤，幸好在下山过程中被他咳出，否则可能会要了他的性命。

诺顿继续前进，把萨默维尔留在黄带层顶端，然后沿其边缘进入大雪沟（现在被称为诺顿雪沟）。前路危险，诺顿发现在仅穿钉掌靴且没有绳子的情况下攀登是不保险的。

"我还要再向上攀登200多英尺才能到达顶峰北坡……当时是下午1点，简单计算一下，我不可能在登完余下的800或900英尺之后安全返回。"两人掉头，下山成了艰巨的考验。

雇用背夫

探险队成员杰弗里·布鲁斯（左）给他在大吉岭挑选的夏尔巴人分发预付工资。与"老爷"们不同，这些背夫没有攀登珠穆朗玛峰的野心，他们去登山只是为了赚钱。

那天晚上，诺顿回到马洛里和诺埃尔·奥德尔（见第228—231页）所在的4号营地，没有了护目镜，雪盲症让诺顿吃了不少苦头。萨默维尔虽咳嗽不止，但可以坚持第二天下山。三天后，马洛里和欧文为登顶离开6号营地。诺顿后来给探险队摄影师约翰·诺埃尔写信："毫无疑问，马洛里清楚他成功的希望非常渺茫。"

珠峰上最初的遇难者

1922年6月7日，包括马洛里、萨默维尔在内的3名登山者，以及14名背夫抵达北坳，第三次尝试登顶，却遭遇雪崩。这支登山队共分为四组，最后两组中的九名队员失踪。他们被卷下冰崖，落入冰裂缝中，只有两个背夫活着被挖出来，另外7人死亡。这次事故对生活在珠穆朗玛峰地区的藏族人产生了巨大的影响。

诺顿（左）、萨默维尔和夏尔巴人。背夫的生活既艰难又危险。

征服巨峰·地球上最精彩的表演

顶峰（8848米）
第三台阶
第二台阶
第一台阶
东北山脊
西山脊
② 尖塔
诺顿雪沟
霍恩宾雪沟
北山脊
①
③ 东北雪沟
章子峰
日本雪沟

山地特写

A 珠穆朗玛峰峰顶也有拥挤的时候：2008年5月23日，75人在希拉里台阶上排队，这是登顶人数最多的一天。

B 从昆布冰瀑下山是攀登珠穆朗玛峰的过程中最致命的环节之一。冰塔崩塌十分危险，特别是对于运送货物的夏尔巴人来说。

C 这是利奥·迪金森2009年拍摄的珠穆朗玛峰东壁，他是第一支乘热气球飞越珠穆朗玛峰的探险队的成员。

A

B

C

珠穆朗玛峰

高山掠影

1849年，英国测量员詹姆斯·尼科尔森用经纬仪测量了一座遥远的山峰，当时简称"b"——后来这座山被命名为"XV峰"。1856年完成计算后，测量局局长安德鲁·沃伊宣布，XV峰"可能是世界上最高的山峰"。尽管该峰已有几个当地的名字，尤其以珠穆朗玛峰而为人所知，但沃伊仍执拗地以杰出前任——乔治·埃佛勒斯爵士的名字命名他的新发现。

发现世界最高峰之后，几乎又花了一个世纪的时间，人类才最终登上峰顶。那时，珠穆朗玛峰已经成为人类抱负和斗志的象征，它的传奇地位是由乔治·马洛里、安德鲁·欧文等人的壮举所确立的（见第228—231页）。1924年，他们葬身于东北山脊上部。

甚至在1953年埃德蒙·希拉里和丹增·诺尔盖成功登顶之后（见第264—267页），这座高峰仍然吸引许多人取得了非凡成就，如美国人1963年登顶西山脊并翻越山峰（见第278—281页）。20世纪70年代，珠峰探险又取得一系列振奋人心的进展。1975年，克里斯·伯宁顿带领的英国登山队从西南壁登顶（见第300—301页）；1978年，莱因霍尔德·梅斯纳尔和彼得·哈伯勒完成首次无氧登顶（见第308—311页）；南斯拉夫登山队直接登顶西山脊（见第332—333页），其中安德烈·斯特连菲利和内伊克·扎普洛特尼克最先登顶。也许，最让人印象深刻的是1980年梅斯纳尔的单人攀登。如今，和向导一起组队攀登珠峰已不难实现，同时人们还可以进行新奇的探险。

攀登路线

珠穆朗玛峰有15条重要路线，但大多数登山者只走其中两条：南坳/南山脊线和北坳/东北山脊线。山峰的三大岩壁各有其特点。东壁多雪，更易发生雪崩；西南壁陡峭，在攀登技术方面要求极高；北壁之上则耸立着尖顶。

北壁

— **北山脊**
（王富洲、贡布、屈银华，1960年）中国登山队历经艰难，成功登上了峰顶。

❶ 1999年，乔治·马洛里的尸体被发现的地方。

— **东北山脊**
（富良野、井本、加美、策林、努鲁，1995年）日本探险队翻过三座尖峰，用围攻式攀登攻克整个东北山脊。1982年，拉塞尔·布赖斯和哈里·泰勒攀登至尖塔区，未登顶就下山。

❷ 英国登山运动员乔·塔斯克和彼得·博德曼于1982年在尖塔区失踪。

— **梅斯纳尔路线**
（R.梅斯纳尔，1980年）发现糟糕的雪地环境后，梅斯纳尔决定不携带氧气，独自翻越北壁，从诺顿雪沟登上峰顶。

— **北壁澳大利亚路线**
（T.麦卡特尼-斯内普、G.莫蒂默，1984年）两名澳大利亚人从诺顿雪沟登顶，这是继梅斯纳尔之后第二支不携带氧气瓶攀登新路线的登山队。

— **日本雪沟**
（重广恒夫、尾崎，1980年）日本人选择的路线直通霍恩宾雪沟，顶端和西山脊连接。

❸ **北/东北雪沟**有时也被称为扎卡洛夫雪沟，1995年，俄罗斯登山队由此攀登。

— **西山脊**
（W.翁泽尔德、T.霍恩宾，1963年）美国远征队攀登西山脊的上部。

— **西山脊直上路线**
（J.扎普洛特尼克、A.斯特连菲利，1979年）南斯拉夫远征队选择的直上路线直通西脊，是当时最艰难的珠峰攀登路线。

（虚线表示图中被遮挡的路线）

侧面示意图

名称：藏语名称"珠穆朗玛"常被误解为"地球之母"，实际指的可能是传说中居住在珠穆朗玛峰上的女神米尧朗桑玛。另有一个尼泊尔名称——萨迦玛塔峰，意为"高达天庭的山峰"。

位置：尼泊尔索鲁孔布区和中国西藏自治区。

山脉：喜马拉雅山脉、马哈兰古尔山脉。

海拔：8848米，中国/尼泊尔；8850米，美国国家地理学会。

首次登顶：1953年，埃德蒙·希拉里和丹增·诺尔盖。

女性首登：1975年，田部井淳子。

冬季首登：1980年，莱谢克·奇希和克日什托夫·维利茨基。

首次个人登顶：1980年，莱因霍尔德·梅斯纳尔。

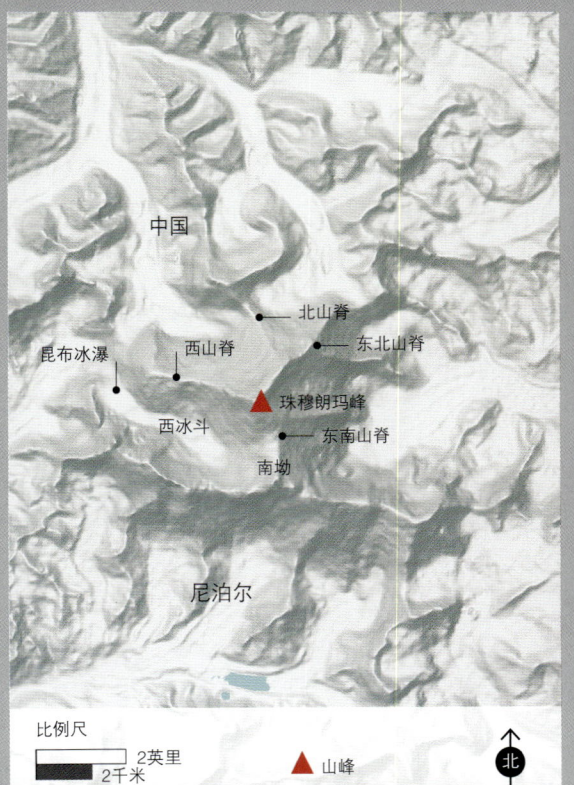

乔治·马洛里

最具代表性的登山家

英格兰　　　　　　　　　　　　　　　　1886—1924年

1999年，在一次特别探险中，美国登山家康拉德·安克在珠峰北壁迎风的斜坡上发现了保存完整的乔治·马洛里的遗体。马洛里及其登山伙伴安德鲁·欧文的最后亮相——一度令人满怀希望——及神秘失踪引起了公众的无尽猜测。即使在今天，历史学家仍在寻找、考究证据，以证明他们是最先征服珠穆朗玛峰的人。

生平事迹

- 登山生涯始于和公立学校里的一位老师一起去阿尔卑斯山旅行；多次返回阿尔卑斯山，以完善独特的攀登风格，积累经验。
- 被引荐给有影响力的杰弗里·温斯罗普·扬，共同在英国和阿尔卑斯山脉取得了巨大的登山成就。
- 参加了第一次世界大战的索姆河战役，战后继续攀登，并被选拔为前三支珠穆朗玛峰探险队的成员。
- 在第一次珠穆朗玛峰探险期间，登上北坳海拔7010米处勘察，并找到了一条可能通往峰顶的路线。
- 在第二次探险中，探险队逼近珠穆朗玛峰峰顶，攀登到了远比以往任何时候都要高的位置；然而，探险队在最后时刻失败。同队背夫遭遇雪崩，七人丧生。
- 在第三次尝试首登珠穆朗玛峰的探险中，和伙伴一起失踪。关于他们是否登顶的争论一直持续至今。

乔治·马洛里比任何人都更清楚地表达了攀登珠峰的浪漫情怀。稳重的性格和强健的体魄使他成为卓越的登山家——一个永远在攀登下一座高峰的人。1917年，在一篇讲述他于1911年在法国—意大利边境攀登莫迪山边界山脊的文章中，他写道："必须征服、抵达、登上顶峰，必须到达终点，你才知道自己能赢到最后，才知道没有什么梦想是妄想。这是一天中最辉煌的时刻吗？多奇妙，多安静！我们没有欣喜若狂，但我们高兴、愉悦；我们冷静地惊喜……我们征服了敌人？我们征服的不是别人，正是我们自己。"

马洛里出生在英格兰西北部的柴郡，他的父亲是当地的教区牧师。孩童时期，他攀登的第一个地方是教堂的屋顶。13岁时，他获得了顶级公立学校温切斯特公学的数学奖学金，并以体操运动见长。在该校的最后一年里，他在R.L.G.欧文老师的引导下开始登山，欧文是阿尔卑斯俱乐部的成员。每个登山季，欧文都带着一群学生去阿尔卑斯山。1905年夏天，欧文邀请马洛里参加他的登山之旅，正是这次旅行培养了马洛里的登山兴趣。

同年秋天，马洛里进入剑桥大学学习历史。他与生俱来的优雅和出众的外貌让他进入了大学的核心圈子，并与一些当时最著名的文学家、艺术家成为密友。与此同时，马洛里同情社会主义者，支持女权运动。

雪镜
安克发现马洛里尸体时，从他的口袋里找到了一副雪镜，雪镜并非戴在脸上，因此有人认为，马洛里是在到达顶峰之后的夜晚死去的。

天赋
查尔斯·塞尔是剑桥大学登山者俱乐部的创始人之一，正是他鼓励马洛里加入了北威尔士的攀岩之行。马洛里很快成为狂热的登山爱好者，完成了几次新的攀登。按照英国的标准，这些攀登基本上达到了"非常难"的等级，按美国的划分标准也已达到5.7级，难度相当于珠峰东北山脊上令人生畏的第二台阶。后来，塞尔还把马洛里介绍给了杰弗里·温斯罗普·扬，此人是爱德华时代的登山运动明星，后来成为马洛里的导师。

在威尔士斯诺登尼亚山兰贝里斯山口顶端的彭尔帕斯旅馆，扬举办了一次著名的登山聚会，马洛里受邀参加。后来扬又邀请马洛里加

> 必须征服、抵达、登上顶峰，必须到达终点。
>
> ——乔治·马洛里谈攀登莫迪山

更高更快

1922年的珠峰探险队率先使用了瓶装氧气。图中马洛里（左）和诺顿都戴着氧气面罩，他们与拍摄这张照片的萨默维尔一起创造了新的高度纪录。该纪录仅保持了五天，就被同一支探险队里的芬奇和布鲁斯打破。

赤裸的雄心
从左至右，霍华德·萨默维尔、亚瑟·韦克菲尔德和乔治·马洛里正准备蹚过一条河流，再继续朝珠穆朗玛峰前进。

入了登山者俱乐部。1909年夏天，两人攀登了阿尔卑斯山，取得了辉煌的成绩。扬钦佩马洛里作为登山者的优雅："他甩开一条长腿，抬起膝盖，用一串迷人动作，登上层层岩石。"他还说，在那个时期他认识的登山者中，马洛里是最有潜力的一个。他本可以完成许多伟大攀登。马洛里是不太自信的，他总是顺其自然，不清楚要怎么过自己的人生。起初，他甚至连是否要去珠穆朗玛峰都不确定。

着迷

第一次世界大战之前，马洛里曾在英国历史悠久的公立学校——切特豪斯公学任教，娶了露丝·特纳为妻，育有三个孩子。1919年，战争结束，他开心地回家，继续在校任教。然而，与此同时，扬却在阿尔卑斯俱乐部替他争取了参加珠峰探险的机会。扬在战争中失去了一条腿，即使继续攀登，要登上珠峰也是一种奢望。他找到了"门徒"马洛里，劝说道，不论未来选择何种职业，征服珠穆朗玛峰的荣誉都会对他有所帮助。于是，马洛里辞去了教职。

考虑到人们对珠峰北壁知之甚少，1921年的勘测探险算是一大成功。阿尔卑斯俱乐部和皇家地理学会联合组建的珠峰委员会为探险提供资金支持。探险队在珠峰北壁和东壁进行了考察，翻越了重要山坳，制订了攀登计划。马洛里虽未找到攀登东绒布冰川的路线，但他带领探险队翻过拉克帕拉山口，登上了冰川顶部，然后到达北坳。探险队在山上待了几个月，积累了与珠峰的天气有关的宝贵经验和知识。最重要的是，马洛里找到了人生目标。"总而言之，这是一件令人激动的事情，"他在给妻子的信中写道，"我无法向你诉说它是多么地吸引我。"

氧气：赞成与反对

1922年，马洛里作为一支装备精良的登山探险队的成员，重回珠穆朗玛峰。登山队使用了澳大利亚的优秀攀岩者、杰出工程师和发明家乔治·芬奇开发的实验性氧气设备。5月22日的第一次攀登没有使用夏尔巴人所说的"英国空气"。马洛里、霍华德·萨默维尔和爱德华·诺顿（见第224—225页）到达了海拔8225米处。虽然离山顶还有一段距离，但他们攀登的高度已经超越了以往任何一个人。5月27日，芬奇和杰弗里·布鲁斯使用简陋的氧气设备，以更快的速度登上了更高的地方。

很明显，瓶装氧气起到了很大的作用，芬奇怒斥那些称其不符合体育道德的人。随着季风的来临，第三次尝试开始了，却以悲剧告终。登山队错误地估计了形势，没有意识到北坳斜坡上的新雪有多危险。一场雪崩卷走了九名背夫。马洛里也被拖了下去，但他设法浮出雪面，和其他人一起疯狂地挖出被掩埋的人。

消逝在珠峰
马洛里（左）和欧文的最后一张照片，由诺埃尔·奥德尔在海拔7070米的北坳4号营地拍摄三天后，他们在云层中消逝。只有马洛里的遗体被找到，他似乎是坠崖而死。最近的研究得出结论，当时他们正朝山顶前进，可能遇到了风暴。

他们登顶了吗?

1999年,人们发现了马洛里的尸体,但并没有解开马洛里和欧文是否登顶的谜题。当时只有欧文带着相机,因为他的尸体没有被发现,所以没有确凿的证据可以让人得出结论。然而,两人携带的氧气就登顶而言是不够的。实际上,他们几乎不可能攀登到第二台阶。

乔治·马洛里的靴子,遗失在珠穆朗玛峰的山坡上——它曾踏上过山顶吗?

最终只有两名背夫获救,余下七人失踪。

回国后,在决定于1924年进行下一次尝试之前,珠峰委员会暂时将相关事宜搁置下来,作了一番认真的思考。马洛里被派往美国做巡回演讲,以筹集资金。据说,正是这次美国之行让马洛里对攀登珠穆朗玛峰的目的作出了经典的解释:"因为山就在那里。"

时机再次来临,马洛里起初是拒绝加入1924年珠峰探险队的,只因当时芬奇被赶出了队伍,仿佛这次探险完全是英国人的事。然而,攀登珠穆朗玛峰的机会实在诱人,马洛里无法置身事外。

消失的希望

1924年6月,登山队出发,尽管遭遇了重重险阻,仍成功地在海拔8170米处搭建了营地。前两次尝试都未能登顶,但诺顿和萨默维尔创造了新纪录。马洛里在最后一次攀登中选择安德鲁·欧文作为登山搭档。他们于6月8日离开营地,马洛里让夏尔巴人给诺埃尔·奥德尔带去一张纸条,上面写着"天气正好"。

第二天,奥德尔带着补给从5号营地向6号营地攀登。他的状态非常好,作为测试,大约在海拔8000米处,他爬上了一块裸露的岩石。突然,遮住山顶的薄雾散开了,他可以看到马洛里和欧文正在接近山脊上部的石阶。当时是中午12点50分,奥德尔为他们没有登上更高处而感到惊讶。他不确定他们到底在登哪块岩石,只是抬头望去的时候,看见一个人登上石阶,另一人紧随其后。他说:"随后,迷人的景象又被笼罩在阴云之中。"这是马洛里和欧文生前最后一次被目击。

得知登山家的死讯,英国人都极其悲痛。在写给杰弗里·温斯罗普·扬的信中,马洛里的妻子露丝沉痛地说:"不管他是已登顶还是没有登顶,不管他是活着还是死了,我对他的钦佩都是一样的。哦,杰弗里,要是一切都没发生多好!这原本是很可能的事。"

安德鲁·欧文

英格兰　1902—1924年

许多人都在争论,为什么马洛里选择与一个没有经验的学生一起进行最后一次登顶尝试,明明诺埃尔·奥德尔身体健康,适应力良好,又近在眼前。

我们永远不会知道马洛里选择欧文的原因。尽管欧文几乎没有登山经验,但他仍是这个探险队中有重要作用的一员。作为一名顶级赛艇运动员,专业训练使其对珠峰的严酷考验做好了充分的准备。他的手也很灵巧,能够拆解和修理机器,保持探险队的氧气装置正常运转。在山上,他具备登山所需要的行动力和常识。他努力做好把高海拔生活变得极度艰难的杂务,很受其他登山者欢迎。

登山工具创新

氧气装置

人类对环境的适应能力有限。即使具有适应高海拔地区的基因，也很少有人能够长期定居在海拔超过5200米的地方——这个高度大致相当于珠峰大本营，空气中的氧气含量大约是海平面的一半。越往海拔高处走，你的身体机能——运动的体能——就退化得越快。早期的珠穆朗玛峰攀登者们以自己的身体做实验，验证人类是否有可能登到这么高的地方。补充氧气的提倡者设计了在攀登时使用的氧气系统，但是早期设备烦琐、笨重，而且不够可靠。

氧气实验

第一位在登山时使用氧气的人是英国的出版商、登山者A.L.马姆。1907年，他带着西贝·戈尔曼公司的小型氧气筒，攀登喜马拉雅山。这个登山队中有汤姆·朗斯塔夫，他是坚决反对使用氧气的登山家；还有未来攀登珠穆朗玛峰的登山家查尔斯·布鲁斯。探险队中大多数人认为马姆的氧气试验是一个笑话。

与此同时，在牛津大学教师G.德雷尔的指导下，英国化学家兼技术天才乔治·芬奇也开始研究使用氧气的可能性和必要性。在对新成立的英国皇家空军进行缺氧研究后，德雷尔对芬奇说："我认为，你在没有氧气的情况下不可能上山，即使你上去了，也可能再也下不来了。"

芬奇的实验很快得以施行，实验在模拟高纬度环境的减压舱里进行，芬奇负重16公斤。在使用和不使用瓶装氧气的情况下，他的表现差异明显，这

公元前1000年　古柯
15世纪，在秘鲁的木乃伊身上发现了少许古柯叶；考古学研究表明，古柯叶用于预防高原反应的历史可以追溯到更早以前。

1624年　安东尼奥·德安德拉德
在翻越喜马拉雅山脉时，德安德拉德写道："根据当地人的说法，很多人死于毒蒸汽。健康的人突然生病，死去了。"

1922年　提高性能
在英国珠穆朗玛峰探险队中，乔治·芬奇和杰弗里·布鲁斯验证了在高海拔处使用瓶装氧气可以提高攀登速度和睡眠质量。

1933年　多余的设备
英国医生雷蒙德·格林重新设计了氧气系统，但它只作为下一次珠峰攀登尝试的医疗设备被用到。

1923年　氧气争论
乔治·芬奇在《阿尔卑斯登山杂志》上发表文章，支持在登山时使用氧气，但另一些人认为这不符合体育道德。

公元前　1000　公元　1500　1600　1900　1910　1920　1930

约公元前37年　高山性头痛
汉朝官员杜钦记录了经中亚地区前往今阿富汗喀布尔的途中海拔高度对健康的影响。

1907年　急救氧气
英国登山者A.L.马姆在随阿尔卑斯俱乐部远征珠峰时，携带着"急救氧气设备"——氧气筒，被同行其他人视为笑话。

1921年　凯拉斯之死
高海拔生理学先驱亚历山大·凯拉斯在珠穆朗玛峰附近病逝，留下未完成的设备研究。

1924年　欧文的技能
安德鲁·欧文（见第231页）在珠穆朗玛峰上担任氧气工程师的角色，他改进了潜水设备制造商西贝·戈尔曼公司的设计。

耶稣会传教士何塞·德·阿科斯塔在他写的"印度"自然历史（右下）中描述了高山病。在穿越秘鲁安第斯山脉海拔约4800米的山口时，他的队员病倒了："那里，空气是如此稀薄，几乎无法供应人的呼吸。"印加人明白适应环境需要时间，便把军队驻扎在海拔高处，让身体做好准备。

1590年　何塞·德·阿科斯塔

第一套氧气设备构成了卑尔根包（右图）的框架，含四个钢瓶、管子、阀门和两种类型的面罩——"经济型"和"标准型"。乔治·芬奇被1924年的珠穆朗玛峰探险队除名后，安德鲁·欧文接手了常出毛病的设备。如图所示，欧文正在测试设备。事实证明，他擅长做一些细微调整，并设法简化整套装置，大大减轻了设备的整体重量。

1922年　卑尔根包

说服了珠穆朗玛峰委员会投入资金开发氧气系统。

苏格兰化学家亚历山大·凯拉斯（见第194—195页）做了大量高海拔生理学研究，开发了两类氧气供应装置。第一种是存储在重钢瓶里的常压氧气系统；第二种通过化学反应产生氧气。后者只能在登山者休息时运转，因此实用价值不大。

调整装置

根据德雷尔的建议，英国政府的空军部装配了完善的氧气装置，主要包括加装在标准支架上的四个贮气瓶、一个军用卑尔根背包、吸氧管，还有两种面罩——一种配备阀门，另一种需要使用者咬住管子以停止氧气输送。政府为1922年的珠峰探险队配备了十套这种氧气设备，但大部分都在运送上山的途中受损。早期的试验使登山队中的大多数人都觉得这种装置一无是处。因为氧气的阀门太过僵硬，芬奇使用足球球胆和T形玻璃零件，即兴制作

高海拔生理学

直到最近，人体的高原反应才被人们完全理解，但几千年前人类就已经观察到缺氧现象。中国的《汉书》描述了约公元前37年的"大头痛山"的旅者。虽然人类发现氧气是在1775年，但早在一个多世纪之前，法国科学家保罗·贝尔才通过压舱实验发现大气压和缺氧之间的联系。身为J.S.霍尔丹率领的、1911年前往科罗拉多州派克斯峰考察队的研究员之一，马布尔·菲茨杰拉德就人类适应环境的问题进行了早期的研究。

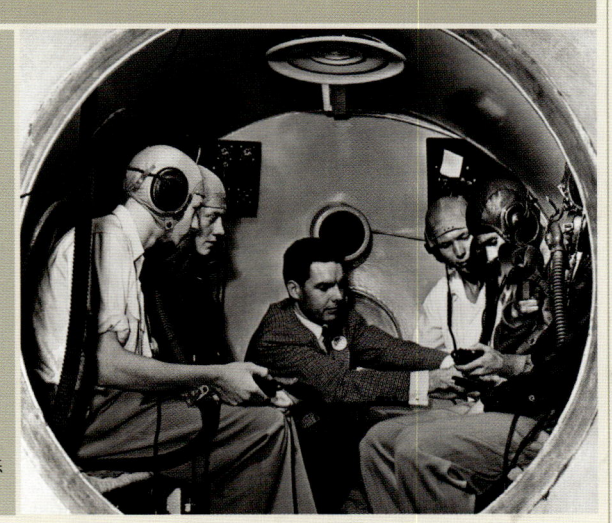

1952年，美国登山运动员在"平流层训练器"中进行高海拔测试。

了结实耐用的替代物，这一改进让芬奇和杰弗里·布鲁斯这样没有任何攀岩经验的探险队运输员，登上了海拔8320米的地方。

1947年 休斯顿测试
查尔斯·休斯顿（见第248—249页）监测珠峰行动——34天的时间里，四个实验对象在模拟海拔8850米的气压室中接受了试验。

1953年 成功登顶珠峰
珠穆朗玛峰的首登者使用了改进的氧气装置，包括一套升级的闭路循环系统。

1961年 珠穆朗玛峰，银屋
生理学家格里菲思·皮尤在明戈冰川上的一间小屋里研究高海拔的影响。

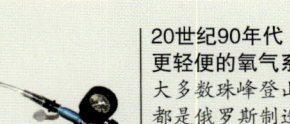

20世纪90年代 更轻便的氧气系统
大多数珠峰登山者使用的都是俄罗斯制造商波伊斯克制造的氧气瓶。每瓶可装1280毫升氧气。大多数攀登者在登顶日使用两个氧气瓶，每瓶可以持续供氧12至18个小时。

1940　1950　1960　1970　1980　1990　2000

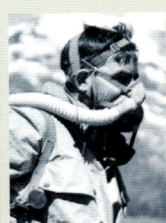

1938年 闭路系统
在这个循环呼吸装置中，攀登者呼出的气体可被循环利用，但可靠性不佳。

1958年 缺氧
休斯顿是研究肺水肿病因的先驱，他认为肺水肿是躯体组织缺氧所致，而不是先前所想的是肺炎引起的。

1975年 高山露宿
瓶装氧气耗尽之后，英国登山家道格·斯科特和杜格尔·哈斯顿在珠峰南峰露营（见第304—305页），这是有史以来高山露宿海拔最高的纪录。

1978年 无瓶装氧气登顶珠峰
在没有瓶装氧气的情况下，彼得·哈伯勒与莱因霍尔德·梅斯纳尔到达珠穆朗玛峰顶（见第308—311页），结束了无氧攀登珠峰是否可行的争论。

美国麻醉师汤姆·霍恩宾开发了一套简易系统。1960年，他在玛夏布洛姆峰上发现了瑞士面罩的局限性。他设计了一副带有单个阀门的面罩，防止呼出的空气进入橡胶气囊——从氧气瓶中流出的氧气便是进入其中。一名工程师生病后把自己的研究交由霍恩宾负责，他完成了1963年攀登珠峰时使用的新系统。

1963年　霍恩宾系统

极限面罩由珠穆朗玛峰攀登者和军事工程师泰德·阿特金斯（右图）于2004年发明。现有"全流"系统提供源源不断的氧气，在呼气的间隙浪费了大约60%的瓶装氧气。阿特金斯开发了一个贮气筒来装多余的氧气，减少了浪费。极限面罩增设了外部空气阀，降低了每次呼吸中肺部不工作的间隙所消耗的氧气。

2004年　极限面罩

保罗·鲍尔

饱受争议的纳粹时代登山家

德国　　　　　　　　　　　　　　**1896—1990年**

生平事迹

- 第一次世界大战结束后，鲍尔心中怀有一种强烈的愿望，想为了德国的荣耀，走进大山，攀登亚洲高峰。
- 首次进入阿尔卑斯山区，从多洛米蒂山骑行至康斯坦茨湖。
- 成功攀登苏联高加索山脉，成为他攀登喜马拉雅山脉的跳板。
- 在世界第三高峰干城章嘉峰进行了两次艰难的探险。第一次将十个营地推进到距峰顶1186米的一道尖坡上，却被持续五天的风暴逼退；第二次尝试同一路线，尽管最终被恶劣的天气、疾病和死亡所击败，他们还是登得更高。
- 20世纪30年代，德国登山队五次尝试攀登南迦帕尔巴特峰，鲍尔率领的第四次攀登同其他几次一样以失败告终；在攀登过程中，他发现了早期遇难者维利·默克尔和维洛·韦尔岑巴赫的尸体。

作为具有影响力的慕尼黑学派的重要人物之一，保罗·鲍尔率领德国第一支远征队，攀登8000米以上高峰——喜马拉雅山脉的干城章嘉峰。鲍尔既是一名能干的组织者，也是一位优秀的登山家。德国在第一次世界大战中战败，这让他感到自己遭受了背叛和羞辱。在纳粹执政期间，他支持该政权，并因此获得权势，成为德国喜马拉雅基金会的负责人，"二战"前的德国探险都受这一组织资助。

1938年，保罗·鲍尔的《喜马拉雅山脉探索》的英语版面世，译者提出应当就德国人的登山态度向英国读者作出解释，以免他们产生抵触情绪。在书中，他写道："德国喜马拉雅探险的动机源自1914至1918年战事以及由此引发的德国民族主义意识的重新觉醒。登山运动有助于德国作为一个国家重新得到重视。"

这就鲍尔而言似乎顺理成章。他出生在莱茵兰的库瑟尔，年轻时就心怀一腔爱国热情，并梦想到高山探险。1914年，他结束多洛米蒂山骑行之旅，回国正好赶上应征入伍，参加第一次世界大战。战争结束前的最后几周，他被关押在英格兰的一个战俘营。回德国后，他对战败的祖国感到气愤，因为在那里"对祖国的爱、自我牺牲、英雄主义都被人瞧不起"。

加入精英行列

在慕尼黑学习法律期间，鲍尔培养了攀岩兴趣，同时对右翼政治的热情也使他成为阿道夫·希特勒的早期崇拜者。他还加入了慕尼黑大学登山俱乐部（AAVM），该俱乐部的会员们重新定义了"登山运动"。

20世纪20年代早期，鲍尔是一位公证人。业余时间，他在东阿尔卑斯山进行了几次重要攀登，包括攀登奥地利蒂罗尔州的卡塞勒峰。1928年，他和几个朋友一起去了高加索地区，在那里完成了多座山峰的首登。同年，经验丰富的德国探险家维利·里克默斯率领一支苏联—德国联合探险队，在中亚的帕米尔地区攀登了列宁峰。当时，鲍尔决定他将在1929年前往喜马拉雅山脉。

鲍尔组建了一支由九名队员组成的登山队，包括AAVM会员欧根·阿

前往干城章嘉峰的路上
1929年探险队提出的目标是："测试自身战胜困难的能力，让高山唤醒所有潜能"。

尔魏因和彼得·奥夫施奈特，并向印度的英国殖民当局官员提交了一系列攀登目标，干城章嘉峰位居榜首。手持里克默斯的介绍信，鲍尔和他的登山队受到了热烈欢迎。他们马上奔赴大吉岭，在那里，新成立的喜马拉雅俱乐部已经安排了夏尔巴人为他们提供帮助。

德国的喜马拉雅梦

几天后，1929年8月中旬，德国探险队眺望干城章嘉峰的东北壁，在泽木冰川上扎营。这是他们第一次真正尝试征服世界第三高峰，虽然地形复杂、满是冰崖、天气恶劣，但登山队的表现却出人意料。鲍尔选了一条陡直的路线，要沿一道尖坡登上北山脊，在此之前，到达坡下就是一项危险而艰难的任务。在阿尔魏因攀登到海拔7400米处之前，10月初，他们在海拔只有6900米的地方挖了一个冰洞作为10号营地，与峰顶相距约1500米。因为暴风来袭，鲍尔、阿尔魏因和两个夏尔巴人在海拔7400米处停留了三天，最后只得忍受着恶劣的天气和身体状态下山。他们还算幸运，能够活着离开这座山，而鲍尔作为领导的良好判断力和坚强的攀登精神也赢得了大家的尊敬。

1931年，鲍尔回到干城章嘉峰。这一次，

保罗·鲍尔

> 现在对我来说，这是明摆着的事……我们必须去喜马拉雅。
>
> ——保罗·鲍尔写于1928年

他的探险队登得更高，但危险的雪坡横亘在前方，阻挡了登顶的脚步。鲍尔本想继续向前挺进，现实却让他不得不停下来。已有四人丧命——两名背夫死于疾病，赫尔曼·沙乐和巴桑·夏尔巴坠崖而亡。然而，他们这次在大斜坡的尝试仍然是攀登喜马拉雅山脉的壮举之一。

远大前程

1934年的南迦帕尔巴特峰悲剧几乎毁灭了德国的登山运动（见第238—239页）。鲍尔负责调查幸存探险队队员的过失，判断遇难者的死因。他成为纳粹体育官僚机构的成员，并建立了德国喜马拉雅基金会，成为带有极浓政治意味的登山探险基金的看守人。

1936年，他带队首登锡金的西尼奥楚山，并预备再次挑战南迦帕尔巴特峰，但工作使他没能参加1937年的德国"命运之山"探险。在那次探险中，有16名登山者和夏尔巴人被一场巨大的冰崩夺去生命。鲍尔飞到印度，帮助挖掘出7名登山者的遗体，将他们葬在一处公共"英雄墓"中。

1938年，鲍尔率领探险队，再一次尝试攀登南迦帕尔巴特峰——德国探险队第四次在该峰的探险。他避开了所有不必要的风险，并动用飞机将探险队物资空投到克什米尔谷地中。尽管有这样的优势，探险还是失败了。在第二次世界大战期间，鲍尔管理着一座山地作训练基地，并在高加索地区指挥军队。战争没让他丧命，却标志着他的登山生涯结束了。

一周的艰苦奋斗

1936年，鲍尔带领一支轻装阿尔卑斯式登山队进入锡金，攀登了海拔6887米的西尼奥楚山。这座山被认为是世界上最美丽的雪山。图为阿迪·格特纳和卡尔洛·维恩行走在狭窄的雪脊上。这次"艰苦奋斗"历时一周。

韦尔岑巴赫最后的攀登

20世纪30年代,韦尔岑巴赫开始挑战艰难且危险的攀登,特别是冰上攀登。他在1934年尝试攀登南迦帕尔巴特峰此图是他中途休息时的照片。韦尔岑巴赫未能登顶,和其他八人在下山途中罹难。

维洛·韦尔岑巴赫

勇敢的攀冰大师

德国　　　　　　　　　　　　　　　　　1900—1934年

在登山史上最优秀的攀冰者中，韦尔岑巴赫是20世纪20年代和30年代慕尼黑登山界的显赫人物，创造了阿尔卑斯山许多重要山峰的北壁首登纪录。他开创了新的攀冰技术，并建立了新的攀登等级系统，为"二战"前整个阿尔卑斯山脉的登山标准的快速确立奠定了基础。南迦帕尔巴特峰让德国人着迷，也引起了韦尔岑巴赫的兴趣，最终夺去了他的生命。

生平事迹

- 在慕尼黑工业大学，韦尔岑巴赫加入了一个登山团体，其成员在接下来的十五年里成为德国登山运动的核心。
- 攀登奥地利大维斯巴赫峰的北壁，此次攀登意义重大，在此期间，他的搭档临时制作了第一个冰锥。
- 在西阿尔卑斯山和东阿尔卑斯山开辟了数百条新路线，并凭经验修改了标准数字评级系统，用来给攀登难度分级，增加了VI级。
- 在瑞士疗养院养病；恢复期间，计划远征南迦帕尔巴特峰。
- 是一位杰出的攀岩者，右手臂患病让他必须提高脚上的攀岩技巧，他将其用于攀冰。
- 1934年，由于不能自己带队前往南迦帕尔巴特峰，他加入了维利·默克尔的奥地利—德国联合远征队。第二次攀登时遭遇一场可怕的风暴，在从峰顶山脊撤退的过程中不幸遇难。

十五年里，维洛·韦尔岑巴赫一直处在攀登革命的中心。根据法国登山家吕西内·德维的说法，这场革命使登山运动的中心从伦敦转移到慕尼黑，"在郡里，青年人都雄心勃勃，创新是一种潮流"。

韦尔岑巴赫出生在慕尼黑，在第一次世界大战期间随家人移居萨尔茨堡。他儿时患有骨髓炎，这种疾病使他手臂虚弱，无法参加学校的体育活动。十几岁时，他在萨尔茨堡城外发现了贝希特斯加登阿尔卑斯山，从此开始攀登。

1920年，韦尔岑巴赫进入慕尼黑工业大学学习，加入了著名的慕尼黑大学登山俱乐部。在那里，最优秀的德国登山家帮助他提高了登山技术。两年内，他成为俱乐部里最优秀的攀岩者。他还接受过土木工程师的培训，起先在铁路部门工作，后来成为慕尼黑市议会的一名工程检验官。

20世纪20年代早期，韦尔岑巴赫单身，有一份稳定的工作，非常幸运地能够不受德国经济困境的影响继续攀登。到1924年，他已开辟了重要的新路线——与弗里茨·里格勒一起攀登了大维斯巴赫峰的北壁。其间，弗里茨·里格勒偶然发明了冰锥。第二年，他与欧根·阿尔魏因一起攀登了德朗山北壁直上路线。1926年，在格洛克纳域，他又攀登了奥地利的三面北壁，最后登顶的是大格洛克纳山。由于当时的冰爪没有前齿，韦尔岑巴赫凭精湛的攀登技术，用冰镐凿出了台阶。他重新定义了登山的可能性。

殒命于事业之巅

随后，灾难降临，韦尔岑巴赫在双臂异常疼痛的情况下接受了手术和植骨。康复后，他迎来了登山生涯中最富有成就的时期。

20世纪30年代初，也有其他登山者冒险攀登各大北壁，但韦尔岑巴赫是引路人。在西阿尔卑斯山，他与维利·默克尔一起成功登顶大沙尔莫针峰（见第238—239页）。在伯尔尼高地，他登上了劳特布伦嫩布赖特峰、格施帕尔滕峰、格莱奇尔峰和格罗斯峰的北壁。1934年，他实现了自己长期以来的梦想——攀登南迦帕尔巴特峰。然而他的登山队未能登上峰顶，他和其他八名队员在下山时丧生。

大沙尔莫针峰

北壁　　1931年6月/7月

- **6月30日　低处岩石**
  黎明时分，韦尔岑巴赫和默克尔开始攀登低处的岩石。他们遇到岩崩，在冰原上露宿。
- **7月1日　被迫返回**
  天一亮，这对搭档就开始攀登冰原，寻找登上山壁的路线，最终从西北山脊下山。
- **7月9日　第二次尝试**
  他们翻越山脊到达之前攀登到的最高点，尝试攀登陡壁，遭遇风暴，三次停下露营。

顶峰（3445米）　西北山脊　冰原

维利·默克尔

痴迷于南迦帕尔巴特峰的攀登者

德国　　　　　　　　　　　　　　　　1900—1934年

20世纪30年代，世界第九高峰、巴基斯坦的南迦帕尔巴特峰成为德国登山队的"命运之山"。1932年，在美丽的精灵草地上，维利·默克尔第一次看到南迦帕尔巴特峰，就对这座被白雪覆盖的巨峰产生了敬畏。然而，在1934年的一次探险中，默克尔的固执和错误判断导致了灾难：他和另外两名德国顶级登山运动员，以及六名夏尔巴人在顶峰高原遭遇风暴，于绝望而漫长的撤退中丢掉了性命。

默克尔出生在德国东部的图林根，在成为一名铁路工程师之前，他学习过机械工程。虽然逊色于德国同胞、伟大的登山家维洛·韦尔岑巴赫（见第236—237页），但他在东阿尔卑斯山，尤其是多洛米蒂山，以及西阿尔卑斯山留下了令人敬佩的攀登纪录。1931年夏天，他和韦尔岑巴赫一起攀登了勃朗峰山域中陡峭的大沙尔莫针峰的北壁。

人与山的对决

默克尔和韦尔岑巴赫的第一次尝试以失败告终，但是几天后，因担心被安德尔·海克迈尔（见第290—291页）超越，他们重返北壁。后来，他们在攀登最后一面陡壁时遭遇暴风雪的袭击。两人试图向上攀登，失败后在峰顶山脊下一块突出的岩石上露宿。接下来的60个小时，他们在湿冷中度过。雷鸣在周围参差不齐的花岗岩间回响，崩塌的积雪试图把他们卷走，一次次冲击他们的帐篷。

第五天早晨，他们终于脱困，一路登到山顶，然后下山到了霞慕尼。德国媒体兴奋地报道了他们为生存而英勇斗争的故事，纳粹党也注意到登山的宣传价值。德国登山者所表现出的勇气和决心胜过了登山的另一面：谨慎。这种高涨的新情绪使德国登山者痴迷于他们攀登过的最高峰：南迦帕尔巴特峰。

新德国的荣耀

韦尔岑巴赫受到马默里写给他的信（见第168—171页）的鼓舞，最早提出组建德国探险队攀登南迦帕尔巴特峰的想法。然而，这位杰出攀冰者的每一次计划都受到阻挠，最终被迫放弃了亲自带队攀登的梦想，并推荐他的朋友和登山伙伴默克尔担任此职。尽管默克尔1929年成功地攀登了高加索山，但他在1932年攀登南迦帕尔巴特峰的行动中表现出的领导力却令人质疑。

首先，默克尔一反常规做法，没有在大吉岭雇用夏尔巴人，而是依靠当地要价更低的背夫。那些人虽然能吃苦耐劳，却没有夏尔巴人的专业技术。这次探险以失败告终，尽管包括弗里茨·维斯纳在内的登山队（见第250—251页）的确完成了拉阔峰的首登，并找到了可能通往南迦帕尔巴特峰的路线。

到1934年，纳粹党上台执政，德国人攀登南迦帕尔巴特峰的热情进一步高涨。默克尔和韦尔岑巴赫并不是纳粹分子，可是他们的行动需要资金支持和国家的批准。虽然保罗·鲍尔（见第234—235页）是纳粹政府挑选的登山界领袖，但默克尔得到了还未被纳粹政府控制的德国铁路运动协会的支持。

1934年春天，德国—奥地利联合探险队开始远征，探险队由强壮的登山者和35名夏尔巴人组成。优秀登山家艾尔弗雷德·德雷克塞尔因肺水肿去世，使探险队遭受重创。默克尔让所有人返回大本营，参加德雷克塞尔的葬礼，在继续攀登前，宝贵的17天就这样过去了。韦尔岑巴赫开始意识到，默克尔的行为就像一个"独裁者"。

夏尔巴人的故事

在1934年南迦帕尔巴特峰灾难中，昂·策林是五名幸存的夏尔巴人中的一名，但他遭受了严重的冻伤，此后多年都无法正常工作。1934年，策林在7号营地上方露宿了两个夜晚，并试图说服默克尔下山，这种勇气使他被德国红十字会授予了一枚奖章。他于2002年去世，享年98岁，是1934年探险队中最后离世的人。直到最后，他都坚称施奈德和阿申布雷纳抛弃了夏尔巴人。

昂·策林（中）从南迦帕尔巴特峰上下来了，德国登山者弗里茨·贝希托尔德正在安慰他。

生平事迹

- 攀登了约40条东阿尔卑斯山新路线，然后与德国人弗里茨·贝希托尔德一起率领一支探险队前往高加索地区。
- 1931年，与韦尔岑巴赫一起，以有争议的攀登风格登上了勃朗峰山域沙尔莫山的北壁。
- 南迦帕尔巴特峰成为德国在喜马拉雅地区的兴趣焦点，默克尔带领一支强大的探险队首次尝试攀登，但恶劣的天气和糟糕的计划让他们失败了。
- 带领探险队第二次远征南迦帕尔巴特峰，和另外八人在山上遇难。

7月初，这个由五名登山者和十一名夏尔巴人组成的资源不足、规模过大的探险队开始向峰顶攀登。奥地利人埃尔温·施奈德和彼得·阿申布雷纳走在前面，他们本已进入冲刺阶段，却选择停下来等待队友，帮助他们在"银鞍"搭建8号营地。那天晚上，风暴袭击了营地。随后发生的事情，如默克尔的同父异母兄弟卡尔·赫利希科费尔所述，"引发了登山史上最持久的痛苦"。1953年，赫利希科费尔组织探险队成功登顶南迦帕尔巴特峰，赫尔曼·布尔是第一个登顶的队员（见第258—259页）。

南迦帕尔巴特峰

拉阔峰路线 1934年7月

— 翻越冰墙的路线
他们没有到达顶峰；共九个人，包括六名夏尔巴人，在下山过程中死亡。

● **7月11日 威兰离世**
撤退时，威兰死亡。

● **7月12日 韦尔岑巴赫离世**
在到达7号营地后，韦尔岑巴赫在夜间死去。

● **7月14—16日 默克尔和夏尔巴人离世**
默克尔和夏尔巴人在"摩尔人的头颅"下面死去。

死亡和恐惧之日

7月7日，探险队仍滞留在8号营地，等待天气变好，但在经历了第二次风暴之后，他们意识到撤退到较低的营地是唯一的选择。默克尔让施奈德和阿申布雷纳带三名夏尔巴人前往安全地点。刚到7号营地上方，两名登山者便丢下任务，冲下山去。默克尔、韦尔岑巴赫、乌利·威兰及剩下八名夏尔巴人在后面缓慢行进，天黑后只好停下来露营，其间夏尔巴人诺布·尼玛被冻死。威兰在接近7号营地的地方倒下了。韦尔岑巴赫虽退到了7号营地，但也于次日晚间死亡。7月13日，默克尔也在一处叫作"摩尔人的头颅"的岩石下被雪掩埋，他的尸体和夏尔巴人盖伊·莱的尸体在四年后被人发现。在从南迦帕尔巴特峰下撤的过程中，登山者和夏尔巴人共计九人遇难，幸存下来的夏尔巴人也遭受了严重的冻伤。

保罗·鲍尔则利用这场悲剧来达到自己的目的。他调查了阿申布雷纳和施奈德的行为，并谴责默克尔和韦尔岑巴赫"政治观点不正确"。

> **悲剧**
> 三名欧洲人和四名背夫将艾尔弗雷德·德雷克塞尔——1934年探险队的第一名遇难者——的尸体运送到大本营，并在附近将其埋葬。"默克尔让我们觉得我们埋葬了一位英雄。"探险队队员弗里茨·贝希托尔德说道。

阿巴拉科夫兄弟

苏联登山先驱悲喜参半的一生

苏联　　　　　　　1906—1986年；1907—1948年

维塔利·阿巴拉科夫

叶夫根尼·阿巴拉科夫

俄国的登山运动始于19世纪英国人及"一战"后德国人的造访。20世纪20年代,苏联登山者开始亮相。随着20世纪30年代阿巴拉科夫兄弟的出现,苏联的登山标准飙升。维塔利在哲学上反对西方的登山运动,被认为是苏联登山运动的伟大指导者。第二次世界大战之后,他在高加索地区做出了巨大贡献。

生平事迹

- 在高加索地区结束学徒生涯之后,兄弟俩加入了帕米尔高原远征队,成为首登两大高峰的人。
- 他们与首位伟大的苏联登山家瓦西里·谢苗诺夫斯基是同时代人,后者为俄罗斯制订了第一个向导培训计划。
- 维塔利在1936年第三次登上汗腾格里峰的时候被严重冻伤,但他改进了登山设备和风格,登山能力随之变得更强。
- 第二次世界大战后,叶夫根尼在登山活动复苏前去世,但维塔利继续取得了许多重要的攀登功绩,包括1956年第一次登顶天山最高峰——海拔7439米的托木尔峰。
- 维塔利做出了重要的技术贡献,包括发明凸轮设备和著名的"阿巴拉科夫冰洞",这种方法至今仍为登山者所用。

苏联的登山运动与西方的登山运动不同。在西方,个人自由至高无上,登山运动没有阶层之分和正式的比赛,而苏联登山运动的体系及命名则与西方完全不同。在苏联,维塔利·阿巴拉科夫曾十次获得"冠军登山家"的称号。

在苏联,登山不是为了个人荣耀,而是为了社会主义。山峰都以苏联领导人和著名的纪念日命名。1933年,叶夫根尼·阿巴拉科夫首登斯大林峰(7495米)——现在被称为伊斯梅尔·索莫尼峰,维塔利首登列宁峰(7134米),它们是当时苏联的两大最高峰。1952年,维塔利还登上了党的十九大峰。叶夫根尼是一位雕刻家,维塔利是一位开发运动器材的工程师。兄弟俩都是哥萨克人,出生在克拉斯诺亚尔斯克的叶尼塞斯基。十几岁的时候,他们就开始攀爬离家不远的克拉斯诺亚尔斯克石柱。

从高峰攀登者到囚犯

1931年,阿巴拉科夫兄弟初次涉足高加索地区,与瓦莲京娜·切列多娃一起攀登狄克山。切列多娃是苏联第一批女性登山者之一,后来嫁给了维塔利。第二年,维塔利攀登了邻近的别津吉岩壁。这些攀登成就了兄弟俩的名声,并使他们加入远征行列。他们首先攀登了阿尔泰山,其间维塔利登顶并翻越了别卢哈山;然后是帕米尔高原,伟大的功绩使他们成为民族英雄。叶夫根尼还攀登了高加索山脉的重要路线,如第一次从狄克山翻越到科什坦山,他也是第一个翻越别津吉山脊的苏联人。

1935年,维塔利被授予"登山大师"的称号,然而,他的名誉、头衔并没有让他免遭拘捕。1937年,他被当成德国间谍而遭逮捕,这在20世纪30年代的政治运动中是很常见的指控。维塔利被指控使用西方的攀登技术,虽逃脱了死刑,但他仍在狱中待了20个月。他还曾因组织其他囚犯参加锻炼而被单独监禁。1948年,叶夫根尼在接受内务部调查时意外死亡。

虽然遭到迫害,维塔利仍然开发了一种领先时代数十年的凸轮装置。他还改进了一种在冰上下降的方法,即"阿巴拉科夫冰洞",用冰锥凿出相通的冰孔,绳子可以从孔中穿过,承受攀登者的体重。

再做一次英雄

尽管维塔利受到了不公正的待遇,但他后来还是成为苏联体育界的著名人物。1957年,他在登顶托木尔峰后获得了列宁勋章,并接待了众多国际登山营,包括与约翰·亨特一起带领1962年英国登山队在帕米尔高原探险(见第265页)。

当英国人因维尔夫·诺伊斯和罗宾·史密斯的遇难而退出时,维塔利提出了严厉的抗议。亨特推测,因为他们的行动会被拍摄成宣传片,所以阿巴拉科夫才异乎寻常地严厉。这种歪曲苏联登山运动的说法至今未被澄清。

山间休憩

照片中,左一是维塔利·阿巴拉科夫,他与登山同伴并排坐在狄克山北壁的露营地前休息。这座山峰海拔5250米,是高加索山脉的第二高峰,仅次于厄尔布鲁士峰。

轻量化远征

早期尝试攀登珠峰和其他8000米以上高峰的登山队规模宏大、人员众多，所以人们以为规模大是攀登喜马拉雅山的必要条件。然而，有的登山者却认为轻量化的、人员少的队伍更可取。

查尔斯·沃伦
这位年轻的英国医生在第一次前往喜马拉雅山区探险时，带着自己的装备和物资，登上了巴吉拉蒂Ⅲ峰。后来他又参与了三次珠穆朗玛峰的攀登，是远征队里的主力队员。

20世纪30年代，登山者们曾多次尝试攀登珠穆朗玛峰。大多数人认为，登山队进山探险时，一定会赶着大批牲畜，雇用许多背夫携带大量物资，以满足登山队员和夏尔巴向导们的日常生活所需。

实际上，这种资金充裕、引人注目的探险只占少数，且易受指摘。阿布鲁齐公爵作为意大利王子（见第198—199页），家底殷实，可以负担大规模登山的费用，可珠峰探险队却常靠外界赞助，人们不禁要问：钱用对地方了吗？为什么还没有登顶？这样大规模的攀登有必要吗？

大与小

即使到了今天，人们依旧在争论到底哪种登山方式最好。20世纪30年代有两种登山方式：第一种是轻量化远征，由亚历山大·凯拉斯（见第194—195页）和汤姆·朗斯塔夫等英国登山家在第一次世界大战前最先尝试；第二种是高调的珠峰"秀"，以及由国家资助的德奥探险队远征南迦帕尔巴特峰这样的大型冒险。

两次世界大战期间，在喜马拉雅山区的可通行区域，登山活动几乎没有断过。英国登山家詹姆斯·沃勒带队攀登了基希特瓦的嫩贡山嫩峰和喀喇昆仑山的萨尔托洛岗日峰。1933年，英国人科林·柯克斯和查尔斯·沃伦以轻量化登山方式首登喜马拉雅山的巴吉拉蒂Ⅲ峰。1938年，在沃勒组织的另一次探险中，乔克·哈里森和罗宾·霍奇金攀登了喀喇昆仑山的玛夏布洛姆峰，在接近峰顶处放弃，错失首登。

1937年，英国滑雪专家和博物学家弗雷迪·斯宾塞·查普曼与夏尔巴人巴桑·达瓦一起登顶海拔7315米的卓木拉日峰。同队的查尔斯·克劳福德虽无登山经验，却登上了海拔6000米的高度。查普曼自己没有登山装备，从大吉岭的喜马拉雅俱乐部借了一些。他也没有钱，"我已经很满足了，"他在回忆录里写道，"我们攀登到了24 000英尺的高度，人均成本不到20英镑，而同时在攀登喜马拉雅山脉的队

极简登山

1936年，蒂尔曼加入英美小型登山队，首次登上了楠达德维山。这些登山者在攀登时扔掉了大半装备，后来蒂尔曼借助这根旧麻绳登上顶峰。

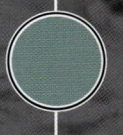

> 对于许多现代登山者来说，最理想的攀登方式是队伍规模小、登山计划简洁易行。人员众多，携带之物华而不实，都会破坏攀登的美感。

伍花费了数千英镑，却没能突破23 000英尺的高度"。

轻量化登山

人们喜欢轻量化登山并不仅仅是为了省钱。1935年，伟大的英国登山家、探险家埃里克·希普顿（见第244—247页）在带领五人探险队攀登珠穆朗玛峰时抱怨："我讨厌大型登山队，因为人一多就免不了吵闹。我会有种奇怪的感觉，好像是在跟团旅行或者参加学校招待会，让人想离开、躲起来……这种感觉与登山时的畅快和自由完全不同。"

希普顿的登山伙伴H.W.蒂尔曼（见第244—247页）也认为"登山的艺术性就在于以最小的付出得到最大的回报"。蒂尔曼把朴素登山法发挥到了极致，他甚至认为粥和汤是"奢侈品"，现今很多杰出登山家都赞同他的做法——用最低的成本登最高的山。蒂尔曼有一句评价早期珠峰探险队的名言："凡是重要的攀登，其计划都能在一个信封的背面写下。"

低科技，高海拔
1937年，弗雷迪·斯宾塞·查普曼带领六个英国人，从不丹出发，登顶中国西藏的圣山卓木拉日峰（上图），此次攀登成本低廉。

跨过珠穆朗玛峰上的一条冰裂缝
英国在喜马拉雅山区的政治影响力为英国探险队提供了优势。20世纪30年代，他们在这里进行的轻装和重装攀登共计四次。

背景介绍

- 当公众的注意力被喜马拉雅山各大巨峰的攀登活动吸引时，很多小型登山队纷纷登上了海拔7000米以上的山峰。
- 1931年，弗兰克·斯迈思（见第247页）带领英国探险队登顶海拔7756米的卡美特山，打破了当时人类攀登的最高纪录。
- 一支美国登山队取珠峰式攀登之长，弃其之短，在1932年攀登中国贡嘎山，最后特里斯·穆尔和理查德·伯德索尔登顶。
- 蒂尔曼和希普顿找到通往印度楠达德维山的路线。两年后，即1936年，一支英美联合探险队登顶此山。
- 1939年，一支瑞士探险队成功登顶都那吉利峰。与此同时，波兰和日本探险队进入喜马拉雅山区。波兰探险队首登楠达德维东峰。

小型登山队的胜利
在20世纪30年代，大规模登山探险——尤其是南迦帕尔巴特峰的探险——大多以悲剧告终。而阿尔卑斯式小型登山队通常能取得更好的成绩，如保罗·鲍尔攀登西尼奥楚山（下图）。

蒂尔曼和希普顿

著名登山探险家

英格兰　　　　　　　　1898—1977年；1907—1977年

H.W."比尔"·蒂尔曼

埃里克·希普顿

20世纪的杰出登山家蒂尔曼和希普顿之所以被人们铭记，不仅仅是因为他们的成就，更是因为他们取得成就的方式。蒂尔曼和希普顿都参加过20世纪30年代计划周详、兴师动众的珠峰探险，而他们自己组织的探险却成本低、人员少，同时成绩斐然。他们的毅力和雄心激励了一代又一代登山者。

1930年两人在肯尼亚初次相见时，看起来似乎性格迥异。蒂尔曼年长一些，但他的登山经验不及希普顿丰富。希普顿善于社交，身边总有女伴。蒂尔曼更喜欢独来独往，既不与女性打交道，男性朋友也少之又少。

尽管如此，两人却能在登山方式上达成一致：轻装上路，队伍要小，地方要偏。他们在彼此身上发现了自己缺少的品质，幽默感却是共有的，哪怕是对待荒诞的事物。后来两人都成为作家并小有成就，他们的作品语言幽默，不乏自嘲，比同时代其他作品流传得更久。

哈罗德·威廉·"比尔"·蒂尔曼的父亲是一个白手起家的利物浦糖果商。1916年，在18岁生日前的一个月，他离开私立中学入伍，上了西线战场。在索姆河战役中，他表现英勇，两次被授予十字勋章。战争结束时他才20岁，在退役军人的抽奖活动中赢得了肯尼亚的一小块地皮。此后十年间，他在那里建起了一座农场。

埃里克·希普顿出生在斯里兰卡（旧称锡兰），父亲是一个茶叶种植园主，在他两岁时就去世了。母亲带着姐弟俩四海为家，这正好与希普顿爱好游历的本性相符。在比利牛斯山脉度假时，他发现了自己的一个特长——攀登。

20岁刚出头，他已是出色的高山攀登者。考虑到就业的必要性，他学习了地产管理，然后去了肯尼亚，想在那里经营咖啡种植园。1929年，他登顶肯尼亚山的双峰——巴蒂安峰和略低一点的奈利昂峰。《东非旗帜报》报道了他这次探险，引起了蒂尔曼的关注。

生平事迹

- 1930年，两人首次登顶并翻越肯尼亚山。
- 希普顿参加（包括带队）了五次珠峰探险；蒂尔曼参与了其中两次。
- 两人探索并绘制出第一条楠达德维山登顶路线，其后蒂尔曼实现首登。
- 两人在喀喇昆仑山进行了一次重要的勘测和探索。
- 1947年，两人一起攀登了中国博格达山，这是他们最后一次合作。此后，蒂尔曼成为首批进入尼泊尔的登山探险家之一。
- 晚年，希普顿在巴塔哥尼亚探索，蒂尔曼因觉攀登喜马拉雅山脉的人太多而开始了航海之旅。

艰难寻路
1934年，希普顿在仙人峡测量通往楠达德维山的路线。两年后，查尔斯·休斯顿带领一支探险队登顶。

蒂尔曼俯瞰世界

楠达德维山是完全位于印度境内的最高峰。它的四周群峰耸立，长期处于无人能登的山峰之列。直到1934年，蒂尔曼和希普顿在仙人峡勘测到一条路线，登顶才成了迟早的事。1936年，蒂尔曼和诺埃尔·奥德尔登上楠达德维山山顶，创造了当时人类攀登的最高纪录。登顶后他们都十分激动，后来蒂尔曼回忆道："我们忘记在山顶上握手了。"

当一个人走向未知,便无人比他走得更远,或走得更快。

——比尔·蒂尔曼

征服巨峰·轻量化远征

非洲山峰

20世纪20年代，蒂尔曼在湖区停留了几天，他的登山兴趣就是在这时产生的。希普顿并不担心蒂尔曼是位新手，提出了一起攀登乞力马扎罗山的建议。1930年，他们首次登顶肯尼亚山，成为非洲登山史上的一座里程碑。

1931年，弗兰克·斯迈思（见第247页）邀请希普顿一起攀登卡美特山，海拔7756米，是当时人类登过的最高峰。在此之前，许多传奇式的喜马拉雅山登山者尝试过攀登此峰，但都以失败告终。斯迈思的登山方式与希普顿完全不同，他会携带充足的食粮，雇用夏尔巴人料理杂务，还带留声机打发夜晚时光。希普顿登山时不屈不挠，很受同伴欢迎。

回到肯尼亚后，希普顿于1932年再次与蒂尔曼结伴，攀登了鲁文佐里山脉。同年秋天，休·拉特利奇邀请希普顿次年一起攀登珠穆朗玛峰。1933年的珠峰攀登是1924年登山事故（见第228—231页）之后的首次尝试。希普顿虽表现出色，但是他并不喜欢这种复杂且充满权术的探险，称其"总的来说很无聊"。最终，他们攀登至海拔8500米，与已往的探险队一样没能攻克最后几百米。

1934年，回到英国之后，希普顿再次向蒂

夏日硕果
1935年，登山队从珠穆朗玛峰西部开始攀登，这是喜马拉雅登山史上最伟大的攀登之一，登山队首次登上了26座海拔6000多米的山峰。

喀喇昆仑山脉

中部山区　1937年

- **大部队路线**
  蒂尔曼和希普顿同测量员奥登和斯彭德穿过萨波拉戈山口，在北部长途跋涉，尝试攀登K2峰。他们横渡沙克斯干河，在阿吉尔山考察了三个星期。

- **希普顿和斯彭德路线**
  希普顿和斯彭德探索了通往新沙勒山口和布拉尔杜冰川的路线然后穿过罕萨地区，返回大本营。奥登则从潘玛冰川南下回到阿斯科勒。

- **蒂尔曼路线**
  蒂尔曼与夏尔巴人丹增和艾拉同行，翻过卢克帕拉山口，在雪湖和南部山区探索，随后回到阿斯科勒。

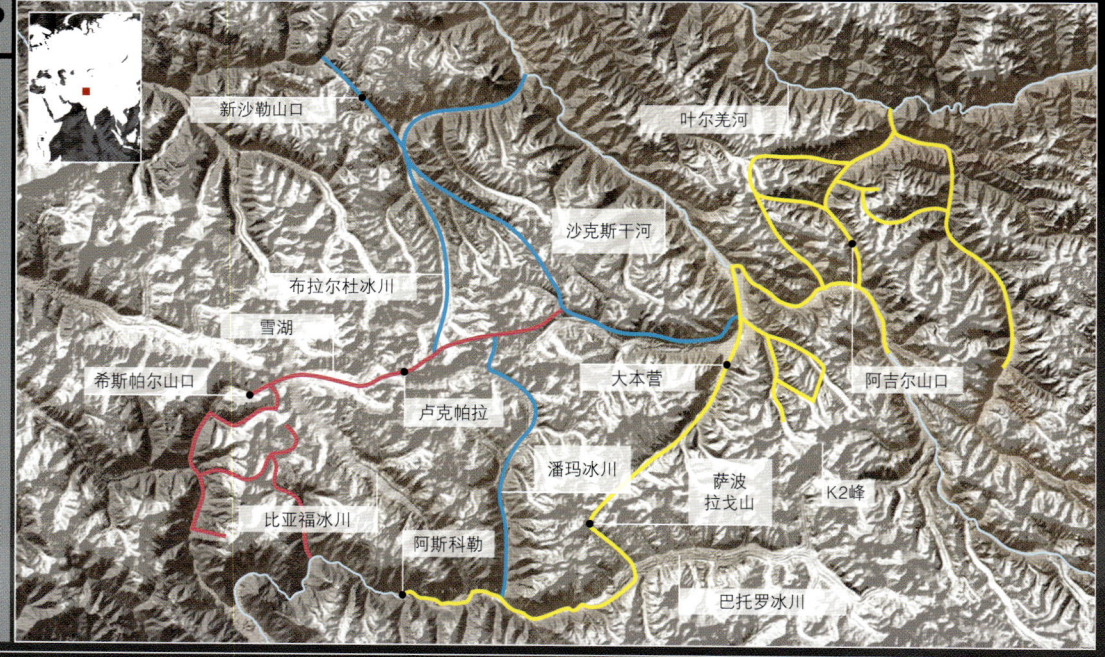

登山时间轴

1918—1928年	1929—1932年	1933—1936年
1925年，在伊利·理查德的带领下，希普顿度过了第一个完整的阿尔卑斯登山季。	蒂尔曼与希普顿取得联系，两人开始结伴攀登，并首次登顶并跨越肯尼亚山。	希普顿到了肯尼亚，当起了咖啡种植园园主；他和珀西·温·哈里斯一起攀登了奈利昂峰的东南壁。蒂尔曼与希普顿攀登鲁文佐里山，登顶斯皮克山、贝克山和斯坦利山。希普顿加入了1933年的珠峰探险队；弗兰克·斯迈思尝试登顶珠峰；蒂尔曼环游非洲。	在加瓦尔，探险队进行了具有里程碑意义的探索，首次登上仙人峡，后又在伯南里纳特地区探索，最后回到楠达德维山，并翻越森德洪加山口。蒂尔曼与希普顿等人一起前往珠峰勘察；他们在珠峰地区完成了大约26座高峰的首登。

蒂尔曼和希普顿

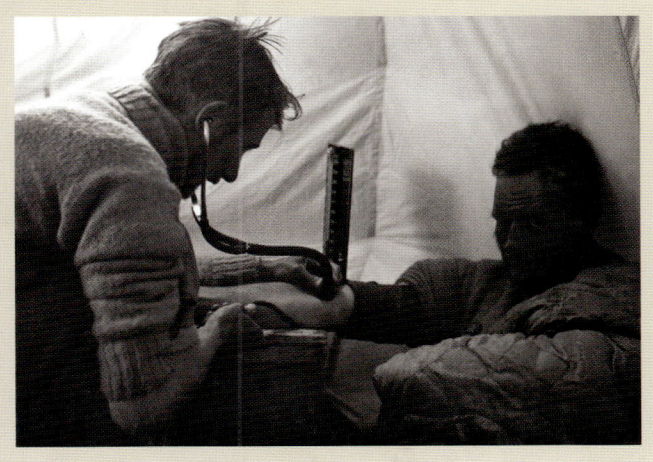

小型登山队
1938年登山期间，查尔斯·沃伦博士给希普顿测量血压。蒂尔曼认为，登山队里并不需要医生，之所以邀请沃伦参加，是因为他有精湛的登山技巧。

尔曼发出邀请。他想摆脱"人员庞杂"的大部队，更喜欢"与独立的小型探险队一起……根据实际情况制订计划，在时机成熟时登顶"。在攀登喜马拉雅山时，他们采用上述方式，同参加过1933年珠峰探险的三个夏尔巴人一起，开辟了进入楠达德维山域的路线。

他们在仙人峡勘测数周，最终到达楠达德维山。之后，他们探索了阿拉克南达河以西地区。1935年，希普顿组织了一次轻量化探险，再次邀请了蒂尔曼；他们计划考察西库姆冰斗，同时测试几个登山新人，年轻背夫丹增·诺尔盖（见第266—267页）是其中之一。第二年，希普顿带队回到珠峰，受季风早至的影响，攀登计划被搁置。蒂尔曼因水土不服，前往印度与美国探险队首登楠达德维山。

勘测K2峰和珠峰
1937年，希普顿和蒂尔曼再次组队，耗时数月，探索K2峰的北部路线，这是世界上最偏僻的地区之一，勘测范围达4661平方公里。希普顿写道："这是我最充实的一次经历，我获得了前所未有的丰厚回报。"

1938年，蒂尔曼发起一次低成本珠峰探险，希普顿参与其中，最后仍以失败告终。第二次世界大战后，当蒂尔曼在中亚和尼泊尔游历时，希普顿再次陷入对珠峰的痴迷中，并于1951年带队前往珠峰进行勘察。他们勘测了西库姆冰斗，并首次勘测了珠峰南坡，终于找到了一条通往顶峰的路线。希普顿没有被选为1953年成功登顶珠峰的探险队的队长，他在感到失望的同时，坦然接受了这个结果。

雪鞋
20世纪30年代中期，蒂尔曼穿着这双雪鞋攀登珠穆朗玛峰。后来他将其带回英国，交给了皇家地理学会。

勘探珠穆朗玛峰
1951年，埃里克·希普顿、迈克尔·沃德和比尔·默里（如图，从左到右）在阿伦河里撑着伞洗澡。受邀参加此次探险的还有年轻的新西兰人埃德蒙·希拉里。

弗兰克·斯迈思
英格兰　　　　　　　　　1900—1949年

弗兰克·斯迈思是20世纪20年代英国著名的登山者，他与托马斯·格雷厄姆·布朗首次攀登了勃朗峰布伦瓦坡哨兵路线和主路线。

两次世界大战期间，斯迈思为英国人攀登阿尔卑斯山做出了最重要的贡献。1930年，他加入一支国际探险队，远征尼泊尔干城章嘉峰。次年，他带领探险队首登卡美特山，实现了许多探险队多年的目标，这是人类首次登上海拔超过7620米的高峰。1933年，他尝试攀登珠穆朗玛峰，成绩与爱德华·诺顿持平，都到达了海拔8573米的地方。此后，在1936年和1938年，他还参与了希普顿和蒂尔曼的珠峰探险。斯迈思虽是一位著名的摄影师，却以写作为生，出版了27本著作。他也是名园艺爱好者，记录了收集喜马拉雅山脉植物标本的过程。

希普顿回到珠峰，蒂尔曼因为水土不服而没被选入探险队。 | 蒂尔曼领导低成本珠峰探险，恶劣的天气使队伍无法继续攀登。 | 蒂尔曼带领探险队在尼泊尔的朗塘、竺嘉尔和伽内什地区进行了为期四个月的勘探。

1937—1938年 ｜ **1939—1945年** ｜ **1946—1953年**

蒂尔曼、希普顿以及测量员约翰·奥登和迈克尔·斯彭德一同在克勒青地区探索。 | 蒂尔曼与希普顿尝试攀登慕士塔格峰和博格达峰。 | 希普顿带领探险队勘测珠峰南侧，但在1953年的珠峰探险中，他没有被选为登山领队。

查尔斯·休斯顿

攀登K2峰的英雄和高山医学先驱

美国　　　　　　　　　　　　　　　　　　　　　　　　**1913—2009年**

查尔斯·休斯顿是一位内科医师、高山生物学者，也是作家和登山家。他领导了数次重要的探险活动，包括两次攀登K2峰，第二次险些丧命。在那之后，他为家人放弃了登山，但是没有放弃研究高原病，他的《登高：氧气、人类和高山》给探险家们提出了不少建议。他的崇拜者们认为他代表登山运动中最美好的品质，将友谊和团队合作看得比登顶和荣誉更重要。

休斯顿出生于纽约一个特权阶级家庭，他在大萧条时期步入成年。幸运的是，他父亲奥斯卡·休斯顿是一位律师，事业兴旺，因此没有受到这次危机的影响。怀抱未实现的探险家梦想，这位父亲还为发展他的儿子在法国度假期间产生的登山兴趣提供了资金。

在哈佛大学学习期间，休斯顿和几个志向高远的年轻人，组成了后来著名的"哈佛五人组"。1933年，休斯顿与其中几个人一起攀登了阿拉斯加的克里伦山，这是他的第一次高山探险。虽然自小被灌输了功成名就的重要性，但登山时的无拘无束、自由畅快，让他不愿墨守成规。在成家立业之前，他一直执着于与志同道合的朋友一起探险。

错失机遇

攀登克里伦山一年后，奥斯卡·休斯顿提议组织阿拉斯加福拉克山探险。奥斯卡是名义上的领队，队伍里还有一位名叫T.格雷厄姆·布朗的中年英国登山家。探险队首登福拉克山，其间结下的深厚友谊使休斯顿在1936年邀请了四位头发花白的英国登山老将，跟他一起攀登险峻的干城章嘉峰。

1934年，比尔·蒂尔曼（见第244—247页）勘察了楠达德维保护区，并建议22岁的休斯顿将时为处女峰的楠达德维山视为更实际的目标。

在"美国的"高峰上

1953年，休斯顿攀登K2峰（如右图），险些丧命。他还想再次尝试，但是在1954年6月，一支意大利大型探险队顺利登顶，这对休斯顿来说无疑是一个沉重的打击。

生平事迹

- 参与领导英美探险队登顶印度北部的楠达德维山，在当时创造了人类攀登的最高纪录。
- 两次攀登K2峰都具有里程碑式的意义。在第二次攀登中险些丧命，此后停止登山，在陪伴家人的同时潜心研究医学、写作，成为美国驻印度和平队的负责人。
- 将登山经验和医学知识相结合，研究高海拔环境对人体的影响。其研究具有开创性的意义，让人们对高原病有了更深的了解，对后世的登山者来说，是一笔宝贵的财富。

奇迹般生还

1953年，K2峰攀登小队撤离8号营地，用临时担架抬着受伤的阿特·吉尔基下山。乔治·贝尔被绊倒后，斯特里瑟、休斯顿和贝茨跟着摔倒。四人滚下冰坡，缠绕的登山绳将穆伦纳尔和吉尔基拽倒。皮特·舍宁一人要拉住六个人，那时他正想把吉尔基的绳索固定在冰镐上。舍宁反应迅速，成功止住了队员们的下坠趋势。他们惊魂未定，留下吉尔基先搭建起帐篷，再回去找吉尔基时却发现后者已经失踪了。

皮特·舍宁用登山绳救队友于危难中。

休斯顿原应和珠峰登山老将诺埃尔·奥德尔一同攀登楠达德维山，却因食物中毒被蒂尔曼代替，错失登顶机会。

勇登K2峰

休斯顿曾两次攀登K2峰。1938年，在第一次攀登中，他和保罗·佩佐尔特一起在没过大腿的雪地里跋涉，攀登阿布鲁齐山脊线，最后抵达山肩位置。后来他写道："那几个小时的奋力攀登，是我过往生活的顶峰。"第二次世

K2峰上的风暴与抗争

1953年，休斯顿带领探险队登上阿布鲁齐山脊，彰显了无私的团队精神，休斯顿称其为"绳索上的兄弟情"。

界大战期间，休斯顿为飞行员提供了克服缺氧方面的训练。战后，他说服美国海军允许他在减压舱里做进一步的研究。从此，休斯顿对高山生物学产生了兴趣，并倾其一生潜心钻研。

1953年，他率领一支强大的队伍第二次攀登K2峰。7月底，在山肩下面，阿特·吉尔基和皮特·舍宁搭起8号营地，几天后，七名队员到齐，但恶劣天气将他们困在帐篷里，打乱了登山计划。

在海拔7700米的地方度过了八个夜晚，吉尔基的左腿上出现血块。其余人虽知道他将不久于人世，仍决定立即下山施救。在接下来的事故中，吉尔基失踪，休斯顿险些丧命。他下山后开启了人生的新篇章。

楠达德维山

南脊　1936年8月

- **8月12日　通往3号营地的路线**
  探险队在海拔6400米的地方搭建3号营地。
- **8月24日　休斯顿退出**
  诺埃尔·奥德尔和休斯顿在海拔7150米的地方搭起帐篷，尝试登顶。休斯顿因病退出，被比尔·蒂尔曼代替。
- **8月29日　登顶**
  奥德尔和蒂尔曼把帐篷搭在比之前高150米的地方，九小时后，他们在下午6点顺利登顶。

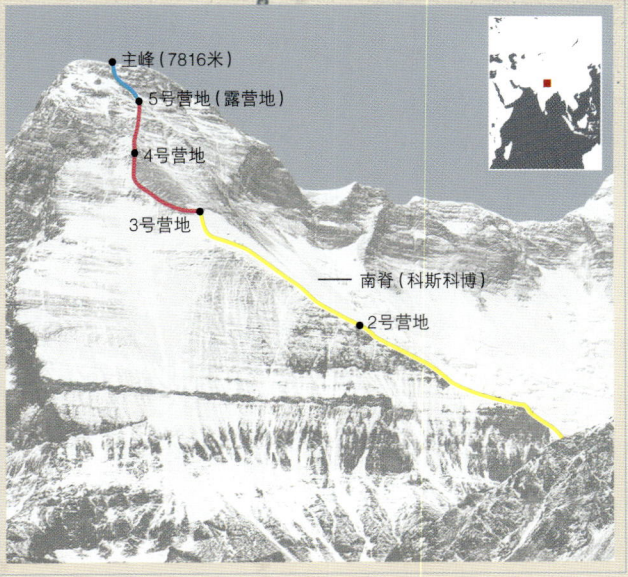

弗里茨·维斯纳

鼓舞人心的美国登山者

德国/美国　　　　　　　　　　　　　　**1900—1988年**

维斯纳于1929年移民到美国，是欧洲和美国登山界的核心人物。他攀登故乡德累斯顿附近的砂岩，将从中积累的经验用于探索各地高山。在美国进行了一系列重要攀登后，1939年，他大胆尝试攀登K2峰。然而，此次攀登却以悲剧告终：维斯纳带领探险队到达了距离峰顶仅240米的地方，三名夏尔巴人为营救队友达德利·乌尔夫不幸丧生，达德利也没能幸免于难，维斯纳因此受到指责。

生平事迹

- 德累斯顿附近的易北河砂岩山脉是著名的岩石攀登区，以徒手攀登、不使用岩钉而闻名，维斯纳正是在那里学会了攀登。
- 影响了从攀岩者到喜马拉雅攀登者的众多登山流派。
- 为北美登山运动发展做出了巨大贡献，包括登顶加拿大的沃丁顿山和美国怀俄明州的魔鬼塔。
- 带领美国探险队攀登K2峰阿布鲁齐山脊线，到达海拔8382米的地方，创下了人类攀登的新纪录。
- K2峰悲剧之后，名誉慢慢恢复，对岩石和险峻高峰的攀登热情依旧如初，登上了阿尔卑斯山脉所有海拔超过4000米的高峰。

历史学家吉姆·柯伦称1939年的K2峰事件是美国登山史上的"一块伤疤"。攀登队队员托尼·克伦威尔称维斯纳为"凶手"。美国阿尔卑斯俱乐部对此事的调查结果引起了激烈的争议。"一战"爆发后，人们的反德情绪高涨，维斯纳被迫退出俱乐部。25年后，维斯纳虽重新被选为名誉会员，但是人们的反感情绪并没有消退。

"一战"前，维斯纳在德累斯顿附近攀登几近垂直的易北河砂岩山脉，那里的自由攀登标准是世界上最严格的。"一战"后，维斯纳多次尝试攀登阿尔卑斯山，并于1925年取得了重大突破：在奥地利登顶怀尔德恺撒山弗莱施班克峰的东南壁，完成了当时最难的攀登。一周后，他与埃米尔·佐勒德（见第251页）一起攀登了多洛米蒂山脉弗切塔山的北壁。

K2峰的首位遇难者

富有的美国探险家达德利·乌尔夫虽然没有攀登高山的经验，但在1939年K2峰攀登的过程中，他竭尽全力，努力紧跟维斯纳的步伐，不幸的是，他为此付出了生命的代价。

移民美国

德国经济萧条，维斯纳被迫放弃化学研究，开了一家药店。他开始从事进出口贸易，并因此于1929年到美国出差，没想到就此留在了那里。1939年，他成为美国公民，中断了在德国的事业。1932年，维利·默克尔（见第238—239页）率领登山队攀登南迦帕尔巴特峰，维斯纳也参与其中，这是第一支攀登此峰的德国队。维斯纳劝说他的两个美国朋友也加入了探险队，一个是兰德·赫伦，另一个是记者伊丽莎白·诺尔顿。尽管背夫们暗中捣鬼，他们还是登上了海拔7000多米的地方。

从此维斯纳成为美国登山界的中坚力量。1935年，他发现了沙瓦岗克斯山脉。该山脉位于纽约北部，满是砾岩峭壁，对美国登山运动发展来说是不小的挑战。直到80多岁，维斯纳还在这里攀登。维斯纳和年轻的耶鲁大学毕业生比尔·豪斯一起首登加拿大的沃丁顿山，美国杂志《生活》曾把这座山称为"神秘的高峰"，认为它是"不可攀登的"。

1937年，维斯纳、豪斯和劳伦斯·柯文尼首登怀俄明州的魔鬼塔，美国印第安人把这块形状奇特的天然岩石奉为圣地。攀登时维斯纳仅借助了一枚岩钉，事后想起来，他仍然为此感到后怕。

接近K2峰峰顶

看到维托里奥·塞拉（见第199页）的摄影作品后，维斯纳深受鼓舞。1938年，他提出允许美国探险队攀登K2峰的请求。然而当探险队准备出发时，他却因公务缠身不能离开美国。最后，查尔斯·休斯顿带领探险队登上了阿布鲁齐山脊上近海拔8000米的地方。

1939年，维斯纳决定再次尝试攀登。由于头一年参加探险的队员还在休养，他不得不找富有但经验不足的登山者组队，这样至少能得到资金上的支持。其中，达德利·乌尔夫是社会名流，他和维斯纳的副手托尼·克伦威尔一样，没有独立登山经验，并非攀登K2峰的最佳人选。

维斯纳是一个独断专行的领导者，这导致一些队员中途离队。美国阿尔卑斯俱乐部派年轻的杰克·达兰斯为探险队提供技术支持，他与维斯纳的不和却反而削弱了队伍的士气。起初，夏尔巴人出色的表现和维斯纳的果断使登山取得了不错的进展。7月18日，在阿布鲁齐山脊海拔略高于8000米的山肩地带，维斯纳搭起9号营地。乌尔夫则独自在低于营地200米的地方等待。尽管已在8号营地或更高的地方滞留了五个夜晚，维斯纳依然乐观。7月19日早晨9点，他和夏尔巴人巴桑·喇嘛一起向顶峰进发，经过九个小时的攀登，登上了海拔8382米处，距离顶峰只有240米，却需要花三个小时甚至更长时间才能登顶。维斯纳想继续攀登，被巴桑制止，下午2点半，两人回到了9号营地。

灾难降临

探险队逐渐变得四分五裂。大本营的克伦威尔给2号营地的达兰斯发去消息，让他收起低处的帐篷。其中一个夏尔巴人以为维斯纳和其他人都失踪了，也撤走了高处的帐篷。维斯纳回到8号营地时，发现乌尔夫已把物资耗尽。

随后厄运降临。乌尔夫摔倒且丢了睡袋，众人决定把他留在7号营地。维斯纳希望能在下方营地找到物资。三个夏尔巴人勇敢地回7号营地援救乌尔夫，却与后者一同丧命。

这次攀登之后，维斯纳虽没回过喜马拉雅，但直到1988年去世，一直是活跃的登山者。1945年，他娶缪丽尔·休恩梅克为妻，余生一起登山滑雪。

埃米尔·佐勒德

德国　　　　　　　　　　1899—1931年

佐勒德出生于慕尼黑，家境普通。参加"一战"前，他是一名见习工程师，战后当起了锁匠，同时也打算做一名登山向导。

1925年，他成为一名合格的向导，同年和维斯纳一起登顶多洛米蒂山脉弗切塔山北壁，自此把"第六级"概念引入阿尔卑斯攀登运动中。其他重要攀登包括在1925年登顶奇韦塔山西北壁和萨斯玛尔峰东壁。佐勒德还是一位资深的滑雪专家和教练，但不幸在拉梅热山指导登山时意外身亡。同行登山者的固定设备失灵，佐勒德试图抓住绳子，却失去平衡，从离地600米的地方坠落，而前者降落在向外伸出的岩石上，没有受伤。

险峰

K2峰是8000米以上高峰中最难攀登的一座，即使最简单的路线也难以驾驭，或许正因如此它吸引了许多野心勃勃的登山者。截至2008年，有302人登顶该峰，其中31人永远留在了下山路上。

征服巨峰·轻量化远征

体验高山

电影制作

19世纪后期，动态影像的发明让人们可以从新的角度感受高山。摄影作品呈现出的仅仅是登山运动的神秘，电影却能让观众真正了解登山的过程。20世纪20年代，德国第一部山地电影上映，讲述了一群勇敢的年轻人攀登高山的故事。这部电影引发了热烈的讨论：山到底是故事的背景还是故事的主角？

起初，只需在山上放一架摄像机，就能拍出令人惊叹的山地电影。伊丽莎白·勒布隆（见第156—157页）是第一位山地电影导演，1900年初，她在瑞士圣莫里茨拍摄了阿尔卑斯登山者的影片。1902年，美国登山者弗兰克·奥米斯顿-史密斯为查尔斯·厄本电影公司拍摄了攀登勃朗峰和施雷克峰的过程。

20世纪20年代，山地电影在德国流行起来，每家影院都在播放阿诺德·范克的电影。因为范克小时候患有哮喘病和肺结核，所以他的父亲决定迁居阿尔卑斯山。1913年，他第一次看电影；"一战"后，他买了一部摄像机，一边做着地毯销售员，一边学习拍摄。他的第一部作品与攀登少女峰有关，开创了山地电影这一体裁。一些电影评论家认为，山地电影与意大利人拍摄的美国西部电影有着类似的历史定位和地位。

1920年，范克创立电影公司，拍摄了一系列山地电影，将壮丽、险峻的阿尔卑斯山搬上了大银幕。此后十年间，他的《圣山》（1926）和《帕吕峰的白色地狱》（1929）热映，女主角都由雷妮·瑞芬舒丹扮演。1932年，瑞芬舒丹自导自演的电影《蓝光》上映，后因拍摄了几部纳粹纪录片，而断送了自己的电影生涯。瑞芬舒丹通过路易斯·特兰克认识了范克，他在范克的早期电影里扮演过主角。那时德国的山地电影要与纳粹的宣传目的一致，范克和特兰克十分厌恶这一点，他们想拍摄自己的电影。

后来，电影拍摄者们不再将山当作电影情节的背景。法国导演马塞尔·伊沙克在霞慕尼拍摄《中午的星星》时，发明了新的手法，这是一部开创性的写实电影，对电影界影响深远。尽管"二战"后山地电影不再受追捧，但是这种体裁一直延续至今。在拍摄《勇闯雷霆峰》（1975）前，克林特·伊斯特伍德特意学习了攀岩，他后来拍摄的《北壁》（2008）再现了山地电影的风格。

A 女主角雷妮·瑞芬舒丹
因主演阿诺德·范克的山地电影而名噪一时，后来转做导演，但因拍摄纳粹宣传片而臭名昭著。

B 蒂罗尔州的明星
路易斯·特兰克也在出演了范克的电影后名声大噪，后来转做导演。1938年，他拍摄了山地电影《大山在呼唤》，讲述了马特洪峰上发生的悲剧。

C 危险的拍摄环境
在危险的尖峰上，阿诺德·范克的摄制组在为1930年上映的山地情节剧《风卷勃朗峰》取景。

D 《中午的星星》
利昂内尔·泰雷（右，见第276—277页）在马塞尔·伊沙克和助理导演雅克·埃尔陶德的指导下表演。伊沙克把山峰和泰雷等登山者看得一样重要，视其为主角。

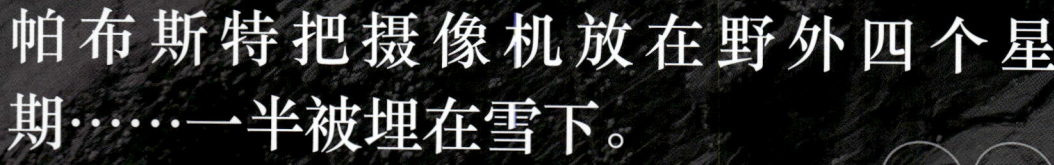

> 帕布斯特把摄像机放在野外四个星期……一半被埋在雪下。
> ——助理导演马克·索金评《帕吕峰的白色地狱》

电影制作

E 《帕吕峰的白色地狱》
由范克和伟大的奥地利导演G.W.帕布斯特合作拍摄。影片因其真实感而成为经典,《阿尔卑斯登山杂志》的评价却十分尖刻,称其情节是"胡说八道"。

F 断绳高潮
在谍战惊悚片《勇闯雷霆峰》(1975)中,克林特·伊斯特伍德预示了《冰峰168小时》(见第337页)的主要情节——在故事发展到高潮时,准备割断登山绳索。著名登山家杜格尔·哈斯顿(见第298页)和哈米什·麦金尼斯,及登山摄影师约翰·克莱尔参与了电影的制作。

G 箱式相机和卷轴,1900年
这部沉重的箱式相机与伊丽莎白·勒布隆带到挪威山区的相似。

H 《北壁》
2008年上映的电影《北壁》将1936年发生在艾格峰北壁的登山悲剧搬上银幕,山地电影重回观众视野。

攀登喜马拉雅山脉的黄金时代

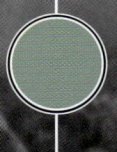

第二次世界大战之前，没有人攀登过全球仅有的14座8000米以上高峰。战争结束后，随着1950年法国登山队成功登顶安纳普尔那峰，淘金热式的登山时代开始了。截至1964年，14座高峰全被征服。这期间都发生了什么变化呢？

珠峰，1953年
新西兰人埃德蒙·希拉里和乔治·洛坐在一起，用无线电通话。无线设备不仅可以用于营地间的通话，还可以收听天气预报。

首先，相比以前，在喜马拉雅山区内自由行动所受的限制变少了。随着尼泊尔开放边界，14座8000米以上高峰中的8座可以从该国境内攀登，探险队获得荣誉的机会大大增加。科技的飞速发展也促进了登山设备的改良。比如，耐磨结实的尼龙绳解决了马拉尼麻短缺的问题。美国人领先其他国家发明的合成纤维，很快成为户外服装的主要材料。意大利人发明的橡胶鞋底取代了钉掌，既舒服又耐穿。为飞行员设计的氧气装置也比以前登山者用的氧气瓶性能更加稳定。

北壁明星

一大批技术娴熟的欧洲登山者通过攀登阿尔卑斯山陡峭时北壁路线，积累了不少经验。法国登山者在战争期间也没有停下探索高山的脚步，吕西安·德维等有能力的登山者不断推动着法国登山运动向前发展。

瑞士也有一批强劲的登山者。安德烈·罗奇在战前攀登了特里奥莱峰的北壁，并且首次登顶都那吉利峰。1952年，瑞士登山队尝试攀

向最高荣誉进发
1953年英国珠峰探险队的背夫。这是装备最好、耗资最多的一次喜马拉雅山脉探险，探险队人员众多，分成了两个小队。

轻装攀登布洛阿特峰
1957年,在攀登喜马拉雅山脉时,赫尔曼·布尔(上图)采用了阿尔卑斯式轻量化登山法,对后来攀登此山的登山者产生了深远的影响。

今西寿雄在马纳斯卢峰上
日本登山队对这座山势在必得。在失败三次后,1956年,一支由12人组成的日本登山队再次冲顶,两人成功。

背景介绍

- 1947年,一支瑞士登山队开始在加瓦尔地区攀登喜马拉雅山,是"二战"后最早的喜马拉雅山探险。原来的夏尔巴向导病倒,丹增·诺尔盖接替了向导位置,他在积累了一系列攀登经验之后,最终登顶珠峰。
- 在印度独立之后,尼泊尔开放边界,对外国探险队放行。英国人H.W."比尔"·蒂尔曼(见第244—247页)就是第一批来这一带登山的人之一,他探索过朗塘、伽纳什地区和玛囊县,还攀登过安纳普尔那IV峰。
- 1950年,蒂尔曼尝试从南坡登顶珠峰,同年法国登山队登顶安纳普尔那峰。

登珠峰,其中雷蒙德·兰伯特和丹增·诺尔盖(见第266—267页)几乎登顶。

喜马拉雅攀登竞赛

"二战"后,欧洲战败国德国、意大利和奥地利的人民生活艰难,在有不少优秀的登山家的情况下,攀登高峰被视为帮助国民重新建立民族自豪感的方式。

英国登山家的技术经验较弱——直到1962年,克里斯·伯宁顿和伊恩·克拉夫(见第300—301页)才登顶艾格峰北壁——却拥有成熟的勘测和组织管理能力。战前的大型登山探险进行得并不顺利,到了20世纪50年代,情况有了改观。约翰·亨特和查尔斯·埃文斯都是杰出的领队,尽管风格迥异。毫无疑问,国家之间的竞赛推动了登山运动的发展。1950年,法国登山队首次尝试攀登安纳普尔那峰,在没有预先勘察的情况下成功登顶,极大地鼓舞了欧洲登山者。这次攀登消除了登山者对8000米以上高峰的畏惧,他们意识到,不早点行动就会被别人抢占先机。

登山规模和风格仍然各不相同:1954年攀登K2峰的意大利登山队人员众多,而1957年攀登布洛阿特峰的奥地利登山队仅有四人,没有雇用背夫,也没有携带供氧设备。

夏尔巴人崛起

最了不起的轻量化登山队或许是在1954年攀登了卓奥友峰的另一支奥地利登山队。队员中的地质学家赫伯特·蒂希和赛普·约西勒,曾在1952年和赫尔曼·布尔(见第258—259页)一起攀登艾格峰北壁。然而,巴桑·达瓦才是这支登山队的中坚力量,在1939年说服弗里茨·维斯纳(见第250—251页)放弃登顶K2峰的就是他。关键路段都由巴桑带队,彰显了夏尔巴人的重要性。

1956年,夏尔巴人杰尔赞·诺布和日本登山者今西寿雄首次登顶尼泊尔的马纳斯卢峰,前者成为

冒险精神
赫伯特·蒂希写道,在攀登卓奥友峰时,他感觉"自己就像上帝一样光芒万丈,但同时又如一粒沙子,微不足道"。

> 第二次世界大战后,都把目光投向了14座高峰。当时几次出色的探险,攀登的都是低于8000米的山峰,但是大家对此已经失去兴趣。

登顶两座8000米以上高峰的第一人。

早在1952年,日本阿尔卑斯俱乐部的会员就对安纳普尔那IV峰和马纳斯卢峰进行了勘测,并在接下来的三年里进行了三次攀登,最终登上了顶峰。

聚光灯外

较低海拔山峰的攀登同样重要,尤其是在喀喇昆仑山。1956年,英国登山者乔·布朗(见第272—273页)和伊恩·麦克诺特-戴维斯登顶雄伟壮丽的慕士塔格塔峰,五天后法国登山队也顺利登顶。里卡尔多·卡辛(见第292—293页)是一位传奇的高山探险家,1958年,他带领强劲的意大利登山队攀登了迦舒布鲁姆IV峰。同年,一支英国和巴基斯坦联合登山队攀登了拉卡波希峰,其中汤姆·佩蒂和马克·班克斯成功登顶。

赫佐格和拉舍纳尔

性格迥异的喜马拉雅攀登先驱

法国　　　　　　　　　　1919—2012年；1921—1955年

莫里斯·赫佐格

路易·拉舍纳尔

1950年6月3日，莫里斯·赫佐格和路易·拉舍纳尔登顶世界第十高峰安纳普尔那峰，这是人类第一次登上海拔超过8000米的高峰。他们的成功登顶引起了很大的轰动，不仅是因为在此之前无人攀登过该峰，还因为他们在一个登山季内就完成了定位、勘测和攀登。

"二战"后，为了恢复民族自豪感，在法国阿尔卑斯俱乐部的资助下，法国登山队于1950年发起喜马拉雅山脉探险。事实上，许多法国著名登山家在战时并未中断自己的登山事业，使法国登山运动得以不受战争影响，蓬勃发展。

法国喜马拉雅探险队集结了当时最出色的登山家：拉舍纳尔、加斯东·勒比法、利昂内尔·泰雷和让·库齐（见第276—277页）。赫佐格是一名企业主管，也是满怀政治抱负的战地英雄。与队伍里其他人不同，他是业余登山者。赫佐格乐于与公众打交道，其他几位登山家则对此不感兴趣。尽管探险队取得了显著成就，赫佐格面对的却是争议和指责。

不同出身

赫佐格是六位主要登山者中最年长的，时年31岁。在家里，他是长子。他也是一个崇拜尼采的登山者（见第175页），喜欢在霞慕尼附近的小木屋里打发复日时光，自称是个沉默寡言、不好相处的年轻人。他在巴黎学习哲学和商务，后到克勒贝尔-白鸽城轮胎公司上班。

赫佐格虽是优秀的业余登山者，但其水平远比不上路易·拉舍纳尔。拉舍纳尔的父母在法国东南部小城安纳西开杂货店，他从小就想摆脱小资产阶级出身的束缚，不买门票溜进电影院，偷尝萨瓦产的苹果酒，十几岁就开始在安纳西附近登山。

拉舍纳尔当过登山教练和滑雪教练，有一段时间还是青年登山运动的成员——许多战时受挫的法国年轻人通过参加该运动消磨时光。战争结束后，拉舍纳尔开始走向成功。1945年春天，他与利昂内尔·泰雷相遇，后者是山地游击队的一员。

两人性格大不相同，却成为登山史上最强组合之一。1945年夏天，拉舍纳尔和泰雷完成了大乔拉斯峰沃克山脊的第四次登顶，两年后完成艾格峰北壁的第二次登顶。他们对比了各自攀登过的阿尔卑斯山高难度路线的数量，发现泰雷完成了157条，拉舍纳尔完成了151条。

生平事迹

- 1944年，赫佐格所在登山队在勃朗峰开辟了一条最难攀登的路线——伯特瑞山口北壁的伯特瑞山脊路线。
- 次年，天生的攀登者拉舍纳尔和利昂内尔·泰雷组队，成为登山史上最强组合之一。
- 1950年6月3日，拉舍纳尔在冻伤严重的情况下，想放弃登顶安纳普尔那峰，见赫佐格继续攀登才打消念头，两人一起登顶。
- 赫佐格和拉舍纳尔饱受冻伤折磨；前者在山顶丢了手套，最后截掉了手指和脚趾。
- 登山归来之后，赫佐格顺利从政，成为体育部部长后，又当上了霞慕尼市市长。
- 从安纳普尔那峰回去后，整整两年，拉舍纳尔没有能力登山；在这期间，他学会了开快车，到去世的时候，他已恢复到接近最好的登山状态。

安纳普尔那峰

北壁　1950年6月3日

- **5月31日　通往4号营地的路线**
  登山队在5月23日开始攀登北壁，很快在海拔7150米的4号营地周围搭起帐篷。
- **6月2日　通往5号营地的路线**
  在昂·塔尔凯和萨尔基的支持下，拉舍纳尔和赫佐格向海拔7500米的5号营地前进。
- **6月3日　通往顶峰的路线**
  两人早晨6点出发，下午2点登顶，下山的路困难重重，他们不仅要忍受恶劣的天气，还要忍受严重的冻伤。

赫佐格和拉舍纳尔

后来，泰雷、拉舍纳尔和向导加斯顿·勒比法成了安纳普尔那登山队的核心力量。

为了法国

法国阿尔卑斯俱乐部的喜马拉雅委员会组建了一支登山队，吕西恩·德维负责监管。法国人没在喜马拉雅山脉创下佳绩，这让急于为国争光的德维十分恼怒。最糟糕的是，德国人和意大利人在法国阿尔卑斯山却成绩斐然。德维向公众募集资金，并任命赫佐格为领队。他甚至还要求这支登山队的成员宣誓为国效忠，向他们施加压力，但这对思想独立的登山者不起作用。

直到1950年3月30日，登山队才从巴黎出发，而攀登喜马拉雅山脉的任务必须在6月初季风到达之前完成。虽然他们的服装是当时最先进的——现代合成材料、羽绒服和轻便靴——但是登顶队员仍被严重冻伤，这与鞋有很大关系。

争先登顶

登山队首先探索通往道拉吉里峰的路线，该峰位于安纳普尔那峰以西34公里的地方，海拔略高于后者。然而，时至5月中旬，他们还没有到达道拉吉里峰脚下。于是，登山队转战附近的安纳普尔那峰。虽然地势复杂，但是他们在5月18日到达西北壁路线的起点，只不过这条攀登路线的难度远比想象的大。

泰雷和赫佐格坚持从西北壁攀登，勒比法表示反对，并和拉舍纳尔在北壁勘探出一条更可靠的路线。他们马上通知山下的赫佐格，尽快让夏尔巴向上搬运足够的物资。下午下起大雪，登山队冒着遭遇雪崩的风险攀登北壁。6月2日晚上，拉舍纳尔和赫佐格已做好了冲顶的准备，并于6月3日顺利登顶。赫佐格在他的经典著作《安纳普尔那峰》中描述了当时下山的情形，以及为了生存，队员们如何与恶劣天气抗争。赫佐格因为冻伤失去了脚趾，此后从政，担任体育部部长，后成为国际奥委会成员。拉舍纳尔却在失去脚趾之后更加不顾安

危。1955年，他在霞慕尼的白色山谷滑雪时跌入冰裂缝，不幸丧命。

"另一座安纳普尔那峰"

赫佐格对攀登安纳普尔那峰经过的描写是登山史上的经典著作。他快登顶时的心境引起了读者的共鸣，"强烈的快乐涌上心头，但我不知道怎么表达"。研究表明，这次登山并不像赫佐格在书中描写的那样美好，这本书之所以畅销，要归功于他对尼泊尔的新见、面对受伤致残的从容态度，还有书中的最后那句话："每一个人的心中，都有另一座安纳普尔那峰。"

赫佐格的著作《安纳普尔那峰》售出1100多万册。

登上顶峰
赫佐格（如图）和拉舍纳尔于1950年6月3日登顶安纳普尔那峰。下山途中赫佐格被严重冻伤，两周后成功下山，随后立即接受了截肢手术。

赫尔曼·布尔

永不妥协的创新者

奥地利　　　　　　　　　　　　　　1924—1957年

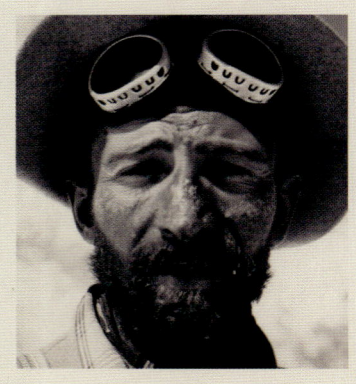

希拉里和丹增登顶珠峰，几个星期后，赫尔曼·布尔登顶南迦帕尔巴特峰——第三座被人类征服的8000米以上高峰。布尔无视大本营的命令，大胆完成单人登顶，是20世纪最了不起的攀登之一。从布尔的自传中可以看出他对轻量化登山方式的偏爱，以及对高山的热爱，这影响了一代又一代登山者。

生平事迹

- 住在因斯布鲁克，最早的攀登经验是用其继母的晾衣绳登上离家不远的山。
- 一生攀登过阿尔卑斯山多次，包括拉瓦雷多三山峰大峰北壁等高难度路线。
- 在没有携带氧气装置的情况下首登南迦帕尔巴特峰是唯一独自登顶8000米以上高峰的人，他的路线仅被重复过一次。
- 和一支小型登山队在没有雇用背夫的情况下，首次登顶喀喇昆仑山布洛阿特峰。
- 成为国际登山巨星，出版自传《南迦帕尔巴特峰朝圣之路》。

保护脚趾

布尔登顶后舍弃了保暖衣物，随后在南迦帕尔巴特峰的"死亡地带"过了一夜。因为鞋子起到了一定的保护作用，所以他只失去了两根脚趾。

1953年6月30日，在巴基斯坦南迦帕尔巴特峰拉阔壁3号营地里，布尔计划攀登那条在20世纪30年代让许多奥地利、德国登山者和夏尔巴人丧命的路线。其中遇难者维利·默克尔（见第238—239页）是此次探险的组织者卡尔·赫利希科费尔同母异父的兄弟，队长彼得·阿申布雷纳也参加过1932年和1934年的攀登。

后来，因天气恶劣，探险队决定放弃这次攀登，并前后两次用无线电通知布尔和他的三位同伴撤退，都遭到拒绝。布尔在日记中写道："这疯狂的、想要继续攀登的欲望。"第二天中午，布尔等人到达4号营地，搭好帐篷，规划接下来的路线。7月2日傍晚，布尔和奥托·肯普特在一个叫"摩尔人的头颅"的地方搭起5号营地，此处海拔约7000米。

超越极限

布尔凌晨1点起床泡茶，并收拾登峰装备。因为没能叫醒熟睡的肯普特，所以布尔在凌晨2点先出发了，希望前者醒来后能赶上他。5点，布尔开始向顶峰之下的山口攀登。两小时后，他抵达山口，沐浴在阳光中。

越向上攀登，速度越慢，布尔眼看着后面的肯普特放弃了攀登，转身下山。到中午，他距离峰顶还有300米，前方是最难攀登并最需要技巧的路段。犹豫片刻后，布尔吃了两颗柏飞丁（一种苯丙胺），又加快了步伐。他的行动越来越困难，有时不得不四肢着地、爬着前进，终于在傍晚7点登顶。

才下峰顶，布尔就弄丢了一只冰爪，不得不紧握着一个抓点，在一块突出的岩石上站了一夜，到凌晨4点能看清路时才继续赶路。在饥渴、右脚严重冻伤、开始吐血和出现幻觉的情况下，布尔为了能继续赶路，服用了更多柏飞丁。下午6点半，他到达5号营地，此时他离开该营地已足有40个小时。

布尔认为是钢铁般的意志在催他前进，那么这种意志力从何而来？出生在因斯布鲁克的布尔在四岁时失去了母亲，随后被送到孤儿院。他从小多病、敏感，孤立无援助长了他要在登山界闯出一片天地的野心。

"二战"期间，从攀登奥地利阿尔卑斯山开始，布尔尽可能利用假期攀登更多的山。他在第一本登山日记的开头写道："高山是我的故乡。"战争结束后，他成为一名登山向导，致力于探索最难的路线。在攀登奥地利阿尔卑斯山时，他学习了不少在后来攀登大乔拉斯峰沃克山脊和艾格峰北壁时发挥了重要作用的登山技巧。

他那伟大、孤独的登山事业在登顶南迦帕尔巴特峰时达到巅峰。这一成功使他成为国际

布尔登顶

布尔独自离开南迦帕尔巴特峰5号营地之后，他的队友在焦急地等待他归来。后来赫利希科费尔写道："我们的战友背负着所有人的重托，独自打完最后一仗。"

苦果

1953年，布尔独自登顶南迦帕尔巴特峰，挽回了全队的荣誉。但是迎接他的不是胜利的喜悦，而是赫利希科贺尔对他不服从命令的指责。

登山巨星，却也使他陷入与探险组织者之间的法律纠纷中，并与奥地利登山团体渐行渐远。

虽然冻伤使布尔不得不截掉脚趾，但他伤好之后仍在继续攀登阿尔卑斯山难度系数大的路线。他跟随一支小型登山队回到亚洲，首登布洛阿特峰（8047米）。不久后，他尝试攀登喀喇昆仑山另一座巨峰——乔戈里萨峰，登顶失败，下山时不慎跌落雪檐，不见踪影，没有人找到他的遗体。

南迦帕尔巴特峰

拉阔路线　1953年6月/7月

- **6月11日　通往3号营地的路线**
  布尔和弗劳恩伯格搭建起3号营地，但由于天气恶劣，并且缺少夏尔巴向导的帮助，他们不得不推迟登山进程。

- **6月30日　通往5号营地的路线**
  队长命令布尔、厄特尔、弗劳恩伯格和雷纳返回大本营，但是他们准备继续向5号营地前进。

- **7月3日　通往顶峰的路线**
  布尔和肯普特离开5号营地，向顶峰前进，肯普特中途放弃。布尔登完余下1200米的高度，路程达6公里，终于在下午7点登上顶峰。

科特·戴姆伯格

首登8000米以上高峰的老将

奥地利　　　　　　　　　　　　　　　生于1932年

登山史上首登两座8000米以上高峰的人有两个，戴姆伯格就是其中之一。1957年，他和赫尔曼·布尔尝试用阿尔卑斯式登山法攀登乔戈里萨峰，是最后一个见到后者的人。在此之前，他们刚登顶布洛阿特峰。1960年，他跟随一支瑞士登山队首登8000米以上高峰——道拉吉里峰。他是一个热情奔放、情绪化、颇具争议性的人物，对高山的热爱支持他走过几十年登山生涯，却也使他遭遇了登山史上最惨痛的悲剧之一。

戴姆伯格没有赫尔曼·布尔（见第258—259页）的野心，也没有瓦尔特·博纳蒂（见第296—297页）过硬的登山技术，却凭着多年的坚持不懈和惊人毅力闯出了一片天地。"二战"后，在首登8000米以上高峰的热潮下，他的登山生涯开始了。20世纪70年代后期，人们在一定程度上受莱因霍尔德·梅斯纳尔（见第308—311页）的激励，又开始攀登喜马拉雅山脉。

戴姆伯格出生于奥地利克恩顿州，在与其父一起寻找水晶时第一次接触高山。16岁时，他攀登了上陶恩山公园的拉姆科格尔峰。20多岁时，他登顶了马特洪峰北壁，并首登柯尼希斯旺德峰，已是小有成就的登山家。

远征喀喇昆仑山

戴姆伯格的名气越来越大，1957年，他受邀加入布尔、马库斯·施马克和弗里茨·温特斯勒所在的探险队，成功首登布洛阿特峰。这支登山队没有雇用背夫，也没有携带氧气装置，

生平事迹

- 成功登顶柯尼希斯旺德峰后，收到赫尔曼·布尔的邀请，一同攀登布洛阿特峰；之后在他们一起攀登乔戈里萨峰时，布尔坠崖身亡。
- 花五天时间登顶伯特瑞山脊，并与弗兰兹·林德纳一起拍摄以这次攀登为主题的登山电影，开启电影生涯。
- 20世纪60年代后期，两次攀登兴都库什山，并首登西蒂里奇米尔峰。
- 登顶道拉吉里峰，18年后登顶了第三座8000米以上高峰——马卡鲁峰，并登顶珠峰；1979年攀登迦舒布鲁姆 II 峰后，痴迷于在K2峰和沙克斯干地区探索。

布洛阿特峰

西脊　　1957年6月9日

- 5月28日　安全攀登
  四位登山者搭建起3号营地。
- 5月29日　失望而归
  错登假顶，离真正的顶峰还有一段距离，只能回到大本营。
- 6月9日　登上真正的顶峰
  施马克和温特斯勒最先登顶，戴姆伯格紧随其后，接着折返，帮助筋疲力尽的布尔登顶。

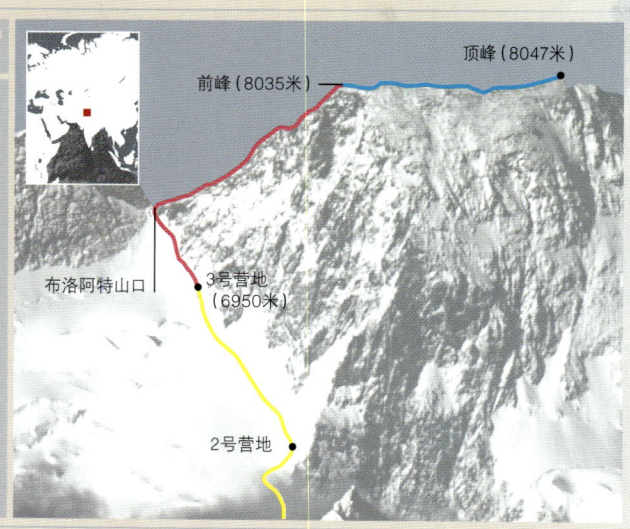

采用了布尔所说的"西阿尔卑斯式登山"。次年,布尔遇难后,戴姆伯格攀登了艾格峰北壁、大乔拉斯峰沃克山脊和勃朗峰伯特瑞山脊。他还将攀登伯特瑞山脊的过程拍摄成了电影。

1960年,在马克斯·艾森的带领下,戴姆伯格首次登顶道拉吉里峰,在此过程中使用雪地飞机运送物资。20世纪60年代,戴姆伯格把注意力转向兴都库什山、格陵兰岛和非洲。20世纪70年代,戴姆伯格登顶马卡鲁峰和珠穆朗玛峰。戴姆伯格热爱登山,体能充沛,直到50多岁还在攀登喜马拉雅山脉的高峰,电影事业的顺利发展也是动力之一——他在1982年获得了一座艾美奖。

戴姆伯格"医生"
1957年,登顶布洛阿特峰后,戴姆伯格给布尔注射了一种可以预防冻伤的药物。几天之后,戴姆伯格在乔戈里萨峰的山脊上朝后望去,看见一处雪檐断裂,布尔随之坠落身亡。

悲剧

1982年,在南迦帕尔巴特峰上拍摄时,戴姆伯格结识了英国登山家朱莉·塔利斯。1986年,他们所在的探险队登顶K2峰,却迎来登山史上最悲惨的季节。8月4日,塔利斯在返程途中摔倒了,连带着戴姆伯格一起跌落山崖。他们停在一片柔软雪地中,头晕目眩。露宿一夜后,戴姆伯格帮助塔利斯下撤到4号营地,然而随后的一场暴风雪把他们和其余五人困在了海拔8000米的地方。在帐篷被摧毁后,塔利斯与来自奥地利的威利·鲍尔等三人躲在一处,戴姆伯格则与英国登山家艾伦·劳斯和波兰登山家达布罗斯拉娃·伍尔夫挤作一团。

上山第十天,塔利斯死去。戴姆伯格对这场悲剧的记述——《无尽的情结》(1991)——充满了悲痛和疑问。"朱莉曾经说过,也许最好的死亡方式就是在高山上永眠,"他写道,"果真如此吗?"

暴风雪没有停歇的迹象,劳斯在成为第一个登顶K2峰的英国人之后病倒。戴姆伯格的手被冻伤了。"我的指尖肿成一个发青的水泡……我想就这样吧。但是这样等死,一点都不好。"

8月10日,恶劣的天气好转了一些,戴姆伯格、沃尔夫和鲍尔抓住机会赶下山,劳斯却是神志不清,已经不能救了。到2号营地,暴风雪夺走了沃尔夫的生命。最后只有鲍尔和戴姆伯格生还。

近60岁时,戴姆伯格渐渐将精力转向研究和电影制作,但内容总与高山有关。他的女儿希尔德加德·戴姆伯格是一位人类学家,常常陪伴他左右。

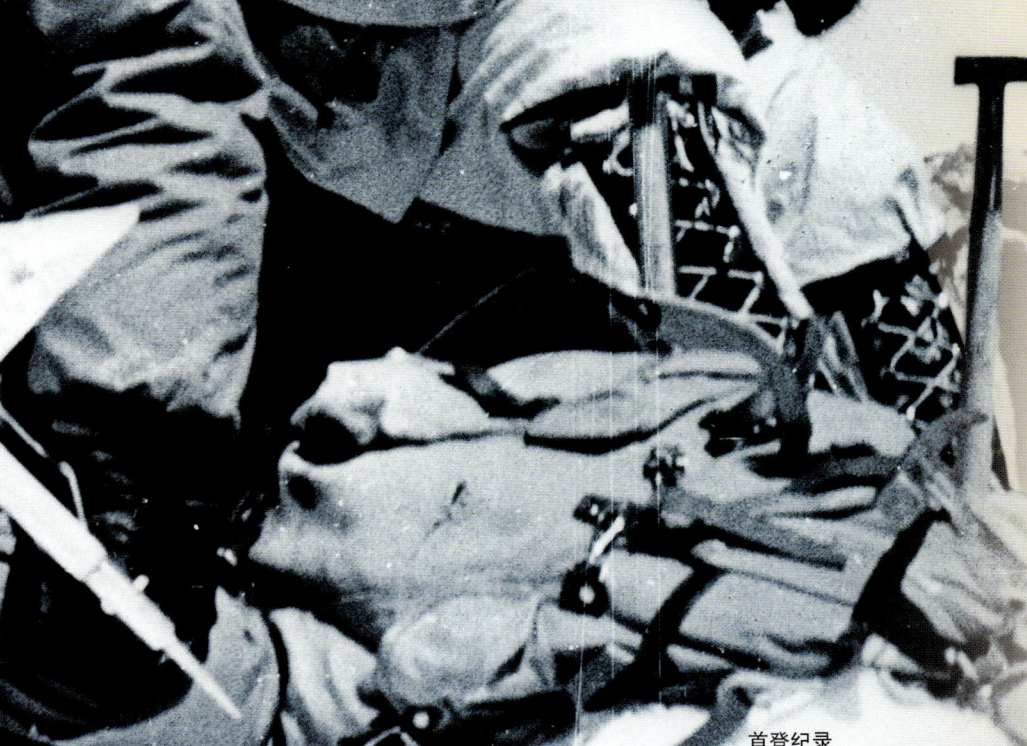

首登纪录
戴姆伯格(左)在道拉吉里峰上休息,这是他第二次首登8000米以上高峰,在他旁边的是阿尔宾·谢尔伯特。这是一次无氧气攀登。

高山人生

夏尔巴人

在喜马拉雅攀登史上，尼泊尔的夏尔巴人扮演着至关重要的角色。夏尔巴人历代从商，20世纪初，他们之中的许多人为找工作移居大吉岭，英国登山家亚历山大·凯拉斯就是在那里"发现"了他们。他们是身手矫健的背夫，探险队攀登高峰时不可或缺的助力。艰苦的生活和劳动所造就的登山技巧总是能派上用场。

"夏尔巴"这个词既可以用于指代一个民族，也可以作为一种工作的代称。作为一个民族，夏尔巴人发源于康巴藏区，大约400年前，移居到尼泊尔各个地区，包括珠峰南部的昆布地区。如今，大约有15万夏尔巴人生活在尼泊尔，其中珠峰地区的夏尔巴人最出名。

跟藏族人一样，夏尔巴人也适应了高海拔生活。他们通过从商接触到各种各样的文化，因此从20世纪20年代到30年代，当欧洲探险队纷纷涌入昆布时，他们凭借这些优势，为登山者提供可靠的支持。第二次世界大战之前，珠峰背夫大约一半都是夏尔巴人，另一半是中国的藏族人。而"二战"结束后，夏尔巴人占了大多数。作为一种工作的代称，夏尔巴是指在高海拔山区工作的人，这些工作让人们习惯上联想到夏尔巴部落。游客们把背夫都称为夏尔巴人，尽管他们可能来自别的部落。

珠峰地区的夏尔巴人最会攀登，他们住在昆布的潘波切和弗尔策等村落或者附近的罗尔瓦林山谷。登一次山能赚几千美元，可用于修缮村庄。他们建起了医院和学校，还能供子女去加德满都读书。客栈是另一个经济来源，而过去的农耕、放牧之类的事务则由雇工做。

南池市场，尼泊尔 夏尔巴人主要居住在珠峰附近的昆布地区。该图中的村庄位于海拔3440米的地方。背靠海拔6011米的康德峰。

新精英

夏尔巴人的角色逐渐从背夫转变为登山明星。有经验的珠峰攀登者能在一个登山季赚取几千美金，收入通常用于投资旅社或教育。

❶ 夏尔巴人丹增·诺尔盖（右）出生于中国的西藏，1953年成为第一个登顶珠峰的人。❷ 2010年，阿帕·夏尔巴（左一）对珠峰进行了第20次攀登；巴布·奇里（右一）没有携带氧气装置，在峰顶扎营。❸ 夏尔巴人每次登山前，都会在珠峰大本营举行普迦仪式，给山神献上供品，并诵念经文。

工作中的夏尔巴人

夏尔巴人很快适应了新角色，他们中有很多人成为老练的登山家。表现突出的夏尔巴人被称为"老虎"，而善于管理的夏尔巴人，如昂·塔尔凯，则成为登山领队或者向导队长。

❶ 1953年珠峰探险队中的一个夏尔巴人在昆布冰瀑，将冰爪穿到雪靴上。❷ 1933年，珠峰探险队的"老虎"们搭建起4号营地。❸ 1953年珠峰探险队中的一个夏尔巴人跨过2号营地上方的冰裂缝。

声名远播

山里生、山里长的夏尔巴人早已从骨子里适应了高山生活。他们差不多从欧洲人攀登喜马拉雅山脉初期就开始做向导。凯拉斯曾写道:"对我来说,他们比我的欧洲同伴更精通怎样缓解压力。"

❶ 莱瓦是1933年珠峰攀登队的向导队长。❷ 达瓦·丹增是1955年干城章嘉峰探险队的向导。❸ 1953年珠峰探险队中的一个夏尔巴小孩戴着用头发织成的雪镜。❹ 1955年干城章嘉峰探险队中的一个夏尔巴人把头从帐篷里探出来。

昂·塔尔凯

尼泊尔　　　　　　　　　　1908—1981年

昂·塔尔凯是20世纪30年代涌现的夏尔巴向导中的佼佼者,也是1950年法国探险队攀登安纳普尔那峰时的主向导。

他生于昆布的昆德村,后来为了工作移居大吉岭。1931年,他第一次做向导是帮助德国人攀登干城章嘉峰。此后九年,他大部分时间是在给比尔·蒂尔曼和埃里克·希普顿(见第244—247页)做向导,被他们称为"最可爱的人:谦虚,无私并且真诚"。

埃德蒙·希拉里

登顶珠峰的第一人

新西兰　　　　　　　　　　　　　　　1919—2008年

生平事迹

- 曾与三位登山者组成四人探险队，攀登加瓦尔地区海拔7242米的穆库特峰，是他在喜马拉雅山的首次尝试。
- 加入由埃里克·希普顿带领的英国珠峰探险队，后加入约翰·亨特领导的珠峰探险队，并和丹增·诺尔盖一起登顶珠峰，代表全队成功完成登山任务。
- 成功登顶珠峰后，致力于帮助昆布地区居民修建学校、医院和桥梁。
- 把自己的登山经历写进回忆录，后来跟随极地探险队前往南极。

珠穆朗玛峰是世界上最高的山峰，在首次珠峰探险过去了32年之后，终于有两人成功登顶。一位是在中国西藏出生的夏尔巴人丹增·诺尔盖，另一位是寡言的新西兰养蜂人。希拉里后来写道："我抬头看向右边，40英尺之上有一个冰雪圆顶。再挥动几下冰镐，再疲惫地走几步，我就登顶了。我的第一个反应是觉得解脱了。"登上珠峰后，希拉里一夜成名，并因此受封为爵士。

埃德蒙·希拉里在珠峰顶上为丹增（见第266—267页）拍摄的照片是20世纪最著名的摄影作品之一。希拉里自己却没有留下照片，原因是他认为夏尔巴人不会用相机，便没劳烦丹增帮他拍照。从珠峰回去后，他更加意识到这一登山成就的商业价值，并把赚来的钱用来帮助他人。

渴望冒险

希拉里的父亲是位记者，"一战"中曾参加加利波利战役，战后分得一块靠近奥克兰南部图阿考的土地，在那里经营果园和菜园。父子之间的关系十分紧张，希拉里上小学时成绩优异，中学时却不尽如人意。他腼腆害羞，个头又小，天天沉浸在书里，做着冒险梦。

14岁时，希拉里开始学习拳击，同时，宗教、生活目的等问题使他心事重重。大学时，他参加了一次校方组织的旅行，其间对登山产生兴趣，随后加入"流浪者"登山队，在冬季攀登了奥克兰西部的怀塔克尔山。对这个年轻、认真的小伙子来说，雪地跋涉对身体的磨砺反而是一种精神上的慰藉。希拉里后来辍学回家，帮弟弟雷克斯和父亲管理1600个蜂箱。后来"二战"爆发，他没有立刻入伍，却在1944年改变主意，担任卡塔利纳水上飞机的领航员，直到在一次意外中被严重烧伤。

服役期间，他完成个人首次引人注目的攀登，即登顶新西兰南岛的塔普艾努库峰。"二战"后，他一有时间就去登山，其间得到哈里·艾尔斯的指点，后者是他第一位真正意义上的登山导师。他们一同登上了库克山南脊。

心系高山

虽然新西兰的山脉与阿尔卑斯山在高度和规模上不相上下，但是前者要比后者更难攀登。这有利于希拉里在1951年的喜马拉雅探险中充分发挥此前积累的经验和技巧。他和朋友乔治·洛在攀登穆库特峰时为队伍成功登顶奠定了基础，却在登顶前被队长厄尔·里迪福德挤到了一边。

在探险队准备回新西兰时,英国登山家埃里克·希普顿(见第244—247页)发来电报,邀请他们之中的两人参加1951年的珠峰勘测。因为里迪福德可提供去尼泊尔的路费,所以最后前往珠峰南部昆布地区的是他和希拉里。希拉里本担心呆板的英国人不好相处,发现希普顿和他性格相同后才松了一口气。这位珠峰老将也成了希拉里的登山导师,1952年,在其带领下,希拉里攀登了世界第六高峰卓奥友峰。

珠峰最佳阵容

希普顿没能参加1953年的珠峰探险,取而代之的是一位名叫约翰·亨特的上校。希拉里对亨特一无所知,朋友的离去让他愤愤不平。若想成功登顶,亨特必须依靠希普顿的核心队员——汤姆·鲍迪伦、查尔斯·埃文斯和阿尔夫·格雷戈里,但几人表示如果希拉里和洛离队,他们也会退出。希普顿写信给希拉里,说服他忠于新的领队。出发没多久,大家就发现希拉里和丹增正如亨特所说:"毫无疑问,他们是最出色的,比其他人更快更有耐力。"希拉里明白亨特不会让他和洛结伴,所以他选择了丹增并相处融洽。丹增执着于登顶,这在夏

珠穆朗玛峰

南坳　1953年

- **4月23日**　攀登冰瀑
  在西南壁下面搭起4号营地,为更高处的营地提供物资。
- **5月21日**　攀登洛子峰
  攀登洛子峰耗时12天,进程缓慢。
- **5月29日**　通往山顶的路线
  查尔斯·埃文斯和汤姆·鲍迪伦到达南峰后撤退,丹增和希拉里到达9号营地,成功登顶。

尔巴人中并不多见。

亨特让埃文斯和鲍迪伦组队,最先尝试登顶,在距离顶峰垂直高度90米时,由于天气大变,氧气装置也出现了故障,他们不得不撤退。于是,登顶任务落在了第二小队,即丹增和希拉里身上。他们在海拔8500米的地方建起9号营地,在呼啸的寒风中过了一夜。第二天早晨6点半,两人离开营地,继续攀登,于上午9点到达南峰脚下。希拉里担心雪质松散发生雪崩。他对自己说:"艾德老弟,这是珠峰,你必须再努力一把。"在最后一条山脊上,他们遇到一面高12米的冰壁,现在被命名为希拉里台阶。最后一段登顶路走起来相对容易一些,中午11点半,两人到达顶峰。

约翰·亨特

英格兰　　　　　　　　　　　　　1910—1998年

亨特是探险家理查德·伯顿的侄孙,童年时的假期都在阿尔卑斯山度过。他在14岁时登顶帕吕峰。

亨特年轻时在皇家步枪队服兵役,驻扎在印度,常利用休假时间攀登。"二战"期间,他被授予杰出服役十字勋章。1952年,他在同盟国远征军最高指挥部担任参谋时,受命领导英国珠峰探险。1953年,探险队登顶珠峰,成功的秘诀之一是登山设备和供给能够及时被送到珠峰南坳,这是亨特的功劳。和希拉里一样,亨特也在登顶珠峰后受封为爵士。之后他返回部队,直至退休,成为英国爱丁堡公爵奖委员会的首位主席。

向上向前

在1953年的珠峰探险中,协调一致的登山队进行了一系列尝试,在冰坡和危险的平台上搭起更高的营地。如图所示,希拉里和丹增正向9号营地进发,之后再从那里冲登。

丹增·诺尔盖

首位登顶珠峰的夏尔巴人

尼泊尔　　　　　　　　　　　　　　1914—1986年

在登山界，丹增·诺尔盖的名字无人不晓，他成为登山家的道路比大多数人更曲折。他在中国的藏区出生，先后移居尼泊尔昆布地区和印度大吉岭，摆脱了贫苦的生活，成为史上最著名的亚洲人之一。他凭借惊人的毅力和坚定的信念登顶珠峰，让坚韧不拔的夏尔巴人在世界上声名远播，被山区人民视为英雄。

几乎登顶的人

在丹增和希拉里成功登上珠峰之前，查尔斯·埃文斯和汤姆·鲍迪伦进行了第一次登顶尝试。约翰·亨特让他们携带闭合式氧气装置，从南坳直接登上顶峰。因怀疑装置是否能正常工作，亨特决定先登南峰，如果装备不出问题，他们还可以继续攀登。当天傍晚，两人到达南峰，却被低氧和狂风逼退。第二天，希拉里和丹增携带开放式氧气装置，第二次尝试登顶。

汤姆·鲍迪伦和查尔斯·埃文斯在第一次登峰失败后回到南坳，神情落寞。

珠峰东壁之下，中国西藏的卡玛山谷尽头，有一汪宁静的湖水。山谷里有一面形似佛头的巨大峭壁，峭壁下有一顶牦牛牧人的帐篷，丹增就在这里出生。

起初，父母给他起名纳格亚尔·旺迪，后来一位德高望重的喇嘛给他改名丹增·诺尔盖，丹增代表"信徒"，诺尔盖代表"财富"。丹增的兄弟姐妹共有12人，但大都夭折了。他的父亲为当地的一座寺庙照看牦牛，一家人的生活都以这种非凡的动物为中心。

生平事迹

- 19岁时在埃里克·希普顿的探险队里当背夫，跟随登山者一起攀登珠峰。接下来的几年中，他跟随探险队，成为攀登珠峰次数最多的人，通常是作为背夫队长。
- 与许多著名的瑞士登山家相交甚好，和雷蒙德·兰伯特一起创下了攀登新纪录。
- 32年间，参加了十次珠峰探险，和埃德蒙·希拉里组成第二支珠峰突击队，成功登顶。
- 在登顶珠峰后，成为印度大吉岭喜马拉雅登山学校的总教练。

1921年，年轻的丹增可能看到了在珠峰东面探险的乔治·马洛里（见第228—232页），但真正激励他，让他开始登山的是住在大吉岭的藏族人。他们是英国登山者的向导。穿着新式靴子和服饰，体力充沛，敢于冒险。丹增从他们身上看到了山谷之外的广阔世界。

抓住每一次机会

20世纪20年代后期，丹增家里的牦牛死于一场传染病，父亲迫不得已把他送到昆布地区的富人家里当仆人。

他和富商之女达瓦·普蒂相爱了。因为达瓦被父亲安排了一个门当户对的结婚对象，两人只好私奔，逃到了大吉岭。丹增靠做苦工养家糊口，他一直想进探险队工作。1935年，机会终于来了。英国登山家埃里克·希普顿（见第244—247页）准备攀登珠峰，缺两名背夫，就在最后一刻，丹增真诚的微笑感染了他。丹增因表现出色，在1936年和1938年再次被英国探险队雇用。

"二战"期间，没有探险队来喜马拉雅山，丹增在兴都库什山区的奇特拉尔侦察兵部队当勤务兵。妻子去世后留下两个年幼的女儿，他回到大吉岭，与另一个夏尔巴女孩结婚，他在外面工作时，后者可在家里照顾孩子。1947年，他跟随由安德烈·罗奇带领的瑞士探险队攀登了喜马拉雅山。他发现瑞士人比英国雇主更坦诚，更信任他，给了他攀登珠峰的机会。1952年，一支瑞士登山队在攀登

最佳搭档
丹增和希拉里仅在珠峰上停留了15分钟，下山的过程却漫长而曲折。如图所示，他们在4号营地喝茶庆祝。

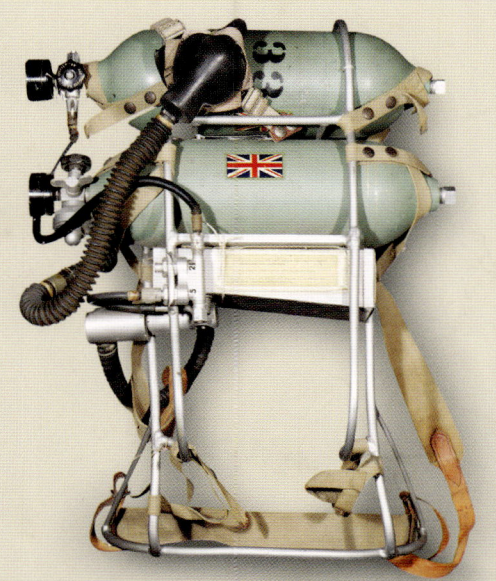

开放式氧气装置
丹增身上背的这台氧气装置在1953年是最先进的。他和希拉里还携带了备用氧气筒，能持续供氧五个小时。

时，雇用他担任向导队长。丹增和登山家雷蒙德·兰伯特组队，从南坳路线攀登到海拔8570米的地方，打破前人创下的纪录。

登上世界之巅

1953年，英国人意识到就攀登珠峰而言，丹增是最有经验的。丹增身兼登山者和夏尔巴向导队长两个角色，他的天赋已发展为真正的领导力。和埃德蒙·希拉里（见第264—265页）一起登顶珠峰后，他没有环顾四周的山峰，而是注视着承载了童年回忆的山谷，想起了家人。

在攀登过程中，丹增和希拉里的关系并不亲密。前者曾毫不掩饰地表达对瑞士人的偏爱，并在随探险队回到加德满都后批评队长约翰·亨特盛气凌人。但是后来，他和希拉里成了很好的朋友。

登顶珠峰之后，丹增被誉为印度和尼泊尔的英雄，并被英国授予乔治勋章。印度总理尼赫鲁请他协助，在大吉岭建立一所登山学校。他第三次结婚后，又生了四个孩子，却在登顶珠峰后就很少攀登了。

丹增站在世界屋脊上
1953年5月29日，埃德蒙·希拉里用相机记录了丹增在珠峰上举起冰镐的瞬间，冰镐上绑着旗子。丹增是一名佛教徒，他把饼干和巧克力埋在雪下，供奉神灵。

准备登顶珠峰，1953年
在1953年的珠峰攀登中，埃德蒙·希拉里和丹增·诺尔盖（见第266—267页）可能是实力最强、意志最坚定的一对搭档。这张照片摄于5月28日，他们正站在珠峰东南山脊上。两人从南坳出发，准备在南顶峰下的山脊上搭建起9号营地。5月29日中午11点半，他们成功登顶，这一消息很快传遍了世界。随后大家纷纷猜测两人中究竟谁先登上珠峰顶。

孔帕尼奥尼和莱斯德利

备受争议的K2峰首登英雄

意大利   *1914—2009年；1925—2009年*

阿希尔·孔帕尼奥尼　　里诺·莱斯德利

1945年后，意大利人对K2峰产生了极大的兴趣。若是能成功登上世界第二高峰，将有助于恢复民族自尊心。1954年，一支装备精良的意大利登山队抓住机会，登上了K2峰，这是在攀登K2峰时首次使用氧气瓶。然而，针对几位登山者在攀登过程中可能使用卑鄙手段的指控引起了此后几十年的激烈争论。

阿尔迪托·德西奥

意大利   *1897—2001年*

K2峰登山队队长并不是登山家，而是一名57岁的学者，他认为这个世界有严格的等级秩序。

K2峰登山队的队员们给他起了个绰号——"小公爵"，因为他发公报给山上的队员们，告诫甚至威胁他们不许失败。1929年，德西奥就去了喀喇昆仑山，开始了他在喜马拉雅山脉漫长而卓有成效的研究。从很多方面来看，德西奥是K2峰登山队队长的最佳人选，因为此次攀登不仅是为了登顶，还要进行科学探索。按说队长人选应当是里卡尔多·卡辛（见第292—293页），因为他参加了1953年的登山突击队，但是他被人以身体欠佳为由移出了队伍。德西奥自己之前是意大利山地部队成员，他更喜欢像孔帕尼奥尼这样的人。

1954年7月31日傍晚，里诺·莱斯德利站在K2峰顶峰，与队友阿希尔·孔帕尼奥尼一起发着牢骚。K2峰地势险峻，比珠峰的攀登难度还大，经过一路的艰难跋涉，两人早已筋疲力尽，尤其是孔帕尼奥尼。他对莱斯德利说，他更想在山顶过一夜，第二天早晨再下山。

莱斯德利知道这样做无异送死，他拿起冰镐警告队友，如果他不立即下山，就给他一镐。于是，他们在黑暗中慢慢摸索下山。尽管遭受了严重的冻伤，但他们还是活了下来。晚上11点，他们下到最高处的营地。

生平事迹

- 莱斯德利和路易吉·"比比"·盖迪纳首次重走博纳ზ-吉戈路线，此路线位于大卡皮桑峰的东壁，攀登难度大，但是他们用18个小时就走完了这条路线。
- 莱斯德利和孔帕尼奥尼带领一支登山队首次登顶K2峰，在国际上一举成名。但是在攀登过程中二人明争暗斗，后来互相揭丑指责，甚至对簿公堂。
- 攀登K2峰之后，孔帕尼奥尼就很少再登山，而是把精力集中到滑雪事业上。莱斯德利则继续攀登，从事登山向导的工作。

后来他们回到意大利，4万人欢呼着迎接归来的登山英雄。他们被授予意大利功勋奖章，并受到教皇的接见。然而，这次探险并不是一次欢乐的攀登。不久后，他们在接近顶峰时作出的生死决定将会引起激烈的争论，他们的成就蒙上一层阴影。

攀登的慧根

莱斯德利出生在多洛米蒂山脉的一个山区，从小就痴迷于攀岩与登山。一天，他趁父亲不注意，跟着当地的向导及其雇主登上了五塔峰的大托里峰，受到向导责备却从雇主那里收到了巧克力。父亲非常生气，可莱斯德利的人生道路就此定了方向。"二战"爆发前不久，一群多洛米蒂攀登者成立了一个俱乐部，名叫"松鼠"。路易吉·"比比"·盖迪纳是其中最好的登山者之一，他看出莱斯德利的潜质，于是收他为徒。他俩重新走完许多多洛米蒂山脉最难的路线，也走过法国阿尔卑斯大卡皮桑峰的瓦尔特·博纳蒂路线（见第296—297页）。

意大利的骄傲

如图所示，一份意大利周刊在宣传登山队登顶K2峰的胜利消息。"二战"后，攀登8000米以上高峰上升到民族主义层面，成功登顶会给那些"二战"战败国带来荣耀。

阿希尔·孔帕尼奥尼出生在意大利北部奥特勒阿尔卑斯山脚下的一个小镇上，年轻时加入了意大利山地部队。在这个步兵团里，士兵的必备技能就是滑雪和登山，孔帕尼奥尼因此成为一名出色的滑雪者和登山者。"二战"后，他经过培训，成为一名向导，并开了一家旅店。他没再进行多少新的攀登，这一点不同于其他一流登山家，但是他攀登马特洪峰和罗萨峰的次数高达100次，并参与了无数次登山援救。他的强健体力举世闻名，登上K2峰时，他已年近40，但依然精力充沛，雄心勃勃。

不好的开始

尽管意大利K2峰探险队有充分的技术支持，但12名登山者中没有一个人去过喀喇昆仑山脉或喜马拉雅山脉，也没有经验丰富的夏尔

乔戈里峰（K2）

阿布鲁齐山脊　1954年7月30日

- 初始阶段的顺利进展
  意大利人用一架绞盘绞车把低处的物资运往"豪斯烟囱"，然后用另一架将物资运往"黑色金字塔"。
- 天气渐渐变得恶劣
  马里奥·普吉奥兹的死动摇了队员们前行的决心。要到达"山肩"上面的9号营地，氧气供给是关键。
- 挺进顶峰
  孔帕尼奥尼和莱斯德利爬下去取了博纳蒂和马赫迪留下来的氧气设备，然后继续向上攀登，在下午6点登上顶峰。

巴人的协助。6月中旬，探险队中体力最好的成员马里奥·普吉奥兹在2号营地死去，死因可能是肺水肿。登山队横下心，继续前进。绞盘绞车将补给送到"豪斯烟囱"，这是通往阿布鲁齐山脊下部的一个重要地点。随着营地逐渐往山上推进，自然条件越发恶劣，登山进度大大减慢。另有一场灾难有惊无险，西里洛·弗洛雷亚尼从250米的高处坠落，幸运的是他活了下来。

7月中旬，队长阿尔迪托·德西奥将这次登顶任务交由孔帕尼奥尼负责。8号营地最终落脚在海拔7740米的地方，探险队计划在海拔约8000米的地方再搭建一顶帐篷，作为最终登顶的"前哨站"。但是，重要的氧气设备存放在莱斯德利和孔帕尼奥尼下方的7号营地，于是探险队中最年轻的成员瓦尔特·博纳蒂被派往7号营地去取氧气设备。

顶峰之争

夜幕降临时，博纳蒂带着巴基斯坦最优秀的背夫阿米尔·马赫迪返回山上，艰难地寻找新搭建的9号营地。这时一盏头灯在他上方的远处亮了，莱斯德利对着下面的博纳蒂大喊，让他放下氧气装置。莱斯德利本以为博纳蒂会向下返回，但当时天已经太黑，博纳蒂和马赫迪被迫在高山上过了一夜，马赫迪几乎全部脚趾和手指都因冻伤而坏死。

第二天早晨，孔帕尼奥尼和莱斯德利重新取回氧气瓶，创造了人类首次登上K2峰的纪录。

在山上露宿的那一夜引发了一场持续几十年的争论。直到2004年，莱斯德利证实了博纳蒂一直坚信不疑的事实：孔帕尼奥尼当天故意将9号营地移到博纳蒂和马赫迪都无法到达的地点，因为他不想让博纳蒂加入他们的登顶。孔帕尼奥尼否认了博纳蒂的指控，反而指控博纳蒂耗用了他们的一部分氧气。直到孔帕尼奥尼去世，这两个人都没有和解。

苦涩的遗产

2004年，莱斯德利出版了一本书，在书中他批驳了孔帕尼奥尼（左）的言论，支持博纳蒂的说法，证实了博纳蒂当时是被故意丢在K2峰的"死亡地带"的。

班德和布朗

世界第三高峰的开拓者

英国　　　　　　　生于1929年；生于1930年

乔治·班德　　乔·布朗

在首登珠穆朗玛峰后不久，乔治·班德和乔·布朗又成功地攀登了世界第三高峰干城章嘉峰。虽然这次登顶并未得到应有的关注，但纯粹地从登山角度来说，这毋庸置疑是一项非凡的成就。在丹增和希拉里登上珠穆朗玛峰之前，通往珠峰的大部分路线都被前人攀登过，但攀登干城章嘉峰的路线几乎完全不被人所知。

生平事迹

- 班德还是个学生时，就已成为他那个时代的主要登山者之一。
- 布朗为"二战"后英国登山运动的复苏做出了巨大贡献。他在英国开辟了一些最好的、最著名的登山路线，并前往阿尔卑斯山脉，探索了难攀的新路线。
- 23岁时，班德成为首登珠峰探险队中最年轻的队员。
- 班德用成功登顶珠峰所得到的资金尝试攀登喀喇昆仑山脉的拉卡波希峰。
- 班德和布朗沿着一条基本上没被开发的路线完成了干城章嘉峰的首登。
- 成功地登顶干城章嘉峰后，布朗确立了自己20世纪英国顶尖登山家的地位。直到八十多岁，他还在继续开辟登山新路线。
- 1956年，布朗登上喀喇昆仑山脉未被攀登的慕士塔格塔峰顶峰，这也许是当时在喜马拉雅山脉最难攻克的路线。

在1852年之前，人们认为干城章嘉峰是世界上最高的山峰，且因其攀登难度大、气候恶劣，多数登山者一直对其望而却步。但是，也不乏一些登山家尝试带队攀登这座山峰，如1905年的阿莱斯特·克劳利（见第196页），以及1930年的弗兰克·斯迈思。他们在攀登西南壁（雅隆岗坡）上取得了一些进展。斯迈思认为攀登干城章嘉峰的西南壁危险性太大。

然而，经过1954年对西南壁的考察，人们开始重新认识它的攀登难度。次年5月，英国登山家查尔斯·埃文斯带队成功征服了这座山峰。埃文斯曾在1953年的珠峰探险队担任副队长，在希拉里和丹增登顶前，他已抵达过南峰。埃文斯非常低调，他认为登山运动应该是一项团队运动，而不应该成为某几位"登山之星"的独角戏，这一说法让他赢得了全队的尊敬，其中包括八名队员和一位来自英格兰北部颇有名望的队医。

为赢而生

与"二战"前在喜马拉雅山脉攀登的其他人不同，乔·布朗是一名建筑工人。他出生在英格兰北部的曼彻斯特，父亲在他还是婴儿时就去世了，母亲靠给别人洗衣服为生来养家糊口。对他而言，登山爱好的形成，并非通过阿尔卑斯俱乐部的导师引导，而是通过和一帮伙伴在这个城市的废弃角落里的冒险活动及远行野营的结果。

从触碰到岩石的那一刻起，布朗就显示出了登山的天赋。他没有老师指导，全凭直觉本能行事。20世纪50年代初，他与唐·威尔兰斯（见第298—299页）建立了传奇般的合作关系，后来两人都成为岩冰攀登俱乐部的会员，该俱乐部是由一群曼彻斯特的思想前卫的攀岩者发起的。与此同时，在包括牛津和剑桥在内的具有悠久传统的大学里，青年登山者论坛也已复苏。布朗和威尔兰斯在阿尔卑斯山脉的早期探险，包括他们用很短的时间第三次登顶德吕峰西壁，使英国登山运动又回到世界的领先地位。

乔治·班德是传教士的儿子，出生于中国的台湾，"二战"期间来到了伦敦。年轻时，他就表现出运动天赋，在剑桥大学读书期间，他开始接触登山运动并崭露头角。1953年，年仅23岁的班德入选珠峰探险队，但表现得不尽如人意。不过后来，在攀登干城章嘉峰的过程中，他用行动证明了自己的实力。

团队领导力

从这张照片中可以看到，探险队长查尔斯·埃文斯正在4号营地下面行进，此处海拔约7000米。事实证明，埃文斯对探险队的统筹协调是这次探险成功的关键。

探索神圣的顶峰

尽管1955年攀登干城章嘉峰的登山队满怀激情,搭建了固定营地,雇用了夏尔巴人,还配有氧气设备,以及专门为攀登珠峰开发的新型攀登靴,相对来说,这次探险还算是简装轻行。他们的目标是到达海拔7000米处名为大岩架的山顶斜坡。这条路线意味着他们会爬上偏远的亚龙冰川。攀登的初始阶段对技术要求极高,特别是对那些没有攀岩经验的夏尔巴人来说更是不容易。幸运的是,他们发现了一座小峡谷,避开了大部分的危险。

到了更高的位置后,他们出乎意料地发现这里更容易攀登。埃文斯和新西兰人诺曼·哈迪利用密闭循环式氧气装置,一举突破大岩架,并找到合适的隐蔽地,建立了5号营地。实现了阶段性目标后,他们决定继续向上攀登。

攀登到这个高度,到达顶峰的机会近在眼前,埃文斯现在需要选择谁做先锋、谁做后援。他平静地宣布,由班德和布朗打头阵,哈迪和军官托尼·斯特里瑟随后跟上。他和尼尔·马瑟以及最优秀的夏尔巴人留下来搭建6号营地,为前去登顶的队员提供支持。

然而,刚爬上大岩架,登顶队员及其后援队就被困在风暴中长达60个小时。风暴结束后,他们重新部署、继续前进,将6号营地安置在海拔接近8000米的地方。通往顶峰的路线尚不明了,但班德和布朗采用了印度空军拍摄的航拍照片。五个小时后,他们到达了山峰西脊,再走120米就可抵达目的地,此时他们却被一道布满裂缝的大岩壁堵住了去路。布朗猛吸一口氧气,把一根木桩楔入地下,将自己塞进其中一道裂缝里,爬上了岩壁。

"乔治!"他喊道,"我们到了!"在当地文化中峰顶是极为神圣的地方,出于对当地人的尊重,他们留下最后几步没有踏出。

干城章嘉峰

西南壁   1955年5月25日

— 冰川路线
登山队发现了一条经低冰瀑到更为稳定的高冰瀑的安全路线。

— 前往大岩架
查尔斯·埃文斯和诺曼·哈迪使用密闭循环式氧气系统向上推进,攻克了大岩架,在海拔7700多米处搭建了5号营地。

— 班德和布朗登上顶峰
随着季风的到来,班德和布朗离开营地,沿着通道登上了西脊。

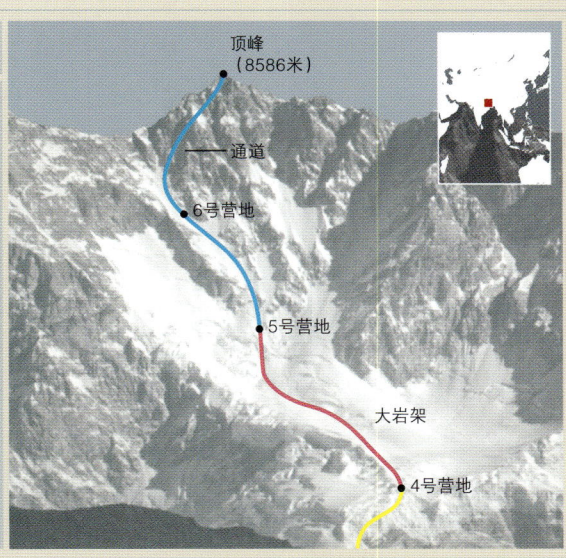

神灵之峰
从西南壁的通道攀登上来后,乔治·班德停留在海拔约8500米的干城章嘉峰脊上。出于对当地信仰的尊重,他没有踏上峰顶。

其他登顶的人

如图所示,1955年5月,在英国探险队攀登干城章嘉峰时,新西兰人诺曼·哈迪谨慎地盯着裂缝看。在乔治·班德和乔·布朗登顶的第二天(见第272—273页),哈迪和陆军军官托尼·斯特里瑟向顶峰攀登,但是见识过这垂直的裂缝之后,他们打算寻找一条更容易登顶的路线。于是,他们绕过悬崖,找到一条坡道,通过这条坡道,他们能够迅速地爬上最后的斜坡。

库齐和泰雷

马卡鲁峰的首批登顶者

法国　　　　　　1923—1958年；1921—1965年

生平事迹

- 12岁时，泰雷在勃朗峰山区进行了人生中第一次登山。
- 库齐在比利牛斯山脉开始学习攀登。
- 1947年，泰雷和路易·拉舍纳尔第二次攀登了艾格峰北壁。
- 库齐在多洛米蒂山脉和韦科尔完成了几条重要的巨壁路线的攀登。
- 泰雷和库齐两人都被选入1950年的安纳普尔那峰登山队；泰雷为赫佐格和拉舍纳尔两人的成功登顶提供了重要支持。
- 泰雷出版了他的畅销回忆录《无用的征服者》。
- 首登巴塔哥尼亚地区的菲茨罗伊山之后，泰雷成为马卡鲁勘探队的队员，在这期间，泰雷与库齐首次登顶珠穆隆索峰。
- 1955年，库齐和泰雷一起首登马卡鲁峰，这次首登几乎可称得上波澜不惊。
- 泰雷和库齐都在攀登法国名不见经传的小山峰时死于意外。

让·库齐　　利昂内尔·泰雷

1950年，正当法国庆祝成功登顶安纳普尔那峰时，喜马拉雅委员会已迅速锁定了下一个登山目标。鉴于英国已经明确表示了他们探索珠峰的兴趣，法国人便将目光投向世界第五高峰马卡鲁峰。法国人吸取了安纳普尔那的教训，完成了喜马拉雅山脉攀登史上最成功的一次攀登。在马卡鲁峰的攀登中，泰雷巩固了他在登山史上的地位和声誉。

在1950年安纳普尔那峰登山队的主要成员中，莫里斯·赫佐格和路易·拉舍纳尔（见第256—257页）因冻伤再也无法继续登山，而法国最著名的向导加斯顿·勒比法则因这次攀登对喜马拉雅山脉失去了兴趣。法国公众知道，利昂内尔·泰雷选择支援他人而放弃了自己登顶安纳普尔那峰的机会，但之后他就站在了登山的前线。

泰雷出生在格勒诺布尔附近，父亲是医生，母亲是艺术家，夫妇俩不理解儿子对高山的挚爱。父亲曾对他说："如果一个人累死累活地登上一座山，而山顶上连一百法郎的票子都捡不到，那他一定是彻底疯了。"

辉煌的一代

泰雷是"二战"后成名的法国登山家之一。他与路易·拉舍纳尔建立了亲密的友谊，他们两人是第二组登上大乔拉斯峰沃克山脊和艾格峰北壁的登山队。成功登顶安纳普尔那峰之后，泰雷紧接着在世界各地完成了多座山峰的首次登顶：巴塔哥尼亚的菲茨罗伊山、阿拉斯加的亨廷顿山、尼泊尔的贾奴峰、秘鲁的查克拉拉胡山。身为职业向导，泰雷写了一本精彩的回忆录——《无用的征服者》。在攀登安纳普尔那峰时，让·库齐还名不见经传，只在赫佐格的登山纪实中被一笔带过。然而，库齐有着与生俱来的力量，精力充沛，求知欲强。他出生在洛特加龙省，最先攀登的是比利牛斯山，后来由于学业的原因辗转去了巴黎，自此和马塞尔·沙茨合作，全心全意地投入职业登山。

为了阅读登山指南，库齐自学了意大利语。他是专业试飞员，能从当地的飞行俱乐部借用飞机，快速熟悉山区，提前了解可能遇到的困难，缓冲实际攀登的难度。婚后，他继续同妻子一起登山。

挺进马卡鲁峰

法国登山界老前辈吕西恩·德维负责督导马卡鲁峰攀登探险之旅，在1954年的勘察中，登山队创造了一系列首登纪录。

未经许可，库齐和泰雷秘密攀登了珠穆隆索峰，它与马卡鲁峰相邻，美得令人赞叹。攀登这座海拔7804米的高山是一项大工程。登顶前的那天晚上，他们遇上了恶劣的天气，但这并没有吓倒库齐。正如泰雷所回忆的："当时我只想尽快地摆脱这一切，是库齐的人格魅力让我紧紧地跟着他，就像慨然赴死的罪犯一样。"

他们在顶峰拍下了马卡鲁峰北部的重要照片，让登山队得以判断通往顶峰的路线。1955年的探险全程由让·弗朗戈领导，泰雷和弗朗戈还一起首登了马卡鲁Ⅱ峰，那一次的夏尔巴人是往年的两倍。根据泰雷的说法，"一支名副其实的8000米以上高峰登山队"诞生了。

登山队长
让·弗朗戈（左）是1955年马卡鲁峰登山队的队长，他正在给瓦尔特·博纳蒂提建议。1956年，泰雷与弗朗戈一起首登马卡鲁Ⅱ峰。

"登山队员们一个紧跟一个,就像一支训练有素的芭蕾舞团,五个营地立刻搭建起来,一吨半的食物、装备和氧气瓶都储存在5号营地。有了这些储备,还有那些将5号营地和3号营地连接起来的固定绳索,这个高级前哨站成为舒适安全的居留处,也可以确保队员在任何天气下都能撤退。"

在三个夏尔巴人的帮助下,6号营地很快在海拔约7800米处搭建起来,这给库齐和泰雷进行首次尝试登顶提供了条件。早上7点,他们离开帐篷,11点登顶。泰雷后来回忆说,他们相对轻松地登上了顶峰,甚至觉得胜利来得不那么尽兴。委员会的准备工作相当充分,使1955年探险队的九名登山者都成功登顶。

在接下来的十年里,征服马卡鲁峰的两位英雄都遗憾地在事故中遇难。令人惋惜的是,失事的山峰都不那么危险:在格勒诺布尔附近攀登时,让·库齐不幸被一块石头击中;利昂内尔·泰雷和他的登山伙伴马克·马丁内蒂一起在韦科尔的热比耶山上坠亡。

马卡鲁峰
北壁　1955年5月

- **5月2日　前往马卡鲁拉**
  尽管天气不尽如人意,法国队还是很快到达了通向马卡鲁拉的岩壁底部。他们用1954年勘探时留下的绳索到达山口,并在海拔7400米处搭建了5号营地。

- **5月15日　轻松登顶**
  早上7点,库齐和泰雷从海拔约7800米的6号营地出发。他们用了四个小时到达东脊,继而登顶。

电影演员
攀登马卡鲁峰之后,泰雷名声大噪,甚至出现在1959年的法国登山电影《中午的星星》里。如图所示,他正奋力抛出绳子以越过裂缝。

霍恩宾和翁泽尔德

首批登顶并翻越珠穆朗玛峰的人

美国   生于1930年；1926—1979年

汤姆·霍恩宾

威利·翁泽尔德

1960年，约翰·肯尼迪在其演说中敦促美国人民开拓"新边疆"，诺曼·迪伦弗斯提出的美国探险队攀登珠峰的建议随之得到了广泛的支持。1963年，美国登山队成功登上珠峰，这不仅是一场简单的爱国运动，更标志着人类在喜马拉雅山脉的攀登上又向前迈进了一步。

诺曼·迪伦弗斯出生于瑞士，是一位探险家的儿子，他很早就把攀登珠穆朗玛峰定为自己的目标。1952年，他曾与瑞士探险队一起攀登过珠峰，当时未能登顶；1955年，他又亲自率领登山队尝试攀登洛子峰。20世纪60年代初，来到美国的诺曼开始筹集资金，以实现美国人登顶珠峰的目标。与此同时，迪伦弗斯也打算在探险期间进行科学研究，这引起了美国国家地理学会的兴趣。后者给了他四分之一的资金资助，并派登山摄影师巴里·毕肖普随他同去，拍摄攀登过程。

珠穆朗玛峰上的美国人

资金到位之后，迪伦弗斯着手组建了一支美国有史以来最强大的登山队，队员中有"了不起的吉姆"·惠特克和26岁的卢特·耶斯塔德。惠特克是登山家，也是向导，是不久后登顶珠峰的第一个美国人。攀登珠峰计划的核心成员还有被任命为队长的威利·翁泽尔德和汤姆·霍恩宾。这两个人都曾是1960年美国探险队的队员，攀登过喀喇昆仑山的玛夏布洛姆峰，翁泽尔德在那次攀登中还到达了顶峰。翁泽尔德具有哲学头脑，"思想开放"，戏称自己为"老向导"，他总喜欢说"人生自一万英尺始"。翁泽尔德把在群山中体会到的深刻精神毫不吝啬地传播给大众。在他还是童子军时就开始登山了。青年时代，他尝试攀登过恒河源头之一的根戈德里冰川顶端的尼尔堪莎峰。1954年，他加入美国探险队，尝试攀登马卡鲁峰。

汤姆·霍恩宾因出生在密苏里州的圣路易斯，从小便对高山探险非常着迷。后来，他研究了地质学，攀登了落基山脉弗兰特岭的一些新路线。在返回密苏里州的医学院之前，他教过山地救援。他后来专攻麻醉学，这一专长使他自然成为珠峰登山队的氧气设备管理人。1963年，霍恩宾在海军服役，但在迪伦弗斯的帮助下，他得以提前退伍，加入登山队。在圣地亚哥霍恩宾的家中，迪伦弗斯建议登山队从西脊下山，不要走上山时的那条路线，这一额外设计是用来吸引公众的好奇心的。

可想而知，霍恩宾对此并不赞同。刚刚几近挣扎地登上顶峰，再去找一条未知的下山路线，听起来简直就是一场灾难。但他转而意识到，从西脊攀登而不是从西脊下山，这比简单地重复1953年的路线更有趣、更引人注目，也是可行的。

生平事迹

- 美国珠峰登山队有两个目标——科学研究和征服高峰。他们也是第一支在珠峰同时尝试两条路线的登山队：希拉里和丹增的南坳路线和一条从未被尝试过的西脊路线。
- 此次探险有五名队员登顶，抓拍到了有史以来第一段摄自地球最高点的视频。
- 吉姆·惠特克成为第一个登上珠峰的美国人；霍恩宾和翁泽尔德完成了经由西脊和南坳登顶，成为有史以来首次成功地登顶并翻越珠穆朗玛峰的登山者。
- 在登顶珠峰之后，翁泽尔德成为"拓展训练"的代言人，并影响了户外运动教育的发展。后来，他死于雷尼尔山的雪崩。
- 霍恩宾后来成为一名麻醉师，专门研究高海拔生理学。

宏伟的计划

起初，迪伦弗斯的计划很难吸引到资金——美国人普遍对此不感兴趣，认为对珠穆朗玛峰的攀登已经"结束"。为了引起公众的注意，他建议"大满贯"地攀登珠穆朗玛峰，加上洛子峰和努子峰，一扫世界三大最高峰。这一计划很快得以调整，变为让美国人首次登顶珠穆朗玛峰。如图所示，巴里·毕肖普正向着洛子坡上的日内瓦壁攀登。

重装探险队
迪伦弗斯的登山队由20名登山者和科学家、32名夏尔巴人以及909名背夫组成，共携带25吨重的食物和设备。

背道而驰的目标

迪伦弗斯清楚地知道，如果将登山队所有资源和人力都放到西脊，万一失败，他背后强大的赞助人或许不会那么善解人意，更不用说美国公众了。队中的其他人，尤其是惠特克和耶斯塔德，觉得登上这座山就心满意足了，选择哪一条路线都无所谓。因此，全队在选择路线上出现了分歧，一派支持西脊路线，另一派更倾向1953年由希拉里和丹增走过的"更安全"的南坳路线。这一分歧会时不时带来摩擦。

登山队早早出发，2月就离开了加德满都，以便有充足的时间适应环境气候。3月22日，他们开始对昆布冰瀑的考察，但第二天，冰崖坍塌，年轻的登山家杰克·布赖滕巴赫不幸丧命。登山队士气本已严重受挫，又因与夏尔巴人之间的问题再一次增加了紧张气氛。

布赖滕巴赫曾是支持"西脊路线派"的一员，随着探险的推进，登山队里的问题越来越多，队员们也出现了水土不服的症状。于是，反对西脊路线的声音出现了。随着对西脊的勘察，霍恩宾的登山热情逐步消减。现在，就连迪伦弗斯自己也开始怀疑当初的决定了。大多数队员都一心想着从南坳登顶珠峰，而不是挑战西脊的新路线。翁泽尔德、霍恩宾和毕肖普站在西山肩上，眺望所有战前登山队曾苦苦挣扎过的北壁，毅然决定带夏尔巴人撤离西脊路线。

毕肖普肩负着美国国家地理学会的工作任务，只得选择改变路线。登山队在西冰斗迅速取得了进展。5月1日，惠特克和丹增的侄子拿旺·贡布早上6点15分从东南脊的6号营地出发，于下午1点前登上山顶，并步调一致地迈出了登顶的最后几步。第二队登顶的人员包括耶斯塔德和毕肖普，他们为了帮助几名精疲力竭的队员下山，推迟了自己向山顶推进的时间。

西脊的开拓性尝试

既然那么快就有人登上了顶峰，他们便仍有足够的时间尝试西脊路线。西脊路线的队员驻扎在4号营地，霍恩宾和翁泽尔德向左勘探，他们远离山脊，到达

为什么登山？

1963年的珠峰探险第一次对登山者进行了心理测试，对什么类型的人会登山、登山者之间的关系如何做了研究。这项研究要求在登山者探险前对他们进行三天的测评，然后持续14周填写卡片，详细记录他们的情绪。这项研究显示，登山者具有独立、冷漠的特性，是难控制的群体，不容易建立长期稳定的关系。

迈向未来的一步

惠特克登顶珠峰的消息登上了《纽约时报》头版；关于翁泽尔德和霍恩宾（右），只在杂志的第28页上有一篇短报道，但是他们以阿尔卑斯式登顶并翻越珠穆朗玛峰的壮举震惊了登山界。

珠穆朗玛峰

西脊　1963年4月/5月

- **4月11日　通往西山肩的路线**
  霍恩宾和翁泽尔德在西山肩上搭建了3号营地,他们在那里发现了霍恩宾雪沟,并以此作为通往山顶的可行路线。
- **5月15—21日　直达5号营地**
  "西脊队员"在海拔7650米处搭建了4号营地,但第二天便被暴风雨摧毁。5号营地搭建在霍恩宾雪沟,从这里可以直接进入"黄色地带"。
- **5月22日　登上山顶**
  早上7点,霍恩宾和翁泽尔德离开帐篷,艰难地在狭窄的峡谷上攀登,穿过"黄色地带",重新回到西脊,最终在下午6点15分到达山顶。
- **5月22日　下撤到南坳**
  霍恩宾和翁泽尔德比毕肖普和耶斯塔德晚了三个小时到达山顶,于是他们沿着东南脊下山,在晚上9点30分发现了他们的伙伴。四个人在海拔8000米的高峰上露宿了一夜,并活了下来。

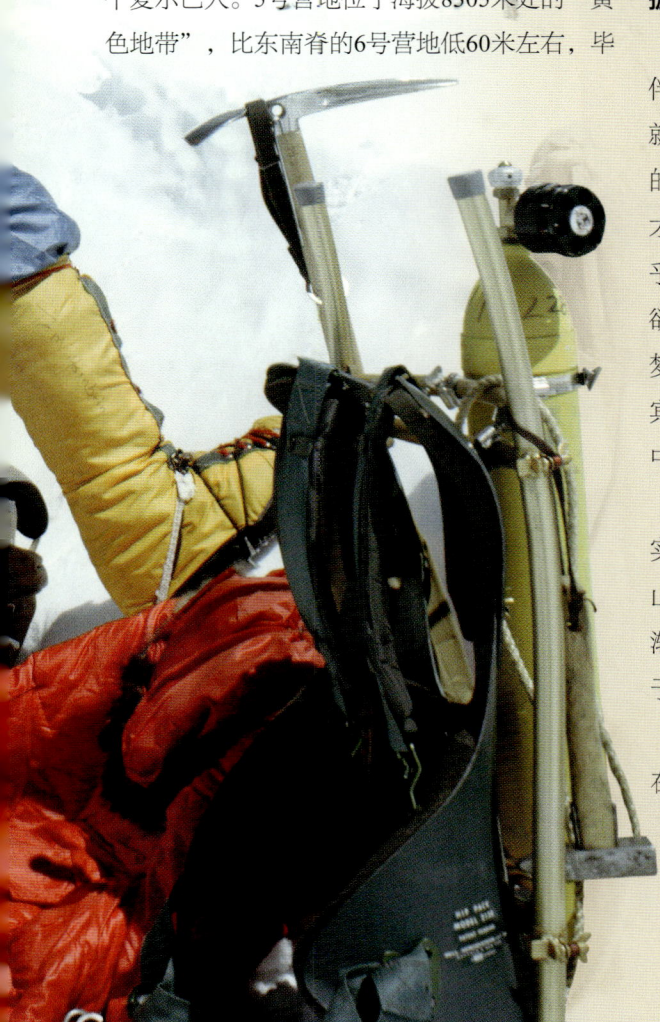

现在被称为"霍恩宾雪沟"的地方。当晚,4号营地遭到风暴袭击,帐篷连同里面的人被吹到30米开外,差点滑落到北壁下面的山谷里。

尽管如此,西脊路线的队员并没有放弃。5月20日,4号营地重新搭建起来。第二天早上,后援队员巴里·科比特和阿勒·奥滕离开4号营地,去搭建5号营地,随行的还有即将登顶珠穆朗玛峰的翁泽尔德和霍恩宾,以及迪克·埃默森和五个夏尔巴人。5号营地位于海拔8305米处的"黄色地带",比东南脊的6号营地低60米左右,毕肖普和耶斯塔德等待时机由南坳往上攀登。

一场由火炉引发的帐篷火灾使毕肖普和耶斯塔德的行程耽搁了,并且用尽了他们的水。攀登到山顶的七个小时中,狂风持续袭扰。他们原本希望能在山顶遇到霍恩宾和翁泽尔德,然后一起下山,但由于他们氧气减少,不能再等下去,只得自行下山。

披荆斩棘,最终突破

霍恩宾和翁泽尔德这对从西脊登顶的伙伴,带上氧气、少许食物和无线设备,早上7点就离开了帐篷。山坡坡度为55度,覆盖着松散的粒状雪。前行举步维艰,他们用了四个小时才走了122米。"被侵蚀的岩石、柔软的雪、几乎无处可钉岩钉的地面反而加深了我们前进的欲望。太多的付出、太多的不眠之夜、太多的梦想,引导我们来到这片遥远的土地。"霍恩宾后来在他的探险纪实《珠穆朗玛峰:西脊》中这样写道。

在"黄色地带"的上方,岩石逐渐变得坚实,但很快便只剩下积雪。两人沿着最后一道山脊向上行进,宽广巨大的南壁在他们的脚下渐渐消失。从帐篷出发11个多小时后,他们终于在下午6点15分到达山顶。霍恩宾回忆道:"太阳的光芒平行地扫过山顶,我们紧紧地拥抱在一起,眼泪流过氧气面罩立刻变成了冰。"

在死亡地带度过的一夜

霍恩宾和翁泽尔德发现了毕肖普和耶斯塔德从山顶下来时留下的脚印。下山的途中,他们发现同伴在南坳上方的雪地里摔倒了。夜幕降临后,这四名登山者选择一块露出地面的岩石作为休息场所,没有帐篷也没有睡袋,在"这个世界上的荒凉一隅"半睡半醒地度过了一夜。

第二天,他们兴致勃勃地继续向营地挺进。到达营地之后,翁泽尔德和毕肖普的脚已被冻伤,无法继续前进,只好由夏尔巴人抬着走。因为最先登上顶峰,惠特克将会得到公众的喝彩,但对登山者来说,翁泽尔德和霍恩宾从西脊路线登顶才是更大的胜利。

总统接见
约翰·肯尼迪总统亲自在白宫举行仪式,欢迎登山队凯旋,称赞他们"证明了充满活力的生活仍然吸引着美国人民"。

极限攀登时代

大事记

1920年

▲ 1925年
德国登山家维洛·韦尔岑巴赫（上图）登上了德朗峰北壁，这开启了登山运动的一个新阶段（见第236—237页）

▶ 1927年
苏格兰登山家托马斯·格雷厄姆·布朗和弗兰克·斯迈思（右图，见第247页）结成队友，两人一起攀登了勃朗峰布伦瓦坡上的红哨兵线。后来两人发生了分歧，合作关系因此告终

1928年
布朗和斯迈思把他们的分歧暂放在一旁，携手登上了布伦瓦坡上的主线，这是阿尔卑斯山脉最重要的登顶之一

◀ 1929年
意大利登山家埃米利奥·科米奇登上了多洛米蒂山脉第一个难度等级为六的山峰，即位于科尔蒂纳丹佩佐附近的索雷拉迪梅佐山的西北柱峰（见第288—289页）

1930年

▶ 1931年
施密德兄弟在攀登马特洪峰北壁的比赛中获胜，二人从慕尼黑的家中一路骑车进入山区，并在高山上露营了一夜

1931年
韦尔岑巴赫与维利·默克尔（见第238—239页）一起攀登大沙尔莫针峰北壁。他们的登顶及在风暴中活了下来的事迹成为整个欧洲的重大新闻

1933年
托马斯·格雷厄姆·布朗开辟了勃朗峰布伦瓦坡上的三条路线，登上了皮尔扶壁

1935年
在一番激烈的竞争之后，马丁·迈耶和鲁道夫·皮特斯获胜，开辟了大乔拉斯峰北壁、山脊的路线

▼ 1938年
安德尔·海克迈尔带领德奥联合登山队（见第290—291页），艰难地登上了艾锋峰北壁，这是攀登此山历史上的高潮

1950年

1951年
意大利登山家瓦尔特·博纳蒂和卢恰诺·吉戈攀登了勃朗峰山脉的大卡布辛峰的东坡（见第296—297页）

1954年
在快速重走德吕峰西壁后，乔·布朗和唐·威尔兰斯登上了位于霞慕尼极具挑战性的布拉埃针峰西壁（见第298—299页）

1955年
在乔戈里峰（K2）登顶失败后，瓦尔特·博纳蒂从一条全新的线路——德吕峰西南柱峰线返回阿尔卑斯山，他用五天的时间独自走完全程（见第296—297页）

1963年
美国人汤姆·弗罗斯特、约翰·哈林、加里·海明和斯图亚特·福顿成为第一批登上疯人针峰南壁的队员，疯人针峰位于霞慕尼上方的偏远地带，它让人联想起约塞米蒂（约塞米蒂国家公园）的大山壁

▲ 1958年
意大利登山家里卡尔多·卡辛（见第292—293页）带领一支探险队前往喀喇昆仑山脉的迦舒布鲁姆Ⅳ峰，博纳蒂和卡洛·毛里登上了加舒尔布鲁木山四号峰的顶峰

1960年

◀ 1961年
英国登山家唐·威尔兰斯、克里斯·伯宁顿（左）、伊恩·克拉夫和简·德马戈什是第一批登顶弗雷尼中央岩的登山家（见第300—301页）

1962年
利昂内尔·泰雷（见第276—277页）是一个法国战后的传奇人物，第一个艰难地首登尼泊尔贾努峰，这是他登山生涯中的重要成就

▼ 1962年
约塞米蒂的传奇人物罗亚尔·罗宾斯（下图）和加里·海明沿着美国直上路线登上了德吕峰的西壁，这条路线是现代阿尔卑斯式攀登的经典之作，如今基本上已被坠落的岩石摧毁

1966年
英国登山家杜格尔·哈斯顿（见第298页）和德国队员西吉·胡普福尔、约尔格·莱纳、冈特·施特罗尔和罗兰·弗特勒尔联合组建了登山队去攀登艾格峰直上路线

1967年
法国向导勒内·迈松和罗伯特·弗莱马提在冬天登上了弗雷尼中央岩，第二年，又在大乔拉斯峰体验了素有"裹尸布"之称的冰川路线——朗索尔路线

◀ 第282—283页　法国登山家凯瑟琳·德蒂韦勒于1994年攀登了霞慕尼附近的顶峰

随着顶峰不断被征服，阿尔卑斯山脉的探险告一段落，登山者们面临着这样一个难题：登山运动应该如何发展？对于这一问题的回答，登山家们各执一词。1925年，两名慕尼黑的登山者维洛·韦尔岑巴赫和欧根·阿尔魏因整装待发，准备登上德朗峰的北壁。这两位德国人攀爬上陡峭的岩石和冰川，在寒冷的冰崖峭壁间开辟了一条令人耳目一新的路线。此时，《阿尔卑斯登山杂志》的经营进入萎缩期。杂志评论认为，这条德国路线应归为一种"愚蠢的创新"。登山者应该紧贴山脊走，而不是攀登山坡。但事实证明，未来登山运动的发展确实与维洛·韦尔岑巴赫的想法不谋而合。正如法国登山者吕西恩·德维所言，登山运动的中心从伦敦转移到了慕尼黑，"在那里青年人都雄心勃勃，创新是一种潮流。"

1970年

1975年
莱因霍尔德·梅斯纳尔和彼得·哈伯勒将他们的阿尔卑斯式登山速度应用到喜马拉雅山脉的攀登上，在迦舒布鲁姆I峰上开辟了一条新路线，再次开启攀登喜马拉雅山脉的新时代（见第308—311页）

▲ **1975年**
伯宁顿的探险队越过了珠穆朗玛峰的西南壁。道格·斯科特（见第304—305页）和杜格尔·哈斯顿（上图）成为首登珠峰顶峰的英国人

1977年
斯科特和伯宁顿首次攀登了喀喇昆仑山最难征服的"食人魔峰"。斯科特在下山的过程中折断了双腿，只得爬回了大本营

▲ **1978年**
梅斯纳尔和哈伯勒没带瓶装氧气，登上了珠穆朗玛峰，破解了攀登珠穆朗玛峰的生理之谜。两年后，梅斯纳尔又一次独自登顶

▲ **1979年**
一支南斯拉夫登山队攀登上了西脊，这是东欧登山者攀登喜马拉雅山脉新浪潮的一个组成部分

1980年

1984年
帕特里克·加巴鲁和弗朗索瓦·马西尼攀登了大安格勒大山柱上的天意峰，这是阿尔卑斯山脉偏远地区最艰难的攀登之一

▼ **1984年**
诺伯特·朱斯和埃哈德·罗瑞坦（下，见第334—335页）登上安纳普尔那峰的东脊；东脊全长7.5公里，大部分地段都在海拔7500米以上

▼ **1985年**
波兰登山者沃伊切赫·科提卡（右，见第328—329页）登上了喀喇昆仑山脉迦舒布鲁姆Ⅳ峰的西壁，这一壮举被同行认为是"世纪之登"

1986年
梅斯纳尔成为第一位攀登14座8000米以上高峰的登山者，紧随其后的是波兰传奇人物捷西·库库奇卡（见第312—313页）

1987年
英国登山税收员米克·福勒和他的搭档维克多·桑德斯攀登了喀喇昆仑山脉惊险美艳的斯潘提科山黄金曲岩柱

1990年

1990年
斯洛文尼亚的托莫·切森声称他独自登上了洛子峰南壁，但是他的说法引来众多质疑。南壁后来由俄罗斯登山队用围攻式战术征服

▲ **1991年**
法国登山家皮埃尔·贝甘（见第334页）和克里斯托夫·普罗夫特以阿尔卑斯式登上K2峰的西北脊

1991年
攀登珠峰的老将安德烈·斯坦斐济和同样来自斯洛文尼亚的传奇人物马尔科·普雷泽利以阿尔卑斯式首次登顶干城章嘉峰的南脊（见第332—333页）

1997年
英国攀登者安迪·凯夫和布伦丹·墨菲登上北壁后，又登上了强卡邦峰顶峰；墨菲在一次雪崩中失踪

▼ **2002年**
德国攀岩者亚历克斯·休伯（下）独自登上了主峰。直上路线是一个难度等级为5.12A，长500米的路线，途中他只带了越野靴和一个粉袋（见第340—341页）

北壁

对登山者来说,"北壁"总有一种让人生畏的感觉。在北半球,阴冷的北壁给攀登增加了额外的困难,也给登山者增加了心理压力。

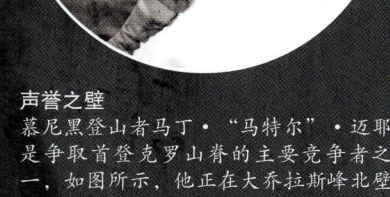

声誉之壁
慕尼黑登山者马丁·"马特尔"·迈耶是争取首登克罗山脊的主要竞争者之一,如图所示,他正在大乔拉斯峰北壁的露营地向外观望。

1954年,杰出的法国向导加斯顿·勒比法在其著作《星星与风暴》中,列举了他最渴望登上的六个北壁。他是征服这六大北壁的人。其中,马特洪峰、艾格峰和大乔拉斯峰北壁的攀登难度比巴迪勒峰、布伦塔峰主峰和小德吕峰的北壁的难度高得多。

虽然这六座北壁确实值得挑战,但他没算上维洛·韦尔岑巴赫的经典路线(见第236—237页)。韦尔岑巴赫是掀起北壁浪潮的先驱者之一,他先攀登了德朗峰,1932年又在伯尔尼高地进行了一系列冒险,攀登了格罗斯峰、劳特布龙嫩布里托轮峰和格莱奇尔峰的北壁。他的最大成就是登顶格施帕尔滕峰的北壁,此处海拔几乎和艾格峰一样高,高差约1600米。

上述最后一次攀登十分危险。他和同伴没有使用绳子,由于"岩石容易碎,缺少抓手,上面覆盖着雪、冰和鹅卵石并有水从岩石上流下来,岩坡又万分陡峭,不可能一队人抓着绳子有条不紊地前行。此外,照看绳子还会增加石头坠落的危险,减缓前进的速度。"

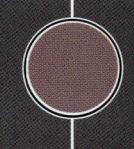

库尔茨和欣特斯多赛尔
1936年,德国人托尼·库尔茨和安迪·欣特斯多赛尔在艾格峰北壁遇难前的照片。在撤离时,恶劣的天气夺去了他们的生命。

新闻英雄

1931年,韦尔岑巴赫和维利·默克尔(见第238—239页)登上了大沙尔莫针峰的北壁,这次差点儿让他们付出了生命的代价。在山上他们被暴风雨困住了好几天,一路披荆斩棘,奋力摆脱困境。新闻媒体对他们的故事极感兴趣。整个20世纪30年代,登山运动成为媒体关注的重要内容。

韦尔岑巴赫把登山看作一种业余爱好,不关心其知名度。竞登更著名的路线,成为一种趋势,对于经济实力薄弱的登山者来说,竞争带来的关注度是潜在的收入来源。新闻行业瞄准了这一机会,并向最先登顶著名山峰的人提供奖励。这种登山运动和新闻行业的结合既引人入迷,又可能带来致命的危害。对攀登北壁的报道起初只是

> 20世纪30年代,随着攀登技术的不断进步,登山运动逐步扩展,普及到德国、奥地利以及意大利的工人阶级。人们的注意力转移到了阿尔卑斯山北壁的探索上,这里是最让人心生畏惧的地方,也是技术上要求最高的部分。

媒体的活动,后来演变成最高的政治宣传。毫无疑问,在失业率居高不下的情况下,那些家境贫寒的慕尼黑登山者们,对任何形式的经济援助都不会拒绝。

北壁探索先驱

韦尔岑巴赫与马特洪峰北壁奖失之交臂。1931年,两个年轻的德国兄弟——托尼和弗兰兹·施密德获得此奖。他们骑自行车到达了采尔马特,仅带了一根麻绳、一些岩钉和食物,便在岩崩之前,登上了第一个冰冻的大斜坡。经过一夜露营和一番路线搜寻,他们于第二天下午2点到达山顶。此时正值风暴来袭,因此他们在索尔韦露营地里被困了两天,下山之后受到了各方的热烈欢迎。

征服大乔拉斯峰北壁的竞争更加激烈。大乔拉斯峰北壁的两个大山脊——沃克山脊和克罗山脊几乎吸引了当时主要的登山家。朱斯托·杰尔瓦索提是一位了不起的意大利登山家,他目光长远,把东阿尔卑斯山的登山技术带到勃朗山域。1933年,在恶劣的天气迫使他们返程之前,他和同伴皮耶罗·扎内蒂一起前往克罗山脊并向上攀登。

1934年,阿尔芒·沙莱(见第125页)和

马特洪峰北壁
1931年,高高牟立在采尔马特之上的马特洪峰北壁被身手敏捷的施密德兄弟征服,这让整个登山界大为震惊。

深受竞争鼓舞
在攀登克罗岩柱时,鲁道夫·皮特斯和海克迈尔展开了激烈的竞争,但皮特斯最终于1935年6月率先登顶。在队友鲁道夫·哈林格遇难后,他与迈耶重新组队合作。

罗伯特·格雷兹试图征服大乔拉斯峰北壁,接着另外好几支登山队也紧随其后。因奥地利人鲁道夫·皮特斯的同伴死于一场坠落事故,他只得独自一人忍受狂怒的风暴,露宿了三个夜晚后,才下山。次年皮特斯和马丁·迈耶成功地第一次登顶克罗岩柱。

攀登北壁的先驱们是历史上最伟大的攀岩者,其中主要有韦尔岑巴赫、安德尔·海克迈尔(见第290—291页)和里卡尔多·卡辛(见第292—293页)。在主要的攀登技术开发出来之前,他们就取得了相当大的成就,这让20世纪30年代在许多人眼中成为登山运动的第二个"黄金时代"。

背景介绍

- 维洛·韦尔岑巴赫是慕尼黑的一名政府测量员,他将极限攀岩的方法应用到攀冰上,改变了登山者对极限攀登的态度。安德尔·海克迈尔是首次登顶艾格峰北壁的登山队队长,他称极限攀登"让人们对那些地形陡峭、攀登难度大的山壁的畏惧消失了"。

- 人口的变化也对登山运动产生了一定的影响。到第一次世界大战之前,登山运动几乎只属于富有的专业人士。20世纪二三十年代,德国、奥地利和意大利的工人阶级也开始登山,这拓宽了登山者的范围。

- 新生力量的死亡人数很高,因循守旧者担心登山运动正在被鲁莽人士所接替。《阿尔卑斯登山杂志》的编辑爱德华·利勒·施特鲁特对海克迈尔攀登艾格峰北壁的路线很不看好,认为这条路线是"最愚蠢的创新"。

- 北壁的戏剧性事件激发了媒体的兴趣,也引起了德国第三帝国的政治宣传机构的注意。在踏上艾格峰的死亡之路时,埃迪·雷纳和威利·安格雷尔告诉记者:"我们必须征服那座山,不然它就会征服我们。"

死亡之壁
在电影《北壁》(2008)的这一幕中,库尔茨和欣特斯多赛尔开始了他们命定死亡的艾格峰北壁的攀登。

埃米利奥·科米奇

攀岩技术的大师

意大利　　　　　　　　　　　　　　　　**1901—1940年**

尽管埃米利奥·科米奇最初的热情在于探索洞穴，但在20世纪20年代中期，他开始关注登山运动，并很快变得老练起来，展示出天生的才能，为自己赢得了"多洛米蒂天使"的绰号。"一战"后，巴伐利亚登山者们在阿尔卑斯山脉引入了一种更大胆的登山方法。科米奇魅力超群，热情洋溢，1931年，他在奇韦塔山攀登了一条新路线，随着这条路线的开辟，将意大利的登山水准提升到德国水平。

奇韦塔山的西北壁，海拔约1200米，是多洛米蒂山最大的山壁。1925年，德国登山者埃米尔·佐勒德及其搭档古斯塔夫·莱腾鲍尔首次登上这一巨壁。根据国际登山联合会的评级标准，此为阿尔卑斯山脉的攀登中首次达到六级的攀登。科米奇开辟了一条相同等级的新路线，激励了新一代意大利登山者。

运动健将

科米奇一家住在意大利东北部的里雅斯特。18岁时，科米奇就对体育运动产生了兴趣。他加入了该市一个名为"十月三十"的青年组织，以不断激发自己对体育运动的热情。除划船、骑车、足球和体操外，他还到的里雅斯特外的石灰岩低丘上进行洞穴探险，并取得了不错的成绩。有一天，来自阿尔卑斯登山俱乐部的里雅斯特分部的朋友们提议他一起去登山。他后来说，那一天"点燃了成就我一生的火苗"。

在的里雅斯特附近的罗桑德拉山谷的悬崖上接受训练后，到1927年，科米奇已经能在多洛米蒂山开辟新路线，以此为开端，他一生完成了200余次重要首登。1929年，他和乔达诺·费边一起，在科尔蒂纳丹佩佐上方的索雷拉迪梅佐山西北柱峰上开辟了一条新路线，这是意大利人首次登上等级为六的山峰。卓越的登山成就和热情的性格使科米奇成为一名大受欢迎的教练，随后他便辞去码头工作，创办了意大利第一所攀岩学校。

登山艺术家

1932年，科米奇搬到多洛米蒂山上一个叫米苏里纳的小村庄，在那里创办了一所新学校。在接下来的一年里，里卡尔多·卡辛（见第292—293页）请科米奇到格里尼亚山，给他的俱乐部会员传授最新的攀岩技术。卡辛说，50年来，他从未见过比科米奇更优雅的登山家，堪称为"大师"。在格里尼亚时，科米奇遇到了登山家玛丽·瓦拉勒，并于1933年与她一起登顶三指峰小峰的"黄色岩壁"。

"黄色岩壁"是一条细长的石灰岩柱，几乎悬空而挂，它充分阐释了科米奇对攀岩的美学追求："我希望有一天开辟一条路线：从峰顶洒下一滴水，水滴的轨迹就将是我的攀登路线。"他的浪漫情怀和优雅风格让杰出的意大利登山家汉斯·维

生平事迹

- 1929年，科米奇在索雷拉迪梅佐山西北柱峰上开辟了一条重要的新路线，下山途中遭遇一场风暴，被迫在山上露营，但活了下来。
- 科米奇在奇韦塔山西北壁开辟了一条新路线，这条路线的难度与1925年巴伐利亚人埃米尔·佐勒德的攀登路线不相上下。
- 科米奇创造了在阿尔卑斯山攀登中从未实现的最高难度的攀登纪录，成为民族之星。
- 受到竞争对手德国登山者的刺激，1933年，他登上了三指峰主峰令人生畏的北壁，书写了阿尔卑斯山的登山新纪录。

孤独的胜利

1937年，科米奇再次回到三指峰主峰的北壁（如图所示），只用了三个半小时就独自登顶。他后来说："我知道，独自攀登一座巨壁是我们所能做的最危险的事情……但就是在那一刻，生活是那么崇高，再危险也值得。"

尔纳策说出了这样的话："在岩壁上，科米奇是一位天使。"

科米奇的名字与三指峰紧密相连，被科米奇称为"印度众神"的这三座峭壁是攀登多洛米蒂山脉的重点。三指峰主峰也称巨峰，其北壁高500米，比主峰下部向外多悬出五度。20世纪30年代，德国人汉斯·施特格和他的意大利妻子保拉·维辛格曾尝试攀登北壁，但最终被迫返回。威尼托登山者拉斐尔·卡莱索也铩羽而归。山壁被贴上不可能被攀登的标签，登山者们只有望壁兴叹。对于科米奇而言，登顶北壁的声誉是一种不可抗拒的诱惑。1932年，他与雷纳托·扎努蒂一起到达前人攀登到的高度后向左穿行，来到一个无可借力、几乎悬空的地方，最后气力耗尽，败下阵来。1933年，因听说德国对北壁产生了兴趣，意大利人又先发制人，进行了两次尝试。

1933年8月13日，科米奇与意大利人朱赛佩·迪迈以及他的兄弟安杰洛一起，再次挑战北壁。在阿尔卑斯山脉，这样的攀登之前几乎还没有过：首先，北壁险峻陡峭，登山者必须技术过硬，注意力高度集中。他们用了两天时间征服了北壁，立起了攀登阿尔卑斯山的新技术的一座里程碑。

然而，登山兄弟会的老派人士批评科米奇过度使用岩钉。《阿尔卑斯登山杂志》的编辑对这一成就也不屑一顾："就像高空作业人员维修工厂烟囱一样，这次征服北壁也全是工具起的作用。"但是，科米奇的理念得到年轻登山者的广泛推崇，登顶北壁使他成为明星。后来，他在一所滑雪学校担任教练，在教初学者攀岩时不幸遇难。

开拓性的攀岩明星
在罗桑德拉山谷的山壁上，科米奇完善了自由攀登的技巧，掌握了使用岩钉、绳套和双绳等攀登辅助工具的方法。

安德尔·海克迈尔

首次登顶艾格峰北壁的天才

德国　　　　　　　　　　　　　　　　1906—2005年

从20世纪30年代中期开始，征服艾格峰北壁成为攀登阿尔卑斯山所能取得的最高荣耀。地形复杂、壁体凹陷的北壁吸引着登山者们争相攀登，但他们总会遇到恶劣天气、落石和技术难题。六名登山者在这里遇难后，瑞士颁布了禁止攀登北壁指令，但这并不能阻挡包括安德尔·海克迈尔在内的新一代登山者。

1938年，安德尔·海克迈尔与德国同伴路德维希·沃格一起抵达艾格峰，此前已有八名登山者在攀登北壁时丧生。在1937年与马蒂亚斯·瑞比斯一起攀登之前，沃格曾亲自将两名遇难者的遗体运送下山。他们攀登到了比"死亡营地"更高的地方，就是在此地，德国人马克思·泽尔迈尔和卡尔·梅林格在1935年攀登时因恶劣的天气而丧命。而瑞比斯和沃格的谨慎和能力打破了任何试图攀登艾格峰的人必遭灾难的魔咒。1938年，瑞比斯去了南迦帕尔巴特峰，并写信给海克迈尔，建议沃格与海克迈尔一起攀登艾格峰。沃格是一位优秀的攀岩者，有"露营之王"之称，即使在最恶劣的条件下也能创造适合生存的环境。他比海克迈尔小五岁，后者时年32岁，正值壮年。

海克迈尔出生在慕尼黑。父亲死于第一次世界大战期间，母亲被迫将两个年幼的儿子送到孤儿院，他们在那里忍受着无休止的饥饿。14岁时，海克迈尔开始在园艺行当学徒。他在兄弟的介绍下去登山，起初只攀登当地的一些悬崖，随后尝试了奥地利的怀尔德恺撒山，崭露了自己的登山天赋。到20世纪20年代末，他已经成为慕尼黑登山界最醒目的人物之一，攀登了恺撒山脉和韦特施泰因山脉上所有的重要路线。

志在"死壁"

海克迈尔继续四处攀登，他骑自行车前往意大利的多洛米蒂山脉，参加了一次大乔拉斯峰北壁的登顶尝试，但没有成功。之后，他开始以做向导谋生。将近30岁的时候，他意识到攀登艾格峰看起来像是他最后的机会。1937年，他在巨壁下面安营扎寨，待了六个星期，等待天气好转。后来资金耗尽，海克迈尔只好回家，接受了一份给德国电影新星雷妮·瑞芬舒丹做向导的工作，带领她到多洛米蒂山脉攀

生平事迹

- 海克迈尔在孤儿院里长大，没什么资源和背景，靠自己的智慧谋生，但他想方设法在东阿尔卑斯山进行了许多高难度的攀登。
- 海克迈尔尝试攀登了如今称为大乔拉斯峰的克罗herets柱，在登顶失败后，改攀艾格峰。
- 海克迈尔率领一支德奥联合登山队，历时四天，登上了令人生畏的艾格峰北壁，这标志着竞攀阿尔卑斯山脉所有大北壁的高潮的到来。
- 晚年，海克迈尔主要从事向导和滑雪教练的工作，与一位富有的雇主一起进行了多次探险。

海因里希·哈勒
奥地利　　　　　　　1912—2006年

哈勒（在海克迈尔和希特勒之间）是一位奥林匹克级别的滑雪运动员，也是经验丰富的登山者，他加入了1938年的艾格峰登山队。

哈勒曾以体育教练的身份加入纳粹党卫军，但他的兴趣始终在发展自己的事业上，而不是为希特勒政权服务。对他来说，艾格峰只是他攀登喜马拉雅山脉的一条路径，这一愿望终于在1939年完成。在第二次世界大战期间，他曾被监禁，后来逃亡，将他在那里的奇特生活写入他的畅销书《藏地七年》中。但当这本书1997年被拍成由布拉德·皮特主演的电影时，哈勒过去的纳粹身份又重新浮出水面。

岩。后来他把他引荐给阿道夫·希特勒，但海克迈尔并没有对元首留下什么深刻的印象。

1938年，海克迈尔在希特勒的培训学校担任第三帝国未来领导人的登山教练。他的雇主们批给他假期，并给他提供了最先进的设备，让他继续尝试攀登艾格峰。

但海克迈尔的艾格峰探险队有很多竞争对手：德国人刚从"难攀裂缝"底部的露营地开始艰难的攀登，四名奥地利人就到了。海克迈尔的登山队选择了撤退，部分原因是天气，但主要是因为担心大巨壁上人太多，会带来不必要的危险。当天晚些时候，两名奥地利人撤了下来，德国人又跑到了巨壁脚下。海克迈尔的登山队凌晨2点出发，凌晨4点30分再次回到营地。早上8点，他们穿过"英特托斯横切"，移动时还要避开上面两个奥地利人——哈勒和卡斯帕雷科——碰掉的

下山后
从左到右依次为海因里希·哈勒、弗里茨·卡斯帕雷科、安德尔·海克迈尔和路德维希·沃格。在成功地登上艾格峰北壁之后，他们欣喜若狂。

碎冰条。哈勒和卡斯帕雷科两人还是用传统的方式，辛苦地在冰上凿出岩阶。到上午11点30分，德国登山队已经攀登到第二冰区。他们现在面临一个"棘手的困境"：应不应该与慢腾腾的奥地利人合作？沃格建议不合作，海克迈尔表示同意。

海克迈尔把队员带到斜坡，在那里露宿，他们比之前的任何人都攀登得更高。第二天，海克迈尔奋力攀登上陡峭的岩石，来到一条通往"白蜘蛛"的路线前。受恶劣天气影响，他们被迫在出口裂缝处露营。第二天是生死存亡的关键一搏，在雪崩、严寒和艰难攀登的轮番袭击下，海克迈尔凭借机智和运气，带领登山队到达顶峰。

艾格峰

北壁　　1938年7月21—24日

海克迈尔和沃格露营
哈勒所在的奥地利四人登山队发现，海克迈尔和沃格正在"难攀裂缝"下露营。两名德国人退了下来，但当奥地利人往回走后，他们又回到那里。

攀登斜坡
第二天，海克迈尔和沃格在第二冰区顶部赶上了哈勒和卡斯帕雷科。海克迈尔最先登上"斜坡"顶端，他们在那里露营。

迎风登顶
爬过一段难攀的陡坡后，海克迈尔率领登山队队员穿越了"众神横切壁"，来到"白蜘蛛"。四名登山者不得不迎着风暴，登上峰顶。

里卡尔多·卡辛

20世纪登山运动的巨人

意大利　　　　　　　　　　　　　　　**1909—2009年**

在登山运动史上，只有少数登山者能够与里卡尔多·卡辛比肩。在他身上，集中体现了第一次世界大战后工人阶级对欧洲登山运动的影响。卡辛性格坚韧，脾气也好；他脚踏实地，讲究实用性的登山方法，而且非常机智，他有一双敏锐的眼睛，去寻找攀登最难攀山峰的最美路线。他写道："如果没有诗意的情怀，你就无法面对攀登过程中遇到的不适、疲惫及危险。"

三登巴迪勒峰
1987年，卡辛78岁，沿着卡辛山脊路线重登巴迪勒峰，以纪念他第一次登顶50周年。令人惊讶的是，为了给媒体提供照片，他在一周后又一次重登巴迪勒峰。

里卡尔多·卡辛的登山成就是在第二次世界大战前后取得的，他攀登了一系列的新路线，它们至今仍是登山界众人眼中不变的里程碑式事件。在他的登山成就中，包括他首登了瑞士巴迪勒峰北壁、法国阿尔卑斯山脉大乔拉斯峰的沃克山脊以及美国迪纳利山（或麦金利山）上现在仍被称为卡辛山脊的山峰（见第206—207页）。

卡辛出生在意大利东北部圣维托省的一个农民家庭，他的父亲离乡务工，在加拿大的一次矿难中丧生，卡辛从未见过他。卡辛由一些意志顽强的女性抚养长大，她们用尽全力去管束这个好动不安的男孩。12岁时，他到一家铁匠铺工作，17岁时，他搬到科莫湖附近的莱科，在那里薪水和工作前景都有所改善。

爱上登山之前，卡辛的业余时间都用在练习拳击上，但当他在莱科附近的格里尼亚山发现了一片小群峰和悬崖时，他攀岩的激情便一下子迸发了出来，他把时间都用来提高攀岩技能。

"莱科蜘蛛"

由于资金紧张，卡辛和他的朋友只好把他们的积蓄集中起来，购买绳索，并力所能及地自己制造设备，甚至在他工作的铁匠铺制造登山用的岩钉。他们乘火车和自行车到达要攀登的山脉，并用蹬车上山的方式保持体形。后来，卡辛创立了自己的产业，专门设计和制作登山装备。

卡辛好社交，在意大利登山运动强调合作的氛围中迅速成长起来。事实证明，他天生就是做领导的料。他加入了一群来自莱科的攀岩者，他们称自己为意大利的登山新星，后来改称"莱科蜘蛛"。在他最亲密的伙伴中，有一个叫维托里奥·拉蒂的，1935年卡辛和他一起完成了人生中第一次重要的攀登，登上了多洛米蒂山脉三指峰西峰的北壁。

两年后，卡辛、维托里奥·拉蒂及吉诺·埃斯波西托把注意力转向了瑞士巴迪勒峰的大花岗岩北壁。在攀登的过程中，卡辛的登山队遇到两名来自科莫的竞争对手。在两支登山队的攀登过程中，刮起了一场可怕的暴风，于是两支登山队决定联合起来，合二为一。尽管联合登山队成功地征服了这条路线，登上了山顶，但是来自科莫的登山者在下山途中身亡。

1938年，拉蒂在军队服役，所以卡辛再次

生平事迹

- 1928年，开始在格里尼亚攀登。他后来组织了"莱科蜘蛛"登山队，并开始攀登多洛米蒂山脉。
- 吸取埃米利奥·科米奇的经验教训（见第288—289页），开始了他自己的登山事业，开辟了三指峰西峰和巴迪勒峰北壁的新路线。
- 错过艾格峰北壁后，卡辛带领登山队登上了大乔拉斯峰的沃克山脊，完成了里程碑式的第一次攀登。
- 在第二次世界大战中，作为一名游击队员参加了反法西斯的战斗。
- 首登了迪纳利山上现被称为卡辛山脊的山峰。

有始必有终，不登顶决不下山。

——里卡尔多·卡辛

与埃斯波西托和乌戈·蒂左尼一起，尝试臭名昭著的艾格峰北壁，结果却发现由安德尔·海克迈尔（见第290—291页）率领的德奥登山队刚刚完成了这一壮举。剩下的唯一能与之匹敌的挑战就是攀登大乔拉斯峰北壁的沃克峰了，因此，登山队快速回到意大利，前往勃朗峰下的库马耶小镇。

登山杰作

卡辛从未在这个地区登过山，对这里的地理情况只是略知一二，所以他向山间小屋的看守人询问。这名男子未能立刻认出他来，但当他三天后沿着法国阿尔卑斯山最美丽的路线登上山顶时，小屋的看守极为震惊。

"二战"期间，卡辛在一家军工厂工作，因此可以不去参战，但也没有多少机会去登山。20世纪50年代，他又前往喜马拉雅山脉、北美洲和南美洲，继续攀登探险。1958年，卡辛率领一支意大利登山队前往巴基斯坦，成功地首登了迦舒布鲁姆IV峰，这是一次攀登高难度山峰的壮举，迄今为止，这座山峰只被登顶过十次。

1961年，卡辛已经50多岁了，他带领一支登山队，登上了阿拉斯加的迪纳利山顶峰，选择了一条最富挑战性的新路线。拥有了意大利和国际登山团体授予的种种荣誉称号后，卡辛在80多岁的时候，仍然继续进行高难度的攀岩运动。

登山设备改革家
卡辛早期的攀登是用麻绳和手工制作的岩钉未完成的，现代登山者可能会认为这些设备过于原始。1947年，他把工作重心转向登山设备设计。这张照片于1950年在格里尼亚山拍摄，照片中卡辛展示了使用绳梯攀岩的技巧。

大乔拉斯峰

大乔拉斯峰沃克山脊　1938年8月

- **8月4日　开始攀登**
  一大早，卡辛、埃斯波西托和蒂左尼就离开山间小屋，爬过冰川、岩石后，先往左，后转回右，前行到一个75米高的偏僻角落。
- **8月5日　艰难前行**
  露营地上方，攀登难度极大，迫使他们向右进入一段危险的峡谷，因此卡辛带领登山队向左返回，又遭遇到恶劣的天气，遂在灰塔露宿。
- **8月6日　迈向顶峰**
  当攀登缓缓进行的时候，恶劣的天气袭来，把登山队困在了高坡上。暴风雨过去后，他们在下午3点到达山顶。

不成文的规则

基于20世纪30年代取得的巨大进步,利用第二次世界大战期间的重大技术突破,登山运动在20世纪50年代迅速发展。但在攀登过程中技术能在多大程度上被应用的老问题又重新出现。

深呼吸
长期以来,人们一直在争论,如果没有瓶装氧气,攀登珠穆朗玛峰能否实现,而1978年梅斯纳尔和哈伯勒(上图)的无氧攀登最终给出了答案。

第二次世界大战期间曾一度滞缓的登山运动在20世纪50年代重新兴旺起来,焕发出勃勃生机。新出现的尼龙材料被广泛应用于登山服装和设备的制作,特别是绳索,这大大提高了登山的安全性。喜马拉雅山区旅行限制的解除鼓舞了更多登山者涌向高海拔山峰,从1950年法国人攀登安纳普尔那峰开始,大规模登山探险都清一色地使用了新技术。

除了那些雄心勃勃勇攀8000米以上高峰的登山者之外,普通民众的经济收入大幅上升,这意味着野外远足不再只是国家登山团体的活动,地方登山俱乐部以及个人也都可以加入。这使登山运动社会基础得以拓宽,给这项运动注入了新的活力。

工具辅助攀登

工具辅助攀登,比如使用岩钉,在东阿尔卑斯山早已司空见惯,如今它在世界各地都被普遍接受,尤其是在美国加州约塞米蒂国家公园的那些大花岗岩壁上,这片区域成为未来世界登山运动的一大挑战。通过在钻孔里使用铆钉和膨胀螺栓,登山者可以在任何自己选择的地方找到保护和帮助,不再被动地依靠岩石。1963年,美国人登上珠穆朗玛峰西脊之后,人们开始更多地关注喜马拉雅山脉那些巨壁。1970年,人们登上安纳普尔那峰的南壁后,又征服了珠穆朗玛峰的西南壁。有了固定的绳索、夏尔巴人的支持、人造辅助工具和氧气设备,似乎所有的高山险峰都可以被征服了。

一些在喜马拉雅山脉使用的登山策略都被引入阿尔卑斯山,比如使用固定绳索运送物资和在恶劣天气中及时撤退。作为新的驱动力,它催生了更加严苛的登山标准。1966年,当美国登山运动员约翰·哈林试图在艾格峰北壁开辟新的直上路线时,因上升器的绳子断了而坠亡。最后他的搭档杜格尔·哈斯顿(见第298页)和一支德国登山队完成了攀登。

有些人认为,极限登山浪潮在1970年已经达到极致。当时塞萨里·梅斯特里带领一支登山队,采取非常极端的高空作业方式攀登了多洛米蒂山。在巴塔哥尼亚地区托雷峰(见第306—307页)直立的东南壁上,登山队用铰链运送

> 20世纪下半叶,登山运动随技术进步而有了长足的发展,问题成了我们应该尝试哪种攀登,而不是我们能够尝试哪种。唯一的办法就是依据登山原则。

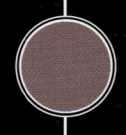

岩锤
从20世纪70年代起,约塞米蒂的巨壁攀登者就为"无岩锤攀登"感到骄傲,他们不靠岩锤就能脱离困境。

一种汽油驱动的压缩机,用来在岩石上钻孔放膨胀螺栓。这引发了一场激烈的争论,人们觉得科技已被滥用。

在一篇题为《谋杀不可能》的文章中,莱因霍尔德·梅斯纳尔(见第308—311页)认为,如果给足登山装备就可以征服任何山峰的话,那么这一运动就到了该改变的时候了。"今天的登山者,"他在1971年说,"把他的勇气全装在帆布背包里了。"对梅斯纳尔和他的支持者来说,探险队的规模之大和复杂性本身就与登山运动的基本原则背道而驰,将给这一运动的未来发展带来致命的打击。

返璞归真

梅斯纳尔在他的文章末尾,呼吁人们使用过去的登山方式,采取更轻便的方法。与此同时,在约塞米蒂,由于使用岩钉造成的损害触目惊心,促使人们开发了破坏性不那么强的攀登保护措施。先前靠岩钉辅助攀登的路线,如今越来越多登山者仅靠自己的手脚、技巧和力量来完成,约塞米蒂也因此成为自由攀登革命的发源地。第一次世界大战后,那些曾给登山运动带来改革的装备如今成为一种保护登山者的,而不是协助他们攀登。

背景介绍

- 第二次世界大战后,随着喜马拉雅山限入规定的解除,同时越来越多的人有能力负担航空旅行,登山运动变得更加国际化。攀登目标的竞争变得更加激烈,设备的改进使得登山者能够突破难度极限。

- 在20世纪二三十年代,法国登山者的策略不同于东阿尔卑斯山脉登山者的策略。法国人的登山传统强调速度,避免山上露宿,阿尔芒·沙莱就是一个典型的代表(见第125页)。然而这一传统在20世纪50年代逐渐消失,因为登山者们常会遇到难攀的路线,固定绳索开始在阿尔卑斯山脉攀登中出现。

- 埃米利奥·科米奇曾扬言顶峰滴下一滴水的轨迹就是理想的攀登路线,这一理念让登山家们痴迷。而膨胀螺栓的使用意味着任何岩壁层都可被征服。这使像莱因霍尔德·梅斯纳尔和伊冯·乔伊纳德这样的活跃分子重新评价登山伦理。

冰钉
1945年,瑞士滑雪者和登山者沃尔特·普拉格尔在美国新罕布什尔州怀特山的一次攀登中,把冰钉楔在了岩壁上。直到20世纪70年代,攀冰技术也没有什么改变。

单人攀登约塞米蒂
在美国加利福尼亚州约塞米蒂瀑布附近,一名登山者正在独自攀岩。从20世纪50年代起,约塞米蒂国家公园的"山谷"便成为登山运动者的实验场所。

梅斯纳尔的主张在是否使用瓶装氧气的辩论中得到了最充分的表达。第二次世界大战后,有人认为使用瓶装氧气登山是一种作弊行为,这一说法似乎古板得可笑。但在战争期间进行的研究表明,不用氧气瓶仍有可能到达顶峰。1978年,梅斯纳尔和彼得·哈伯勒在没有瓶装氧气的情况下登上了珠穆朗玛峰,特别是在1980年的雨季,梅斯纳尔没带瓶装氧气,独自一人登上了珠峰北脊,这次攀登刷新了人们挑战的极限。梅斯纳尔激烈抨击了他所说的山间"基础设施",认为膨胀螺栓和岩钉是铁路和山间小屋的延伸,后者同样激怒过吉多·拉莫(见第174—175页)。

所有这些想法在20世纪80年代得到了进一步发展。可这些变化是怎样被接受的呢?登山运动界没有管理机构,也没有规则手册,登山者在制定自己的规则时,只考虑大多数登山者的意见——也可能对这些意见不屑一顾。当登山者在期刊、网络上讨论登山原则的细枝末节时,"什么该被允许?什么不该被允许?"的问题具有了一种神学层面的意味。另外,文化差异和商业环境对此也有影响。

通往天国的阶梯?
登山者站在绳梯上,伸手用器械钩住一个支撑点。20世纪五六十年代,器械协助攀登的潮流到达顶峰,到了七十年代,无器械攀登运动开始兴起。

新天地

博纳蒂完成了技术上最具挑战性的攀登，他将其称为"追求不可能"的攀登。这让他非常满足。作为一个完全独来独往的人，他登山的理由之一就是避开人际交往。他在回忆录中写道："我的失望来自人，而不是来自山。"

生平事迹

- 19岁时登上沃克山脊，21岁时登上大卡布辛峰的东壁，凭此在登山界脱颖而出。
- 帮助意大利登山队首次成功登顶K2峰，但这次经历留给他的是创伤。
- 用五天时间独自登上小德吕峰西南柱，这是登山史上最伟大的壮举之一。
- 完成多次单人首登、冬季攀登，并在勃朗峰上开辟了许多登山路线。
- 退出登山生涯后开启摄影事业，为巴西《时代周刊》拍摄照片，环游世界。

瓦尔特·博纳蒂

20世纪50年代最重要的极限登山家

意大利　　　　　　　　　　　　　　　　生于1930年

正如里卡尔多·卡辛是第二次世界大战前的登山之星一样，博纳蒂在"二战"之后立即"接替"了他的位置。尽管他的登山生涯相对来说要短得多——他35岁时突然中止登山运动，开始从事新闻摄影事业，但是他的远见卓识和登山水平都使他脱颖而出，成为登山运动最伟大的天才之一。他是典型的局外人，也是针对K2峰探险不实指控的受害者，更是勃朗峰上一场灾难的幸存者。

博纳蒂出生在贝加莫，他天资聪颖，19岁就再现了里卡尔多·卡辛的杰作，登顶沃克山脊（见第292—293页），他一举成名。21岁时，他登上了技术上要求更高的大卡布辛峰东壁。

这些成就为他在1954年意大利K2峰探险队中赢得了一席之地，但这次探险对他来说是一场灾难。队长阿希尔·孔帕尼奥尼（见第270—271页）嫉妒他的能力，不仅挫败他登顶的雄心，将他置于险境，更指控他偷窃氧气。

博纳蒂想自证清白到了钻牛角尖的地步，有时甚至扭曲了他的登山观。在他的回忆录《我的生命之山》中，博纳蒂写道："就好像我被一把炽热的烙铁灼烧，我感到一个邪魔进入了我的灵魂。"

高处不胜寒

博纳蒂后来写道，他从来也不敢确定，他生来就是一个孤僻的人还是K2事件使然。针对孔帕尼奥尼的指控，他先是寻求法律补救，而后转向靠登山来摆脱烦恼。

1955年，他独自登上了小德吕峰上如今被人们命名为博纳蒂石柱的山峰，这是一条可与卡辛的攀登杰作相匹敌的路线。整整五天，他回忆道："就像生活在另一个世界，进入一个未知的空间，处于一种神秘的梦幻状态，在这种状态中可能不是不存在的，任何事情都可能发生。"

早在1953年，博纳蒂和他的好友卡洛·毛里就曾尝试过这条路线，当时他们遭到了恶劣天气的阻挠。后来，1955年7月，他与一支四人登山队一起再次进行攀登，他们在露营地睡觉时，一场可怕的岩崩让整座山都摇晃起来。第二次撤下来几天后，博纳蒂独自一人归来。这次攀登是他个人集中全力、奋勇攀登的杰作。

有一次，确信岩石要塌下来，而他也会随之掉下深渊，他不得不用绳子套住岩钉，顺着绳子爬上去。露营了整整五个晚上后，他终于到达了顶峰。英国登山家道·斯科特（见第304—305页）后来说，博纳蒂的登顶"可能是登山史上最重要的单人攀登壮举"。

勃朗峰悲剧

博纳蒂也在勃朗峰开辟了几条主要新路线——1957年，他和托尼·戈比登上安格为大山柱，1959年登上布鲁亚尔峰红柱。在他攀登最具挑战性的南壁上的弗雷尼中央岩时，遭遇极端恶劣天气，只好绝望地撤退到弗雷尼冰川，在这一次攀登中有四人丧生。1961年7月，他们再一次向弗雷尼中央岩发起冲锋，博纳蒂和他的同伴安德列·奥格尼、罗伯托·加利埃尼途中遇由皮埃尔·马佐带领的四位法国登山者。两组队员联合起来，取得了不错的进展，但在接近成功的时候，一场风暴把他们困在了山顶附近。

撤退延续了许多天，这也是登山史上最悲惨的事件之一。博纳蒂最后跟跄地走进了贡布小屋，加利埃尼紧随其后，结果发现了一支睡在里面的救援队。另外仅有的一个幸存者是马佐，他非常感谢博纳蒂在危急时刻救了他的命。法国政府给博纳蒂授予了军团勋章，意大利媒体却诽谤他。

鞠躬致敬

1958年，博纳蒂的登山生涯迎来了辉煌的顶峰，他与卡洛·毛里一起登上了迦舒布鲁姆IV峰的顶峰，这是喀喇昆仑山脉众所向往的攀登目标，对技术要求极为严格。卡辛率领的意大利登山队登上了东北脊。博纳蒂讨厌受人控制，对别人的命令置若罔闻，但他们这次成功登顶确实是喀喇昆仑山脉攀登史上的一个里程碑。1965年冬天，他在马特洪峰北壁上开辟了一条新的单人攀登直上路线，随即便结束了他的登山生涯。

小德吕峰

博纳蒂石柱　1955年8月22日

- 失败的尝试
  经由雪沟，博纳蒂进行了三次攀登尝试。
- 8月17日　躲开危险的雪沟
  从皮埃尔岩壁绕绳而下。
- 8月18日至22日　登上石柱
  慢慢地在石柱上攀行。第四次露营之后，他们登上了顶峰，在登顶前的最后一夜，博纳蒂做了一系列荡绳跨越，以绕过毫无依托的空白岩壁。

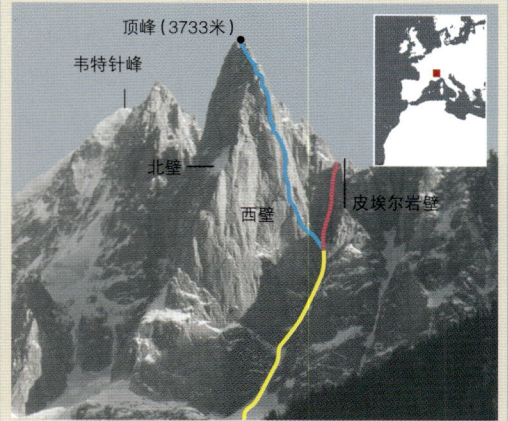

唐·威尔兰斯

有话直说的登山传奇

英格兰　　　　　　　　　　　　1933—1985年

第一次世界大战后，工人阶级登山者走在了阿尔卑斯国家登山运动的前列。然而，对英国登山者来说，国外旅行的花费仍然太大，他们只能探索本国的山崖峭壁。20世纪50年代，随着一批年轻登山家的涌现，这个局面得到了改善。新生代中的领头人是唐·威尔兰斯，他身材矮小但意志坚定、脚踏实地，富有反抗精神，这改变了他的命运。

杜格尔·哈斯顿

苏格兰　　　　　　　　1940—1977年

1970年，哈斯顿和威尔兰斯一起攀登了安纳普尔那峰南壁；1975年，哈斯顿和道格·斯科特（见第304—305页）一起攀登了珠峰西南壁。

在他还是学生的时候，哈斯顿就与罗宾·史密斯建立了绝好但有时会冲突的合作伙伴关系。史密斯于1962年在帕米尔高原丧生，他的死让哈斯顿只能独自实现他们早年的承诺。1966年首登艾格峰直达路线后，哈斯顿声名鹊起。20世纪70年代初，他在克里斯·伯宁顿的安纳普尔那和珠穆朗玛峰探险队中担任主力。哈斯顿沉湎于酗酒，又固执己见，这让他显得很冷酷。威尔兰斯这样评价他："哈斯顿就像是在玻璃后面，你能看到他，但你触碰不到他。"

威尔兰斯出生在英格兰北部的索尔福德，是杂货商的儿子。起初，他和童子军伙伴结伴到城外的山上探险，后来又只身一人出去登山。他和他的朋友带着沉重的野营装备，在皮克山区长途行走，这既锻炼了他们的毅力，也让他们在大自然中体验到了自由。

15岁时，威尔兰斯开始当水管工学徒，不久又成了一名登山学徒，第一次攀登了沙宁克拉夫峡谷的粗砂岩壁。不久，他便开始了他的第一批首登，他的专长在于攀越那些在现在看来仍具挑战性的悬垂岩石上的裂缝。

生平事迹

- 与乔·布朗之间的友谊使他们成为英国登山史上最著名的登山伙伴。
- 在英国及阿尔卑斯山的攀岩成就为他赢得了传奇般的声誉，这些都是当时最高水准的开拓性攀登。
- 1961年，与伯宁顿一起攀登了弗雷尼中央岩。因救援受伤的登山队员而中止了与伯宁顿一起攀登艾格峰北壁的尝试。
- 攀登玛夏布洛姆峰、赤仁玛峰失败后，成为登顶安纳普尔那峰南壁的第一人，确保了他在登山史上的地位。

最佳登山组合

1951年，威尔兰斯在户外登山时遇到了北方乔·布朗（见第272—273页），他们的相遇让威尔兰斯与布朗的登山队有了联系，这支队伍后来成为具有传奇色彩的岩冰攀登俱乐部，这给威尔兰斯提供了一个使他茁壮成长的竞争机会。他们两人之间形成了极好的合作伙伴关系，一起攀登了英国一些最著名的路线：黑马悬崖的"威姆博"峰，迪纳斯环状石柱的"鬼门关"峰，以及本内维斯山上的"英格兰人"峰。

1952年，威尔兰斯第一次去了阿尔卑斯山，他从这次经历中吸取了不少经验教训，满腔热血稍稍冷静了一些。第二年，他受邀加入了由一群青年登山者组成的阿尔卑斯登山队。这支登山队是由一群富有活力的有志青年登山者组成的，他们都在坚硬的岩、冰上接受过训练，并且充分认识到了攀登新路线的艰难。

1954年，布朗和威尔兰斯完成了他们在前一年尝试过的一条路线：布拉蒂埃针峰西壁，西壁上有两个阿尔卑斯山脉最难攀登的制高点。接着，他们第三次登顶德吕峰西壁，这一次他们只用了25个小时。霞慕尼人注意到了他俩，杰出的登山家路易·拉舍纳尔（见第256—

离开营地，前往玛夏布洛姆峰峰顶
威尔兰斯几乎登上了喀喇昆仑山脉的这一巨峰；接着他第二次尝试登顶，在一名队员遇难之前，他们到达了6号营地。

257页）也前去英国队的营地做了一番考察。

然而，一年后，只有布朗接到了干城章嘉峰探险队的邀请，这让威尔兰斯心情非常不好。虽然他知道自己还太年轻，不适合喜马拉雅山脉这一重量级的攀登，但他把这一挫败视作对他的轻蔑。布朗最了解他的搭档，他说："在登山时，唐本性中易怒的一面蛰伏着。他很随和，在寻找路线时，我们彼此都很乐意采纳对方的意见……和唐一起登山比和任何人都要安全得多。"

> 在艾格峰上，有一件事你必须记住，千万别向上看，否则你会需要一名整形医生。
>
> ——唐·威尔兰斯

一位传奇人物的兴衰

威尔兰斯首次在喜马拉雅山脉亮相是在1957年，当时，他随英国登山队到玛夏布洛姆峰探险。他们在攀登过程中遇到了恶劣的天气，但在撤退之前，威尔兰斯距峰顶只有152米。

20世纪60年代初，他在巴塔哥尼亚地区取得了相当大的成就，在那里，他第一次登顶普安斯诺峰，并与克里斯·伯宁顿（见第300—301页）一起登上了潘恩中央塔。1961年，在阿尔卑斯山，他与伯宁顿、伊恩·克拉夫和简·德乌戈什一起登上了弗雷尼中央岩。他的登山成就还包括在安第斯山脉和喜马拉雅山脉赤仁玛峰进行的一系列探险。

威尔兰斯的山地判断力是一个传奇。英国摄影师约翰·克莱尔是1971年国际珠峰登山队的队员，他回忆起当时的情景：在印度队员不慎落崖，其他队员极度恐慌的情况下，威尔兰斯头脑清醒，迅速有效地采取了行动。

然而，到20世纪70年代中期，威尔兰斯的体重开始超标，还遭受着间歇性眩晕和膝盖损伤的折磨，他在登山界的影响力日益减弱。1970年，在邀请他一起攀登安纳普尔那峰之前，伯宁顿曾犹豫不决，但跟他在苏格兰攀登过一次后，他相信威尔兰斯仍然可以做出重大的贡献，决定任命他为副队长。在6号营地经受了糟糕的天气后，他们成功地登顶安纳普尔那峰，这为威尔兰斯的登山生涯增添了新的光环。晚年，酗酒和抽烟损害了威尔兰斯的身体健康，然而他的传奇故事却更加醇美感人，产生了深远的影响。

在法国弗雷尼中央岩上
在博纳蒂的悲剧性尝试（见第296—297页）后的一个月，威尔兰斯和他的登山队沿着勃朗峰最难攀的路线，首次成功登顶。

克里斯·伯宁顿

英国登山运动的"脸面"

英格兰　　　　　　　　　　　　　　　　生于1934年

对许多英国人来说,克里斯·伯宁顿是完美登山者的典范,这在一定程度上要归功于他向公众展示了真正的登山成就。在一系列备受瞩目的大规模远征中,他带领了一群战后颇有实力的英国登山者,将对喜马拉雅山脉的探索推到新的高度,登上了安纳普尔那峰和珠穆朗玛峰上那些8000米高的巨壁。伯宁顿表面看起来是一个功成名就的风云人物,但他的事业和贡献远比这复杂得多。

生平事迹

- 任陆军坦克指挥官,继而成为陆军户外拓展训练学校的教练。
- 1960年,首次登顶安纳普尔那Ⅱ峰;第二天,他的队友丹尼斯·戴维斯和塔谢尔·夏尔巴成功登顶努子峰。
- 1961年,完成首登勃朗峰弗雷尼中央岩的目标,成为英国一流的登山家。
- 编写了20多本书,并为BBC制作电视连续剧。
- 1970年,率领一支庞大的英国登山队登上安纳普尔那峰南壁,开启了攀登喜马拉雅山脉的新时代,登山队员伊恩·克拉夫在探险任务结束时遇难。
- 1975年,尽管米克·伯克在快要到达山顶时失踪,但伯宁顿成功率领登山队登顶珠穆朗玛峰西南壁。
- 1982年,尝试登顶珠穆朗玛峰未被涉足的东北脊。彼得·博德曼和乔·塔斯克在这次登顶探险中不幸遇难。
- 直到70多岁仍在旅行和攀登。

1954年夏天,伯宁顿只有20岁,他和拒服兵役的艺术家金杰·凯恩住在威尔士北部一个修路工的小屋里。他过着简单的生活,只要不下雨,每天都去爬山。在英国皇家空军接受基础训练之后,他没有达到飞行员录用的标准,这让他非常失望。接下来,他等着在桑赫斯特军事学院谋一份差事。

令他女友费解的是,他竟想放弃这一切,一心想在皇家坦克团谋一个职位。伯宁顿后来写道:"回头看,我自己也很费解,但尽管我热爱威尔士那种散漫又不必承担责任的生活,但我必须有一份稳定的工作。事实上,我非常渴望军队生活。"在20世纪50年代的英国,如果仅以登山为生,恐怕连房租都付不起,更没有装备制造商来赞助专业登山者。对伯宁顿来说,他也没有足够的钱过那种自由流浪的生活。他需要工作单位,也需要社会地位,这会给他一种自己正走向稳步上升的人生道路的感觉。

伯宁顿的抱负源自他在伦敦孤苦无依的童年生活。在他还是个婴儿的时候,父亲就离开了他,在他的生活中,父亲的角色基本上是缺席的。第二次世界大战期间,他接连去了几所寄宿学校,那里的生活毫无快乐可言。在学校里,他是一个"狂热的逃跑分子",经常设法溜走。战争快结束时,他回到伦敦,和母亲一起生活,并上了大学。

登上艾格峰

伯宁顿是典型的中产阶级登山新手:壮志满满但无法适应社会,青春年少时恰好与山峰结缘。16岁时,他去了爱尔兰威克洛郡的叔叔那里。长途远足之后,他在那里发现了山峰带给他的自由和安逸。

后来他入伍服役,起初是作为一名驻德坦克指挥官,后来做了登山教练,在阿尔卑斯山脉取得了了不起的成就:1958年带领英国人首登德吕峰的西南柱;1961年,与唐·威尔兰斯(见第298—299页)、伊恩·克拉夫以及波兰登山家扬·德乌戈什一起,完成了勃朗峰南侧弗雷尼中央岩的首登,这在当时算得上是阿尔卑斯山区最

安纳普尔那峰

南壁　1970年5月

- **4月7日　直接越过第一区**
  登山队迅速攀登到海拔6100米冰脊上的3号营地。
- **5月3日　到达岩带底部**
  冻结的冰雪通往一条长600米的岩带底部。
- **5月17日,挺进顶峰**
  唐·威尔兰斯和杜格尔·哈斯顿带领一行人向上攀登,5月27日登上顶峰。

高难度的攀登。1962年，他与克拉夫一起攀登了艾格峰北壁，这也是英国人首次登上这一高峰。伯宁顿攀登喜马拉雅山脉也是从部队开始的。1960年，他受邀加入了英国、印尼、尼泊尔联合探险队，成功登顶安纳普尔那峰Ⅱ峰。

一年后，伯宁顿离开部队进入联合利华公司，这是他最后一次从事传统职业。九个月后，他辞职成为一名自由登山家、摄影师兼探险记者。

登山领队楷模

1963年，他与威尔兰斯一起首登巴塔哥尼亚的潘恩中央塔，开启了成功的摄影记者生涯。1970年，伯宁顿带队成功登上安纳普尔那峰南壁。这是登山者首次尝试攀登喜马拉雅大岩壁，也是第三次成功登顶安纳普尔那峰。伯宁顿在军事化高效与良好的人员管理之间取得平衡，他与英国登山史上最强大的1975年英国远征队在珠峰西南壁再现了安纳普尔那峰的壮举，受到了国际社会高度关注。他率领登山队采用围攻式攀登K2峰西脊，但当好友尼克·埃斯特科特被雪崩冲走时，他放弃了登顶。

自1974年首次登上强卡邦峰开始，他的轻量级登山队也取得了巨大的成功。三年后，他与道格·斯科特（见第304—305页）一起，首次登上喀喇昆仑的食人魔峰。1983年，他与吉姆·福瑟林厄姆以阿尔卑斯式攀登了优美的湿婆峰西南脊。1985年，他登上珠穆朗玛峰，实现了夙愿。

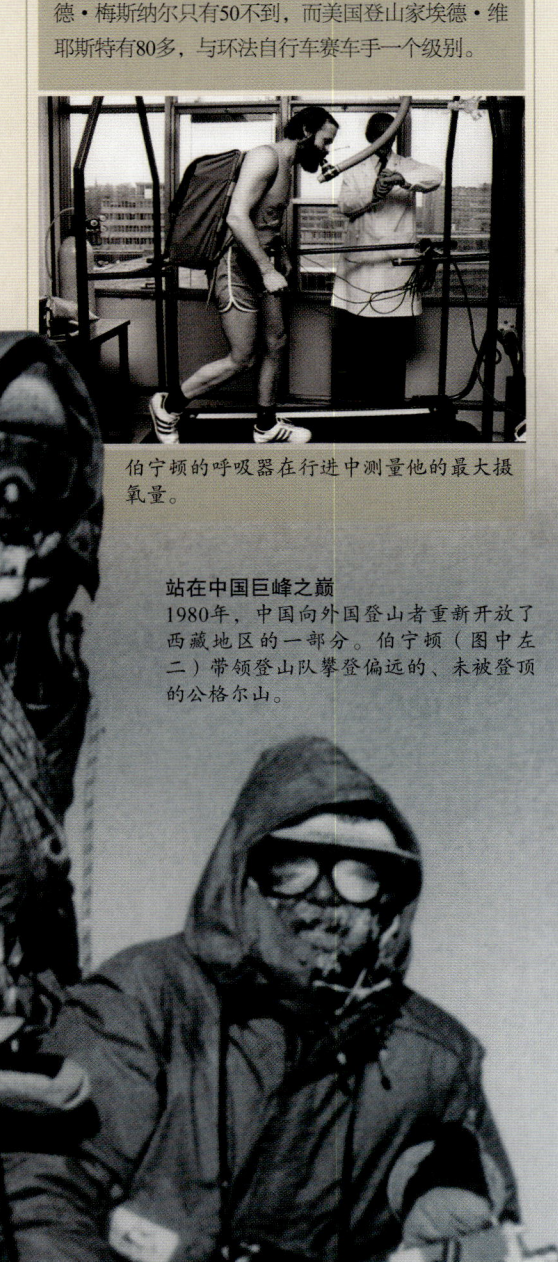

"最大摄氧量"测试

1981年公格尔山探险期间，生理学家迈克尔·沃德对登山队员的"最大摄氧量"进行了测试。"最大摄氧量"是指每公斤体重一分钟可以使用的最大氧气量（毫升）。未经训练的男性平均值为45，47岁的伯宁顿在55左右，而乔·塔斯克和彼得·博德曼在65左右。奇怪的是，莱因霍尔德·梅斯纳尔只有50不到，而美国登山家埃德·维耶斯特有80多，与环法自行车赛车手一个级别。

伯宁顿的呼吸器在行进中测量他的最大摄氧量。

站在中国巨峰之巅
1980年，中国向外国登山者重新开放了西藏地区的一部分。伯宁顿（图中左二）带领登山队攀登偏远的、未被登顶的公格尔山。

伊冯·乔伊纳德

攀登约塞米蒂国家公园的行家及环保主义者

加拿大　　　　　　　　　　　　　　　　**生于1938年**

生平事迹

- 全家搬到加利福尼亚，乔伊纳德在那里爱上了大自然；他加入了塞拉俱乐部，这是一个为保护美国自然资源而成立的组织。
- 少年时代开始制造硬钢岩锥，并卖给他的朋友。当时唯一可用的岩锥是由软钢制成的，一旦钉上去，就永久地留在岩石中。随着业务的不断扩展，他的乔伊纳德设备公司成为美国最大、最具环保意识的登山五金品牌。
- 攀登了约塞米蒂国家公园的主要新路线和其他许多重要的登山路线，比如落基山脉的伊迪斯·卡韦尔山北壁。
- 在去苏格兰登山的旅途中买了一件橄榄球衬衫，结果其他登山者也十分喜爱，于是他进口了更多这种衬衫，并给自己新的户外服装公司取名为巴塔哥尼亚公司。

约塞米蒂国家公园的花岗岩"大岩壁"激起了人们的攀登热情。起初，想要成功登上这座岩壁似乎是不可能完成的任务。"二战"前后，人们加快了"山谷"攀岩运动的步伐，但采用何种方式攀登成了争议的焦点。伊冯·乔伊纳德秉持严格的道德见解，从约塞米蒂国家公园到南美的巴塔哥尼亚岩壁一以贯之。他的登山方法也为更大规模的环境规划奠定了基础。

攀登约塞米蒂大岩壁
乔伊纳德对约塞米蒂国家公园怀有复杂的情感。他说："我更愿意在高山上攀登……我痛恨国家公园的滚滚热浪、布满灰尘的岩石裂缝……更无法容忍夏季成群结队的游客。"

20世纪50年代，在约塞米蒂国家公园，登上酋长岩的鼻梁路线是最高荣誉。1958年，特立独行的沃伦·哈丁与两名同伴完成了这一艰巨挑战，但这次攀登极具争议性。在攀登时，哈丁用了900米长的固定绳（相当于整座岩壁的高度），钉了大约675枚岩锥和125枚螺栓。他和登山队花了45天时间走完了这条路线，但整项任务整整历时18个月。

许多约塞米蒂国家公园的登山者认为，哈丁的方式是不对的，采用更轻便的登山方式更为可取。登山界的传奇人物罗亚尔·罗宾斯、汤姆·弗罗斯特、恰克·普拉特和乔·菲辰在1960年尝试攀登哈丁的路线并一举成功。这一争议使攀登约塞米蒂国家公园成为道德辩论的焦点，乔伊纳德是该辩论的主要见证人，发挥了重要作用。

乔伊纳德的父亲是一位法裔加拿大铁匠，20世纪40年代中期从缅因州搬到加利福尼亚。乔伊纳德自幼说法语。年轻时，他是一名驯鹰人，四处搜寻鸟巢，就在此时他的攀岩兴趣初见端倪。后来，他和朋友们跳上运货列车，去了位于加利福尼亚圣费尔南多山谷尽头的斯托尼尖峰，他们在那里学到了攀岩的基础知识和技能。接着，他们又前往塔奎兹岩，这是一处高大、雄伟的岩壁，他在这里邂逅了塞拉俱乐部的会员罗宾斯、弗罗斯特及T.M.赫伯特。十几岁的时候，乔伊纳德就开始在约塞米蒂国家公园攀登，并开心地融入那里新近出现的"垮掉的一代"另类群体。他和朋友们曾违规在山里野营超过两周，成功地躲过了护林员，获得了"山谷帮"的称号。

涉足商界

乔伊纳德靠制作硬质钢岩锥度过漫漫冬日，他从约翰·赛拉那里学到了这门手艺。后者是一位出生于瑞士的铁匠，也是攀登约塞米蒂国家公园的先驱，他于1947年在攀登洛斯特阿罗峰时使用了新岩锥。

1957年，乔伊纳德买了一台二手燃煤锻造机、一个铁砧、一把钳子和一把锤子，用旧的收割机刀片开始制作硬钢锥，每枚卖1.5美元。他在父母房子的后院开了一家小商店，也直接在汽车后备厢里售卖。他只在冬季工作，其他时间去冲浪、登山。他的生意利润微薄，好在每天的生活费只需要50美分，他有时会拿猫粮充饥，还会偷猎松鼠。

在朋友们的帮助下，他攀登了约塞米蒂国家公园山谷中的一些主要新路线，包括1964年

锻造创新

与早期会随裂缝形状变形的软钢岩锥相比，乔伊纳德制作的硬钢岩锥改进了许多。这一发明推动了大岩壁探险的发展，激起了全球器械攀登的热潮。他与汤姆·弗罗斯特一起研发的其他创新产品包括可钉进很细的裂缝中的小钢锥，还有直径更大的冰锥及其他攀冰装置。他们意识到了岩锥带来的伤害，因此发明了岩塞"螺母"来代替。

乔伊纳德把他的铁匠技能运用于制作环保型登山产品中。

> 山是有限的，表面之下，也是脆弱的……
>
> ——伊冯·乔伊纳德谈"徒手攀岩"

与恰克·普拉特、罗宾斯及弗罗斯特一起登上北美墙。可以说，他们进行了当时世界上难度最大的器械攀登。次年，他和赫伯特一起登上了缪尔岩壁。

攀登约塞米蒂国家公园大岩壁对世界登山运动产生了巨大的影响。乔伊纳德是首位预见这一宏大前景的登山家。他于1963年写道："在不远的将来，约塞米蒂山谷将会成为新一代超级登山者的训练场，他们将会前往世界各地，探索地球上最美、最具挑战性的岩壁。"

攀岩测试平台

正如乔伊纳德预言的那样，在过去的50年里，登山者采用从约塞米蒂国家公园中发展起来的技术，攀登各处陡峭的岩壁，从喀喇昆仑到南极，从巴塔哥尼亚到北极。20世纪70年代，约塞米蒂国家公园徒手攀岩成为潮流。林恩·希尔于1993年徒手攀登了鼻梁路线，随后这一登山理念也被带进了山区。1961年，乔伊纳德和弗雷德·贝凯及丹·杜迪一起攀登加拿大布哥布山的南豪瑟塔峰，这是这种理念在早年的雏形。

1968年，乔伊纳德与英国人克里斯·琼斯、美国人迪克·多沃斯、利托·特塔达-弗洛雷斯及道格·汤普金斯一起，前往巴塔哥尼亚，成为第三批登顶菲茨罗伊山的人，并开辟了一条新路线。他把巴塔哥尼亚看作展现他新型"超级登山法"的完美舞台。

在后来的几年中，他的其他爱好——冲浪、皮划艇、假蝇钓鱼和对户外服装生意的兴趣使他不再专注于登山，但他对荒野的热情不曾消减。他说："企业到底是对谁负责？客户？股东？还是员工？我们认为，以上这些都不是。从本质上来说，企业对其资源基础负责。没有良好的环境，就没有股东，没有雇员，没有顾客，更无生意可谈。"

酋长岩

北美墙　1964年10月22—31日

- 10月22日　普拉特、乔伊纳德与弗罗斯特、罗宾斯组成联合登山队。他们花了四天时间登上大瑟尔岩架。
- 10月26日　通往顶峰的难攀路线
  弗罗斯特、普拉特和罗宾斯一起完成"边界翻越"，到达布莱克双面峰。

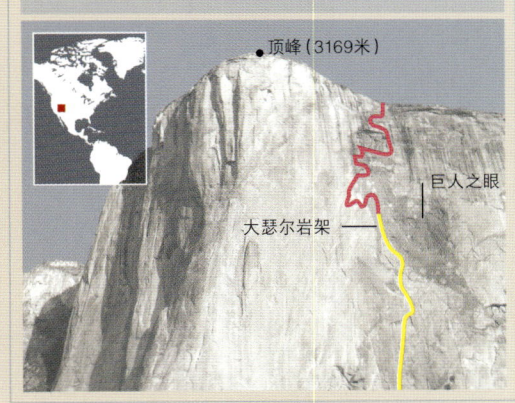

道格·斯科特

攀登高山、大壁的先锋

英格兰　　　　　　　　　　　　　　　　　　生于1941年

道格·斯科特是第一位攀登珠峰的英国人，他的登山生涯跨越整个世界登山运动的重大转折期——从夏尔巴人帮助安营扎寨的固绳围攻式登山到与更接近阿尔卑斯式的另一种登山方式，后者需要登山者身手敏捷、独立自主。斯科特本人的登山经历就反映了这一转变过程。20世纪60年代末，这位狂热的器械攀登者在约塞米蒂国家公园攀登过几座大岩壁，并因此小有名气，到20世纪70年代末，他却成了喜马拉雅山脉轻量化攀登的专家。

斯科特出生于英格兰中部的诺丁汉附近，小时候喜欢挖洞、爬树，就这样玩耍着长大。某次他前往皮克山区的黑岩，在那次旅行中第一次接触攀岩运动。家人禁止他独自尝试登山，但第二个周末，他便带上妈妈的晾衣绳，和朋友们一起骑自行车外出。"我们爬上滑下，擦伤了赤裸的双腿，但还是想方设法攀登了那些难度小的峡谷。"他后来写道。

斯科特胸肌发达，双腿强壮，喜欢徒步和打橄榄球，这是他没能成为顶尖攀岩者的部分原因。但在家附近的砂岩峭壁上学习攀岩期间，他"在应对攀岩的问题时培养了斗争本能"。在英国和阿尔卑斯山脉经过长期训练后，斯科特的第一次远征是前往非洲中部，攀登了位于乍得共和国的提贝斯提山，为攀登不知名山峰的登山者们树立了榜样。他也是在加拿大北极地区攀登巴芬岛山脉的先驱，从一条经典路线登上了阿斯加德山。20世纪60年代，他在北非的阿特拉斯山进行探险，并在冰岛和火地群岛开辟了新路线。

征服珠穆朗玛峰

1972年，斯科特进行了两次攀登珠峰西南壁的尝试。第一次是与由德国剧院经理卡尔·赫利科费尔率领的氛围不很融洽的国际登山队一起，第二次是和首次攀登珠峰的克里斯·伯宁顿（见第300—301页）一起。以此为始，他总共参与了45次喜马拉雅探险，并因此享誉世界。

作为英国远征大队登峰小组的一员，他于1975年成功登上珠穆朗玛峰。保罗·布雷思韦特和尼克·埃斯科特登上了途中的关键地段——一段被雪覆盖的难攀的斜坡。在克里斯·伯宁顿、迈克·汤姆逊、米克·伯克和两名夏尔巴人的帮助下，斯科特和杜格尔·哈斯顿（见第298页）在西南壁上搭建了6号营地。

斯科特与他的伙伴哈斯顿肩负着重大使

生平事迹

- 经历了几次阿尔卑斯登山季后，首次探险便登上了乍得西北部的提贝斯提山。
- 登上科依班达卡峰南壁，这是他在亚洲大山脉攀登期间取得的第一次成功。
- 伯宁顿组织了第二次攀登珠峰西南壁，斯科特参与其中并到达顶峰。
- 除珠穆朗玛峰外，斯科特的所有攀登都是以轻量化的、阿尔卑斯式进行的，没有借助氧气。
- 登上了七高峰——七大洲的最高山峰。
- 创立了一个帮助尼泊尔人的慈善机构。

开创性攀登

斯科特与博德曼、塔斯克、贝唐堡一起登上了干城章嘉峰。这次深入未知之境的探险开辟了一条全新的路线，并且没有使用瓶装氧气。从这里可以看到他们到达顶峰之下的西脊。

成功下山

1977年，斯科特沿绳索从食人魔峰顶峰下来，在冰上滑了一跤，撞到峡谷一边的岩石上，双腿和脚踝都受了伤。他和同样也受了伤的伯宁顿忍受寒天露宿之苦，闯出了一条下山之路，沿着绳索下降过西峰顶。他们和两名队友都被暴风困在雪洞里，两天后才得以继续下山。这次下山总共用了八天时间。对斯科特而言，最艰难的是他必须爬行五公里才能回到大本营。"除你之外，绝无第二人可以这样成功归来，"伯宁顿后来这么对他说。

命，向峰顶挺进。黎明时分，他们离开帐篷，下午1点到达通往南顶峰的峡谷地带，但松软的雪地延误了进程，直到下午3点，他们才到达南顶峰。安营扎寨是不可避免的，他们面临抉择：要么立即停下脚步，第二天继续攀登，要么放弃攀登主峰并在下山途中露营。"我知道露营之后自己状态会有多糟糕，因此很想避免这种情况，"斯科特后来写道，"我休息了一会儿，喝了一杯茶，又沿着山脊走了一圈，结果发现雪变得坚实了。"

此时季风已过，几近垂直的岩壁希拉里台阶被颗粒状的雪所淹没，攀登时需要特别小心。他们到达山顶时，天已黑下来，只能露宿在海拔8760米的顶峰。这是一个难挨的夜晚，但后来斯科特意识到这也是突破极限的机会："如果我能在没有氧气和睡袋的夜晚存活下来且不被冻伤，那么我就可以在任何一个地方过夜。"

干城章嘉峰

北坳/北脊　1979年5月

- **登上北坳**
  斯科特、贝唐堡、塔斯克和博德曼沿陡峭的岩壁登上海拔6890米的北坳。
- **挺进北脊**
  登山队在海拔7400米的地方挖了一个雪洞。他们四人尝试攀登顶峰，但因恶劣的天气，只好返回4号营地。
- **勇登顶峰**
  塔斯克、博德曼和斯科特再次进行尝试，在向上进发前，在5号营地露营。
  （图中虚线代表未显示的路线）

他们成功后，许多在珠峰探险的登山者意识到，登山运动的未来属于小型、轻量化的登山队。斯科特在自己的探索本能与攀登最高山脉的雄心中找到了平衡。

1977年，他和伯宁顿登上了难攀的喀喇昆仑山脉食人魔峰的顶峰，这一成就在之后24年内都不再复现。美中不足的是，斯科特在下山途中发生意外，摔断了双腿。他后来写道："我行进在风化了的深褐色花岗岩之间，这是我在这一高度的攀登中最艰难的一次。一道悬崖横亘在通往最后那条雪沟的路上，我站在克里斯背上，我们采用组合战术攻克了这个难关。"

突破极限

在喜马拉雅山脉，斯科特以小型而更注重技术的方式尝试攀登了一些最高峰。1979年，他与法国人乔治·贝唐堡首次登上了库松康格鲁山。1981年，他与澳大利亚人格雷格·蔡尔德、里克·怀特及贝唐堡经过13天的辛苦努力，登上了湿婆峰东脊。

然而，斯科特最大的成就是他与乔·塔斯克和彼得·博德曼一起，攀登干城章嘉峰时开辟的新路线，塔斯克和博德曼是继斯科特之后最耀眼的英国登山明星。他们从西北部登上干城章嘉峰，先是前往北坳的陡峭山坡，后经北脊到达大岩阶，从而登上最后的顶峰。在第一次尝试中，他们在攀登到了岩阶时遇上风暴，在第三次尝试中才成功登顶。在这次攀登中，斯科特面对着"迄今为止最强烈的、来自另一个世界的呼唤，我在此世和彼世之间划下的界限差一点就要被打破，但这令人出奇地兴奋"。

斯科特四次攀登K2峰，并差点以阿尔卑斯式完成马卡鲁峰的新路线。20世纪80年代，他穿梭于喀喇昆仑山脉的希夏邦马峰和洛桑峰之间，攀登了更多的新路线，成为年轻一代英国登山者的导师。

山地特写

A 偏僻的西侧 托雷峰西壁，图中看到的是康奎斯特山口。1974年的意大利路线始于右边山脊。

B 风舟路线 首批采用马埃斯特里路线的登山者并没有发现马埃斯特里和托尼·埃格的攀登踪迹。

C 菲茨罗伊山 巴塔哥尼亚的另一座雄伟山峰（3405米），1952年，利昂内尔·泰雷和吉多·马尼奥内首次登上顶峰。

攀登路线

攀登托雷峰并无捷径，但1970年马埃斯特里开辟的压缩机路线逐渐流行起来，因为岩壁上钻有螺栓，可为登山者提供保护。大多数登线位于山峰东壁（如图）和南壁，其中有两条令人叹为观止：一条是1988年西尔沃·卡罗和J.杰格里的南壁路线，另一条是意大利登山者埃尔曼诺·萨尔瓦特拉的"无尽南"路线。

东南脊
- **压缩机路线**

（C.马埃斯特里、C.克劳斯、E.阿里蒙塔，1970年）马埃斯特里登山队把一台180千克重的压缩机拖上了山，用来钻螺栓，他们从帕西安斯山口登上了长700米的东南脊。

东壁
- **魔鬼直上路线**

（S.卡罗、J.杰格里，1986年）这是一条难度达到7a和A4（见第351页）的新路线，需要几周才能完成。

- **五年天堂路线**

（E.萨尔瓦特拉、A.贝尔特拉米、G.罗塞蒂，2004年）另一条难度极大的路线，连续攀登八天才能登顶。

❶ 雪壁 位于托雷峰东壁，登山队在这里发现了马埃斯特里留下的工具。

- **英国攀登路线**

（T.普罗克特、P.伯克，1981年）英国登山队开辟的一条路线，未到山顶，到达了靠近东壁的一个突出拐角。

❷ 与下面艰难的岩石攀登相比，攀登峰顶的雪蘑菇及雾凇更惊心动魄。

- **风舟路线**

（E.萨尔瓦特拉、A.贝尔特拉米、G.罗塞蒂，2005年）这是唯一一条从北侧登上托雷峰的路线，从东壁攀登到康奎斯特山口。

❸ 1959年，法瓦在康奎斯特山口下面的冰川找到了马埃斯特里。1975年在冰川下的某处发现了埃格的尸体，但这并未给之前的争议带来新线索。

托雷埃格山
- **巨无霸路线**

（M.贾罗利、E.奥兰迪，1987年）这是一条了不起的路线，长约1000米，延伸至山峰的东拱壁。

斯坦达特针峰
- **飞鱼路线**

（J.布里德韦尔、J.史密斯、G.史密斯，1988年）绝佳的攀登路线，全长500米。

（图中虚线代表未显示的路线）

高山掠影

托雷峰

地球上最狂野的风在此肆虐，托雷峰依旧傲然挺立。托雷峰位于南巴塔哥尼亚冰盖的边缘地带，充满梦幻色彩，金色的花岗岩壁上沾满雾凇和雪花，极少见到太阳。近年来，在托雷峰及其邻近的山峰上，人们攀登了很多高难度的新路线，但是关于这座山峰的早期探险和未来发展尚存在巨大争议。

托雷峰与相邻的山峰相分离，北部是康奎斯特山口，西南部是霍普山口。托雷峰可能不是巴塔哥尼亚最高的山，但空灵飘逸的美景使它成为最受欢迎的山峰。

19世纪70年代，弗朗西斯科·莫雷诺在阿根廷和智利边界探险，将这座山峰命名为托雷峰。20世纪初，巴塔哥尼亚传教士、探险家阿尔贝托·德·阿戈斯蒂尼在该地区拍摄了照片。1958年，前两次托雷峰探险都以失败告终，尽管经验丰富的瓦尔特·博纳蒂也参与其中。意大利人切萨里诺·法瓦回到欧洲后，把托雷峰的照片送给了朋友们，其中一个朋友名叫切萨雷·马埃斯特里，这是一位攀登多洛米蒂山脉的传奇人物，他立即被照片迷住。法瓦带领奥地利向导、冰川专家托尼·埃格前往南美洲，二人又尝试攀登了托雷峰。1959年2月3日，法瓦在顶峰下面的冰川上发现了几近冻僵、奄奄一息的马埃斯特里。马埃斯特里声称，他和埃格登上了山顶，但埃格在下山途中不幸丧生。尽管马埃斯特里在意大利被誉为英雄，但如今许多巴塔哥尼亚专家依然怀疑他的说法。

侧面示意图

名称：托雷峰

位置：阿根廷和智利之间的巴塔哥尼亚（领土归属仍有争议）

海拔：3128米

显著特征：巨大的花岗岩壁，没有直接登顶的路线。山顶上有很多"蘑菇"冰盖，很不稳固。

首次公认的登顶：1974年，达尼埃莱·基亚帕、马里奥·康蒂、卡西米罗·费拉里和皮诺·内格里。

首次阿尔卑斯式登顶：1977年，戴夫·卡曼、约翰·布拉格和杰伊·威尔逊。

首次独自登顶：1985年，马尔科·佩德里尼。

首次冬季登顶：1985年，毛里齐奥·贾罗利、保罗·卡鲁索、安德里亚·萨尔基和埃尔曼诺·萨尔瓦特拉。

首次女性登顶：1987年，罗莎娜·曼弗里尼。

首次翻越整个山域地：2008年，罗兰多·加里博蒂和科林·哈雷。

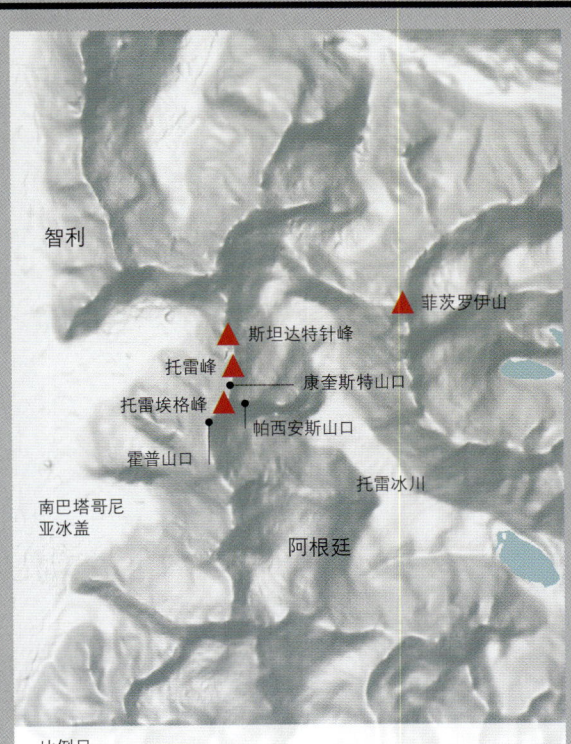

莱因霍尔德·梅斯纳尔

历史上最负盛名的登山家

意大利　　　　　　　　　　　　　　　　**生于1944年**

莱因霍尔德·梅斯纳尔是首位登顶所有14座8000米以上高峰的登山者，并首次没有借助氧气瓶登上了珠峰。许多人认为，莱因霍尔德·梅斯纳尔是有史以来最伟大的高山攀登者。或许少数几位了不起的登山者都能争一争"最伟大"的名头，但梅斯纳尔对登山运动产生的影响是无与伦比的。他是一个备受争议的人物，生性傲慢，痴迷攀登，风格独树一帜，几十年来一直走在登山运动的前沿。澳大利亚登山者格雷格·蔡尔德曾说："喜欢也好，不喜欢也罢，梅斯纳尔就是目标。"

从登山理念来说，梅斯纳尔是19世纪末伟大的奥地利登山家的继承者，诸如吉多·拉默（见第174—175页）等人，他们喜欢独自攀登群峰，谴责在山上建造基础设施的行为。但从攀登风格而言，梅斯纳尔与赫尔曼·布尔（见第258—259页）更为相似：全身心地投入眼前的任务之中。然而，梅斯纳尔比布尔更有雄心，成就也更突出。

轻装上阵，疾步奋行

梅斯纳尔出生于意大利南蒂罗尔州的小镇维恩斯并在那里长大，有八个兄弟姐妹。五岁时，梅斯纳尔登上了海拔3350米的盖斯勒峰，这是他攀登的第一座山峰。十几岁时，他就痴迷于登山，常常与弟弟京特分享登山的乐趣。在这段时间里，他进行了几百次攀登，其中包括首登奥特勒峰北壁和直登马尔莫拉达峰南壁。

1967年，梅斯纳尔被帕多瓦大学录取，他和京特开始攀登阿尔卑斯山脉最难的那些路线。1968年，在多洛米蒂山脉的西维塔峰上，他首次独自攀登了经典的菲利普-弗拉姆路线。1969年，他一手拿冰镐，另一只手拿着轻便的冰匕首，首次单人登顶德鲁尔峰北壁，仅用八个半小时。在这之前，登顶的最快纪录是三天，且有几支登山队在此遇难。

他的英雄足迹

1970年，26岁的莱因霍尔德·梅斯纳尔和24岁的京特第一次前往喜马拉雅，去攀登世界第九高峰。梅斯纳尔着迷于南迦帕尔巴特峰的鲁珀尔壁，主要是因布尔认为它不可能被征服。但是，探险队长卡尔·赫利希科费尔的"围攻式登山"不符合梅斯纳尔轻量化攀登的理念，令他很快对德国人的专断感到反感。那年夏天山上发生的事故使梅斯纳尔在后来的几十年里一直活在阴影中，最终引起法律诉讼和激烈指责。

6月27日刚过凌晨两点，他就出发了，他弟弟和热拉尔·博尔留在5号营地。按计划，梅斯纳尔在默克尔峡谷上固定绳索，在黑暗中艰难攀登，有时冰爪在冰雪覆盖的岩石上留下

生平事迹

- 18岁那年，梅斯纳尔攀登了他的第一条难度为"六级"的路线——塞拉第一塔上的蒂西路线，又首次攀登了北壁——奥茨塔尔阿尔卑斯山脉的锡米拉温峰。

- 因为在阿尔卑斯山脉取得的骄人成就，梅斯纳尔扬名欧洲。他在那里攀登了500多次，其中多次是首登，并打破了攀登纪录。

- 梅斯纳尔希望开启全职登山生涯，他加入奥地利探险队，攀登了南迦帕尔巴特峰，从此命运发生改变。他的弟弟在山顶上不幸丧生，队友们的指控接踵而至，这影响了他几十年。

- 梅斯纳尔多次首登世界最高峰，创造的攀登纪录令人望尘莫及。他将轻量化登山的理念发挥到了极致，是不带瓶装氧气攀登的倡导者。

未带瓶装氧气登上珠峰
1978年5月8日，梅斯纳尔和哈伯勒未带氧气瓶，站在珠穆朗玛顶峰。在此之前，人们一直在争论不带瓶装氧气是否能够登顶。与梅斯纳尔和哈伯勒同行的是莱因哈德·卡尔（但他带了氧气瓶），他成为首位登上珠峰的德国人。

莱因霍尔德·梅斯纳尔

> 我只不过是一只窄小、喘着气的肺,飘浮于薄雾和山顶之上。
>
> ——莱因霍尔德·梅斯纳尔谈及自己登顶珠峰,1978年5月

抓痕，有时不得不返回去尝试另一条路线。

他俯视默克尔峡谷，看见京特正快速向他靠近。他们一起向上攀登，梅斯纳尔疲惫的时候，京特就走在前面。傍晚时，他们终于登上顶峰，不得不露营野外。来时路线难度大，不能按原路返回，他们只能在没有绳索的情况下找到另一条回默克尔峡谷的路线，攀爬到一段岩脊上，在-30℃的气温下过了一夜。

从胜利到悲剧

次日上午，梅斯纳尔看见探险队员菲利克斯·屈恩和彼得·肖尔茨正沿着他们前一天的路线向上攀登，便大喊着让这两名队员到他们这边来并带上绳子，但后者继续直行。梅斯纳尔情绪失控、几近疯狂，京特使他清醒过来，他们一起沿着难度较小的狄阿莫壁下山。夜幕降临后，他们彼此失去联系。梅斯纳尔精疲力竭、精神恍惚，并遭受了严重的冻伤；京特不见踪影。

自美国登山队1963年登顶珠峰以来，这是首次有人尝试翻越8000米以上高峰。次年，梅斯纳尔回来寻找弟弟的尸体，却一无所获。

"南迦帕尔巴特峰改变了我的生活，"他说，"我不得不担当此责，永远活在悲剧之中。"后来他指责其他登山队员不来帮助他，但他们反过来指控他抛弃了自己的兄弟。2005年，人们在狄阿莫冰川上发现了京特的尸体，这至少为梅斯纳尔的言论提供了证据，证明他对弟弟死亡的描述是真实的。

由于冻伤，梅斯纳尔需要截掉六根脚趾，再也不可能攀登高海拔的岩石路线，于是他改为专攻快速攀登冰雪路线。

他与奥地利登山家彼得·哈伯勒联手，攀登了几条北壁上的主要路线并创下纪录，其中包括1974年仅用十个小时就登上艾格峰。次年，他们仅用三天时间就登上喀喇昆仑山脉8068米的迦舒布鲁姆I峰。

挑战不可能

这些经历为梅斯纳尔实现高海拔终极攀登提供了经验。登山者不带瓶装氧气能够攀登珠穆朗玛峰吗？高山生理学家对此有不同的见解，但弗里茨·维斯纳攀登K2峰（见第250—251页）的经验表明，那至少值得一试。

梅斯纳尔和哈伯勒参加了奥地利珠穆朗玛

南迦帕尔巴特顶峰

1978年，梅斯纳尔只使用冰镐和冰爪，未带瓶装氧气，通过一条新路线登上了珠峰，这是属于"他的"山峰；这是许多"第一次"中的一次。

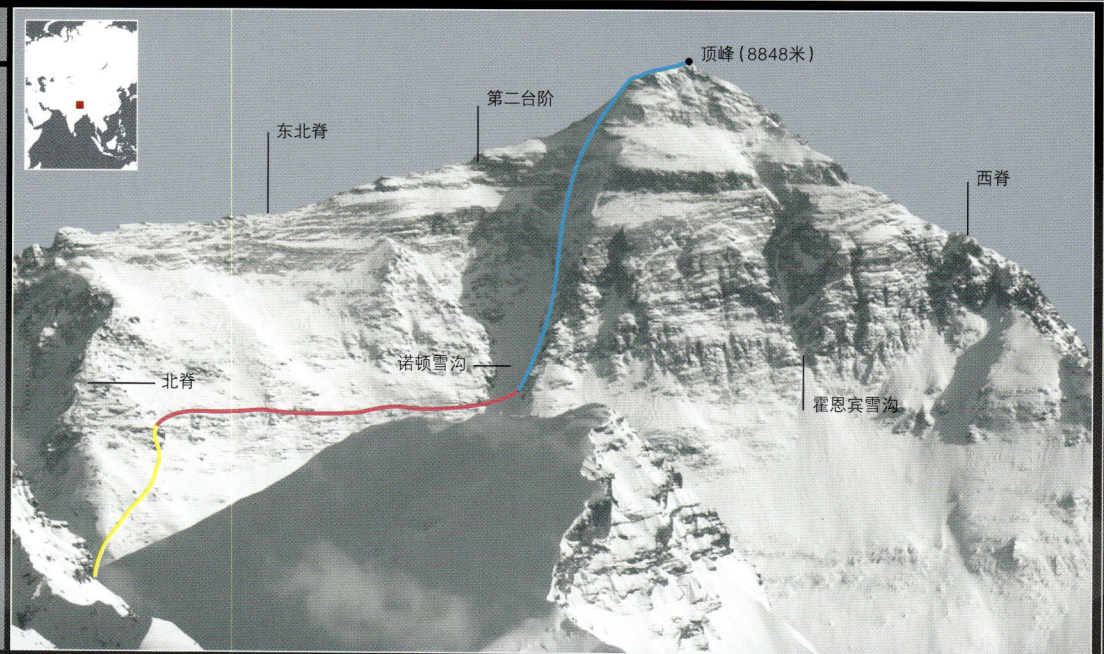

珠穆朗玛峰

北脊　1980年8月

- **8月18日　梅斯纳尔独自出发**
  早上5点钟，梅斯纳尔从大本营出发；尽管曾掉进一道裂缝里，他还是到达北坳，登上了海拔7800米的山脊。

- **8月19日　到达诺顿雪沟**
  因为山上积雪深厚，他重新考虑山脊路线是否可行；他转而朝诺顿雪沟进发，翻过了一道随时可能发生雪崩的斜坡。这次露营的地方仅比之前高了400米。

- **8月20日　冒险攀登顶峰**
  到达诺顿雪沟后，天气急转直下，能见度降低到50米；下午3点，他到达顶峰。"我一直处于痛苦之中，"他写道。

登山时间轴

1944—1963年		1964—1969年	1970—1975年	1976—1977年
五岁时，父亲带他到多洛米蒂山脉，这是他第一次接触高山。	18岁那年，他攀登了第一条难度为"六级"的路线——塞拉第一塔上的蒂西路线。	与比他小两岁的弟弟京特一起开始攀登高山。他们攀登了萨斯里盖斯峰北壁。	首次前往南迦帕尔巴特峰；他和京特一起登顶，下山时他的弟弟失踪了，对此人们争论了数十年。他和京特一起，首次在冬季登顶弗恩切塔山北壁。	他和彼得·哈伯勒仅用十个小时就登上了艾格峰北壁，震惊了登山界。和彼得·哈伯勒，第一次以阿尔卑斯式登顶一座8000米以上高峰——迦舒布鲁姆I峰。

莱因霍尔德·梅斯纳尔

珠穆朗玛峰的预设大本营
1978年，梅斯纳尔和哈伯勒及其他队员在分头进行攀登前，进入了西库姆冰斗。

探险队，1978年5月6日，他们从2号营地出发。他们并不知道不带瓶装氧气是否可行，但离开南坳时，两人都已下定决心。5月8日，他们无氧登上顶峰。

梅斯纳尔后来描述当时的感觉："我只不过是一只窄小、喘着气的肺。"

梅斯纳尔强烈的个人主义风格曾导致他与南迦帕尔巴特峰登山队的关系恶化，这次又让他与哈伯勒的友谊很快破裂。这对梅斯纳尔没有造成什么影响，因为他已下决心进行下一个挑战——既不带瓶装氧气，也没有登山队给予物质和精神支持，完全凭借自己的力量登顶珠峰。他独自攀登了南迦帕尔巴特峰的狄阿莫壁，以此热身。

"一步一步，我饱受折磨。"他写下了1980年攀登珠峰时的感受。他掉进一条裂缝，爬出来后继续前进。他选择在季风期攀登北脊，露营两次，与登山背包为伴，在深雪中蹒跚而行。虽然梅斯纳尔率先登上所有8000米以上高峰，但是他的伟大更在于在攀登世界最高峰时将轻量化做到极致。时至今日，他仍然在探险，同时制作电影，写书，并管理着一座山峰博物馆。

彼得·哈伯勒

奥地利　　　　　　　　　　　生于1942年

如果说梅斯纳尔固执、直率，那么在20世纪六七十年代与他一起登山的彼得·哈伯勒则谦恭、随和。

梅斯纳尔和哈伯勒在不同的国家长大，但两人只相距50公里，十几岁时就一起登山，其中一次登上了大乔拉斯峰的沃克山脊。1974年，他们花了十个小时登上了艾格峰，花了四个小时登上了马特洪峰北壁。"我们又快又强，并且配合得非常默契，"哈伯勒回忆道，"我和梅斯纳尔在一起的时候，觉得他不会被打败。他也许对我也有同样的感觉。这会给我们力量。"1978年，他们没带瓶装氧气登珠顶峰，完成了这一具有历史意义的攀登。在那之后二人分道扬镳，但后来又和好如初。随后，哈伯勒前去攀登南迦帕尔巴特峰和卓奥友峰。1988年，他与美国登山者卡洛斯·比勒及巴斯克登山家马丁·萨瓦莱塔登上了干城章嘉峰北脊，他认为这是他最好的一次攀登。他说："登上珠穆朗玛峰时，我还只是个登山学童。太稚嫩了，我太稚嫩了。如今登上干城章嘉峰，一切都恰到好处。"1972年，哈伯勒开始在家乡提供向导和滑雪服务，生意蒸蒸日上。

沿着厄内斯特·沙克尔顿的路线攀行
2000年，梅斯纳尔（右）与美国登山家康拉德·安克尔、英国登山者斯蒂芬·维纳布斯，穿越了南格鲁吉亚岛，他们沿着探险家厄内斯特·沙克尔顿、弗兰克·沃斯利及汤姆·克林走过的路线攀行，这条路线全长42公里。沙克尔顿在穿越南格鲁吉亚岛前，驾驶着詹姆斯·凯尔德号，这是一条长8米的小敞篷捕鲸船，1916年的冬季，他在南极横渡了南大西洋，此次航行长达800公里，漫长而艰辛。梅斯纳尔称沙克尔顿的南极探险队是"有史以来最伟大的冒险"。

1978年	1979—1980年	1981—1986年	1987—1990年
和哈伯勒一起，首次没带补充氧气登上了珠穆朗玛峰。成为独自攀登8000以上高峰——南迦帕尔巴特峰狄阿莫壁——的第	他和汉斯·卡默兰德尔一起，沿常规路线登上了洛子峰，成为登上所有14座8000米以上高峰的第一人。在这次高海拔的"世纪之攀"中，独自一人在季风期未带瓶装氧气从北壁登上了珠穆朗玛峰	和阿维德·富克斯借助滑翔跳伞到达南极。开始进行野外旅行，徒步穿越中国西藏东部地区。	

捷西·库库奇卡

喜马拉雅山脉的攀登巨匠

波兰　　　　　　　　　　　　　　　　　　　1948—1989年

生平事迹
- 攀登了塔特拉山脉难度最大的路线，随后前往阿尔卑斯、多洛米蒂、兴都库什、喀喇昆仑和喜马拉雅诸山脉。
- 以内心强大和性格坚韧而闻名于世，临危不乱，渡过了重重难关。
- 继莱因霍尔德·梅斯纳尔之后，成为登上14座8000米以上高峰的第二人，仅用八年时间，创造了攀登纪录。

20世纪80年代，波兰登山者在高海拔登山界占据主导地位。尽管遭遇困难，但一支精锐的波兰登山队仍在喜马拉雅山脉开辟出新的路线，创造了多个冬季首登8000米以上高峰的纪录。捷西·库库奇卡从这支人才济济的队伍里脱颖而出。1979年，他第一次登上了首座8000米以上高峰，短短8年后就登上了所有的14座高峰——除了一座之外，其余13座都是从难攀的新路线或在冬季攀登的。

波兰有着悠久的登山历史，位于波兰和斯洛伐克边境的塔特拉山脉是登山者的训练场。自20世纪50年代末以来，只要登山者登上难攀的高峰，给国家带来荣誉，波兰政府就允许这些登山精英攀登阿尔卑斯山。1961年，扬·德乌戈什跟随登山队，首次登上勃朗峰的弗雷尼中央岩。1980年，探险组织者安杰伊·扎瓦达带领登山队首次在冬季登顶珠峰，几个月后，他又组织了一次探险，邀请了登山新星捷西·库库奇卡。

犀牛

库库奇卡生性温和，行事低调，身材魁梧。他忍耐力极强，攀登时不仅能忍受煎熬，也能沉着应对危险，人称"内心强大的犀牛"。他在波兰南部的卡托维兹当煤矿工人，对他而言，登山可以让他逃离现实生活，但他觉得没有必要深究自己登山的动机。他在自传中这样解释："我去登山，然后我登上了顶峰。仅此而已。"像所有的波兰登山者一样，库库奇卡没有充足的时间，也没有足够的金钱支付登山费用，尤其是在国外攀登时还需要外汇。他靠给工厂里的烟囱刷油漆来赚钱，刷漆时他使用登山绳来代替脚手架。

开始时，库库奇卡的登山事业并不顺利。他用了很长时间来适应高山环境，在迪纳利山（见第206—207页）上，他产生了高原反应，这让他"几近崩溃"。后来在兴都库什，当登上海拔7000米的科依泰兹峰时，他遇上了相同的问题。每次攀登时，他都要忍受恶心和头痛的困扰。1979年他登

真正的勇敢

虽然波兰人很晚才开始在喜马拉雅山脉攀登，但在冬季攀登8000米以上高峰这一项几乎让他们垄断了。"寒冷使我们更富有创造力，"克里斯托弗·维利斯基说，"1980年，我们在冬季登顶珠峰，这是我们征程的序幕。"1986年，他和库库奇卡首次在冬季登上了干城章嘉峰。

1984至1985年，在道拉吉里峰探险时，库库奇卡与大家一起吃着热饭。

上洛子峰，这是他登上的第一座8000米以上高峰。他虽然携带瓶装氧气，但把它关闭了，想试一下在没有氧气的情况下是否能够登顶。很快，他就彻底停止使用氧气瓶，奋力登顶。

1980年第二次攀登珠峰时，扎瓦达攀登了南壁的一条新路线。在海拔超过8000米的地方，库库奇卡带领登山队攀登了难度为五级（见第351页）的路段，同时固定好了通往顶峰的绳索。后来，扎瓦达写道："在那一高度上攀登这种（级别）的路段，几乎耗费了我全部的精力，我努力攀登，汗水浸湿了我的裤子。有时我的眼前变得模糊不清。"好在库库奇卡可以和安杰伊·乔克一起进行第一次登顶尝试，尽管在南顶峰时氧气就耗尽了，但他们继续向上攀登最后一道山脊，下午4点到达顶峰。

探索14座高峰

登顶珠峰的经历让库库奇卡对自己的能力充满信心，并对大规模探险中安排得当、分工明确的人员布置颇为赞赏。1981年，他和沃伊切赫·科提卡（见第328—329页）及亚历克斯·麦金太尔（见第330—331页）一起，前往马卡鲁峰，试图攀登西壁一条难度系数极大的路线。当其他人因恶劣的高山环境而放弃的时候，库库奇卡坚持继续攀登，并开辟了一条新路线，经西北脊登上了世界第五高峰。

在接下来的六年中，他在莱因霍尔德·梅斯纳尔（见第308—311页）的带领下，登上了剩余的11座8000米以上高峰。1983年，他与科提卡一起，在一个登山季内攀登了迦舒布鲁姆Ⅰ峰和Ⅱ峰的新路线，并两次攀登喀喇昆仑山脉的布洛阿特峰。

1986年，他又攀登了三座高山，包括与克里斯托弗·维利斯基首次在冬季登上干城章嘉峰。那年夏天，他和塔德乌兹·彼得罗夫斯基攀登了K2峰南壁的一条新路线，这里路况险恶，比珠峰上还要糟糕，但他都一一克服。

在梅斯纳尔登上所有14座高峰的一年后，库库奇卡也成功地登上这些高峰，但他还有一个抱负没有实现：他从全新的路线几乎登上所有8000米以上高峰，只有第一座山峰——洛子峰除外。1989年10月，他攀登了洛子峰南壁，但固定的登山绳索断裂，他跌落山崖，不幸丧生。

安杰伊·扎瓦达

波兰　　　　　　　　　　　1928—2000年

安杰伊·扎瓦达是一位激情洋溢的登山者和探险队队长，是那一代波兰登山者的指路明灯。20世纪80年代，这些登山者创造了喜马拉雅山脉的登山纪录。

扎瓦达灵机一动，想到一个好主意：波兰登山者可以在冬季攀登8000米以上高峰，这是一个新舞台，波兰人必定会大放异彩。他生性叛逆，因为公开反对当局政府而被拘留，一直到1971年都被禁止外出旅行。在那之后，他先是前往巴基斯坦和阿富汗，此后的二十多年都把精力放在探险上。1979年，经过多年努力，他得到许可在冬季攀登珠峰。攀登时，天气极其恶劣，扎瓦达在高海拔处露营一晚，帮助登山队队长莱谢克·奇希和克里斯托弗·维利斯基成功登顶。

幸免于难　1980年，库库奇卡（左）与乔克在珠峰上的合照。下山过程中，库库奇卡被绊倒，在跌落山崖之际，他伸出一只手，正好抓住了一条藏在雪中的固定绳索。

南迦帕尔巴特峰

鲁珀尔侧面　1985年7月13日

— **通往3号营地的路线**
因为路途长、登山绳短缺，库库奇卡和波兰、墨西哥登山者们进程缓慢。雪崩是这一路段上的主要风险。

— **挺进4号营地**
彼得·卡尔马斯在一次雪崩中不幸丧生。库库奇卡和齐加·海因里希以及卡洛斯·卡索里奥和斯氏韦克·洛博登斯基以阿尔卑斯式向上攀登，到达4号营地。

— **在暴风雪中登上顶峰**
冰雪使攀登变得艰难，也减慢了进程。一场暴风雪阻挡了他们前进的脚步，于是他们在海拔8000米的地方挖了一个雪洞，并在那里露营，第二天才到达顶峰。

女性登山者

在登山运动最初的舞台上,就有女性登山者的身影。"一战"前的平权运动赋予了女性登山者动力,20世纪70年代的女权主义运动唤起了女性的政治意识,她们便主动出击,独立开创出一片天地。

三张绽放的笑脸
1933年,一支女性登山队在翻越拉梅热山后,到达艾格勒小屋。照片中是法国登山者米什莱恩·莫林、爱丽丝·达米斯姆和英国登山者肉阿·莫林。

1959年夏末,英国登山者艾琳·希利将她丈夫的新摄像机对准了两个身影,她们正准备前往喜马拉雅山脉的卓奥友峰,这是世界第六高峰。法国泳装设计师、登山家克洛德·科根与比利时的克劳丁·范·德·斯特拉唐也参与了这次攀登,这是第一支攀登海拔8000米以上高峰的女性攀登队(男性夏尔巴人提供帮助)。摄像机拍下了耀眼的白雪和深邃湛蓝的天空,不幸的是,也捕捉到了两位女性登山者人生的最后一段征程。雪崩摧毁了4号营地的帐篷,她们和夏尔巴人昂·罗布在此丧生。另一个夏尔巴人试图营救,但也遇难了。科根的探险队以悲剧告终。五年前,她和瑞士向导雷蒙德·兰伯特差一点就成功登上卓奥友峰。当时寒风凛冽、天气恶劣,登山队不得不放弃,但是科根认为他们没有拼尽全力,事后她"心里怒火冲天,却又无济于事"。她想证明,在高山上女人非但不比男人弱,反而比男人更能适应高山的环境。

"总之,她不行"

女性登山者虽然人数很少,但她们努力让自己的成就得到认可。当女性登山者和男性一起登山时,人们会认为她们依赖别人高超的登山技能,而当她们独自攀登或者和其他女性一起攀登时,人们又会批评她们只是想博人眼球罢了。人们常常贬低女性的成就,

女性登山者登顶安纳普尔那峰
1978年,阿琳·布卢姆带领一支女性登山队攀登安纳普尔那峰(上图),在此之前,只有八位男性攀登过此峰。她通过出售T恤来筹集登山资金,T恤上印着"女人的安身之处在山顶"。

首位攀登珠峰的女性登山者
田部井淳子是首位攀登珠峰的女性登山者,她由媒体赞助商从15位候选人中选出,后来在日本创立了女性登山俱乐部。

女性登山的魅力
克洛德·科根(中)在第二次世界大战期间开始登山,并在20世纪50年代成为最富魅力的登山者之一,组织了第一支攀登8000米以上高峰的女性攀登队。

背景介绍

- 1926年,杰出的美国登山者米里亚姆·昂德希尔与法国向导阿尔芒·沙莱(见第125页)一起,首次登上了塔库尔勃朗峰的迪亚布勒山脊。随后她加入女性登山队,登上了格雷蓬峰和马特洪峰。

- 1934年,昂德希尔在《国家地理》杂志上发表了一篇题为《无男性攀登》的文章,她认为如果女性想要承担起登山的责任,那么登山队中就不能有男性队员。

- 卢卢·布莱兹是一位来自日内瓦的秘书,她成为20世纪80年代之前最成功的女性登山者,登上了大乔拉斯峰的克罗山脊和沃克山脊;1959年,她加入女性远征队,攀登了卓奥友峰。

- 1964年,德国人黛西·文格成为首位登上艾格峰北壁的女性攀登者。一家瑞士小报的标题上写着:"慕尼黑的金发秘书黛西打破了死亡禁忌之墙。"

- 1997年,凯丝·派克、格伦达·哈克斯特和路易丝·托马斯加入了一支英国女性登山队,她们在加拿大的比阿特丽斯山上开辟了一条大岩壁路线,攀登这一路线需要高超的登山技巧。

暗示她们得到赞赏仅仅因为她们是女性。在整个登山史上,有能力到达当时最高峰的女性通常都要面对这种偏见。

冲破桎梏、登上顶峰的女性

卢卢·布莱兹是科根女性卓奥友峰登山队的队员,她是一位秘书,来自日内瓦,战争爆发之前,她和雷蒙德·兰伯特及其他人一起攀登了大乔拉斯峰北壁。1935年,她成为第二位登上克罗山脊的登山者。1937年,她尝试攀登艾格峰北壁,但并未成功,次年才有人首次成功登顶。

艾琳·希利和科根登山队的另一名队员——魅力十足的伯爵夫人多罗西娅·格雷维纳,对这次探险的意义有着截然不同的看法。希利在登山时没有明确的政治意图,她只是喜欢和与志同道合的人一起去登山。而对格雷维纳而言,登山活动应该有鲜明的政治色彩。她想向人们展示来自世界各地的女性可以通过团结合作取得巨大的成就。

美国登山者阿琳·布卢姆的政治立场与她相同,她组织了另一支女性远征队,于1978年攀登了安纳普尔那峰,成为第一支登上8000米以上高峰的女性登山队,也是第一支成功地登

> 数十年来,女性被社会习俗束缚,她们必须穿束身衣或者仰仗年长女伴的陪同,然而女性登山者凭借自己最出色的武器——卓越的登山技巧,逐渐消除了男性对女性的偏见。

上此峰的美国登山队。阿琳·布卢姆的经典之作《安纳普尔那峰:女性之地》讲述了她的登山经历。与此同时,布卢姆还是一位具有开创精神的环境科学家。

其他的美国登山者,比如马蒂·霍伊和凯瑟琳·弗里尔,则敢于在男性提出质疑时证明自己。霍伊是第一个为雷尼尔登山队服务的女向导,令人印象深刻。后来惠特克邀请她一同前往珠峰,攀登新路线,途中她因保护带脱落而掉下山崖,不幸丧生。

凯瑟琳·弗里尔启迪了新一代有才华的美、英登山者,比如艾莉森·哈格里夫斯(见第319页)。在喜马拉雅山脉,弗里尔和她的同伴托德·毕堡一起,以阿尔卑斯式首登佐拉策峰北壁。随后她继续攀登K2峰、道拉吉里峰和珠峰,但她最喜欢的还是自己更擅长的岩石攀登。37岁那年,她在攀登洛根山的蜂鸟岭时遇难。

消除偏见

美国女性登山者可以平等地与男性登山者一起攀登,美国女性对此已经心满意足,然而波兰登山者万达·鲁特凯维茨(见第316—317页)却反对男女混合攀登。1975年,她和英国登山者艾莉森·查德威克及两名男性——其中一位是查德威克的丈夫雅努什·奥内什凯维奇,一起登上了当时的世界最高处女峰迦舒布鲁姆Ⅲ峰(7952米),这是女性首登的最高峰。女性单独攀登能为女性登山者营造舒适的氛围,从而真正体验到登山的乐趣。

多萝西·皮利,1930年
英国杰出的登山家皮利与她丈夫及一名向导首次登上了难攀的布朗什峰北脊。后来她的回忆录《登山的日子》成为经典之作。

万达·鲁特凯维茨

最伟大的喜马拉雅山脉女性攀登者

波兰　　　　　　　　　　　　　　　　　1943—1992年

鲁特凯维茨是20世纪卓越的高山攀登者，她是登上珠峰的第三位女性，也是首位登上K2峰的女性，而且是首位登上世界14座8000米以上高峰中8座山峰的女性。她意志坚定、内心坚强、做事果断。童年时，她贫困潦倒并连遭不幸，但这没有影响她成为成功的登山者和电影制作人。她热衷于提升女性登山者的形象，曾带队前往喀喇昆仑山脉，这支队伍的最初构想是全员女性。

顶级女性登山队

鲁特凯维茨和艾莉森·查德威克（左）登上了迦舒布鲁姆Ⅲ峰，这掀起了由女性组织、领导喜马拉雅探险的第一波浪潮。

万达·鲁特凯维茨原名万达·布拉斯科维茨，出生于立陶宛的普伦盖。"二战"后，她和家人一起回到故乡波兰，住在弗罗茨瓦夫一间大半毁掉的房子里。小时候，万达不得不排队领取任何能吃的食物，并负责照顾弟弟妹妹。"我们喝山羊奶长大，这也许就是我这么健康的原因。"后来她说道。

1948年，她的哥哥和朋友们在废墟中玩耍时发现了一枚未爆破的炸弹，并告诉万达，因为她是女孩，所以不能一起点燃炸弹。万达气愤不已，向母亲抱怨。母亲立刻向儿子跑去，但炸弹在此时爆炸了。万达一生都没能摆脱生活残酷、世事难料的痛苦感受。几年后，她父母分居，随后父亲被杀害。

户外的自由

万达是一位才华横溢的数学家，她16岁时就读于弗罗茨瓦夫理工大学，获得科学和工程学学位。她求知欲强，做事专心，也是专业运动员，被选派参加了1964年的奥运会。18岁时，同学邀请她去攀岩，她自那时就迷上了这一运动。"从那一刻起，我就对攀岩着了迷。这一经历引起了我内心情感的爆发。我知道它将会在我的余生留下印记。"起初，万达和男性一起登山，但慢慢地，她与其他女性登山伙伴建立起良好的关系。她与波兰登山家哈利娜·克鲁格-西罗科姆斯卡一起，前往阿尔卑斯山脉和挪威，并于1968年登上挪威巨魔墙的东拱璧。

1970年，万达嫁给了沃杰克·鲁特凯维茨，他也是一位数学家和登山家。结婚不久，她便动身前往亚洲中部的帕米尔高原，这是她第一次远征，但因为这次远征，她和丈夫的关系变得紧张起来。"实际上，我把这次攀登当作蜜月旅行，"她说，"而沃杰克觉得受到了深深的伤害。"登上帕米尔高原的列宁峰两年后，鲁特凯维茨随远征队前往阿富汗，攀登兴都库什山的诺沙克峰，在此过程中结识了艾莉森·查德威克。艾莉森是英国人，她的丈夫是波兰人。参加那次攀登的还有其他女性，如阿琳·布卢姆，她是一名女权主义者和科学家。关于女性登山者将会走

攀登顶峰高于一切

攀登顶峰是鲁特凯维茨的生命动力，她愿为此付出一切代价。她两次结婚，又两次离婚，无儿无女。

生平事迹

- 17年间，在喜马拉雅和喀喇昆仑山脉进行了22次探险。
- 带领国际远征队攀登了迦舒布鲁姆群峰，并首次登顶Ⅲ峰，远征队中包括十名女性和七名男性。
- 1986年，成为首次登上K2峰的女性登山者。
- 成为第三位登顶珠穆朗玛峰的女性登山者。
- 1991年，独自登顶安纳普尔那峰南壁，这或许是她最伟大的一次攀登。

我不介意死在山上……我的大多数朋友正在那里等着我呢。

——万达·鲁特凯维茨

为电视台制作登山电影
鲁特凯维茨为一家德国电视台拍摄了1989年迦舒布鲁姆Ⅱ峰探险（如图所示）的电影。对女性登山队而言，这次登山取得了巨大的成就。不像之前那样，她们这次攀登没用高山背夫。

向何方的讨论让鲁特凯维茨以崭新的眼光展望自己的未来。

开创性的攀登

1973年，她与波兰同胞达努塔·瓦希、斯特凡尼娅·埃吉尔斯多夫一起登上艾格峰北壁，在山壁上待了三天，冻伤让她吃了不少苦头。女性登山队的这次成功登顶在波兰引起了巨大轰动，使鲁特凯维茨享受到被关注的快乐。她与记者交谈，提升自己的形象。她面临着这一时期许多女性登山者所经历的共同悖论——虽然女性登山者凭借自己身为女性取得的成就登上新闻头条，但她们期望人们能够平等地对待男女登山者。

怀着这一想法，1975年，鲁特凯维茨决定带领一支女性远征队攀登迦舒布鲁姆Ⅲ峰，此峰位于喀喇昆仑山脉，是当时还未有人攀登过的山峰中最高的一座。然而，当地民风保守，她们必须在登山队中增加七名男性，其中包括他们的队长，他们将攀登迦舒布鲁姆Ⅱ峰。关于男性登山者在登山队中扮演什么角色的误解和争论在这支队伍里时常发生，鲁特凯维茨只得息事宁人，将男队员所做的贡献轻描淡写过去。

当查德威克的丈夫及另一名男性登山者在附近逗留时，鲁特凯维茨和艾莉森·查德威克登顶了迦舒布鲁姆Ⅲ峰。另两名女性登山者安娜·奥科宾斯卡和哈利娜·克鲁格-西罗科姆斯卡则被指派为后备队员，因为对那两名男性的出现感到反感，她们改变目标，成为首登迦舒布鲁姆Ⅱ峰的女性攀登者。尽管过程中有不少争执，队员间亦有不和（这在探险影片《沸点》中有所展现），但这次攀登还是取得了巨大的成功。

不久，鲁特凯维茨跟随远征队前往南迦帕尔巴特峰，并在冬季登上了马特洪峰北壁。1978年，她登上了珠穆朗玛峰。1982年，她带领女性远征队到达K2峰，在高加索山脉攀登时，她股骨受伤，只能挂着拐杖、步履蹒跚地回到大本营。登山队员哈利娜·克鲁格-西罗科姆斯卡却在2号营地中风而死。

鲁特凯维茨同样享受身为职业作家和电影制作者的乐趣。虽然她有时候会后悔为登山付出的巨大代价，但她对山的热爱不减丝毫。"我从不自寻死路，"她说，"但我不介意死在山上。"

1984年，她带领四人女性登山队第二次尝试攀登K2峰。1986年夏天，鲁特凯维茨成功登顶K2峰，而在那个充满灾难的夏天，13名登山者殒命于此。她是首位登上K2峰的女性，但并未感到胜利的喜悦，因为她的伙伴利利亚纳和莫里斯·巴若德都在下山途中丧生。此外，沃伊切赫·罗兹和鲁特凯维茨上一次尝试攀登K2峰时的伙伴达布罗斯拉娃·米奥多维茨-伍尔夫及捷西·库库奇卡的搭档塔德乌兹·彼得罗夫斯基也都在那年夏天遇难。

在她生命的最后三年里，鲁特凯维茨享受到了多次成功登顶的快乐。1989年，她与英国登山者罗娜·兰帕德一起登上迦舒布鲁姆Ⅱ峰。1990年，她和波兰人艾娃·潘杰维茨从一条新路线登上迦舒布鲁姆Ⅰ峰西北壁。1991年，她登顶卓奥友峰和安纳普尔那峰南壁，但人们对她是否登顶持有异议，这让她感觉自己在波兰登山界孤立无援。她下定决心要登上所有8000米以上高峰，于是跟随登山队攀登了干城章嘉峰北壁，不幸在接近顶峰时失踪。

用手指和脚趾攀登山体裂缝

1992年,德蒂韦勒独自攀登了犹他州沙漠中的无人山峰,随后攀登了怀俄明州魔鬼塔的"埃尔马塔德"路线。从1985年开始,人们拍摄电影来记录她的登山生涯,记录此次攀登的电影是九部中的一部。

生平事迹

- 攀登了德吕峰的博纳蒂石柱。
- 在多日单人攀登期间,攀登了德吕峰西壁,并开辟了一条新路线。
- 1992年,用17小时登上艾格峰北壁。
- 在冬季单人攀登了大乔拉斯峰北壁及马特洪峰北壁上的博纳蒂路线。
- 成为首位单人攀登多洛米蒂三峰山主峰北壁直上路线的女性登山者。
- 后把精力转移到家庭,并开启了职业演说家生涯,这使她的登山活动大大减少。

凯瑟琳·德蒂韦勒

岩冰女王

法国　　　　　　　　　　　　　　　　　　**生于1960年**

20世纪70年代，女性登山者需要为自己的信誉而战，凯瑟琳·德蒂韦勒却另辟蹊径。她避开政治辩论，因精湛的攀岩技巧而举世闻名。她在大山中勇敢前行，成为单人攀登艾格峰北壁、大乔拉斯峰沃克山脊以及从博纳蒂路线登上马特洪峰北壁的第一位女性。她巧妙地运用电影和新闻宣传自己，这使她在法国家喻户晓。

德蒂韦勒出生于阿尔及利亚的奥兰，父母是法国人。当她十几岁时，全家搬到了巴黎郊区。她父亲对登山和户外运动充满热情，德蒂韦勒很快成了枫丹白露森林的常客，此地多砂岩巨石，是法国历代登山者的试练场。

她也到山区攀登高山，到16岁时已经攀登过阿尔卑斯山脉的许多经典路线，其中包括奥朗山的库齐-德迈松路线和艾勒弗鲁瓦德山的德维什娃苏缇路线，这两座山峰都位于多菲内。不久，她在霞慕尼附近的德吕峰攀登了美国直上路线。

德蒂韦勒参加了理疗培训，因此将登山运动搁置了五年之久。后来，她参加了法国版《适者生存》的拍摄，这让她有机会到法国的韦尔东峡谷及西非的马里拍摄登山影片并因此成名。

制作电影的同时，欧洲新一届巡回登山竞赛引起了她的兴趣。1985年，25岁的德蒂韦勒参加了她的第一个攀岩比赛，表现非常出色，这使她成为一名专业的攀岩者。虽然在比赛中大获全胜，但德蒂韦勒在1989年就退出了。

"攀岩比赛时，你要控制饮食，不能吃也不能喝，"她解释道，"可能是我年纪太大了。我喜欢随心所欲地登山，而参加竞赛压力太大。我更喜欢到山中探险。"

单人攀登

20世纪90年代早期，德蒂韦勒回到阿尔卑斯山脉，仅用四个小时就独自登上了德吕峰的博纳蒂石柱。那时她与美国登山者杰弗·洛生活在一起。在他的影响下，她在器械攀登方面的技能得以提高。她用了11天的时间，在德吕峰开辟了约塞米蒂式的大岩壁攀登路线，再次引起了媒体的关注。

德蒂韦勒承认这条路线不是一条经典路线。人们把她这次攀登的过程拍成电影，在电影中，她站在德吕峰脚下，身边是一群后勤人员和组织者，这与她真正渴望的攀登大相径庭。1992年，她在冬季单人攀登了艾格峰北壁上的1938年路线并大获成功，拍摄她这次攀登的电影也是她最好的一部。像许多冬季攀登岩壁的人一样，德蒂韦勒发现出口裂缝是最难攀登的路段。绳子卡住后，她只剩下几米长的绳子，只好把它割断。17小时后她到达了顶峰。她说，在阿尔卑斯山脉的所有攀登中，她最享受的一次是攀登艾格峰。

1993年，她尝试独自攀登沃克山脊，并再次使用登山绳来保护自己。1994年，她用了三天重走瓦尔特·博纳蒂（见第296—297页）1965年攀登马特洪峰北壁的路线。德蒂韦勒在喜马拉雅山脉攀登时，虽然成功，但并不尽兴；她从不喜欢高纬度带来的陌生感。她登上了巴托罗冰川的无名塔，并尝试攀登了难攀的拉托克 I 峰北脊，它们都位于喀喇昆仑山脉。1997年，她首登南极洲的高山。

艾莉森·哈格里夫斯
英格兰　　　　　　　　　　**1963—1995年**

哈格里夫斯与德蒂韦勒是同代人，在攀登阿尔卑斯山脉时，她取得显著的成就，比如她在冬季单人攀登了大乔拉斯峰的克罗山脊，成为首位登上此路线的女性。

1995年5月，她成为首位不带瓶装氧气、不需夏尔巴人帮助就登上珠峰的女性。她和丈夫、孩子团聚了两周后，又动身前往巴基斯坦，在经历几个月的挫折后登上了K2峰。下山时，登山队遭遇了一场风暴，她和另外三人从山脊被吹落山崖，不幸丧生。悲剧发生后，媒体在报道中说，哈格里夫斯丢下孩子去探险是一种极其不负责任的行为。德蒂韦勒站出来为她辩护，指出这些指责从来不会落在男性登山者身上。

在艾格峰上
1992年，摄影师跟随德蒂韦勒，用长焦镜头拍摄了她独自攀登艾格峰北壁的过程，她仅用17个小时就完成了此次攀登。

悬于摩西塔之上
1992年,法国攀岩者凯瑟琳·德蒂韦勒(见第318—319页)用手抓住美国犹他州摩西塔的边缘,身体悬在半空中。她的表现十分惊艳,镜头感十足,媒体根本拍不够她的照片,这让她成为全世界最有名的攀岩者之一。1999年,德蒂韦勒单人登上了三峰山主峰北壁,此后,她把重心转移到家庭上,很少攀岩。

基蒂·卡尔霍恩

首位登上两座8000米以上高峰的女性

美国   生于1960年

20世纪70年代,女性登山者受到男性登山者的质疑甚至敌对,后来许多登山先驱——比如波兰人万达·鲁特凯维茨、美国人马蒂·霍伊和凯瑟琳·弗里尔——改变了人们的态度。20世纪80年代,少数女性登山者通过平等地与男性登山者攀登来回避这一问题。基蒂·卡尔霍恩成功地登上了道拉吉里峰和马卡鲁峰,她喜欢攀登结果难料的高难度登山路线,同时对媒体持有很深的怀疑态度。

生平事迹

- 在北卡罗来纳州参加拓展训练课程时进行了首次攀登;在佛蒙特大学学习期间开始在新罕布什尔州进行冬季攀登。
- 过着漂泊不定的生活,在世界各地做向导并进行攀登;1984年攀登了科迪勒拉布兰卡山,登上了帕约峰和奎提瑞居峰。
- 1987年经东北脊,成为第一位登上道拉吉里峰的美国女性,并在1990年从高难度的西柱路线登顶马卡鲁峰,成为首位登上该峰的女性。
- 1995年,在帕米尔高原的阿克苏谷攀登了多条新路线;一年后,第二次尝试攀登萨雷萨格尔峰。
- 从2000年开始,经常与其他女性一起攀登高难度的大岩壁路线,如与基姆·齐斯马齐亚和朱莉·福尔一起,攀登了约塞米蒂国家公园的隐栗路线及科罗拉多州布莱克峡谷的迷幻岩壁路线。

1986年,基蒂·卡尔霍恩和安迪·塞尔特斯徒步走到喜马拉雅山脉的萨雷萨格尔峰底部,这是一座海拔6904米的花岗岩冰峰,难以攀登,令人叹为观止。她们计划在北壁开辟一条高难度的新路线,全长1500米,携带定制设备,以阿尔卑斯式进行攀登。她们的装备包括超轻吊帐和半条睡袋,睡袋可以通过拉链与睡垫连接,以此来减轻重量。

在四天的行程里,她们取得了不错的进展,天开始下雪的时候,她们已登上海拔6700米高。在接下来的八天里,一场风暴阻挡了她们攀登的脚步,塞尔特斯和卡尔霍恩被困,纷飞的大雪、肆虐的狂风仿佛要将她们吹下山崖。她们在吊帐里住了12天,有4天没吃食物,后来她们别无选择,只能在天气转晴的时候下山。

风格高于结果

卡尔霍恩从她喜欢的路线攀登萨雷萨格尔峰,却没能登顶,自然是很失望的。她后来坦承:"经过数月的反思,我明白了,如果是登顶更重要的话,我就应该选择标准路线,可我不能为了登顶而放弃登山方式。对我来说,过程远比结果重要;风格远比登顶重要。"

她的许多登山伙伴本就热忱而坚定,她们都证实卡尔霍恩有着强大的动力和决心。起初,她是一个四处流浪的攀登者,对衣食无忧的生活不感兴趣。她在车里住了很长时间,朋友们称这车为"斯巴鲁营地",还对与她住在一起的老鼠津津乐道。1987年,在道拉吉里峰探险期间,她不允许登山队雇用背夫把野营椅子带到大本营,她认为这很奢侈,没有必要。正是因为她尊重登山的基本准则,所以赢得了同辈登山者的尊敬。

开始登山

基蒂出生于南卡罗来纳州的格林维尔,原名凯瑟琳·豪厄尔·卡尔霍恩。她操着一口浓重的南方口音,说话时拖着长长的尾音,掩盖了她坚定的意志。她的父亲是一名公司律师,是约翰·C.卡尔霍恩的后代,从1825至1832年,两任美国总统约翰·昆西·亚当斯和安德鲁·杰克逊在位期间,约翰·C.卡尔霍恩曾任副总统。在学校里,基蒂打曲棍球和网球,从4岁起就在阿巴拉契亚山脉滑雪。18岁时,她修了一门拓展训练课,在课上开始登山,进入佛蒙特大学后,她一直坚持训练。

她在冬季攀登了新罕布什尔州的白山,这是她第一次在冬季攀登高山。她试图在一天内翻越整个山脉,但在午夜时放弃了。卡尔霍恩的同伴出现低温反应,她挖了一个雪洞,两人躲了进去。"四个小时后,我醒了过来,浑身发抖。太阳刚刚升起,天空一片火红。我从没

登上两座8000米以上高峰
卡尔霍恩于1990年通过挑战西柱路线,成功登顶海拔8463米的马卡鲁峰(右图),这使她成为首位登上两座8000米以上高峰的女性登山者。

见过这么美的景色。"她说。由于没有职业规划,只对登山充满热情,卡尔霍恩于1982年离开佛蒙特,决心将一年的生活开销控制在3000美元,并挖掘自己的潜能。她成为户外拓展训练的导师及美国阿尔卑斯研究所的登山向导。1984年,卡尔霍恩在秘鲁积累了丰富的登山经验。一年后,她攀登了迪纳利山的卡辛山脊,快要登顶时,她遇上大风暴,被困了五天。1986年,她和杰弗·莱克斯成为第二支攀登布沙尔路线的登山队,这条路线位于秘鲁的查克拉拉胡山西部。

功成名就

1987年,她与约翰·卡伯森及后来成为她丈夫的科林·格里索姆一起,经东北脊登顶道拉吉里峰,成为首位登上此峰的美国女性登山者。攀登的过程并不顺利。三人登山组在使用日本登山队留下来的固定绳索时遇到了雪崩,向下滑了150米。八个固定登山绳索的锚中有七个被挣脱,但是好在他们停了下来。尽管卡尔霍恩肘关节扭伤,并被绳索勒出了深深的伤痕,但是他们很快就恢复了,两周后继续攀登。

登上道拉吉里峰三年后,卡尔霍恩成为首位登上世界第五高峰马卡鲁峰的女性。她没有按标准路线攀登,而是率领一支探险队从西柱进发——之前人们只攀登过两次这条高难度的路线。卡尔霍恩不只是想征服8000米以上高峰,她更喜欢在较矮的山峰上开辟新路线,比如喀喇昆仑山脉7145米的拉托克I峰北脊。20世纪90年代中期,卡尔霍恩"邋邋鬼"的生活变成一种更加稳定的生活模式——1993年,她回到大学,1996年生下了儿子。然而,她的登山事业越来越兴旺。1997年,她和杰伊·史密斯一起攀登了阿拉斯加中三峰(2693米)西壁的一条新路线,并尝试攀登了拉托克III峰(6949米)西壁。20世纪90年代初,她攀登了一系列令人印象深刻的大岩壁,由于慢性损伤,卡尔霍恩减少了登山量,但1996年手术后,她很快就重新回到约塞米蒂国家公园的峭壁上。

独辟蹊径

1995年,卡尔霍恩前往帕米尔高原探险,她在阿克苏谷(下图)的花岗岩大岩壁上开辟了两条新路线,这些岩壁与约塞米蒂国家公园的岩壁相像。这两条路线的攀登难度被评为六级(见第351页)。

登山工具创新

保护装备

登山者想尽各种方法把绳子固定在山上,那些不熟悉"保护装备"准则的人对此可能会十分困惑。保护装备不断发展,从前人们将绳套悬挂在岩钉上,把岩石塞放进山体裂缝,现在使用高科技机械塞,把膨胀螺栓钻入岩石。这些保护装备和其他辅助工具引发的伦理争议看似晦涩,但归根结底只不过是一个基本的哲学问题:为了让登山既安全又方便,你准备对这项挑战的本质做出多少改变?

保护攀登者

在登山运动萌芽期,人们就开始使用保护装备,并且从一开始就对它的不同形式争论不休。在登山运动的黄金时代和阿尔卑斯俱乐部形成之前,登山者就在德国萨克森易北河砂岩山脉的石塔上进行攀岩。第一次世界大战后,这一区域的登山达到了一定的水平,而这种水平的攀登直到20世纪50年代才在英国和美国出现。20世纪伊始,登山者在易北河砂岩山脉攀登时,在登山绳上打结,然后楔进山体裂缝中进行保护。

这项创新在保护登山者的同时,也不破坏脆弱的砂岩,因为绳结是楔进去而非像岩锥一样锤进去。约60年后,这种方法开始在英美两国使用,但不是在绳子上打结,而是系上可以重复利用的金属塞子。

20世纪初,阿尔卑斯俱乐部及欧洲的一些登山者对阿尔卑斯山区岩锥的出现错愕不已,比如奥地

1910年 奥托·"兰博"·赫佐格
受到慕尼黑砖瓦匠的启发,赫佐格用消防队员的铁锁把绳索固定在岩钉上。以前,登山者需要将绳子穿过岩锥的圆环,使用时必须解开绳子。

20世纪30年代 创新者阿巴拉科夫
俄罗斯登山者维塔利·阿巴拉科夫开始了自己的职业生涯(见第240—241页),后来他研发了阿巴拉科夫冰洞(图右),登山者可以利用冰锥和绳索绕绳下降。

20世纪50年代 硬钢岩锥
约翰·赛拉提是一名铁匠,也是一位神秘主义者,他根据伊冯·乔伊纳德之前提出的想法发明了硬钢岩锥,用于攀登约塞米蒂国家公园的岩壁。

公元 1900 | 1910 | 1930 | 1940 | 1950

1912年 冰锥之争
保罗·普罗伊斯认为冰锥的使用是不合乎道德的,它使登山的水平标准得到迅速提升。

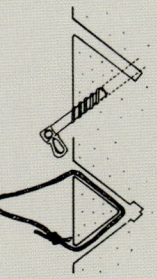

20世纪40年代 尼龙革命
合成织物和材料改变了户外装备,比如轻型帐篷、帆布背包、防风抗寒的衣服、更加结实的攀登绳索及用于保护装备的尼龙带绳套。

汉斯·费施特尔和另两位伟大的创新者奥托·赫佐格、汉斯·迪尔费尔一起登上了许塞尔峰南壁,当时这是阿尔卑斯山区最难攀登的地方之一。早期岩锥只是一头带圆环的金属棒,1910年,费施特尔经反复实验,将其变成薄薄的铁片,适用于不同的山体裂缝。

20世纪初 汉斯·费施特尔

法国登山者皮埃尔·阿兰于1943年制作了第一套下山装备,这款摩擦装置可以让登山者以更舒适的方式下山,而不是像早期登山者那样,在下山时将绳索缠绕在自己的身体上。尽管后来这一装置被其他设计取代,但阿兰仍成为一名伟大的登山装备设计师,他发明了可以在寒冷条件和露营地使用的羽绒服、取代钢制环的轻质铁锁和第一双专门用于攀岩的平底鞋。

1943年 下山装备

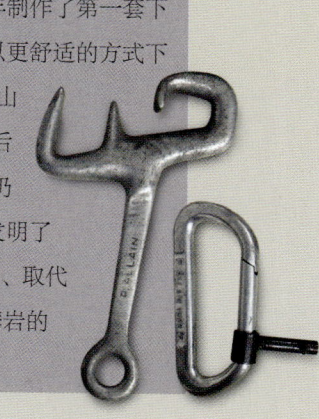

利纯粹主义者保罗·普罗伊斯（见第176—177页）就认为大山不能因登山者的出现而有所改变。普罗伊斯的准则之一是，登山者应量力而行，只攀登自己能力范围内的高山。但登山者利用岩锥，就可以在之前不可攀登的陡峭山壁上冒险，攀登标准水涨船高。

不断演变的装备

20世纪初，登山向导、铁匠汉斯·费施特尔制定了岩锥设计标准。这种岩锥由软钢制成，意味着敲进山体裂缝中后会变形，更牢地卡在裂缝中。此款岩锥最终广泛应用于登山运动中，而它们通常很难再拔出来。20世纪50年代，约翰·赛拉提和伊冯·乔伊纳德研制了硬钢岩锥（见第302—303页），这种岩锥可以拔出来，也能重复利用，却会损坏岩石。登山者想把这些岩锥系在绳子上，以便在往上攀登时自由操控绳索，这就需要某种连接装置。绰

登山装置堆积

随着科技不断进步、人们攀登的范围不断扩大，保护装备的种类也前所未有地增多，如图所示，各种各样的机械塞扣在这位岩壁攀登者的安全带铁锁上。他的手上拿着一个滑轮，用来拖运他身后的袋子。有了这一套机械塞，他就可以利用不同大小的山体裂隙来攀登。攀登者可以回收这些装置，并在下一段绳子上使用。

登山者在攀登前整理登山装备，他用带子把手包起来，以便卡在岩石裂缝中进行攀登。

号为"兰博"的德国登山者奥托·赫佐格观察到，慕尼黑当地的建筑工人在把砖块抬上脚手架时利用消防员的铁锁别住运输绳。他由此想到，这种装置非常适合把登山绳牢牢地固定在岩锥上。20世纪60年代末，新型铁锁诞生了，它由一种比钢还轻的合金板材制成。近来的新型保护装备，比如钢丝门铁锁，都进一步减轻了重量。

20世纪60年代　保护器
弗里茨·施蒂希特发明了一种金属弹簧圆盘，圆盘上有一个扁口，登山者可以把绳索穿过扁口，扣进铁锁。这样，保护时产生的绳索磨损就会大大减少。

1961年　盖形岩石塞

之前，人们把机械加工的螺母或卵石放进山体裂缝中，约翰·布雷斯福德在此基础上，发明了第一款登山专用岩石塞。

1976年　戈尔特斯公司

W.L.戈尔的布织品既透气又挡雨，这提高了防护服的性能。

20世纪80年代　塑料靴
绝缘塑料靴穿起来比较暖和，可以更好地防冻。

2000年　卫星导航

GPS设备可以在任何条件下完成定位。登山者可以借助标记的电子轨迹，在恶劣的天气情况下进行攀登。

|1960　　　　　　　1970　　　　　　　1980　　　　　　　1990　　　　　　　2000|

1960年　现代保护装备
改进的装备包括铝质铁锁（上）和钢丝岩石塞（下）。

1970年　首套坐式安全带
登山者通常把绳索缠绕在腰部，但是一旦悬挂起来，他们很快就会窒息。特罗尔开发了首套坐式安全带，解决了这一问题。

20世纪90年代　冰锥
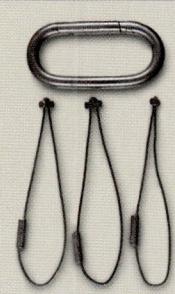
以前，冰川岩钉要么是锤进去，要么是拧进去。后者更加可靠，但更难放置。设计师做了改进，现在的冰锥能更简单地固定在冰川中。

虽然机械塞（楔入山体裂缝的设备）背后的数学原理早在1901年就获得了专利，但将这一设计变为现实的人最可能是20世纪70年代的美国登山家杰弗和格雷格·洛。另一位美国发明家雷·贾丁发明了一种装有触发器的弹簧承载装置，它的触发器可以缩回来关闭机械塞，使其楔入裂缝中，随后释放触发器，机械塞就会膨胀，紧贴岩壁。

1978年　高新技术机械塞

登山者常常会利用手头的资源制作临时装备。20世纪70年代，约塞米蒂国家公园的登山者发现在岩壁上用来睡觉的吊床太狭窄，开始随身携带铝框吊帐。20世纪80年代初，当地登山者迈克·格雷厄姆开始销售一种特制的"吊帐"，可以将其在一个中央悬挂点上保持平衡，现在这款吊帐配有帆布篷顶。

20世纪80年代　吊帐

轻量快速攀登

20世纪80年代，喜马拉雅登山运动沿着不同的道路发展。一些登山者在攀登时继续使用老方法，固定登山绳索、建立物资供应营地，但是一些新的登山精英选择携带最少的装备和物资来应对挑战。

极速登山
阿根廷登山者罗兰多·加里博蒂（见第342—243页）攀登巴塔哥尼亚的一座大岩壁，这一地区窗口期稀少而短暂，适合轻量化快速攀登。

19世纪90年代，A.F.马默里（见第168—171页）尝试攀登了雄伟的南迦帕尔巴特峰，但他没有喜马拉雅山脉的攀登经验，不知道高海拔地带人的生理极限，而且装备不齐全，物资也十分匮乏。到20世纪50年代，登山者已在夏尔巴人的帮助下，借助氧气和固定绳索在喜马拉雅攀登。这一配置沿用至今，特别是攀登珠穆朗玛峰等著名的山峰。

大胆的新手

对于20世纪80年代的少数精英登山者来说，当年马默里攀登南迦帕尔巴特峰这一不切实际的尝试已成为现实。莱因霍尔德·梅斯纳尔（见第308—311页）独自登顶珠峰，为新一代登山者指明了道路。其他登山者，比如道格·斯科特（见第304—305页），同样被这种自由的登山方式所激励。新一代登山者技术精湛、身强体健，他们开始采用阿尔卑斯式，即只携带必需品，不携带氧气瓶、固定绳索和物资，攀登最高峰的新路线。

阿氏登山在海拔约7000米的山峰上不仅可行，甚至很适合，它贯穿了整个喜马拉雅登山史。德国登山家赫尔曼·布尔（见第258—259页）在没带瓶装氧气和背夫但使用预设帐篷的情况下，攀登了布洛阿特峰，他把这称为西阿尔卑斯式登山法。然而，20世纪80年代，登山技术标准迅速提高，越来越多的登山者采用轻量化方式在喜马拉雅山脉攀登。随着科技的发展，登山服装和设备都得到了改进，对一些人来说，这一时期才是喜马拉雅登山运动真正的黄金时代。用最纯粹的方式攀登最高峰是登山者的梦想，这样的攀登往往令人印象深刻，也最有吸引力。

到1982年，在安纳普尔那峰宏伟的南壁上已有三条路线：1970年英国路线，以及1981年日本和波兰登山队在相邻山脊上开辟的路线。在开辟这些路线时，登山者都使用了固定绳索和帐篷。1982年，

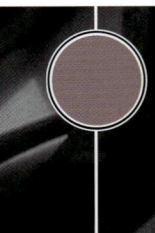

基本供给
米克·福勒（见第338—339页）四人登山队在俄罗斯乌什巴山进行为期四天的探险，在此期间，他们将粮食供给控制在最低水平。

> 直到今天，人们还在争论关于登山技巧和登山道德的问题。那些商业远征队在向导的带领下攀登低海拔山峰，攀登时他们会使用登山绳，并雇佣搬运工，这与有向导的阿尔卑斯山攀登队截然不同。但这种做法很受登山者欢迎，他们为此雇佣了很多当地人。

亚历克斯·麦金太尔（见第330—331页）和勒内·吉利尼以阿尔卑斯式，试图在南壁开辟新路线。他们进展顺利，但被迫撤退，麦金太尔被落石砸中，不幸丧生。

1984年秋，西班牙登山者尼尔·博伊加斯和昂里克·卢卡斯以同样的方式挑战了相同的路线。岩壁的三分之二高处有一条岩石带，攀登难度大，因此他们携带了更多的岩锥。随时都有落石的风险，他们彻夜攀登，想赶在天亮前登上此壁。两人经过六天的风餐露宿，奋力攻克了曾阻挡麦金太尔和吉利尼脚步的技术性难题，终于登上了山顶。他们精心筹划，从波兰山脊下山，用剩的岩锥绕绳下降，安全撤离。

轻装上阵

阿式登山并没有死板的规定。这种登山法的忠实追随者也会偶尔使用固定绳索来加快进度。阿式攀登就是带最少的东西登最高的山，这变成了一种哲学理念，而非仅仅实际操作的登山方式。这种理念可能会让人身陷困境，尤其是在攀登8000米以上高峰时。彼得·博德

追逐挑战
安迪·凯夫是一位著名的英国登山家,他采用英国现代登山模式,即在海拔低于7000米的山峰上攀登高难度路线,比如强卡邦峰北壁。

珠穆朗玛峰上的阿尔卑斯式攀登
1988年,由斯蒂芬·维纳布斯、埃德·韦伯斯特、保罗·蒂尔及罗伯特·安德森组成的四人登山队适当使用固定绳索,以轻量化登山式攀登了一条新的路线。

背景介绍

- 在喜马拉雅山脉,特别是在海拔7500米以下的山峰,小规模探险十分流行,但在攀登更高海拔的山峰如珠穆朗玛峰时,则需要庞大的支援队和财政支持。
- 20世纪70年代,因为大规模探险十分复杂,所以一流的登山者往往摒弃这种方式,组成小队,也不需要夏尔巴人的帮助。
- 20世纪80年代,新的登山方式蓬勃发展,人们在新路线及现有路线上进行了大量的阿尔卑斯式攀登,推动了登山运动的发展。
- 与20世纪30年代在阿尔卑斯山脉的攀登一样,这种登山方式的改变潜伏着内在的危险,许多登山者因此失去了生命,但是这个新的方向使登山运动重新焕发了活力。

曼和乔·塔斯克是英国登山运动鼎盛时期最耀眼的两颗明星,他们采用轻量化方式攀登无人涉足的珠峰东北脊(见第226—227页),但在途中失踪了。要是遇上恶劣的天气,小登山队就会陷入困境,但快速登山同样也意味着登山者暴露在危险下的时间会更少。快速意味着安全,也意味着优雅的简洁。

轻量化登山
2008年,日本登山队"极限男孩"(见第346—347页)中的一员在迪纳利山的一座大岩壁进行轻量化攀登。

沃伊切赫·科提卡

轻量化登山大师

波兰　　　　　　　　　　　　　　　　生于1947年

如果把捷西·库库奇卡比作一头不知疲倦的犀牛的话，那么沃伊切赫（"沃伊泰克"）·科提卡就是一位大师，他技巧精湛、头脑聪慧、动作敏捷。对科提卡而言，登山既是探险，也是朝圣，他对那些企图把登山运动分门别类的人不以为然，对那些想要追逐媒体关注的人也不屑一顾。他与亚历克斯·麦金太尔一起实现了自己的夙愿，又和罗伯特·肖尔一起登上了迦舒布鲁姆Ⅳ峰西壁，这在20世纪是一次出色的攀登。

生平事迹

- 在波兰与斯洛伐克交界的塔特拉山脉训练技能，在那里完成了多次冬季首登，并开辟了新路线。
- 成为波兰登山队的一员，开始在喜马拉雅山脉攀登，他们首次在冬季登上一座8000米以上高峰。
- 在喜马拉雅山区攀登了多座高峰上的新路线，并采用纯阿尔卑斯式，不借助外援，携带最少的装备。
- 在兴都库什的科依班达卡峰、印度的强卡邦峰和尼泊尔的道拉吉里峰开辟了新路线。
- 挚友亚历克斯·麦金太尔死后，与捷西·库库奇卡组建了一支超级登山队，首次以轻量化方式快速登上迦舒布鲁姆Ⅰ峰和Ⅱ峰。
- 仅用十天时间登上迦舒布鲁姆Ⅳ峰，险些在山上丧命。
- 与瑞士伟大的登山家埃哈德·罗瑞坦和让·特洛莱一起，在喜马拉雅山脉连续登上希夏邦马峰和卓奥友峰。
- 50多岁时仍在攀岩。

科提卡的父亲塔德乌什·科提卡是一位作家，笔名亨利·沃塞尔，1936年出版了一部颇具影响力的小说，以他在克拉科夫大酒店做侍者的经历为背景。"二战"期间，塔德乌什在德国被抓去做苦力，之后回到西里西亚西部的斯克任卡村务农。这里民风淳朴、氛围自由，深深地影响着小科提卡。然而，1957年，塔德乌什与地方党魁闹翻之后，举家被迫搬迁到弗罗茨瓦夫，街道上毫无生气，令这个年轻人觉得糟糕透顶。

把手放在岩石上的那一刻，科提卡就爱上了攀登。他是电气工程专业的毕业生，但从未适应常规职业。他靠走私谋生，过着一种游牧式的生活。

进入兴都库什山区

20世纪70年代中期，前往阿富汗进行攀登成为一种潮流。数百名波兰登山者从东欧经陆路来到兴都库什山脉的高峰上小试牛刀。1972年，科提卡跟随安杰伊·扎瓦达（见第313页）的远征队首次到达那里，而在此之前，他就已享有很高的声誉。他曾在塔特拉山脉练习，攀登波兰难度最高的路线。

他把在波兰采用的阿尔卑斯式登山法应用到高山中，登上了阿海尔乔峰北壁。这是一座海拔7000多米的高峰，单用一种方式攀登并不容易。或许全世界都没关注他取得的成就，但科提卡自己意识到，他能用这种方式登上更高的山峰。

前往喜马拉雅山脉攀登之后，科提卡对自己的观点更加确信，即小型、轻装探险前景广阔。1974年，科提卡加入扎瓦达的登山队，在冬季攀登了洛子峰，但是他不喜欢沉闷又呆板的登山队，更乐意与志同道合的伙伴一起攀登。20世纪70年代末及80年代，他与一些最开明的登山者联手，其中有：亚历克斯·麦金太尔（见第330—331页）、埃哈德·罗瑞坦（见第334—335页）及瑞士裔加拿大登山者让·特洛莱特。

科提卡与麦金太尔和英国登山者约翰·波特一起在兴都库什攀登科依班达卡峰东北壁上的新路线，并用时八天登上了喜马拉雅的强卡邦峰南壁。1980年，科提卡和麦金太尔攀登了道拉吉里峰东壁上的新路线，但因天气恶劣而被迫撤退，没有登顶。他们还与捷西·库库奇卡（见第312—313页）合作，两次攀登了马卡鲁峰西壁，这是许多登山精英的梦想。

坚不可摧的友谊

麦金太尔死后，科提卡经常和库库奇卡一起登山。库库奇卡是一名实用主义者，他对登山战术不感兴趣，愿意承担风险；科提卡则对登山风格十分痴迷，他在山上极其敏感，一旦察觉形势不妙就立刻离开。"我们曾开玩

夜宿荒山

1978年，晚饭时，他们喝了罗宋汤，吃了面条，随后科提卡和同胞克里斯托弗·楚雷克在强卡邦峰安营扎寨。

攀登强卡邦峰

1974年，登山者首次登上了这座陡峭的花岗岩山峰。四年后，麦金太尔（图左）、科提卡（图右）和波特（此照片拍摄者）及克里斯托弗·楚雷克花了八天时间，登上了强卡邦峰南壁。

笑说，在晚上裸体登山才是轻量化攀登的终极版。"1983年，在同一登山季，他们用阿尔卑斯式攀登了迦舒布鲁姆Ⅰ峰和Ⅱ峰上的两条新路线，并在第二年翻越布洛阿特峰。

两年后，科提卡与奥地利登山者罗伯特·肖尔一起攀登了迦舒布鲁姆Ⅳ峰西壁，人们通常认为这次攀登是20世纪登山运动中最伟大的一次。

他曾多次攀登K2峰西壁，但未能成功，最终俄罗斯登山队采用围攻式登上了西壁。他成功地登上包括卓奥友峰和希夏邦马峰在内的高山。50多岁时，他还在塔特拉山脉攀登8a级的攀岩路线。

迦舒布鲁姆Ⅳ峰

西壁　1985年7月

- **7月13日　纯阿尔卑斯式攀登**
  科提卡和肖尔没有借助绳子，跨越了首道雪沟。晴好天气过后，西壁上的冰雪已然融化。

- **7月14日　技术型岩壁攀登**
  雪沟上方的岩石上很少有裂缝，岩锥无处安放，因此登山者需要掌握精湛的技术，而且想要撤退下山几乎是不可能的。

- **7月18日　无路可走**
  食物已经耗尽，他们到达顶端最难攀的路段，但是被一场风暴阻挡了去路，困了两天。最终他们没能到达顶峰，只好遗憾地下山。

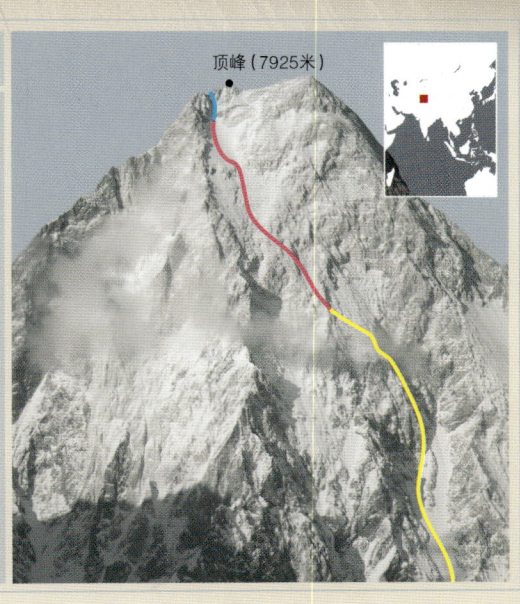

顶峰（7925米）

亚历克斯·麦金太尔

纯粹的阿尔卑斯式登山者

英格兰　　　　　　　　　　　　　　　　**1954—1982年**

生平事迹

- 20岁出头的时候，就与尼克·科尔顿从最知名的路线登顶勃朗山山域大乔拉斯峰，该路线是由英国登山队在法国境内阿尔卑斯山脉探索出来的。
- 与美国登山者托宾·索伦森从艾格峰北壁的哈林路线登顶，是首支以阿尔卑斯式登山法从该路线登顶艾格峰的登山队。
- 1977年，与沃伊切赫·科提卡、约翰·波特一起，在喜马拉雅山脉进行高难度攀登，还登上了位于兴都库什的科依班达卡峰北壁。
- 1980年，从道拉吉里峰东壁探索出新的登山路线，但因为恶劣的天气不得不放弃登顶。
- 1981年，与科提卡、捷西·库库奇卡（见第312—313页）在马卡鲁峰西壁进行了超前的攀登尝试，但以失败告终。

20世纪70年代早期，英格兰北部的利兹大学有一群才华横溢的登山者，亚历克斯·麦金太尔正是从中脱颖而出，代表了登山者中越来越注重攀登方式的一个群体。这同时也是英国登山运动复兴发展的重要时期。麦金太尔极富冒险精神，"志在山壁，痴迷风格"，这也是对新一代攀登运动的概述。亚历克斯自由不羁，加上帅气的外表和大胆的作风，在登山者群体中备受追捧。

在强卡邦峰顶的云端之上
麦金太尔的登山队对高海拔攀登的心理状态非常感兴趣，也就是科提卡所说的"赤裸状态"——攀登者自力更生，即便处于危险境地，也毫不慌乱，完全相信自己的能力。

1980年春，在赶往道拉吉里的路上，几位登山好友在尼泊尔的加德满都相遇。其中有两名波兰人沃伊切赫·科提卡（见第328—329页）和卢德维克·威尔钦斯基，另外还有法裔意大利向导勒内·吉利尼和一位年轻的英国登山者亚历克斯·麦金太尔。

这样的远征在十年前是闻所未闻的。过去探索这座山的多是一些"明星"组成的国际远征队，远征活动备受瞩目，但队员经常不欢而散。这几位好友组队的目的并不是为了吸引赞助人，而只是因为彼此志趣相投，有着共同的登山理念。

在利兹大学攻读法律学位时，重焕活力的英国登山运动深深地吸引了麦金太尔。与现代顶尖攀登者不同的是，麦金太尔并不擅长攀岩，而是醉心于钻研攀冰技巧。年轻的麦金太尔傲慢无礼、固执己见，但信守承诺、行事果决。他对登山训练的态度受到了爱尔兰登山者特里·穆尼的影响，穆尼曾说过："高海拔登山就好比驯服一头醉了的野兽。"

阿尔卑斯山轻量化攀登

麦金太尔并不是一个享乐主义者，他经常自嘲和自我贬低，以此来掩饰自己的紧张情绪和倔强、不妥协的性格。1975年，麦金太尔与英国登山伙伴戈丹·史密斯、特里·金一起，第一次在一天的时间内，从朗索尔路线登顶勃朗峰山域的大乔拉斯峰。

在阿富汗进行轻量快速攀登
1977年，科提卡、波特与麦金太尔准备以阿尔卑斯式登山法攀登科依班达卡峰，该峰位于阿富汗的偏远地区。图为攀登前夕，三人正在准备他们所需的食物。

第二年，他和尼克·科尔顿以阿尔卑斯式攀登，从大乔拉斯峰北壁的一条新路线成功登顶；在此之前，1972年，杜格尔·哈斯顿（见第298页）、克里斯·伯宁顿（见第300—301页）、米克·伯克以及贝芙·克拉克曾花了17天时间，用固定绳索探索过这条路线。这是当时阿尔卑斯山脉最难走的路线之一，表明了麦金太尔的雄心壮志，也像路标一样指明了登山运动的发展方向。

国际登山队

1977年，麦金太尔受到邀请，加入了阿富汗兴都库什山的英国—波兰登山队，沃伊切赫·科提卡也在其中。这是冷战时期东西方远征队第一次共同攀登。

科提卡向麦金太尔和一位英美混血的登山伙伴约翰·波特提出了他设想的目标——攀登科依班达卡峰北壁。这是一趟浩大、危险的征程，大概要在一座近7000米的高山上攀登2200米的距离，在此之前曾多次有人尝试攀登，但都以失败告终。这条登山路线中有段频发岩崩的山路，登山队只能等到岩崩暂停后才能继续前行。经过六天的艰苦跋涉，他们终于完成了此次伟大的攀登。虽然这是以阿尔卑斯式登山法完成的首批巨壁攀登之一，但由于路线过于偏僻，这次攀登并未得到应有的认可。

1978年，这支登山队与波兰人克里斯托弗·维利斯基一起，选择了一条高难度的技术性登山路线——从南壁直接登上强卡邦峰。经过八天的奋力攀登，他们终于登上了山顶，此次攀登坚定了登山小队共同的攀登信念。

喜马拉雅山脉的阿尔卑斯式攀登

1980年，四位朋友以同样的方法登上了道拉吉里峰，大部分时间都不使用登山绳索。攀登的第二天，天气状况急转直下。麦金太尔后来写道："前一天晚上就开始的雷声一直没有停下，风吹起的积雪就像海浪一样，一波接着一波……卢德维克和我发现我们被困在这浪潮之中，无法动弹……营地完全消失了。"次日夜晚，他们准备攀登难度较小的东北山脊，但因持续不断的暴风雪而在清晨选择了放弃。

1981年，麦金太尔与科提卡一起尝试攀登马卡鲁峰西壁失败后，于1982年加入一支英国远征队，从一条新路线成功登顶希夏邦马峰。同年秋，就在伯宁顿用围攻式攀登征服安纳普尔那峰十年后，麦金太尔与法国登山者勒内·吉利尼一起，同样从南壁出发，以阿尔卑斯式登山法开始攀登一条新路线。两人只带了三枚岩锥和一枚螺丝冰锥，途中，一块30米高的岩阶挡住了他们的去路，两人只好放弃。下山时，一块落石砸中了麦金太尔，使他坠崖丧生。

现代经典攀登路线
麦金太尔和科尔顿攀登大乔拉斯峰的路线位于山峰中央峡谷的左侧，十分陡峭，常年被冰雪覆盖。如今，这依旧是一条颇具挑战性、经常被人尝试的登山路线。

安德烈·斯坦斐济

挑战阿尔卑斯式攀登极限

斯洛文尼亚　　　　　　　　　　　　　　**生于1956年**

一如20世纪80年代波兰在攀登喜马拉雅山脉方面居于领先地位,到90年代,这一地位属于斯洛文尼亚。斯洛文尼亚人受益于社会主义秩序,相对于西方登山者,他们所遇到的旅行限制更少。20世纪80年代,一支以斯坦斐济为代表的优秀登山者骨干队伍出现。1979年,斯坦斐济从西脊直上路线登顶珠穆朗玛峰。接着,他用阿尔卑斯式登上了干城章嘉峰,极大地鼓舞了其他登山者。

> **生平事迹**
> - 青少年时学习登山,并很快开始自己选择新路线;20岁时,从新路线登上了一座8000米以上高峰——喀喇昆仑山脉的迦舒布鲁姆Ⅰ峰。
> - 1979年,南斯拉夫远征队首次从西脊直达路线登顶珠峰,斯坦斐济是远征队的一员。
> - 20世纪80年代,从新登山路线登上多座8000米以上高峰,其中包括希夏邦马峰和道拉吉里峰东壁。
> - 1986年,在一周之内登迦舒布鲁姆Ⅱ峰(8035米)和布洛阿特峰(8051米)。
> - 1990年,与妻子玛利亚从南坳登顶珠峰,成为首对登上珠峰的夫妻。
> - 于1991年完成最重要的一次攀登:与马尔科·普雷泽利一同以阿尔卑斯式从西南山脊登顶干城章嘉峰。

斯洛文尼亚人天生热爱登山。这个与阿尔卑斯山脉毗邻的国家深深依恋着尤利安阿尔卑斯山脉,其最高峰特里格拉夫峰高2864米,印制在国旗之上。安德烈·斯坦斐济生于克拉尼,16岁时就和弟弟马尔科一起登山。

登山文化

在当时的斯洛文尼亚,登山俱乐部发展良好,对于远征队名额的竞争非常激烈。1979年,斯坦斐济成功入选了托内·什卡加的珠穆朗玛峰远征队。"我一直记得我们从5号营地向上登顶珠峰的时候,也记得从霍宾恩雪沟下山抵达4号营地,那是我攀登喜马拉雅山脉最艰难的时刻,"斯坦斐济写道,"我们对西脊的登山路线一无所知,途中又遇到巨大的技术性难题。"

斯坦斐济登顶那天是与内伊切·扎普洛特尼克还有弟弟马尔科一起的,但马尔科因为氧气装置故障不得不提前下山。斯坦斐济的氧气阀也出了故障,最后他朝着漏气的阀门吐口水,唾沫结冰,封住了阀门。他们没有登山绳,顶着山间的强风,容不得任何差错。两年前,两人曾共同探索过迦舒布鲁姆Ⅰ峰的新路线——这是斯坦斐济登顶的首座8000米以上高峰,当时他年仅20岁。

他们继续向上,爬到西南壁上方,开始攀登他们称之为灰色岩阶的山段,大概有100米高,几乎与地面垂直。扎普洛特尼克在这里完成了珠峰史上中最艰难的一段攀登。

1983年,斯坦斐济在共产主义峰北壁的别祖金山柱进行了一次轻量级攀登,该峰位于帕米尔高原。此次远征激发了斯坦斐济对于阿尔卑斯式攀登的热情。

20世纪80年代,斯坦斐济在多座8000米以上高峰尝试了新的登山路线,包括1985年攀登道拉吉里峰东壁,1989年攀登希夏邦马峰南壁等。许多与斯坦斐济同时代的登山名将都成功地攀登过喜马拉雅山脉,但在山中失去了生命,其中包括斯拉夫科·斯韦西克、亚内兹·杰格里、凡亚·富兰、托马兹·胡马尔和内伊

在干城章嘉南峰上欢呼雀跃

斯坦斐济已登顶珠峰,并经新路线登上了其他8000米以上高峰,但在1991年,他与马尔科·普雷泽利一起用阿尔卑斯登山法从难度最高的西南山脊登顶干城章嘉南峰,这是他漫长登山生涯中的闪光点。

切·扎普洛特尼克,还有斯坦斐济在希夏邦马峰结交的登山伙伴帕夫拉·科杰克。

追求完美

斯坦斐济生动地描述了攀登高海拔山峰时的心理状态,他认为这就像训练时不断地突破自我极限。"最好的攀登是为了寻求彻底的改变,尤其是心理上的,在我看来,这也是登山运动发展的基础。"斯坦斐济用自己的经历证明了这一观点。1991年,他用阿尔卑斯式登山法攀登干城章嘉峰西南山脊,到达了海拔8476米的南顶峰,在任何年代,从这条路线登顶都被认为是攀登喜马拉雅山脉最大的成就之一。

斯坦斐济登顶干城章嘉峰是与小他九岁的马尔科·普雷泽利一起完成的,后者是新一代登山客中一颗冉冉升起的新星。离开营地不久,他们就放弃了登山绳,开始徒手攀登。到了第三天,二人不得不转移到西南壁躲避强风,他们必须经过一道峡谷才能回到山脊。靠近顶峰的山脊上,攀登变得更加艰难。他们把睡袋和炉子安置稳妥后,开始向顶峰发起冲刺,但很快就发现要按原路下山是不可能的。于是两人从一条前人走过的路线返回,接着穿越一片无人涉足的地带后抵达基地。

斯坦斐济后来回忆道:"攀登过干城章嘉峰后,我和马尔科都爬不动了。几年后,我们

梅龙茨峰假日
1992年,斯坦斐济坦言,攀登干城章嘉峰让他十分疲惫,以至于在一段时间里他都不想再攀登类似的山峰,但他还是和普雷泽利(上图)设法首登了梅龙茨峰主峰。

本有机会从西壁攀登K2峰,但我们的激情已经耗尽。"在接下来的几年中,他们以纯粹的阿尔卑斯式登山法首登梅龙茨峰,斯坦斐济称那次攀登是"喜马拉雅山上最美的登顶之一。"

斯坦斐济同样也将1999年登顶的格重康峰列入最美的风景中。"找到未被攀登过的山壁是不容易的,一座'隐藏的'或是被人们遗忘的山峰给我们提供了攀登的最好机会。"尽管已经年过半百,斯坦斐济依旧不断地探索高难度的新登山路线。斯坦斐济和妻子玛利亚育有三子,1990年,他和妻子共同攀登珠峰,是世界上第一对登上珠峰的夫妻。

干城章嘉峰

西南山脊 1991年4月

- **高难度的自由攀登和器械攀登**
  斯坦斐济与普雷泽利到达位于海拔6200米的营地。第二天,攀登就轻松起来。

- **通向第三处露营地的路线**
  崎岖不平的山路迫使他们左转,在7600米处,两人发现了一道连通山脊的峡谷和第三处露营地。

- **南峰顶的艰难攀登**
  难走的山路使两人的攀登速度慢了下来。翌日,他们终于抵达南峰峰顶,随后沿着波兰路线下山。

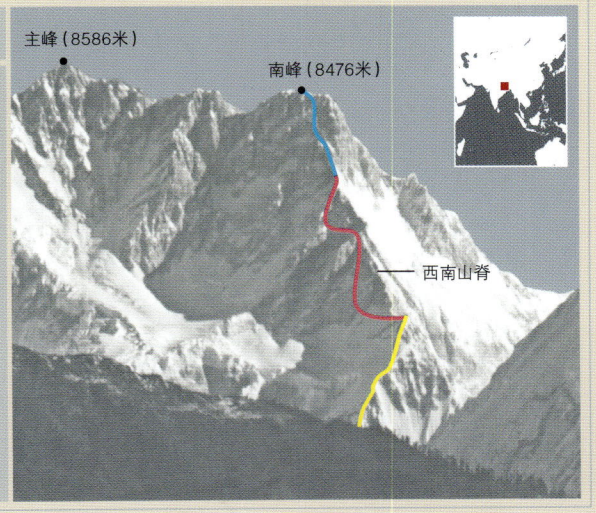

埃哈德·罗瑞坦

单人攀登大师

瑞士　　　　　　　　　　　　　　　　1959—2011年

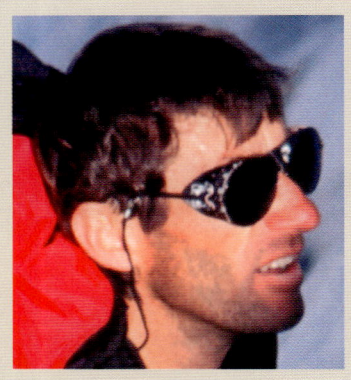

埃哈德·罗瑞坦成功登顶14座8000米以上高峰，是历史上第三位完成这项挑战的登山者，以其快速的轻量级登山方式闻名。他常与同胞让·特洛莱特一起攀登，他们曾在41小时内登上珠峰北壁，两天内登上K2峰。1989年冬，罗瑞坦创纪录地在13天内登上伯尔尼高地13座山峰的北壁。他谦虚低调、意志坚定，靠做向导赚钱支持自己的登山事业。52岁生日当天，罗瑞坦在带领登山客攀登阿尔卑斯山时不幸坠崖身亡。

皮埃尔·贝甘
法国　　　　　　　　　1951—1996年

与同时代的其他登山者一样，贝甘也着迷于用最轻便的登山方式攀登新路线。

虽然失败过多次，但当他成功时，他的探险都是了不起的壮举。贝甘曾独自登顶多座8000米以上高峰，其中包括干城章嘉峰和马卡鲁峰，当然，他也多次尝试攀登珠峰北壁。贝甘最受人瞩目的成就是与法国登山者克里斯托夫·普罗夫特以阿尔卑斯式登上了K2峰的西北山脊。虽然已有登山者攀登过这条路线的某些山段，但他们纯粹的阿尔卑斯式攀登还是吸引了大量的追随者。

1970年，年仅11岁的埃哈德·罗瑞坦就开始了他的登山之旅，并登顶了布罗克峰，该峰位于弗里堡，俯瞰着他的村庄。"从那天起，我就知道我会成为一名登山向导，"罗瑞坦后来写道。虽然父母从未登过山，但罗瑞坦的堂哥弗里茨很早就从事向导工作，并且是瑞士阿尔卑斯俱乐部的看守员，负责管理伯尔尼阿尔卑斯山脉坎德施泰格附近的山间小屋。罗瑞坦在那附近度过了五个盛夏，他不断积累登山经验，并且发现了很多新的登山路线。

经过一段时间的学习后，罗瑞坦已经可以单独带领好友登山。13岁时，他第一次登上了一座山峰的北壁。后来罗瑞坦加入了一个登山组织，他们志存高远，自称为"佐泽茨"，意为弗里堡角落的人们。20世纪70年代后期，他们攀登了霞慕尼的一些经典山峰。组织成员皮埃尔·莫兰德曾这样总结："当我们这些人都耗尽全力时，埃哈德才真正开始他的攀登……他会一直保持冷静，直到找到正确的登山路线。"

为速度而生

鉴于前往喜马拉雅攀登的难度太大，"佐泽茨"成员决定攀登秘鲁的五座山峰，其中三座是首次攀登。罗瑞坦回到家乡考取向导资格证后，接受了瑞士登山者诺伯特·朱斯的邀请，攀登南迦帕尔巴特峰的狄阿莫壁路线。

这是一次传统的攀登。对于罗瑞坦而言，它似乎是注定会成功的："我的确从中学到了不少，但我并不喜欢在攀登时使用固定绳索。

虽然能了解固定绳索的方式，但对我来说，这个过程有些枯燥，也不够安全。"24岁时，罗瑞坦和瑞士登山者马塞尔·鲁迪、克洛德·索南维一起来到喀喇昆仑山脉，他们在17天内登上了三座8000米以上高峰，分别是迦舒布鲁姆Ⅰ峰、Ⅱ峰和布洛阿特峰。跟罗瑞坦合作过十余年的登山伙伴让·特洛莱特总结道："规则非常简单：没有氧气装备，在大本营也是如此，没有高山背夫，没有中间营地，固定绳索也只在山峰下部时才会使用，只是为了越过山峰侧面的冰裂缝之类障碍。为了加快攀登速度，我们尽可能减轻负重，背包里没有任何多余的东西。攀登时罗瑞坦和我日夜兼程，不眠不休。"

他们登山时采取的这种策略是建立在对山峰有充分了解的基础上的。罗瑞坦会等到合适的时机，然后快速攀登。"非常幸运，我身体状况不错……凭着这一点，我可以在最佳的状态下登山。如果我们打破了医学上的禁忌，这就说明医学只是理论上的东西，而我是个注重实际的人。"

生平事迹

- 与"佐泽茨"成员一起首次登顶鲁瓦德鲁峰北壁的中央山柱。
- 23岁时登顶南迦帕尔巴特峰；36岁时登上所有14座8000米以上高峰。
- 尤其擅长用纯粹的阿尔卑斯式登山法在高海拔山脉攀登，挑战高难度路线。他登山速度快，只带极少的工具和食物，不带任何氧气装备，也没有背夫。
- 在阿尔卑斯山脉、安第斯山脉以及喜马拉雅山脉都创下了卓越的高难度攀登纪录。

> 我们茶饭不思，只想着一件事，那就是登顶。
>
> ——让·特洛莱特谈及与罗瑞坦一起攀登

1984年，罗瑞坦首次来到尼泊尔，他利用滑雪板登上了马纳斯卢峰的东北山脊，接着沿东山脊越过安纳普尔那峰。大部分人都将这视作他最伟大的成就。他和诺伯特·朱斯用了六天登上顶峰，"显而易见，我们不可能按原路下山，因此决定从常规路线返回，但我们并不知道，真正的冒险这才开始。"他们幻想着能够在路上捡到那些中规中矩的登山队遗留下的固定绳索，等待他们的却是一座座巨大的冰塔，当时两个人身上只有50米的绳索和两枚冰螺栓。

1986年，罗瑞坦和特洛莱特开始攀登珠穆朗玛峰。他们等到天气晴好，一鼓作气，从北壁登顶珠峰，然后顺着山上的冰雪滑着下了山，整个过程仅用了41个小时。虽然也有人用更短的时间征服珠峰，但那是在登山装备更完备、登山路线更简单的情况下完成的。

在霞慕尼攀登冰川峭壁
离开喜马拉雅后，罗瑞坦继续在阿尔卑斯山脉进行高难度攀登，他用自己的"魔力"将多条路线连接在一起。就这样，在伯尔尼高地，他与安德烈·乔治一起，在13天里登上了艾格峰与多尔登峰之间13座山峰的北壁。

体验高山

登山畅销书

在"二战"前，市面上少有关于登山的书刊，且受众限于专业人士。20世纪50年代，这种现象开始改变。关于成功登顶喜马拉雅高峰，以及登山者在阴冷的山峰北壁艰难努力的故事，吸引了大批读者。莫里斯·赫佐格所著的《安纳普尔那峰》激励人心，销量更是突破千万，"登山"这个象征开始深深在大众文化中扎根。

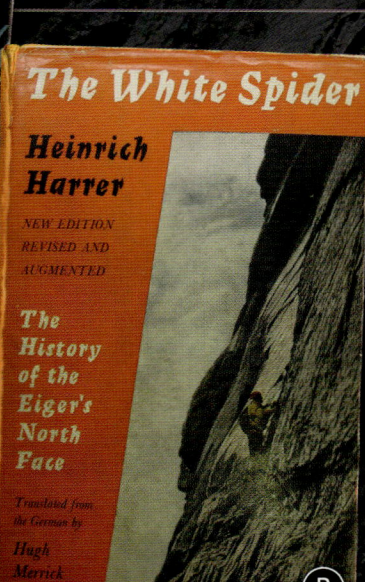

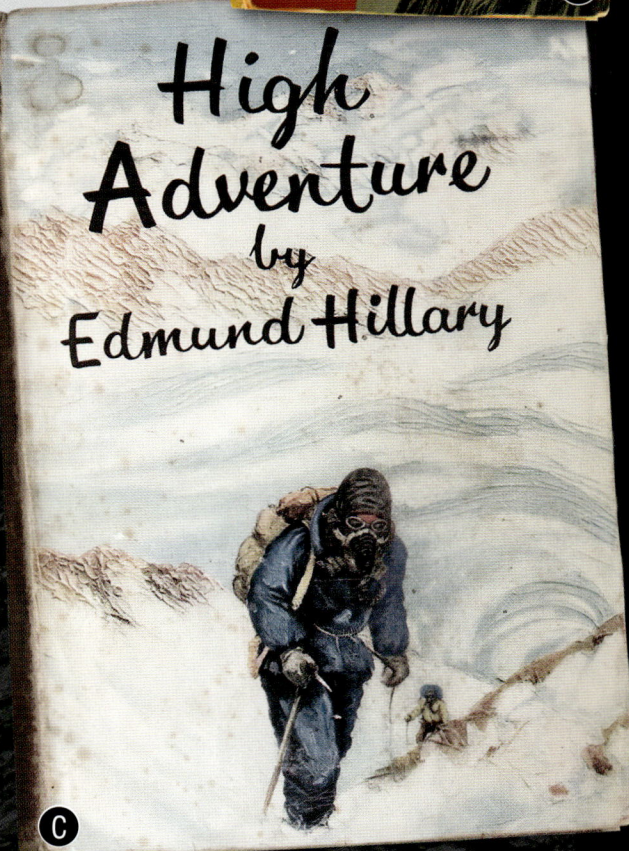

19世纪中期的英国，大部分冒险故事都是关于战时的英勇表现的，如保罗·布里克希尔的《大逃亡》。在欧洲其他国家，有关战争的小说会引起不小的争议，但登山故事则以一种不会引发道德纷争的方式讲述人在挫折中的勇气与奋斗精神。赫佐格所著的经典小说主要讲述了一次首登8000米高峰的经历（见第256—257页），将登山这项不为人熟知的运动介绍给大众，使登山在战后的法国成为积极的象征。《巴黎竞赛画报》就刊登了远征队在安纳普尔那峰的故事，当月打破了该杂志的历史最佳销售纪录。赫佐格的著作则居畅销书单榜首长达一年。

20世纪50年代，一大批登山著作问世，虽然不及《安纳普尔那峰》那样畅销，但依旧深受读者喜爱。这些书有：海因里希·哈勒（见第290页）的《白蜘蛛》、赫尔曼·布尔（见第258—259页）的《南迦帕尔巴特的朝圣之路》、利昂内尔·泰雷（见第276—277页）的《无用的征服者》以及查尔斯·休斯顿（见第248—249页）的《K2：荒芜之峰》。布尔和泰雷的作品激励了一代年轻登山者的成长，一直到20世纪70年代，他们的故事依旧影响广泛。20世纪90年代，一股纪实文学热潮兴起，使登山运动重回大众视野。与50年代那些激励人心的登山故事不同的是，这一次，读者能够更全面地认识登山这项运动。乔恩·克拉考尔所著的《进入空气稀薄的地带》，讲述了1996年发生在珠峰的一场悲剧：一队登山客和他们的向导因恶劣的天气被困珠峰，八人遇难身亡。喜马拉雅山脉的商业化迎合了一种消费主义模式，渐渐地瓦解了这曾经辉煌的英雄事业。在法国，有关20世纪50年代攀登者的人物传记——包括加斯顿·勒比法在内——揭露了安纳普尔那峰传说的阴暗面。其他畅销书还有乔·辛普森的《冰峰168小时》，这本书满足了和平年代大众对于生存故事的需求。2003年，阿伦·罗斯顿为逃生而斩断自己臂膀的故事也同样大获成功。

> 安纳普尔那峰……是我们应倾尽一生来探索的宝地。
> ——莫里斯·赫佐格

A 持续的吸引力
20世纪30年代，弗兰克·斯迈思的浪漫主义故事大受欢迎，销量超过了埃里克·希普顿（见第244—247页）堂吉诃德式的朴素作品，但对于登山者而言，希普顿的作品更经得住时间的考验。

B 北壁惊悚小说
海因里希·哈勒在他的第一部作品《藏地七年》大获成功后，紧接着完成了《白蜘蛛》。后与科特·麦克斯合著再版了《白蜘蛛》，增加了几章新内容。

C 珠峰登山日志
埃德蒙·希拉里将自己首次登顶珠峰（见第264—265页）的故事写成了他第一部自传作品。

登山畅销书

D 战胜困境
休斯顿写过一本关于美国远征队1953年攀登K2峰的书，该书描述了一支登山队在险境中无私奉献的故事："上山前我们是陌生人，下山后我们情同手足。"

E 阅读激励成长
20世纪50年代，布尔的作品鼓舞了一代年轻登山者，他们以布尔为榜样，学习他的献身精神和冒险精神。

F 揭开珠峰的面纱
乔恩·克拉考尔是一位极富热情的登山者，他所著的《进入空气稀薄的地带》批判性地讲述了那个年代攀登珠峰的故事。俄国登山向导阿纳托利·波克里夫的《攀登》一书就是对克拉考尔的回应。

G 生存电影
罗斯顿的书《进退两难》讲述了他被困于犹他州的某座峡谷时，不得已斩断自己一条臂膀来逃生的惨痛经历，该书后来改编成电影《127小时》，由英国导演丹尼·鲍尔执导。

H 纪实文学重掀热潮
电影与电视艺术奖（BAFTA）得主《冰峰168小时》，改编自乔·辛普森同名作品，是20世纪90年代纪实类文学热潮中的优秀作品。

米克·福勒

传奇的登山探险家

英格兰　　　　　　　　　　　　　　　　　生于1956年

当媒体聚焦于那些登顶最高峰的登山者时,米克·福勒则专注于自己擅长的领域:在海拔较低的山峰上探寻高难度路线。福勒有自己的全职工作,登山只是业余爱好,因此他没有时间去挑战8000米以上高峰,而是更偏向在低海拔山峰上进行技术性挑战。他与几位好友一起,在喜马拉雅山脉探索出一系列新路线,均攀登难度高、风景优美。此外,福勒也会偶尔去安第斯山脉和阿拉斯加山脉攀登。

生平事迹

- 在自己家旁边的沙岩峭壁上练就了高水平的登山技巧。
- 因其探索性攀岩为自己在英国赢得了声誉。
- 1982年,与克里斯·沃茨一同登上了陶利拉吉峰南壁,这也是福勒在秘鲁的首次远征。
- 1987年,与维克多·桑德斯一起,登上了位于斯潘提科峰的黄金岩柱。
- 继续探索更多新的登山路线,在阿瓦塔、基希特瓦峰、强卡邦峰以及四姑娘山都留下了他的足迹,为自己赢得了金冰镐奖。

在专业攀登大受追捧的年代,米克·福勒似乎逆流而行,将登山屈居于家庭和事业之下,惯以自嘲来贬低自己的世界级成就。在福勒眼中,攀登并非绝境求生,它"带点儿趣味,也有些吓人"。这正是英国登山运动的传统理念,源自莱斯利·斯蒂芬(见第134—135页)和A.F.马默里(见第168—171页),一直延续到福勒这一代。

福勒的成就建立在对探索的热爱、极强的组织力、高水准的专业技能以及临危不惧的心理素质上。维克多·桑德斯是福勒所在登山小队中的一员,他们一起攀登了四十余年,桑德斯曾这样描述福勒:"毫无疑问,他是我见过的登山者中综合技能最强的一个。福勒的强大之处在于,即使在惊慌的状态下,他依旧能保持笑容……他处变不惊……这对于攀登者来说是极有利的心理素质。"

福勒童年时就失去了母亲,父亲乔治一直努力为儿子提供保障。一位朋友曾打趣说,乔治是"米克的秘密武器"。乔治是他的评估师、后备团、船夫,在福勒小的时候还扮演过老师的角色。他带福勒走进苏格兰和阿尔卑斯山脉,为他打下了良好的攀登基础。当福勒真正展开攀登事业时,他十分感激父亲为自己做的一切。

> 我们享受过了，并为了开始另一天的攀登而活了下来。这是最重要的。
>
> ——米克·福勒谈一次失败的攀登

斯潘提科峰

黄金岩柱　1987年8月

- **8月6日　攀登到斗壁的底部**
  桑德斯和福勒登上了首根岩柱，紧接着又登上雪山脊。
- **8月7日　攀上"305米的岩板"**
  两人越攀越高，登山的技术难度也随之升高。
- **8月10日　通往顶峰的路线**
  地势陡峭，山路崎岖，露营地位于斜坡上，靠近岩壁边缘。两人终于赶在天气变坏之前抵达顶峰。

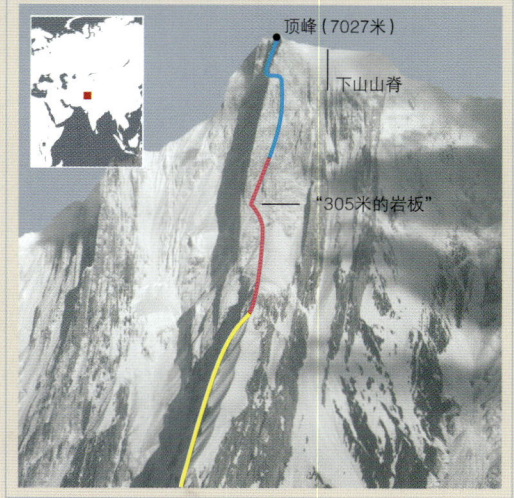

双面人生

20世纪70年代中期，福勒走出伦敦，开始攀登沙岩峭壁。20岁时，他来到南约克郡，比起伦敦，这里更适合登山者发展，但福勒很快发现，当一名全职登山者并不适合自己。打消了全职攀登的念头后，福勒在伦敦税务局找了一份工作，并常在周末与一些专业攀登者驱车到苏格兰——来回路程大约2000公里。福勒的古怪之处在于他钟情于用攀冰设备攀登英格兰南岸的白垩悬崖，因为那里的岩石异常柔软，用冰镐的尖头就能轻易在上面打洞。他还会不断寻找德文郡北部和康沃尔郡的巨型悬崖，但一些悬崖的岩石已经非常疏松，并不适合攀登。福勒还有一大特点，就是喜欢在苏格兰海岸攀登那些无名的海蚀柱。

攀登亚洲大山脉完全激发了福勒的探索天性。但因工作原因，福勒不能离职超过30天，再加上没有去过比阿尔卑斯更远的山脉，他不知道要怎样继续自己的探索之路。"我女朋友的父亲有一本日历，上面有一张陶利拉吉峰的图片。"福勒回忆道，于是他前往秘鲁攀登了这座山峰。

福勒与克里斯·沃茨一同登上了陶利拉吉峰南壁，在他一系列的技术攀登中，这是首次纯粹的阿尔卑斯式攀登，没有使用过多器械。一位法国登山者曾预测，若要攀登这条路线，膨胀螺丝是必不可少的，但福勒礼貌地驳回了这种看法，他说："若要从头至尾登顶一座山峰，一个人是不可能完全脱离人工登山工具的辅助的。但我想，钉在岩石上的螺栓并不包含在内。"因此他坚持不使用膨胀螺栓。

1987年，福勒与维克多·桑德斯一起，尝试攀登了斯潘提科峰上著名的黄金岩柱。他们上山的路线契合了福勒对于一次伟大攀登的定义："沃克山脊（位于大乔拉斯峰）是我心中的登山标杆，正是我最爱的那种路线。"斯潘提科峰海拔高达7000米，是福勒能在他有限的时间内完成的最高峰的极限。攀登非常艰难——陡峭的岩壁上结了厚厚一层冰，并且会有一些疏松的页岩——当时的安全措施也非常有限。在一次露营时，他们悬挂在同一保护点上，帐篷仅用冰锥固定着，只有一半能住人。但在第六天时，两人还是登上了顶峰山脊，这次伟大的攀登终于完美落幕，福勒自己将此次登山视作他最爱的一次攀登。

登上斯潘提科峰后，福勒信心大增，在之后的25年里，他一直都践行这种攀登模式：每次只有一位攀登伙伴，以阿尔卑斯式迎接令人生畏的挑战。福勒在最近的一次攀登中完成了中国西藏地区两座山峰的首次登顶，并登上了苏拉马尔峰北壁。

技术型登山者
2000年，福勒和安迪·凯夫（左）首次用阿尔卑斯式攀登法登上了加拿大肯尼迪峰的北拱壁。这次攀登开始和结束时天气都不错，但在中途，一场大雪将他们困在山脊上长达48个小时，"巨大的雪崩洪流就从我们两侧奔腾而过"。

快速攀登

2009年，休伯兄弟用了四天时间攀登了永恒火焰路线，这是一条位于喀喇昆仑山脉川口峰无名塔的登山路线，山峰坡面几乎呈90度垂直。这条路线因其高海拔和高技术难度，是世界上最艰险的登山路线之一。

托马斯·休伯和亚历克斯·休伯

世界级的自由攀登兄弟

德国　　　　　　　　　生于1966年；生于1968年

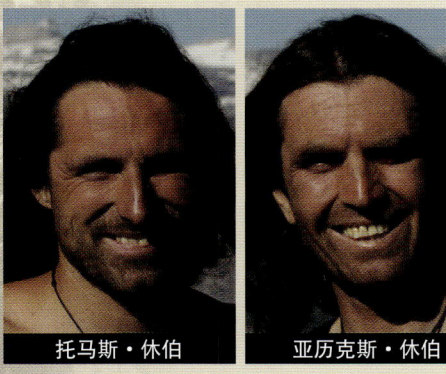

托马斯·休伯　　亚历克斯·休伯

极限运动员
托马斯·休伯在一次训练中迅速登上当地一面岩壁。兄弟二人攀登速度快，勇往直前，但这样大胆的壮举需要高强度的集中训练和精准的瞬间判断力。

20世纪80年代，由于新一代登山者的技能训练更加严苛，并有了一套新的登山伦理，岩石攀登标准也随之大幅度提高。像过去一样，技术熟练度的提升很快体现在了登山上。擅长攀登巨大岩壁的自由登山者转而开始挑战极高峰上那些最陡峭的岩壁。托马斯和亚历克斯·休伯就是新兴浪潮中的佼佼者，他们推动了登山技术标准的提高。

在做出这种转变的德国登山者中，托马斯和亚历克斯·休伯是年纪最轻的两个。他们在阿尔卑斯山脉进行过数次多段攀登，包括意大利三指峰西峰的贝拉维斯塔和潘阿罗马，按照新攀登标准（见第351页），难度都达到了8c。

在基准海平面上，亚历克斯进行了难度更高的攀登：他攀登了位于奥地利施莱尔瓦塞尔瀑布的"露天线"，难度系数达到9a+，是世界上难度最大的攀岩之一。两兄弟也攀登一些高海拔山峰，比如首次以自由攀登的方式以著名的永恒火焰路线登顶无名塔。1997年，他们还首次登上了喀喇昆仑山脉拉托克Ⅱ峰上的茨壬蒙峰。之后，托马斯开始将精力放在登山成就上，与瑞士登山者伊万·沃尔夫一同从北岩柱直上路线登顶湿婆峰，这为他赢得了金冰镐奖。兄弟二人最近一次攀登是与瑞士登山者斯蒂芬·西格里斯特一起在南极洲进行的一系列高技术难度攀登。

肾上腺素飙升

休伯兄弟生于上巴伐利亚，父母对登山和山中远足等运动都十分感兴趣。在亚历克斯11岁的时候，他说服了父亲，终于得到允许和哥哥一起攀登瓦莱州高4000米的阿拉林峰。从此，兄弟二人一起登山，但哥俩之间也存在着竞争。

攀登之初，他们一边进行高难度岩石攀登，一边探索恺撒山的大石壁，沿着前人路线攀登壮丽的山峰，比如从维斯纳-罗西路线攀登弗莱施班克峰。

但他们并不满足于重复前人走过的路，而是开始探索新的登山路线。他们从瓦根思里舍尔峰南壁开始，该峰是位于奥地利海特拉姆的三座高峰之一。20世纪80年代中期，两人以巨大的热忱投入新兴的自由攀登浪潮中。

他们攀登当时大受欢迎的峭壁，比如法国普罗旺斯的布尤克斯，在攀登过程中不断提高技术难度。托马斯拿到驾照后，兄弟俩很快就来到多洛米蒂山脉，攀登那里最艰险的路线，比如马尔莫拉达峰南壁的大鱼路线。

20世纪80年代后期，两人依旧将长线登山路线作为重点，但自从在慕尼黑大学学习物理后，亚历克斯将会把更多时间放在施莱尔瓦塞尔瀑布上，这是世界上最适合体育攀登的峭壁之一。

经过一系列测验，亚历克斯找到了他登山技巧的极限，并开始把主要精力放在规模更大的登山项目上。近15年来，他和托马斯完成了许多里程碑式的攀登，特别是在美国约塞米蒂山谷的酋长岩，沿着厄尔尼诺和自由骑士一类的路线进行攀登。兄弟两人一起登山，但也会坦诚地面对彼此间的竞争关系。托马斯在一次接受采访时说："在过去，亚历克斯排名第一，我是第二。亚历克斯对于登顶的信念和毅力都比我更强烈，但……在攀登崎岖难走的高山路线时，我们势均力敌。"

生平事迹

- 践行了一套高强度的训练制度，达到了攀岩的最高标准。
- 最早在酋长岩的赛拉提山壁进行自由攀登时，他们就与约塞米蒂国家公园结下了深深的缘分。
- 与托马斯和其他登山者一起，亚历克斯在阿尔卑斯山脉探索新登山路线，1997年，攀登了喀喇昆仑山拉托克二号峰西壁。
- 亚历克斯独自完成主峰直上路线的攀登，该路线长500米，攀登难度为5.12a级。
- 他们曾组队沿着永恒火焰路线进行自由攀登，这条路线位于川口的无名塔。

罗兰多·加里博蒂

巴塔哥尼亚山峰的出色攀登者

意大利　　　　　　　　　　　生于1971年

托雷峰是一座高耸的花岗岩尖峰，位于巴塔哥尼亚，以其峰顶雾凇为特色，是世界上最振奋人心的攀登挑战之一。然而，对于究竟是谁首次登顶托雷峰尚无定论。1959年，切萨雷·马埃斯特里称自己登上了托雷峰，但以罗兰多·加里博蒂为首的很多人并不相信这位意大利人的说辞。罗兰多在巴塔哥尼亚有多次攀登记录，其中包括2008年翻越托雷峰群，并在当地牵头设立自然保护区。

加里博蒂生于意大利南部的巴里，长在阿根廷巴塔哥尼亚的滑雪胜地巴里洛切。他对巴里洛切有深深的眷恋之情，为保护这里的环境不遗余力地工作着。

加里博蒂也到世界各地登山，从约旦瓦迪拉姆荒凉的砂岩绝壁到意大利多洛米蒂山的马尔莫拉达峰南壁。他在加利福尼亚的约塞米蒂进行了几次闪电攀登，还在2001年与史蒂夫·豪斯（见第344—345页）仅用25个小时就登上阿拉斯加福拉克山的无限山岭，而20世纪70年代，两位优秀的美国登山者耗时11天才从这条路线登顶。如今，加里博蒂在科罗拉多州的博尔德从事登山向导工作，但他依旧心系养育他的那片土地。

托雷峰争议

在登山生涯的十多个登山季中，加里博蒂多次完成首次登顶，并在巴塔哥尼亚攀登了一些刚发现不久的路线。2006年，他与意大利登山者亚历山德罗·贝尔特拉米和埃尔曼诺·萨尔瓦特拉一起，首次从托雷峰西北壁上的风舟路线登顶，但这是否是该路线的首登却备受争议。早在1959年，切萨雷·马埃斯特里就声称自己从这条路线登顶，并称他的登山伙伴托

生平事迹

- 15岁时开始攀登，登上了他人生第一座位于巴塔哥尼亚的技术尖峰——纪尧姆针峰。
- 1996年，与道格·拜尔利一起用两天时间，以阿尔卑斯式从特维尔切路线登顶菲茨罗伊山北壁，这是加里博蒂第一次完整的登顶经历。
- 2006年，与意大利登山者埃尔曼诺·萨尔瓦特拉、亚历山德罗·贝尔特拉米一起从风舟路线登顶托雷峰，这也是第一次确证的从此路线登顶的攀登。
- 与科林·哈雷一起完成了托雷峰群大翻越。
- 在阿根廷大冰川国家公园发起恢复步道的项目。

雪蘑菇
图为埃尔曼诺·萨尔瓦特拉抵达托雷峰北壁上巨大的雪蘑菇。2008年，他和加里博蒂曾两度组队尝试翻过这座山头。

尼·埃格在下山时遇难身亡。除了马埃斯特里自己，再没有人能证明他真的登上过这座山峰。

尽管马埃斯特里一再强调他已登顶托雷峰，但他1970年再一次攀登托雷峰时，他带上了汽油压缩机和电钻，他的登山队提前用这些工具将膨胀螺栓固定在山峰东南壁350米处的峭壁上。就算是样，马埃斯特里依旧没能登上托雷峰的冰顶。现在，大部分登山者只承认1974年另外一支意大利登山队首次登顶托雷峰。

几乎没有人像加里博蒂一样与这个故事有这么深的渊源了，他深入研究了马埃斯特里与托雷峰的故事并得出了权威性结论。2006年，加里博蒂攀登托雷峰时，并未发现有前人攀登的痕迹，这进一步证实了马埃斯特里的一面之词是没有实质依据的。

加里博蒂已经登上了巴塔哥尼亚的大多数山峰，其中包括他最喜爱的一次登山，那是菲

托雷峰群

大翻越　2008年1月

- **1月21日　斯坦达特针峰**
  加里博蒂和科林·哈雷一同从飞鱼路线向上攀登。
- **1月22日　托雷埃格峰**
  一氧化碳中毒后，两人在北山脊上的登山速度开始减慢。
- **1月24日　托雷峰**
  两人花了整整一天时间才攀越了一道满是冰雪的裂缝。哈雷从雪蘑菇较松软的部分穿过，最终抵达峰顶。
  （图中虚线代表未显示的路线）

茨罗伊山北壁上一条名叫特维尔切的路线。但加里博蒂最著名的一次攀登是2008年他与美国优秀的年轻登山者科林·哈雷一起,成功地翻越了令人望而却步的托雷峰群。

四峰相连

最初,萨尔瓦特拉提出,穿越托雷峰是世界上最出色的登山者证明自己的奖杯,包括托马斯·休伯(见第340—341页)在内的登山者都曾做过尝试。加里博蒂为此着迷不已,并做出多年努力。巴塔哥尼亚阴晴不定的天气能一连几周将登山者困在营地中,这使加里博蒂与他的登山伙伴十分气馁。与美国登山者汉斯·约翰斯顿一起攀登时,加里博蒂决定改变策略,从北向南攀登,这样的路线就将斯坦坦特针峰、赫伦角以及托雷埃格峰连接起来。由于托雷峰顶的雪蘑菇过于庞大,二人只能被迫放弃。经过长时间休整后,加里博蒂与哈雷一起返回。第三天,哈雷在悬于山顶的雾淞中开出一条小路,两人终于抵达顶峰。

加里博蒂是攀登伦理坚定的捍卫者,尤其是在巴塔哥尼亚地区。在某软饮商的赞助下,一些登山者企图在托雷峰上打更多膨胀螺栓,这引起了新一轮论战。他说道:"这座国家公园里有我一生中最美好的记忆,因此我多花点时间和精力回报它是情理之中的事。"

大胆的翻越
2008年,哈雷在和加里博蒂以阿尔卑斯式登山时,用鸠玛尔式上升器攀上托雷峰结冰的北壁。这次翻越结合了冰川、雪地以及岩石攀登,对于登山的技术要求极高。

> 站在峰顶……一路支撑我的肾上腺素和内驱力全部消失,让我变得不堪一击。
>
> ——罗兰多·加里博蒂谈托雷峰大翻越,2008年

史蒂夫·豪斯

以最佳方式攀登最高峰的登山者

美国　　　　　　　　　　　　　　　　　**生于1970年**

作为过去十数年中登山界的领军人物之一，豪斯的名声始于2005年与文斯·安德森一同从南迦帕尔巴特峰鲁珀尔壁的一条新路线登顶。对于这次攀登，豪斯自己评价说："这是多年攀登之旅中身体与心理的高潮期。"这条路线长达4000米，对于攀登技巧有极高的要求。他们以阿尔卑斯式进行攀登，没有工具支持，来回历时八天。这次登山被公认为现代高海拔攀登的标杆。

在《秃山》一书中，莱因霍尔德·梅斯纳尔（见第308—311页）将南迦帕尔巴特峰的鲁珀尔壁比作在罗萨峰的东壁上叠了个艾格石壁，然后在顶上再垒上马特洪峰北壁，以形容其山体巨大、山路崎岖难行。1970年，莱因霍尔德与弟弟京特从鲁珀尔壁左侧路线登顶南迦帕尔巴特峰。1985年，捷西·库库奇卡（见第312—313页）与两名波兰好友及墨西哥人卡洛斯·卡索里奥从东南岩柱攀至右侧。而位于鲁珀尔壁正中的中央山脊则需要格外精湛的技术，是21世纪的一个挑战。

东欧人的勇气

豪斯刚开始登山时就与南迦帕尔巴特峰结下不解之缘。在美国常青州立学院攻读生态学之前，豪斯在登山强国斯洛文尼亚度过了一年时光。斯洛文尼亚资源稀少，这造就了人们坚韧的性格和乐观的态度，而这些也已融入豪斯的血脉。豪斯深爱他的第二故乡，曾多次与斯洛文尼亚的登山明星马尔科·普雷泽利一起攀登。

1990年，在常青州立学院就读一年后，豪斯加入了他的斯洛文尼亚登山伙伴的远征队，他们准备沿鲁珀尔壁左侧的谢尔路线登上西南山脊。登山队中有两人登顶，但豪斯发现自己困于此山之宏伟。"这次攀登让我看到自己是多么无知，"豪斯在日记中写道，"成为一名能够登上这些顶峰（包括南迦帕尔巴特峰）的登山者，就是我的梦想。"

年轻的登山者大都野心勃勃，豪斯却用了整整14年不断磨炼自己，只为有朝一日能回到南迦帕尔巴特峰。豪斯是家里唯一对登山感兴趣的人，父亲是会计，母亲是教师，他却颇有专业登山者谦虚稳重的品性。豪斯身高1.77米，体重不足76千克，这使他看起来敦实却不健壮。他的眼神深沉而坚毅，透出勇攀高峰的登山者特有的决心。

职业登山生涯

大学毕业后，豪斯搬到华盛顿，在喀斯喀特山脉做了一名登山和滑雪向导。在接下来的十年中，他在阿拉斯加山脉进行了30次攀登，逐渐将自己磨炼成优秀的登山者。攀登过南迦帕尔巴特峰后，他立下誓言："我要想办法尽可能多地结交优秀登山者。好的伙伴将使我变得更好。"豪斯结识了亚历克斯·洛、巴里·布兰查德和马克·特维特，他们都是上一代的攀登之星。特维特更是与豪斯一样蔑视所谓的"商业登山"。

豪斯耐心积累了丰富的登山经验。1995年，他与埃利·赫尔穆斯一起，仅用33个小时就登上了迪纳利山1340米的父与子山壁。五年后，他与斯科

生平事迹

- 参加了攀登南迦帕尔巴特峰的斯洛文尼亚远征队，但因为严重的高原反应不得不放弃，后来专注于提升自己的攀登能力。
- 从20世纪90年代中期开始成为美国登山运动员中的佼佼者，他在迪纳利山多次进行快速攀登，其中包括斯洛伐克直上路线。
- 重回喜马拉雅之前，就因成功探索落基山脉以及阿拉斯加高难度的新登山路线而闻名。
- 2004年，与布鲁斯·米勒一起尝试攀登南迦帕尔巴特峰鲁珀尔壁，因为水肿过于严重不得不选择放弃；次年，与文斯·安德森一起成功登顶。

钢铁般的意志
20岁时，豪斯曾在南迦帕尔巴特峰有过一段失败的攀登经历，但也深受激励。此后，豪斯下定决心磨炼自己，终于在迪纳利山和喜马拉雅山脉完成了首次单人攀登。

以阿尔卑斯式攀登喜马拉雅山脉
2005年，文斯·安德森（左图）和豪斯花了八天时间，从南迦帕尔巴特峰鲁珀尔壁的中部岩柱登上山顶，这条全新的登山路线帮助他们赢得了那年的金冰镐奖。

特·巴克斯一起攀登迪纳利山2740米的斯洛伐克直上路线，仅用60个小时登顶。2001年，豪斯与罗兰多·加里博蒂（见第342—343页）登上福拉克山的无限山岭，耗时25个小时——比起前人的四次攀登整整快了八天。同豪斯攀登速度一样令人惊叹的是他探索出的新路线。

豪斯最为人所熟知的是与布兰查德和巴克斯一起，于1999年冬登上了豪斯峰东壁的M16峰，豪斯峰位于加拿大落基山区的瓦普堤克山脉。豪斯说："这条最冒险的路线让我们吃尽了苦头。"

探索喜马拉雅

除了攀登南迦帕尔巴特峰，豪斯还以阿尔卑斯式登上了几条颇为艰险的喜马拉雅新路线。2004年，他只身一人登上喀喇昆仑山脉的K7峰，这条路线长达2500米，岩石攀登的难度达到美系5.10（见第351页），冰川坡度80度。除此之外，豪斯也会走一些相对容易的快速路线，他曾用一天时间在高达8201米的卓奥友峰攀爬了一个来回。

与梅斯纳尔一样，豪斯也坚定地阐释过自己对于攀登伦理的理解："登山是一种没有任何实用目的的表达形式，只是为了个人的自我满足。因此，如果一个人不是以我所说的伦理方式去登山的话，就是削弱自己的体验。运用现在的科学技术，任何一座山我们都可以攀登，那么攀登的意义又何在？"

登顶南迦帕尔巴特峰后，豪斯在加拿大落基山脉进行了一系列高技术难度的攀登，包括2007年与当时正处于上升期的登山明星科林·哈雷一起攀登罗布森山的皇帝岭，2008年攀登艾伯塔山北壁新路线等。接着，豪斯与安德森和普雷泽利一起，先后两次尝试攀登了马卡鲁峰西壁。2010年，豪斯在攀登加拿大落基山脉途中跌落山下，摔断了多根椎骨和肋骨，盆骨断裂，并引发了右侧肺萎缩，这让他在当年再也不能攀登。

亚历山大·奥金佐夫

俄罗斯　　　　　　　　　　生于1957年

生于圣彼得堡的亚历山大·奥金佐夫与史蒂夫·豪斯在登山理念上观点相左。

2004年，在金冰镐奖颁奖典礼上，奥金佐夫的登山队因登上尼泊尔贾奴峰北壁而获奖，这次攀登难度极大，海拔高达7710米。当宣布奥金佐夫登山队夺冠后，豪斯气冲冲地离场。这支十人登山队用了上千米固定绳索，花了50多天时间，在恶劣到几乎让人绝望的条件下不断攀登。奥金佐夫认为，群体攀登的方式更高效："想象一下休伯和豪斯等人都在同一支登山队中的情况。这将是一支梦之队，当然，目前他们都还没有做好为团队做出牺牲的准备。"

南迦帕尔巴特峰

鲁珀尔（东）侧面　2005年9月

- 9月1日　出发
  清晨4点，豪斯与文斯一起，向着一年前曾与布鲁斯·米勒一同探索过的路线进发。

- 9月4日　沿山壁进发
  山壁上的积雪比去年更厚，登山队攀向右侧，然后才登上山壁中央的岩柱。

- 9月6日　向顶峰冲刺
  在位于7400米的地带第五次露营后，他们到达顶峰，但是艰难的日子也让他们吃尽了苦头。

（图中虚线代表未显示的路线）

顶峰（8126米）

极限男孩

日本精英登山队

日本

数千年以来,山峰占据着日本文化的中心。日本的登山运动起初以学习西方国家为主,而近年来,一群十分有天赋的日本登山者走进了公众视野。他们给自己取名为"极限男孩"(Giri-Giri Boys),与当时一支流行女团的名字相仿。尽管与欧美登山者在攀登难度、风格和想象力上不相上下,但显而易见,他们的活动依然是日本式的。

在登上飞往阿拉斯加山脉的飞机之前,他们须填一张表格,表格中涉及远征队的名字。没有多加思考,山田达郎("小达")建议叫"极限男孩",这是个戏称,源自20世纪90年代的流行组合"极限女孩"。日语里,"到达极限"(Giri-Giri)的引申义为死里逃生,从意义上看十分符合他们的登山理念。此后,名字就这么定了下来。

蒙上阴影的胜利

在阿拉斯加山脉的那个登山季,一村文隆("阿一")、佐藤裕介和横山胜丘("大个子")一起攀登了一条串联路线,将迪纳利山南壁的两条登山路线——伊西斯壁和斯洛伐克直上路线联系起来。他们的想象力和技术让其他攀登者刮目相看。史蒂夫·豪斯(见第344—345页)本以为阿拉斯加山脉已经被"攀登殆尽",没有再值得挑战的了。"当横山跟我说他们想要将伊西斯壁与斯洛伐克直上路线连接进行攀登时,"豪斯在《登山者》杂志中写道,"我拍了一下脑门大叫一声'噢'!电光石火间,我意识到并不是这片山域不够辽阔,

而是我的想象限制了它。"

在离伊西斯壁2190米高的峰顶不远的地方,横山不小心弄丢了他的太阳镜,在从1200米的兰帕路线下山,再攀至2700米长的斯洛伐克直上路线的起点这段路程中,他都走得十分艰难。坚硬的冰川将太阳光线折射得十分刺眼,横山只能眯眼走下这段行程。几天后,在顺着斯洛伐克直上路线攀登时,横山得了雪盲症,只能选择使用鸠玛尔式攀登(借助绳索)。这对体力消耗巨大,但在同伴们都打算放弃时,

横山表明了他攀登的决心。

极限男孩的另外两名成员山田和井上祐人的任务则是将东、西卡希尔特纳峰及卡辛山脊三条路线贯连起来。但当横山和其他人完成他们史诗般的攀登回到营地时,却发现那里空无一人。不久,飞机在卡辛山脊南壁距离他们目的地5800米处发现了脚印,除此之外一无所获。佐藤将自己失踪的朋友比作"没有答案的谜题"。

生平事迹

- 还是大学生的一村和横山登上了亨廷顿山的志士路线,从此以后便深深迷恋上了阿拉斯加山脉。
- 山田、一村和佐藤攀登了阿拉斯加山脉鲁斯峡谷中三条新的技术性登山路线。
- 几个男孩花了两周时间成功攀越了剑山上的横越黑部路线。
- 攀登了连接阿拉斯加山脉迪纳利山的两条高难度路线,但登山队中两名队员在卡辛山脊处失踪。
- 在喜马拉雅山脉的卡兰卡峰探索出新路线。
- 以阿尔卑斯式第三次从英国路线上登了斯潘提峰的黄金岩柱。
- 登上了北美未被攀登的、最壮观的岩壁之一——洛根山南壁。
- 曾尝试攀登拉托克Ⅰ峰北脊,但以失败告终,许多攀登者都尝试攀登过"喀喇昆仑山最后的难题"。

卡兰卡峰

武士道路线　北壁　2008年9月

- **9月15日　攀至中央山脊**
  一村、佐藤和天野一起离开预设营地,翌日抵达中央山脊。
- **9月18日　难攀的中部山段**
  他们攀越了大部分的中部陡峭山段后露营,第二天被一场暴风雪阻挡了前进的脚步。
- **9月22日　天气转好**
  风暴持续了两天多,到了第三天,天气转晴,登山队仅用13个小时就完成了登顶及返程。

武士道精神

极限男孩在阿拉斯加山脉奋力攀登，在预算有限的情况下仍然完成了高质量的攀登。横山探索的新路线之一位于亨廷顿山西南壁，他将其称作志士路线，这个名字源于19世纪江户时代的武士精神，意为"志存高远之人"。在接受《登山者》采访时，横山说道："无惧于死，才能活得纯粹。"尽管似乎标榜武士道，横山却被认为是当代顶尖攀登者中最和善、最不极端的一位。他的外号叫"大个子"，因为以日本人的标准来看，他体型颇大。近些年来，人们经常将横山在阿拉斯加山脉取得的成就与喀喇昆仑山脉那些重大的攀登成就相提并论。2009年，横山与一村文隆、天野和明一同尝试攀登斯潘提科峰黄金岩柱的一条新路线，但最后不得不重复1987年英国登山者开辟的路线。2010年，横山与一村和佐藤一起，向着拉托克I峰的北脊发起了一次强有力的挑战，这条路线也是人们长久未能攻克的路线之一。

困在风暴中

2008年，佐藤裕介曾两次提名金冰镐奖，一次因为在阿拉斯加山脉的多次登顶，一次因为在喜马拉雅山脉上高达7000米的卡兰卡峰北壁上探索出了一条新路线。在攀登卡兰卡峰时，佐藤、天野还有一村一起离开了巴基尼冰川上的旗设营地，攀上了中央山脊的左侧，露宿在海拔高于其营地1000米的地方。第二天，他们完成了一次大翻越，直接进入山壁中心地带，抵达中央山脊。又露营一晚后，地势更加陡峭，技术要求更高。

他们露宿在海拔6500米处，又在这上方不远处再次露营，随即连续三天被困在暴风雪中。但即便如此，三人依旧成功登顶。他们往返用了十天，但所带食物只够维持五天。因此他们将这条新发现的路线命名为武士道路线（意为"勇士之路"）。

这种艰难的长距离攀登在喜马拉雅山脉随处可见，令人惊异的是，极限男孩在日本也找到了同样艰难的登山项目。岩石状况堪忧，天气变化无端，巨大的冰川再加上植被过厚的路线，都加剧了登山的复杂性。

阿拉斯加山脉的传奇
2008年，佐藤裕介独自翻越阿拉斯加山脉迪纳利山的一座巨大冰崖时的孤独身影。

国内的挑战

佐藤认为他攀登过的最艰难的路线是剑山上的横越黑部路线，剑山位于日本阿尔卑斯山脉北部。这条路线以一条河流命名，若想登上剑山就必须蹚过此河。尽管海拔只有2999米，登山队跨越2007年新年，共用了14天才完成这条路线的攀登。登山队中的两人在1000米处遭遇雪崩。"这一行程让我掉了10斤肉，"佐藤后来回忆道，"我们尝试这条路线是在爬迪纳利山之前，作为攀登迪纳利山的练习。从技术角度讲，迪纳利山难度更大，但从心理角度而言，攀登剑山更难。这里山脉规模大，位置又偏僻，积雪很深，没有直升机救援，一旦遇难，只有死路一条。"

佐藤和家人住在山梨县——富士山以及多个国家山脉公园位于此县——是一名工程师。"我们有自己的全职工作，都不是富有的人，赚的钱都用来登山，"佐藤说的是极限男孩登山队的成员，"我们的生活真的时刻处于悬崖边缘。"

小钢珠式登山

小钢珠式登山的名字取自日本自20世纪70年代开始流行的弹珠游戏，小钢珠富于创意地解读了登山理念，认为下定决心开始挑战就是胜利的一半。弹珠游戏的结果是飘忽不定的，但从登山的角度来说，这是挑战自我极限、打破过去桎梏的过程。"我们生活在一个理性的世界里，"横山胜丘说道，"但登山运动却有非理性的一面，攀登越是没有理性，它的价值就越高。小钢珠向上攀登，放弃攀登，然后再继续这个过程，这其中没有任何道理……当你享受整个登山过程时，你就更能发现新的可能性。"

高山人生

专业登山者

最早的时候，专业的登山者都是登山向导——那些通晓当地情况的人，带领业余爱好者攀登。那时候，演员阿尔伯特·史密斯通过迎合追求感官刺激的观众大赚一笔。20世纪中期，出现了一类新型登山者，他们将自己的冒险经历编成故事卖给别人，以此谋生，后来，越来越多的登山器械制造商开始赞助他们。

爱德华·怀伯尔（见第142—145页）与现代专业登山者有许多相似之处。为了给自己的课程收集素材，怀伯尔曾多次游历阿尔卑斯山脉和南美洲，而保罗·普罗伊斯（见第176—177页）与怀伯尔一样，也是一名讲师。早期珠峰攀登者的商业活动一直受限——珠峰委员会牢牢地把控着远征队在攀登珠峰时获得的知识产权，著书以及演讲的收益都被用于未来的山脉探索。

到20世纪30年代，弗兰克·斯迈思（见第247页）等登山者开始从著书中获利，但一直到"二战"之后才出现职业登山者。利昂内尔·泰雷（见第276—277页）这样的登山者利用公众知名度促进自己向导事业的发展。尽管如此，"二战"以后，许多远征队仍由国家级组织资助，因此远征队所获的知识产权及收益均由这些组织一手掌握。这对登山运动的发展通常是有好处的：1953年成功登顶珠峰的登山队四处演讲，筹集资金，时至今日，珠峰基金会赞助英国远征队探索珠峰用的还是这笔资金。

随着国家登山队退出历史舞台，登山者开始自由地从登山活动中获利。如今，很多登山者均有户外服装和登山设备品牌赞助，这些企业在十数年前开始飞速扩张。这类商业关系给试图扬名立万的年轻登山者带来了新的挑战。

唐·威尔兰斯（左）正与杜格尔·哈斯顿（见第298—299页）在珠峰西南壁调试随身携带的登山装备——一顶箱式帐篷和一根坐式安全带。

登山老手

越来越多人投身到攀岩和徒步之类的登山运动之中，其中一部分人是被梅斯纳尔那代人的书和演讲所激励。下一代职业登山者正是得到了这些登山爱好者的关注。一些登山者开拓出了新的登山领域——探索攀登。

❶ 意大利登山者西莫内·摩洛因其大胆地攀登亚洲大山脉而闻名，他大多进行冬季自由攀登，不带任何氧气装备。❷ 斯特凡·格洛沃茨来自巴伐利亚，因其在巴塔哥尼亚、格陵兰以及加拿大部分地区进行大岩壁攀登而闻名。❸ 托马兹·胡马尔来自斯洛文尼亚，他探索出道拉吉里峰东壁一条极为艰难的路线。2009年，他在蓝塘里壤峰遇难。❹ 埃德·维耶斯特曾前后七次登上珠峰，他也是第一位无氧攀登过所有14座8000米以上高峰的美国人。

新生职业登山家

如今，商业利益已经与登山运动紧紧联系在一起，登山者有大量的潜在收入，能为其雄心壮志提供资金支持。户外品牌赞助日益普及，以品牌推广为部分目的的登山引发了关于登山伦理和风险的新质疑。

❶ 奥地利登山者大卫·拉姆过于高调的攀登活动为他吸引赞助商的同时，也招致不少批评的声音。❷ 巴斯克登山者艾杜勒·帕萨巴是首位登顶所有14座8000米以上高峰的女性。❸ 英国人肯顿·库尔年轻时是探索攀登的领军人物，现在则是一位知名的珠峰登山向导。2010年，他先后八次登上珠峰，并借助滑雪工具滑下马纳斯卢峰。

传奇人物

20世纪70年代，一些锐意进取的登山者开始想办法让登山成为全职，不再做向导来糊口。演讲、写作及电影制作让他们能够专注于攀登事业，当然也遭到其他有才能但缺乏经济头脑的登山者的嫉妒。

❶ 莱因霍尔德·梅斯纳尔（见第308—311页）是首位不带任何氧气装备登顶珠峰的登山者，带着这样一股冲劲，他创立了自己的"品牌"。❷ 克里斯·伯宁顿（见第300—301页）在没有改变自己登山原则的前提下，成功地获得了人们的认可。❸ 科特·戴姆伯格（见第260—261页）以其在伯特瑞山脊史诗般的登顶为原型，开始了他的电影事业。

尤里·斯特克

瑞士　　　　　　　　　　　　生于1976年

国际登山明星，以其闪电般的登山速度闻名。

2008年，斯特克仅用了2小时47分33秒就登顶艾格峰北壁。2009年，他在两个小时内登顶马特洪峰北壁。2011年，斯特克用时10小时30分登上了8000米以上高峰希夏邦马峰南壁。斯特克的攀登事业由奥迪汽车资助，与许多顶尖攀登者一样，他也是巡回联合演讲的常驻演说家。

亚历克斯·霍诺德

美国　　　　　　　　　　　　生于1985年

2017年，亚历克斯·霍诺德完成了迄今为止最令人叹为观止的徒手攀岩，声名大噪。

6月3日，霍诺德在没有绳索和任何安全设备的情况下，徒手登上约塞米蒂国家公园的酋长岩。此次攀登从清晨5点32分开始，至上午9点28分结束，耗时3小时。2018年，美国国家地理频道拍摄了影片《徒手攀岩》来记录他的此次壮举。

山峰目录

▲表示8000米以上山峰。

阿巴拉契亚山脉　横贯美国和加拿大；长2400公里。
阿比加明（7355米）；喜马拉雅山脉。
阿尔卑斯山脉　欧洲的主要山脉，横贯奥地利、法国、德国、意大利、列支敦士登、斯洛文尼亚和瑞士；包含勃朗峰。
阿海尔乔峰（7025米）；兴都库什山脉。
阿霍恩峰（2976米）；齐勒塔尔阿尔卑斯山脉。
阿空加瓜（6962米）；安第斯山脉，阿根廷。
阿拉斯加山脉　位于美国阿拉斯加州；包含迪纳利峰。
阿莱奇峰（4195米）；伯尔尼阿尔卑斯山脉。
阿让蒂耶尔峰（3901米）；勃朗峰山域。
阿苏山（1592米）；日本。
阿索斯山（圣山）（2033米）；希腊。
阿瓦塔（6352米）；喜马拉雅山脉。
埃克兰峰（4102米）；多菲内阿尔卑斯山脉。
艾伯塔山（3619米）；加拿大落基山脉。
艾格峰（3970米）；伯尔尼阿尔卑斯山脉。
艾吉耶山（伊ександрияStone利斯山Mons Inascensibilis）（2085米）；法国前阿尔卑斯山脉。
艾勒弗鲁瓦德山（3954米）；多菲内阿尔卑斯山脉。
安第斯山脉　世界上最长的山脉，沿南美洲西海岸延绵7000公里；贯穿阿根廷、玻利维亚、智利、哥伦比亚、厄瓜多尔、秘鲁和委内瑞拉。
安科格尔峰（3246米）；高陶恩。
▲安纳普尔那峰（8091米）；喜马拉雅山脉。
奥茨塔尔阿尔卑斯山　阿尔卑斯山支脉；奥地利/意大利。
奥尔登峰（3132米）；伯尔尼阿尔卑斯山脉。
奥尔峰（3121米）；勒蓬廷阿尔卑斯山脉。
奥利维亚山（1326米）；阿根廷火地岛；安第斯山支脉。
奥林波斯山（2917米）；希腊。
奥特勒阿尔卑斯山　阿尔卑斯山支脉；意大利/瑞士。
巴蒂安山（5199米）；肯尼亚山最高峰。
巴尔干山脉　位于保加利亚和塞尔维亚的边界。
巴尔姆峰（3698米）；伯尔尼阿尔卑斯山脉。
巴吉拉蒂III峰（6457米）；喜马拉雅山脉。
巴托罗岗日峰（7312米）；喀喇昆仑山脉。
伯特瑞山脊白针峰（4112米）；勃朗峰山域。
拜塔布拉克峰（7285米）；喀喇昆仑山脉。
邦尼山（3100米）；塞尔扣克山脉。
堡洪里峰（7065米）；喜马拉雅山脉。
北莱姆斯通阿尔卑斯山脉　阿尔卑斯山支脉；奥地利/德国。

贝克山（4844米）；鲁文佐里山脉。
本内维斯山（1344米）；苏格兰高地。
比埃山（3096米）；法国。
比奥纳塞峰（4052米）；勃朗峰山域。
比利牛斯山脉　横跨法国和西班牙边界；将伊比利亚半岛与欧洲大陆其他地区分隔开来。
比奇峰（3934米）；伯尔尼阿尔卑斯山脉。
波吕克斯（4092米）；彭尼内山。
波特珍格拉特峰（3654米）；彭尼内山。
伯尔尼阿尔卑斯山　阿尔卑斯山支脉；瑞士。
伯尔尼纳阿尔卑斯山　阿尔卑斯山支脉；意大利/瑞士。
伯特瑞红山（2941米）；勃朗峰山域。
勃朗峰（4808米）；阿尔卑斯山脉，法国/意大利。
勃朗峰山域　位于阿尔卑斯山脉西部；法国/意大利/瑞士。
博格达峰（5445米）；天山山脉。
博普雷（2778米）；维多利亚十字山脉。
布哥布峰（3204米）；珀塞尔山脉。
布拉帝埃峰（3522米）；勃朗峰山域。
布赖特峰（4164米）；彭尼内山。
布朗什峰（4357米）；彭尼内山。
布雷加利亚山　阿尔卑斯山支脉；意大利/瑞士。
布伦塔峰（3155米）；多洛米蒂山。
布伦塔克罗蒙峰（3135米）；石灰岩阿尔卑斯山南部。
▲布洛阿特峰（8047米）；喀喇昆仑山脉。
布罗克峰（1829米）；伯尔尼阿尔卑斯山脉。
布罗肯峰（1141米）；哈茨山脉。
查克拉拉胡山（Chacraraju Ests）（6001米）；科迪勒拉布兰卡山脉。
赤仁玛峰（7134米）；喜马拉雅山脉。
川口塔峰群（6286米）；喀喇昆仑山脉。
达哈兹诺尔峰（Pic d'Arzinol）（2998米）；彭尼内山。
大费雪峰（4049米）；伯尔尼阿尔卑斯山脉。
大峰山（1719米）；日本。
大卡皮桑山（3838米）；勃朗峰山域。
大科尔尼耶山（3962米）；彭尼内山。
大默尔希纳峰（3287米）；齐勒塔尔山脉。
大乔拉斯峰（4208米）；勃朗峰山域。
大沙尔莫针峰（3445米）；勃朗峰山域。
大维思巴赫峰（3564米）；上陶恩山。
▲道拉吉里峰（8167米）；喜马拉雅山脉。
德朗峰（4171米）；彭尼内山。
德鲁瓦峰（4000米）；勃朗峰山域。
德吕峰　勃朗峰山域；有两个山峰：大德吕峰（3754米）和小德吕峰（3733米）。
狄克山（5205米）；高加索山脉。
迪纳利山（麦金利山）北美最高的山峰（6194米）；阿拉斯加山脉。

迪亚布勒雷山（3210米）；伯尔尼阿尔卑斯山脉。
蒂顿山　落基山脉。
蒂里奇米尔峰（7708米）；兴都库什山脉。
都那吉利峰（7066米）；喜马拉雅山脉。
多尔登山（3643米）；伯尔尼阿尔卑斯山。
多菲内阿尔卑斯山　阿尔卑斯山支脉；法国。
多洛米蒂山　阿尔卑斯山支脉，意大利。
峨眉山（3099米）；横断山脉。
厄尔布鲁士山（5642米）；高加索山脉。
法国前阿尔卑斯山脉　位于法国东南部。
菲茨罗伊山（3405米）；安第斯山脉，巴塔哥尼亚。
费纳峰（3298米）；施图拜山。
芬耐尔峰（3514米）；奥茨塔尔山。
芬斯特拉峰（4274米）；伯尔尼阿尔卑斯山脉。
弗兰特岭　落基山脉支脉。
弗切塔山（3025米）；多洛米蒂山。
福拉克山（5304米）；阿拉斯加山脉。
富士山（3776米）；日本。
盖斯图拉峰（4860米）；高加索山脉。
橄榄山（818米）；耶路撒冷。
▲干城章嘉峰（金城章嘉峰）（8586米）；喜马拉雅山脉。
冈仁波齐峰（6638米）；喜马拉雅山脉。
高加索山脉　位于欧亚大陆，横跨亚美尼亚、阿塞拜疆、格鲁吉亚、伊朗和土耳其。
高野山　高野山八座山峰的统称，日本。
哥伦比亚山脉　横跨不列颠哥伦比亚省，加拿大和美国爱达荷州、蒙大拿州和华盛顿。
格拉耶斯山　阿尔卑斯山支脉；瑞士。
格莱奇尔峰（3983米）；伯尔尼阿尔卑斯山脉。
格雷安阿尔卑斯山　阿尔卑斯山支脉；法国/意大利/瑞士。
格蓬峰（3482米）；勃朗峰山域。
格里姆瑟尔阿尔卑斯山　阿尔卑斯山的小范围；瑞士。
格里尼亚山（2410米）；阿尔卑斯山脉，意大利。
格罗斯峰（3754米）；伯尔尼阿尔卑斯山脉。
格施帕尔滕峰（3436米）；伯尔尼阿尔卑斯山脉。
公尔山（7649米）；昆仑山脉。
古特圆顶峰（4304米）；勃朗峰山域。
哈贝尔山（3087米）；加拿大落基山脉。
哈比希特峰（3277米）；施图拜山。
哈茨山　德国。
海丁格尔峰（3070米）；南阿尔卑斯山脉。
汗腾格里峰（7010米）；天山山脉。
豪斯峰（3295米）；加拿大落基山脉。
赫穆斯山（636米）；巴尔干山脉。
亨廷顿山（3730米）；阿拉斯加山脉。
后布罗赫峰（3635米）；奥茨塔尔山。
后费雪峰（4025米）；伯尔尼阿尔卑斯山脉。
怀特峰（2621米）；加拿大。
怀特山　美国新罕布什尔州。
基希巴赫峰（6200米）；喜马拉雅山脉。
加拿大落基山脉　落基山脉的加拿大部分。

▲迦舒布鲁姆I峰（8068米）；喀喇昆仑山。
▲迦舒布鲁姆II峰（8035米）；喀喇昆仑山。
迦舒布鲁姆IV峰（7925米）；喀喇昆仑山。
贾奴峰（7710米）；喜马拉雅山脉。
剑山（2999米）；日本飞弹山脉。
巨齿峰（4013米）；勃朗峰山域。
巨魔墙（1700米）；挪威。
▲K2峰（8611米）；喀喇昆仑山脉。
喀喇昆仑山脉　位于亚洲，是世界山岳冰川最发达的高大山脉。
喀斯喀特山脉　位于北美。
卡布鲁峰（7412米）；喜马拉雅山脉。
卡兰卡（6931米）；喜马拉雅山脉。
卡美伦（7756米）；喜马拉雅山脉。
卡尼古峰（2784米）；比利牛斯山脉。
卡普塔弗纳多峰（2335米）；科西嘉岛。
卡因山（2880米）；加拿大落基山脉。
卡兹别克山（5033米）；高加索山脉。
凯恩戈姆山　位于苏格兰高地。
恺撒山　奥地利阿尔卑斯山支脉。
科迪勒拉布兰卡山　安第斯山支脉，秘鲁。
科迪勒拉德尔潘恩　位于智利巴塔哥尼亚的山群；安第斯山脉的一部分。
科迪勒拉雷亚尔山　安第斯山支脉，玻利维亚。
科蒂安山　阿尔卑斯山支脉；法国/意大利。
科什坦山（5144米）；高加索山脉。
科帕帕希山（5896米）；安第斯山脉，厄瓜多尔。
科依兹卡峰（6812米）；兴都库什山脉。
科依泰兹峰（6995米）；兴都库什山脉。
科泽热吉山（6401米）；喀喇昆仑山脉。
克里仑山（3879米）；圣伊莱亚斯山脉。
肯尼迪山（4300米）；圣伊莱亚斯山脉。
肯尼亚山（5199米）；肯尼亚。
库克山（奥拉基）（3754米）；南阿尔卑斯山脉。
库松康格山（6367米）；喜马拉雅山脉。
昆仑山脉　位于中国西部，青藏高原与塔克拉玛干沙漠之间；是亚洲大山脉的一部分。
拉卡波希峰（7788米）；喀喇昆仑山脉。
拉梅林山（3984米）；埃兰山。
拉托克I峰（7145米）；喀喇昆仑山脉。
莱茵瓦尔德峰（3402米）；勒蓬廷山。
蓝山　位于新南威尔斯和澳大利亚。
劳特布伦嫩布赖特峰（3780米）；伯尔尼阿尔卑斯山脉。
勒莲廷山　阿尔卑斯山支脉；意大利/瑞士。
利思卡姆山（4527米）；彭尼内山。
列宁峰（7134米）；帕米尔高原。
林普菲施山（4199米）；彭尼内山。
灵恩阿尔卑斯　位于挪威。
鲁文佐里山脉　位于非洲中部的山脉，乌干达和刚果民主共和国之间。
路易斯山（2682米）；加拿大落基山脉。
伦茨山（4294米）；彭尼内山。
伦盖火山（2960米）；坦桑尼亚。
罗布森山（3954米）；加拿大落基山脉。

罗萨峰（杜富尔峰）（4634米）；彭尼内山。

罗什美隆峰（3538米）；格雷安阿尔卑斯山。

洛桑峰（5707米）；喀喇昆仑山脉。

洛斯特阿罗峰（2112米）；美国加州约塞米蒂国家公园。

▲洛子峰（8501米）；喜马拉雅山脉。

落基山脉　北美洲的主要的山脉，从加拿大西部不列颠哥伦比亚省一直延伸到美国西南部的新墨西哥州。

▲马卡鲁峰（8463米）；喜马拉雅山脉。

▲马纳斯卢（库塘）峰（8163米）；喜马拉雅山脉。

马舍尔山脉　位于阿根廷火地岛，是安第斯山脉的一部分。

马特洪峰（切尔维诺峰）（4478米）；彭尼内山。

玛夏布洛姆峰（K1峰）（7821米）；喀喇昆仑山。

曼德尔峰（2439米）；北莱姆斯通阿尔卑斯山脉。

门希峰（4107米）；伯尔尼阿尔卑斯山。

麋鹿齿峰（3150米）；阿拉斯加山脉。

米明山脉　南石灰石阿尔卑斯山的组成部分。

岷雅贡嘎（贡嘎山）（7556米）；中国大雪山。

魔鬼塔（386米）；怀俄明州，美国。

莫迪峰（4465米）；勃朗峰山域。

莫罗山（2985米）；彭尼内山。

慕士塔格峰（7546米）；喀喇昆仑山。

慕士塔格塔峰（7273米）；喀喇昆仑山脉。

穆库特峰（7242米）；喜马拉雅山脉。

纳德尔峰（4327米）；彭尼内山。

纳斯瓦尔德峰（3042米）；加拿大。

南阿尔卑斯山　位于新西兰南岛；包含库克山（奥拉基山）。

▲南迦帕尔巴特峰（8126米）；喜马拉雅山脉。

南豪瑟塔峰（3292米）；珀塞尔山脉。

南针峰（3842米）；勃朗峰山域。

楠达德维山（7816米）；喜马拉雅山脉。

楠达果德山（6861米）；库马盎喜马拉雅山。

内华达山脉　位于美国加利福尼亚州和内华达州。

内斯特山（3822米）；伯尔尼阿尔卑斯山。

嫩贡山（7135米）；喜马拉雅山脉。

尼德山（1950米）；伯尔尼阿尔卑斯山。

念青唐古拉山（7152米）；喜马拉雅山脉。

诺沙克峰（7492米）；兴都库什山脉。

帕吕峰（3901米）；伯尔尼阿尔卑斯山。

帕米尔高原　位于亚洲中部、中国新疆维吾尔自治区西南部及塔吉克斯坦东南部、阿富汗东北部一带。

潘恩中央塔（2460米）；科迪勒拉德尔潘恩山脉。

佩尔莫山（3168米）；多洛米蒂山。

佩尔武峰（3946米）；埃克山山，多菲内山。

彭尼内山　阿尔卑斯山支脉；意大利/瑞士。

皮钦查火山（3896米）；厄瓜多尔。

平维克尔峰（6930米）；嫩贡山。

珀塞尔山　位于加拿大西部，哥伦比亚山脉的一部分。

普安斯诺峰（3002米）；菲茨罗伊山脉。

普朗峰（3673米）；勃朗峰山域。

普陀山（286米）；中国上海东南部的岛山。

齐勒塔尔山　阿尔卑斯山脉支脉；奥地利/意大利。

齐纳尔洛特峰（4221米）；彭尼内山。

奇韦塔山（3220米）；多洛米蒂山。

乞力马扎罗山（5895米）；坦桑尼亚。

强卡邦峰（6864米）；喜马拉雅山。

乔戈里萨峰（7665米）；喀喇昆仑山。

钦博拉索（6310米）；安第斯山脉，厄瓜多尔。

琴加洛雪峰（3369米）；布雷加利阿尔卑斯山。

琼桑峰（7462米）；喜马拉雅山脉。

酋长岩（3169米）；美国加利福尼亚州约塞米蒂国家公园。

热比耶山（1551米）；中央高原。

日本阿尔卑斯山　日本本州岛上的一系列高山。

汝拉山脉　位于法国/瑞士。

瑞斯布兰登特山（3408米）；加拿大落基山脉。

萨斯托洛岗日峰（7742米）；喀喇昆仑山。

萨缅托山（2246米）；智利火地岛；安第斯山脉支脉。

塞尔扣克山脉　从加拿大不列颠哥伦比亚省一直延伸到美国东部华盛顿州的山脉。

塞尼山（2083米）；科蒂安山脉/格雷安山。

三指峰（2999米）；多洛米蒂山。

森蒂纳尔峰（883米）；美国亚利桑那州图森山脉。

沙瓦岗克斯山脉　位于美国纽约州。

上阿尔卑施托克山（3328米）；格拉鲁斯山。

上陶恩山　阿尔卑斯山支脉；意大利/奥地利。

少女峰（4158米）；伯尔尼阿尔卑斯山。

生日峰（2924米）；珀塞尔山脉。

圣伊莱亚斯山（5489米）；圣伊莱亚斯山。

圣伊莱亚斯山脉　太平洋海岸山脉的支脉，位于加拿大；含圣伊莱亚斯山。

施拉姆马赫峰（3411米）；齐勒塔尔山。

施雷克峰（4078米）；伯尔尼阿尔卑斯山。

施特拉尔峰（3295米）；奥地利。

施图拜山　阿尔卑斯山支脉；奥地利。

湿婆峰（6543米）；喜马拉雅山脉。

食人魔峰　同拜塔布拉克峰。

斯格尔阿拉斯代尔（993米）；苏格兰斯凯岛库林山脉。

斯潘蒂克峰（7027米）；喀喇昆仑山。

斯皮克峰（4890米）；鲁文佐里山脉。

斯坦利山（5109米）；鲁文佐里山脉。

四姑娘山（6250米）；中国邛崃山脉。

苏格兰高地　位于苏格兰的山区。

苏拉马尔峰（5380米）；中国雪莲山。

苏朊滕山（3503米）；乌里山。

塔普白努克山（2885米）；新西兰南岛。

塔什峰（4491米）；彭尼内山。

塔斯曼山（3497米）；南阿尔卑斯山。

塔特拉山　位于波兰和斯洛伐克边界线上。

太平洋海岸山脉　沿北美西海岸分布。

泰德峰（Pico del Teide）（3718米）；西班牙。

泰瑞峰（Piz Terri）（3149米）；勒蓬廷山。

陶利拉吉峰（5830米）；布兰卡山脉。

特迪峰（3614米）；格拉鲁斯山。

特里奥莱峰（3870米）；勃朗峰山域。

特里苏利峰（7120米）；喜马拉雅山脉。

提贝斯山脉　死火山，主要位于乍得。

天山山脉　亚洲内陆中部的大山系，横贯中国新疆维吾尔自治区中部，西端伸入哈萨克斯坦和吉尔吉斯斯坦。

铁力士山（3238米）；乌里山。

廷德尔峰（4241米）；彭尼内山。

廷德尔山（4275米）；内华达山脉，美国。

托雷埃格山（2685米/8809英尺）；巴塔哥尼亚阿根廷/智利；安第斯山脉的一部分。

托雷峰（3128米）；菲茨罗伊山。

托沙峰（3173米）；多洛米蒂山。

托腾基尔峰（2190米）；北莱姆斯通阿尔卑斯山脉。

瓦根德里舍尔峰（2251米）；北莱姆斯通阿尔卑斯山脉。

瓦斯卡兰山（6768米）；布兰卡山。

旺图山（1912米）；法国。

韦特施泰因山脉　北莱姆斯通阿尔卑斯山脉；德国/奥地利。

韦特针峰（4122米）；勃朗峰山域。

维多利亚十字山支脉　加拿大落基山脉。

维尔德施特鲁伯尔山（3243米）；伯尔尼阿尔卑斯山脉。

维苏威火山（1281米）；意大利。

维索山（3841米）；科蒂安。

维特峰（3692米）；伯尔尼阿尔卑斯山。

魏斯峰（4506米）；彭尼内山。

沃丁顿山（4019米）；海岸山脉，太平洋海岸山脉。

乌朗峰（3599米）；格拉鲁斯山。

乌什巴山（4710米）；高加索山。

无名塔　喀喇昆仑山川口塔峰群。

五塔峰（2361米）；多洛米蒂山。

五台山（3061米）；中国。

西尔伯峰（3695米）；伯尔尼阿尔卑斯山。

西尔伯峰（3303米）；南阿尔卑斯山。

西峰（2973米）；多洛米蒂山。

西奈山（穆萨山）（2285米）；埃及。

西尼奥楚峰（6888米）；喜马拉雅山脉。

▲希夏邦马峰（8012米）；喀喇昆仑山。

锡尔夫雷塔山　阿尔卑斯山支脉；奥地利/瑞士。

锡利山（2627米）；南阿尔卑斯山。

锡特拉尔特佩特火山（5636米）；墨哥。

喜马拉雅山脉　世界最雄伟高大的山系，由数条大致平行的支脉组成，分布在中国西藏自治区和巴基斯坦、印度、尼泊尔、不丹境内。

先锋峰（1950米）；楚加奇山，阿拉斯加，美国。

小峰（2857米）；多洛米蒂山。

小格林峰（3913米）；伯尔尼阿尔卑斯山。

兴都库什山　横跨阿富汗中部和巴基斯坦北部；亚洲大山脉的一部分。

兴都拉杰山　位于巴基斯坦北部，处在喀喇昆仑山脉和兴都库什山脉之间。

亚拉腊山　包括两座高峰：大亚拉腊山（5137米）和小亚拉腊山（3896米）；土耳其。

亚洲大山脉　包括喜马拉雅山脉、喀喇昆仑山脉、兴都库什山脉、兴都拉杰山脉、帕米尔高原、天山、昆仑山和念青唐古拉山脉。

伊迪斯·卡韦尔山（3363米）；加拿大落基山脉。

易北河砂岩山脉　位于德国/捷克共和国。

尤耶亚科火山（6739米）；安第斯山脉，阿根廷/智利。

于吉峰（3646米）；格里姆瑟尔山。

中央高原　法国西南部山区。

▲珠穆朗玛峰（8848米）；喜马拉雅山脉。

珠穆隆索峰（7804米）；喜马拉雅山脉。

竺嘉尔　喜马拉雅山的一部分。

主峰（2999米）；多洛米蒂山。

▲卓奥友峰（8201米）；喜马拉雅山脉。

卓木拉日峰（7314米）；喜马拉雅山脉。

卓木玉莫峰（6829米）；喜马拉雅山脉。

宗格里峰（4100米）；喜马拉雅山脉。

分级系统

本书中，我们最常用UIAA（国际登山协会联盟）的罗马数字系统，对高山岩石进行从Ⅰ（简易）到Ⅻ（非常困难）的分类，并用符号+或-进行细分。除此之外还有其他常用的评级系统，特别是美国的约塞米蒂十进制系统和法国数值系统。例如，UIAA的Ⅵ+级大约相当于美国系统的510b级和法国的6a级。

登山路线也有等级划分，最常见的是法国系统，从简单到非常困难，按照ED1到ED4进行划分。攀冰和器械攀登也有各自的评级系统，攀冰难度从WI1到WI7，器械攀登难度按A1到A6递增。

由于使用了不同的分级系统，具有挑战性的山峰有着很长的等级说明，例如：ED2，6b+，A2，WI3，1800米。这种解释涵盖了所有攀登分级，从整体上反应了攀登路线的难度。不过划分攀登的难度还必须考虑实地条件和登山者自身的技能。

索引

主要登山参与者为黑体字

A

A.L.马姆 232
A.F.马默里 150, **168—171**, 184, 199
　南迦帕尔巴特峰上的死亡 219, 326
　攀登巨齿山口 115, 161, 174
　攀登狄克山 180, 189
阿巴拉科夫兄弟 240—241, 324
阿巴拉契亚登山俱乐部 192, 199, 203
阿比加明峰, 喜马拉雅山脉 182, 202
阿布鲁齐公爵 167, 181, **198—199**, 200, 242
阿道夫·希特勒 290
阿道弗斯·穆尔 114, 122, 123, **162—163**, 187
阿尔卑斯登山队 298
阿尔卑斯俱乐部 105, 114, 116, 134, 149, 151, 170, 144, 196
《阿尔卑斯年鉴》 119, 153, 164, 200, 285, 289
阿尔卑斯山脉 23, 30, 86, 112—177, 214, 255
　第一批登顶者 **90—91**
　浪漫主义运动 **76—77**
　科学登山运动 60—63
　旅游业 90, 91, 96
阿尔贝图斯·马格努斯 52
阿尔贝托·阿戈斯蒂尼 202
阿尔伯特·史密斯 51, **110—111**, 116, 117, 142, 200, 348
阿尔布雷希特·冯·哈勒 84, 90
阿尔迪托·德西奥 270, 271
阿尔夫·格雷戈里 265
阿尔弗雷德·罗德·丁尼生 85
阿尔弗雷德·韦格纳 67
阿尔芒·沙莱 98, 125, 286, 295, 315
阿尔泰山脉 204, 240
阿海尔乔峰, 兴都库什山 328
阿克苏河谷, 帕米尔高原 322, 323
阿空加瓜山 161, 181, 202, 203, 209
阿拉贡王佩德罗三世 36
阿拉斯加山脉 199, 203, 293, 346—347
阿拉因山口, 瑞士 118
阿莱斯特·克劳利 181, 196, 197, 272
阿琳·布卢姆 314, 315, 317
阿伦·罗斯顿 336, 337
阿伦岛, 苏格兰 56, 57
阿梅·戈雷 146
阿米尔·马赫迪 271
阿诺德·范克 252, 253
阿诺德·伦恩 137
阿让蒂耶尔山口, 法国 156
阿斯蒂骑士博尼法乔·罗塔里奥 34
阿苏山, 日本 242
阿索斯山 (圣山), 希腊 34
阿特·吉尔基 248, 249
阿维德·富克斯 311
阿维森纳 53
阿希尔·孔帕尼奥尼 270—271, 297

埃德蒙·伯克 82
埃德蒙·加伍德 188, 189
埃德蒙·希拉里 43, 219, 227, 254, **264—265**, 266—269, 336
埃尔马诺·萨尔瓦特拉 342, 343
埃哈德·罗瑞坦 14, 285, 328, **334—335**
埃克兰峰, 法国 122, 144, 153, 163
埃里克·皮斯托 204
埃里克·希普顿 218, 219, 242, **244—247**, 263, 265, 266, 336
埃米尔·博拉 180, 182—183
埃米尔·雷伊 115, 125, 150, 156, 161, 199
埃米尔·休伯 203
埃米尔·佐勒德 250, 251, 288
埃米利奥·科米奇 284, 288—289, 292, 295
艾伯塔山, 加拿大 212—213, 345
艾伯特·根格罗斯 204
艾伯特·麦卡锡 204
艾尔弗雷德·威尔斯 114, 117, **118—119**, 122, 148, 224
艾弗雷德·德雷克塞尔 238, 239
艾格峰, 伯尔尼高地 42
　女性登顶 152, 315, 317, 319
　首登 122
　米特勒吉山脊 242
　北壁 255, 256, 276, 284, 286, 290—291, 294, 300
　纪录 310, 311
艾吉耶山, 法国 38
艾勒弗鲁瓦德山, 法国 122, 319
艾莉森·查德威克 315, 316, 317
艾莉森·哈格里夫斯 15, 319
艾琳·希利 314, 315
艾娃·潘吉维茨 317
爱德华·法尹森 208
爱德华·菲茨杰拉德 181, 208, 209
爱德华·弗兰克兰 128
爱德华·怀伯尔 131, 134, 138, **142—145**
　书和文化 149, 348
　在厄瓜多尔 180, 202, 203
　雕刻品 118-19, 122, 142, 145, 148, 152
　向导 123, 126, 146, 209
　马特洪峰灾难 42, 114, 119, 136, 137, 140, 142, 145
　摄影 200
爱德华·诺顿 218, **224—5**, 229, 230—231
爱德华·屈佩兰 156
爱德华·雪莉·肯尼迪 116, 148
爱德丽·达米斯姆 314
爱德华·海克迈尔 99, 238, 284, 287, 290—291, 294
安德列·奥松尼 297
安德烈·罗奇 219, 255, 267
安德烈·斯坦斐济 227, 285, **332—333**
安德鲁·欧文 58, 137, 218, 227, 228, 230, 231, 232
安迪·凯夫 285, 327, 329

安迪·塞尔特斯 322
安迪·欣特斯多赛尔 286, 287
安第斯山 71, 161, 202, 299
安东·拉扎罗·摩洛 52
安杰伊·乔克 313
安杰伊·扎瓦达 312, 313, 328
安科尔峰, 奥地利 108
安纳普尔那峰, 尼泊尔 219, 255, 294, 299, 301, 317, 336
　1978年全女性登山 314, 315
　东脊 285
　北壁 256, 257
　南壁 294, 300, 326
安娜·奥利平斯卡 317
安娜和艾伦·皮金 151
安妮·史密斯·佩克 181, 193, 202
安塞尔·亚当斯 200, 201
安托万·德·维尔 38—39
安托万·德·朱西 52
安托万·马奎纳兹 199
昂·塔尔凯 262, 263
昂内克·卢卡斯 326
奥布雷·勒布隆 157
奥利维阿尔申布雷纳俱乐部 116, 161
奥尔登峰, 伯尼兹山 101
奥尔峰, 瑞士 107
奥古斯特·巴尔马特 118, 122
奥古斯特·洛里亚 174—175
奥拉斯–贝内迪克特·德·索修尔 60—63, 88, 90, 93, 106
　冰河学家 52, 64
　勃朗峰 50, 68, 95, 97
奥兰山, 法国 319
奥利弗·惠勒 203, 204, 221
奥林匹斯山 22, 35
奥加加尔山, 加拿大 304
奥斯卡·艾肯斯坦 58, 59, 99, 175, 181, 185, **196—97**, 209
奥斯卡·舒斯特 174, 175
奥斯卡·王尔德 118
奥斯特拉峰, 奥地利 108, 109, 173, 308
奥托·"兰博"·埃尔伐格 324, 325
奥托·肯普特 258, 259

B

巴迪勒峰, 瑞士 286, 292—293
巴尔姆峰, 伯尔尼, 阿尔卑斯山脉 152
巴吉拉蒂三号峰, 喜马拉雅山脉 218, 242
巴里·毕肖普 278, 280, 261
巴里·科比特 281
巴米扬, 阿富汗 12, 24
巴桑·达瓦 242, 255
巴桑·拉马 251
巴塔哥尼亚 202, 203, 244, 294, 299, 303, 326, 342—343
巴托罗冰川, 喀喇昆仑山脉 185, 197, 222, 319
巴托罗岗日峰, 喀喇昆仑山脉 185, 208
拜伦勋爵 51, 76
邦吉山, 不列颠哥伦比亚省 203
保尔 89, 174, 175

保拉·维辛格 289
保罗·鲍尔 218, 219, 221, **234—235**, 238, 239, 243
保罗·布雷思韦特 304
保罗·古斯费尔特 115, 161, 167, 203
保罗·雷利 176
保罗·佩佐尔特 248
保罗·普鲁伊斯 115, **176—177**, 196, 325, 348
堡洪里峰, 喜马拉雅山脉 194
北壁 247, **286—287**, 334
贝芙·克拉克 330
贝亚特丽斯·托马森 151
本尼迪克特·韦内兹 166, 170—171
比阿特丽斯山, 加拿大 315
比比山, 法国 60, 87
比尔·豪斯 250
比利牛斯山脉 21, 276
比奇峰, 瑞士阿尔卑斯山脉 152, 153, 172
彼得·阿申布雷纳 239, 258
彼得·博德曼 300, 301, 305, 326
彼得·格雷厄姆 115, 158—159
彼得·哈伯勒 227, 285, 308, 310—311
彼得·卡尔·瑟维尔 51, **108—109**
彼得·塔基沃尔德 42, 144—145
彼得·肖尔茨 310
彼特拉克 13, **36—37**
毕达哥拉斯 53
别津吉岩壁, 高加索山脉 240
冰川 92—93, 95, 106, 118
冰川学 51, 52, 55, 60, 64—67, 72—73, 120, 128, 130
冰岛 304
冰冻的木乃伊 16—19, **74—75**
冰镐 17, 19, **58—59**, 126, 168, 196, 237
冰海, 勃朗峰 50, 51, 66, 69, 83, 88, 91, 92, 130, 154—155
冰人奥茨 12, 14, **16—19**, 98
冰爪 59, **98—99**, 173, 197, 237
波贝达峰, 天山 240
波特珍格拉特, 瑞士 164, 166
波西·比希·雪莱 51, 76, 84
伯尔尼, 瑞士 80, 81
伯尔尼山 64—65, 81, 102—103, 286
伯爵夫人多罗西娅·格雷维纳 315
伯特瑞红山, 法国 177
勃朗峰 68—69, 84, 92, 114, 123
　布伦瓦坡 68, 114, 126, 162, 163, 247, 284
　弗雷尼中央岩 284, 297, 299, 300, 312
　女性登顶 51, 97, 100—101, 150, 157
　首登 50, 62, 90, 91, 95—97
　首次无向导攀登 138
　首次横穿 114, 134
　新路线 161, 256, 297
　科学家 53, 60—63, 90, 130
　史密斯的娱乐节目 110—111
博格达山, 中国 244
布哥布峰, 加拿大 204
布拉德福·沃什伯恩 201, 203
布拉蒂埃峰, 法国 294, 298
布朗什峰 127, 153, 161, 199, 315
布鲁亚尔峰, 法国 196, 297

布伦塔克罗曾峰，意大利 172, 176
布罗肯峰，哈茨山 23, 85
布洛阿特峰（K3峰），喀喇昆仑山脉 255, 259, 313, 326, 329, 334
布洛克沃克曼山，喀喇昆仑山脉 193

C
采马特 87, 90, 118, 120, 137, 145
　向导 124, 156
测量 102, 198, 215
　珠穆朗玛峰 183, 223, 230
　喜马拉雅山脉 182, 183, 244, 247
　喀喇昆仑山脉 185, 193, 244
　权威人士 190—191
查尔斯·E.马修斯 127, 131, 160
查尔斯·埃文斯 255, 265, 266, 272, 273
查尔斯·巴林顿 122
查尔斯·布鲁斯 169, 184, 218, 222, 223, 224, 225, 229, 230, 232
查尔斯·费伊 181, 199, 203
查尔斯·赫德森 42, 114, 137, **138—139**, 145, 148
查尔斯·霍华德-比里 181, 194, 223
查尔斯·科明斯·塔克 187
查尔斯·克劳福德 242
查尔斯·赖尔爵士 52, 57, 66
查尔斯·塞尔 228
查尔斯·沃伦 218, 242, 247
查尔斯·休斯顿 219, 233, 244, **248—249**, 250, 336, 337
查克拉拉胡山，秘鲁 202, 276, 323
查理八世，法国国王 38, 39
查理斯·达尔文 57, 73, 120, 121
朝圣者 13, 24, 34, 36, 210
赤仁玛峰 299
茨姆特冰川，瑞士 89, 175

D
达布罗斯拉娃·米奥多维茨-伍尔夫 317
达吉利·乌尔夫 219, 250, 251
达赫施泰因，奥地利 109
达努特·瓦希 317
大博岁 190, 193
大格洛克纳山，奥地利 91, 108, 237
大吉岭，印度 182, 183, 189, 194, 234, 262, 266, 267
大卡皮森山，法国 270, 284, 297
大科尔尼耶山，本宁阿尔卑斯山 122
大默尔希峰，奥地利 109
大乔拉斯峰 53, 144, 156, 237
　克罗山脊 284, 286—287, 290, 315, 319
　伊龙代勒山脊 171
　北壁 286—287, 315, 330, 331
　朗索尔路线 284, 330
　沃克山脊 152, 256, 259, 276, 292, 293, 297, 311, 319, 339
大沙尔莫针峰，法国 238, 284, 286
大托尼山，多洛米蒂山 270
大维斯匹峰，奥地利 108, 237
黛西·文格 315
丹·杜迪 303

丹尼斯·戴维斯 300
丹增·诺尔盖 14, 43, 255, 262, **266—269**
　珠穆朗玛峰 219, 254, 265
　希普顿 247, 264
单人攀登 161, 258, 288, 316, 319
　瓦尔特·博纳蒂 296, 297
　莱因霍尔德·梅斯纳尔 308, 311
　保罗·普罗伊斯 115, 177
但丁 34, 77
弹珠游戏 347
道德 **294—295**, 324, 345
道格·拜尔利 342
道格·斯科特 233, 285, 297, 298, 301, **304—305**, 326
道格·汤普金斯 303
道格拉斯·弗雷什菲尔德 135, 180, 181, **186—89**, 221
道格拉斯·哈多 42, 138, 139, 145
道拉吉里峰，喜马拉雅山脉 182, 257, 261, 322, 323, 328, 331, 333
德国喜马拉雅基金会 235
德国与奥地利阿尔卑斯俱乐部 116, 161, 175
德朗峰 126, 237, 284, 285, 286
德鲁瓦峰，法国 308, 334
德吕峰，法国 150, 160, 272, 284, 298, 300, 319
　大德吕峰 164, 165, 166
　小德吕峰 164, 165, 166
登山技术 38—39, 326—331, 338—339, 342—343
登山竞赛 319
登山靴 98, 161, 197, 231, 254, 258, 272, 325
登山者俱乐部 228
狄克山，高加索山脉 171, 180, 189, 240, 241
迪克·埃默森 281
迪克·多兹斯 303
迪纳利峰 阿拉斯加 **206—207**, 312, 327, 345, 347
　卡辛山脊 206, 292, 293, 323
　首登 181, 203, 206
　南壁 206, 346
迪亚布勒雷山，伯尔尼阿尔卑斯山 104
迪亚沃勒扎山口，瑞士 156
地壳火成说 52, 57
地球 56
地图 40, 66, 70, 102, 103, 104, 149, 187, 190—191, **214—215**
地图制作
地质学 50, 52, 56—57, 64, 71, 88
第二次布匿史战争 20—21
电影制作 156, 157, 222, 252—253, 261, 278, 316, 319
东绒布冰川，喜马拉雅山脉 230
东印度公司 162, 180, 182, 187
冬季攀登 156, 165, 284, 313
都柏吉利峰，印度 183, 219, 243, 255
杜富尔峰，罗萨峰 90, 138, 139
杜尔·哈斯顿 233, 253, 284, 285, 294, 298, 304, 330
多菲内山 90, 153, 163
多拉·伊斯特里亚 122

多萝西·米德尔顿 193
多萝西·皮利 315
多洛米蒂山 120, 121, 238, 288, 290, 341

E
厄尔·里迪福德 265
厄尔布鲁士山，高加索山脉 163, 188
厄瓜多尔 142, 147, 202, 203
厄内斯特·萨托 210
厄内斯特·沙克尔顿 311

F
法国阿尔卑斯俱乐部 117, 256, 257
法显 12, **24—25**
范妮·布洛克·沃克曼 181, **192—193**, 202, 209
防护装置 **324—325**
菲茨罗伊山，巴塔哥尼亚 203, 276, 303, 342, 343
菲利波·德·菲利皮 199
菲利克斯·屈恩 310
菲利普·博分歇斯 202
菲利普·德·科米纳 39
菲利普·戈斯 209
菲利斯泰茵-奥尔珀勒山，奥地利 175
肺水肿 197, 238, 271
费迪南德·霍格勒 136, 144
费迪南德·伊默森 170, 208
费纳峰，奥地利 51, 109
费雪峰，瑞士阿尔卑斯山 122, 123, 162
芬斯特拉峰，伯尔尼山 58, 65, 103, 116, 128, 130, 152, 200
弗莱施班克峰，奥地利 250, 341
弗兰克·奥米斯顿-史密斯 252
弗兰克·斯迈思 142, 213, 247, 284, 348
　攀登卡美特山 218, 243, 246
弗朗斯·约瑟夫·于吉 51, 52, **64—65**, 73
弗朗索瓦·德·博斯科 38, 39
弗朗索瓦·约瑟夫·德武本 187
弗朗西斯·道格拉斯勋爵 42, 144
弗朗西斯·荣赫鹏 218, 221, **222—223**
弗朗西斯·沃克 152
弗朗西斯科·戈内拉 199
弗雷达·杜·福尔 115, 155, **158—159**
弗雷迪·贝凯 303
弗雷迪·斯宾塞·查普曼 242, 243
弗里茨·卡斯帕雷克 290, 291
弗里茨·日格勒 237
弗里茨·维斯纳 219, 238, **250—251**, 255, 310
弗里德里希·尼采 174, 175, 256
弗尔迪奥夫·南森 14—15, 199
弗洛雷斯·特塔达 303
弗洛伦斯·克劳福德·格罗夫 134
弗切塔山，多洛米蒂山 250, 251
服装 14, 15, 116, 254
　女式 100, 150—151, 153, 154—156
福拉兹山，阿拉斯加 203, 248, 342
福西耶山口，汝拉山 120
富士山 24, 30—31, 180, 210, 211

G
G.W.特雷尔 180, 182
盖斯勒峰，多洛米蒂山 308
盖斯图拉峰，高加索山 165
盖伊·诺尔斯 196
橄榄山 34
干城章嘉峰 149, 181, 218, 219, 304
　1899年周游世界 188—89
　1930年远征队 247
　1955年英国远征队 272—275, 298
　德国远征队 221, 234—235
　北坳 234, 305, 311, 317
　夏尔巴人 263
　南山脊 285, 333
　西南壁 273
　冬季登山 313
冈贝健次郎 211
高加索山脉 14, 163, 167, 171, 199, 238
　阿巴拉科夫 240
　登特 164, 165
　弗雷什菲尔德 180, 181, 186-89
高木正孝 213
高野山，日本 12, 28, 29
戈丹·史密斯 330
戈特利布·斯蒂德 51, **104—105**, 106
格拉斯顿伯里高冈，英格兰 35
格莱奇尔峰，伯尔尼山 237, 286
格雷格·蔡尔德 305
格雷蓬峰，法国 115, 150, 166, 170—171
格里厄亚，意大利 288
格里尼山 意大利 292, 293
格里沃拉，意大利 171
格林德瓦 116, 119, 122, 133
格伦达·哈斯特 315
格罗斯峰，伯尔尼兹阿尔卑斯山脉 237, 286
格施帕尔滕峰 237, 286
格重峰，喜马拉雅山 333
各各他山 34
公格尔峰，中国 301
共产主义峰 332
贡杜斯冰川，喀喇昆仑山脉 193
贡嘎山，中国 243
古斯塔夫·莱腾鲍尔 288
馆山，日本 210
国家地理学会 278, 280

H
H.W."比尔"·蒂尔曼 242, **244—247**, 255
　珠穆朗玛峰 215, 218, 219, 248
H.亚当斯·卡特 203
哈贝尔山，加拿大落基山脉 203
哈比希特山，奥地利 109
哈茨山脉，德国 2—23, 34, 76, 84, 85
哈佛登山五人组 248
哈里·艾尔斯 264
哈里·福克斯 165, 188
哈罗德·雷伯恩 99, 221
哈米什·麦金尼斯 59, 253, 275
哈利娜·克鲁格-西罗科姆斯卡 316, 317
海岸悬崖 339
海拔 15, 51, 233

适应 194, 232
实验 128, 130
疾病 63, 142, 145, 152, 232, 248, 312
海丁格尔山，新西兰 181, 209
海因里希·哈勒 290, 291, 336
海因里希·普凡内 196, 197
海因里希·斯坦内泽 174
海栈 339
汉弗莱·欧文·琼斯 177
汉尼拔 12, **20—21**, 23, 36
汉斯·迪尔费尔 42, 324
汉斯·费施特尔 324, 325
汉斯·卡默兰德尔 17, 311
汉斯·迈尔 148, 180, 181
汉斯·施特格 289
汉斯·维尔纳策 289
汉斯·约翰斯顿 343
汗腾格里峰，天山 209, 240
豪斯峰，加拿大落基山脉 345
何塞·德·阿科斯塔 232
贺拉斯·沃波尔 82
贺拉斯·沃克 152, 163
赫伯特·蒂希 255
赫德森·斯塔克 181, 203, 206
赫尔曼·布尔 255, **258—259**, 260, 326
　书 336, 337
　南迦帕尔巴特峰登山者 219, 239
赫尔曼·伍利 165, 186
赫里福德·乔治 123, 162—163
赫穆斯山，保加利亚 36
鹤见山，日本 347
亨丽埃特·德安热维尔 51, **100—101**, 150
亨利·庞森比爵士 137
亨利·斯万奇 203
亨利·泰尔福德 87
亨利·托珀姆 203
亨利·沃里克-科尔曼夫人 150
亨利四世 神圣罗马帝国 36
亨廷顿山，阿拉斯加 276, 346—347
横山胜丘 346—347
弘法大师参见空海
后布罗赫峰，奥地利 175
湖区 76, 82, 84
化石 50, 52, 53, 54, 72
怀特峰，加拿大 204
怀特山，新罕布什尔州 192, 295, 311
皇家地理学会 121, 184, 189, 191, 193, 220, 222, 223, 230
皇家学会 55, 92, 121
火地岛 202, 304
火地岛，橄榄山 202
火地岛，萨缅托 202
火山学 71
霍华德·萨默维尔 218, **224—225**, 229, 230—231
霍拉施神父 91
霍普金森兄弟 161

J

J.M.阿切尔·汤姆森 196
J.门罗·托林顿 205

基蒂·卡尔霍恩 322—323
基希特瓦峰，喜马拉雅山 338
吉多·马尼奥内 203
吉姆·福瑟林厄姆 301
吉诺·埃斯波西托 292, 293
极限男孩 327, **346—347**
纪尧姆·索维奇 38
加布里埃尔和马赛厄斯·洛里 80—81
加拿大阿尔卑斯俱乐部 203, 204
加斯顿·勒比法 124, 256, 257, 276, 286, 336
迦舒布鲁姆，喀喇昆仑山脉 285, 310, 313, 315, 316, 317, 334
迦舒布鲁姆IV峰，喀喇昆仑山脉 219, 255, 284, 285, 293, 297
迦太基人 20—21
贾奴峰，尼泊尔 276, 284, 345
简·德乌戈什 299, 300, 312
焦戈隆马冰川 192, 193
教皇庇护十一世 115
杰尔赞·诺布 213, 255
杰弗·洛 319, 325
杰弗里·温思罗普·扬与马洛里 161, 162, 196 228—230, 231
杰克·布赖滕巴赫 280
杰克·达吉斯 250, 251
捷西·库库奇卡 285, **312—313**, 328, 344
今西敏夫 213, 255
京特·梅斯纳尔 308—310, 344
经纬仪 183, 215
井上祐人 346 ,23, 34
居弗峰，瑞士 107
巨齿峰 115, 156, 161, 171, 174, 199
巨齿山口，法国 60, 63
巨峰 115
巨魔墙，挪威 316
俱乐部 116, 117, 119, 151

K

K2峰 196—97, 247, 261, 285, 305
　1939美国远征队 219, 221, 250–51, 255
　阿布鲁齐山脊 199, 248, 249, 251, 271
　女性登顶 317, 319
　意大利远征队 199, 200, 255, 270—271, 297
　西北脊 334
　南壁 313
　西壁/脊 301, 329
K3峰参见布洛阿特峰
K7峰，喀喇昆仑山脉 345
喀喇昆仑山脉 24, 183, 196, 198, 255, 316
　康韦远征队 181, 209
　测量 193, 244, 246
卡尔·赫利希科费尔 239, 258, 259, 304, 308
卡尔·梅林格 290
卡尔·舒尔茨 172, 173
卡尔·叙尔泾 203
卡兰卡山，喜马拉雅山 346, 347
卡洛·毛里 297
卡洛斯·比勒 311
卡洛斯二世，西班牙国王 70
卡美特山，中国和印度 218, 243, 246, 247

卡尼古峰，比利牛斯山脉 36
卡普塔弗纳多峰，科西嘉岛 204
卡斯帕·沃尔夫 50, 76, **78—79**, 80
卡斯珀·达维德·弗里德里希 51, 77
卡因，康拉德 204—205
卡兹别克山，高加索山脉 163, 187—188
凯尔特人 23
凯乐石山，中国 24
凯瑟琳·德蒂韦勒 318—321
凯瑟琳·弗里尔 315
凯瑟琳·理查德森 115, 150, 153
凯丝·派克 315
凯特·加德纳 151
恺撒·王尔德，奥地利 290, 341
恺撒大帝 20
恺撒山，奥地利 290
坎帕尼尔-巴索峰，多洛米蒂山 176
康拉德·安加 228, 311
康拉德·格斯纳 13, **40—41**, **44—45**
《康希尔杂志》134
科林·哈雷 342, 343, 345
科林·柯克斯 218, 242
科罗普纳山 秘鲁 202
科什坦山，高加索山 165, 188
科特·戴姆伯格 260—261, 349
科托帕希火山，厄瓜多尔 71, 142, 145
科西嘉岛 204
科学 50, 51, 52, 60, 118, 120, 278
科依班达卡峰，兴都库什山脉 330, 304, 328
科依泰兹峰，兴都库什山脉 312
克劳丁·范·德·斯特拉唐 314
克里伦山，阿拉斯加 203, 248
克里斯·伯宁顿 255, 284, 285, 299, **300—301**, 304, 305, 330, 349
克里斯·琼斯303
克里斯·沃茨 339
克里斯蒂安·阿尔默 114, **122—123**, 144, 153
克里斯琴·施尼茨勒 156
克里斯托弗·楚雷克 328, 331
克里斯托弗·维利斯基 312, 313
克林顿·登特 99, 160, 161, **164—165**, 166, 167, 221
克林特·伊斯特伍德 252, 253
克隆尼尔·弗雷德里克·G.伯纳比 156
克罗达达戈山脉，多洛米蒂山 121
克罗帕特里克山，爱尔兰 34
克洛德·科根 314, 315
肯尼迪山，加拿大 339
肯尼亚山 244, 246
空海 12, **28—29**
寇松勋爵 223
库克山 115, 180, 204, 264
　东壁 208, 209
　大翻越 158—159
库松康格鲁山，喜马拉雅山脉 305
库泽岗吉山，巴基斯坦 193
昆蒂诺·塞拉 116, 199
昆仑山，中国 24, 183
廓尔喀人 171, 194

L

拉斐尔·卡莱索 289
拉卡波希峰，喀喇昆仑山脉 185, 255, 272
拉梅热山，多菲内阿尔卑斯山 150, 172, 173, 251
拉帕拉山口，喜马拉雅山 230
拉萨，中国 12, 222, 223
拉托克山，喀喇昆仑山脉 319, 323, 341, 347
莱妮·里芬斯塔尔 252, 290
莱斯利·斯蒂芬勋爵 89, **134—135**, 150, 163
　书籍 114, 148, 149
　向导 122, 126, 127
莱因哈德·卡 308
莱因霍尔德·梅斯纳尔 17, 285, 294, 301, **308—311**, 313, 344, 349
　单人攀登珠穆朗玛峰 227, 295, 311, 326
莱茵瓦尔德峰，瑞士 106, 107
兰德·赫伦 250
浪漫主义运动 76—77
劳伦斯·柯文尼 250
劳特布伦嫩布赖特峰 237, 286
勒内·德迈松 124, 284
勒内·吉利尼 326, 330, 331
"了不起的吉姆"·惠特克 278, 280
雷金纳德·麦克唐纳 142
雷蒙德·兰伯特 255, 267, 314
雷纳托·扎努蒂 289
雷尼尔山，华盛顿州 278
雷上尉 46, 47
雷亚尔山脉，安第斯山脉 71
里卡尔多·卡辛 124, 219, 255, 270, 284, 287, 288, **292—293**, 297
里克·怀特 305
里诺·莱斯德利 270—271
里雅斯特，意大利 288, 289
理查德·波科克 50, 92
理查德·伯德索尔 243
利昂内尔·泰雷 202, 203, **276—277**, 284, 348
　法国喜马拉雅探险队 219, 256—257
　流行文化 252, 336
利利亚纳和莫里斯·巴若德 317
利斯卡姆峰 86, 134, 156, 157
莉莉·布里斯托 150, 168, 170, 171, 200
列宁峰，帕米尔高原 234, 240, 316
林恩·希尔 303
林普菲施山 126, 127, 134, 152
灵恩阿尔卑斯山，挪威 157
卢·惠特克 315
卢德维克·威尔钦斯基 330, 331
卢克·梅耐特 144
卢克马尼尔山口，瑞士 106
卢卢·布莱兹315
卢特·耶斯塔德 278, 280, 281
鲁道夫·彼得斯 284, 287
鲁道夫·科尔劳施 128
鲁道夫·西姆勒 116
鲁文佐里山，中非187, 198, 199, 200, 246
陆地测量部 128
路德维格·沃格 290, 291
路德维希·普特舍勒 115, 161, 172, 173, 180
路易·阿加西 51, 52, **66—67**, **72—73**

路易·拉舍纳尔 219, **256—257**, 276, 298
路易吉·"比比"·盖迪纳 270
路易斯·托马斯 315
路易斯山, 加拿大 204
露西·马蒂诺 118
露西·沃克 118, 126, 127, 150, 151, **152—153**
伦茨山, 瑞士 164, 166
罗宾·霍奇金 219, 242
罗宾·史密斯 240
罗伯特·格雷兹 286
罗伯特·斯蒂芬森 134
罗伯特·肖尔 329
罗伯托·加利埃尼 297
罗布森山, 加拿大 204—205, 345
罗兰多·加里博蒂 326, **342—343**, 345
罗马人 12, 20—21, 23
罗娜·兰帕德 317
罗萨峰 63, 130, 138, 198, 199
　　女性攀登 152, 156
罗什美隆峰, 意大利 34
罗亚尔·罗宾斯 284, 302, 303
洛根山, 加拿大 315, 346
洛桑峰, 喀喇昆仑山脉 305
洛子峰, 中国和尼泊尔 278, 285, 312, 328
落基山脉 187, 278
　　加拿大人 142, 180, 202—203, 204
落基山脉, 加拿大 142, 180, 02—04, 345
吕西安·德维 255, 257, 237, 276, 285
旅行指南 78, 90, 115, 121, 145
旅游业 89, 90, 91, 92, 93, 96, 116, 118, 134, 174

M
M.雷诺 136
马蒂·霍伊 315
马丁·康韦 181, 183, **184—185**
　　旅行指南 115, 145, 184
　　在喀喇昆仑山脉 181, 193, 196, 209
　　在新世界 202
马丁·迈耶 284, 286, 287
马丁·萨瓦莱塔 311
马尔科·普雷泽利 333, 344, 345
马尔莫拉达峰, 多洛米蒂山 308, 341, 342
马古纳加, 意大利 87, 138, 208
马卡鲁峰, 中国和尼泊尔 219, 276, 278, 305
　　1955年法国攀登 276—277
　　北壁 277
　　西壁 313, 328, 331, 345
　　西柱 322, 323
马克·班克斯 255
马克·马丁内蒂 277
马克·特维特 175
马克思·泽德尔迈尔 290
马克-泰奥多尔·布里 62, 63, 95—96
马里奥·普吉奥兹 271
马纳斯卢峰, 尼泊尔 212, 213, 255, 334
马塞尔·沙茨 276
马塞尔·伊沙克 252
马塞尼斯·赖奇 290
马特洪峰 114, 115, **140—141**, 147, 168, 208

1865年大灾难 42, 119, 114, 136—139, 140, 142, 145
博纳蒂路线 140, 319
狮子山口 146, 166
图尔南斯山口 146
鸡峰 146
东壁 140, 144, 145, 146
女性攀登 151, 153, 156, 315
福尔根山脊 140, 166, 167, 171
巨塔 142
无导向横穿 172
赫恩利山脊 115, 138, 140, 144
意大利/狮子山脊 131, 140, 142, 144, 146, 147
北壁 140, 144, 145, 284, 286, 287, 297, 311, 317, 319
蒂芬迈滕冰川 146
廷德尔峰 128, 144, 147
南壁 140
西壁 140, 170, 174
茨姆特山脊 140, 166, 167, 168, 170, 174, 199
马提亚·楚布里根 181, 185, 193, 196, 202, 203, **208—209**
玛格丽塔山, 中非 198
玛里奈利雪沟 173, 208
玛丽·帕永 151
玛丽·瓦拉勒 288
玛丽亚·帕拉迪 51, 97, **100—101**, 150
玛夏布洛姆峰, 喀喇昆仑山脉 219, 242, 278, 298, 299
迈克·汤姆逊 304
迈耶家族 51, **102—103**
麦金利山, 参见迪纳利山
曼德尔峰, 奥地利 177
芒通的圣贝尔纳 36, 37
梅奥郡, 希腊 34
梅尔基奥·安德雷格 **126—127**, 131, 134, 135, 163, 165
　　露西·沃克 114, 127, 150, 152
梅尔基奥·乌尔里克 105
梅龙茨峰, 喜马拉雅山 333
梅塔·布雷武特 114, 123, 145, 151, **152—153**
美国阿尔卑斯俱乐部 181, 203, 250
美洲印第安人 14, 22, 32—33
门希峰, 伯尔尼高地 103, 122
蒙坦威尔冰川, 法国 90, 93
麋鹿齿峰, 阿拉斯加 203
米克·伯克 300, 304, 330
米克·福勒 285, **338—39**
米里亚姆·昂德希尔 315
米歇尔·克罗 42, 119, 122, 137, 138, 144, 145, 163
米歇尔·肯尼迪 203
米歇尔-加布里埃尔·帕卡尔 50, 62, 90, 91, **94—97**
缪里尔·卡多根 158, 159
摩西 35
摩西塔, 美国犹他州 321
魔鬼塔, 怀俄明州, 美国 22, 250, 318
莫迪峰, 法国 166, 167, 228

莫里茨·冯·库夫纳 167
莫里斯·德·戴奇 167, 180, 182
莫里斯·赫佐格 219, **256—257**, 276, 336
莫罗山, 彭尼内山 118
莫特拉奇峰, 瑞士 156
慕尼黑学派 234, 237, 285, 290
慕士塔格, 喀喇昆仑山脉 222, 255, 272
穆库特, 喜马拉雅山脉 264, 265
穆萨山, 埃及 35

N
拿旺·贡布 280
拿因·辛格 190, 191
纳粹 174, 175, 234, 235, 238, 252, 286, 290
南格鲁吉亚 311
南豪瑟塔 303
南极洲 311, 319, 341
南迦帕尔巴特峰 219, 242, 317
　　奥地利/德国远征队 221, 235, 236—239, 250, 308—310
　　狄阿莫坡 334
　　灾难 171, 199, 218, 219, 235, 239
　　雷克欧特坡/峰 238, 239, 259
　　鲁珀尔侧面 308, 313, 344, 345
　　单人攀登 311
　　无氧 310
南针峰, 法国 156
楠达德维山, 印度 218, 219, 242, 243, 244, 247
南脊 248, 249
楠达果德山, 喜马拉雅山脉 213
内斯特山, 伯尔尼兹山 122
内伊克·扎普洛斯特尼克 227, 332, 333
嫩贡高原, 克什米尔 192, 193, 242
尼泊尔 14, 190, 244, 254, 255, 262
尼德山, 伯尔尼兹山 105
尼尔·博伊加森 326
尼尔·马瑟 273
尼尔堪莎峰, 印度 278
尼古拉·戈尔布诺夫 240
尼古拉·克雷连科 240
尼古拉斯·努贝尔 152
尼古拉斯·斯泰诺 50, 52
尼克·埃斯特科特 301, 304
尼克·科尔顿 330
尼罗山, 意大利 187
努子峰, 尼泊尔 300
挪威 156, 157
诺埃尔·奥德尔 218, 225, 231, 244, 248
诺伯特·朱斯 285, 334
诺布·尼玛 239
诺曼·迪伦弗斯 278—280
诺曼·哈迪 273, 275
诺曼·科利 115, 161, 171, 195, 199, 203
诺沙克峰, 兴都库什山脉 317
诺亚 35
女性 90, 114, **150—151**, 168, 202, 240, **314—315**
　　海拔纪录 192, 193
　　女权主义 314—315
　　勃朗峰 100—101, 150, 157

女性阿尔卑斯俱乐部 115, 151, 152, 156, 157, 159

O
O.G.琼斯 161
欧根·阿尔魏因 234—35, 237, 285
欧文·施耐德 238—239

P
帕克兄弟 138, 146
帕卢奇峰, 瑞士 187
帕米尔高原 12, 24, 25, 193, 240, 316
潘恩, 巴塔哥尼亚 299, 301
攀冰 59, 99, 196, 237, 287, 295, 330
攀岩 160, 161, 165, 196, 288, 302, 319, 324
　　徒手攀登 303, 341
攀岩难度 237, 251
攀岩器械 294—95, **324—325**
佩尔莫山, 多洛米蒂山 120, 121
佩尔武峰, 法国 142
皮埃尔·阿兰 324
皮埃尔·巴尔马特 62
皮埃尔·贝甘 285, 334
皮埃尔·马佐 297
皮克山区, 英国 298, 304
皮拉图斯山, 瑞士 44—45
皮钦查, 厄瓜多尔 71
皮特·舍宁 248, 249
皮耶罗·扎内蒂 286
平衡攀登 196
平纳克尔登山俱乐部 151
平纳克尔峰, 克什米尔 181, 192, 193
珀西·法勒 145, 194, 197, 223
普安斯尔峰, 巴塔哥尼亚 299
普拉齐德·阿·斯佩斯查 50, **106—107**
普朗峰, 法国 171
普韦布洛人 12, 14, 32—33

Q
七座高峰 304
齐纳尔洛特峰 126, 157, 165, 166, 199, 315
　　北脊 134, 135
齐泰利峰, 高加索山脉 165
奇特拉尔, 兴都库什山脉 222
奇韦里山, 多洛米蒂山 251, 288, 308
乞力马扎罗山 **26—27**, 148, 180, 181, 246
恰克·普拉特 302, 303
枪岳, 日本 210, 211, 212
强卡邦峰, 喜马拉雅山 285, 301, 305, 327, 328, 329, 331, 338
乔·布朗 219, 255, **272—273**, 284, 298
乔·菲辰 302
乔·塔斯克 300, 301, 305, 326
乔·辛普森 43, 336, 337
乔达诺·费边 288
乔尔达尼·彼得罗 138
乔戈里峰, 喜马拉雅山 315
乔戈里萨峰, 喀喇昆仑山脉 199, 259, 260
乔基姆·穆勒 102
乔克·哈里森 219, 242
乔赛亚斯·西姆勒 13, **40—41**

乔瓦尼·阿尔杜伊诺 52
乔治·阿格里科拉 53
乔治·埃德蒙森 128
乔治·班德 219, **272—273**
乔治·贝唐堡 305
乔治·芬奇 229, 230, 231, 232—233
乔治·金尼 204
乔治·居维叶 52
乔治·克拉克-麦克斯韦尔 56
乔治·洛 203, 265
乔治·马洛里 137, 181, 194, 218, 223, 225, 227, **228—231**, 266
乔治·麦克唐纳 123
乔治和阿什利·亚伯拉罕 200
钦博拉索山，厄瓜多尔
　冯·洪堡 51, 70, 71, 202
轻量化登山 **242—243**, 301, 305, 339
　喜马拉雅山脉 219, 235, 255, **326—327**
　科提卡 328—329
　梅斯纳尔 308—311
　蒂尔曼和希普顿 244, 247
琼科·塔贝 315
酋长岩，约塞米蒂国家公园 302, 303, 341

R
R.L.G.欧文 228
让·弗朗戈 276
让·库齐 219, 256, **276—277**
让·马丁 151
让·沙莱 114, 150
让·特洛莱特 328, 334
让-安托万·卡雷尔 131, 142, 144, 145, **146—147**, 203
让-巴普蒂斯特·比克 147, 150
让-克里斯托夫·拉法耶 124
让-米歇尔·卡沙 90
让-雅克·卢梭 50, 76
让-约瑟夫·马奎纳兹 117, 125, 147, 161
热拉尔·博尔 308
日本 28, 181, **210—211**, 346—347
日本阿尔卑斯山 181, 187, 210—211
日本阿尔卑斯俱乐部 181, 211, 255
日本平城天皇 29
汝拉山 64, 120
瑞士 82—83, 87, 115, 134
瑞士阿尔卑斯俱乐部 51, 105, 106, 114, 116, 117
瑞斯布兰登特山，加拿大 204
瑞斯特若·德·阿雷佐 53
若利山，法国 100

S
萨尔托洛岗日峰，喀喇昆仑山脉 193, 242
萨雷萨格尔峰，喜马拉雅山脉 332
萨斯玛尔，多洛米蒂山 251
塞巴斯蒂安·德·卡雷 38
塞尔扣克山脉 180, 202—203
塞夫顿山，新西兰 181, 209
塞拉塔，多洛米蒂山 308, 310
塞缪尔·泰勒·柯勒律治 84, 85
塞缪尔·约翰逊 50, 76

塞尼山，沄国 13, 36
塞萨里·梅斯特里 203, 294, 307, 342
塞瑟奇克，瑞士 151
塞西尔·斯林斯比 161, 171
赛普·约西勒 255
三田由纪夫 212, 213
三指峰 288—289
　主峰 285, 286, 288, 289, 318, 341
　西峰 292, 341
　小峰 288
沙尔多内山口，法国 156
沙宁克拉夫峡谷，皮克山区 298
沙瓦岗克斯山脉，美国纽约 250
山峰 14—15, 22—23
　岩层 52, 53, 60, 67
　《山峰、山口及冰川》114, 120, 121, 148
　山上的小屋 105, 114, 116, 117, 124, 161, 174, 175, 196
山田达郎 346
上阿尔卑施托克山，瑞士 106
少女峰 65, 67, 73, 104, 134, 151
　迈耶 51, 102—103
少女峰，瑞士阿尔卑斯山 114, 122, 163
摄影 142, 150, 156, 164, 199, **200—201**
深度时间 56—57
绳索 39, **42—43**, 197, 242, 254, 294, 324
圣贝尔纳山口 12, 23, 34, 37
圣哥达山口 82, 83, 88, 90
圣凯瑟琳修道院，埃及 12, 34
圣帕特里克 34
圣乔治和特蕾莎·利利代尔 193
圣伊莱亚斯山，阿拉斯加 181, 198, 199
诗歌 50, 51, 76, **84—85**
施拉京魏特兄弟 180, 182, 183, 202
施拉姆马赫峰，奥地利 109
施莱尔瓦塞瀑布，奥地利 341
施雷克峰，瑞士 134, 164
施特拉尔峰，奥地利 109
施特拉莱格山口 51, 64, 73, 103
湿度计 90
湿婆峰，喜马拉雅山脉 23, 301, 305, 341
食人魔峰，喀喇昆仑山脉 285, 301, 304, 305
史蒂夫·豪斯 346, 342, **344—345**
水成说 52, 56, 71
斯蒂德洪峰，瑞士 104
斯蒂芬·维纳布斯 311, 327
斯蒂芬·西格里斯特 341
斯科菲峰，坎布里 84, 85
斯潘提科山，喀喇昆仑山脉 285, 339, 347
斯匹茨卑尔根岛 185
斯特凡妮娅·埃吉尔斯多尔 317
斯特克纳德峰，瑞士 196, 209
四姑娘山，中国 338
松鼠登山俱乐部 270
松尾芭蕉 84, 85
苏格兰 56, 339
苏斯滕山，伯尔尼阿尔卑斯山 104
索雷拉迪梅佐山，多洛米蒂山 284, 288
索洛图恩，瑞士 64, 65

T
T.M.赫伯特 302
塔德乌兹·彼得罗夫斯基 313, 317
塔库尔勃朗峰 315, 333
塔库尔山口，法国 156
塔莱芙冰川，法国 53, 100, 119
塔普艾努库山，新西兰 264
塔斯峰，瑞士 166, 168
塔特拉山脉，波兰 312, 328, 329
塔谢尔·夏尔巴 300
太龙山，日本 28
泰德·阿特金斯 233
泰德峰，特内里费 70
泰瑞峰，瑞士 107
汤姆·鲍迪伦 265, 266
汤姆·弗罗斯特 59, 99, 284, 302, 303
汤姆·霍恩宾 219, 233, **278—281**
汤姆·朗斯塔夫 42, 181, 182, 183, 194, 196, 197, 218, 232, 242
汤姆·佩蒂 255
唐·威尔兰斯 272, 284, **298—299**, 300, 301, 348
唐纳德·"柯利"·菲利普斯 204
唐纳德爵士山，不列颠哥伦比亚省 203
陶利拉吉峰，秘鲁 339
特迪峰，瑞士 106, 107
特拉维斯特山口，法国 21
特里·金 330
特里·穆尼 330
特里斯·穆尔 243
特里苏利峰，喜马拉雅山脉 181, 182, 194
特内里费 70
梯子 39, 117, 142, 165
提贝斯提山，乍得 304
提洛尔横渡法 43
天山，中亚地区 24, 209
天野和明 347
田口二郎 213
铁力士山，瑞士 102
铁路 238
　高山 87, 89, 90, 115, 117, 118, 134, 174
　加拿大–太平洋 142, 180, 202
铁锁 324, 325
廷德尔峰，内华达山 131
凸轮传动装置 240, 325
徒手攀登 294, 341
托德·毕堡 315
托雷，巴塔哥尼亚 203, 294, **306—307**, 342—343
托马斯·伯内特 47
托马斯·格雷 82
托马斯·格雷厄姆·布朗 247, 248, 284
托马斯·赫斯特 130
托马斯·赫胥黎 130
托马斯·欣奇利夫 126
托马斯·休伯 **340—341**, 343
托莫·切森 285
托尼·埃格 307, 342
托尼·戈比 297
托尼·克伦威尔 250, 251
托尼·库尔茨 42, 286, 287

托尼·斯特里瑟 273, 275
托尼和弗兰兹·施密德 284, 286, 287
托沙峰，多洛米蒂山 121
托滕基尔山，奥地利 176

W
W.A.B.库利奇 41, 122, 123, 136, 145, 161, 172, 187
　和布雷武特 114, 152, 153
W.W."比利"·福斯特 204
瓦茨曼山，奥地利 108, 109
瓦尔特·博纳蒂 270, 271, 276, 284, **296—297**
瓦根德里舍尔峰，奥地利 341
瓦莲京娜·切列多娃 240
瓦斯卡兰山，秘鲁 181, 202
瓦西里·西蒙诺斯基 240
万达·鲁特凯维茨 315, **316—317**
旺图山，法国 36—37
威利·鲍尔 261
威利·里克默斯 234
威利·默克尔 218, 237, **238—239**, 250, 258, 284, 286
威利·翁泽尔德 219, **278—281**
威廉.S.格林 180, 202
威廉.W.格雷厄姆 180, 182—183
威廉·鲍尔科 115
威廉·高兰 210, 211
威廉·格拉德斯通 137
威廉·亨利·约翰逊 183
威廉·亨特·沃克曼 192, 193
威廉·华兹华斯 50, 76, 84, 85, 90, 92
威廉·朗曼 121, 142, 148
威廉·彭豪尔 168, 170, 174
威廉·唐金 165, 180, 187, 188, 200
威廉·温德姆 50, 90, **92—93**
威廉·西德尼·韦勃 182
韦尔东峡谷，法国 319
韦特施泰因山脉，北阿尔卑斯山脉 290
韦特针峰，法国 69, 122, 138, 144, 166, 171
维多利亚女王 137
维尔德峰，伯恩阿尔卑斯山脉 104
维尔德施特鲁伯尔山，伯恩阿尔卑斯山脉 134
维尔夫·诺伊斯 240
维克多·桑德斯 285, 338, 339
维洛·韦尔岑巴赫 **236-37**, 284, 286, 287
　德朗峰 284, 285
　设备 58, 59, 98
　南迦帕尔巴特峰灾难 218, 238—239
魏斯峰 114, 128, 142, 152, 153, 172
　东脊 131
维苏威火山，意大利 12, 66
维特峰，瑞士 114, 117, 118, 119, 122, 123, 224
维托里奥·拉蒂 292, 293
维托里奥·塞拉 156, 164, 188, 189, 199, 200
文斯·安德森 344, 345
文学 **148—149**, 211, 336
　诗歌 84—85
沃丁顿山，加拿大 250

沃恩·霍金斯 142, 146
沃尔夫冈·法布里丘斯·卡皮托 44
沃尔特·韦斯顿 181, 211
沃克山脊,见大乔拉斯峰,詹姆斯·沃勒 242
沃伦·哈丁 302
沃伊切赫·科提卡 285, 313, **328—329**, 330, 331
沃伊切赫·罗兹 317
乌尔里克·考夫曼 122, 180, 182
乌尔里克·劳纳 119
乌尔里克·威戈 131
乌戈·蒂左尼 293
乌朗峰,瑞士 106
乌里罗特施托克山,瑞士 88
乌利·维兰德 239
乌什巴山,高加索 164, 180, 188, 189
无名塔,喀喇昆仑山脉 319, 341
无向导攀登 138, 168, 171, 172
五塔峰,多洛米蒂山 270

X

西奥多·西姆勒 105
西壁 328, 329
西尔伯峰,新西兰 181, 209
西吉斯蒙德·伯吉斯博士 122
西脊 260
西里洛·弗洛雷亚尼尼 271
西蒙·斯坦普佛 108
西蒙·耶茨 43
西奈山,埃及 12, 34, 35
西尼奥楚山,喜马拉雅山 189, 200, 219, 221, 235, 243
希波的奥古斯丁 34, 37
希腊 12, 22, 23, 34, 35, 88
希尼格لン普拉特,瑞士 118
希皮奥内·博尔盖塞王子 209
希夏邦马峰,中国 305, 317, 329, 331, 333
锡利山,新西兰 159
锡米拉温山,奥茨塔尔阿尔卑斯山脉 308
锡特拉尔特佩特火山,墨西哥 202
锡亚琴冰川 181, 192, 193
席格蒙迪兄弟 115, 152, **172—173**
喜马拉雅山脉 22, 24, 25, 190, 192, 193, 256
　首批登山者 180, **182—183**
　黄金时代 **254—255**
　轻量化登山 242, **326—327**
喜马拉雅委员会 276
霞慕尼,法国 80, 81, 83, 90, 156
　向导 118, 123, 124, 156
下阿尔冰川 51, 64—65, 66, 73
夏尔巴人 14, 194—195, 238, 239, 255, **262—263**, 266—267
夏尔巴人昂·泽林 238
向导 90, 114, 117, 118, **124—125**, 132—133, 161, 348
　阿尔默 122—123
　伯格纳 166—167
　卡因 204—205
　楚尔布里根 208—209
小岛乌水 211

小格林峰,伯尔尼阿尔卑斯山 174
谢尔盖·基洛夫 240
辛姆武山,喜马拉雅山脉 195
辛普朗山口 46, 47, 80, 87, 90
新世界 **202—203**
新西兰 158, 181, 204, 209
兴都库什山脉 22, 24, 25, 328
休·米拉特利奇 218, 246
许塞尔峰,巴伐利亚 324
雪鞋 40, 98, 156

Y

雅各布·安德雷格 125, 126, 134, 163
雅各布·莱乌托尔德 65, 73
雅各布·塞缪尔·怀滕巴赫 78
雅各布·沃格勒 44
雅克·巴尔马 50, 58, 60, 62—63, 90, 91, **94—97**, 100, 124
雅隆岗坡,尼泊尔 273
亚伯拉罕·瓦尔纳 78, 79
亚伯拉罕·维尔纳 52
亚拉腊山,土耳其 35, 187
亚力克·格雷厄姆 159
亚力山大·奥金佐夫 345
亚历克斯·麦金太尔 313, 326, 328, 329, **330—331**
亚历克斯·休伯 285, **340—341**
亚历山大·伯克纳 156, 164, 165, **166—167**, 170
亚历山大·布洛舍雷尔 196
亚历山大·冯·洪堡 50, 52, **70—71**, 202
亚历山大·凯拉斯 181, **194—195**, 218, 219, 221, 232, 233, 242, 262
亚历山大峰,天空之岛 66
亚历山德罗·贝尔特拉米 342
亚瑟·韦克菲尔德 230
岩冰俱乐部 272, 298
岩钉 175, 176, 237, 289, 292, 294, 302, 324—325
氧气装置 218, 230, **232—233**, 254, 267, 270, 294
一村文隆 346—347
伊迪斯·卡韦尔山,落基山脉 302
伊恩·克拉夫 255, 284, 299, 300
伊恩·麦克诺特-戴维斯 255
伊冯·乔伊纳德 59, 99, 295, **302—303**, 324, 325
伊丽莎白·杰克逊 151
伊丽莎白·勒布隆 115, 150, 152, 153, **156—157**, 252, 253
伊丽莎白·诺顿 250
伊丽莎白·帕克 203
伊龙代勒山口,法国 134
伊莎贝拉·斯特拉顿 114, 150
伊斯雷尔·罗素 199
伊斯梅尔·索莫尼峰,塔吉克斯坦 240
伊万·沃尔夫 341
伊宜马尼峰,安第斯山脉 185
艺术 50, 51, 76—79, 80—83, 86—89, 136, 224
易北河砂岩山脉,德国 324
意大利阿尔卑斯俱乐部 116, 144, 147, 199,

288
印度 22, 25, 190, 193
印度测量局 180, 183, 221
印加 13, 15, 74—75, 202
英国科学研究所 128, 130
英国协会 128
尤金·吉多·拉莫 174—175, 177, 295, 308
尤里·斯特克 349
尤耶亚科火山 202
佑介佐藤 346—347
约旦·佩特拉 35
约翰·F.肯尼迪 278, 281
约翰·鲍尔 116, **120—121**
约翰·波特 328, 329, 330
约翰·伯克贝克 138—139
约翰·德·布雷holl尔 36
约翰·冯·歌德 50, 76, 84, 85
约翰·哈林 294
约翰·亨特 240, 255, 265, 266, 267
约翰·霍索恩·基特森 153
约翰·科克林 180, 189
约翰·克莱尔 299
约翰·莱因哈德 74, 75
约翰·路德维格·阿伯利 80, 81
约翰·罗斯金 51, 77, 82, 83, **86—89**, 211
约翰·诺埃尔 195, 201, 220, 222
约翰·赛拉提 302
约翰·廷德尔 67, 114, **128—131**, 142, 144, 146—147, 148
约翰·瓦伦 65
约翰·威廉逊 92
约翰·韦斯 102
约翰·伍德沃德 54
约翰·雅各布·朔依希泽 50, **54—55**, 64, 148
约翰·雅各布·魏伦曼 90
约翰·伊夫林 13, **46—47**
约翰·约瑟夫·伊默森 118, 167
约翰内斯·施通普夫 13, 40
约翰-约瑟夫·本内 125, 130, 131
约塞米蒂国家公园,加利福尼亚 294, 295, 302—303, 323, 341, 342
约瑟夫·马洛德·威廉·透纳 77, **82—83**, 87, 88, 91
约瑟夫·斯大林 240
约瑟夫·塔格沃德 144, 145
约瑟夫·泰拉兹 200
约瑟夫·英博登 156—157, 182
约瑟夫-马里·考特 87

Z

詹姆斯·戴维 56
詹姆斯·戴维·福布斯 51, **66—67**, 73, 87, 118, 148
詹姆斯·厄谢尔大主教 50, 52
詹姆斯·赫顿 50, 52, **56—57**
詹姆斯·赫克托 202
詹姆斯·斯蒂芬公爵 134
张萱 12, 25
真纪裕子 211, **212—213**
植物 70, 121
植物学 44, 70, 95, 121, 204

秩父宫雍仁亲王 212, 213
中国 23, 24—25
中三峰,阿拉斯加 323
中央峰 152, 153
朱尔·雅045-吉亚尔莫 196
朱尔斯·贝克 200
朱莉·塔蒂斯 261
朱塞佩·托列利 147
朱赛佩·迪迈和安杰洛·迪迈 289
朱斯托·杰尔瓦索提 286
珠峰委员会 222, 230, 231, 233, 348
珠穆朗玛峰 218, 219, 220—221, **226—227**
　1924年英国远征队 137, 221, 224—225, 228—231
　1933年/1935年远征队 218, 246
　1952年瑞士远征队 255, 278
　1953年英国远征队 219, 247, 254, 264—269, 272
　1963年美国远征队 227, 278—281, 294
　1975年英国远征队 227, 284, 298, 301, 304—305
　1978年奥地利远征队 310
　1979年南斯拉夫远征队 227, 332
　1980年波兰远征队 312—313
　1996年悲剧 336
　女性登山 315, 317, 319
　首次翻越 278—281
　轻量化登山 242, 243, 327
　北坳/北壁 228, 230, 334 228, 230, 334
　北山脊 227, 295, 310,
　东北山脊 300, 326
　氧气装置 232, 233
　斯科特 262
　夏尔巴人 227, 295, 311, 326
　个人登山 227, 295, 310
　南坳 265
　西南壁 227, 294, 298, 301, 304
　测量 180, 181, 183, 195, 214, 215, 218, 220, 227
　蒂尔曼和希普顿 244, 246, 247, 265
　西山脊 227, 280—281, 285, 294, 332
　无氧 194, 227, 233, 285, 295, 308, 310—311
珠穆隆索峰,中国 276
主峰,参见 三指峰
"专家" 180, **190—191**
专业的登山者 **348—349**
装备 149, 161, 196, 254, 293, 294
　阿尔卑斯式 39, 142, 156
　登山器械 294—295, **324—325**
　固定 174, 295
卓奥友峰,喜马拉雅山脉 255, 265, 311, 317, 329, 345
　1959年女性攀登队 314
卓木拉日峰,喜马拉雅山脉 242, 243

致谢

阿尔卑斯俱乐部特此感谢以下会员：杰瑞·洛瓦特、约翰·克利尔、安娜·劳福德、海韦尔·劳埃德、格林·休斯、安迪·凯夫、皮特·马柳、约翰·波特和塔德乌什·哈多夫斯基，感谢他们审查了本书的内容，搜集了大量宝贵照片，并提供了珍贵的登山经历。

英国皇家地理学会向阿拉斯代尔·麦克劳德、尤金·雷、杰米·欧文、乔伊·惠勒和朱莉·科尔表示感谢。

多林·金德斯利公司向埃德·道格拉斯表示感谢，感谢他为此书做出的重大贡献，向前文以及下文提到的所有人表示感谢，感谢他们在筹备出版过程中提供的帮助。感谢尼基·蒙罗、埃德·威尔逊、萨图·福克斯和西蒙娜·卡普林协助编辑了文本；感谢米歇尔·杜菲为此书设计了书面并排版；感谢菲尔·甘布尔为此书绘制的山脉插图；感谢埃德·梅里特和西蒙·芒福德为此书绘制的地图。

乔木有限公司感谢戴布拉·沃尔特校对了本书的内容，感谢克莉丝·伯恩斯坦编辑了本书的索引。

出版商向所有同意使用图片的个人和组织表示衷心的感谢：

关键词缩略：
a-上；b-下；c-中；f-最远；l-左；r-右；t-顶部.

ACPL-阿尔卑斯俱乐部伦敦照片库
DAV-德国慕尼黑登山协会档案馆
梦幻时光图片库-梦幻时光图片网
皇家地理协会-皇家地理协会

1 from Owen Glynne Jones, *Rock-Climbing in the English Lake District*, 1911. **2-3 Giri Giri Boys/Yusuke Sato. 4-5 RGS. 6 ACPL**: (tr). **Corbis**: Burnstein Collection (tl); Robert Harding World Imagery / Sybil Sassoon (tc). **RGS**: (bl, bc, br). **7 DAV**: (bc). **ACPL**: (tl, tc, tr). **Corbis**: Hulton-Deutsch Collection (bl). Huberbuam.de: Hinterbrandner (br). **8-9 Alamy Images**: MARKA (b/6). **DAV**: (b/8). **ACPL**: (t/1, t/4, t/6, t/7, t/8, t/9, t/11, t/12). **Corbis**: Bettmann (t/2); Michael Nicholson (t/3); Sygma / Catherine Destivelle (b/10). © **Archiv Kurt Diemberger**: (b/9). © **Rolando Garibotti**: (b/12). **Getty Images**: Hulton Archive / Evening Standard (b/11); Photographer's Choice / Jochen Schlenker (c). **Bogdan Jankowski**: (b/4). **Jerzy Kukuczka Archives**: (b/2). **Józef Nyka**: Ewa Abgarowicz (b/3). **John Porter**: (b/7). **RGS**: (t/10, b/1, b/5). **10-11 Getty Images**: Archive Photos. **12 Corbis**: Wolfgang Kaehler (clb); Araldo de Luca (ca/339BCE); Gianni Dagli Orti (cra). **Getty Images**: The Image Bank / David Sanger (ca/399). **Till Niermann** (cb). **V. Berger** (br). **13 ACPL**: (bc). **Corbis**: Craig Lovell (tc); James Sparshatt (cr). **Getty Images**: Hulton Archive / Imagno (cb); The Image Bank / Travelpix Ltd (cl); National Geographic (bl). **14-15 DT**: Irina Efremova (t). **14 DT**: Jorisvo (tr). **Getty Images**: The Bridgeman Art Library (bl). **15 Corbis**: Tom Nebbia (tl); James Sparshatt (b). **RGS**: (tc). **16 Corbis**: Wolfgang Deuter. **17 The Bridgeman Art Library**: South Tyrol Museum of Archaeology, Bolzano / Wolfgang Neeb (br). **18 Corbis**: Sygma / Vienna Report Agency (t, bl). **19 Getty Images**: Patrick Landmann (bc). **South Tyrol Museum Of Archaeology - www.iceman.it**: (r). **20 Corbis**: Bettmann (tl); Chris Hellier (tr); Hoberman Collection (c). **20-21 Corbis**: Stapleton Collection (b). **22-23 DT**: Kantor (t). **Getty Images**: Discovery Channel Images / Jeff Foott (b). **22 Corbis**: JAI / Nigel Pavitt (tr). **23 ACPL**: George Band (tc). **DT**: Alexei Fateev (tl). **Getty Images**: De Agostini Picture Library / Gianni Dagli Orti (crb). **24 Alamy Images**: The Art Archive (tr). **25 Corbis**: Robert Harding World Imagery / Sybil Sassoon (b); Lebrecht Music & Arts (tr). **27 Alamy Images**: Ulrich Doering (t). **Corbis**: Paul Souders (br). **DT**: Vince Gayman (bc). **Getty Images**: Stone / Pete Turner (bl). **28 Alamy Images**: JTB Photo Communications, Inc. (tl); Mary Evans Picture Library (b). **29 Corbis**: Michael Freeman. **30-31 Corbis**: Reuters / Toru Hanai. **32 Getty Images**: Aurora / Whit Richardson (bl); National Geographic / Peter V. Bianchi (tr); Stone / David Hiser (crb). **33 Corbis**: Richard A. Cooke (cra); National Geographic Society / W. Langdon Kihn (tl, bl); Dewitt Jones (tr); National Geographic Society / Scott S. Warren (cla, ca); George H.H. Huey (br). **34-35 Corbis**: RelaXimages (t). **34 Corbis**: Reuters / Ferran Paredes (tr). **DT**: (c). **35 Corbis**: Bettmann (tl); Homer Sykes (tc); Reuters / Goran Tomasevic (b). **36 Corbis**: The Art Archive (tl). **37 Alamy Images**: The Art Archive (c). **Corbis**: Burnstein Collection (b). **DT**: Robert Paul Van Beets (t). **38 Getty Images**: De Agostini Picture Library. **39 Corbis**: Robert van der Hilst (b). **Dorling Kindersley**: Courtesy of the Musée de Saint-Malo, France (tr). **40 ACPL**: (cla, cr). Map by Stumpf, 1548 (bc). **41 ACPL**: (tr). **Getty Images**: Gallo Images / Travel Ink (b). **42 akg-images**: André Held (bl). **DAV**: (clb). **DT**: Arnphoto (cl). **The Kobal Collection**: Dor Film / Lunaris Film (br). **Mountain Camera / John Cleare**: (cr). **43 Alamy Images**: Photos 12 (br). **ACPL**: Swiss Foundation (tr). **DT**: Pancaketom (cl). **RGS**: (bl). **44 Corbis**: Academy of Natural Sciences of Philadelphia (bl); Heritage Images (tl). **45 DT**: Yurchyk. **46 Corbis**: Michael Nicholson (tl). John Evelyn, Sylva, 1669 (cr). **47 Alamy Images**: Cristina Lichti (l). **Getty Images**: Archive Photos / Kean Collection (crb). **Library Of Congress, Washington, D.C.**: (tc). **48-49 ACPL. 50 ACPL**: (crb). **Corbis**: (clb); Bettmann (cla/1600). **Getty Images**: The Bridgeman Art Library (ca/1761, ca/1741); Robert Harding World Imagery / Duncan Maxwell (cra/1785). **51 The Bridgeman Art Library**: Staatliche Kunstsammlungen, Dresden (cla). **ACPL**: (tr, ca). **Corbis**: The Print Collector (bl). **Dorling Kindersley**: Judith Miller / Branksome Antiques (bc). **Getty Images**: The Image Bank / Joseph Van Os (clb); Time & Life Pictures / Mansell (tc). **Image courtesy History of Science Collections, University of Oklahoma Libraries; copyright the Board of Regents of the University of Oklahoma**: (tl). **52-53 Getty Images**: The Image Bank / Luis Castaneda Inc. (t). **52 Dorling Kindersley**: Judith Miller / Law Fine Art Ltd. (bl). **Getty Images**: Hulton Archive (tr). **53 ACPL**: (b). **Dorling Kindersley**: Courtesy of the Natural History Museum, London / Colin Keates (tl). **RGS**: (tc). **54 ACPL**: (bc). **H. Zell** (cr). **55 ACPL. 56 Alamy Images**: North Wind Picture Archives (tl). Corbis: (tr). **57 DT**: Matthew Hart (b). **Image courtesy History of Science Collections, University of Oklahoma Libraries; copyright the Board of Regents of the University of Oklahoma**: (cr). **58 ACPL**: (cl/1780s, cl/1840s, cr/1881, bl, crb, br). **RGS**: (cr/1933). **59 Alamy Images**: Aurora Photos (bl). **Corbis**: Aurora Photos / Keith Ladzinski (tr). **DT**: Titelio (crb). **Getty Images**: Hulton Archive (cl/1940). **Mountain Camera / John Cleare**: (cl/1974, clb). **60 ACPL**: (tl); Martin Hartley (bc). **61 ACPL. 62 ACPL**: (tl, crb). **63 Alamy Images**: The Art Archive (b). **Dorling Kindersley**: Judith Miller / Branksome Antiques (tl). 64 from F.J. Hugi, *Naturhistorische Alpenreise*, 1830. **65** F.V. Lang, *Botanischer Garten der Höheren Lehranstalt Solothurn*, 1840 (bl); Martin Disteli, *Risikoreiches Bergsteigen und Eisklettern auf einer Expedition mit F. J. Hugi*, 1830 (r). **66 ACPL**: (tl). **67 akg-images**: (cr). **Mountain Camera / John Cleare**: (b). **69 Corbis**: Aurora Photos / Mario Colonel (br). **Ed Douglas**: (bl). **Getty Images**: Aurora / Mario Colonel (bc). **Mountain Camera / John Cleare**: (t). **70 DT**: Le-thuy Do (cr). Friedrich Georg Weitsch, *Alexander von Humboldt*, 1806 (tl). **71 akg-images**: (b). **RGS**: (tr). **72 Dorling Kindersley**: Judith Miller / Branksome Antiques (cr). **Image courtesy History of Science Collections, University of Oklahoma Libraries; copyright the Board of Regents of the University of Oklahoma**: (cla). **73 ACPL**: (tc, tr, cra). **Corbis**: Bettmann (bc). **74 Corbis**: George Steinmetz (bl). **National Geographic Stock**: (cra, crb). **75 Corbis**: Charles & Josette Lenars (tl). **Getty Images**: National Geographic (tc). **National Geographic Stock**: (tr, cra, clb, bl, br). **Tijs Michels** (cla). **Jason Quinn** (ca). **76-77 DT**: Peter Wey (t). **76 Corbis**: Massimo Listri (bl); Gustavo Tomsich (tr). **77 ACPL**: (tc). **Corbis**: The Gallery Collection (b). **78-79 akg-images**: (b). **79 akg-images**: (tl). **ACPL**: (cra). **80-81 ACPL**: (tc). **81 ACPL**: (br). **82 The Bridgeman Art Library**: Abbot Hall Art Gallery, Kendal (r). **Getty Images**: Time & Life Pictures / Mansell (cla). **83 The Art Archive**: Eileen Tweedy (br). **The Bridgeman Art Library**: Fitzwilliam Museum, University of Cambridge (tr). **84 DT**: Timothy Nichols (tr/Frame). **Getty Images**: The Bridgeman Art Library (tr). **85 Alamy Images**: Lebrecht Music and Arts Photo

Library (bl). **Dorling Kindersley**: York Archaeological Trust for Excavation and Research Ltd. / Geoff Dann (c/Quill). **DT**: (cr/Ink). **Getty Images**: The Bridgeman Art Library (tr, bc); Photographer's Choice / Guy Edwardes (tl); Matt Cardy (c). **Library Of Congress, Washington, D.C.**: (cra, cr). **86 Alamy Images**: Prisma Bildagentur AG. **ACPL**: (bl). **87 Corbis**: Hulton-Deutsch Collection (tc). **Dorling Kindersley**: Courtesy of Windsor and Newton (br). **88 ACPL**: (tl, cla). **89 ACPL**: (tr, br). **90-91 ACPL**: (t). **90 Getty Images**: Apic (tr). **91 ACPL**: (b). **Corbis**: (tl). **Library Of Congress, Washington, D.C.**: (tc). **92 Alamy Images**: The National Trust Photolibrary (cla). **Getty Images**: The Bridgeman Art Library (tr). **93 Alamy Images**: The National Trust Photolibrary. **94 Getty Images**: Apic. **95 ACPL**: (cla, cra, br). **96 ACPL**: (tc). **Library Of Congress, Washington, D.C.**: (b). **97 Corbis**: Stapleton Collection (crb). **DT**: (tr). **98 Corbis**: Sygma / Jacques Langevin (bl). **Mountain Camera / John Cleare**: (br). **RGS**: (cr). **99 DAV**: (cl). **ACPL**: (tc, tr). **Corbis**: David Spurdens (br). **DT**: (cr); Adina Nani (bl). **100 DAV**: (cla/Paradis). **ACPL**: (cla/d'Angeville). **101 ACPL. 103 Getty Images**: Photographer's Choice. **104 ACPL**: (cra). **104-105 ACPL**: (b). **108 ACPL**: (cr). **109 ACPL**: (br). **Getty Images**: National Geographic / Norbert Rosing (t). **110 ACPL**: (cla, cra). **111 ACPL**: (tc, bl, br). **112-113 ACPL. 114 ACPL**: (tl, cla, tr, cl, cr, clb, bl). **Corbis**: Stapleton Collection (bc). **Getty Images**: Stone / Jean-Pierre Pieuchot (cra); Time Life Pictures / Mansell (tc). **115 DAV**: (br). **ACPL**: (tl, tr, cl, cb). **Getty Images**: Lonely Planet Images / Tim Barker (cra). **Otto Barth**: (bl). **116-117 DT**: Peter Wey (t). **116 ACPL**: (bc). **Library Of Congress, Washington, D.C.**: (tr). **117 ACPL**: (tl, tc, b). **118 ACPL**: (cla). **119 ACPL**: (t); Wills Family (br). **120 ACPL**: (cla, cra). **Getty Images**: LOOK / Andreas Strauss (b). **121 Corbis**: Shuji Kotoh (b). **122 ACPL**: (cla, cr). **Getty Images**: Stone / Bryce Pincham (bl). **123 ACPL. 124 ACPL**: (bl, tc, tr). **125 ACPL**: (tl, tc, cl, bc). **Corbis**: Sygma / John van Hasselt (br). **Getty Images**: AFP (c, cr); LOOK / Bernard van Dierendonck (bl). **126 ACPL**: (cla, cra, bl). **127 ACPL**: (r). **DT**: Neil Harrison (tl). **128 ACPL**: (cla). **Dorling Kindersley**: Courtesy of the Science Museum, London / Dave King (bl). **129 DT. 130 ACPL**: (bl). from John Tyndall, *The Glaciers of the Alps*, 1857 (tr). **131 ACPL**: (tl). **Corbis**: David Muench (cra). **DT**: Peter Wey (br). **132-133 ACPL. 134 ACPL**: (cla). **Corbis**: Swim Ink 2, LLC (cra). **135 ACPL**: (b). **DT**: Neil Harrison (tr). **136-137 Library Of Congress, Washington, D.C.**: (t). **136 akg-images**: André Held (tr). **ACPL**: (bl). **137 The Bridgeman Art Library**: Private Collection (tc). **ACPL**: (br). **Getty Images**: Digital Vision / Livio Sinibaldi (tl). **138 ACPL**: (cla, crb). **DT**: Peter Wey (cra). **139 ACPL**: (b). **DT**: Peter Wey (tc). **141 Alamy Images**: Prisma Bildagentur AG (bc). **DT**: Elpis Ioannidis (t); Jozef Sedmak (bl). **The Hiker**: (br). **142 ACPL**: (cla, bl). **143 ACPL. 144 akg-images**: André Held (cl). **Mountain Camera / John Cleare**: (cb). **145 ACPL**: (tl, cr). **Corbis**: Pablo Corral Vega (clb). **146 ACPL**: (cla, br). **147 ACPL**: (r). **Mountain Camera / John Cleare**: (bl). **148 ACPL**: (cr). **Image courtesy History of Science Collections, University of Oklahoma Libraries; copyright the Board of Regents of the University of Oklahoma**: (tr). **149 ACPL**: (tl, tc, tr, cr, bl, bc/Right, br). **Hedgehog House Photo Library**: (bc/Left). **150-151 DT**: Brian Longmore (t). **150 ACPL**: (tr, bl). **151 ACPL**: (br). **Corbis**: Heritage Images (tl). **Getty Images**: Hulton Archive (tc). **152 Alamy Images**: Worldwide Picture Library (bc). **ACPL**: (cla/Walker, cla/Brevoort). **153 ACPL**: (tl). **Getty Images**: Hulton Archive / Otto Herschan (b). **154-155 ACPL. 156 ACPL**: (cla, tr, crb). **157 ACPL**: (bl, r). **158 ACPL**: (cla). **Corbis**: Hulton-Deutsch Collection (bc). **158-159 Alexander Turnbull Library, Wellington, New Zealand**: Making New Zealand Collection F-1296-1 / 2-MNZ (bc). **159 Hedgehog House Photo Library**: (cra). **160-161 DT**: Roberto Zocchi (t). **160 ACPL**: (tr, b). **161 ACPL**: (tl, tc, br). **162 ACPL**: (cla). **Mountain Camera / John Cleare**: (bc). **163 ACPL**: (bl, tr, br). **164 ACPL**: (cla, tr, b). **165 ACPL**: (cr). **Mountain Camera / John Cleare**: (tc). **166 ACPL**: (tr). **Getty Images**: Hulton Archive / Imagno (br). **167 Alamy Images**: INTERFOTO (r). **Corbis**: Sandro Vannini (bl). **168 ACPL**: (cla, bl). **169 ACPL. 170 ACPL**: (tl). **Mountain Camera / John Cleare**: (cb). **171 ACPL**: (tl, clb). **RGS**: (cra). **Guillaume Piolle**: CC-BY-3.0 (bc). **173 DAV**: (crb). **174 DAV**: (cla). **ACPL**: (tr). **175 ACPL**: (b). **Corbis**: Bettmann (tr). **176 ACPL**: (cla, cra/Top Left 3). **DT**: (cra/bc); Peter Mrhar (cra/bl, cra/br). **177 DAV**: (t, br). **178-179 Alexander Turnbull Library, Wellington, New Zealand**: A.E. Birth Collection / G-7004-1 / 1. **180 Alamy Images**: Photos 12 (bl). **ACPL**: (tc, ca, cr). **DT**: (br); Rafael Laguillo (tr); Sergii Omelchenko (cl). **Library Of Congress, Washington, D.C.**: (tl). **Alexander Turnbull Library, Wellington, New Zealand**: PAColl-7489-08 (cra). **Whyte Museum of the Canadian Rockies**: v263 / na-1581 (c). **181 ACPL**: (tc, tr, clb, bc). **Getty Images**: Popperfoto (tl); Time Life Pictures / Walter Daran (br). **Library Of Congress, Washington, D.C.**: (ca, bl). **Alexander Turnbull Library, Wellington, New Zealand**: H. Brusewitz Collection / G-003232-1 / 1 (cb). **182-183 RGS**: (t). **182 ACPL**: (tr). **183 ACPL**: (bl). **DT**: (tl). **RGS**: (tc). **184 ACPL**: (cla, tr). **RGS**: (b). **185 ACPL. 186 ACPL. 187 ACPL**: (ca, br). **188 ACPL**: (t). **Mountain Camera / John Cleare**: (cb). **189 ACPL**: (br). **RGS**: (tl, cra, clb). **190 Getty Images**: Robert Harding World Imagery / Jane Sweeney (bl). **RGS**: (tc, tr, br). **191 Getty Images**: SSPL (bl). **RGS**: (tl, tc, tr, ca, cra, br). **192 The Art Archive**: Kharbine-Tapabor (tr). **Library Of Congress, Washington, D.C.**: (cla). **192-193 Getty Images**: Hulton Archive / Topical Press Agency (b). **193 Mountain Camera / John Cleare**: (crb). **RGS**: (tl). **194 RGS**: (cla, bl). **195 RGS**: (t, br). **196 ACPL**: (cla). **Getty Images**: Keystone (tr). **Mountain Camera / John Cleare**: (br). **197 Corbis**: Science Faction / Ed Darack (tr). **RGS**: (b). **198 The Art Archive**: Domenica del Corriere / Dagli Orti (r). **Getty Images**: Popperfoto (cla). **199 Fondazione Sella O.n.l.u.s.**: (crb). **U.S. Geological Survey**: (tr). **200 ACPL**: (cr). **Corbis**: Lake County Museum (tr). **DT**: Yury Shirokov (cr/Frame). **Fondazione Sella O.n.l.u.s.**: (bl). **201 Dorling Kindersley**: Courtesy of the Science Museum, London / Dave King (br). **Getty Images**: Time Life Pictures / Robert Lackenbach (tr). **RGS**: J.B. Noel (cb). **The US National Archives and Records Administration**: (tl). **202-203 Library Of Congress, Washington, D.C.**: (t). **202 Library Of Congress, Washington, D.C.**: (bl). **Whyte Museum of the Canadian Rockies**: v263 / na-1691 (tr). **203 ACPL**: (tc). **DT**: (tl). **Whyte Museum of the Canadian Rockies**: wmcr-harmonb-v263-na-0404 (b). **204 Whyte Museum of the Canadian Rockies**: v263 / na-0975 (cla); v263 / na-0270 (bc). **205 Ed Cooper**: (tc). **Whyte Museum of the Canadian Rockies**: v263 / na-0397 (r). **207 Alamy Images**: Alaska Stock LLC (bl). **Corbis**: Blaine Harrington III (t); Paul A. Souders (bc); Don Mason (br). **208 ACPL**: (cla). **208-209 Getty Images**: Aurora / Johnathan & Esper (b). **209 ACPL**: (tr). **Mountain Camera / John Cleare**: (c). **210-211 Library Of Congress, Washington, D.C.**: (t). **210 Corbis**: Robert Harding Picture Library / Christian Kober (tr). **RGS**: (b). **211 Getty Images**: Hulton Archive / Kusakabe Kimbei (c); Popperfoto (tl). **Courtesy of Jasper Yellowhead Museum & Archives**: Jasper Yellowhead Historical Society Japanese Alpine Club Photograph Collection / PA 17-2 (tc). **212 The Japanese Alpine Club**: (bl). **Courtesy of Jasper Yellowhead Museum & Archives**: Jasper Yellowhead Historical Society Japanese Alpine Club Photograph Collection / PA 17-2 (cla). **213 The Japanese Alpine Club**: (bl). **Mountain Camera / John Cleare**: (r). **214 akg-images**: (clb). **Getty Images**: SSPL (cr). **Karl Friedrich Irminger**: (br). **215 Photo © Courtesy of the Museum of Science, Boston**: (crb). **Corbis**: Hulton-Deutsch Collection (cl); ISRO (cr). **RGS**: (tr, clb, bl). **Visible Earth**: Jacques Descloitres, MODIS Rapid Response Team, NASA / GSFC (br). www.maps-for-free.com (c). **216-217 RGS. 218 Alamy Images**: Dinodia Photos (cr). **DAV**: (tr). **ACPL**: (cl, cb). **Hedgehog House Photo Library**: (cra). **RGS**: (tl, tc, bl, bc, br). **219 DAV**: (cl). **ACPL**: (cr). **The**

Mountaineers Books (www.mountaineersbooks.org): (bl). **RGS**: (tl, ca, c, cra). **220 RGS**: (tr, cr). **220-221 ACPL**: (b). **DT**: Dmitry Pichugin (t). **221 DAV**: (tc). **RGS**: (tl). **222 RGS**: (cla, tr, cr). **223 RGS**: (tr, b). **224 ACPL**: (bl). **RGS**: (cla/Somervell, cla/Norton). **225 RGS**: (bl, tr, br). **226 Corbis**: Aurora Photos / Stefen Chow (bc); David Keaton (bl). **DT**: Dmitry Pichugin (t). **Mountain Camera / John Cleare**: Leo Dickinson (br). **228 RGS**: (cla, crb). **229 RGS**. **230 RGS**: (tl). **230-231 RGS**. **231 RGS**: (tl, tr). **232 ACPL**: (crb). **RGS**: (cr, br). José de Acosta, *Atlas of America*, 1605 (bl). **233 Courtesy Flt Lt Ted Atkins/Top Out** (www.topout.co.uk): (br). **Corbis**: Hulton-Deutsch Collection (tr). **Getty Images**: National Geographic / Barry C. Bishop (bc). **RGS**: (cl, clb). **Poisk**: (cr). **234 DAV**: (cla, bl). **ACPL**: (cr). **235 DAV**: (r). **236 DAV**. **237 DAV**: (cla). **Mountain Camera / John Cleare**: (bc). **238 DAV**: (cla, cra). **239 DAV**: (b). **Corbis**: Galen Rowell (tr). **240 ACPL**: (cla/Vitaly). **241 Alamy Images**: RIA Novosti. **242-243 RGS**: (t). **242 ACPL**: (bc). **RGS**: (tr). **243 DAV**: (b). **RGS**: (tl); W.R. Smijth-Windham (tc). **244 RGS**: (cla/Tilman, cla/Shipton, bl). **245 RGS**. **247 RGS**: (t, tl, cra, clb, cr). **248 Getty Images**: Time & Life Pictures / Grey Villet (cra). **The Mountaineers Books** (www.mountaineersbooks.org): Used with permission from the family of Charles Houston (br). **249 Harish Kapadia. The Mountaineers Books** (www.mountaineersbooks.org): Used with permission from the family of Charles Houston (t). **250 DAV**: (cla). **Jennifer Jordan**: Courtesy of the Susan Cercone and George Sheldon Family (bc). **251 DAV**: (tr). **Getty Images**: The Image Bank / Art Wolfe (b). **252 Corbis**: Rykoff Collection (tr). **Getty Images**: Hulton Archive (br). **253 akg-images**: (tc). **Alamy Images**: Moviestore Collection Ltd (cra); Photos 12 (tl). **Dorling Kindersley**: Alamy / Eye Candy Images (br); Courtesy of the Science Museum, London / Dave King (crb). **Getty Images**: Hulton Archive (cl). **The Kobal Collection**: Dor Film / Lunaris Film (bl). **254-255 RGS**: (t). **254 RGS**: (tr, b). **255 DAV**: (tl). **The Japanese Alpine Club**: (tc). **256 Getty Images**: Gamma-Keystone (cla/Lachenal); Time Life Pictures / Halley Erskine (cla/Herzog). **Mountain Camera / John Cleare**: (bc). **257 Mountain Camera / John Cleare**: (b). **258 Alamy Images**: MARKA (cla). **DAV**: (bl). **259 Alamy Images**: MARKA (t). **Corbis**: Galen Rowell (br). **260 © Archiv Kurt Diemberger**: (cla). **Mountain Camera / John Cleare**: (bc). **261 © Archiv Kurt Diemberger**: (l, tr). **262 Getty Images**: Gallo Images / Herman du Plessis (bl). **RGS**: (tc, tr, crb). **263 Corbis**: Aurora Photos / Stefan Chow (cra); Nomad Expeditions (ca). **RGS**: (tl, tc, tr, cla, bl, br). **264 RGS**: (cla). **264-265 RGS**: (bc). **265 Mountain Camera / John Cleare**: (tr). **RGS**: (crb). **266 Getty Images**: Hulton Archive / Baron (cla). **RGS**: (cra, br). **267 RGS**: (tl, r). **268-269 RGS**: Alfred Gregory. **270 Corbis**: Bettmann (cla/Compagnoni, tr). **Arch. Lino Lacedelli**: (cla/Lacedelli). **271 Arch. Lino Lacedelli**: (l). **Mountain Camera / John Cleare**: (tr). **272 RGS**: (cla/Band and Brown, bl). **273 Mountain Camera / John Cleare**: (tl). **RGS**: (b). **274-275 RGS**: Charles Evans. **276 Alamy Images**: MARKA (br). **DAV**: (cla/Terray). **ACPL**: (cla/Couzy). **277 Getty Images**: Gamma-Keystone (b). **Mountain Camera / John Cleare**: (tr). **278 Getty Images**: National Geographic / Barry C. Bishop (cla/Hornbein, cla/Unsoeld). **279 National Geographic Stock**. **280 Getty Images**: National Geographic / Barry C. Bishop (r). **National Geographic Stock**: (tl). **281 Getty Images**: National Geographic / George F. Mobley (br). **Mountain Camera / John Cleare**: (tr). **282-283 Corbis**: Sygma / Catherine Destivelle. **284 Alamy Images**: Aurora Photos (cr); Nature Picture Library (tc). **DAV**: (tl). **© Archives of Fondazione Riccardo Cassin**: (crb). **ACPL**: (cl) Photo Leblanc, Dauphiné-Libéré, Chamonix (tr). **Corbis**: Keystone (bc). **285 Alamy Images**: StockShot (ca). **Photo courtesy Amael Beghin**: (tr). **ACPL**: Doug Scott (tl). **Leo Dickinson**: (clb). **DT**: (bc). **Huberbuam.de**. **Bogdan Jankowski**: (cb). **286-287 DT**: Yasushi Tanikado (t). **286 DAV**: (tr, bl). **287 Alamy Images**: Moviestore Collection Ltd (b). **DAV**: (tc). **DT**: (tl). **289 Corbis**: Sygma / Erik Decamp (b). **290 DAV**: (cla). **ACPL**: (tr). **291 Getty Images**: Gamma-Keystone (b). **Mountain Camera / John Cleare**: (tr). **292 DAV**: (cla). **© Archives of Fondazione Riccardo Cassin**: (tr). **293 © Archives of Fondazione Riccardo Cassin**: (r). **Mountain Camera / John Cleare**: (bc). **294-295 DT**: Karen Graham (t). **294 ACPL**: (bc); Luke Hughes (tr). **295 Alamy Images**: Aurora Photos (b). **Corbis**: Galen Rowell (tc). **Getty Images**: Time & Life Pictures / Jerry Cooke (tl). **296 DAV**. **297 Getty Images**: The Image Bank / David Sharrock (cra); Keystone (cla). **298 ACPL**: (cla, cr). **Getty Images**: Keystone / Frank Barratt (tr). **299 Chris Bonington Picture Library**. **300 DT**: Steve Estvanik (bc). **Getty Images**: Hulton Archive / Evening Standard (cla). **301 Corbis**: Hulton-Deutsch Collection (b). **Getty Images**: Hulton Archive / Evening Standard (cra). **302 Alamy Images**: Aurora Photos (cla, bc). **303 Alamy Images**: Aurora Photos (t). **Corbis**: Momatiuk - Eastcott (br). **304 Mountain Camera / John Cleare**: (cla). **305 ACPL**: Doug Scott (bl). **Corbis**: Galen Rowell (tr). **306 Alamy Images**: Danita Delimont (bl); Oyvind Martinsen (bc). **Corbis**: Francesc Muntada (br). **Getty Images**: Hedgehog House / Colin Monteath (t). **308 DAV**: (cla). **309 Leo Dickinson**. **310 DT**: Dmitry Pichugin (cb). **Reinhold Messner**: (cla). **311 ACPL**: Stephen Venables (clb). **Leo Dickinson**: (t, cr). **312 Jerzy Kukuczka Archives**: (cla, bc). **312-313 Jerzy Kukuczka Archives**: (c). **313 Bogdan Jankowski**: (tr). **Mountain Camera / John Cleare**: (br). **314-315 DT**: (t). **314 Arlene Blum**: (b). **ACPL**: (tr). **315 www.ralf-dujmovits.de**: (br). **Getty Images**: Gamma-Keystone (tc); Hulton Archive / Keystone (tl). **316 DAV**: (bc). **Józef Nyka**: Ewa Abgarowicz (cla); Janusz Onyszkiewicz (tr). **317 Corbis**: Galen Rowell. **318 Corbis**: Sygma / Catherine Desitvelle. **319 Corbis**: Sygma / John Van Hasselt (tr); Sygma / Catherine Destivelle (cla, bc). **320-321 Corbis**: Sygma / Catherine Destivelle. **322 Kitty Calhoun**: (bc). **Getty Images**: Allsport / Mike Powell (cla). **323 Kitty Calhoun**. **324 Alamy Images**: Aurora Photos (cr). **DAV**: (cl, bl). **ACPL**: (br). **DT**: (cb). **RGS**: (crb). **325 Corbis**: Aaron Black (br); Paul A. Souders (tr). **DT**: (cra/Boots, crb); Martin Kawalski (c); Paulo Resende (bc). **Courtesy of Garmin (Europe) Ltd**: (cra/GPS). **The Nuts Museum/Photo Stéphane Pennequin**: (cla, clb). **326-327 Giri Giri Boys/Yusuke Sato**: (t). **326 ACPL**: Mike Fowler (bc). **© Rolando Garibotti**: (tr). **327 ACPL**: Mick Fowler (tl); Stephen Venables (tc). **Giri Giri Boys/Yusuke Sato**: (b). **328 Bogdan Jankowski**: (cla). **John Porter**: (bl). **329 Corbis**: Science Faction / Ed Darack (br). **John Porter**: (t). **330 John Porter**: (cla, bl). **331 Getty Images**: The Image Bank / Werner Van Steen (tr). **John Porter**: (b). **332 © Piolets d'Or**: (cla). **333 Mountain Camera / John Cleare**: (br). **Andrej Štremfelj**: (l, tr). **334 Alamy Images**: StockShot (cla). **Photo courtesy Amael Beghin**: (tr). **335 Alamy Images**: StockShot. **336 ACPL**: (tr). **Hedgehog House Photo Library**: (tc, cr). **337 Alamy Images**: Photos 12 (br). **ACPL**: (tl, tc). **Corbis**: Frank Trapper (bl). **Getty Images**: National Geographic / Gordon Wiltsie (tr). **338 Pat Littlejohn**: (cla). **338-339 Andy Cave**: (b). **339 ACPL**: Mick Fowler (cra). **340 Huberbuam.de**: Hinterbrandner. **341 Huberbuam.de**: (cla); **Huberbuam.de** (tr). **342 © Rolando Garibotti**: (cla, cr). **Getty Images**: Hedgehog House / Colin Monteath (bc). **343 © Rolando Garibotti**. **344 Alamy Images**: Aurora Photos (cla). **Steve House**: (bl). **345 Alamy Images**: F1online digitale Bildagentur GmbH (br). **Steve House**: (l). **Alexander Odintsov**: Photo Anna Piunova / www.mountain.ru (tr). **346 Giri Giri Boys/Yusuke Sato**: (cla, br). **347 Giri Giri Boys/Yusuke Sato**. **348 Getty Images**: AFP / Pierre-Philippe Marcou (tc); Hulton Archive / James Finlay (tr); AFP / Yves Boucau (crb). **Mountain Camera / John Cleare**: (bl). **349 Kenton Cool**: (br). **Corbis**: Sygma (cr/Humar). **Getty Images**: Vittorio Znino Celotto (cl/Moro). **Mountain Camera / John Cleare**: (tl). **Courtesy of Edurene Pasaban**: (bl). **Courtesy of Archiv Ueli Steck GmbH**: (tr). **Ed Viesturs**: Photo: Jake Norton (cr/Viesturs).

All other images © Dorling Kindersley
For further information see:
www.dkimages.com